Cambodge, Laos

Cofondateurs : Philippe GLOAGUEN et Michel DUVAL

Directeur de collection et auteur
Philippe GLOAGUEN

Rédacteurs en chef adjoints
Amanda KERAVEL
et Benoît LUCCHINI

Directrice de la coordination
Florence CHARMETANT

Directrice administrative
Bénédicte GLOAGUEN

Directeur du développement
Gavin's CLEMENTE-RUÏZ

Direction éditoriale
Catherine JULHE

Rédaction
Isabelle AL SUBAIHI
Mathilde de BOISGROLLIER
Thierry BROUARD
Marie BURIN des ROZIERS
Véronique de CHARDON
Fiona DEBRABANDER
Anne-Caroline DUMAS
Géraldine LEMAUF-BEAUVOIS
Olivier PAGE
Alain PALLIER
Anne POINSOT
André PONCELET

Conseiller à la rédaction
Pierre JOSSE

Administration
Carole BORDES
Éléonore FRIESS

2017

hachette

TABLE DES MATIÈRES

PRÉAMBULE

LE CAMBODGE 37

CAMBODGE UTILE 202

CAMBODGE : HOMMES, CULTURE, ENVIRONNEMENT 225

Important : dernière minute

Sauf rares exceptions, *Le Routard* bénéficie d'une parution annuelle à date fixe. Entre deux dates, des événements fortuits (formalités, taux de change, catastrophes naturelles, conditions d'accès aux sites, fermetures inopinées, etc.) peuvent modifier vos projets de voyage. Pour éviter les déconvenues, nous vous recommandons de consulter la rubrique « Guide » par pays de notre site *• routard.com •* et plus particulièrement les dernières ***Actus voyageurs.***

Repiquage du riz à Battambang, Cambodge

LA RÉDACTION DU ROUTARD

(sans oublier nos 50 enquêteurs, aussi sur le terrain)

Thierry, Anne-Caroline, Éléonore, Olivier, Pierre, Benoît, Alain, Fiona, Gavin's, André, Véronique, Bénédicte, Jean-Sébastien, Mathilde, Amanda, Isabelle, Géraldine, Marie, Carole, Philippe, Florence, Anne.

La saga du *Routard* : en 1971, deux étudiants, Philippe et Michel, avaient une furieuse envie de découvrir le monde. De retour du Népal germe l'idée d'un guide différent qui regrouperait tuyaux malins et itinéraires sympas, destiné aux jeunes fauchés en quête de liberté. 1973. Après 19 refus d'éditeurs et la faillite de leur première maison d'édition, l'aventure commence vraiment avec Hachette. Aujourd'hui, Le *Routard*, c'est plus d'une cinquantaine d'enquêteurs impliqués et sincères. Ils parcourent le monde toute l'année dans l'anonymat et s'acharnent à restituer leurs coups de cœur avec passion.

Merci à tous les Routards qui partagent nos convictions : liberté et indépendance d'esprit ; découverte et partage ; sincérité, tolérance et respect des autres.

NOS SPÉCIALISTES CAMBODGE ET LAOS

Isabelle Al Subaihi : une émigration outre-Manche à l'âge de 4 mois, forcément, ça laisse des traces : un goût prononcé pour l'exotisme ! Depuis, elle cherche à transmettre sa passion du voyage. Ce qu'elle aime partager : un bon plat, des éclats de rire, l'émotion d'un paysage qui bouleverse. Et surtout une vision décalée grâce à des rencontres surprenantes.

Fabrice de Lestang : il s'est longtemps levé bien tard puis a subitement réalisé, à 22 ans, que la vie c'est le mouvement. Régisseur sur les plateaux de tournage 7 jours sur 7, il est passé avec bonheur des décors de studio aux paysages réels. Au *Routard* depuis plus de 20 ans, il se lève désormais très tôt et affiche plus de 100 voyages au compteur.

Marie Burin des Roziers : un aveu : le voyage est presque une boulimie. Aux quatre coins de la France ou dans des contrées lointaines, c'est en allant voir comment vivent les voisins ou les copains qu'elle se sent vivante. Avec, au fond des tripes, l'envie de bouger et de dégoter les meilleurs coins pour les faire partager.

UN GRAND MERCI À NOS AMI(E)S SUR PLACE ET EN FRANCE

Pour cette nouvelle édition, nous remercions particulièrement :

- Dominique, Sak, Juliette, Thierry, Nathalie et David, Valérie Bing, ainsi que Benjamin de RSF.

Pictogrammes du Routard

Établissements

- Hôtel, auberge, chambre d'hôtes
- Camping
- Restaurant
- Boulangerie, sandwicherie
- Glacier
- Café, salon de thé
- Café, bar
- Bar musical
- Club, boîte de nuit
- Salle de spectacle
- Office de tourisme
- Poste
- Boutique, magasin, marché
- Accès Internet
- Hôpital, urgences

Sites

- Plage
- Site de plongée
- Piste cyclable, parcours à vélo

Transports

- Aéroport
- Gare ferroviaire
- Gare routière, arrêt de bus
- Station de métro
- Station de tramway
- Parking
- Taxi
- Taxi collectif
- Bateau
- Bateau fluvial

Attraits et équipements

- Présente un intérêt touristique
- Recommandé pour les enfants
- Adapté aux personnes handicapées
- Ordinateur à disposition
- Connexion wifi
- Inscrit au Patrimoine mondial de l'Unesco

Tout au long de ce guide, découvrez toutes les photos de la destination sur • *routard.com* • Attention au coût de connexion à l'étranger, assurez-vous d'être en wifi !

Le *Routard* est imprimé sur un papier issu de forêts gérées.

I.S.B.N. 978-2-01-323684-3

Sites inscrits au Patrimoine mondial de l'Unesco
NORD
THAÏLANDE
O'smach
Chong Sa Ngam
Preah Vihear
Samrong
Anlong Veng
Banteay Chmar
Kulen
Koh Ker
Phnom Kulen
ANGKOR, SIEM REAP ET ENVIRONS p. 134
Poipet
BANGKOK
Sisophon
Angkor
Beng
Siem Reap
Preah Khan
Battambang
Tonlé Sap
Pailin
Ban Pakard
Sangker
Kompong Thom
Pursat
LE TONLÉ SAP ET SES ENVIRONS p. 116
Kompong Chhnang
Oudong
Koh Dach
PHNOM PENH
Had Lek
Krong Koh Kong
Kompong Speu
Tonlé Bati
Ta Prohm
Kirirom National Park
PHNOM PENH ET SES ENVIRONS p. 37
Koh Kong Island
Phnom Chisor
LA RÉGION CÔTIÈRE p. 78
Kâaong
Takeo
Baie de Kompong Som
Angkor Borei et Phnom Da
Golfe du Siam
Le Bokor
Phnom Chhnork
Phnom Sorseha
TAKEO
Phnom Den
Koh Rong
Kbal Chhay
Kampong Trach
Tinh Bien
Koh Rong Samloem
Kompong Som (Sihanoukville)
Ream National Park
Kampot
Kep
Prek Chak
Koh Tonsay
Ha Tien
Angkoul
0 25 50 km

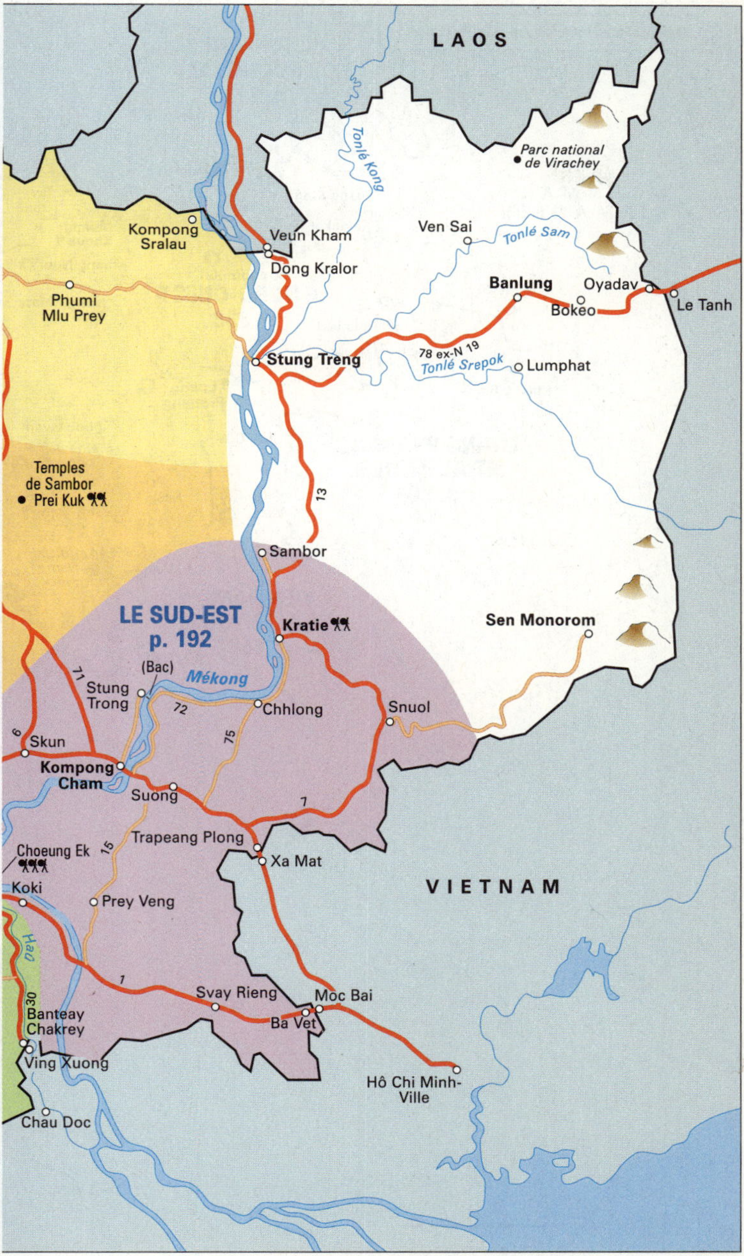
LAOS
Parc national de Virachey
Tonlé Kong
Kompong Sralau
Veun Kham
Dong Kralor
Ven Sai
Tonlé Sam
Banlung
Oyadav
Bokeo
Le Tanh
Phumi Mlu Prey
Stung Treng
78 ex-N 19
Tonlé Srepok
Lumphat
Temples de Sambor Prei Kuk
13
Sambor
LE SUD-EST p. 192
Kratie
Sen Monorom
(Bac)
Mékong
71
Stung Trong
72
Chhlong
Snuol
75
6
Skun
Kompong Cham
Suong
7
Trapeang Plong
Choeung Ek
15
Xa Mat
VIETNAM
Koki
Prey Veng
Hau
1
Svay Rieng
Moc Bai
30
Banteay Chakrey
Ba Vet
Ving Xuong
Hô Chi Minh-Ville
Chau Doc

LE CAMBODGE

Sites inscrits au Patrimoine mondial de l'Unesco
NORD
CHINE
LA PROVINCE DE PHONGSALY p. 371
Mékong
Nam Ou
Phongsaly
Hat Sa
Diên Biên Phu
Mengla
Mohan
Boun Tai
MYANMAR (BIRMANIE)
Muang Sing
Boten
Sinxay
Tây Trang
Xiengkok
Luang Nam Tha
Muang Khoua
Oudom Xai
Muang Ngoi
LE NORD-OUEST p. 338
Nong Khiaw
Houeisai
Chiang Khong
Pak Ou
Pakbeng
Chiang Rai
Luang Prabang
Phonsavan
Tha Dua
LUANG PRABANG ET ALENTOUR p. 302
Plaine des Jarres
Kasi
Sayaboury
Vang Vieng
Chiang Mai
Lac artificiel de Nam Ngum
Phon Hong
VIENTIANE ET ALENTOUR p. 256
Mékong
VIENTIANE
Nong Khai
Udon Thani
THAÏLANDE
0 50 100 km

CHINE
HANOI
VIETNAM
Sam Neua
Na Mèo
Nam Khan
Nang Hét
LE CENTRE
284
Golfe
du Tonkin
Vinh
Paksane
Nam Phao
Cau Tréo
Laksao
13
Na Phao
Chalo
12
Nakhon Phanom
Thakhek
LE SUD
p. 379
9
Lao Bao
Mukdahan
Savannakhet
Dan Savan
Hué
Da Nang
13
Saravane
Tad Lo
Sékong
Tad Phaxuam
16
Chong Mek
Plateau
des Bolavens
Paksé
Ubon Ratchathani
Vangtao
Tad
Fan
Paksong
Champasak
Vat Phou
Attapeu
LE DISTRICT
DE SIPHANDONE
p. 422
Mékong
Phu Assa
13
Île de
Khong
CAMBODGE
Îles de Khône et de Det
Veun Kham
Stung Treng

LE LAOS

Angkor Wat, Cambodge

Le paradoxe du Cambodge, c'est d'être médiatisé au travers de ce qu'il a donné de plus grandiose, Angkor, et de pire, les Khmers rouges. Désormais, le calme règne sur tout le territoire et l'amélioration des infrastructures permet d'aller chercher ce pays au-delà du seul et fabuleux Angkor. C'est le moment d'aller s'enivrer de la magie bien actuelle des campagnes khmères. Bourgs et villages parsèment des paysages non pas impressionnants mais authentiques et générateurs d'atmosphères. Les étendues régulières plantées de rangées de cocotiers et de palmiers à sucre qui marquent à perte de vue le tapis des rizières, dominées au loin par quelques collines incongrues et esseulées, exercent un indicible pouvoir hypnotique. Beaucoup de voyageurs tombent alors amoureux du Cambodge et de sa population si attachante, au sourire contagieux. Si vous y allez pour Angkor, on vous le garantit, vous y retournerez pour les Cambodgiens et leur pays !

Le Laos cultive, quant à lui, une tranquille nonchalance, rythmée par le cours du Mékong, véritable colonne vertébrale du pays. Un pays d'eau, de plaines fertiles, de paysages tantôt montagneux, tantôt karstiques, mais aussi de temples, témoins de la splendeur passée. Sans oublier des petites touches qui rappellent la présence française, comme l'odeur de la baguette sortant des boulangeries ou le choc des boules sur les terrains de pétanque. L'occasion de se mesurer à des joueurs souvent excellents et de faire connaissance avec une population la plupart du temps discrète. L'ancien « royaume du million d'éléphants », aujourd'hui l'un des plus pauvres de la planète, est à la recherche d'une voie qui lui permette à la fois de préserver son identité et de consolider son développement économique. Pas toujours simple quand on est entouré de voisins aussi dynamiques qu'envahissants.

Pakbeng, Laos

NOS COUPS DE CŒUR

AU CAMBODGE

1 Partir du Palais royal pour se balader en fin de journée sur le Tonlé Sap, à Phnom Penh.

La capitale du Cambodge fut surnommée « la perle de l'Asie du Sud-Est » à l'époque coloniale. Le long du fleuve Tonlé Sap, admirez le Palais royal et les façades coloniales qui rivalisent d'élégance. À la tombée de la nuit, rejoignez la longue promenade bien proprette du quai, arpentée par ses badauds, vendeurs et bateleurs, tous au rendez-vous. Et embarquez pour un coucher de soleil d'anthologie à bord d'un bateau qui peut même vous conduire sur certaines îles à quelques encablures de la capitale. *p. 64*

2 Rejoindre une des terrasses du quai Sisowath, la Croisette de la capitale.

Parmi les nombreux et confortables cafés du Sisowath, la « promenade des Anglais » de Phnom Penh, la terrasse du *FCC* est idéalement située. Dominant le fleuve d'un côté et le Palais royal de l'autre, l'ancien repaire des correspondants de guerre est un lieu de choix pour siroter un cocktail, tranquillement installé dans un fauteuil avec vue ou perché au comptoir de son célèbre bar en fer à cheval. *p. 61*

***Bon à savoir :** boire un verre au* FCC *n'est pas donné (on paie le cadre !) ; du coup, on profite des* happy hours *(de 17h à 19h).*

© Sierpinski Jacques/hemis.fr

3 **Arpenter le marché russe à Phnom Penh, pour les emplettes, et pour tester ses talents de négociateur.**

Parmi les marchés grouillants de vie de Phnom Penh, le marché russe (appelé ainsi car les Russes le fréquentaient beaucoup pendant la période vietnamienne) est notre préféré. Excentré, vieillot et bondé, c'est le plus typique, celui où vous trouverez le plus de souvenirs à rapporter. En général, les prix restent raisonnables, même s'il est pas mal prisé par les touristes. *p. 71*

Bon à savoir : *nombreuses gargotes à l'intérieur et à l'extérieur (sur le parking à partir de 16h).*

4 Coup au cœur plutôt que coup de cœur : visiter Tuol Sleng (le camp S-21), ancienne prison des Khmers rouges à Phnom Penh.

Cet ancien lycée fut, d'avril 1975 à janvier 1979, la prison la plus terrifiante du Cambodge des Khmers rouges. Près de 15 000 personnes y passèrent, subissant les pires tortures avant d'être achevées dans le camp de Choeung Ek. Baptisé S-21 par les hommes de Pol Pot, ce lieu n'est pas sans rappeler certains camps de concentration nazis. Une visite cauchemardesque mais indispensable pour vraiment saisir l'ampleur du traumatisme subi par le peuple cambodgien. *p. 68*

Bon à savoir : *• tuolsleng.com •*

5 Escalader les 413 marches du Phnom Chisor et être récompensé par le mystère des vieilles pierres et la vue, d'une sérénité absolue.

Le temple de Phnom Chisor fut construit au XIe s sous le règne de Suryavarman Ier. Le site, assez ruiné, possède néanmoins une forte identité et de beaux restes, en particulier de superbes linteaux. Un centre bouddhique s'est installé à côté. Il faut dire que l'endroit incite particulièrement à la méditation… *p. 74*

Bon à savoir : *ne pas arriver trop tôt dans l'après-midi, sinon il fera trop chaud pour grimper au sommet de la colline-temple.*

6 Se pourlécher les babines en se régalant du célèbre crabe au poivre vert de Kampot.

Déjà récolté par les Chinois dans la région, ce sont les Français qui, au XIXe s, ont introduit la culture intensive de ce fameux poivre de Kampot, qui rivalise avec les meilleurs du monde. On dénombre près de 150 plantations réparties de Kampot à Kampong Trach, près de la frontière vietnamienne. Si la vedette locale accommode de nombreux plats, le crabe au poivre frais est une merveille ! *p. 84*

Bon à savoir : *parce qu'il est impossible de différencier visuellement le poivre de Kampot de celui du Vietnam voisin, le « Kampot Pepper » bénéficie désormais du label européen Appellation d'Origine Protégée (AOP).*

7 Ressentir l'harmonie d'Angkor au lever et au coucher du soleil.
Pour éviter le plus gros des foules à Angkor, pas de vrai remède, mais quelques palliatifs possibles : admirer Angkor Wat, le plus connu, le plus majestueux des temples, aux premières heures du jour ; tenter de percer le mystère du Bayon et sa forêt de têtes gigantesques durant l'après-midi ; ressentir la magie du Ta Phrom quand les derniers rayons inondent ce temple dévoré par la jungle… Mais n'oubliez pas : s'il y a parfois du monde, c'est avec raison. *p. 162*
Bon à savoir : *acheter les billets la veille au soir, à partir de 17h, pour être sur le site le lendemain dès l'ouverture… à 5h du matin.*

8 Espérer croiser Angelina Jolie dans les ruines romantiques et mythiques du Ta Phrom.
Vous en pincez pour Lara Croft, l'archéologue aventurière de *Tomb Raider* ? Vous aurez alors reconnu le Ta Phrom, ce temple livré à la jungle, qui fut le théâtre de scènes du film… On dit d'ailleurs qu'Angelina Jolie, tombée amoureuse du Cambodge lors du tournage, y serait retournée plusieurs fois. Si aucune rencontre ne se produit, rattrapez-vous en admirant la lumière rasante du soir, entre la pierre et le végétal conquérant… *p. 182*

9 Vivre sa découverte d'un site archéologique isolé. Votre choix sera le bon.

S'il faut bien reconnaître qu'Angkor connaît une explosion touristique exponentielle, le site a de quoi exciter encore l'imagination et favoriser l'inspiration. Pensez donc, plus de 280 temples ont été recensés dans la région ! Inclure une visite d'un site isolé reste le moyen le plus sûr d'étancher les petites soifs d'explorateur. *p. 185*

10 Déjeuner à l'école *Sala Baï* à Siem Reap.

Sala Baï est une école hôtelière gratuite réservée aux jeunes issus de familles extrêmement défavorisées. Le restaurant d'application est ouvert à tous. L'accueil y est chaleureux, et l'excellente cuisine propose saveurs khmères ou occidentales. Alliant l'agréable à l'utile, votre repas servira à financer les étudiants et à contribuer au succès de cette formidable initiative. *p. 154*

Bon à savoir : *le resto est ouvert de mi-octobre à mi-juillet, pour le petit déj et le déjeuner seulement.* • *salabai.com* •

© Cultura/hemis.fr

11 Découvrir les richesses du monde lacustre du Tonlé Sap, sur des pirogues traditionnelles.

Plus grand lac d'Asie du Sud-Est, organe vital du Cambodge, le Tonlé Sap se remplit et se vide au rythme des moussons. Près de 3 millions de personnes vivent autour du lac et dans ses villages lacustres. L'ONG *Osmose* propose aux touristes d'être ici les témoins d'une nature et d'une population essayant de vivre en osmose. Le bénéfice des visites permet de contribuer au développement des communautés locales en les aidant à prendre en main leur destinée tout en les sensibilisant à la valeur de leur environnement. Remarquable ! *p. 116*

Bon à savoir : *pour plus d'infos, • osmosetonlesap.net • Y aller d'octobre à mars (en avril-juin, niveau du lac trop bas, et en été, les oiseaux se dispersent vers d'autres cieux).*

© Guiziou Franck/hemis.fr

12 S'offrir une petite parenthèse à Battambang, ancienne ville coloniale.

Entourée de plaines considérées comme le grenier du Cambodge, la 2e ville du pays occupe une place importante dans l'économie nationale. Quelques éléments d'architecture coloniale, un marché incontournable et de très beaux alentours font le charme de Battambang. On y mange aussi très bien : y goûter le riz cultivé dans les plaines, le plus parfumé qui soit. *p. 120*

AU LAOS

13 Admirer le coucher de soleil depuis le mont Phousi à Luang Prabang dans l'atmosphère pleine de spiritualité du *wat* Chomsi.

On conseille de commencer la visite de Luang Prabang par l'ascension du mont Phousi. À son sommet, le *wat* Chomsi, stupa de 20 m de hauteur érigé sur une pyramide à trois gradins. Y monter à la tombée de la nuit, lorsque le ciel rougeoie et que résonnent les cloches des monastères. La ville apparaît alors baignée par une lumière dorée… *p. 326*

© Paul Brown/Alamy/Hemis

14 À Luang Prabang, visiter l'ancien Palais royal et son musée.

Pour les Laotiens, l'ancien Palais royal est moins important que la précieuse relique qui s'y trouve, le bouddha d'Or, sous la protection duquel le Laos est encore aujourd'hui officiellement placé. La statue, visible à travers une grille, pèse 50 kg et mesure 83 cm de hauteur. Au fil des salles du palais, on admire de superbes peintures de style Art déco, de vénérables tambours de bronze, de magnifiques fresques en verre coloré… Incontournable. *p. 327*

© Hughes Hervé/hemis.fr

(15) **Depuis Nong Khiaw, rejoindre le site exceptionnel de Muang Ngoi en 1h de bateau sur la Nam Ou, au milieu de paysages superbes.**
Poursuivre l'exploration grâce à une balade fluviale entre villages, grottes et cascades. La vie au bord de l'eau défile, paisible : pêcheurs, jeunes filles qui ramassent les algues, buffles se rafraîchissant… À l'aube, sur les berges de la rivière… c'est *Tous les matins du monde* ! *p. 369*

(16) **Profiter de la promenade aménagée le long du fleuve, à Vientiane.**
Ici, une atmosphère paisible tranche radicalement avec la frénésie des autres capitales de la région. Déambuler le long du Mékong en fin de journée, au rythme des habitants, permet de goûter au charme de cette capitale à échelle humaine. Moment encore plus délicieux lorsque le soleil plonge dans le fleuve légendaire ! *p. 277*
Bon à savoir : *prévoir un répulsif antimoustiques, même en saison sèche, surtout si l'on traîne un peu au bord de l'eau.*

17 **S'émerveiller en détaillant les paysages karstiques de Khammouane.** Ses grottes sont traversées par des rivières souterraines dans lesquelles se reflètent les formations calcaires dans un silence presque absolu. Ne pas manquer la plus célèbre de toutes : la grotte de Kong Lor, une merveille de la nature de plus de 7 km de long que l'on visite en pirogue. *p. 386*

Bon à savoir : *le site étant assez excentré, il peut être intéressant de loger sur place.*

18 **Partir à la découverte des Bolavens, une région parmi les plus mystérieuses du pays.**

Plantée de rizières et d'hévéas, elle est aussi et surtout connue pour ses théiers et caféiers. Ne pas manquer de goûter à ces breuvages particulièrement fameux. Se baigner ensuite au pied d'une des innombrables cascades qui arrosent le plateau. Un coin pour amoureux de sites grandeur nature et de petits villages aux habitants authentiques et attachants. *p. 415*

***Bon à savoir :** compter 2 jours pour la petite boucle des Bolavens, 4 jours pour la grande.*

19 **Gravir les marches du site archéologique de Vat Phou, bordées par les frangipaniers à l'odeur enivrante.**
Aboutir au sanctuaire adossé à la montagne que vénéraient à la fois les hindouistes et les bouddhistes. Méditer alors tout son soûl devant un panorama grandiose qui embrasse la vallée avant de redescendre empreint d'une belle sérénité. *p. 409*
***Bon à savoir :** démarrer tôt pour éviter l'ascension sous la canicule.*

20 **Filer vers les 4 000 îles, à l'extrême sud du pays, delta intérieur du Mékong.**
Les chaos rocheux à l'approche de la frontière cambodgienne forment des chutes à la puissance vertigineuse. On s'étourdit devant le cadre sauvagement beau des chutes de Li Phi (« le gouffre aux mauvais esprits »), avant d'opter pour l'effet brumisateur des chutes de Phapeng, les plus grandes d'Asie (15 m de haut), d'ailleurs surnommées le « Niagara du Mékong ». *p. 433 et p. 434*

Lu sur routard.com

Laos du Sud, au pays du slow travel
(tiré du carnet de voyage de Dominique Roland)

Tel David contre Goliath, le Laos résiste héroïquement à l'emballement contemporain de nos existences. S'y presser serait gâcher une précieuse opportunité : profiter d'un pays naturellement *slow travel,* ce style de voyage lent aux idéaux éco et solidaires. Entre la capitale Vientiane et le Cambodge, la partie méridionale du pays s'avère un terrain idéal pour booster l'effet d'une « cure Laos ». En bus, triporteur, à moto, voire à vélo pour les plus courageux, cap vers les dentelles et moutonnements de pierre à l'infini, les falaises couvertes de jungle d'où explosent les cascades, les villages ethniques encerclant les maisons des esprits.

Voie de ravitaillement Viet Cong, la ***piste Hô Chí Minh*** (plutôt un réseau qu'une seule voie) filait nord-sud à travers les terres montagneuses du Sud-Est laotien. Pour la couper, les Américains larguèrent autant de bombes que les Alliés sur l'Europe pendant la Seconde Guerre mondiale. Sans succès ! Cet axe n'étant pas encore réhabilité, il faut réaliser des itinéraires circulaires depuis la plaine. Ample et exaltante, la ***boucle de Thakhek*** (450 km moins les digressions) est très populaire. Les tuyaux s'échangent entre voyageurs, les plans sont fiévreusement annotés. Synonyme de liberté, la location de petites motos ne contredit pas le *slow travel* (terrain, monture et prudence de rigueur n'incitent guère aux excès de vitesse), mais compense la quasi absence de transports publics.

Dans le sens des aiguilles d'une montre, une longue remontée de la N 13 vers Vieng Kham précède la bifurcation vers l'intérieur. Rapidement, une spectaculaire forêt de pierres se referme sur les lacets. Plus loin, l'aller-retour de 80 km vers la ***grotte de Kong Lor*** est impératif. Les pirogues glissent sur une rivière souterraine avant d'émerger dans une vallée perdue. Un tour de passe-passe dont la piste Hô Chí Minh sut tirer profit... Protégée par ses murailles calcaires, la campagne reste verte toute l'année. De dépaysantes pensions familiales invitent à prolonger le plaisir.

De Paksé, il ne faut guère plus de 40 mn pour rejoindre le Wat Phu par la rive droite du Mékong. Les visiteurs qui prennent le temps de s'arrêter à ***Champassak,*** à seulement 12 km du sanctuaire, s'imprègnent de cette région si « mékongienne », où le Laos méridional enjambe le fleuve et repousse la frontière thaïlandaise à 50 km. Dissous dans le ciel blanchi par le soleil, noirci par une pluie de mousson et le métronome des nuits tropicales, le Mékong coule-t-il encore ? Oui, mais il flirte avec l'immobile, comme s'il voulait faire durer le plaisir. Le présent n'a pas chamboulé Champassak. Un embryon de rond-point pour toute complication, des écoliers à vélo, deux demeures colonialo-royales rougies par la poussière, un verre en terrasse sur le fleuve, la gaieté communicative d'un *boun* (fête lao) de mamies déchainées.

ITINÉRAIRES CONSEILLÉS

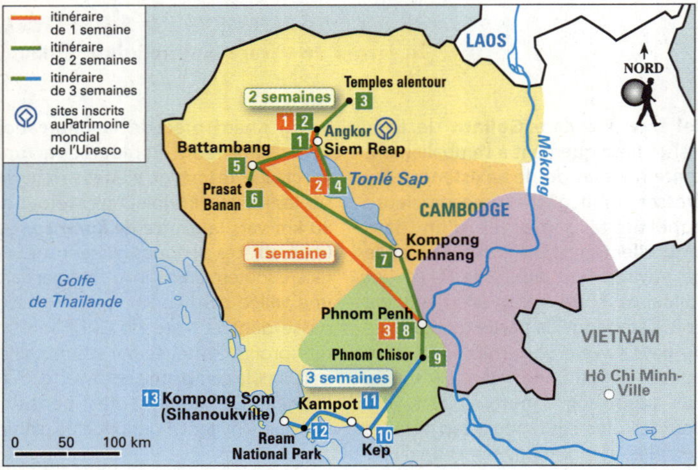

AU CAMBODGE

Une semaine

– Du 1er au 3e j. : ***Angkor (1).*** On atterrit, on dîne et on loge à Siem Reap pour visiter en journée Angkor. Prévoir au moins 3 j. pour appréhender ce site grandiose, inscrit au Patrimoine mondial de l'Unesco.

– 4e j. : rejoindre Phnom Penh en bus, ou en bateau le long du ***Tonlé Sap (2).***

– Du 5e au 7e j. : ***Phnom Penh (3).*** Entre vestiges coloniaux, marchés animés, architecture moderne et musées mémoriaux, la capitale est une étape incontournable.

Deux semaines

– 1er j. : ***Siem Reap (1).*** Porte d'entrée du célèbre site, cette petite ville devenue grande a su attirer les visiteurs grâce à ses nombreux marchés et son très beau musée pour aborder Angkor. De plus, animation garantie dans *Pub Street* et *The Lane.*

– Du 2e au 4e j. : ***Angkor (2).*** 3 jours pour appréhender au mieux le site en parcourant le petit circuit d'***Angkor Wat à Angkor Thom*** et le grand circuit ***Preah Khan, Neak Pean, Ta Som,*** le ***Mébon oriental*** et ***Pre Rup.***

– 5e et 6e j., les ***temples alentour (3) :*** le ***Beng Mealea*** ou le ***Kbal Spean,*** et d'autres encore qu'on ne cesse de découvrir dans la jungle…

– 7e j. : le ***Tonlé Sap (4).*** Une journée de navigation sur ce lac unique aux multiples villages flottants.

– 8e et 9e j. : par la route ou en bateau, poursuivre jusqu'à ***Battambang (5),*** et passer au moins un jour dans cette ancienne capitale, deuxième ville du pays, entourée de plaines considérées comme « le bol de riz » du Cambodge. On en profite pour voir dans les environs les ruines du temple ***wat Ek Phnom, prasat Banan (6),*** un très bel ensemble de tours dont le sommet offre une vue spectaculaire sur la campagne, ou les grottes de ***Phnom Sampeu*** utilisées par les Khmers rouges et connues sous le nom de « Killing Caves ».

– Du 10e au 13e j. : rejoindre, en longeant le Tonlé Sap, ***Kompong Chhnang (7),*** avec ses maisons sur pilotis et son village de pêcheurs, juste le temps d'une pause avant de poursuivre vers ***Phnom Penh (8),*** où l'on peut facilement passer 3 jours L'ancienne « perle de l'Asie du Sud-Est », à l'époque coloniale, est aujourd'hui une capitale à taille humaine, où l'on s'attarde pour ses marchés, son Palais royal, sa pagode d'Argent et autres temples, son Musée national et ses Musées-mémoriaux Tuol Sleng et Choeung Ek...

– 14e j. : ceux qui ont le temps pousseront au sud vers ***Tonlé Bati et Ta Prohm,*** voire jusqu'à ***Phnom Chisor (9).*** Bel environnement pour le premier temple, non loin d'un lac, et le charme d'un site sauvage qui recèle encore de beaux vestiges pour le second, plus éloigné.

Trois semaines

En continuité de l'itinéraire de 2 semaines, cap au sud :

– 15e et 16e j. : ***Kep et ses environs (10).*** Dans cette petite ville de bord de mer, tranquille et charmante, on regarde le temps s'écouler, entre la visite d'une plantation de poivre (plus proche de Kep que de Kampot), la visite de la grotte-temple Kirisela et une excursion (ou un séjour pour un farniente total) sur l'***île de Tonsay*** qui accueille quelques bungalows sur la plage.

– 17e j. : ***Kampot (11)*** pour son célèbre poivre, ses soirées épicées, sa jolie campagne alentour.

– 18e j. : sur la route de Sihanoukville, ou en excursion depuis la station balnéaire, faire un détour par le ***Ream National Park (12)*** un site en bord de mer de toute beauté, à la faune et la flore particulièrement riches.

– Du 19e au 21e j. : ***Sihanoukville (13)*** retient les voyageurs fatigués. C'est de là qu'on embarque vers ses îles (la festive Koh Rong ou la plus tranquille Koh Rong Samloem) : un peu de plongée par ci, un peu de farniente par là pour conclure un voyage en douceur.

SI VOUS ÊTES...

Culture, tendance vieilles pierres : Siem Reap pour visiter ***Angkor*** et tous les temples alentour. Arpentez ensuite la capitale ***Phnom Penh,*** une ville quadrillée de larges avenues pour mettre en valeur les trésors architecturaux khmers (pagodes, Palais royal).

Mémoire : visite et recueillement au musée du Crime génocidaire Tuol Sleng et à Choeung Ek (Killing Fields), à ***Phnom Penh.*** Dans les environs de ***Battambang,*** faites halte aux sinistres grottes de Phnom Sampeu, aussi appelées « killing caves ».

Plages : Kep, petite station balnéaire tranquille par rapport à sa grande sœur, Sihanoukville, d'où l'on part pour les séduisantes ***îles de Koh Ta Tiev, Koh Rong*** et ***Koh Rong Samloem.***

Gastronome : Kampot et ***Kep*** pour le sublime crabe au poivre vert, ***Siem Reap*** pour ses gâteaux à la noix de coco et pour le restaurant-école Sala Baï, ***Phnom Penh*** pour ses délicieux restaurants d'ONG et leurs spécialités khmères, ***Battambang*** pour son riz très parfumé, ses noix de coco et ses oranges.

AU LAOS

Une semaine

Elle peut largement être consacrée à ***Luang Prabang (1) et ses environs.*** La plus jolie ville du pays est édifiée dans un site exceptionnel. Ville royale à taille humaine et classée au Patrimoine mondial de l'humanité de l'Unesco ! Vraiment attachante avec son charmant Palais royal, ses superbes temples, ses balades bucoliques et de belles étapes gastronomiques. Aux alentours, les grottes de Pak Ou, quelques villages et une série de belles cascades... En prime, une vie nocturne assez courte, mais intense (ah, les soirées à l'*Utopia* !)...

Deux semaines dans le nord

– Du 1er au 4e j. : ***Luang Prabang (1),*** reprendre le descriptif pour une semaine en privilégiant aux alentours les grottes de Pak Ou et la cascade de Kouang Si.

– 5e et 6e j. : rejoindre ***Nong Khiaw (2)*** en bus, et se poser dans ce gros village au bord de la rivière Nam Ou, cerné de monts rocheux recouverts d'une végétation luxuriante.

– 7e et 8e j. : relier ensuite ***Muang Ngoi (3),*** de préférence en bateau (1h). Un bout du monde enchanteur.

– Du 9e au 12e j. : revenir sur Nong Khiaw et Luang Prabang et poursuivre sa route vers ***Vang Vieng (4).*** Autrefois lieu de tous les excès, Vang Vieng s'est assagi. On en profite pour explorer cette région karstique à la découverte de villages, grottes, lagon et autres cascades.

– 13e et 14e j. : continuer jusqu'à ***Vientiane (5),*** capitale-village pour l'animation de ses rues et de ses marchés, ses nombreuses guinguettes, bars et restos.

Cap au sud en trois semaines

– Du 1er au 4e j. : ***Luang Prabang (1).*** Reprendre les visites de l'itinéraire de 2 semaines.

– Du 5e au 7e j. : enchaîner vers le sud en direction de ***Vang Vieng (2)*** et de ***ses environs.***

– Du 8e au 11e j. : se poser 2 jours à ***Vientiane (3),*** puis filer en bus (environ 8h de trajet) vers la ***grotte de Kong Lor (4),*** que l'on traverse en pirogue grâce à sa rivière souterraine. Dormir dans le village.

– 12e et 13e j. : ***Thakhek (5),*** que l'on rejoint soit par Nakai, en faisant la boucle des ***karsts de Khammouane*** aux impressionnants panoramas (mieux vaut être véhiculé), soit plus directement par la route 13. La ville possède un charmant vieux centre d'époque coloniale, adossé au Mékong.

– 14e j. : ***Paksé (6),*** après quelques bonnes heures de bus.

– 15e et 16e j. : Paksé est un point de départ vers le ***plateau des Bolavens (7)*** célèbre pour son café et son thé, sa fraîcheur, ses cascades et ses nombreuses ethnies (compter 2 j. pour la petite boucle, 4 j. pour la grande).

– 17e et 18e j. : au sud, ne pas manquer la douceur de vivre de ***Champasak (8),*** bonne base pour explorer le magnifique site du ***Vat Phou,*** les villages aux éléphants ou tout simplement se poser au bord du Mékong.

– Du 19e au 21e j. : enfin, à la frontière cambodgienne, voici les ***4 000 îles (9),*** où le fil du Mékong s'entortille autour d'une myriade d'îles luxuriantes avant de se heurter au chaos rocheux dans un fracas assourdissant. C'est à Don Khong, ou plus souvent à Don Khône et Don Det que les voyageurs font une pause, suspendus à un hamac qui se balance au-dessus du fleuve, avant de rentrer ou de continuer vers le Cambodge.

SI VOUS ÊTES…

Fou de nature et de villages ethniques : les ***environs de Luang Prabang*** et la ***réserve naturelle de Nam Tha ; Muang Sing*** ; les environs de ***Nong Khiaw-Muang Ngoi*** (l'un de nos coins routards préférés) ; les sauvages ***collines de Phongsaly*** à l'extrême nord du pays et la région du ***plateau des Bolavens*** au sud.

Amateur de paysages étonnants : les régions karstiques (massifs calcaires dit aussi « pains de sucre ») de ***Vang Vieng*** et de ***Khammouane*** ; le monde étonnant et submersible au gré des saisons des ***4 000 îles.***

Le lac de Tonlé Sap, Cambodge

LES QUESTIONS QU'ON SE POSE AVANT LE DÉPART

➢ Quelles sont les formalités pour entrer au Cambodge et au Laos ?

Pour les deux pays, chaque voyageur doit être muni d'un ***passeport*** valable encore au moins 6 mois après le retour et d'un ***visa*** (sauf pour les ressortissants suisses qui restent au Laos moins de 15 jours). Il est valable 3 mois à partir de la date d'émission, pour un séjour de 30 jours maximum.

Pour le Cambodge

On peut obtenir le visa :

– ***auprès du consulat du Cambodge de son pays d'origine,*** en présentant une photo d'identité, le passeport et sa photocopie, un formulaire par personne à remplir (téléchargeable sur le site de l'ambassade, voir plus bas), y compris pour un enfant mineur. Visa par correspondance possible.

Prix du visa : en France, 30 € en espèces (majoration de 5 € pour une demande faite pour un tiers) ; 35 € en Belgique ; 50 Fs en Suisse.

Délai : 48h en France et en Belgique ou en express (+ 15 € pour les Français, + 10 € pour les Belges) ; 3 j. ouvrables en Suisse.

– ***À l'arrivée :*** le *visa on arrival* peut être obtenu à toutes les frontières terrestres et dans les aéroports internationaux. Mieux vaut être en possession d'un billet retour, car certaines compagnies rechignent parfois à embarquer des passagers sans visa ni billet retour. Aux aéroports de Phnom Penh ou de Siem Reap, prévoir une photo d'identité et environ 30 $ (petit supplément si vous arrivez sans photo). Aux frontières terrestres, officiellement, c'est le même tarif. Mais dans la réalité, le prix varie selon le degré de petites entourloupes pratiquées. Ceux qui ne veulent pas y souscrire se muniront préalablement d'un visa. Et attention, assurez-vous que les frontières soient bien ouvertes.

– ***Par Internet :*** le ministère cambodgien des Affaires étrangères et de la Coopération internationale a créé un *e-visa* touristique qui permet d'obtenir un visa de tourisme par Internet sur ● *evisa.gov.kh* ● Au lieu de demander votre visa à l'ambassade, il vous suffit de compléter le formulaire et de régler par carte de paiement (prévoir 30 $ + 7 $ de frais de dossier). Vous recevrez votre visa par courrier électronique 3 jours plus tard. Il ne vous restera plus qu'à l'imprimer et à le conserver sur vous durant votre séjour au Cambodge. Il faut disposer d'une photo d'identité scannée dans l'ordi et d'une carte de paiement. Le site fonctionne globalement bien (quelques soucis parfois). **Mais, attention, le visa électronique n'est pas accepté partout.** Pas de problème aux aéroports internationaux (Phnom Penh et Siem Reap), en revanche tous les postes-frontière terrestres et maritimes ne sont pas équipés pour lire ce type de visa. Consulter impérativement le tableau disponible sur leur site (page d'accueil) qui indique les points d'entrées et de sorties (« Name of port ») valides.

Le visa peut être prolongé une seule fois sur place, auprès du *General Department of Immigration,* situé à Phnom Penh (voir les « Adresses et infos utiles » de cette ville).

– ***Visa périmé à la sortie du pays*** *(« overstay »)* **:** amende de 5 $ par jour dépassé. Toujours conseillé de ne pas accumuler les jours « illégaux » !

Pour le Laos

On peut obtenir le visa :

– ***auprès des services consulaires des ambassades laotiennes de son pays d'origine :*** présenter passeport, formulaire à remplir (téléchargeable sur le site des ambassades) et une photo d'identité. Prix : 35 € en France (délai : 3 à 5 j. ouvrables), 40 € en Belgique (délai : 3 j. ouvrables), 50 Fs en cas de séjour de plus de 15 jours pour les Suisses (délai : 3 j. ouvrables ;

formulaire à télécharger sur le site de l'ambassade de Paris), 57 $ pour les Canadiens (délai : 10 j. ouvrables). Visa par correspondance disponible en France, en Suisse et pour les Canadiens (appeler l'ambassade pour les conditions et frais d'envoi).

– ***Aux frontières terrestres ou aéroports internationaux :*** c'est le *visa on arrival,* très pratique, rapide et moins cher qu'en passant par l'ambassade puisque le prix de base est de 30 $ (42 $ pour les Canadiens). Il est respecté quand on arrive par avion, moins aux frontières terrestres où quelques suppléments pseudo-officiels sont à prévoir... Ne pas oublier d'avoir une photo et le montant cash en dollars, sinon taux de change défavorable. Attention : certains postes-frontière paumés ne le délivrent pas forcément, se renseigner. Site utile pour les dernières infos en la matière (en anglais) : • *laos-guide-999.com* •

Extension sur place à l'Immigration Office de Vientiane ou Luang Prabang : compter 2 $ par jour de séjour supplémentaire. Se renseigner sur la possibilité d'effectuer cette démarche (évolutif). Au-delà de 15 jours supplémentaires, il peut être plus économique de sortir du pays et d'y entrer à nouveau en prenant un autre *visa on arrival...*

➢ Quelles sont les coordonnées des ambassades dans les pays francophones ?

Pour le Cambodge

– ***À Paris :*** *Ambassade et consulat du Cambodge, 4, rue Adolphe-Yvon, 75116 Paris.* ☎ *01-45-03-47-20.* • *ambcambodgeparis.info* • Ⓜ *Rue-de-la-Pompe. RER C : Henri-Martin. Service visas : lun-ven 9h-13h.*

– ***À Bruxelles :*** *av. de Tervueren, 264A, Bruxelles 1150.* ☎ *02-772-03-72.* • *amcambel@skynet.be* • *Service visas : lun-ven 9h-12h, 14h30-16h.* Possibilité de télécharger le formulaire de visa sur le site de l'ambassade du Cambodge à Paris.

– ***À Genève :*** *Mission permanente du Cambodge auprès des Nations unies (section consulaire), 3, chemin Taverney, case postale 213, 1218 Le Grand-Saconnex, Genève.* ☎ *022-788-77-73.* • *cambodiaembassy.ch* • *Service visas : lun-ven 10h-12h, 14h-17h.*

– ***À Vancouver :*** *Consulat du Cambodge, Chadwick Court, 903-168, North Vancouver, V7M-3L4.* ☎ *604-980-17-18. Pour l'ambassade, contacter l'ambassade du Cambodge aux États-Unis : 4530 16th St NW, Washington DC, 20011.* ☎ *001-202-997-70-31.* • *embassyofcambodia.org* • *Lun-ven 9h-12h, 14h-17h.*

Pour le Laos

– ***À Paris :*** *Ambassade de la République démocratique et populaire du Laos (RDPL), 74, av. Raymond-Poincaré, 75016.* ☎ *01-45-53-02-98.* • *ambalaos-france.com* • Ⓜ *Victor-Hugo. Lun-ven 9h-12h pour les visas, 14h-17h pour les rens par tél.*

– ***À Bruxelles :*** *Ambassade de la RDPL, av. de la Brabançonne, 19-21, Bruxelles 1000.* ☎ *02-740-09-50.* • *ambalao.be* • *Lun-ven 9h-12h, également joignable par tél 14h-16h.*

– ***À Genève :*** *Mission permanente du Laos auprès des Nations unies, 14 bis, route de Colovrex, 1218 Le Grand-Saconnex, Genève.* ☎ *022-798-24-41.* • *laomission_geneva@bluewin.ch* • *Lun-ven 9h-12h, 14h-17h.*

– ***Les ressortissants canadiens doivent s'adresser à l'ambassade du Laos aux États-Unis :*** *Lao Embassy, 2222 South StNW, Washington DC, 20008.* ☎ *001-202-332-64-16 ou 001-202-667-00-76 (service consulaire).* • *laoembassy.com* • *Lun-ven 9h-12h, 13h-16h30.* Formulaire de visa à télécharger sur le site.

➢ Y a-t-il un office de tourisme du Cambodge et du Laos dans les pays francophones ?

Il n'existe pas d'office de tourisme pour le Laos.

En revanche, le ministère du Tourisme du Cambodge a un représentant en France : *30 D, rue Francis-Chirat, 69100 Villeurbanne.* 📱 *06-05-83-19-98.* • *sinemeas@gmail.com* • Et un site officiel : • *tourismcambodia.org* •

➢ Quelle est la meilleure période pour y aller ?

De novembre à mars, car d'avril à octobre, c'est la mousson d'été.

➢ Quel est le décalage horaire ?

Au Cambodge, comme au Laos : 5h de plus qu'en France (6h en hiver). Quand il est 12h à Paris, il est 17h à Phnom Penh et Vientiane, en été. Voir également le site ● *horlogeparlante.com* ●

➢ Y a-t-il encore des problèmes de mines ?

Un énorme travail de déminage a été effectué au Cambodge ces dernières années. L'ensemble des sites touristiques a été nettoyé et ne présente plus de danger. Au Laos, il reste encore beaucoup à faire, il est important de ne pas sortir des sentiers balisés, surtout dans le nord et l'est du pays, les régions les plus touchées.

➢ Y a-t-il des problèmes de sécurité en général ?

Non, les deux pays connaissent une vraie situation de sécurité civile. Demeurent parfois les pickpockets sur les marchés et dans les bus et quelques vols à l'arraché, mais c'est le lot de tous les pays du monde ! Et aussi, comme partout, ne pas toucher aux drogues.

➢ La vie est-elle chère ? Quel budget prévoir ?

Non, la vie est bon marché. Peut-être même meilleur au Laos qu'au Cambodge. On peut voyager à la routarde avec un petit budget. Hôtels bas de gamme (autour de 10-20 €) le plus souvent bien tenus ; pour 30 €, on trouve des établissements très propres et de bon confort. On mange correctement pour 3-5 €. Les transports (taxis, bus) sont à prix modérés. L'addition a toutefois tendance à grimper dans les villes les plus touristiques : Siem Reap et Phnom Penh au Cambodge, Vientiane et Luang Prabang au Laos. L'aérien local reste à des prix internationaux.

➢ Quels sont les vaccins obligatoires ?

Vérifiez avant de partir vos vaccinations traditionnelles (polio, tétanos, etc.), les vaccins contre l'hépatite A et la typhoïde sont indispensables, celui contre la rage est fortement recommandé ; l'encéphalite japonaise sévit surtout pendant la mousson, la vaccination est recommandée pour les séjours ruraux. Plus d'infos à la rubrique « Santé » dans « Cambodge utile » et « Laos utile ». Par ailleurs, ne buvez que de l'eau en bouteille capsulée ; choisissez vos gargotes avec discernement. Enfin, n'oubliez pas d'emporter les médicaments que vous avez l'habitude de prendre ; là-bas, vous les trouverez très difficilement.

Remarque particulière concernant le Laos : les conditions sanitaires étant particulièrement pauvres, ne pas s'y rendre si l'on n'est pas en bonne santé. En cas de nécessité, même pour un problème bénin, on réalisera vite que l'on est bien seul, d'autant plus si l'on se trouve dans la campagne.

➢ Y a-t-il des risques de paludisme ?

Hélas oui, spécialement pendant la saison des pluies. Même si certaines régions (comme Vientiane, Phnom Penh et Siem Reap intra-muros) sont sûres, demandez conseil à votre médecin, qui vous prescrira un traitement antipaludéen adapté. Dès le coucher du soleil, porter des vêtements longs associés à un répulsif antimoustiques efficace. Attention, la dengue, également présente dans les deux pays, est aussi transmise par les moustiques.

➢ Quelles langues parle-t-on ?

Dans les deux pays, l'anglais est évidemment la langue favorite des jeunes, des affaires et du tourisme. Au Cambodge (et dans une moindre mesure au Laos), les textes et panneaux administratifs sont traduits en français et certains étudiants et personnes âgées parlent la langue de Molière.

➢ Quelles sont les monnaies locales ?

Au Cambodge, c'est le riel, mais le dollar américain est roi. Il est accepté partout. En 2016, 1 $ équivaut environ à 4 000 riels.
Au Laos, le kip s'obtient facilement dans les banques et les bureaux de change contre des euros. Si l'on ne visite que ce pays, inutile d'emporter des US$. 1 € correspond à environ 8 500 kips. Il existe des distributeurs dans toutes les grandes villes.

➢ Comment recharger mon portable ?

Au Cambodge, pas de problème majeur. Les prises françaises s'adaptent parfaitement aux prises cambodgiennes.
Au Laos, le courant est de 220 volts et les prises sont de type français ou américain, acceptant souvent les fiches mâles de ces deux standards. Si nécessaire, vous trouverez des adaptateurs sur les marchés. Mais un tiers du territoire n'est pas encore électrifié. Si Vientiane et les villes principales sont correctement alimentées toute l'année, il n'en va pas de même dans certains coins reculés, et les pannes sont fréquentes. Là où l'électricité provient de groupes électrogènes, l'alimentation n'est que de quelques heures, de la tombée du jour à 22h. Profitez-en pour recharger vos appareils et pensez à emporter une lampe de poche ou une frontale.

LE CAMBODGE

PHNOM PENH ET SES ENVIRONS

PHNOM PENH

env 1,6 million d'hab.

• Plan *p. 41*

La capitale du Cambodge était surnommée « la perle de l'Asie du Sud-Est » à l'époque coloniale. Pour mettre en valeur les trésors architecturaux khmers (pagodes, Palais royal), les Français ont conçu une ville quadrillée de larges avenues bordées de luxueux bâtiments. Quelques grandes trouées vertes et les promenades des berges permettent encore aujourd'hui à la ville de respirer malgré la congestion automobile sans cesse grandissante. La politique d'embellissement entreprise par Norodom Sihanouk après l'indépendance accentue encore son charme.

Mais la guerre, bien sûr, a laissé des traces. Les édifices religieux ont le plus souffert, rasés en grande partie par les Khmers rouges. Après une décennie d'immobilisme sous le régime provietnamien, la ville s'est relevée de ce long cauchemar grâce à l'afflux des capitaux étrangers. On se met à construire un peu partout et de plus en plus haut. Au nord de la ville, le lac Boeng Kak a été remblayé en réponse à la pression immobilière, pour laisser la place à de vastes condominiums. Les grands boulevards, comme Monivong, connaissent des embouteillages dignes de Bangkok.

En même temps, les marchés que l'on gagne en *tuk-tuk* réservent plein de surprises et grouillent telle une métropole chinoise. Non loin de là – la ville n'est pas si grande –, la silhouette du Palais royal et les façades coloniales du quai Sisowath se révèlent un enchantement pour les yeux. C'est une allure de petit Paris asiatique qui s'échappe des multiples terrasses peuplées d'une foule cosmopolite. Il faut dire que la communauté francophone y est bien implantée, occupant largement le secteur de l'hôtellerie et de la restauration.

À l'aube et au crépuscule, au confluent du Mékong et du Tonlé Sap, des contre-jours puissants et colorés amplifient encore une atmosphère particulière qui, à en croire certains, n'existerait qu'en Indochine. Bref, si la ville peut être fatigante, à la longue, et quelque peu polluée, Phnom Penh est une vraie capitale à taille humaine et une étape incontournable.

UN PEU D'HISTOIRE

Au XVe s, le nom officiel de la ville est un vrai poème : « Capitale des Quatre Bras, heureuse maîtresse du Cambodge, nouvelle Indraprashtha, noble fortunée et frontière du royaume » ! Les quatre bras sont ces cours d'eau qui, en se croisant à cet endroit précis, forment un « X » : le Mékong (qui descend du Laos), le Tonlé Sap (qui devient un grand lac un peu avant Angkor), le fleuve Antérieur (qui n'est autre que la suite du Mékong) et le Bassac (sorte d'appendice appelé défluent).

ÇA VALAIT LA PENH !

Le nom de la ville est dû à une certaine Mme Penh. Selon une jolie légende, Mme Penh découvre quatre statues de bronze dans un tronc d'arbre flottant sur le Mékong. Pour mettre à l'abri son trésor, elle élève une butte en pierre : le phnom (« colline » en khmer), sur lequel est ensuite édifié un temple. Phnom Penh, vieux village de pêcheurs, devient la résidence des rois khmers vers le XVe s.

Phnom Penh commence à ressembler à une capitale à partir de 1863, avec le protectorat imposé par la France au roi Norodom. Elle restera florissante, grâce au commerce, durant plus d'un siècle. En 1975, la déportation de ses 2,5 millions d'habitants par les Khmers rouges (voir la rubrique « Histoire » dans « Cambodge : hommes, culture, environnement ») en fait une ville exsangue, livrée à la végétation. Mise à sac par les révolutionnaires, Phnom Penh, en plus de ses trésors, perd la mémoire : les archives disparaissent, les bibliothèques sont brûlées. L'armée vietnamienne, après avoir chassé les Khmers rouges, achève le pillage.

L'arrivée des Casques bleus et des ONG insuffle une incroyable dynamique à la capitale meurtrie, qui vivote entre les couvre-feux et les incessantes coupures de courant. Le départ de l'UNTAC (autorités provisoires des Nations unies) en 1993 affaiblit l'économie phnompenhoise. La ville connaît quelques péripéties (attentats, prises d'otages, manifestations violentes, etc.), liées à la lutte pour le pouvoir entre les différentes composantes du gouvernement. Mais depuis l'arrêt des combats et la fin des derniers maquis khmers rouges (1998), l'espoir d'une paix durable s'installe et anime toute la population.

Arriver – Quitter

En avion

✈ ***Aéroport international de Pochentong*** *(hors plan par A2)* : *à 8 km à l'ouest de Phnom Penh, par le bd Pochentong. ☎ 890-890. Tte la signalétique est traduite en français.* Vols en provenance de/vers Vientiane, Bangkok, Hanoi, Hô Chi Minh-Ville, Hong Kong, Kuala Lumpur, Singapour, Pékin, Tapei, Doha, Paris. Voir le chapitre « Arriver – Quitter » en fin de guide pour les fréquences et les coordonnées des compagnies.

– ***Visa à l'arrivée et formalités :*** remplir un formulaire de demande de visa, fournir une photo d'identité et environ 30 $ ou 30 € en espèces (somme à vérifier avant le départ). En principe, distributeur d'argent juste en face du bureau des visas. Même avec un visa, nombreux autres formulaires à remplir : arrivée-départ, santé et douane !

■ ***Change :*** *Cambodia Asia Bank*

(CAB ; tlj 6h30-minuit), après la douane ; taux assez médiocre (représente aussi *Western Union*). Mieux vaut attendre d'être en ville ou utiliser les *distributeurs automatiques* situés au niveau des visas à l'arrivée ou dans la salle de réception des bagages.

■ ***Autres services :*** office de tourisme (plan et brochures), consigne et bureau de poste (beaux timbres).

Pour rejoindre le centre-ville

Se diriger vers les comptoirs officiels situés à la sortie. Choix entre les *tuk-tuk* (triporteurs pour 4 personnes), bien si l'on n'a pas de gros bagages ni peur de la pollution automobile, les taxis (pour 4 personnes également) et le bus nº 3 (moins cher que le *tuk-tuk*), 5h30-20h30, qui va jusqu'au *Night Market (plan B1, **79**).* Prévoir 1 à 2h de trajet selon la circulation...

Vols intérieurs et compagnies domestiques

■ ***Cambodia Angkor Air :*** *206A, bd Norodom. ☎ 666-67-86 ou 88. • cambodiaangkorair.com* • Avec Siem Reap, 4-7 liaisons/j. selon la saison. Durée : 45 mn.

Vols internationaux

Pour les liaisons internationales et les coordonnées des compagnies, se reporter au chapitre « Arriver – Quitter », en fin de guide.

En bus

Il y a encore de nombreux accidents de bus dans le pays. Dans la mesure du possible, privilégier les compagnies *Mekong Express* et *Giant Ibis,* de loin les plus sûres et les plus confortables. Pour les autres, éviter si possible les trajets de nuit, toujours plus dangereux, et vérifier l'état du bus et la conduite du chauffeur, quitte à descendre et à changer de compagnie si vous n'êtes pas rassuré...

Compagnies de bus et destinations

🚌 ***Mekong Express*** *(plan B1, **2**) : quai Sisowath (angle rue 102). ☎ 99-933-399 (hotline) ou 📱 012-787-839. • catmekongexpress.com* • Liaisons avec :

➢ ***Siem Reap :*** 4 bus/j. (7h30-14h25). Trajet : 6h.

➢ ***Sihanoukville :*** 5 minibus/j. (7h-17h).

➢ ***Battambang :*** 6 minibus/j. (5h30-23h30).

➢ Également des bus et des minibus pour ***Hô Chi Minh-Ville, Poipet*** et ***Bangkok*** ; voir le chapitre « Arriver – Quitter » en fin de guide.

🚌 ***Giant Ibis*** *(plan B1, **4**) : 3, rue 106. ☎ 023-999-333. • giantibis.com* • Bus récents, confortables et ponctuels (ne pas arriver en retard).

➢ ***Siem Reap :*** 4 départs/j. (3 le mat et 1 tard le soir). Trajet : 5h.

➢ ***Sihanoukville :*** 3 bus/j. (8h-12h30). Trajet : env 5h.

➢ ***Kampot :*** 2 départs/j., 1 le mat, l'autre en début d'ap-m. Trajet : 5h.

➢ ***Hô Chi Minh-Ville :*** 1 bus/j., à 8h (voir le chapitre « Arriver – Quitter » en fin de guide).

🚌 ***Station de bus du marché central*** *(Central Market ; plan A2, **1**) :* utilisée par la compagnie *Sorya* (à côté de la station-service), mais aussi par nombre de taxis collectifs.

🚌 ***Sorya*** *(plan A2, **1**) : départ du marché et également au niveau de River View GH, quai Sisowath (voisin de Mekong Express GH). ☎ 023-210-359. • ppsoryatransport.com* • Ce n'est pas la meilleure compagnie en terme de sécurité et de confort, mais c'est celle qui opère le plus de liaisons.

➢ ***Siem Reap (via Kompong Thom) :*** une dizaine de bus/j. (7h-16h45). Trajet : 5-6h (4h pour Kompong Thom).

➢ ***Kompong Chhnang :*** 5 bus/j. (7h30-14h30). Trajet : 2h.

➢ ***Battambang :*** une dizaine de bus/j. (7h-17h30). Trajet : env 6h.

➢ ***Kep et Kampot :*** 3 bus/j. (7h30-14h30). Respectivement 4h30 et 5h de route.

➢ ***Sihanoukville :*** une douzaine de bus/j. (7h-17h45). Trajet : 4h.

➢ ***Stung Treng et frontière laotienne :*** 3 bus/j. (6h45-10h30). Respectivement 7h (372 km) et 10h de route (481 km).

Adresses utiles

- Offices de tourisme
- 1 Station de bus du marché central (compagnie Sorya)
- 2 Mekong Express
- 3 Capitol Tours
- 4 Giant Ibis
- 5 Bike Shop Red Raid
- 7 Angkor Motorcycles
- 8 ANZ Royal Bank et Western Union
- 9 Cathay United Bank, Cambodia Asia Bank et Western Union
- 11 Ambassade et consulat de France
- @ 13 Friends Travel & Tours et Parapharmacie U-Care
- 14 General Department of Immigration
- 15 Seeing Hands Massage Centre
- 17 Naga Clinic (urgences 24h/24) et Pharmalink
- 18 Royal Phnom Penh Hospital
- 19 Hôpital Calmette
- 20 International SOS
- 21 Pharmacie de la Gare
- 23 Apsara Tours
- 25 KU Travel
- 26 Institut français du Cambodge et Carnets d'Asie
- 27 Monument Books
- 28 Meta House
- 31 Institut Pasteur

Où dormir ?

- 36 Camory Backpackers
- 37 One Stop Hostel
- 38 La Librairie
- 39 Villa Samnang
- 41 Cara Hotel
- 42 Raffles Hotel Le Royal
- 43 Terrace on 95
- 44 Cozyna Hotel et Bougainvillier Hotel
- 45 Blue Lime et Okay Boutique Hotel
- 46 Amanjaya Pancam Hotel
- 47 The Billabong Hotel
- 50 Blue Dog Guesthouse
- 51 Top Banana
- 54 The 252
- 55 The Pavilion
- 57 Lucky Guesthouse II
- 58 Tattoo Guesthouse et Narin Guesthouse
- 59 Burly Guesthouse
- 61 Star Wood Inn
- 62 Europe Guesthouse
- 63 Villa Langka
- 64 Hôtel-restaurant Cyclo
- 65 Mystères et Mékong
- 66 Kha Vi Guest House, Lazy Gecko Café & Guesthouse, Okay Guest House et Number 9 Hotel
- 68 Salita Hotel
- 69 La Maison d'Ambre
- 81 Tea House Hotel

Où manger ?

- 9 Khmer Saravan
- 70 Friends
- 71 Romdeng
- 72 Le Lotus Blanc
- 73 Sugar & Spice Café
- 74 Sam Doo Restaurant
- 75 Chez Mama
- 76 Orussey Restaurant
- 77 Tea Club Café Restaurant
- 78 Food Centre du centre commercial Sorya
- 79 Night Market
- 82 On The Corner et Chiang Mai Riverside
- 83 Piccola Italia Da Luigi
- 84 Open Wine
- 85 Frizz et The Shop
- 86 Pop Café et FCC
- 87 Pho de Paris
- 88 Tom Yum Kung et Khmer Surin
- 89 Comme à la Maison
- 90 Chez Gaston
- 91 Le Saint-Georges
- 92 Malis
- 93 Restos au-delà du Tonlé Sap (Kado et Heng Lay)
- 95 The Blue Pumpkin
- 96 ARTillery
- 97 Tepui at Chinese House
- 110 Flavors of India
- 111 Mok Mony

Où prendre le petit déj ou un bon goûter ? Où déguster une bonne glace ?

- 9 Khmer Saravan
- 85 The Shop
- 89 Comme à la Maison
- 94 La Pâtisserie
- 95 The Blue Pumpkin
- 98 Brown Coffee and Bakery
- 99 L'Irrésistible Coffee
- 102 Java Café
- 107 Bonbon

Où boire un verre ? Où sortir ? Où danser ?

- 8 La Croisette
- 28 Meta House
- 36 Mekong River et River House Lounge
- 41 Doors
- 44 The Riverside Bistro
- 46 K-West Café
- 53 Duplex
- 82 Grand Mekong Hotel
- 86 Bar du FCC
- 95 The Quay Boutique Hotel
- 100 Le Bouchon
- 101 Dodo Rhum House
- 103 Pontoon
- 104 The Groove Music Lounge
- 106 Absinthe Bar

Spectacles

- 160 Sovanna Phum

Achats

- 70 Friends' n' Stuff
- 85 Couleurs d'Asie, Waterlily et Bliss
- 150 Sentosa Silk
- 151 Tabitha
- 152 Village Works
- 154 Hanuman
- 155 Ambre

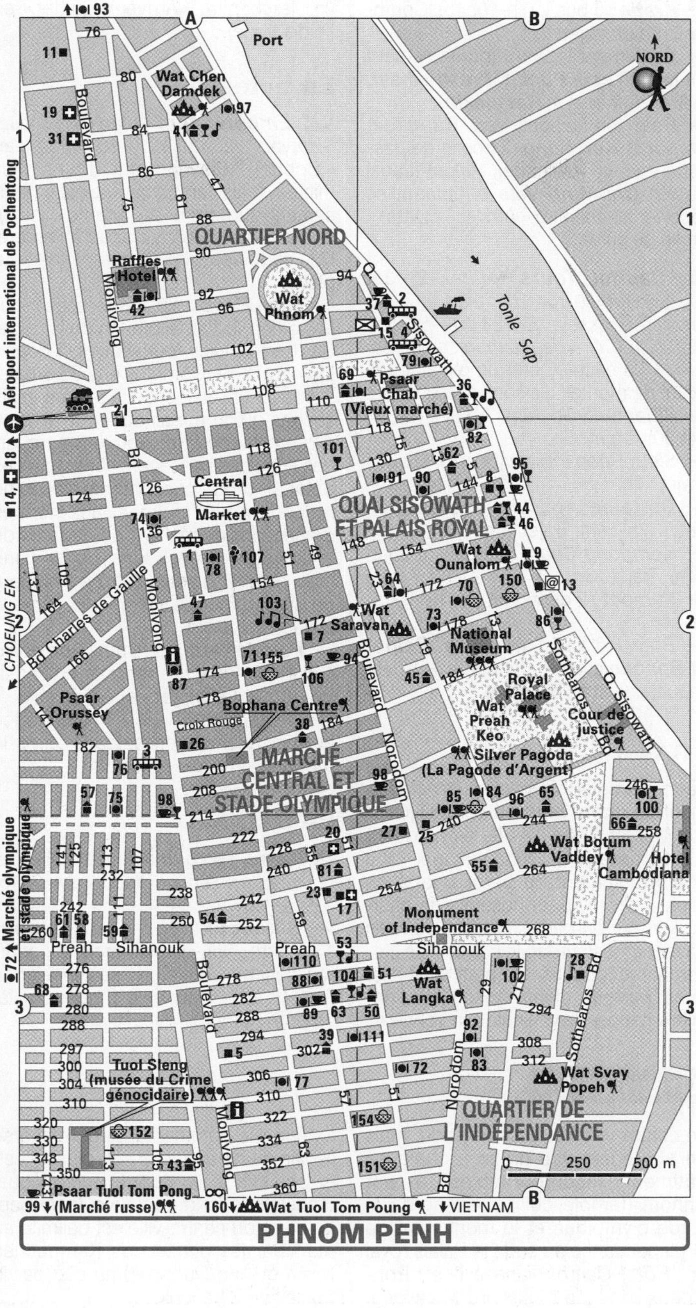
NORD
Port
Wat Chen Damdek
Boulevard Monivong
Aéroport international de Pochentong
QUARTIER NORD
Raffles Hotel
Wat Phnom
Q. Sisowath
Tonle Sap
Psaar Chah (Vieux marché)
Central Market
QUAI SISOWATH ET PALAIS ROYAL
Wat Ounalom
Bd Charles de Gaulle
CHOEUNG EK
Wat Saravan
National Museum
Royal Palace
Wat Preah Keo
Silver Pagoda (La Pagode d'Argent)
Cour de justice
Sothearos Bd
Psaar Orussey
Bophana Centre
Croix Rouge
MARCHÉ CENTRAL ET STADE OLYMPIQUE
Boulevard Norodom
Marché olympique et stade olympique
Wat Botum Vaddey
Hotel Cambodiana
Monument of Independance
Preah Sihanouk
Wat Langka
Tuol Sleng (musée du Crime génocidaire)
Wat Svay Popeh
QUARTIER DE L'INDÉPENDANCE
0 250 500 m
Psaar Tuol Tom Pong (Marché russe)
Wat Tuol Tom Poung
VIETNAM

PHNOM PENH

➢ ***Kratie :*** 3 bus/j. (7h-10h45). Compter 5-6h de trajet.
➢ Également 1 bus/j. (généralement tôt le mat) pour ***Pursat, Preah Vihear,*** le ***Mondulkiri*** et le ***Ratanakiri.***
➢ Pour les liaisons vers ***Bangkok, Poipet*** et ***Koh Kong*** (2 points de passage vers la Thaïlande), ***Paksé*** (Laos) ou ***Hô Chi Minh-Ville*** (Vietnam), se reporter au chapitre « Arriver – Quitter » en fin de guide.

Capitol Tours *(plan A2,* ***3****) : rue 182 (angle rue 107) ; en face du marché Orussey. ☎ 023-217-627 ou 023-724-104. • capitoltourscambodia.com •* Là encore, jeter un œil aux bus avant de monter. Liaisons avec :
➢ ***Sihanoukville :*** env 7 bus/j. (7h15-14h30). Trajet : 5h.
➢ ***Siem Reap :*** 8 bus/j. (6h15-17h30). Trajet : 7h.
➢ ***Battambang :*** une douzaine de bus/j. (7h-16h). Trajet : 5h.
➢ ***Kompong Cham :*** 2 bus/j. (à 8h et 14h). Trajet : 3h.
➢ ***Kampot :*** 2 départs/j. (7h-13h). Trajet : 4h.
➢ Pour ***Hô Chi Minh-Ville, Poipet*** et ***Bangkok,*** voir le chapitre « Arriver – Quitter » en fin de guide.

En taxi

Les taxis collectifs partent principalement du ***grand marché central*** *(Central Market ; plan A2).* Ils embarquent 5 à 6 passagers. Pour voyager plus confortablement ou partir quand on veut, il est toujours possible de chartériser tout ou partie d'un véhicule, en payant grosso modo le nombre de places non occupées. On peut ainsi aller quasi partout, même à Hô Chi Minh-Ville (changer de véhicule à la frontière ; voir le chapitre « Arriver – Quitter » en fin de guide).

En bateau

Embarcadère *(plan B1)* ***:*** *quai Sisowath, face à la rue 104.* Panneau « Bopha, Passenger and Tourist Terminal », mais l'embarcadère est curieusement surnommée « Titanic » (sic !), du nom du resto chic situé à l'arrière. Une demi-douzaine de compagnies sur place.
➢ ***Siem Reap :*** plus de liaisons régulières depuis l'amélioration de la route. Slt des formules touristiques. 1 départ tlj, vers 7h30. Compter env 35 $/pers. Durée : 5-6h. Ça peut être tentant, mais sachez qu'au milieu du lac le voyage devient monotone. Souvent surchargés avec des passagers sur le toit, ces bateaux d'une centaine de places ne répondent pas vraiment aux normes de sécurité en matière de matériel de sauvetage. Prévoir une petite laine (clim polaire) si vous restez à l'intérieur ou une crème solaire si vous faites le voyage sur le toit.
➢ ***Pour le Vietnam (Chau Doc et Hô Chi Minh-Ville) :*** se reporter au chapitre « Arriver – Quitter » en fin de guide.
➢ ***Croisières :*** voir « Promenades et minicroisières en bateau » dans la rubrique « À faire », plus loin.

En train

Gare ferroviaire *(plan A1)* ***:*** *à nouveau en service depuis avr 2016. • royal-railway.com •*
➢ ***Sihanoukville via Kampot :*** 1 départ/j., ven-dim slt, mais qui pourrait devenir quotidien ; se renseigner. Durée : env 8h jusqu'à Sihanoukville, 5h pour Kampot.

Orientation

Le centre-ville est assez étendu, mais on s'y repère vite grâce à quelques bâtiments incontournables : le wat Phnom (temple colline) au nord ; le stade olympique et le monument de l'Indépendance au sud ; le Palais royal et l'*Hôtel Cambodiana* à l'est. Principaux axes : le boulevard Monivong, longue rue commerçante qui traverse la ville du nord au sud ; et, plus à l'est, le boulevard Norodom, puis le quai Sisowath le long du fleuve Tonlé Sap. Le cœur du centre-ville est délimité au nord par les boulevards Kampuchea Krom et Ang Duong et au sud par le boulevard Sihanouk.

La grande majorité des rues ont perdu leurs noms pour porter de simples numéros. Pratique (sauf pour certains quartiers excentrés) : les rues impaires sont verticales sur le plan (axe nord-sud) et leurs numéros vont croissant d'est en ouest. Les rues paires sont horizontales (axe est-ouest) et leurs numéros vont croissant du nord au sud. Les chauffeurs de *tuk-tuk* et de *motos-dops* ne connaissent pas toujours les numéros des rues et ne savent pas forcément lire. À vous de les guider à l'aide de votre carte ! Donnez-leur un maximum de repères (« marché », « grand hôtel Machin », etc.). À cet effet, certains plans gratuits qu'on distribue dans les hôtels sont très utiles. Enfin, sachez que la mention « E0 », ajoutée à de nombreuses adresses, signifie tout simplement « Étage 0 », soit le rez-de-chaussée (donc « E1 », « Étage 1 », etc.).

Comment circuler en ville ?

À pied

En dehors du quartier autour du Palais royal, la ville est très étendue avec peu de moyens pour se repérer : les rues sont numérotées, mais pas forcément dans le bon ordre. Pas mal de boutiques affichent leur adresse en devanture, ça aide ! Mais encore faut-il que le numéro qui figure sur l'immeuble soit le bon. Comme ils ont été changés récemment, il y en a souvent deux. Du coup, on peut arriver devant le bon numéro mais pas à la bonne adresse car le nouveau « bon numéro » a été posé à l'autre bout de la rue... De plus, peu de signalétique. Sans parler de la chaleur et de l'humidité à l'époque de la mousson, des trottoirs qui servent de parking permanent et qui obligent à marcher sur le côté de la chaussée. Et les incessantes sollicitations des *motos-dops* et *tuk-tuk*... qui, au final, vous remettront sur le droit chemin.

À l'exception des taxis, les tarifs sont négociables à l'avance. Le prix dépend, bien sûr, de la distance, et augmente le soir et la nuit.

Les motos-taxis *(motos-dops)*

Le plus pratique et le plus rapide. Ils sont présents à chaque carrefour et sillonnent toutes les rues de la ville. La conduite peut effrayer au premier abord, par la manière de se faufiler dans la circulation. Toutefois, on peut généralement faire confiance aux chauffeurs. Se méfier un peu plus le soir et la nuit car ils vont plus vite lorsque la circulation est moins dense. Éviter absolument les motards visiblement éméchés, carrément dangereux. En moyenne, compter 0,50 $/pers pour une petite course en centre-ville (1-2 km), 1 $ jusqu'à 4 km et 2 $ jusqu'à 8 km. Plus cher la nuit.

Les *tuk-tuk*

Sortes de scooters tirant une carriole, pouvant généralement contenir jusqu'à 4 personnes. Très bien à plusieurs ou si vous craignez les motos-taxis. Plus lents que ces derniers dans les embouteillages, et plus chers aussi (sauf si l'on est 3 ou 4), mais plus confortables et plus sûrs. Pour une course dans le centre-ville, compter 2 $ mini (3 $ la nuit), quel que soit le nombre de personnes.

Les cyclo-pousses

Plus folkloriques qu'efficaces, vu le trafic très dense. À réserver pour une petite course-promenade. Ceux qui attendent à la sortie des hôtels sont les plus chers. Prévoir le double du prix d'un *moto-dop*.

Les taxis

Encore peu nombreux, on les rencontre près des grands hôtels et sites touristiques. Ils sont facilement reconnaissables et disposent d'un compteur. En principe, pas de souci, les chauffeurs le mettent en marche sans se faire prier. Prise en charge minimum : 1 $, puis compter environ le même montant au kilomètre. Deux compagnies : *Choice Taxi* (☎ 888-023) et *Global Taxi* (📱 011-311-888 ou 092-889-962).

Location d'un *tuk-tuk* à la journée

Probablement le moyen idéal pour découvrir la ville, si l'on fait bien sûr abstraction de la pollution. Essayer de trouver un chauffeur qui parle l'anglais. Il peut être judicieux de s'adresser à la réception de l'hôtel malgré une petite com' éventuelle. Se mettre bien d'accord sur le prix et les horaires d'utilisation après avoir précisé les lieux visités (surtout si certains se situent en dehors de la ville). Prévoir environ 15-20 $/j. pour une location intra-muros.

Les voitures avec chauffeur

En raison des embouteillages, très nombreux, mieux vaut réserver ce mode de transport aux excursions en dehors de la ville. Prévoir minimum 25 $/j. Se renseigner à son hôtel ou dans les agences de voyages.

Location de motos

Intéressante uniquement pour sortir de Phnom Penh. Dans la capitale, chaque carrefour est l'occasion d'un grand frisson, pour ne pas dire d'une grande frayeur. En revanche, une fois sortie de la ville et de certaines nationales très encombrées, la moto se révèle particulièrement adaptée à l'exploration du pays. Pour les grands trajets, louer une 250 cm^3 ou une tout-terrain (« *dirtbikes* », environ 30 $/j.).

Un bon point, ***le port du casque est obligatoire,*** uniquement pour le conducteur, mais que cela ne dispense pas le passager de faire de même... Il est d'ailleurs généralement inclus dans le tarif. Des assurances basiques de type au tiers peuvent être proposées. Bien étudier leurs clauses. Savoir que les vols de deux-roues sont assez fréquents. On peut en parler, ça fait mal ! Bloquer la direction ne suffit pas forcément : mieux vaut mettre systématiquement un antivol ou stationner dans un parking gardé (aux abords des marchés, temples, bars, etc. ; pas cher).

Phnom Penh est un lieu idéal pour trouver un bon engin et organiser son excursion.

■ ***Angkor Motorcycles*** *(plan A2,* ***7****)* **:** *92, rue 51. ☎ 023-986-333. 📱 012-722-098. • angkormotorcycles.com • Entre les rues 172 et 174. Tlj 7h30-17h30.* L'état (toujours décent) et les tarifs des 250 cm^3 à louer varient selon leur âge. Quelques petites 125 semi-automatiques, suffisantes pour la ville (voir l'avertissement plus haut) et ses environs.

■ ***Bike Shop Red Raid*** *(plan A3,* ***5****)* **:** *31, rue 302. 📱 012-851-776. • motorcyclecambodia.com • Lun-sam 8h-12h, 14h-18h.* Cette adresse, managée par un Français établi au Cambodge depuis belle lurette, est recommandée pour les motards exigeants. Location de bonnes motos à partir de 250 cm^3 avec assurance et organisation de tours guidés.

Location de vélos

Pourquoi pas, la ville se prête tout à fait au vélo. Pas mal d'agences de location et quelques hôtels en louent, voire en prêtent. Sinon, compter environ 1-3 $/j. selon le modèle et l'état du biclou.

■ @ ***Friends Travel & Tours*** *(plan B2,* ***13****)* **:** *353, quai Sisowath (et rue 178). Tlj 8h-22h.* Des vélos tout simples, mais globalement en bon état. Loue aussi des motos. Également un cyberespace (avec *Skype*).

Adresses et infos utiles

Informations touristiques et administratives

ℹ ***Offices de tourisme*** *(plan A2)* **:** *262, bd Monivong. ☎ 023-218-585. 📱 012-980-088. • tourismcambodia.com • Tlj sf dim 8h-17h. Une autre adresse au sud du bd Sihanouk (plan A3) : House 621, bd Monivong, entre les rues 310 et 322. 📱 012-705-705.*

Cela dit, pas vraiment utiles. Vous en apprendrez plus avec les sites internet cités ci-après...

■ ***Sites internet :*** *• phnom-penh.biz •* Site internet privé et francophone, riche en infos, avec un forum très actif. Également *• canbypublications.com •* : pas mal d'infos détaillées et utiles sur la capitale, entre autres.

■ ***General Department of Immigration*** *(hors plan par A2,* ***14****) : 322, bd Russian, juste en face de l'aéroport. 012-581-558. • visa.info@immigration.gov.kh • immigration.gov.kh • Lun-ven 8h30-12h, 14h-16h30.* Établit les ***prolongations de visas.*** Attention, délai d'une semaine. Applicable une seule fois dans le cas des visas touristiques (30 jours supplémentaires pour environ 30 $). Se munir d'une photo. Savoir que nombre d'agences (dont celles que nous indiquons) proposent ce service pour un prix parfois inférieur, tout en économisant le déplacement jusqu'à l'aéroport.

Poste, téléphone et Internet

✉ ***Poste principale*** *(plan A-B1) : rue 13, à l'angle de la rue 102 (est du wat Phnom). Tlj 7h-18h.* Grand bâtiment colonial français, restauré en 2001, qui a belle allure dans sa livrée jaune. On peut voir des photos anciennes à l'intérieur. C'est aussi le ministère des Communications. Services postaux, fax, Internet, achat de timbres et philatélie, cartes postales, téléphones.

– ***Communications nationales :*** des minikiosques de trottoirs, aux parois couvertes d'indicatifs (012, 011, etc.), prêtent un portable à un tarif à la minute variant selon l'opérateur, la localisation (fixe) et... la durée de votre appel. Cela dit, si vous avez un portable débloqué et besoin de passer des appels fréquents, investissez dans une carte SIM locale, ça ne vous ruinera pas !

– ***Pour l'international :*** passer par un centre Internet ou, encore une fois, acheter une puce locale. Les tarifs vers l'international sont devenus bon marché.

– ***Wifi :*** partout, mais en cas de besoin quelques boutiques en ville, comme sur Sisowath, en particulier entre la rue 184 (le *K-West Café*) et la rue 130. Par exemple, chez ***Friends Travel & Tours*** *(plan B2,* ***13****) : 353, quai Sisowath (et rue 178). Tlj 8h-22h.*

Argent, banques, change

Aucune difficulté pour se réapprovisionner en dollars. Sinon, plusieurs banques et bureaux de change le long du quai Sisowath, mais penser à comparer les taux, le quartier est assez touristique.

■ ***Cathay United Bank*** *(plan B2,* ***9****) : 327, quai Sisowath. Lun-sam 8h-17h (12h30 sam).* Bon taux de change, en général, mais comparer quand même avec les voisins. Également 2 distributeurs automatiques.

■ ***Cambodia Asia Bank*** *(CAB ; plan B2,* ***9****) : 349, quai Sisowath (et au 263 également). Tlj 7h30-21h.* Taux de change moyen. Distributeur.

■ ***ANZ Royal Bank*** *(plan B2,* ***8****) : 265, quai Sisowath. Lun-ven 8h-16h.* Distributeur accessible 24h/24.

■ ***Western Union*** *(service de transfert d'argent express) : service très courant un peu partout en ville, notamment dans le réseau des banques* ***Acleda*** *et* ***Cambodia Asia Bank*** *(CAB ; plan B2,* ***9****). Sur le quai Sisowath, assuré par la* ***Cathay United Bank*** *(plan B2,* ***9****) ou encore juste à droite de l'****ANZ Royal Bank*** *(plan B2,* ***8****).*

Représentations diplomatiques

■ ***Ambassade et consulat de France*** *(plan A1,* ***11****) : 1, bd Monivong. ☎ 023-430-020. • ambafrance-kh.org • Lun-ven 8h30-11h30, l'ap-m sur rdv slt.* Dans un grand édifice tout blanc, plutôt design.

■ ***Consulat honoraire de Belgique :*** *404D, bd Monivong. ☎ 214-024. En cas d'urgence : 012-840-056. • belco.ppenh@gmail.com • Mar et jeu à partir de 16h.* Dépend de l'ambassade de Belgique à Bangkok.

■ ***Agence consulaire de Suisse :*** *50, rue 334. ☎ 023-218-209 ou 305. • pnh.consularagency@eda.admin.ch • Lun-ven 9h-11h, l'ap-m sur rdv slt.*

Dépend de l'ambassade de Suisse à Bangkok.

■ ***Ambassade du Canada :*** *service consulaire limité et assuré par l'ambassade d'Australie, 16B, rue de l'Assemblée-Nationale, Sangkat Tonle Bassac, Khan Chamkamon. ☎ 023-213-470. • australian.embassy.cambodia@dfat.gov.au •* Sinon, contacter l'ambassade du Canada à Bangkok : *15th floor, Abdulrahim Place, 990 Rama IV, Bangrak. ☎ (066) 026-46-43-00 ou 45. • bangkok-consul@international.gc.ca •*

■ ***Ambassade et consulat du Laos*** *(hors plan par A3) : 15-17, bd Mao-Tsé-Toung. ☎ 023-997-931 ou 023-982-632. • laoembpp@canintel.com • Lun-ven 8h-11h30, 14h-17h.* On peut s'y faire délivrer un visa de tourisme pour 1 mois. Coût : 40 $. Délai d'obtention : 1 jour. Prévoir 2 photos d'identité. Nécessaire uniquement si vous comptez emprunter la frontière Veun Kham-Dong Kralor (voir « Arriver – Quitter » en fin de guide). Par la voie des airs, obtention du visa à l'arrivée à l'aéroport de Vientiane ou de Luang Prabang (30 $; prévoir une photo d'identité).

■ ***Ambassade et consulat de Birmanie (Myanmar*** *; hors plan par B3) : 181, bd Norodom. ☎ 023-223-761 ou 762. • mephnompenh.org • Lun-ven 8h-12h30, 14h-17h.* Délivre un visa touristique de 28 jours pour 30 $; on peut aussi l'obtenir à l'aéroport international.

■ ***Consulat du Vietnam*** *(hors plan par A3) : 440A, bd Monivong (angle de la rue 436). ☎ 023-726-274. • vietnamembassy-cambodia.org • Lun-ven 8h-11h30, 14h-16h30.* Pas besoin de visa pour les ressortissants français et suisses pour un séjour au Vietnam de moins de 15 jours (aux dernières nouvelles, les Belges devaient toujours en faire la demande). Si nécessaire, prévoir 45-75 $ pour un visa à entrée simple ou multiple et un délai d'obtention de 3 jours ouvrables. Attention, les modalités peuvent changer, mieux vaut se les faire confirmer avant le départ.

■ ***Ambassade de Thaïlande*** *(hors plan par B3) : 196, bd Norodom. ☎ 023-726-306 ou 308. • thaiembassy.org/phnompenh • Lun-ven 8h30-11h (bureau des visas).* Rappel : obtention d'un visa gratuit et valable 15 jours directement à toutes les frontières terrestres du pays (visa porté à 30 jours en arrivant par voie aérienne). Se rendre ici pour les autres visas (catégorie, durée).

■ ***Ambassade de Malaisie*** *(hors plan par A3) : villa nº 5, rue 242, Sangkat Chaktomouk. ☎ 023-216-176 ou 177. • malppenh@kln.gov.my • Lun-ven 8h-12h, 13h30-16h30.*

■ ***Ambassade de Chine*** *(hors plan par A3) : 156, bd Mao-Tsé-Toung. ☎ 023-364-738 ou 023-720-920. • kh.chinaembassy.org • Lun-ven 8h30-11h30, 14h30-16h30.*

■ ***Ambassade de l'Inde :*** *5, rue 466. ☎ 023-210-912. • indembassyphnompenh.org •*

Hôpitaux

Pour les très gros pépins, mieux vaut se faire rapatrier à Bangkok ou à Singapour.

✚ ***Hôpital Calmette*** *(plan A1,* ***19****) : 2, bd Monivong. ☎ 023-426-948 ou 023-723-840. 📱 011-426-948 (médecin de garde pour les urgences). Consultations lun-ven 7h30-11h30, 14h30-16h30.* Le plus connu de Phnom Penh. Le personnel de *Médecins du monde* et de la *Coopération française* l'a repris en main il y a quelques années. Ophtalmo, dentiste, etc. Équipé d'une IRM.

✚ ***Naga Clinic*** *(plan A3,* ***17****) : 11, rue 254. ☎ 023-211-300 (standard). Dr Garen : 📱 012-767-505. • nagaclinic.com •* Clinique dirigée par le Dr Garen (médecin-conseil de l'ambassade de France). Service d'urgences 24h/24. Spécialisée notamment dans les maladies tropicales, la pédiatrie et l'ORL. Gynéco sur rendez-vous. Très cher toutefois.

✚ ***Royal Phnom Penh Hospital*** *(hors plan par A2,* ***18****) : 888, bd de la Confédération-de-Russie. ☎ 023-991-000. • royalphnompenhhospital.com •* Super bien équipé mais cher.

✚ ***Institut Pasteur*** *(plan A1,* ***31****) : 5, bd Monivong. ☎ 023-428-009. 📱 012-812-003. • pasteur-kh.org • À côté de l'hôpital Calmette. Lun-sam 7h-17h (11h30 sam).* On peut s'y faire vacciner contre le tétanos, la rage, l'hépatite B, l'encéphalite japonaise et la fièvre jaune. À noter que c'est également le seul centre de traitement antirabique du pays.

International SOS (plan A3, **20**) : 161, rue 51 (rue Pasteur). ☎ 023-216-911 (urgences). • internationalsos.com • Consultations lun-sam 8h-17h30 (12h sam). Médecine générale, dermatologie, pédiatrie et gynécologie. Équipée d'un labo et d'un service de radiologie. Plusieurs médecins francophones. Pas donné.

European Dental Clinic : 160A, bd Norodom. ☎ 023-211-363. 012-893-174. • europeandentalclinic-asia.com • Face à l'école ISPP. Lun-ven 8h-13h, 14h-17h ; sam 8h-13h. Un cabinet dentaire, tenu par des Français et des Anglais compétents. Accepte la carte *Visa*.

Pharmacies

Une certaine proportion des médicaments vendus dans les pharmacies « standard » de la ville peuvent être périmés ou contrefaits. Voici quelques adresses fiables.

■ **Pharmacie de la Gare** (plan A1-2, **21**) : 81, bd Monivong (et rue 108). ☎ 430-205. 012-805-908 (urgences). Tlj 7h-19h (17h dim). CB acceptées. Très propre et bien fournie. Le patron parle le français.

■ **Pharmalink** (plan A3, **17**) : à la Naga Clinic (voir plus haut). ☎ 023-215-727. Tlj 24h/24. Bien fournie et service très professionnel.

■ **Parapharmacie U-Care** (plan B2, **13**) : à l'angle du bd Sothearos et de la rue 178. ☎ 023-222-399. Tlj 8h-22h. Moderne, rayons adaptés aux besoins des voyageurs. Succursales au 41-43, bd Norodom et au 39, bd Sihanouk.

Agences de voyages

■ **Shanti Travel :** ☎ 09-70-40-76-17 (en France). • shantitravel.com • Une agence dynamique créée par des Français installés en Asie depuis de nombreuses années. L'équipe est capable de réagir à tous vos projets au Laos et au Cambodge, du voyage en amoureux au trek en immersion, en passant par les voyages en famille. Prestations sur mesure et prix très raisonnables. Et pour les voyageurs prêts à continuer leur route en Asie, *Shanti Travel* vous emmène aussi en Birmanie, au Vietnam ou encore en Indonésie.

■ **Diethelm Travel :** 65, rue 240. ☎ 023-219-151. • diethelmtravel.com • L'une des bonnes agences de Phnom Penh. L'équipe est compétente et l'agence a des succursales dans tout le pays, ainsi qu'au Laos, au Vietnam, en Thaïlande et en Birmanie (Myanmar).

■ **Apsara Tours** (plan A3, **23**) : 8, rue 55, Daun Penh. ☎ 023-216-562. 016-908-055. • apsaratours.com.kh • L'un des plus grands tour-opérateurs européens. Le patron et les guides parlent le français. On peut y acheter ses billets pour Angkor, louer une voiture avec chauffeur, etc. Leur bureau de Siem Reap est aussi très efficace.

■ **Apple Travel :** 16, rue 13, S/K Wat Phnom. ☎ 023-213-006. 011-804-688. • appletravel.com.kh • Près de la poste. Lun-sam 8h-18h, dim 10h-17h. Petite agence efficace pour toute résa de bus, bateau, avion, ou pour obtenir ou renouveler des visas. Pro et fiable.

■ **Tour Asia :** ☎ 023-764-218. 012-800-780. • tourasia.com.kh • Branche locale d'une grosse agence singapourienne, elle mérite d'être citée pour le professionnalisme et la qualité d'accueil de son personnel. Toutes prestations à prix concurrentiels.

■ **KU Travel** (plan B3, **25**) : 77, rue 240, Sangkat Chaktomuk. ☎ 023-723-456. 012-515-181. • kucambodia.com • Lun-sam 8h-17h30 (17h sam). Compétent, personnel serviable.

■ **Compagnie fluviale du Mékong :** ☎ 023-216-070. Résas sur le site • cfmekong.com • Propose de superbes itinéraires-croisières pour voyages de noces ou riches routards souhaitant découvrir les mondes du Mékong dans des embarcations traditionnelles en bois, alliant charme et grand confort. Croisières entre Phnom Penh et Siem Reap (3 jours et 2 nuits) ou Hô Chi Minh-Ville (à partir de 4 jours et 3 nuits).

Divers

■ **Institut français du Cambodge** (plan A2, **26**) : 218, rue 184. ☎ 023-213-124 ou 125. • institutfrancais-cambodge.com • Le complexe, sanctuaire bien vivant de la francophonie, est installé de part et d'autre de la rue. D'un côté, la section enseignement, de l'autre, un bureau d'accueil *(lun-ven 8h-12h, 14h-18h),* une médiathèque *(mar-ven 9h-18h30, sam 10h-18h30 ; fermé de mi-juil à mi-août ; consultation libre sur place, inscription payante pour les emprunts),* une galerie d'expositions *(mer-sam 11h-19h),* un cinéma *(mar et ven à 18h30, sam à 14h30, 17h et 18h30)* et un resto-café, *Le Bistrot (lun-sam 7h30-22h).* C'est le bon endroit pour sympathiser avec des Cambodgiens francophones. Panonceau avec des petites annonces diverses et variées (offres d'emplois, etc.).

■ ***Carnets d'Asie*** *(plan A2,* ***26****) : dans le complexe de l'Institut français du Cambodge (voir ci-dessus). ☎ 023-210-421. Lun-sam 9h-19h.* Librairie francophone qui, en plus d'un bon fonds généraliste, est spécialisée sur l'Asie du Sud-Est et le Cambodge. Propose aussi bien des éditions françaises que cambodgiennes francophones ou bilingues, à peu près introuvables en France. De quoi satisfaire les amateurs comme les érudits. Sélection de périodiques, de cartes postales, de plans, de guides touristiques et culturels. Également une antenne à Siem Reap. Pour les chercheurs, le site *• carnetsdasie-pp.com/index.php •* liste l'ensemble des ouvrages en français, conservés à la Bibliothèque nationale du Cambodge.

■ ***Monument Books*** *(plan B3,* ***27****) : 111, bd Norodom. ☎ 023-223-622. • monument-books.com • Tlj 7h-20h30.* Librairie essentiellement anglophone, mais également quelques ouvrages, journaux et magazines en français.

■ Pour trouver des ***bouquins,*** on peut aussi aller au *marché central (plan A2)* ou au *marché Orussey (plan A2).* On y trouve des livres d'occasion et beaucoup d'éditions « pirates » vendues quelques dollars, sur le Cambodge en général et Angkor en particulier. Les vendeurs des rues en proposent aussi. Quant à la presse française, on l'achète aussi au supermarché *Thai Huot (105, bd Monivong).*

■ ***Infos et activités sur la capitale :*** *The Cambodia Daily* propose tous les vendredis le programme des activités de la capitale. Plusieurs gratuits en anglais, dont *Visitors Guide* (biannuel de petit format disponible un peu partout ; *• canbypublications.com •*) et *Bayon Pearnik* (mensuel ; *• bayonpearnik.com •*), qui fournissent pas mal d'infos pratiques (transports, visas, banques, excursions, etc.). Pour les francophones, il existe le gratuit *L'Écho du Cambodge.* Savoir quand même que, financés par la publicité, ils ne sont pas très objectifs quant aux adresses mentionnées dans leurs colonnes. Également l'hebdomadaire *Advisor* pour piocher des idées branchées d'expos, concerts et sorties *(• theadvisorcambodia.com •)* et le mensuel payant *Southeast Asia Globe,* à vocation plus régionale *(• sea-globe.com •).*

■ ***Meta House*** *(plan B3,* ***28****) : 37, bd Sothearos, Songkhat Tonle Bassak. ☎ 023-224-140. 📱 010-312-333. • meta-house.com • Tlj sf lun 18h-22h pour l'expo, 16h-minuit pour le bar (parfois plus tard).* Centre culturel allemand ouvert à toute forme d'expression, et à la programmation séduisante. Expos et ateliers. Bar et petite restauration sur le charmant toit-terrasse où sont fréquemment projetés des documentaires et des films, souvent d'avant-garde, plus de bons concerts du jeudi au samedi.

■ ***Seeing Hands Massage Centre*** *(plan B1,* ***15****) : 12, rue 13. 📱 016-856-188. En face de la poste. Tlj 8h-21h. Résa conseillée.* Les quelques masseurs, tous aveugles et supportés par des organisations caritatives, sont pris d'assaut. Les massages (shiatsu et réflexologie) se font au travers des vêtements par étirements et pressions. Corps sensibles, s'abstenir.

■ ***Spas :*** voir plus loin *Bliss* dans « Achats. Shopping classique » pour une version raffinée.

■ ***Piscines :*** possibilité de profiter des piscines des grands hôtels, moyennant d'ordinaire un droit d'entrée d'environ 5 $ par personne (parfois jusqu'à 10 $ le week-end).

■ ***CCC (Comité cambodgien de coopération*** *; hors plan par A3) : 9-11, rue 476, Toul Tompoung I. ☎ 023-214-152. • ccc-cambodia.org •* S'occupe de la coordination entre les ONG du Cambodge – et il a donc fort à faire ! Si vous souhaitez donner de votre temps et partager vos compétences, vous pouvez y déposer votre CV, consulter son importante documentation et y être conseillé. Toujours pour les BA, voir aussi la rubrique « Achats. En faveur des ONG » plus loin.

Où dormir ?

Nous précisons lorsque les hébergements soutiennent l'action de *ChildSafe,* une ONG qui s'engage à fournir aux enfants un environnement protégé.

Vers le quai Sisowath et le Palais royal (plan B2)

Beaucoup de bars et de restos étalent leurs terrasses le long du quai, qui est de fait devenu assez touristique. On est au cœur de l'animation et aux premières loges pour contempler le Tonlé Sap.

Bon marché (moins de 15 $)

One Stop Hostel (plan B1, **37**) : *85, quai Sisowath. ☎ 023-992-822. 077-492-228. • onestophostel.com • Dortoir 7-8 $.* Cette récente chaîne d'auberges de jeunesse propose des dortoirs impeccables de 4 à 10 lits, dont un réservé aux filles. Tous avec la clim, casiers, loupiotes et prises électriques. Prêt de sèche-cheveux ! Location de serviettes et de vélos. Cuisine. Laverie.

Europe Guesthouse (plan B2, **62**) : *51, rue 136. ☎ 023-691-88-83. • europeguesthousepp.com • Résa conseillée. Doubles 10-25 $ selon confort.* Idéalement située, tenue par un charmant couple franco-khmer plein de bons conseils. Le patron, plein d'humour, a vécu en France. Ses employés et lui sont vraiment aux petits soins pour la clientèle. Une bonne vingtaine de chambres mais, attention, seulement quelques-unes avec fenêtre et lumière du jour. Les moins chères ont une fenêtre sur le couloir, sanitaires communs et ventilo. Également des familiales. Dans l'ensemble, un très bon rapport qualité-prix qui réconfortera les eurosceptiques !

Camory Backpackers (plan B1, **36**) : *167, quai Sisowath. 069-789-594 ou 012-664-567. • camoryhostelandrestaurant.com • Lit en dortoir 12 $, petit déj inclus.* Au-dessus du café, dans les étages, quelques dortoirs bien tenus avec clim, ventilo, salle de bains attenante et casiers. Jolie terrasse avec vue sur le Tonlé Sap. Prix un poil élevé pour des dortoirs, mais le petit déj est inclus.

Prix moyens (15-35 $)

Cozyna Hotel (plan B2, **44**) : *1A, quai Sisowath (dans le même bloc que l'hôtel Amanjaya). ☎ 023-222-366. 012-662-200. • cozyna-hotel.com • Doubles 20-35 $ selon confort et vue. Pas de petit déj.* Chambres spacieuses et déco des plus sobre. Beaucoup de premiers prix sans fenêtre, à l'atmosphère quelque peu monacale, mais rien à dire sur la propreté. Celles disposant d'un balcon privé donnent sur le fleuve ou sur le quai, mais vu l'animation, mieux vaut ne pas se coucher trop tôt. Plus pour sa situation et ses tarifs (d'autant que des réduc sont possibles) que pour le charme.

Hôtel-restaurant Cyclo (plan B2, **64**) : *50, rue 172. ☎ 023-992-128. 077-492-228. Doubles 23-38 $, suite 4 pers 55 $.* Plaisant petit hôtel jouant sur un élégant style coloré et design avec une touche légèrement coloniale. En outre, très bien situé. Une quinzaine de chambres, assez spacieuses et de bon confort, mais peu à peu usées par le temps. Également des suites en mezzanine, avec espace salon et balcon. Jacuzzi sur le toit. Cuisine khmère et française. Bar rempli de plantes. Dommage que le succès des lieux affecte l'accueil et le service, plutôt blasés.

De chic à plus chic (35-100 $)

Blue Lime (plan B2, **45**) : *42, rue 19Z (l'impasse 19Z donne sur la rue 19, à* *hauteur du n° 179). ☎ 023-222-260. • bluelime.asia • À l'arrière du Musée national. Résa très conseillée. Selon taille et confort, doubles 40-90 $, petit déj compris.* Managé par l'équipe du *Pavilion*, le « Citron bleu » est résolument contemporain, béton – l'essentiel du mobilier – et urbain – vue sur les toits « favelesques » de Phnom Penh. Une vingtaine de chambres sur 3 étages, avec tout le confort moderne. La piscine occupe l'essentiel du jardin, au calme parfait. Original et réussi. Cette adresse soutient l'action de *ChildSafe.*

Mystères et Mékong *(plan B2-3,* ***65****) : 70, rue 244. ☎ 023-210-274. • mysteres-mekong.com • Doubles 70-100 $ selon saison, suites 110-125 €, petit déj inclus.* Dans une rue très paisible, juste derrière le Palais royal, mais on se croit à mille lieues de la ville. Grande villa de style colonial avec jardin, noyée dans la végétation tropicale. Une vingtaine de chambres et suites de charme, lits à baldaquin avec moustiquaire, gravures et mobilier anciens, vénérable carrelage, etc. La n° 20 offre une jolie vue sur le *wat* voisin. Belle piscine. Service traiteur, mais il y a de bons restos autour. Cette adresse soutient l'action de *ChildSafe.*

Bougainvillier Hotel *(plan B2,* ***44****) : 277G, quai Sisowath. ☎ 023-220-528. • bougainvillierhotel.com • Doubles 70-110 $ selon saison et confort, suites 130-140 $, petit déj-buffet inclus ; promos sur leur site.* Entrée fort agréable avec éléphants et porte en bois, sculptés à l'indienne, ouvrant sur un restaurant franco-khmer élégant. Une vingtaine de chambres *deluxe* mais sans vue (sur le Tonlé Sap). L'intérêt, ici, ce sont les suites, donnant sur le quai (avec balcon, idéal pour assister aux fêtes de l'Eau en novembre ; attention, les moins chères donnent sur l'arrière et sur le mur de l'immeuble voisin, ne vous faites pas avoir !). Déco avec mobilier traditionnel, bois sombres et tissus colorés. Prix assez élevés tout de même pour Phnom Penh. Cette adresse soutient l'action de *ChildSafe.*

La Librairie *(plan A2,* ***38****) : 22, rue 184. ☎ 023-221-812. • la-librairie-phnom-penh.com • Doubles 40-90 $ selon saison, 3e lit gratuit et petit déj inclus. Parfois des promos sur Internet.* Pas besoin d'être un grand intellectuel pour trouver l'adresse charmante, avec sa jolie piscine et ses chambres au style shanghaïen. Couloirs orange avec puits de lumière, lampions, portes noires laquées, lits à baldaquin, chaises en bambou... Attention, pas de fenêtre pour le premier prix. Préférer donc les chambres avec balcon. Et la librairie, au fait ? Elle est bien là, à l'anglo-saxonne : on se sert mais on remplace. Magazines français. Prêt de vélos. Resto-bar sympa (*happy hours* 17h-19h) dans un décor en brique venue... du Pas-de-Calais ! Bon accueil du management français.

Okay Boutique Hotel *(plan B2,* ***45****) : 174, rue 19Z (l'impasse 19Z donne sur la rue 19, à hauteur du n° 179). ☎ 023-979-666. • okayboutiquehotel.com • Ne pas confondre avec la* Okay Guesthouse *de la rue 258. Doubles et suites 65-90 $, familiale 120 $, petit déj inclus.* Dans une impasse, à l'arrière du Palais et du Musée national. En passant devant, on pense d'abord à un temple... À l'intérieur, étonnante décoration, avec statues bouddhiques et boiseries sculptées à profusion, depuis la réception jusqu'au resto sur le toit et sa belle terrasse avec vue, plus piscine, lampadaires et même une statue kitsch de Sihanouk ! Dans les chambres, presque au diapason, frises au plafond et tout le confort. Toutes avec un minuscule balcon, un peu ridicule, il faut bien le dire, et pas très sécurisant pour les enfants, alors prudence.

Spécial coup de folie

La Maison d'Ambre *(plan A-B1,* ***69****) : 123, rue 19 (angle rue 110). ☎ 023-222-780 ou 782. • lamaisondambre.com • Doubles 130-160 $, familiale 4 pers 230 $, petit déj inclus.* Architecture aux réminiscences Art déco et, à l'intérieur, un superbe décor dans les tons rose, noir et gris, et un mobilier original, reprenant des formes anciennes modernisées. Plein de trouvailles esthétiques et artistiques également... Une dizaine de chambres et suites au confort total. Belle et spacieuse terrasse protégée, bar hyper design avec balancelles, bon resto... En bord de fleuve, une *country house* privée, belle piscine arborée... Pas donné, mais un vrai coup de cœur !

Amanjaya Pancam Hotel (plan B2, **46**) : *1, rue 154 (à l'angle du quai Sisowath, repérable au K-West Café). ☎ 023-214-747. • amanjaya-pancam-hotel.com • Compter 120-185 $ selon saison, petit déj compris.* Hyper bien situé, c'est l'un des plus charmants hôtels chic de la ville. Au-dessus de l'élégant lobby rouge et boisé, de belles chambres et des suites, d'une surface allant de 43 à 91 m², à la décoration raffinée. Mobilier en bois de rose style khmer, jolis tissus, beau parquet, superbes salles de bains... Certaines d'entre elles donnent sur le Tonlé Sap, d'autres sur le wat Ounalom (et parfois sur les 2). Toutes avec un petit balcon pour le lever de soleil. On a bien aimé la nº 30. Réception souriante. Très bon petit déj. Encore un coup de cœur ! Seul inconvénient : la circulation sur le quai aux heures de pointe. Cette adresse soutient l'action de *ChildSafe*.

Vers le monument de l'Indépendance (plan A-B3)

Quartier plaisant, sillonné de rues tranquilles. La rue 278 attire pas mal de routards grâce à ses hébergements bon marché, ses restos et bars. La rue 258 offre également pas mal de possibilités à tous les prix.

De bon marché à prix moyens (moins de 20 $)

Blue Dog Guesthouse (plan B3, **50**) : *13, rue 51 (rue Pasteur, au sud du monument de l'Indépendance). 012-658-075. • bluedoghostels.com • Dortoir 5-7 $/pers, doubles 10-20 $.* Cette ancienne demeure dégage un brin d'atmosphère, d'autant qu'on entre par un resto-bar (avec billard) plutôt sympa. On a plaisir aussi à se relaxer dans les canapés du salon. Une dizaine de chambres (clim et eau chaude pour les plus chères). Certaines ont conservé leurs beaux carrelages d'antan. Légèrement en retrait de la rue, le bâtiment gagne en tranquillité. Une adresse très routarde.

Top Banana (plan B3, **51**) : *à l'angle des rues 51 (rue Pasteur) et 278. 012-885-572. • topbanana.biz • Réception au dernier étage. Résa vivement conseillée. Dortoir avec AC 6 $/pers, doubles avec sdb, clim ou ventilo 16-20 $.* La petite adresse pour jeunes routards à l'esprit fêtard. Un genre d'auberge de jeunesse où l'on prolonge les soirées assez tard, en discutant affalé sur les coussins de la terrasse, sur fond de musique *lounge* ou nettement plus pêchue le soir. Amateurs de calme, passez votre chemin ! Cela dit, les chambres les plus chères sont plus éloignées du salon-réception, donc plus calmes.

Kha Vi Guest House (plan B3, **66**) : *7DD1, rue 258. ☎ 023-632-44-66. 090-240-140. • thavi_kh@yahoo.com • Dortoirs de 3 lits à 6 $, doubles 12-16 $.* Reconnaissable à sa façade jaune et bleu. Une vingtaine de chambres correctes, un maximum carrelées. Portes sculptées et vernies, mais décor tout simple et chambres pas bien grandes. Clim, eau chaude, TV satellite... Resto fermant tard. Seul bémol : l'accueil inégal.

Lazy Gecko Café & Guesthouse (plan B3, **66**) : *rue 258. 078-786-025. • lazygeckocafe@gmail.com • Doubles 10-16 $ selon confort.* Petites chambres très correctes, plus ou moins grandes selon le prix, avec ventilo ou AC. Mais on a surtout aimé son café tout bleu avec une terrasse donnant sur la ruelle, sympa à l'heure de l'apéro (*happy hours* 16h-19h), dans une ambiance plutôt anglo-saxonne qui change un peu du voisinage. Bouquins et *iPod shop*. Dommage que le personnel n'ait pas toujours l'air très heureux d'être là...

Okay Guest House (plan B3, **66**) : *3B, rue 258. ☎ 023-986-534. 012-300-804. • okay-guesthouse.com • Doubles 10-20 $ selon confort.* Hôtel banal, sombre et tarabiscoté, mais à peu près correctement tenu dans l'ensemble. Clim ou ventilo, TV satellite pour certaines. Service de laverie, vente de tickets de bus, etc.

Number 9 Hotel (plan B3, **66**) : 7C, rue 258, derrière le Lanscape Hotel. ☎ 023-984-999. • number9hotel.com • Double 20 $. Petit hôtel propret et confortable, doté d'une cinquantaine de chambres de taille variable mais toujours nickel. Confort simple mais fort correct, avec clim et TV. Bar moderne et coloré, billard, terrasse avec grand jacuzzi... Cette adresse soutient l'action de *ChildSafe*.

De chic à très chic (35-150 $)

Pas mal de villas coloniales restaurées et d'hôtels design, souvent dotés d'une piscine... On aime bien. Attention, il y a souvent peu de chambres : réservation vraiment nécessaire !

Terrace on 95 (plan A3, **43**) : 43, rue 95 (angle rue 348). ☎ 023-996-143. 012-374-435. • theterraceon95.com • Double 40 $, petit déj inclus. CB refusées. Un peu excentré au sud du musée Tuol Sleng, certes, mais le jeu en vaut la chandelle. Voici une belle villa des années 1930, au style *french colonial* presque durassien, avec vieux carrelage et beau parquet, une belle terrasse entourée d'arbres et un chaleureux salon. Attention, seulement 7 chambres. Certaines sont un poil sombres, mais elles sont toutes élégantes, fraîches, confortables et plutôt calmes, malgré l'animation de la ville. Fait aussi resto pour ses hôtes (tlj sf lun). Bon accueil. Proprio australienne.

The 252 (plan A3, **54**) : 19, rue 252. ☎ 023-998-252. • the-252.com • Doubles 55-65 $ selon confort et vue, petit déj compris. Dans une rue vraiment calme, un hôtel de facture contemporaine, à la déco sobre et épurée, tendance design-*lounge* et béton coloré. Le parti pris est réussi, le confort au rendez-vous. Chouette piscine entourée de *daybeds*. Cette adresse soutient *ChildSafe*.

Tea House Hotel (plan A3, **81**) : 32, rue 242 (et rue 51). ☎ 023-212-789. • theteahouse.asia • Doubles 50-110 $, petit déj-buffet inclus. Boutique-hôtel offrant une superbe réception et une cinquantaine de belles chambres au design épuré. Cela dit, prendre plutôt une supérieure, les moins chères étant assez petites, et l'on ne vient pas dans ce genre d'hôtel pour se frustrer. Tout le confort espéré, jolie piscine avec un peu de verdure autour et chaises longues. Il y a même un spa. Expos temporaires.

The Pavilion (plan B3, **55**) : 227, rue 19 (250 m au sud de la rue 240, derrière le wat Botum). ☎ 023-222-280. • thepavilion.asia • Résa impérative. Doubles 50-120 $ (+ 20 $ 15 déc-15 janv), petit déj compris. Romantique, *The Pavilion* combine le charme d'une généreuse villa coloniale délicieusement aménagée (chambres et bungalows de taille et finitions variables) avec une extension adjacente de grandes chambres, dont certaines avec piscine privée, plus une suite avec jacuzzi. Éviter quand même les standard, assez petites... Le jardin, planté de *daybeds*, abrite un resto-bar (cocktails et cuisine franco-khmère à prix moyens) et, cerise sur le gâteau, une vraie piscine (14 m) au milieu d'une végétation luxuriante, et ce en plein centre-ville. Eau chaude solaire. Et un ordinateur par chambre si vous n'êtes pas équipé. Prêt de vélos « bamboutés » pour faire un tour. Une adresse de charme. On peut même venir vous chercher à l'aéroport en vieille Jaguar et vous faire visiter la ville... la classe ! Cette adresse soutient l'action de *ChildSafe*.

Villa Langka (plan A3, **63**) : 14, rue 282. ☎ 023-726-771. • villalangka.com • Doubles 60-85 $, suite 120 $, petit déj-buffet inclus. Très bien situé dans le centre-ville, un hôtel de charme à la déco élégante et épurée. Une cinquantaine de vastes chambres, réparties dans 2 ailes. Charme du vieux carrelage dans l'Old Building, qui a notre préférence. Chambres plus modernes, presque design, dans le New Building. Toutes très calmes, lumineuses et fonctionnelles (AC, TV câblée, coffre-fort, etc.). Belle piscine entourée d'un agréable jardin. Boutique branchée *Khmeritudes* juste à côté. Accueil sympathique de la direction française.

Villa Samnang (plan A3, **39**) : 15, rue 302. ☎ 023-221-644. • villa-samnang.com • À côté du Brown

Café. Doubles 55-75 $ selon saison et confort, familiales 4 pers 95-102 $, petit déj inclus. Dans une rue au calme, une jolie villa dotée d'une très agréable piscine entourée de verdure et de *daybeds* pour se prélasser en journée. Une quinzaine de chambres élégantes, décorées au goût du jour et équipées de tout le confort, dont une (la nº 3), particulièrement spacieuse, avec balcon. Quelques portraits de Mao façon Andy Warhol. Bar et resto. Beaucoup de charme.

Du marché central au stade olympique *(plan A2-3)*

Quartier populaire et commerçant où l'on trouve surtout des petits hôtels en béton sans aucun charme, mais corrects et à prix tassés. Attention, accueil et entretien variables... Plutôt un quartier de secours si vous êtes fauché et que tout est plein ailleurs.

De bon marché à prix moyens (7-35 $)

Tattoo Guesthouse *(plan A3,* ***58****) : 52E1 & 62AB, rue 125. 012-921-211 ou 011-801-000. Double 10 $, familiale 5 pers 25 $; petit déj en plus.* Sans doute l'une des *guesthouses* les plus sympas du quartier (pas très difficile, vu le niveau général !). Rien d'exceptionnel, mais l'accueil est vraiment cool. Chambres carrelées impeccables et vraiment pas chères. Terrasse sur le toit. Petit déj et repas tout aussi bon marché. Location de vélos et de motos idem. Plein de petits services : vente de tickets de bus, etc. Un bon plan pour les routards.

Lucky Guesthouse II *(plan A2-3,* ***57****) : 30, rue 115 (sud du marché Orussey, proche de la rue 214) ; ne pas confondre avec l'établissement* Lucky I*, situé presque en face, moins bien. 016-537-777. Doubles 10-15 $; pas de petit déj.* Adresse déjà ancienne, sorte d'« hôtel-salle de bains », c'est-à-dire tout carrelé et propre. 5 étages de chambres aux prix variant avec la température de l'eau et de l'air (quand il y a la clim, il y a même un ventilo !). Grimper aux étages : moins de chambres aveugles. Les chambres sur l'arrière sont plus calmes, forcément... Personnel très gentil.

Narin Guesthouse *(plan A3,* ***58****) : 50, rue 125. 099-881-133 ou 097-588-633. • naringuesthouse.com • Doubles avec sdb 10-20 $.* Chambres confortables, à la bonne literie. Propre, donc pas grand-chose à craindre du côté des... narines. Éviter quand même celles du rez-de-chaussée, vraiment sombres. Les plus chères possèdent la clim. Resto avec une grande terrasse. Parking à scooters. Accueil personnalisé et en anglais du sympathique patron et de son personnel. Cela dit, bien confirmer sa réservation.

Star Wood Inn *(plan A3,* ***61****) : 74, rue 141 (proche du bd Sihanouk). ☎ 023-223-253. 015-324-325. • starwood-inn.com • Double 15 $.* Dans cet établissement de 3 étages sans ascenseur, les chambres arborent une déco soignée, avec murs colorés et tissus cambodgiens. L'ensemble est propre, confortable. Le vaste entresol qui fait office de garage et de réception n'est pas super chaleureux, mais, après tout, ce n'est pas là que vous allez dormir ! Un bon rapport qualité-prix, vraiment.

Burly Guesthouse *(plan A3,* ***59****) : 70, rue 111. ☎ 023-998-493. 012-847-206. • burly_guesthouse@yahoo.com • Doubles 15-20 $; pas de petit déj.* Immeuble rouge flashy de 7 étages avec ascenseur, typique de ces nouvelles constructions dues aux entrepreneurs chinois qui envahissent la capitale. Chambres assez petites (pour les premiers prix) mais rationnelles (1 ou 2 grands lits) et propres (y compris les sanitaires). Personnel serviable, adresse de bon rapport, mais on vous recommande d'utiliser le coffre de la réception en demandant un reçu.

De chic à plus chic (35-100 $)

The Billabong Hotel *(plan A2,* ***47****) : 5, rue 158. ☎ 023-223-703. • thebillabonghotel.com • Doubles 45-55 $, petit déj inclus.* Au sud du marché central, cet hôtel au management australien arbore un environnement très épuré, avec une belle piscine entourée de verdure, l'ensemble donnant la sensation d'une enclave bien au calme. Chambres égayées de tableaux contemporains et dotées de belles salles de bains. Très bon confort. Clientèle essentiellement anglo-saxonne, *of course.*

Salita Hotel (plan A3, **68**) : *70, European Street Union (rue 143) et rue 280, quartier Sangkat Boeung Kengkang. ☎ 023-221-776 ou 777. 077-453-333. • salitahotel.net • Doubles 30-60 $, petit déj inclus.* Au sud du quartier routard, un hôtel « moderne », en béton, d'une dizaine d'étages, avec ascenseur vitré. Une soixantaine de chambres assez spacieuses, bien tenues et de bon confort. Petit déj au dernier étage avec vue sur la ville. Pick-up et transfert aéroport. Accueil pro. Pas de charme, mais un bon rapport qualité-prix.

Au nord du centre-ville (plan A1)

Plus chic (50-100 $)

Cara Hotel (plan A1, **41**) : *à l'angle des rues 84 et 47. ☎ 023-430-066. • hotelcara.com • Doubles 50-55 $ selon confort, petit déj compris. Promos et packages sur Internet.* Tendance boutique design pour cet établissement assez récent. De mignons espaces communs et intérieurs charmants, malgré des finitions un peu hâtives. Chambres confortables, de taille plutôt modeste et sans luxe excessif. Éviter celles sans fenêtre... Quelques carats de plus pour les *deluxe,* un poil plus grandes et situées à l'angle de l'immeuble, avec un balcon. Juste à côté, les portes s'ouvrent sur *Doors,* un resto-bar à tapas à la mode.

Spécial coup de folie

Raffles Hotel Le Royal (plan A1, **42**) : *à l'angle du bd Monivong et de la rue 92. ☎ 023-981-888. • raffles.com/phnompenh • À partir de 315 $, taxes comprises, mais sans le petit déj... Parfois des promos intéressantes sur le site.* Un nom légendaire et l'un des grands palaces du Sud-Est asiatique. Le vieux bâtiment, composé de 3 ailes basses communicantes, camoufle sous son cachet colonial, mélangeant Art déco et style khmer, tous les services d'un hôtel de luxe contemporain. Excellent petit déj-buffet, même si l'on trouve le cadre un peu *cheap* et sombre. L'accueil est impeccable, en revanche. Les chambres évoquent pour certaines leurs illustres hôtes (André Malraux, Jackie Kennedy...), que l'on retrouve en photos devant le restaurant chic *Le Royal*. Un grand nom, certes, mais pas forcément le plus beau des *Raffles* et vraiment cher. On peut aussi y boire un verre (*happy hours* 17h-20h). Cette adresse soutient l'action de *ChildSafe*.

Où dormir dans les environs ?

Voir « Dans les environs de Phnom Penh. L'île de la Soie ».

Où manger ?

Nous précisons lorsque les restaurants soutiennent l'action de *ChildSafe,* une ONG qui s'engage à fournir aux enfants un environnement protégé.

De bon marché à prix moyens (moins de 15 $)

Les restos d'application d'école hôtelière gérés par des ONG

La capitale héberge de nombreux restaurants montés par des ONG où l'on réinsère de jeunes Cambodgiens en difficulté pour diverses raisons. C'est l'occasion de déguster des cuisines souvent très bien mitonnées et d'apprécier les prestations des élèves tout en apportant sa petite pierre à l'édifice.

Friends (plan B2, **70**) : *215, rue 13. 012-802-072. Proche du Musée national. Tlj sf certains jours de cours 11h-22h30 (21h30 pour la cuisine). Prix moyens.* Créé par l'organisme de réinsertion des jeunes du même nom pour les former aux métiers de l'hôtellerie (● mithsamlanh.org ●), à l'initiative du label *ChildSafe.* Cadre confortable, plaisant et coloré. Salle ou terrasse. On y sert une excellente cuisine fusion aux influences cambodgiennes, thaïes et occidentales, des plats végétariens, des tapas et les *specials* de la semaine, tous préparés en direct dans la cuisine vitrée. Délicieux *fruit-shakes* et cocktails. De bons élèves, on vous le redit, et qui parviennent à s'autofinancer complètement grâce à la fréquentation du resto.

Romdeng *(plan A2,* ***71****) : 74, rue 174. ☎ 092-219-565. ● romdeng-restaurant.org ● Tlj 11h-21h30. Ne pas arriver trop tard. Résa conseillée. Le plus cher de la catégorie.* Une autre émanation de l'ONG *Friends,* fonctionnant sur le même modèle. Cadre très agréable, grande demeure à l'allure coloniale, tendance Art déco. Autour, un jardin dans lequel sont disséminées les tables. Le soir, l'atmosphère est intime. Bonne cuisine traditionnelle khmère, le plus possible à base de produits régionaux. On peut même s'essayer aux araignées frites ou au bœuf saupoudré de fourmis rouges (vraiment croustillant !). Certains plats disponibles en demi-portions, bien pour goûter à plus de choses. Quelques bons vins à prix raisonnables. Service attentif. Cette adresse soutient l'action de *ChildSafe.*

Le Lotus Blanc *(hors plan par A3,* ***72****) : Stung Mean Chey. 016-889-479. À 15 mn du centre, après l'hôtel* Intercontinental, *suivre le bd Monireth et les pancartes avec la fleur de lotus blanc. Ouv de mi-oct à fin juil, lun-ven 7h-7h45 pour le petit déj et 12h-14h30. Fermé les j. fériés. Formule menu, buffet ven.* Géré par l'association *Pour un Sourire d'Enfant* (● pse.asso.fr ●), qui se préoccupe de réinsérer les mômes qui travaillaient sur les décharges publiques. Bonne cuisine khmère ou occidentale dans un cadre frais et plaisant. Boutique, salon de coiffure et spa. L'ONG a ouvert un autre *Lotus Blanc* au centre-ville *(plan B3,* ***72****) : 152, rue 51 (angle de la rue 310). ☎ 023-995-660. 077-608-809. Tlj sf dim 7h-22h. Prix moyens.* Au choix, salle à la fois coquette et désuète ou tables sous une simple terrasse couverte.

Sugar & Spice Café *(plan B2,* ***73****) : 130A, rue 178. 077-851-800. Derrière le Musée national. Tlj sf dim 9h-17h30. Prix moyens.* Ce petit café-restaurant est l'œuvre de l'ONG *Daughters* (● daughtersofcambodia.org ●), qui réinsère les femmes victimes de la prostitution. Au-dessus de la boutique (T-shirts, bijoux, sacs, poupées...) et du spa (massage des mains et des pieds), une petite salle proprette avec clim et balcon. On y prend le brunch le matin, des assiettes légères le midi (soupes, sandwichs, salades), ou encore des burgers et, au goûter, crêpes et gâteaux. Le tout est bon, frais et de qualité, à accompagner d'un smoothie, d'un thé ou d'un café. À l'entresol, petit film de présentation de l'ONG.

Cuisine de rue

À condition d'avoir l'œil exercé et que ça débite suffisamment, on peut très bien se restaurer dans la rue. On vous conseille notamment les petites échoppes ***à l'ouest du marché central,*** côté boulevard Monivong *(plan A2).* Très bon marché, bien sûr... Les soirs des vendredi et samedi, également le ***Night Market*** *(plan B1,* ***79****),* au croisement du quai Sisowath et de Preah Mohaksat Treiyani Kossamak. Si vous appréhendez ce type d'adresses, le *Food Centre* du centre commercial *Sorya* (voir plus loin) constitue une alternative plus aseptisée, forcément.

Restos classiques

Chez la Belle-Mère *(Mother in Law House ; plan B3) : Sothearos Bd, près de Wat Botum Vaddey. 011-522-052.* On y sert une cuisine sino-cambodgienne copieuse, à choisir sur une carte avec photos longue comme le Mékong. Essayer par exemple les calamars au sel et les aubergines braisées, mais il y a aussi des plats vietnamiens, laotiens ou thaïs... Clientèle très locale, avec notamment beaucoup de « rapats », la diaspora revenue après le départ des Khmers rouges. Bon, p'têt pas l'endroit idéal non plus pour essayer d'impressionner votre belle-mère...

Sam Doo Restaurant *(plan A2,* ***74****) :*

56-58, Kampuchea Krom. 📱 017-427-688. Tt proche du marché central, côté ouest, en direction de Monivong. Le resto se trouve à l'étage (prendre l'escalier sur la gauche). Tlj 7h-2h du mat. Cantine à la cantonaise, avec la cafétéria au rez-de-chaussée et le resto à l'étage. Ambiance différente mais la carte est la même, très vaste. Elle propose, entre autres, d'excellents *dim sum,* de très bonnes soupes de nouilles aux *wonton,* mais tout est bon. En prime, service souriant.

|●| ***Tom Yum Kung*** *(plan A3,* ***88****)* **:** *rue 278, entre les rues 57 et 63. ☎ 023-720-234. Tlj jusqu'à 22h.* Sous une paillote entourée de verdure, l'un des bons restos thaïs du centre-ville, servant aussi quelques plats cambodgiens. Soupe khmère ou thaïe (*tom yum,* bien relevée mais délicieuse), crevettes ou calamars au poivre vert, tout est d'un bon rapport qualité-prix. Service parfois un peu désinvolte néanmoins.

|●| ***Chez Mama*** *(plan A2-3,* ***75****)* **:** *9AEo, rue 111. 📱 011-424-767. Tlj 7h-21h30. Bon marché.* Boui-boui amélioré, familial et chaleureux, actif dès le petit déj. Cuisine internationale mitonnée par la patronne, qui a fait ses classes dans une famille française. Poulet au gratin, sauté de bœuf aux poivrons verts et hachis parmentier voisinent avec des classiques thaïs et khmers. Bières pas chères, que demander de plus ?

|●| ***Orussey Restaurant*** *(plan A2,* ***76****)* **:** *42Eo, rue 182 (angle de la rue 111). 📱 012-755-055. Face au marché du même nom. Tlj 5h-10h30, 13h30-21h30. Bon marché.* L'impression d'être au cœur du cyclone, là où circulation et animation atteignent leur paroxysme... Un genre de cantine sino-khmère typique, qui délivre avec régularité des nouilles en soupe ou sautées, des *dim sum* (bouchées vapeur), etc. Attrapez une chaise en terrasse et contemplez cette planète qui tourne ici plus vite qu'ailleurs.

|●| ***Tea Club Café Restaurant*** *(plan A3,* ***77****)* **:** *199, rue 63 (angle rue 304). ☎ 599-446. Tlj 7h30-18h (15h lun). Bon marché. Buffet le midi en sem env 5 $.* Délicieuse cuisine chinoise « hakha », qu'on vous encourage à découvrir à la carte pour à peine plus cher que le buffet : poulet au sel, canard désossé farci de riz gluant, porc au tofu fermenté, etc. Côté cadre, la partie ancienne à l'atmosphère chinoise est moins formatée et plus agréable que la salle récemment aménagée.

|●| ***Food Centre du centre commercial Sorya*** *(plan A2,* ***78****)* **:** *au sud du marché central ; au 4e étage de la tour vitrée. Tlj 8h-20h. Ne désemplit pas le midi. Bon marché.* Pour goûter à la cuisine populaire cambodgienne au frais, à l'ombre, et dans un cadre plus hygiénique que beaucoup de restos de rue. Mais on est au sein d'une galerie commerçante bruyante, mieux vaut le savoir. Plusieurs comptoirs où vous choisissez et payez vos plats, puis à vous de trouver une table disponible.

|●| ***Frizz*** *(plan B2-3,* ***85****)* **:** *67, rue 240, juste à gauche de* The Shop. *📱 012-524-801. Tlj 10h-22h.* Ce resto, fondé par un Hollandais, fut nommé d'après le son que font les aliments au fond d'une poêle bien chaude. Délicieuse cuisine cambodgienne, réellement mitonnée, aux saveurs subtiles. Installez-vous dans l'un des fauteuils d'osier de la salle ouverte sur la rue et dégustez, par exemple, le délicieux *amok* de poisson ou le *lok lak* surmonté d'un œuf au plat. L'adresse est aussi connue pour ses cours de cuisine.

|●| ***On The Corner*** *(Le Resto du Coin ; plan B1-2,* ***82****)* **:** *191, quai Sisowath, près de l'angle avec la rue 130. ☎ 023-723-485. Petit déj dès 7h. Happy hours 14h30-23h30 (cuisine jusqu'à 22h).* Fréquenté surtout par les touristes et expats, ce resto rappelle un peu les atmosphères d'antan, façon *Le Salaire de la peur...* sauf qu'ici on est au cœur de l'animation du quai. Large carte traduite en français. On recommande particulièrement les viandes et les brochettes de poisson (attention aux piments). Également des en-cas simples, des glaces et des sorbets. Bien aussi pour boire l'apéro, évidemment.

|●| ***Flavors of India*** *(plan A3,* ***110****)* **:** *158, rue 63 (et bd Sihanouk). ☎ 023-990-455. 📱 012-886-374. Tlj 11h-23h.* Un resto indien et népalais dans une

salle tout en longueur à la décoration ad hoc. On recommande particulièrement le *thali,* archi-copieux (un pour 2 personnes suffit !). Plats classiques et pains traditionnels, plus quelques plats népalais sur demande. Bon rapport qualité-prix.

ARTillery (plan B2-3, **96**) : rue 240 ½ (impasse accessible par la rue 244, à gauche de Mystères et Mékong). 078-985-530. Tlj 7h30-21h (17h lun). Dans une minuscule impasse, une petite maison bleu et blanc à la grecque, ouverte sur une petite cour. Une adresse qui plaira aux végétariens et végétaliens. Très agréable pour un petit déj ou un grignotage léger dans la journée. Produits bio, jamais cuits au-delà de 40° et toujours sans gluten ni sucre. Salades, sandwichs, assiette de fromages, houmous, falafel, guacamole... À accompagner d'un bon cocktail de santé aux herbes, d'un thé ou d'un smoothie. Bon accueil.

Khmer Saravan (plan B2, **9**) : 325, quai Sisowath. 012-845-679. Tlj 7h-22h. Petite salle ouverte face à la rivière ou quelques places (chères) sur la terrasse du 1er étage avec vue sur le fleuve. En dehors des petits déj servis, on mitonne ici de jolis petits plats du Sud-Est asiatique (khmers, thaïs et vietnamiens). À voir, les nombreux dessins et louanges couvrant tous les murs, œuvres de convives de passage, la cuisine et l'accueil très aimable ont laissé de bons souvenirs. Super rapport qualité-prix. Spécialités d'*amok* et de plats à base de lait de coco, plus le *lok lak* (bœuf sauté avec riz, oignons, tomates et citron vert). Vins pas chers. Fait aussi bar (*happy hours* 16h-20h). Petite terrasse.

Mok Mony (plan A-B3, **111**) : 63C, rue 294. 095-970-861. Tlj 10h-22h. Derrière la grille en fer forgé, la salle vitrée tout en longueur peut laisser dubitatif. C'est sans compter sur la cuisine inspirée de Mony, qui travaille en tandem avec son fils en salle. De délicieux plats khmers et malais parfumés à la coriandre, au tamarin, à la citronnelle, des viandes marinées, on a envie de tout essayer ! Quelques plats du jour inspirés viennent compléter une carte déjà variée à prix serrés. Service tout en douceur lui aussi et sympathique terrasse.

The Blue Pumpkin (plan B2, **95**) : 245, quai Sisowath. Tlj 6h-23h. Une chaîne de cafés-restos d'un blanc immaculé, branchée et populaire à la fois. Au rez-de-chaussée, vente à emporter, comptoir et quelques tabourets. Opter plutôt pour la confortable et lumineuse salle au 1er étage. On y retrouve les fameuses « couchettes » où jeunes et bobos, déchaussés, surfent ou tweetent tranquillement tout en savourant leurs mets. Snacks classiques : sandwichs, pâtes, *rice and noodles,* quiches, gâteaux et glaces... Pas donné, mais sympa pour faire une pause fraîcheur et détente au cœur du quai Sisowath.

Chiang Mai Riverside (plan B2, **82**) : 227, quai Sisowath. ☎ 023-832-369. Tlj 10h-22h. Salle tout en longueur, déco banale, éclairage blafard, tables décorées de *kramas* et serveurs à l'air un peu blasé, flot touristique oblige. En revanche, dans l'assiette, c'est la fête des papilles. Incroyable choix de plats, long comme le bras, du plus doux au plus pimenté. Les amateurs de cuisine thaïe se régaleront de gâteaux de poisson et de currys à noyer sous des flots de *Tiger Beer,* le tout à prix raisonnables.

The Shop (plan B2-3, **85**) : 39, rue 240. 092-955-963. Tlj 7h-19h (15h dim). Alliant l'élégance coloniale de ses murs au minimalisme moderne mais chaleureux à l'intérieur, cette adresse fait vraiment dans la bonne came. Cela vaut autant pour les jus, *shakes,* smoothies et *coolers* (boissons à la glace pilée) que pour les pâtisseries, la boulange et les petits plats (saumon fumé maison, *focacce,* quiches, salades). Bien pour le petit déj, ou tout break aussi raffiné que relax. Et au n° 35 de la rue, The *Chocolate Shop* propose, entre autres, un original chocolat au poivre de Kampot !

Pho de Paris (plan A2, **87**) : 260, bd Monivong. ☎ 023-723-076. Tlj 6h30-22h. Cadre d'une banalité affligeante, repérable aux *Vache qui rit* en vitrine, mais excellente cuisine vietnamienne déclinée en une quantité incroyable de plats (avec photos). Qualité régulière.

Tenu par la charmante patronne, francophone, mais à poigne, Maryline Tong.

Comme à la Maison *(plan A3, **89**)* **:** *13, rue 57. ☎ 023-360-801. Tlj 6h30-22h.* Derrière un bâtiment design un peu froid, une discrète terrasse couverte d'une charpente de style khmer. Très apprécié dès le petit déj, avec sa boulangerie sur place, qui sort baguettes et viennoiseries comme on les aime. Aux heures des repas, snacks et plats de très bonne facture dans tous les sens du terme. Également un rayon traiteur, avec confitures, pâtés et autres charcuteries et une annexe du glacier *Bonbon*. Succursale au 73, quai Tonlé-Sap.

Piccola Italia Da Luigi *(plan B3, **83**)* **:** *36, rue 308, dans l'allée à droite du Malis. 017-323-273.* Chez *Luigi,* tout le monde vous le dira, on mange « les meilleures pizzas de la ville ». Bon, même s'il n'est pas le seul (voir aussi le *Pop Café* plus loin), il est vrai que ça ne désemplit pas, et il vous faudra sans doute jouer des coudes ou attendre au bar voisin qu'une table se libère... Du coup, il y a de l'ambiance et la ruelle est assez festive. Excitants *antipasti,* savoureuses pizzas et tiramisu fondant au programme.

Khmer Surin *(plan A3, **88**)* **:** *9, rue 57. ☎ 023-993-163. 012-887-320. Tlj midi et soir (jusqu'à 22h).* Soyons clairs, on y vient surtout pour le décor, une belle façade recouverte de plantes vertes derrière laquelle grimpent 3 étages de boiseries bien agréables à l'œil. En revanche, beaucoup de monde, même si l'on finit toujours par trouver un petit recoin et une table (de préférence, au rez-de-chaussée). Côté cuisine, privilégier les currys, c'est ce qu'ils font de mieux. Pour le reste, c'est parfois assez moyen (*lok lak* sans intérêt). Spectacles de danses traditionnelles.

De chic à plus chic (de 15 à plus de 25 $)

Ne soyez pas étonné de trouver, dans cette catégorie, un grand nombre de restaurants français. Ce n'est pas du chauvinisme, mais le reflet de l'importance de la communauté francophone à Phnom Penh (et dans le pays).

Pop Café *(plan B2, **86**)* **:** *371, quai Sisowath. 012-562-892. À deux pas du FCC. Tlj 11h30-14h, 18h-22h.* Minuscule et mignonne trattoria tout en profondeur, dans les tons blancs, bois et verre, avec photos aux murs. Excellentes pizzas et pâtes maison, *insalata,* tiramisu, le tout accompagné de la faconde souriante du patron napolitain. Prix un peu musclés, certes, mais la qualité est vraiment là et le Tonlé Sap nous fait face...

Open Wine *(plan B2, **84**)* **:** *219, rue 19. ☎ 023-223-527. Tlj 11h-22h. Menu déj en sem 12 $; compter 40 $ min le soir.* À deux pas du Palais royal, une maison coloniale presque aussi dorée que son prestigieux voisin. Mais ici c'est un autre palais que l'on ravit. Salle de bistrot climatisée et agréable terrasse ouverte sur un arbre du voyageur. L'endroit est connu pour son excellent rapport qualité-prix du midi. Le soir, c'est nettement plus cher, mais la cuisine, exclusivement française, est de haut niveau. La maison a sa propre boucherie, fume son saumon et fait son pain, entre autres. Spécialités de foie gras, escargots, souris d'agneau, tartare, tournedos, Saint-Jacques... Pour les amateurs, côte de bœuf pour 2 personnes à base d'aloyau rassis 2 à 3 semaines en chambre froide... Miam ! Bon choix de vin au verre. Excellent accueil francophone.

Chez Gaston *(plan B2, **90**)* **:** *76, rue 15 (et rue 144). 077-910-945. Slt le soir, tlj sf dim. Chez Gaston,* c'est le bistrot français tel qu'on se l'imagine dans les films de Vincente Minnelli, style *Un Américain à Paris.* Devanture à l'ancienne, petite salle rouge comme un tournedos, banquettes du même tonneau et quelques copies de tableaux naïfs d'un peintre français bien connu au Cambodge. À la carte, foie gras, tournedos, onglet échalotes, andouillette de Troyes AAA, accompagnés de purée ou de gratin dauphinois. Et pour finir, vous prendrez un camembert au lait cru, une mousse au choc' ou une tarte Tatin ? Et l'addition pour la 7 ! Pas hors de prix, ça va. En tout cas, c'est excellent et ça permet de se ressourcer un peu. Bon accueil du volubile Jean-Pierre.

Le Saint-Georges *(plan B2,* ***91****) : 111, rue 136 (entre les rues 15 et 19). 095-436-541. Tlj sf dim midi. Menu déj 11 $, carte env 25 $.* Dans une salle contemporaine aux banquettes crème, un poil rétro, souvent agrémentée d'expos photo, un autre resto français qui, comme son nom l'indique, a décidé de terrasser crânement le dragon asiatique avec une cuisine du Sud-Ouest généreuse, à l'image de son patron. Magret, confit, sau-ci-sse-de-Tou-lou-ze-mô-ssieur-oui-par-fai-tement, pavé de bœuf sauce aux cèpes, ou encore un cassoulet sur commande. À arroser d'un p'tit vin gouleyant. On est à deux doigts, en sortant, de demander où est le stade de rugby...

FCC (Foreign Correspondents' Club *; plan B2,* ***86****) : 363, quai Sisowath. ☎ 023-210-142. Tlj 7h-minuit.* *The « F »* pour les habitués. Une institution locale. Le club des correspondants de presse rassemble depuis belle lurette plus de touristes et d'expats que de seuls journalistes. Il suffit d'observer le bâtiment, puis d'y entrer, pour comprendre le succès de cet archétype colonial d'architecture et de décoration. Salles au 2e étage, bar au 3e (ouvert 16h-23h), tout est très photogénique : colonnes, gros ventilos, fauteuils profonds, stores de bambou, et vue sur le Tonlé Sap ! Et les habitués collent au décor : Anglo-Saxons déguisés en aventuriers et vrais journalistes affairés. Certains, en marge de leur activité, proposent des tours de la ville hors des sentiers battus (voir les annonces). Petits déj, cuisine internationale et khmère pas donnée sans être hors de prix, ni délicieuse, d'ailleurs. S'orienter vers les en-cas (sandwichs, salades) ou les menus plutôt que vers la carte. Glaces maison. Voir aussi « Où boire un verre ? Où sortir ? Où danser ? ». On y vient surtout pour l'ambiance car le service non plus n'est pas toujours à la hauteur. Ah là là ! la nostalgie n'est plus ce qu'elle était... Cette adresse soutient l'action de *ChildSafe*.

Malis *(plan B3,* ***92****) : 136, rue 41 et bd Norodom. ☎ 023-221-022. Tlj 6h30-22h. Carte 25 $ min.* Un lieu très à la mode parmi les expats de la capitale. On peut dîner dans un patio élégant, limite bling-bling, avec bassin et plantes aquatiques, ou dans les salles climatisées. Service aux petits oignons pour une cuisine d'inspiration khmère, qui tient souvent ses promesses mais pas toujours. C'est un peu dommage, parce qu'incontestablement il y a du côté des fourneaux pas mal d'inventivité. On balance entre saveurs asiatiques qui titillent agréablement le palais et d'autres plats étonnamment neutres. Peut-être pour répondre à l'attente d'une clientèle peu habituée aux sarabandes d'épices... Jolis desserts et glaces maison. Les vins sont hors de prix.

Tepui at Chinese House *(plan A1,* ***97****) : 45, quai Sisowath. 023-991-514. Slt le soir, 18h-22h30, tlj sf dim. Compter env 40 $.* Excentrée au nord du quai Sisowath, cette maison de 1903 ayant appartenu à un riche commerçant chinois déploie magnifiquement son architecture sino-coloniale. Son nom est celui d'un type de montagne au sommet en forme de table, le *tepui,* que l'on trouve dans la partie amazonienne du Venezuela, d'où est originaire le chef. Ou plutôt la chef, Gisela Salazar Golding, qui pratique avec classe une cuisine fusion inspirée de son continent d'origine et de la Méditerranée, le tout relevé d'influences asiatiques. Pas donné, mais hyper branché.

Où manger dans les environs ?

Restos au-delà du Tonlé Sap *(hors plan par A1,* ***93****) : passer l'ambassade de France et traverser le pont japonais, annoncé par un de ces ronds-points chaotiques dont la ville a le secret. Env 5 $ en tuk-tuk. Y aller pour le dîner ; fermeture des cuisines vers 22h.* Sur la rive gauche, une enfilade de néons enveloppe une bonne centaine de restaurants khmers typiques. Un must, kitsch à souhait. Selon l'établissement, de bons orchestres de musique folklorique ou de variété assez sirupeuse, agrémentée d'une série de vieux standards des années 1960. « *Beer girls* » assez offensives et de nombreux gamins qui harcèlent les convives en leur proposant des colliers de fleurs de jasmin. Suivre l'exemple des spectateurs qui honorent le chanteur ou la chanteuse de ces mêmes guirlandes. Plus il ou elle engrangera de colliers, meilleures seront sa réputation et sa rémunération. À vous de choisir parmi les restos, suivant votre intuition. À 2 km environ sur la gauche en venant du pont, le ***Kado*** *(012-309-076)* vous offre (c'est presque le cas de le dire) une ambiance populaire, quelques canards parfois encore pleins de plumes et des prix allant de bon marché à moyens. Nombreuses paillotes. Celles du fond sont posées au bord d'un environnement verdoyant. Long menu avec photos de plats khmers, thaïs et vietnamiens. Soupes généreuses. Restriction d'usage concernant les volailles, pour ceux qui ne sont pas habitués : elles sont entièrement passées au hachoir à la mode asiate et donc servies « oiseau entier avec les os, la peau et les tendons ». Le ***Heng Lay*** *(☎ 430-889),* presque en face, jouit d'une bonne réputation. Ressemble à un vaste hall ; prenez une table assez éloignée de la scène, sinon vous ne vous entendrez guère.

Où prendre le petit déj ou un bon goûter ? Où déguster une bonne glace ?

L'Irrésistible Coffee *(hors plan par A3,* ***99****)* **:** *174, rue 454, à deux pas du marché russe. 092-906-097. Tlj sf lun 7h30-18h30.* Un minuscule et charmant salon de thé sur 2 niveaux créé par l'ONG française *Action Cambodge Handicap (• action-cambodge-handicap.org •),* qui réinsère les personnes ayant un handicap mental. Excellent pour un petit déj ou un goûter. Gâteaux maison, café ou thé gourmands et confitures maison à tous les fruits ou presque (en vente sur place). Également des œufs, muesli, fruits frais, etc. Beaucoup de volontaires francophones. Parfait avant ou après une visite du marché russe voisin.

Java Café *(plan B3,* ***102****)* **:** *56, bd Sihanouk. ☎ 023-987-420. 012-833-512. • javacambodia.com • Tlj 7h-22h.* Mal situé (en pleine avenue archi-passante), ce café, à la fois galerie d'art, bar et resto, possède néanmoins une terrasse verdoyante (prendre l'escalier à droite avant d'entrer), bien plus sympa que la salle du rez-de-chaussée. Un lieu un peu arty pour avaler un bon petit déj, un grignotage léger le midi ou un goûter. Cette adresse soutient l'action de *ChildSafe*.

La Pâtisserie *(plan A2,* ***94****)* **:** *9A, rue 178. 077-960-504. Lun-sam 7h-19h, dim 9h-17h.* Jeune artisan, Christophe confectionne baguettes, pains, viennoiseries pur beurre, gâteaux, etc. Formules petit déj ou déj (sandwichs) servies dans la toute petite salle à l'arrière du traiteur ***Le Vôtre*** *(092-638-683)* qui partage les lieux. Terrines, fromages... idéal pour un pique-nique.

Brown Coffee and Bakery *(plan B1, B2, et A2-3,* ***98****)* **:** *respectivement 1, rue 98 (et quai Sisowath, à côté de KFC), 17, rue 214 (et Monivong) et angle des rues 51 et 302. Tlj 6h30-20h ou 21h.* Cette chaîne est réputée pour ses expressos et autres cafés sous toutes leurs formes, chers mais excellents, plus gâteaux et bagels à prix fort modérés, smoothies, jus de fruits frais, salades, sandwichs, etc. Clientèle jeune, venue se détendre en surfant sur la Toile.

Quelques bonnes adresses également pour prendre le petit déj : ***Comme à la Maison*** *(plan A3,* ***89****),* ***The Blue Pumpkin*** *(plan B2,* ***95****),* ***The Shop*** *(plan B2-3,* ***85****),* ou encore ***Khmer Saravan*** *(plan B2,* ***9****).* Voir « Où manger ? »

Bonbon *(plan A2,* ***107****)* **:** *38, rue 63. 012-823-500. En face du Sorya Market. Tlj 12h-21h.* Au cœur du quartier favori de la jeunesse dorée, un des meilleurs glaciers de la ville. Le jeune patron français a fait ses classes chez Lenôtre (une référence !). Au moins 28 parfums maison (dont thé vert, corossol, macadamia, kiwi...). Goûter à celle au durian... un délice. Sinon, jus de fruits frais, milk-shakes, crêpes, petits gâteaux, et, surtout, plein de créations de glaces rigolotes pour les enfants. Très bon café aussi.

Où boire un verre ? Où sortir ? Où danser ?

Penser aux ***vendeuses de teukolok*** (voir la rubrique « Boissons » dans « Cambodge : hommes, culture, environnement ») qui sont des centaines le long des rues, en particulier au sud du marché central, entre les boulevards Monivong et Norodom, sur la promenade du quai Sisowath, aux abords des parcs et espaces verts, etc.

Vers le quai Sisowath et le Palais royal

Bar du FCC *(plan B2,* ***86****) : voir « Où manger ? » Tlj 16h-23h.* Happy hours *17h-19h.* Idéalement située, la terrasse domine le fleuve d'un côté et le Palais royal de l'autre. S'installer tranquillement dans un fauteuil avec vue ou se percher au comptoir du « F », le célèbre bar en fer à cheval du 2e étage, en contemplant les montages artistiques en hommage aux correspondants de guerre et de leur légendaire matériel (Nikon, Leica...), mais dont certains n'ont que rarement décollé leur fessier des tabourets du bar. Bien sûr, ce n'est pas donné (on paie forcément le cadre !) et la qualité des cocktails n'est pas toujours extra. Du coup, les *happy hours* sont les bienvenues (2 verres pour le prix d'un). Musique cool et belles expos photo. Billard. Et moustiques en *guest stars.*

Le Bouchon *(plan B2,* ***100****) : 3-4, rue 246. 077-922-011. Tlj 16h-1h.* Happy hours *sur les vins tlj 18h-20h.* Un sympathique bar à vins avec murs en brique, tentures rouges et un joli zinc. Si vous êtes d'humeur festive, on vous conseille d'y venir le samedi soir pour son *happy hours* sur les martinis (le cocktail, pas la marque), à moitié prix de 20h à 22h, ce qui attire un monde fou. Musique à donf'. Carte de plats français et suggestions du jour, pas donnés mais pas mal du tout (les Ch'tis y trouveront même leur *welsh* favori, et c'est le plat le moins cher). Sinon, assiettes de fromages et de charcuterie à partager.

Les cafés avec terrasse du quai Sisowath : *surtout entre les rues 154 et 108. Tlj jusqu'à minuit-1h, voire plus.* On s'y installe en journée pour boire un café en consultant ses emails (tout le monde propose une connexion wifi), pour grignoter quelques ailes de poulet, puis pour boire un verre en soirée, de préférence en profitant des *happy hours,* tout ça pour voir et... être vu ! Un peu la promenade des Anglais de Phnom Penh.

Grand Mekong Hotel *(plan B2,* ***82****) : 253, quai Sisowath. ☎ 023-220-336. Jusqu'à 23h30.* Au 8e étage (avec ascenseur), *Le Sky,* une terrasse avec vue imprenable sur le fleuve et la promenade verdoyante, bondée le soir. Parfait à l'heure du coucher du soleil, pour l'apéro et l'*happy hour...*

The Quay Boutique Hotel *(plan B2,* ***95****) : 277, quai Sisowath.* Là aussi, belle terrasse avec vue plongeante sur le fleuve et l'animation du quai, en version plus chic...

The Riverside Bistro *(plan B2,* ***44****) : à l'angle de la rue 148. Groupe ou DJ chaque soir vers 20h.* Un classique du quai, profond, avec un double bar. Très haut de plafond, avec d'amusantes fresques kitschounettes. Billard. Plus haut, à l'angle de la rue 144, le bien nommé ***La Croisette*** *(plan B2,* ***8****),* propose une ambiance plutôt *lounge*. Plus au nord, le ***Mekong River*** *(plan B1,* ***36****),* à l'angle de la rue 118, possède une belle terrasse et projette, à 13h, 17h et 18h, des films sur le génocide et sur les mines (entrée : 3 $).

Dodo Rhum House *(plan A2,* ***101****) : 42, rue 178. 012-549-373. Tlj de 17h à tard.* Spécialisé, comme son nom le laisse deviner, en rhum arrangé. Toutes boissons et petite sélection de plats dont certains à saveur réunionnaise, une île qu'apprécie particulièrement Rémi, jeune patron flegmatique et sympathique. Bonne zique. Lieu de rendez-vous d'une faune francophone tous azimuts et parfois gentiment azimutée en fin de soirée.

K-West Café (plan B2, **46**) : à l'angle de la rue 154. ☎ 023-214-747. Ouv jusqu'à minuit. Happy hours 17h30-19h30. Grande salle climatisée au cadre chic et contemporain, avec beau plancher, long bar et bonne musique de fond. Pour plus d'intimité, quelques box très agréables. C'est en fait le bar de l'*Amanjaya Hotel,* où se côtoient expats *trendy* et Cambodgiens huppés.

Voici un carrefour un peu chaud, avec d'intéressants établissements. À commencer par l'**Absinthe Bar** (plan A2, **106**), au coin des rues 51 et 174. Le fameux breuvage, qui a rendu fou tant d'artistes, est servi en différentes versions... Non loin de là (9C, rue 51 ; ☎ 012-881-181), le **Zeppelin** est tenu par un patron fou de *heavy metal* dont il possède un nombre incroyable de vinyles. Excellents DJs également (en fait c'est souvent lui !)... *Good vibes,* comme on dit...

Pontoon (plan A2, **103**) : 80, rue 172 (et rue 51). 010-300-400 ou 016-779-966. • pontoonclub.com • Entrée : env 6-8 $ (1 boisson standard incluse). Ladies night le mer (50 % sur certaines boissons avt 0h30). L'incontournable des nuits de Phomh Penh, ouvert même en début de semaine. Remarquable programmation et événements. Cela dit, pas mal d'amazones et on nous signale quelques entourloupes ici ou là, alors restez sensé.

River House Lounge (plan B1, **36**) : à l'angle de la rue 110 ; au 1er étage. ☎ 023-212-302. • riverhousecambodia.com • Tlj 10h-2h. Clientèle khmère et occidentale assez huppée. Club à l'étage avec une musique house et hip-hop produite par de bons DJs. Musique live au rez-de-chaussée.

Ailleurs

Duplex (plan A3, **53**) : 3, rue 278. 098-317-150. Bar tlj, boîte mer-sam. Depuis la disparition de l'*Equinox,* juste à côté, pour cause d'inflation de loyer insupportable, c'est le lieu à la mode dans la rue, monté par l'équipe du *Pontoon.* Joli bar décoré de bambou. *Lounge* et boîte à l'étage avec DJ en fin de semaine. Fait aussi resto (*glamburgers,* risotto, lasagnes...). Pas encore l'atmosphère du mythique *Equinox,* mais ça pourrait venir...

The Groove Music Lounge (plan A-B3, **104**) : 1C, rue 282. ☎ 023-614-250. • thegroove.asia • Au-dessus du resto italien Terrazza. Tlj sf dim 18h-1h. Happy hours 18h-21h. Concerts 21h-0h30. Monté par le Frenchy « Ritchie » Boisson, batteur et chanteur, et son copain Phil, ce club plutôt trendy accueille des musiciens de jazz, pop, soul, salsa ou encore funk, quand les deux acolytes ne se produisent pas eux-mêmes. Sympa.

Doors (plan A1, **41**) : au Cara Hotel, angle des rues 84 et 47. ☎ 023-430-066. Un grand bar-resto à tapas, avec béton ciré et fresques sur les murs, plus un long bar débouchant sur une petite scène au fond. Un décor branché où il fait bon boire un verre, parfois en écoutant de la musique live. Cuisine hispanisante, bien sûr, ça change un peu, mais chère, d'autant qu'il faut ajouter 10 % de service. Brunch le dimanche.

Meta House (plan B3, **28**) : 37, bd Sothearos, Songkhat Tonle Bassak. ☎ 023-224-140. 010-312-333. • meta-house.com • Tlj sf lun 16h-minuit pour le bar (parfois plus tard selon programmation). Le centre culturel allemand, doté d'un agréable toit-terrasse, propose de bons concerts du jeudi au samedi. Suivre la programmation sur leur site.

Spectacles, sport

Sovanna Phum (hors plan par A3, **160**) : 166, rue 99 et rue 484). 012-846-020 ou 012-837-056. • sovannaphumtheatre.com • Assez excentré ; y aller en tuk-tuk. Spectacles ven et sam à 19h30.

Atelier-expo tlj sf dim. Spectacles : env 10 $; réduc enfant. Se battant pour la renaissance des arts khmers traditionnels, cette association a notamment à son crédit le sauvetage du petit théâtre d'ombres, le « Sbaek Touch ». Spectacles pluridisciplinaires de qualité réunissant les arts du cirque, la danse classique et folklorique, les marionnettes et la musique khmers. Superbes marionnettes en cuir, masques traditionnels et autres articles en vente.

Combats de boxe : des combats de boxe cambodgienne, similaire à sa cousine thaïlandaise, ont régulièrement lieu dans les locaux de certaines chaînes de télévision (TV5 cambodgienne et CTN, notamment). Pour y assister, demander aux conducteurs de *tuk-tuk* qui, en général, connaissent les jours et horaires des combats.

Achats

En faveur des ONG

Les boutiques ci-après vendent plus ou moins les mêmes types d'articles : jouets, sacs, dessins, paniers et tissus confectionnés avec des matériaux locaux par des Cambodgiens défavorisés.

Tabitha (*plan B3,* **151**) **:** *239, rue 51 (angle rue 360). ☎ 023-721-038. • tabitha-cambodia.org • Tlj sf dim 8h-18h.* Une organisation chrétienne australienne aidant les plus démunis. Beaucoup d'articles en soie, pochettes de voyage, porte-monnaie, cravates, carnets de notes, etc.

Village Works (*plan A3,* **152**) **:** *à l'angle des rues 113 et 330 ; derrière le musée du Crime génocidaire Tuol Sleng (à gauche en sortant du musée). ☎ 023-215-732. • village works.biz • Tlj sf dim 8h-17h.* Cette ex-ONG devenue une entreprise privée procure du travail à des villageoises qui fabriquent sacs, boîtes, chaussons, pochettes, etc. Coloris et design originaux.

Friends' n' Stuff (*plan B2,* **70**) **:** *mêmes coordonnées que le resto* Friends *(voir « Où manger ? »). • mith samlanh.org • Tlj 11h-21h.* Nombreux objets à partir de matériaux de récupération : sacs, étuis, carnets, bijoux, etc. C'est tendance et sympa !

Shopping classique

Une flopée de boutiques de déco, d'accessoires et de vêtements branchés ont envahi Phnom Penh. Souvent tenus par les créateurs des lignes originales qu'ils diffusent, inspirés par le pays, nourris des produits locaux, ces élégants magasins pratiquent des prix plutôt élevés au regard du niveau de vie local, mais pas forcément pour le budget de leurs visiteurs. On en trouve une flopée dans la touristique ***rue 240*** *(plan B2-3,* ***85****)*, comme *Couleurs d'Asie* (au n° 33), *Waterlily* (au n° 37) ou encore *Bliss* (au n° 29 ; également un spa)... Pour vous aider, procurez-vous une petite brochure très complète, *Out About,* publiée par *Cambodia Pocket Guide,* et qui contient aussi un plan détaillé du marché central et du marché russe.

Hanuman (*plan B3,* **154**) **:** *13B, rue 334. ☎ 023-211-916. Tlj 8h-18h.* Sur 3 niveaux, des centaines d'objets d'art superbes à prix élevés, certes, mais présentant sûrement pour certains d'entre eux un bon rapport désir-prix.

Ambre (*plan A2,* **155**) **:** *37, rue 178. ☎ 023-217-935. • romy daketh.net • Tlj 10h-18h.* Maison de couture. Dans cette « rue des arts », collection exposée de manière aussi raffinée que les créations elles-mêmes. Romyda Keth, styliste ayant étudié à Paris, est revenue au pays pour y réinterpréter les coupes et matières locales. Accueil délicat.

Sentosa Silk (*plan B2,* **150**) **:** *33, Sothearos (angle 178). ☎ 023-222-974. 📱 012-962-911. • sentosasilk.com • Tlj 8h-18h30.* Grande boutique de soieries : écharpes, coussins, dessus-de-lit, sacs, trousses...

À voir

Wat Preah Keo (Royal Palace et **Silver Pagoda ;** *le Palais royal et la pagode d'Argent ; plan B2)* **:** *entrée côté bd Sothearos. Tlj 8h-11h, 14h-17h. Entrée : env 6,50 $ (ticket commun au Palais royal et à la pagode d'Argent). Un conseil : arriver dès l'ouverture car le palais ferme entre 11h et 14h, de plus c'est rapidement la foule à partir de 9h. Visite guidée conseillée : des guides en chemise violette et badgés se trouvent à l'entrée, certains sont francophones ; compter env 10 $ quel que soit le nombre de pers.*

Quelques infos utiles : le palais peut être fermé au public, sans préavis, lors de cérémonies officielles. Cela dit, même s'il est ouvert, on ne pénètre pas dans le palais proprement dit, où réside le roi actuel. En général, la pagode d'Argent reste toujours ouverte à la visite. Tenue correcte exigée : ni shorts (sauf bermudas sous le genou), ni minijupes bien sûr, ni épaules nues (prévoir des vraies manches avec encolure ras du cou) ; sinon, on vous demandera d'acheter un T-shirt sur place (environ 3 $) ! Photos interdites à l'intérieur des bâtiments, sauf dans la salle des palanquins, à la sortie.

Pour avoir la meilleure vue d'ensemble sur le palais, immense, placez-vous sous le petit kiosque du quai, de l'autre côté du grand carrefour.

Le Palais royal et les bâtiments voisins

Malgré ses airs de pagode ancienne, qui n'est pas sans évoquer le wat Phra Kaeo de Bangkok, le palais actuel ne date que du début du XXe s. Les principaux bâtiments (qui datent de 1913 environ) ont été commandés à des architectes cambodgiens et français par le roi Norodom, puis le roi Sisowath. L'ensemble, d'inspiration traditionnelle khmère, a beaucoup d'allure avec ses toits étagés aux tuiles vernissées, ses frontispices sculptés, ses balcons et colonnes, ses cours fleuries et ses longues galeries. Disséminé sur une superficie équivalant à plusieurs pâtés de maisons, le tout est entouré de hautes murailles gardées par des guérites. La pagode d'Argent, séparée du palais par une ruelle étroite, se trouve sur la gauche en entrant dans la vaste cour (mais on en parle plus loin). Nombreuses essences d'arbres intéressantes dans l'enceinte du palais, mais toutes ne sont pas forcément visibles. Signalons tout de même le bananier « cent régimes », le palmier à sucre, les tiges rampantes des feuilles de bétel, la noix d'arec, mais surtout, à l'entrée, l'*arbre de sala,* arbre sacré sous lequel Bouddha serait né. Noter que ses feuilles se trouvent tout en haut et que ses fleurs émergent du tronc. Celles-ci sèchent au soleil, tombent, et les femmes les utilisent en tisane (radical, dit-on, pour faciliter l'accouchement). Fruits en forme de ballons !

Principaux bâtiments du palais

Nous indiquons les numéros des bâtiments correspondant au plan donné avec le ticket à l'entrée.

– ***La salle du Trône*** *(prasat Tevea Vinichhay ; nº 5)* **:** *au centre de l'enceinte.* Achevé en 1917, ce bel édifice mesure 100 m de longueur. Ici avaient lieu les cérémonies de couronnement. Observer d'abord, en prenant du recul, la flèche d'une soixantaine de mètres de hauteur, surmontée d'un Brahma à quatre visages (comme le Bayon d'Angkor), représentant les quatre vertus de Bouddha et rappelant la longue coexistence du bouddhisme et du brahmanisme hindou. À l'intérieur, que l'on observe uniquement par les portes et fenêtres ouvertes : le trône d'apparat, représentant le mont Meru, recouvert de feuilles d'or et surmonté de quatre parasols ; un vaste tapis de 33 m de long ; un gong sacré ; au plafond, des fresques du *Râmâyana* hindou représentant l'épopée khmère. À l'entrée, deux petits tambours pour faire tomber la pluie (symbolisée par les grenouilles) pendant les périodes de sécheresse. Au fond, les chambres royales. Sachez tout de même que le roi et la reine devaient attendre une semaine, après le couronnement, avant de se retrouver dans la même chambre. Autour de la salle du Trône, plusieurs pavillons qu'on ne visite pas : l'un dédié aux cendres des rois, d'autres à la prière (plusieurs bouddhas) et au repos de Sa Majesté. À droite du bâtiment, un petit pavillon avec une plateforme qui permettait au roi de monter et descendre de... son éléphant. En toute simplicité.

– ***Le palais Kemarin*** *(n° 7)* **:** *derrière la salle du Trône, à l'écart. Visite interdite.* C'était la résidence de Sihanouk, construite dans les années 1930. Le général de Gaulle y fut hébergé en 1966. Le prince y fut également retenu prisonnier par les Khmers rouges. Le drapeau bleu royal qui y flotte indique la présence de Norodom Sihamoni, le roi actuel.

– ***Le pavillon Hor Samritvimean*** *(n° 8)* **:** *à gauche de la salle du Trône.* Au rez-de-chaussée, un petit musée avec des costumes traditionnels pour les différents jours de la semaine et certaines fêtes, des costumes royaux pleins de dorures (pour les cérémonies sacrées, couronnements, mariages), bénitiers bouddhiques, crachoirs... Noter, au fond, la photo de l'épée sacrée, très ancienne et couverte de pierres précieuses, et de la couronne royale, appelée « grand Mokot », toutes deux enfermées dans la pièce supérieure et donc invisibles.

– ***Le pavillon Napoléon III*** *(n° 9)* **:** *à gauche de la salle du Trône, face au bâtiment administratif royal. En restauration depuis 2012, sans que l'on sache jusqu'à quand...* Ce pavillon métallique fut construit pour accueillir l'impératrice Eugénie lors de l'inauguration du canal de Suez, en 1869. Napoléon III l'offrit ensuite au roi Norodom qui le fit édifier ici en 1876. Bon, on attend toujours (avec impatience) sa réouverture ! En attendant, on peut glisser un œil ou deux dans les trous de la gigantesque bâche photographique en façade...

– ***Le pavillon Chan Chaya*** *(n° 4)* **:** *côté rue 184. Toujours fermé.* Toiture superbe de style traditionnel. Ici avaient lieu les discours officiels et les grandes cérémonies (danses, concerts, etc.). Encore utilisé aujourd'hui pour les grands banquets.

La pagode d'Argent

Au sud de l'enceinte du Palais royal, à gauche depuis l'entrée principale du complexe. La partie en bois fut bâtie entre 1892 et 1902, la partie en dur (en béton) date de 1962. Ce n'est pas la plus ancienne pagode de la capitale, mais c'est certainement la plus luxueuse. Tout le long du mur d'enceinte, de la porte est à la porte nord (dans le sens des aiguilles d'une montre), longue fresque contant les péripéties à multiples rebondissements du *Râmâyana.* Bien que restaurée en 1985 (et, de nos jours, par des spécialistes polonais), la fresque est encore très abîmée. La partie la mieux conservée se situe au niveau de la porte nord.

Face à la porte est, un escalier en marbre d'Italie, au pied duquel on laisse provisoirement ses chaussures, mène au saint des saints. Le sol de la pagode est pavé de 5 329 carreaux d'argent, de 1,125 kg chacun ! D'où son nom. On n'en aperçoit que quelques morceaux, la plupart sont couverts de tapis. On remarquera que les Français y firent graver... des fleurs de lys. L'intérieur fut saccagé par les Khmers rouges, mais l'édifice ne fut pas détruit (contrairement à d'autres). Pol Pot ne voulait pas s'attirer les foudres du roi d'alors, Norodom Sihanouk.

Parmi les trésors contenus dans la pagode restaurée, un peu moins de la moitié ont échappé au désastre. Les plus belles pièces sont incontestablement les bouddhas. On en trouve une centaine. Le fameux *bouddha d'Émeraude,* qui est en fait en jade, trône au centre de la pagode sous un luxueux baldaquin. C'est probablement une copie, réalisée en cristal vert. Juste devant, l'immanquable *bouddha d'Or,* grandeur nature et pesant 90 kg. Créé au début du XXe s dans les ateliers royaux, il est incrusté de 2 086 diamants, dont le plus gros, au centre du diadème, accuse 25 carats ! Derrière, un bouddha en marbre provenant de Birmanie (Myanmar actuel) et un palanquin royal datant de 1941. À gauche, au pied du grand bouddha d'Or, devant l'autel, un tout petit stûpa contient une relique du Bouddha. Tout autour, on trouve plusieurs vitrines abritant des tas d'effigies offertes pour remercier l'Éveillé de son aide. Nombreux magnifiques objets, comme ces boîtes à cigarettes or et argent incrustées d'émeraudes. À droite, une vitrine d'objets d'art représentant toutes les étapes de la vie du Bouddha, de la naissance au nirvana. Noter aussi les suspensions ouvragées du début du XXe s, fabriquées en France.

À l'extérieur de la pagode, plusieurs édifices, dont l'ancienne bibliothèque *(Mondap),* trois stûpas royaux du début du XXe s qui abritent les cendres des ancêtres du roi actuel (dont celles de Sihanouk), un clocher et un petit temple censé contenir une empreinte du pied du Bouddha, de même que le stûpa construit sur un monticule. La statue équestre représente le roi Norodom, fondateur de la dynastie du même nom et ancêtre de Sihamoni. Il paraîtrait qu'à l'origine c'était celle de Napoléon III, dont la tête aurait été coupée et remplacée ! Maquette des temples d'Angkor devant la porte ouest.
À la sortie, on trouve encore deux salles de musée. La première contient des palanquins royaux d'enfants et de reines, d'autres à vocation funéraire (de couleur blanche) et celui qui servit au couronnement du roi actuel, en 2004 (pour l'anecdote la cérémonie dura 3 jours au lieu des 7 traditionnels, par souci d'économie). Dans la deuxième salle, belle série de tambours et palanquins pour éléphants. Enfin, un atelier de tissage sous une demeure traditionnelle khmère. Nombreuses photos évoquant le règne du roi Sihanouk. Petite exposition consacrée au souverain actuel et évocation de son couronnement. Boutique du musée hors de prix par rapport aux marchés, où l'on trouve les mêmes babioles.

National Museum *(le Musée national ; plan B2)* **:** *face au fleuve, précédé d'une vaste esplanade, à gauche en sortant du Palais royal. Tlj 8h-17h. Entrée : 5 $. Photos interdites à l'intérieur. On vous recommande de prendre un guide (env 6 $), qui devrait rendre votre visite plus intéressante, d'autant que certains d'entre eux sont francophones, et passionnants. Prévoir env 1h30 de visite, et plus pour se prélasser dans la très agréable cour intérieure où sont également exposés nombre de linteaux, tympans et tablettes votives.*
Magnifique bâtiment rouge, construit par les Français dans les années 1920 dans le respect de l'architecture khmère traditionnelle. Les salles, délicieusement rétro, contiennent d'inestimables trésors. Ici sont entreposés les chefs-d'œuvre de l'art khmer, la plupart en provenance d'Angkor... Certains panneaux explicatifs en français et quelques vidéos (mais son pas terrible). Commencer la visite par la gauche, même si cet itinéraire ne respecte pas la chronologie. Impossible de tout citer, bien sûr ; voici les plus beaux fleurons.
– ***Grande salle*** où trône un *Garuda* ailé de 2 m en pierre (Xe s) qui marque l'entrée du musée. Dans les premières vitrines, lingam de la période angkorienne en cristal de roche du VIIe s, superbe taureau de Shiva (Angkor Wat, XIIe s), jolis vestiges d'un dieu masculin étêté de style Baphuon du XIe s (bras, pieds), beaux Ganesh à quatre bras du XIIIe s (période Bayon). Série de délicats petits bronzes. Divinité en bronze (style Baphuon du XIe s) dotée de 8 visages et 16 bras... Dans la petite salle suivante, à gauche, insolite *Garuda,* une proue de bateau en bronze et une bonne tête de Vishnou couché, du XIe s.
– ***Galerie sud*** *(périodes Phnom Dà, Banteay Srei)* **:** statuaire en pierre. Bouddhas couché, debout, assis... Brahma, Krishna, Shiva... Riche présentation de lingams et yonis. À gauche, remarquer ce grand *Vishnou* debout (période pré-Angkor, VIe s), beau travail sur les plissés. Magnifique paire de colonnes ciselées du IXe s (style Preah Kô), puis *Combat des Singes* du Xe s. Intéressant, le couple tendrement enlacé de *Shiva et Uma,* datant du Xe s,

RETOUR AU BERCAIL

Ces dernières années, le musée a pu récupérer trois statues en grès du Xe s représentant Balarâma, frère aîné de Krishna, et deux figures du Mahābhārata : Bhima et un splendide « Duryodhana bondissant ». Volées sous les Khmers rouges (à Koh Ker, 80 km d'Angkor), elles ont été retrouvées, grâce à la vigilance de l'École française d'Extrême-Orient, au Norton Museum de Los Angeles et dans les enchères de Sotheby's et Christie's. Est-ce que ce précédent permettra à d'autres œuvres de rentrer à la maison ?

provenant du temple Banteay Srei, le chouchou de Malraux. L'une des têtes (la plus petite) fut volée en 1970. Derrière, un fronton provenant du même temple (bataille entre *Bhima* et l'invincible *Duryodhana*). À droite, plus sensuels, les corps sans tête de deux lutteurs du Xe s...

– ***Galerie ouest*** *(périodes Khéang, Angkor Wat et Bayon)* **:** nombreuses divinités debout et, côte à côte, plusieurs bouddhas assis en méditation protégés par un naga du XIIe s. Voir aussi la borne vishnouiste du XIe s. Deux salles consacrées au style Bayon, correspondant à la période du roi Jayavarman VII, le plus dynamique de tous (conquête du royaume cham, construction de 102 hôpitaux, etc.). Au fond de la 2e salle, jeter un œil au fronton orné de guerriers sur éléphants (la défaite de Mara), du XIIe s, avec des scènes pleines de fougue.

– ***Galerie nord :*** consacrée à l'ethnologie et l'art post-khmer. Mais le must de cette section demeure la magnifique *cabine de la barge royale* du XIXe s, en bois de kaki (réputé imputrescible) ciselé et rotin, découvert dans le grand lac. Véritable chef-d'œuvre, dont on peut admirer l'exubérant décor floral.

– ***Salle des bouddhas :*** riche sélection de bouddhas postangkoriens du XVe au XXe s, dominée par un buste de style Bayon. Également des plaquettes votives en or.

– ***Salle des objets préhistoriques :*** armes, poteries, tambours de bronze, urnes funéraires.

– ***À droite de l'entrée,*** une galerie exhibant nombre de bijoux, objets rituels et usuels en bronze, impressionnants grelots d'éléphants.

– Enfin, ***dans le beau patio,*** nombreux reliefs et linteaux, provenant notamment de Kampong Thom (préangkorien du VIIe s). Grandes stèles en grès gravées d'écritures (Prasat Pré Rup, Angkor X[e] s) et têtes sculptées de Yaksa du XIIIe s. Au centre, trône, sous un dais, la statue en grès du *Roi lépreux* du XIIIe s et qui provient d'Angkor Thom (celle qu'on voit là-bas est une copie). Le corps du roi est nu (mais asexué), ce qui est plutôt inhabituel dans la statuaire khmère. Il pourrait s'agir d'une représentation de Yama, dieu de la Mort et juge suprême, dont la monture est un buffle. Une tradition locale a assimilé cette statue au fondateur d'Angkor Wat, Bua-Sivisithiwong, qui, selon une légende, était lépreux.

À signaler, dans les jardins du musée, plusieurs ***spectacles*** de danses traditionnelles cambodgiennes, chants et danses folkloriques issues de la culture populaire *(tlj sf dim à 19h ; entrée env 15 $).*

Cambodiana Hotel *(plan B2)* **:** *313, quai Sisowath.* Un hôtel impressionnant, à l'architecture inspirée de celle du Palais royal, situé à quelques centaines de mètres. Il servit aux troupes de Lon Nol, puis aux réfugiés quand les Khmers rouges entrèrent en ville. C'est ici que la famille royale loge parfois ses invités de marque. Les chambres donnent d'un côté sur les toits de la pagode d'Argent, de l'autre sur le Mékong. Cela dit, le confort et la décoration des chambres (on ne parle pas des suites) ne sont pas à la hauteur des tarifs, pourtant très élevés, cela va de soi...

Bophana Audiovisual Resource Centre *(le Centre de ressources audiovisuelles Bophana ; plan A2)* **:** *64, rue 200 (à l'angle de la rue 63).* ☎ *023-992-174.* • *bophana.org* • *Lun-ven 8h-12h, 14h-18h ; sam 14h-18h. GRATUIT.* Le centre Bophana a vu le jour avec l'appui de Rithy Panh, cinéaste cambodgien et réalisateur, en 1996, du documentaire *Bophana, une tragédie cambodgienne.* Le centre a pour objectif la sauvegarde de la mémoire nationale. Ses missions : récolter, restaurer et archiver les moindres bribes de documents audiovisuels et photographiques relatifs au génocide khmer. Au rez-de-chaussée, coin expo et espace cinéma où sont projetés des documentaires (possibilité de réserver la salle pour les groupes à partir de 10 personnes). Au 1er étage, salle des archives avec une douzaine d'ordinateurs à disposition. La plupart des documentalistes parlent le français et vous accueillent avec un plaisir évident. Propose également des conférences.

⚲⚲⚲ ***Tuol Sleng** (ou **camp S-21**; musée du Crime génocidaire ; plan A3) : angle des rues 113 et 350. ☎ 023-216-045. • dccam.org • tuolsleng.com • Tlj 8h-17h. Entrée : env 6 $; gratuit moins de 18 ans, étudiants et chercheurs (sur présentation d'une pièce justificative). Audioguide en français bien conçu : 3 $.*

Cet ancien lycée, construit en 1962 avec l'aide des Français, devint, d'avril 1975 à janvier 1979, la prison la plus terrifiante du Cambodge des Khmers rouges. Près de 20 000 personnes (dont 2 000 enfants) y passèrent, subissant les pires tortures, sans même parler des viols, avant d'être achevées dans le camp d'extermination de Choeung Ek (voir plus loin « Dans les environs de Phnom Penh »). Les Khmers rouges en firent un centre de purge pour leurs propres cadres et y enfermèrent les potentiels opposants au régime, pour n'importe quel motif, valable ou inventé, sans distinction d'âge : femmes, enfants, et parfois même des familles entières avec leurs bébés. Ouvriers, cadres, enseignants, ingénieurs, intellectuels, fonctionnaires, ministres et diplomates cambodgiens, et aussi des étrangers (Indiens, Pakistanais, Occidentaux, dont trois Français...). Porter une paire de lunettes signifiait être un intellectuel et devenait un critère suffisant pour être exterminé. Les gardiens, qui avaient entre 10 et 23 ans, étaient endoctrinés par les cadres de l'Angkar, ce qui les rendait encore plus monstrueux que leurs aînés. Ils photographiaient systématiquement les prisonniers à leur arrivée, ainsi qu'à leur mort, pour prouver que le boulot était fait. Les corps mutilés par les tortures étaient si décharnés par la faim qu'on pouvait à peine les reconnaître.

« BOPHANA, UNE TRAGÉDIE CAMBODGIENNE »

Accusée par les Khmers rouges d'être un agent infiltré, Bophana, violée, tente de se suicider. Fille-mère, elle est rejetée. Seul son amour pour son cousin Sitha, un bonze, la sauve. Ils se marient en 1975. Bophana, retournée au village natal, et Sitha, cadre du Parti, s'écrivent de longues lettres enflammées. Mais lors d'une nouvelle purge, on trouve leurs lettres d'amour, jugées hautement contre-révolutionnaires. Torturée pendant 5 mois au camp S-21, Bophana livre 1 000 pages de « confessions » à ses bourreaux, qui l'exécutent le 18 mars 1977, le même jour que son mari.

Baptisé S-21 par les hommes de Pol Pot, ce lieu n'est pas sans rappeler certains camps de concentration nazis. Ce n'est pas le seul endroit où les Khmers rouges commirent leurs atrocités (on ne les compte plus), mais, tristement emblématique et facilement accessible en pleine ville, il a été transformé en musée-mémorial.

Kaing Guek Eavun, alias Duch, un ex-prof de maths, était le tortionnaire en chef du complexe de Tuol Sleng. C'est l'un des survivants des leaders khmers rouges. Le 26 juillet 2010, à l'issue de son procès, il a été reconnu coupable de crimes de guerre et crimes contre l'humanité, et condamné à 35 ans de prison. En appel, il a finalement été condamné à la perpétuité, en 2012.

– ***Dans la cour*** (autrefois de récréation...), la potence, juste à côté des tombes. À ses pieds, les jarres dans lesquelles étaient réanimés les malheureux pendus par les pieds, histoire de prolonger le supplice. Les tombes, au nombre de 14, sont celles des dernières victimes, parmi lesquelles une femme. Un panneau d'une clarté édifiante énumère les 10 règlements en vigueur à l'époque. Douze prisonniers, dont cinq enfants seulement furent retrouvés vivants.

– ***Le bâtiment A*** (à gauche de l'enceinte) servait pour les interrogatoires (entendre les tortures). Dans chaque pièce, le lit métallique sur lequel étaient attachés les prisonniers, les pieds croisés et les mains attachées, avec les barres et les chaînes encore présentes. Les boîtes de munitions que l'on voit servaient de pots de chambre. Dans chaque pièce, ou presque, la photo d'un corps en décomposition (sur l'une d'elles, un coq mange les vers d'un cadavre...).

– ***Dans le grand bâtiment B*** contigu, la prison a été transformée en mémorial. Au rez-de-chaussée, de grands panneaux reprennent à l'infini des photos de prisonniers, parmi lesquels de très nombreux Khmers rouges, victimes des purges régulières (on les distingue à leurs casquettes). Les Khmers rouges avaient la manie de l'archivage et fichaient tous leurs détenus, dont il reste tous ces visages figés. On remarque que les « suspects » étaient arrêtés avec toute leur famille, enfants inclus... Les tortionnaires leur mettaient sous le nez des versions différentes des mêmes récits pour les accuser de mensonge. Il fallait à tout prix que les condamnés « avouent ». Les 20 000 dossiers impeccablement tenus prouvent le côté maniaque des tortionnaires chargés de rendre compte à l'échelon de l'élimination des « ennemis de la révolution ».
– ***Le bâtiment C*** est entièrement rempli de minuscules cellules individuelles, construites à la hâte avec des briques au rez-de-chaussée, et à l'étage plus soigneusement et en bois, mais tout aussi oppressantes. Les barbelés des balcons servaient à empêcher les suicides. Les détenus étaient régulièrement fouillés afin d'éviter qu'ils n'avalent une vis ou un boulon.
– ***Dans le bâtiment D*** (le dernier), les cellules ont été enlevées (traces des séparations à terre) et transformées en salles d'expo. Voir la « chaise photographique », qui servait à ficher les prisonniers. Photo des sept survivants adultes du camp, représentant notamment deux peintres, Vann Nath, décédé en 2012, et Bou Meng, toujours vivant et souvent présent au musée pour vendre son livre. Au rez-de-chaussée, exposition des peintures réalisées par Vann Nath, qui illustrent les diverses méthodes de torture : fouet, étouffement, arrachage des dents et des seins, utilisation de scorpions, etc. Une des toiles est d'ailleurs un autoportrait dans sa cellule. On pense à ces représentations de l'enfer bouddhique qui garnissent les murs des temples. Curieux parallèle quand on sait que les Khmers rouges empruntèrent beaucoup au vocabulaire religieux pour qualifier leurs divers dogmes. Plus loin, photos des destructions des bâtiments « capitalistes », carte des sites des massacres, plans des migrations forcées, charniers et temple entouré de crânes... Au 1er étage, des juxtapositions de photos anciennes et récentes de jeunes Khmers rouges (dont d'anciens employés du camp), durant leurs exactions, puis dans les vies qu'ils ont retrouvées : piroguier, agriculteur, vannier, mère de famille. L'association peut paraître surprenante, voire choquante, mais il faut l'envisager, une fois encore, dans une perspective de réconciliation du peuple cambodgien avec lui-même : tous victimes d'une idéologie aveugle, tous victimes du tourbillon sanguinaire qui emporta le pays. Ainsi ce jeune subalterne de Tuol Sleng, d'une famille déjà durement touchée, qui voit arriver son oncle prisonnier au camp. Ils ne se parleront pas, complices muets dans l'horreur, sachant que sinon la famille perdra un membre supplémentaire, le gardien... D'autres photos de vrais leaders khmers sont couvertes de graffitis, l'une a dû être enlevée...

Monument of Independance *(plan B3)* **:** *au croisement des bd Norodom et Sihanouk.* Édifié en 1958 par l'architecte Vann Molyvann, architecte en chef du roi Sihanouk (auteur du stade olympique et de Sihanoukville, entre autres). L'édifice, inauguré en 1963, représente un bouton de fleur de lotus et évoque les tours d'Angkor Wat, la référence incontournable. À l'arrière du monument, jeter aussi un œil à la nouvelle *statue de Norodom Sihanouk.*

Les pagodes

Wat Phnom *(plan A1)* **:** *au nord du bd Norodom. Accès par des escaliers situés côté fleuve. Tlj 7h-18h30. Entrée : env 1 $; accès libre après 18h.* Les habitants viennent se promener tout autour, comme dans un jardin public. On y trouve des adorateurs du Bouddha, bien sûr, ce sanctuaire sacré étant le plus ancien de la ville (il aurait été fondé au XIVe s, mais l'édifice actuel date de 1926), à laquelle il a donné son nom (voir aussi « Un peu d'histoire », en début de chapitre). Également des vendeurs de boissons, d'oiseaux, des diseurs de bonne aventure et

des joueurs attirés par le tirage du loto... Au sommet d'une minicolline artificielle haute de 30 m, la pagode, décorée de belles fresques et de nombreux bouddhas. Derrière, un stûpa contenant les cendres du roi fondateur de la ville (fermé à la visite). À l'arrière et à gauche du temple principal, petite statue colorée et naïve de la fameuse Mme Penh, d'autres petits temples, plus, au pied de l'horloge inclinée, un petit monument en céramique en hommage au traité franco-siamois du 15 mars 1907.
À l'extérieur de l'enceinte, un arbre immense abrite des milliers de chauves-souris, visibles en plein jour et qui prennent leur envol à la nuit tombée.

Wat Ounalom *(plan B2)* **:** *à l'angle du quai Sisowath et de la rue 154. Tlj 6h-18h.* Fondé au milieu du XVe s, ce monastère comprenait une quarantaine de bâtiments, presque tous rasés par les Khmers rouges. Le temple principal abrite le fameux bouddha de marbre. Brisé par les soldats khmers rouges, ses morceaux ont été recollés. Il n'est pas visible. Le bâtiment le plus ancien est le stûpa situé derrière la pagode. Dans celle-ci, quelques statues du Bouddha (se faire ouvrir par le gardien). On y croise des groupes de bonzes.

Wat Botum Vaddey *(plan B3)* **:** *rue 19, à 500 m du Palais royal.* Ce qui fut l'une des plus anciennes pagodes du pays (milieu du XVe s) a été restauré. Le stûpa principal contiendrait des cendres du Bouddha en personne.

Wat Langka *(plan B3)* **:** *bd Norodom, proche du monument de l'Indépendance.* Première pagode à avoir été reconstruite après l'ère polpotienne, elle a retrouvé son style traditionnel, ainsi qu'une partie de ses statues, et ses fresques ont été refaites.

Les autres wats* :** nombreux dans la capitale, ils ont beaucoup souffert sous les Khmers rouges, qui généralement les détruisirent. D'intérêt architectural réduit, leur découverte reste néanmoins intéressante. Ainsi, le ***wat Svay Popeh *(plan B3),* à l'angle de la rue 312 et du boulevard Sothearos, au sud-est de la ville. Probablement construit au XVe s, remanié au milieu du XXe s, c'est l'un des plus jolis de la ville. On y recueillait autrefois les cendres des personnalités de sang royal. Le ***wat Chen Damdek*** *(plan A1),* rue 47, au nord du wat Phnom, est en principe ouvert uniquement lors de cérémonies (sinon, demander à un bonze). Datant du XIXe s, la charpente en bois et les colonnes sculptées sont d'époque. À droite de l'entrée principale, en hauteur, trois panneaux de portraits de la famille royale. Le ***wat Tuol Tom Poung*** *(hors plan par A3),* boulevard Mao-Tsé-Toung, a miraculeusement échappé à la destruction, d'où ses nombreuses peintures murales datant des années 1960. Enfin, l'élégant ***wat Saravan*** *(plan B2),* rue 19, conserve de belles fresques et bouddhas.

Les marchés

Tlj 7h-17h. Calmes à l'heure du déj. Après 15h30, certaines boutiques commencent à fermer. À ne pas manquer, c'est là que vous aurez le plus de contacts avec la population et que vous pourrez goûter aux soupes cambodgiennes et acheter quelques souvenirs.

Psaar Thmay *(le marché central ; plan A2)* **:** *entre les bd Monivong et Norodom.* Le vrai centre de la vie phnompenhoise, comme son nom l'indique. La circulation autour est complètement dingo. Également appelée « nouveau marché », cette gigantesque et emblématique halle jaune est le lieu d'échange le plus important de la ville.
Le marché central de Phnom Penh a été construit en 1937 par des architectes français, dans un style colonialo-Art déco. C'était alors le plus grand d'Asie. Il est coiffé d'une impressionnante coupole de 26 m de hauteur, qui se prolonge par quatre ailes. Son architecture, pensée pour assurer une circulation optimale de

l'air, lui donne une étrange silhouette de soucoupe volante posée au milieu de la capitale. Encore aujourd'hui, il reste l'un des marchés couverts les plus grands d'Asie.
On trouve absolument de tout auprès des 2 000 stands répartis en cinq secteurs principaux : vêtements (très intéressantes fripes) et tissus, électroménager et gadgets, épicerie et alimentation. Au centre, les bijoux (surtout de l'or), montres et pierres précieuses. Autour, fleuristes, vendeurs ambulants et quelques stands pour manger sur le pouce. C'est ici que vous trouverez les fameux *kramas* (foulards) khmers, entre autres.

Psaar Orussey *(le marché Orussey ; plan A2)* **:** l'un des grands marchés de la ville. En bas, les boutiques se succèdent au touche-touche : ustensiles de cuisine, matériel de bricolage, papeterie, produits d'hygiène et petit électroménager. Le bâtiment a vieilli, mais il fait toujours partie des lieux incontournables de la vie des Phnompenhois, qui s'y approvisionnent aussi en produits alimentaires.

Psaar Chah *(le vieux marché ; plan B1)* **:** *rue 108, à l'angle avec la rue 13.* Originellement en bois, il a fini par brûler fin 2014, mais a tout de suite été reconstruit avec des structures métalliques. Encore un vieux marché devenu tout neuf... Stands de nourriture, de vêtements et quelques bouquins. Également bijoux et gadgets.

Psaar Olympic *(le marché olympique ; hors plan par A3)* **:** *près du stade olympique, à l'angle des rues 199 et 286.* Récemment reconstruit, il est moche comme tout ; c'est plus un marché pratique que touristique. Vous y trouverez des pièces de rechange pour votre vélo ou des chaussures et des fringues bon marché.

Psaar Tuol Tom Pong *(le marché russe ; hors plan par A3)* **:** *rue 440 ; au sud du bd Mao-Tsé-Toung.* Assez excentré, mais on trouve pas mal de choses à rapporter, et en général, les prix restent raisonnables. Appelé ainsi puisque les Russes le fréquentaient beaucoup pendant la période vietnamienne. Vieillot et bondé, assez typique, même s'il est pas mal visité par les touristes. On y trouve de beaux tissus (soie), des T-shirts, des bijoux (essentiellement en argent), de fausses antiquités, des pièces de moto, beaucoup de quincaillerie, un peu d'artisanat, des bouquinistes, des DVD, des vêtements, des montres, des sacs et des valises. Également pas mal de porcelaine de Chine ou du Vietnam (moins bien et moins chère), ainsi que des peignes pour suspendre les étoffes de soie. En cherchant bien (il faut s'y connaître), quelques œuvres d'art anciennes et de belles statues du Bouddha. Nombreuses gargotes à l'intérieur et à l'extérieur (sur le parking à partir de 16h). À proximité, un salon de thé sympa monté par une ONG francophone, *L'Irrésistible Coffee* (voir « Où prendre le petit déj ou un bon goûter ? »).

Les vestiges coloniaux

Les nostalgiques de l'Indochine française peuvent s'amuser à un petit jeu de piste à travers la ville. L'influence architecturale française sur la capitale demeure évidente. Tout chauvinisme mis à part, il faut reconnaître que les traces laissées par les Français donnent du charme aux rues de Phnom Penh.

La grande poste *(plan A-B1)* **:** *voir « Adresses et infos utiles ».* Grosse bâtisse jaune du XIXe s, typique de l'architecture coloniale.

Manolis Hotel **:** *face à la poste.* Vieille bâtisse délabrée. C'est ici qu'André Malraux, accusé d'avoir dérobé des bas-reliefs d'Angkor, fut mis en résidence surveillée...

Phnom Penh Municipality *(la mairie ; plan A1)* **:** *entre la gare et l'hôpital Calmette.* Ce beau bâtiment, construit par les Français, était auparavant occupé par l'évêché. Il ne reste en revanche rien de la cathédrale catholique voisine, dynamitée par les Khmers rouges en 1978 et remplacée en 1986 par une station satellite soviétique !

Library *(la bibliothèque ; plan A1)* **:** *rue 92.* Construite en 1924. Les Khmers rouges l'ont laissée à l'abandon, ainsi que sa précieuse collection de livres anciens. Elle vaut le coup d'œil.

Court of Justice *(la cour de justice ; plan B2)* **:** *face à la pagode d'Argent.* Élégante bâtisse en U.

Wat Phnom Hotel *(plan A1)* **:** *entre le quai Sisowath et le wat Phnom.* C'est l'ancien palais du gouvernement, autrefois siège de l'autorité coloniale. Restauré par la France, le bâtiment devint le siège du Conseil national, chargé de gouverner provisoirement le pays après les accords de paix de Paris.

Le Royal Hotel *(plan A1,* ***42****)* **:** *voir « Où dormir ? »* L'hôtel le plus prestigieux de la ville, où tous les « grands » descendaient. Entièrement rénové et rebaptisé *Raffles Hotel Le Royal,* c'est aujourd'hui l'hôtel le plus luxueux de la ville.

De belles ***maisons*** coloniales, dont certaines en restauration, dans le quartier du Palais royal, notamment boulevard Norodom, et dans la partie nord de la ville.

À faire

Promenades et minicroisières en bateau *(plan B1)* **:** *la plupart des départs se font entre le pont japonais (Chruoy Changvar) et l'embarcadère principal. Par heure, prévoir 15-35 $ par bateau pour env 15 à 50 pers. Néanmoins, choisir bien son bateau en faisant attention aux conditions de sécurité...* Très populaire et magique en fin d'après-midi, quand le soleil embrase les rives. Si l'on a le temps, il est possible d'organiser une petite croisière vers certaines îles. L'une n'est habitée que par des artisans spécialisés dans le travail de l'argent. Au même endroit, signalons le bateau *Phocea Mekong,* géré par une petite société franco-khmère *(012-221-348 ou 077-303-266 ; • phoceamekong.com •)* qui propose des croisières sur le Mékong et le Tonlé Sap. Plus cher que les autres, mais les tarifs couvrent les repas, la mise aux normes de sécurité, les taxes, et surtout ils financent l'orphelinat *Ptea Clara (• ptea-clara.com •).* Pour les croisières de luxe, voir la *Compagnie fluviale du Mékong* dans « Adresses et infos utiles. Agences de voyages ».

Manifestation

– ***La fête des Eaux (Bon Om Touk) :*** le jour de la pleine lune, la population acclame le changement de sens du cours d'eau du Tonlé Sap, au moment où le lac se déverse dans le fleuve. À cette occasion, ne pas rater les régates de pirogues multicolores jusqu'à la tombée du jour, face au Palais royal de Phnom Penh, suivies de danses et de feux d'artifice. À cette occasion, une partie du Palais royal est fermée au public et l'accès à la ville en voiture est problématique.
Deux légendes se disputent l'origine de la fête des Eaux. La première remonte à l'époque d'Angkor et des combats entre le roi du Champa, qui avait envahi le Cambodge, et le roi khmer. Les batailles se faisaient en pirogue sur le fleuve. En souvenir de la victoire du roi khmer, des courses de pirogues ont été organisées tous les ans sur le fleuve. La seconde légende raconte que cette fête sert à remercier les génies des Eaux qui donnent l'eau pour l'agriculture. À vous de choisir !

DANS LES ENVIRONS DE PHNOM PENH

Koh Dach *(l'île de la Soie) : à env 15 km au nord de Phnom Penh (par la route qui enjambe le pont japonais) ; 2-3 petits ferries y mènent (pancartes sur le côté droit de la route) ; on vous conseille de traverser à Kaday Cha pour arriver directement dans le village ; avec les autres ferries, on débarque au milieu des plantations. Cela dit, si vous arrivez à vélo, le mieux est de prendre le ferry qui relie la pointe sud de l'île (embarcadère derrière le* Gold Sun Hotel & KTV*). Traversée ttes les 20-30 mn, 6h-20h env. Coût : une pincée de riels. Durée : env 10 mn. Sur place, prendre* un moto-dop *payé à l'heure si l'on veut faire le grand tour (compter au moins 2h sur une piste chaotique). Sinon, à pied, fort agréable et dépaysant. Éviter les femmes à moto qui traquent les touristes avec des écharpes identiques à celles du marché russe, et plus chères !*

C'est l'île des tisserands. Sous la plupart des maisons à pilotis, un ou plusieurs métiers à tisser fonctionnent tous les jours. On se balade dans le tac-tac-tac des navettes, les couleurs étincelantes des tissus, tout en admirant la belle architecture des demeures. L'île possède un niveau de vie sensiblement plus élevé que sur la terre ferme, le limon y est riche, les cultures prospères, le bétail abondant et bien dans ses sabots.

Tout au bout, une plage sur le fleuve, malheureusement mal entretenue (droit d'entrée : 1 $). Quelques minipaillotes les pieds dans l'eau, où se retrouvent des familles épanouies. Les mômes batifolent dans l'onde. Quelques amoureux flirtent dans les hamacs à l'abri des regards. Tout se révèle doux et bon enfant, atmosphère vraiment agréable. Quelques fillettes vous proposeront peut-être des tissus fabriqués sur l'île.

Villa Koh Dach Guest House : *sur l'île de la Soie, tt proche du psaar Samaki (le marché central de l'île). 016-223-108 ou 099-559-925. • villakohdach.free.fr • Doubles 8-24 $. Sur présentation de ce guide, apéro offert aux clients de la* guesthouse. Dans une maison, une poignée de chambres simples avec moustiquaires et ventilo. 3 nouvelles chambres « grand confort » climatisées. Petit jardin, terrasse, bar pour apprécier le temps qui passe. Et resto où les portions sont pantagruéliques. Également à disposition, bouquins (en français) et massages. Location de vélos. Excursions organisées sur l'île et la périphérie de Phnom Penh. Idéal pour bien apprécier la vie locale.

« Killing Fields » *(le camp d'extermination de Choeung Ek) : à 15 km au sud-ouest de Phnom Penh. ☎ 023-305-371. • cekillingfield.org • Prendre le bd Monireth pour sortir de la ville et continuer sur 9 km après le petit pont. Prévoir env 15 $ en* tuk-tuk *A/R. Tlj 7h30-17h30. Entrée : 3 $, mais on vous conseille vivement le tarif avec l'audioguide à 6 $; réduc. Autre conseil : en saison, arriver dès l'ouverture car c'est la foule à partir de 9h. Compter 1h de visite avec l'audioguide. Projection d'un film de 15 mn, 9h-16h30.*

Rendu célèbre par le film *La Déchirure (Killing Fields),* ce camp de la mort fut exploité pendant 3 ans par les Khmers rouges. C'est ici qu'étaient amenés les prisonniers de Tuol Sleng (voir plus haut) pour être liquidés. Pour ne pas gaspiller leurs cartouches, les bourreaux les achevaient à coups de crosse. Les corps ont été jetés dans 129 fosses communes à l'emplacement d'un ancien verger et d'un ancien cimetière chinois (on voit encore les vestiges de quelques tombes).

Environ 90 de ces charniers ont été mis au jour, permettant ainsi de retrouver les ossements de 8 985 personnes, soit moins de la moitié du nombre de victimes estimé. Dans l'un d'eux, on a découvert 166 squelettes sans tête, en majorité des Khmers rouges, considérés comme déserteurs ou victimes des nombreuses purges du régime et décapités pour l'exemple (ils étaient surnommés à l'époque « têtes de Viets, corps de Cambodgiens »). D'autres charniers abritent les dépouilles de femmes, déshabillées, violées puis tuées, et de bébés, que les Khmers rouges n'hésitaient pas à fracasser contre des arbres, comme en témoigne le *killing tree* recouvert de bracelets de couleurs. Sans commentaire. Entre les charniers, de petites vitrines de vêtements et d'ossements. Voir aussi « l'arbre magique » sur lequel était suspendu un haut-parleur diffusant des chants pour couvrir les cris des victimes.

En fin de parcours, on se recueille au mémorial en forme de stûpa, érigé en 1988, dans lequel sont exposés des centaines de crânes entassés sur des étagères, avec en dessous un tas de guenilles. Noter que le stûpa arbore à la fois le *Naga* et le *Garuda,* généralement ennemis dans la mythologie mais associés ici pour symboliser la paix et la réconciliation. Chaque année, le 20 mai, a lieu une cérémonie de commémoration au pied du stûpa.

Enfin, la visite se termine au musée, où des panneaux en anglais décrivent le « Kampuchéa démocratique » des tortionnaires et ses leaders (« the clique of Pol Pot criminals »), leurs procès (qui sont toujours en cours pour certains), quelques uniformes et des fiches signalétiques de prisonniers. Juste à côté, projection d'un film informatif plus ou moins grandiloquent.

En résumé, tout comme la prison S-21, le camp de Choeung Ek est un lieu de pèlerinage et de recueillement, un chemin de mémoire plutôt qu'un site « à voir ». Mais il faut absolument y aller car, comme nous l'ont expliqué plusieurs Cambodgiens, certaines personnes voudraient tout oublier de cette période et détruire le camp. Or, on sait trop bien que de l'absence de témoignages concrets naît la révision, et de la révision, l'amnésie.

Koki Beach *(Kien Svay)* **:** *15 km à l'est, sur la route 1, en direction du Mékong. Env 15-20 $ en tuk-tuk.* C'est un lieu de pique-nique très populaire au bord d'un lac, bondé de Cambodgiens le dimanche. Des petites paillotes très agréables ont été aménagées au-dessus de l'eau. Possibilité de se restaurer sur place.

Tonlé Bati *(le lac Bati)* et **Ta Prohm :** *à env 32 km de Phnom Penh, par la route N2 filant vers Takeo ; tourner à droite au niveau de la station-service* Sokimex *pour s'engager sur un chemin plein de trous, puis à droite sous une arche en pierre surmontée de 3 flèches sculptées (panneau). GRATUIT (enfin, jusqu'à nouvel ordre...).*

Le *Ta Prohm* est un temple bouddhique et brahmanique ignoré par beaucoup de visiteurs. Tant mieux, car découvrir ce temple seul est un vrai délice. Cet appareillage en grès et en pierre de latérite, assez rudimentaire (pour ne pas dire branlant !), fut construit au XIIe s par le roi Jayavarman VII, à qui l'on doit le merveilleux Angkor Thom. Conjugué à un environnement verdoyant et fleuri, est-ce cela qui lui donne tant de charme ? Sanctuaire central présentant d'intéressantes sculptures. Sur le premier linteau, un bouddha couché. De part et d'autre de la porte, les deux gardiens avec leur bâton. Puis, sur les côtés, les gardiennes et de fausses fenêtres avec imitation de treillis et colonnettes. Abondant décor floral et frise de petits bouddhas. Dans le sanctuaire, succession de petites salles cruciformes abritant des lingams. Au fond, sur la dernière porte (la plus branlante, dans l'axe de l'entrée), un bouddha assez primitif et un linteau où figurent des démons (ou des singes).

Face au parking, dans le monastère de l'autre côté de la piste et juste à proximité de la pagode, jeter un coup d'œil au petit sanctuaire *Yeay Peau.* L'entrée se trouve à l'arrière. Intéressant linteau sculpté d'une divinité soutenue par trois personnages indéfinissables et, en dessous, quatre orants.

À 500 m de là, lieu de pique-nique très populaire le dimanche au bord du lac. Petites paillotes sur l'eau pour se restaurer. Les Cambodgiens n'hésitent pas à piquer une tête.

Phnom Chisor : *à env 60 km au sud de Phnom Penh par la N2, tourner à gauche au village de Chisor au niveau de la belle arche ; c'est à 7 km plus loin, au village de Sla. Tlj 7h-18h. Entrée : env 2 $.*

Notre *phnom* préféré. Peu de touristes. Ne pas arriver trop tôt dans l'après-midi, sinon il fera trop chaud pour grimper au sommet de la colline-temple. Il faut gravir

405 ou 413 marches (soit environ 20 mn d'ascension), selon l'entrée choisie : un escalier moderne au niveau du parking principal ou un autre escalier (plus ancien, beaucoup moins fréquenté et plus long à grimper) auquel on accède en poursuivant le chemin qui contourne la colline par la gauche. Un centre bouddhique s'est installé à côté du temple, construit au XIe s sous le règne de Sûryavarman Ier. Il faut dire que l'endroit incite particulièrement à la méditation...
Assez ruiné et jamais vraiment rénové, le site essuya quelques bombes américaines. Il possède néanmoins une forte identité et de beaux restes, en particulier de superbes linteaux. À terre, un désordre un peu libertaire de vieilles pierres tombées au fil des années et des guerres. Ainsi, dès l'enceinte du site franchie, sur la droite, observer le linteau de l'ancienne porte d'entrée principale : il a perdu la moitié de sa Lakshmi, qui gît devant, dans l'herbe. Au centre, le sanctuaire en brique proprement dit, entouré de quatre petits édifices. Celui du fond à gauche pourrait être la bibliothèque. Fronton joliment ciselé et remarquable linteau avec un Vishnou sur une tête de démon. Colonnes de forme hexagonale sculptées et inscription en sanskrit sur le côté gauche. Au dos de la « bibliothèque », linteau figurant un Shiva dansant. Celui sur la dernière porte (face à la plaine et à l'entrée du sanctuaire en brique) représente Shiva orné d'un beau décor floral. Au-dessus, un couple assis sur une vache. De cette porte, le panorama est d'une sérénité totale. La voie sacrée, jalonnée de deux édifices cruciformes (peut-être des salles de repos pour les pèlerins), se perd à l'horizon vers un grand bassin carré.

Kirirom National Park : *embranchement à 80 km de Phnom Penh, sur la route de Sihanoukville (N4), indiqué par un panneau sur la droite (« Preah Suramarit Kossamak National Park ») ; il reste encore 20 km à faire jusqu'à l'intérieur du parc. Il est préférable d'avoir son propre moyen de transport.* Ce massif, culminant à presque 700 m d'altitude, est recouvert d'une magnifique forêt de pins, très agréable et reposante, où l'on échappe à la chaleur accablante de la capitale. Nombreuses balades vers des lacs ou même une cascade. Selon les Cambodgiens, des tigres habiteraient dans la forêt.

TAKEO *(sites d'Angkor Borei et Phnom Da)*

À 75 km de Phnom Penh. Bus depuis le marché central. La ville de Takeo est la modeste capitale de la province du même nom, une région considérée comme le berceau de la civilisation khmère. Chaque année, une grande partie des terres est inondée à la saison des pluies. Ce caractère lacustre saisonnier, immémorial, se retrouve dans le mystérieux nom de « Chenla d'eau », donné aux royaumes de ces contrées (VIe-VIIe s, fin du Funan – début ère angkorienne) par les chroniques chinoises, seules sources historiques régionales. Beaucoup de commerce avec le Vietnam tout proche, à travers les nombreux canaux. En venant de Phnom Penh, prendre à gauche au monument de l'Indépendance de Takeo, puis à droite, pour se retrouver sur les quais.

Adresse et infos utiles

Gare routière : *à env 1 km du rond-point du monument de l'Indépendance.* Depuis et vers ***Phnom Penh,*** uniquement des minibus et taxis collectifs privés (trajet : env 2h30-3h). Pas de liaison directe pour Kep, ni Kampot : il faut se rendre à l'intersection de la N3 (à une dizaine de kilomètres, en taxi collectif ou en *tuk-tuk*) et monter dans un bus qui relie Phnom Penh à Kep-Kampot, s'il y a de la place. Aléatoire, donc ! On peut parfois attraper un bus pour ***Hô Chi Minh-Ville,*** tôt le matin ; ce sont les bus en provenance de Phnom Penh. Même problématique, il arrive qu'il n'y ait pas de places disponibles...

■ ***Acleda Bank :*** *au bord du rond-point du monument de l'Indépendance.*

Lun-sam 7h30-16h (12h sam). C'est la seule banque pour faire du change dans le secteur. Taux fort correct, service *Western Union* et distributeur 24h/24 acceptant les cartes *Visa* et *MasterCard.*

Où dormir ? Où manger ? Où boire un verre à Takeo et dans le coin ?

Nita Guesthouse : *à 200 m à gauche de l'embarcadère. 012-955-526. Doubles 5-12 $ selon confort. Pas de petit déj.* Un « hôtel-salle-de-bains » tout carrelé, sans charme mais bien tenu. Une quinzaine de chambres avec ventilo ou clim selon le prix. En demander une côté fleuve, bien sûr, d'autant qu'on y bénéficie de balcons avec vue. Bon, on y parle très peu l'anglais.

Daunkeo Guesthouse : *à 200 m à droite de l'embarcadère. 012-998-110. • daunkeo.com • Doubles 8-25 $ selon confort ; bungalow 30 $; petit déj en sus.* Une adresse assez confortable et plutôt bien tenue. Avec leurs petites touches de déco, les chambres sont une bonne surprise. Eau froide et ventilo pour les moins chères, eau chaude et clim pour les autres. La plus onéreuse est une grande *VIP room,* avec clim et TV (on capte même TV5). La maison possède aussi une annexe encore plus « luxe » avec jardin, à deux rues de là, le *Daunkeo II* (*• daunkeo2.com • ; doubles env 15-35 $).*

Stung Takeo Restaurant : *à env 100 m à droite de l'embarcadère (c'est la 1re bâtisse au bord de la rivière). Tlj jusqu'à 21h. De bon marché à chic selon le choix.* C'est le resto incontournable sur le quai. Vaste et agréable terrasse en bois, avec hamacs, dominant joliment le canal. Bonne cuisine qui régale les Cambodgiens et les quelques touristes de passage. Soupes, friture *(fried fish),* crevettes... Mais la spécialité, que les Cambodgiens aisés viennent effeuiller avec force démonstration, c'est la langouste ! Seulement, elle est chère (compter environ 40 $ le kilo !). Et si vous n'arrivez pas assez tôt, ben, il n'y en aura plus... Bonne adresse pour boire l'apéro en profitant de la vue.

Mlop Sbov Trachak Chit : *rue 10 ; de l'embarcadère, longer la* Daunkeo Guesthouse, *tourner à droite puis à gauche et repérer les panneaux « Cambodia/Anchor Beer ». Tlj 10h-22h. De bon marché à prix moyens.* À l'écart de l'embarcadère, à un carrefour, un resto assez populaire servant de bonnes spécialités khmères et chinoises. Canard, crevettes crues, anguille... Plutôt en 2e choix, vu l'absence de cadre.

Possibilité de passer la nuit dans le village d'***Angkor Borei.*** S'adresser au gardien du musée, qui ne parle que le cambodgien. Négociable à partir de 6 $, avec ventilo et douche.

À voir

➢ ***Comment aller à Phnom Da et Angkor Borei ?*** *Ceux qui envisagent de passer une nuit sur place pourront emprunter le bateau régulier qui fait la liaison quotidienne entre Takeo et Angkor Borei. Départ vers 14h de Takeo ; trajet en 2-3h. Départ d'Angkor Borei tôt le lendemain. Compter env 1,50 $ l'aller. Sinon, louer une barque à moteur de 4-6 pers à l'embarcadère. Compter env 35 $ le bateau (A/R, temps de visite inclus) pour la visite des 2 sites. Trajet : env 45 mn jusqu'à Phnom Da, puis 15 mn pour Angkor Borei. Possibilité de louer une voiture mais on ne vous le conseille pas tant la balade en bateau est charmante et moins difficile (sinon 1h30 de mauvaise route).* Balade en bateau superbe. D'abord un chenal, puis un lac immense (sauf pendant la saison sèche), avant d'arriver à la rivière proprement dite. Le long du parcours, nombreuses scènes de vie de pêcheurs.

Quelques hébergements rustiques sur place et pas grand-chose pour se sustenter. Prévoir des provisions.

Phnom Da : c'est la première étape et la meilleure. Itinéraire jalonné de rustiques petits élevages de poissons. Débarquement au milieu des plantes aquatiques dans un tout petit village de pêcheurs. Vous en trouverez toujours une demi-douzaine pêchant à l'épervier dans un grand étang. À quelques centaines de mètres, le *prasat Phnom Da,* juché sur sa petite colline *(entrée : env 2 $).* Émouvant, car c'est sans doute le plus ancien temple préangkorien du pays (daterait du VIe ou du VIIe s). Il figure d'ailleurs sur la liste indicative de l'Unesco, ce qui pourrait permettre un jour une inscription au Patrimoine mondial... Émouvant aussi parce qu'il possède une vraie grâce, un côté abandonné très séduisant. Sanctuaire assez imposant, qui semble avoir brûlé tant les murs sont noircis par les mousses et le temps. Avec un chapeau et un peu de solitude, on pourrait presque se prendre pour Indiana Jones découvrant un temple dans l'une de ses aventures... Environnement paisible à souhait, d'où l'on a une jolie vue sur les rizières de la vallée. Le temple lui-même a perdu nombre de ses décors. Les premiers volés, les autres en sûreté dans les musées d'Angkor Borei et de Phnom Penh. À l'intérieur, appareillage en brique de latérite en « escalier ». Par un chemin différent, on parvient à un autre minuscule temple de style hindou et de la même époque, *Ashram Maha Rosei.*

Angkor Borei et le Musée archéologique : *à 15 mn de bateau de Phnom Da. Musée à 200 m du débarcadère. En principe, ouv tlj 8h-19h ; si c'est fermé, le gardien n'est jamais bien loin. Entrée : env 1 $.*
Les environs du village (qui vaut aussi le détour pour ceux qui veulent s'immerger dans la vie locale) font l'objet de nombreuses recherches archéologiques. Angkor Borei, avec sa colline de Phnom Da, était tout de même la capitale du royaume du Funan (VIe s) sous le roi Rudravarman...
Le *Musée archéologique* est vraiment petit. Ne vous faites pas trop d'illusions, d'autant que toutes les statues à l'extérieur sont des copies ! À l'intérieur, jeter un œil à la photo de l'ancienne fortification de 6 km de tour qui cernait jadis le village. Quelques pièces exposées pêle-mêle : linteaux provenant de Phnom Da, un bouddha du VIe s, un autre du XVIIIe s en position de *bhumisparsamudra* (prise de la Terre à témoin), un Shiva de style Baphuon et un Vishnou du XIe s, quelques vitrines remplies de statuettes et de poteries, des pilons médicinaux, des lingams en pierre, poteries et lissoirs de potiers. Et puis voilà.

OUDONG

➢ *À env 50 km au nord de Phnom Penh, sur la route de Battambang. Depuis Phnom Penh, prendre un bus pour Kompong Chhnang et demander à être déposé à l'intersection de la route allant au site d'Oudong (entre les km 36 et 37, indiqué par un panneau et un portail avec deux nagas). Reste 3 km à faire (moto-dop ou stop).*
Cette ancienne capitale des rois khmers du XVIIe au XIXe s tombe en ruine. Le Palais royal a disparu. Les affrontements entre Lon Nol et les Khmers rouges ont entraîné la destruction d'un nombre élevé de monuments. En bas de la plus haute colline, un petit *mémorial des crimes des Khmers rouges.* L'excursion vaut avant tout pour l'animation et l'ambiance des week-ends, et pour ceux qui disposent de temps.

Où manger ?

Oudong accueille des milliers de pèlerins, il y a une grande aire de repos et de restauration au pied de la colline. Très peu de touristes occidentaux. Faites comme les Cambodgiens, choisissez une paillote, étendez-vous sur une natte (ou prenez un hamac) et dégustez relax tout un tas de petites préparations maison... Une vraie tranche de vie locale !

À voir

Preah Atharas : la pagode la plus impressionnante, au sommet d'un des *phnom* (collines) d'Oudong. Détruite par les bombardements américains, puis par les Khmers rouges, elle abritait une statue du Bouddha qui devait bien faire 10 m de hauteur ! Il n'en reste presque plus rien, sinon des vestiges assez pathétiques. Subsiste des moignons de huit colonnes et du socle sculpté du bouddha. Il est caché derrière de hauts murs, on tourne autour dans une sorte de déambulatoire. En avant du socle, petit temple où l'on retrouve d'ailleurs le nez du bouddha tombé à terre.

La colline des trois stûpas : le premier, tout neuf, assez monumental, incrusté de têtes d'éléphants, a été offert par l'ancien roi Norodom Sihanouk et ses ministres. Longue volée de marches pour y accéder. Lieu de dévotion très populaire, il réunit plus d'un million de Cambodgiens à son inauguration en 2002. De sa terrasse, panorama imprenable. Le deuxième stûpa est celui du roi Ang Duong, construit en 1891 par le roi Norodom pour abriter les cendres de son père. Tout en brique, puis décoré de stuc ciselé et de fleurs en céramique. Il survécut miraculeusement aux bombardements. Le dernier, enfin, date sans doute du début du XVIIe s, ce qui explique son état délabré. On y accède par un petit escalier en pierre. Sur son sommet, les faces de Brahma, Shiva et Vishnou. Vue plein sud (en direction de Phnom Penh) à couper le souffle.

LA RÉGION CÔTIÈRE

KEP

• Plan *p. 81*

Créée en 1908 par les Français sous le nom de Kep-sur-Mer, cette petite station balnéaire fut très prisée dans les années 1960, avant de s'évanouir dans les tourments de l'Histoire. On la rejoint en 30 mn depuis Kampot, par 25 km de routes bordées de nombreux villages chams, vrai décor de carte postale quand les rizières sont bien vertes. Le long de la corniche, les quelques bâtisses de l'époque coloniale

construites par de riches Cambodgiens durant l'âge d'or des sixties ont été détruites ou totalement rasées par les Khmers rouges, qui ne quittèrent la région qu'en 1998. Parmi elles, l'ancienne résidence du roi Sihanouk, située sur les hauteurs. Aujourd'hui, la vie a repris le dessus, tandis que la végétation qui a envahi les quelques vestiges calcinés atténue la morbidité du passé. Malgré quelques aménagements hôteliers, Kep conserve son charme et sa tranquillité. On vient ici surtout pour ne rien faire et pour s'empiffrer de crabe au poivre vert. Pour épicer ses soirées, en revanche, on va plutôt à Kampot...
Attention, Kep est très étirée. Le centre administratif est assez loin de la plage principale, très modeste au demeurant. Les amoureux de l'océan, du farniente et du temps qui s'écoule paisiblement prendront plutôt un bateau à destination de Koh Tonsay, l'agréable « île des Lapins », située à quelques encablures au large de Kep.

Arriver – Quitter

Au rond-point principal de Kep Beach *(plan A2)*, tout en bas, plusieurs petites agences vendent des tours et des transports en minibus, dont *Anna Tours, Ocean Tours* ou encore *Blue Bridge Express.* En revanche, les conditions de voyage ne sont pas toujours très top...

➢ ***Kampot :*** 5-6 bus/j. Ce sont les bus en provenance de Phnom Penh. Pour se rendre à Kampot, passages à Kep vers 12h et 17h. Trajet : env 30 mn. Également des minibus en 40 mn. Sinon, *moto-dop* ou *tuk-tuk,* plus simple si l'on n'est pas chargé. Route assez tranquille et jolie.

➢ ***Phnom Penh :*** ligne Phnom Penh-Kep-Kampot. 5-6 bus/j. dans chaque sens ; passages à Kep en direction de Phnom Penh vers 7h30, 9h30 et 13h env. Trajet : env 4h30.

➢ ***Sihanoukville :*** minibus quotidiens. Sinon, départs plus nombreux depuis Kampot. Trajet : env 2h30.

Adresses et infos utiles

■ ***Office de tourisme*** *(plan A2)* **:** *au rond-point de Kep Beach. En principe, lun-ven 7h30-11h30.* Un plan, mais très peu d'infos à glaner...

■ ***Change*** *(plan A2,* ***1****)* **:** attention, pas de banque ni de bureaux de change à Kep même. Distributeur *Visa* et *MasterCard* sur le rond-point principal. Sinon, il faut aller à l'*Acleda Bank,* à Damnak Chang'aeur, à environ 15 mn avant Kep par la route 33 *(hors plan par B2 ; lun-ven 7h30-16h, sam 7h30-12h).* Bon taux de change, distributeur et service *Western Union.*

■ ***Pharmacie*** *(plan A2)* **:** *en face de la plage principale, à côté de la boulangerie française. Tlj 8h-20h.*

■ ***Location de vélos, scooters et motos :*** *compter près de 2 $/j. pour un vélo, 6-8 $/j. pour une moto (casque fourni).* Le plus simple est de demander à votre *guesthouse* (nombre d'entre elles en louent ; sinon, elles contacteront un loueur).

Où dormir ?

De bon marché à prix moyens (jusqu'à 30 $)

Kepmandou *(plan B2,* ***10****)* **:** *dans la partie urbaine, mais en retrait vers la mer (pas de vraie plage), au nord de l'embarcadère pour l'île des Lapins.* *097-795-8723. • kepmandou-guesthouse.com • Dortoir 3-4 $/pers, doubles 5-16 $ selon confort.* L'adresse routarde et festive de Kep. Dortoirs avec lits simples ou doubles, chambres avec ou sans fenêtre, avec ou sans salle de bains. Également des chambres avec balcon et des bungalows en bambou. Fait resto. Mais le *lounge bar* est surtout un lieu de rencontres pour les fêtards (sommeils légers, s'abstenir). Accueil francophone. Une partie des bénéfices sert à donner des cours de français et d'anglais au sein du *Jardin des langues Ayravady.*

Phum Thmey Natural Guesthouse *(plan A2,* ***11****) : au début du chemin pour le* Veranda Natural Resort, *sur la gauche ; à ne pas confondre avec le* Natural Resort *(voir plus loin). 012-204-855 ou 957. Doubles 10-20 $. Ni petit déj ni repas.* Une petite *guesthouse* tenue par des Khmers qui ne parlent quasi pas l'anglais. Dans un jardin sympa, quelques chambres en dur, très simples mais correctes, avec ventilo ou clim, eau froide ou chaude selon le prix.

Brise de Kep *(plan A2,* ***12****) : au rond-point principal, à deux pas de la plage. 012-301-017. • brisedekep.com • Doubles avec sdb 15-20 $, petit déj en sus.* Dans un petit « centre commercial », derrière une façade recouverte de plantes vertes et de fleurs, cette adresse propose une quinzaine de chambres propres. À l'étage, la salle de resto offre une belle vue sur la mer (attention, certaines chambres donnent dessus), histoire de prendre la brise de Kep, et non de Nice. Cuisine française et cambodgienne sympa. Loue également une annexe près de l'embarcadère pour l'île des Lapins, plus confortable mais deux fois plus chère.

De prix moyens à plus chic (30-100 $)

Botanica Guesthouse *(plan A1,* ***18****) : un peu excentré, sur la route 33 vers Kampot. ☎ 097-899-8614 ou 097-801-9071. Doubles avec sdb 21-30 $.* *Guesthouse* tenue par Philippe et son épouse khmère. Dans un beau jardin touffu, qui a donné son nom au lieu, 8 bungalows en dur, confortables, avec une bonne literie. Superbe piscine à débordement avec traitement au sel et belle terrasse en bois pour papoter et préparer ses excursions. Excellent resto (mention spéciale pour le bœuf au poivre vert). Prêt de vélos et location de scooters. Très bon accueil.

Le Coco de Mer *(plan A2,* ***13****) : ☎ 210-130. 090-880-413 ou 513. • lecocodemerbungalows.com • Doubles 25-35 $, petit déj inclus. Plat max 10 $.* Une petite adresse sympathique avec quelques bungalows en bois, mignons, dotés de ventilo, douche/w-c (eau chaude), petite TV, balcon et hamac. D'autres en dur, impeccables, avec la clim en plus. Un peu les uns sur les autres quand même… Les enfants auront droit à une piscine gonflable et à des jeux. Prêt de vélos. Petit resto-paillote. Bon accueil.

Kimly Lodge *(plan A2,* ***14****) : juste avt le* Knai Bang Chatt. *012-721-200 ou 097-704-4449. • kimlylodge.com • Doubles 25-45 $.* C'est la *guesthouse* du fameux resto (voir « Où manger ?… »). Dans un agréable jardin avec piscine, un bâtiment moderne avec des chambres sans charme mais confortables et propres. Bien sûr, on préfère les bungalows du jardin, isolés et ombragés par les palmiers et les arbustes. Très bien faits et bien décorés (murs en pierre, beaux tissus), avec de jolies salles de bains (eau chaude), clim et TV. Bon accueil.

Cheng Lee Natural Resort *(plan A1,* ***15****) : face au* Malibu Estates. *012-452-222 ou 070-768-676. • cheng.leelodge1@gmail.com • Doubles 40-45 $, petit déj inclus. CB acceptées.* 6 bungalows en dur et (pour une fois) très joliment décorés. Belles pierres en guise de tête de lit, et dans la douche panneaux sculptés et tableaux. Côté confort, clim, eau chaude et TV. Parfois quelques soucis d'électricité, cela dit. Piscine avec transats. Seul petit hic, les nouvelles chambres prévues sur le dernier carré de pelouse libre… Bon accueil.

Kep Lodge *(plan A1-2,* ***16****) : à env 1 km du rond-point principal, en direction de Kampot, prendre la piste sur la droite, c'est 500 m plus loin. ☎ 210-225. 092-435-330. • keplodge.com • Doubles 30-85 $ selon confort, petit déj compris ; familiales en bungalows à étage 70-135 $.* En pleine nature et au sein d'un beau jardin tropical, une douzaine d'agréables bungalows en dur bien

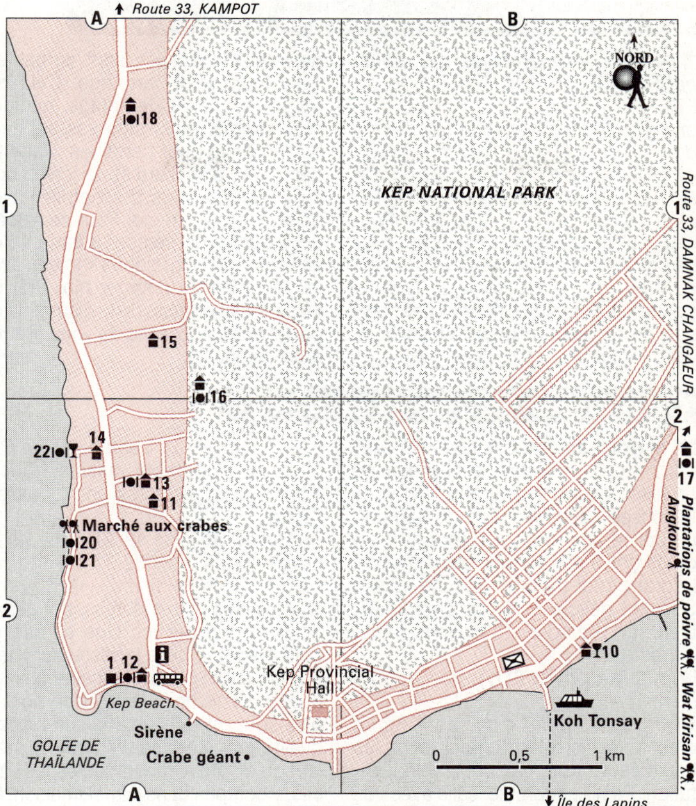

KEP

■ **Adresses utiles**

- ℹ Office de tourisme
- **1** Distributeur de billets

Où dormir ?

- **10** Kepmandou
- **11** Phum Thmey Natural Guesthouse
- **12** Brise de Kep
- **13** Le Coco de Mer
- **14** Kimly Lodge
- **15** Cheng Lee Natural Resort
- **16** Kep Lodge
- **17** The Vine Retreat
- **18** Botanica Guesthouse

Où manger ? Où boire un verre ?

- **12** Brise de Kep
- **20** Marché aux crabes
- **21** Kimly et Holy Crab
- **22** Sailing Club

équipés, coiffés d'un toit de palme. On est un peu loin de la mer, mais l'endroit est particulièrement paisible et la piscine permet de se rafraîchir. Grande paillote disposant d'un coin salon et d'un billard avec une jolie vue à l'étage. Fait resto. Quelques bémols : certaines chambres mériteraient un rafraîchissement, surtout à ce prix, le ménage n'est pas toujours fait à fond et les plats mettent parfois un temps fou à arriver. Cela dit, l'écrin est vraiment beau.

Où dormir ? Où manger dans les environs ?

🏠 |●| ***The Vine Retreat*** *(hors plan par B2,* ***17****) : à 5 km de l'entrée de Pepper Rd, la piste des plantations de poivre, sur la droite (attention, entrée discrète). ☎ 036-633-33-83. 📱 097-461-0711. • thevineretreat.com • Doubles sans ou avec sdb 40-65 $, petit déj inclus. Plat max 10 $.* Pour ceux qui veulent se mettre au vert, pour ne pas dire au poivre vert, vu qu'on est au cœur des plantations du fameux poivre de Kampot. On dirait une maison de famille, en pierre et en bois, avec jardin et piscine. Les chambres du rez-de-chaussée sont agréables, avec leur vieux carrelage. Cela dit, on préfère celles de l'étage, quoique plus chères, mais plus vastes, avec balcon privé pour certaines. Superbe déco avec planchers et portes en bois à l'ancienne, plus du mobilier avec de faux airs Art déco. Pour se relaxer, un chouette bar-resto. La carte va du sandwich aux classiques khmers, avec les légumes du potager bio. Prêt de vélos. Visite gratuite de la plantation de poivre voisine. Stages de yoga. Patron nord-américain.

Où manger ? Où boire un verre ?

|●| ***Marché aux crabes*** *(plan A2,* ***20****) : bon marché.* C'est vraiment l'endroit où se faire une orgie de crabe ! On vous le conseille au poivre vert de Kampot, un délice quand il est bien fait. Plein de gargotes et de petits restos servant le crabe tout frais du marché voisin. Souvent délicieux et pas cher, mais, bien sûr, regarder si l'hygiène paraît correcte...

|●| ***Kimly*** *(plan A2,* ***21****) : juste à gauche du marché aux crabes. 📱 012-345-753. Tlj jusqu'à 23h. Prix moyens.* *Kimly,* c'est une histoire d'amour pour les habitués de Kep, une vénérable institution. Famille adorable, salle avec vue sur la mer. Pour 2 personnes, régal pantagruélique garanti avec 3 plats en petite portion (exemple : poisson, crevettes et calamars). Une seule grande portion accompagnée de légumes sautés et de riz suffirait. Mais ce n'est pas l'endroit où il faut penser à son régime, crébondiou ! Les préparations aux nouilles transparentes au gingembre et au poivre de Kampot sont particulièrement délicieuses. Le crabe au poivre frais de Kampot est une merveille. Boissons pas chères, dont vins et spiritueux. *Kimly,* t'es sélectionné pour le *best of* « golfe de Siam » !

|●| ***Brise de Kep*** *(plan A2,* ***12****) : voir « Où dormir ? » Tlj jusqu'à 21h30. Prix moyens.* Honorable cuisine franco-khmère, à déguster sur une terrasse à l'étage.

|●| ***Holy Crab*** *(plan A2,* ***21****) : à droite du resto* Kimly. *📱 097-632-34-56. Tlj sf jeu jusqu'à 22h30. Prix moyens.* On le repère à ses lettres dorées, qui détonnent un peu par ici. Une cahute en bois avec une belle terrasse sur l'eau. Pas de doute, c'est l'adresse chic du quai. La cuisine et le service sont le plus souvent raffinés, mais le rapport qualité-prix n'est pas forcément meilleur qu'à côté. Crabe à toutes les sauces, y compris dans l'*amok* maison. En fait, on vient aussi pour le cadre, très reposant.

|●| 🍷 ***Sailing Club*** *(plan A2,* ***22****) : juste à droite de l'hôtel chic* Knai Bang Chatt. *Prix moyens.* Happy hours *lun-jeu 17h-19h.* Cette bicoque en bois, bleu et blanc, offre une superbe terrasse sur l'eau, face à un ponton idéal pour rêvasser. Bonne cuisine tournée vers la mer, et le crabe en particulier. Également des plats khmers, sandwichs, salades et pitas à prix chic. Très bien aussi pour boire un verre au coucher du soleil (magnifique). Activités de club nautique, ping-pong, beach-volley et billard.

À voir. À faire

Les plages : dans le bourg même ou au niveau du marché aux crabes. Sachez qu'une partie du sable est importé des îles quand c'est nécessaire...

Le marché aux crabes *(plan A2)* **:** on peut en acheter, le matin, parmi le groupe de vendeuses qui les maintiennent au frais dans des paniers en osier au bord du rivage. Elles confectionnent de petits paquets de minuscules poissons emballés dans une feuille pour les donner en pâture aux crabes. Quelques bateaux de pêche prennent la pose pour la photo. Possibilité de manger sur place.

Kep National Park : *au sommet de la colline qui domine la ville. Accès par une piste qui débute derrière l'hôtel* Le Bout du Monde. *Entrée : env 1,50 $.* Un espace naturel qui offre l'occasion de faire une jolie balade sans difficulté particulière, en suivant un sentier de 8 km, bien balisé et en boucle. Compter 2h30. Au cours de la promenade, beaux points de vue sur la mer, une pagode, des écureuils et quelques singes. Retour par le quartier des villas coloniales incendiées, avec des chèvres dans les ruines...

– **Les activités nautiques :** le *Sailing Club* (voir « Où manger ? Où boire un verre ? ») de l'hôtel chic *Knai Bang Chatt* loue des kayaks *(env 5 $/h)* et des planches à voile *(12 $/h).* Également des cours de *hobbie cat* *(15-25 $/h).*

DANS LES ENVIRONS DE KEP

Les plantations de poivre *(hors plan par B2)* **:** *au km 21, soit à env 3 km de Damnak Chang'aeur (banque Acleda) et 10 km de Kep, en direction de Kampong Trach ; suivre les panneaux « Phnom Voar » et les plantations sur la gauche. Y aller en* tuk-tuk *(compter 10-12 $) ou à moto. Visite libre.* Au pied des montagnes, une dizaine de plantations de poivre. Plusieurs d'entre elles se visitent, même à l'improviste, par exemple celle qui se trouve juste à côté de *The Vine Retreat,* à 5 km de l'entrée de Pepper Road. Si vous souhaitez une visite guidée plus encadrée, rendez-vous à la *Sothy's Farm (☎ 088-951-3505),* au début de Pepper Road. Visite gratuite assurée par Norbert Klein, un Allemand francophone et anglophone, très aimable. Fait aussi resto le midi *(plats env 5 $).* Vente de poivre éco-certifié et labellisé « Kampot Pepper », donc qualité garantie mais pas au premier prix. Lire absolument notre paragraphe « Le poivre de Kampot », à Kampot !

Wat Kirisan *(ou* **Kirisela** *; grotte-temple ; hors plan par B2)* **:** *à* **Kampong Trach,** *à env 17 km à l'est de Kep par une route bitumée. Y aller à moto ou en* tuk-tuk. *Dans le village de Kampong Trach, bifurquer à gauche au niveau du panneau « Kampong Trach Resort », puis suivre la piste à trous principale sur 2 km. Entrée : 1 $. Prévoir une lampe torche (sinon, de nombreux enfants à vélo se battront pour vous proposer leur service).* Il s'agit d'un *wat* (temple) que l'on atteint par une grotte, dont le plafond s'est effondré, formant ainsi un bel espace à ciel ouvert. À l'intérieur, un grand bouddha couché, de 1959. De là part un dédale de petites galeries qui parcourent le pied de la montagne. À 50 m à droite de l'entrée du *wat,* un escalier permet d'accéder au sommet de la montagne.

Les grottes sur la route de Kampot : *voir plus loin « Dans les environs de Kampot ».*

KOH TONSAY (île des Lapins)

➢ **Pour y aller :** *les guesthouses de Kep proposent l'excursion. Compter env 7-10 $/pers (plus cher si l'on reste sur place), transfert jusqu'à l'embarcadère inclus. Cela dit, si l'on achète son ticket directement sur place, il semblerait que l'on parte plus rapidement. Ne pas oublier de prendre son passeport. Aller au niveau de la station* Sokimex *et de l'*Ocean Breeze Hotel *(plan B2), petit bureau au resto à gauche. En principe, au moins 3 départs/j. ; trajet 20-25 mn. Sinon,*

CAMBODGE / LA RÉGION CÔTIÈRE

possibilité de louer un bateau à l'embarcadère, 6h30-17h30. Prix fixe : 25 $/bateau (6 pers max).
Les bateaux sont organisés en association et les départs se font à tour de rôle. Conservez le ticket que l'on vous remet au guichet et sur lequel figure le numéro de votre bateau. Ce dernier est tenu de vous ramener à Kep, mais il arrive que l'on vous confie à un autre batelier, ce qui compte c'est de vous en assurer... En saison des pluies (de mai à octobre), les liaisons peuvent être interrompues à cause du mauvais temps. Dernière précision : certaines agences de Kep proposent des excursions sur d'autres îlots, plus éloignés. Sachez que les bateaux ne sont pas conçus pour aller en mer et que lors de conditions météo défavorables, cela peut être dangereux.
À 30 mn de navigation au large de Kep, l'île de Tonsay est un spot agréable pour se détendre, même si les petites *guesthouses* jouent désormais des coudes sur la plage. Pour ceux qui s'interrogeraient, pas de lapins sur l'île, c'est sa forme qui lui a donné son nom ! Pas grand-chose à faire, si ce n'est de goûter à quelques bonheurs simples de la vie, comme celui de déguster un crabe les pieds dans le sable, de se laisser bercer par le chuchotement des vagues, de se faire masser au bord de la plage et de sombrer dans une sieste bienfaisante au fond d'un hamac... La plage, ourlée de sable blanc et bordée de cocotiers, s'étire sur près de 400 m. Mais éviter le secteur du poste de police tout au fond de la plage, pas bien propre...

Sur la plage, une bonne poignée d'hébergements avec des bungalows en bois, coiffés de leur toit de palme. Mignons mais assez rudimentaires ; prévoir 6-20 $ la chambre selon confort – salle de bains (eau froide), sans ou avec balcon, en tout cas sans wifi, l'électricité étant assurée par des groupes électrogènes. En bon marché, on peut opter pour la ***Ngann Sokha Guesthouse*** *(012-858-176 ou 012-330-131),* pour ***Srey Ngin, Chhay Soheng*** ou encore pour ***Khem Vouch Iay,*** tout au bout de la plage. De bon marché à prix moyens, on a bien aimé la ***Yeay Ormkoh Fun Sai Guesthouse*** *(012-343-759 ou 097-999-9837),* avec de jolis bungalows en bois équipés, posés dans un beau jardin. Tous disposent d'un restaurant au bord de la mer. Bien regarder les conditions d'hygiène avant de faire son choix. En haute saison, réservez quelques jours avant si vous souhaitez y dormir. Le mieux, dans ce cas, c'est de passer par les agences à Kep.

KAMPOT

• Plan *p. 87*

La modeste ville de Kampot distille un petit charme urbain indéfinissable. Oh, rien d'extraordinaire, juste une situation plaisante proche de l'embouchure d'une rivière, avec un miniquai Sisowath (voir « Phnom Penh ») tourné vers le coucher du soleil, plus de belles maisons à l'architecture coloniale. Là, une flopée de petits restos et de bars, souvent gérés par des expats anglo-saxons et français, distille une atmosphère de village et une bonne animation nocturne en fin de semaine. Mais on trouve aussi de très belles adresses dans les environs proches, joliment verdoyants. En journée, on se balade donc à la campagne (vraiment belle), dans les grottes environnantes, on grimpe au Bokor, on achète le fameux poivre de Kampot ou l'on se repose de ses agapes en s'imprégnant du rythme indolent propre à ces latitudes...

Kampot, la belle endormie, mérite aussi un brin d'histoire. Quand l'Indochine explose, le Vietnam bloque la navigation sur le Mékong et, par là, asphyxie Phnom Penh et le Cambodge. Norodom Sihanouk choisit alors de développer le port de Kompong Som (Sihanoukville), car celui de Kampot n'est pas assez profond pour les nouveaux cargos. Ce faisant, il réduit la ville à une longue hibernation dont, aujourd'hui, elle se réveille lentement. Un nouveau pont a été construit, les maisons négligées ont été repeintes et les carrefours redessinés. Prends ton temps, beauté languide !

LE POIVRE DE KAMPOT

Le fameux poivre de Kampot rivalise avec les meilleurs poivres du monde. Le poivre, né dans le Kerala, au sud de l'Inde, était déjà récolté dans la région par les Chinois, mais ce sont les Français qui, au XIXe s, ont introduit sa culture intensive. Après avoir périclité sous le régime des Khmers rouges, la production connaît aujourd'hui un nouvel essor. On dénombre près de 150 plantations, réparties de Kampot à Kampong Trach, près de la frontière vietnamienne.

LE RAFFINEMENT DE LA FIENTE POIVRÉE

Les oiseaux ne mangent que le poivre arrivé à maturité, lorsqu'il est rouge. Lors du transit intestinal, seule la première couche protectrice colorée (le péricarpe) est digérée. Le poivre est ensuite rejeté dans la fiente du volatile. C'est donc par cette voie naturelle qu'on obtient le poivre blanc (ou « poivre des oiseaux »), que les enfants récoltent dans la nature. On peut aussi l'obtenir en laissant tremper le poivre rouge dans l'eau bouillante pendant 24h à 48h. À vous de goûter la différence !

Le poivre est une liane qui s'enroule autour d'un grand tuteur en bois. La taille d'une exploitation se compte en nombre de tuteurs (soit 200 pour une exploitation de taille moyenne). Vous les repérerez aisément aux feuilles de palmiers qui leur assurent l'ombrage nécessaire. Un même plant peut produire pendant une vingtaine d'années. La floraison vient avec la saison pluvieuse de juin et la récolte dès que l'on trouve des grains rouges, soit à peine un an après, avant que le cycle ne recommence. Les grains rouges, une fois devenus blancs (voir encadré plus haut), valent plus cher que les noirs. Ce sont en fait les grappes de poivre vert qui deviennent noires après 2 jours de séchage. D'ailleurs, profitez d'être ici pour déguster le poivre vert (inoubliable, avec du crabe !), car il se mange seulement frais et voyage très mal au-delà de 4 jours...
Sachez toutefois que le poivre que l'on trouve sur les marchés du coin provient essentiellement du Vietnam. Attention aussi à celui qui est vendu sur les plantations : certains producteurs n'hésitent pas à faire venir du poivre vietnamien pour répondre à la demande ! À vue d'œil, impossible de faire la différence entre le poivre de Kampot et celui du Vietnam. C'est dans ce contexte qu'a été mise en place, en 2010, une ***Indication géographique protégée,*** sorte de label reconnu par la grande majorité des producteurs. Désormais, pour être certain d'avoir du poivre de Kampot, il faut l'acheter conditionné dans un emballage qui porte la mention « Kampot Pepper », suivie d'un petit logo. Pour en savoir plus, n'hésitez pas à aller voir *FarmLink* (se reporter à la rubrique « À voir. À faire », plus loin) et à visiter l'une des plantations. Et puis, en 2016, il a reçu le label AOP par l'Union européenne, ce qui devrait lui permettre d'être protégé contre les imitations. Sachez enfin que, malgré l'appellation « poivre de Kampot », les plantations se trouvent beaucoup plus près de Kep...

Arriver – Quitter

En bus

🚌 ***Gare routière*** *(plan B2)* ***:*** *à l'extrémité est de l'esplanade centrale.* Bus et taxis collectifs. Sinon, autre solution à peine plus chère que le bus et plus confortable pour les longues distances : les agences *Kampot Tours* *(plan A2,* ***9 ;*** *📱 092-125-556 ou 088-812-55-56 ; • kampottour.com •),* *Darany Travel* *(bureau au pied du vieux pont, à côté de l'office de tourisme ; ☎ 033-995-593 ; • daranytt@gmail.com •)* et *Anna Tours* *(basée à Kep ; 📱 097-906-1644 ; • annatours10@yahoo.com •)* disposent de minibus (10-12 personnes) pour les principales destinations du pays, plus la Thaïlande (et le Vietnam avec *Kampot Tours*). Gros avantage, ils viennent vous chercher à votre hôtel. Cela dit, il arrive aussi qu'il y ait des retards, que l'on vous transfère sur un autre bus ou que l'on remplisse un peu trop le minibus...

➢ ***Phnom Penh :*** env 8 bus/j. affrétés par 2 compagnies (*Hua Lian* et *Capitol*), 6h45-13h. Ils passent tous par Kep (vérifier quand même...). Trajet : env 5h.

➢ ***Kep :*** les bus pour Phnom Penh s'y arrêtent, en principe. Trajet : env 20 mn. Également des minibus avec *Darany Travel* et *Anna Tours* le mat et en début d'ap-m. Trajet 2 fois plus long. Autre possibilité, prendre un *moto-dop* ou un *tuk-tuk,* mais pas top avec une valise ou lorsqu'on voyage seul.

➢ ***Sihanoukville :*** bonne route bitumée. Pas de bus direct, mais env 9 minibus/j., 8h-16h, avec les agences *Kampot Tours, Anna Tours* et *Darany Travel.* Sinon, en principe, nombreux taxis collectifs. Trajet : env 2h.

➢ ***Vietnam :*** pas de bus directs. Il faut se rendre à Ha Tien (frontière vietnamienne). Trajet : env 2h. De là, correspondances pour les grandes villes du pays... En revanche, il y a en principe des minibus pour Ha Tien, Can Tho, Chau Doc, Hô Chi Minh-Ville, Phu Quoc Island, My Tho, Ving Long et Rach Gia avec les compagnies *Kampot Tours* et *Anna Tours.*

➢ ***Koh Kong :*** 3 minibus/j., le mat, avec *Kampot Tours, Anna Tours* et *Darany Travel.* Trajet : env 5h.

➢ ***Battambang et Siem Reap (via Phnom Penh) :*** 3 minibus/j. pour Siem Reap avec *Kampot Tours* et *Anna Tours,* tôt le mat. Trajet : 8h. Également 4 bus/j. pour chacune de ces villes avec *Sorya* et *Hua Lian,* le mat et en début d'ap-m, mais c'est beaucoup plus long et plus inconfortable. Trajet : 12h.

➢ ***Thaïlande :*** 2 minibus/j. pour Koh Chang (en 8h30 de trajet), Koh Samet (en 11h) et Bangkok (en 11h) avec *Anna Tours* et *Darany Travel.*

En train

🚂 ***Gare ferroviaire*** *(hors plan par B1)* ***:*** *à nouveau en service depuis avr 2016. • royal-railway.com •*

➢ ***Sihanoukville-Phnom Penh :*** 1 départ/j., ven-dim slt, mais qui pourrait devenir quotidien ; se renseigner. Durée : env 3h pour Sihanoukville et 5h pour Phnom Penh.

Adresses utiles

ℹ ***Office de tourisme*** *(plan A2)* ***:*** *au bord de la rivière, à l'entrée du vieux pont. 📱 012-462-286 ou 097-899-55-93. Tlj 7h-11h, 13h-18h.* Quelques infos intéressantes et accueil sympathique. Le responsable vend le plan de la ville (si, si), les principales excursions dans le coin, notamment celle du Bokor et... son agence de voyages, *Darany Travel* (voir « Arriver – Quitter »). Location de vélos et motos.

– Pour en savoir plus, procurez-vous le ***Kampot Survival Guide,*** un guide local qui ne manque pas d'humour et donne une foultitude d'infos, conseils et adresses.

✉ ***Poste*** *(plan A2)* ***:*** *au bord de la rivière. Lun-sam 8h-11h, 14h-17h.*

@ ***Internet et téléphone :*** ***Thida Net*** *(plan A2,* ***6****), rue perpendiculaire à la rivière qui débute à l'angle du* Bokor Mountain Lodge. *Tlj 6h-21h.* Appels via *Skype.* Téléphone international.

■ ***Banques, change :*** toutes les

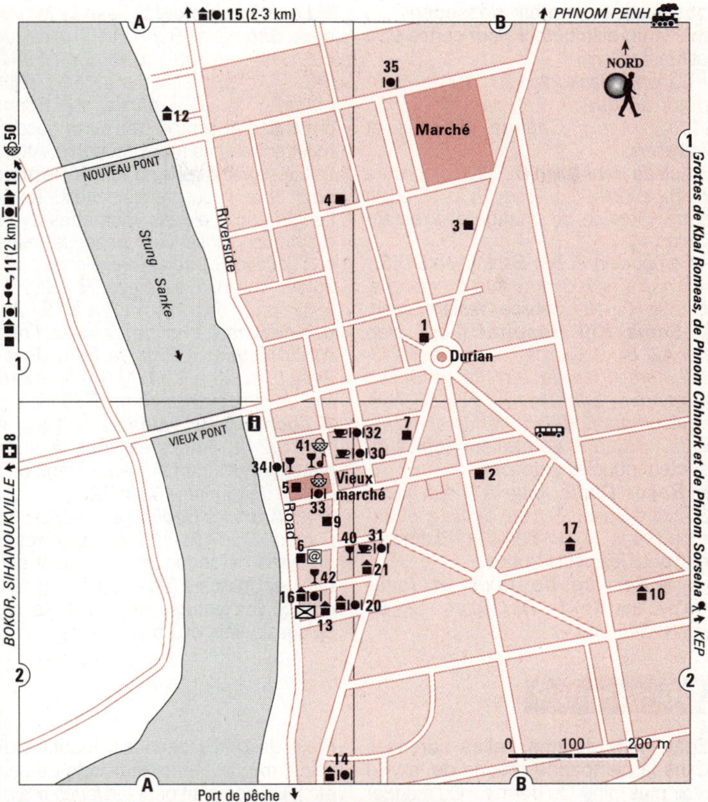

KAMPOT

Adresses utiles

- Office de tourisme
- 1 Canadia Bank
- 2 Acleda Bank
- 3 Cambodian Public Bank
- 4 Bokor Clinic
- 5 Kepler's Books
- 6 Thida Net
- 7 Sean Ly Motorcycle Shop et Tree Travel
- 8 Sonja Kill Hospital
- 9 Kampot Tours

Où dormir ?

- 10 Ta Eng Guesthouse
- 11 Olly's Place
- 12 Tiki Guesthouse
- 13 Baraca Rooms & Tapas
- 14 Mea Culpa
- 15 Les Manguiers et Champa Lodge
- 16 Rikitikitavi
- 17 Pepper Guesthouse
- 18 Greenhouse
- 20 L'Auberge du Soleil
- 21 The Columns

Où manger ? Où prendre un petit déj ?

- 11 Khmer Root Café
- 14 Mea Culpa
- 20 L'Auberge du Soleil
- 30 Epic Arts Café
- 31 Sister II
- 32 Café Espresso
- 33 Mira Home Cooking
- 34 Rusty Keyhole
- 35 Mittapheap

Où boire un verre ? Où écouter de la musique ?

- 11 Naga House
- 40 Le Camp'Potes Bar
- 41 ABC et Moi Tiet
- 42 Oh'Neil's

Achats

- 41 Dorsu
- 50 FarmLink

Spa, massages

- 11 Banteay Srey
- 42 Seeing Hands Massage 5

banques suivantes possèdent au moins un distributeur pour cartes *Visa* et *MasterCard*.

– *Canadia Bank (plan B1, **1**) : au rond-point au durian. Lun-sam 8h-15h30 (11h30 sam).* Change espèces et *travellers*.

– *Acleda Bank (plan B2, **2**) : en bordure du rond-point. Lun-sam 7h30-16h (12h sam).* Service de change et *Western Union*.

– *Cambodian Public Bank (plan B1, **3**) : 45, rue 3 ; à 100 m au sud du marché. Lun-ven 8h-16h.* Service *Western Union*.

■ ***Sonja Kill Hospital** (hors plan par A2, **8**) : à 6 km à l'ouest par la N3, à l'intersection de la route de Bokor. Urgences (24h/24) : 078-265-782. Consultations (tlj sf j. fériés 8h-17h) : 077-666-752.* Le meilleur hôpital du secteur pour les urgences.

■ ***Bokor Clinic** (plan A1, **4**) : à env 200 m du marché, juste derrière le* Diamond Hotel. *017-620-531.* Plutôt pas mal pour les petits bobos.

■ ***Service de taxis et laverie :** chez **Thida Net** (plan A2, **6**). 012-245-303.*

■ ***Location de motos : Sean Ly Motorcycle Shop** (plan B2, **7**), à 100 m au sud du rond-point du durian. 012-944-687. Tlj 7h-19h. Compter 4-15 $/j. selon modèle ; réduc si plusieurs j.* Bonne réputation et sympa. Véhicules décemment entretenus à prix modérés. Attention, réserver la veille ou venir tôt le matin pour obtenir du premier choix. Tester l'engin sur quelques kilomètres avant d'attaquer. Vérifier chaîne, pneus, freins, etc. Location de voitures également *(env 35 $/j).* Voisin, ***Tree Travel** (012-974-698). Loc slt de petites motos à 5 $/j.* Au-delà de ce tarif, c'est de l'arnaque. Enfin, ***Naga House**, à côté de* Olly's Place *(hors plan par A1, **11**). 012-289-916. Loc de motos cross à env 15-20 $/j.*

■ ***Location de vélos :** env 1 $/j. et 1,50 $/24h.* Adressez-vous à votre hébergement (certains en prêtent) ou à l'office de tourisme *(plan A2).*

■ ***Kepler's Books** (plan A2, **5**) : 25, Ekreach St. Tlj 8h-19h.* Large sélection de livres de seconde main, dont certains en français (possibilité d'échanger). Si vos lectures ne sont pas assez épicées, vente de poivre certifié...

Où dormir ?

Également de très belles adresses dans la campagne proche de la ville (voir plus loin « Où dormir ? Où manger dans les jolis environs ? »), pensez-y...

De bon marché à prix moyens (jusqu'à 30 $)

■ ***Tiki Guesthouse** (plan A1, **12**) : quasi sous la pile du New Bridge. 096-795-6409 ou 096-858-2524. • tikiguesthouse@gmail.com • Hamac 2 $, dortoir 3 $ et doubles sans ou avec sdb 6-10 $.* L'adresse la plus routard sac à dos de la ville, tenue par un trio de musiciens punks-bretons très sympa. Hamacs ou dortoir de 4 lits dans un bâtiment en dur (sanitaires communs et eau chaude), où l'on trouve aussi des chambres doubles. Également des bungalows en matériaux locaux. Bar avec petits déj, snacks et crêpes bretonnes. Vue sur la rivière. Barbecue. Plein de petits services (location de vélos, motos, vente de tickets de bus, etc.). Un bon plan pour les *fauch'men*.

■ ***Ta Eng Guesthouse** (plan B2, **10**) : dans un quartier populaire mais calme, à 300 m de la gare routière. 012-330-058. • taeng_guesthouse@yahoo.com • Parking. Doubles 6-15 $ selon confort.* C'est la première *guesthouse* de la ville, fondée par un adorable papi chinois qui aligne un peu de français, aujourd'hui épaulé par son fils. Rien n'a changé depuis, ou presque, c'est toujours aussi sympa et l'entretien a plutôt bien suivi. Une quinzaine de chambres simples mais de belle taille et très propres et 2 bungalows avec clim et eau chaude. Belle vue sur Kampot depuis le toit. Plein de petits services : laverie, location de vélos et de motos, vente de tickets de bus et de bateaux, etc. Un bon plan, vraiment !

■ ***Baraca Rooms & Tapas** (plan A2, **13**) : rue 724, au sud du vieux marché. 011-290-434. • baraca.org • Double*

12 $, familiale 20 $. Dans un vieil édifice colonial, 3 chambres doubles et une familiale pour 4 personnes, toutes avec du vieux carrelage, murs blancs ou jaunes, portes et volets bleus, petite alcôve ici, touches de couleur là, salle de bains et balcon ou terrasse. Très sympa. Et, au rez-de-chaussée, un chouette petit bar à tapas. Attention, vite plein, donc si vous trouvez une chambre, c'est que vous avez décidément la baraka...

Pepper Guesthouse (plan B2, **17**) **:** *à 200 m env de la gare routière. 017-822-626. • pepperguesthousekampot@yahoo.com • Doubles 6-25 $.* Une villa presque originale, au milieu d'une grande cour-jardin. Seulement 2 chambres au premier prix, avec ventilo et eau froide. Les suivantes avec eau chaude, TV, et la clim pour les plus chères. Également 2 bungalows bien décorés sur le côté, avec terrasse. Bon accueil.

Mea Culpa (plan A2, **14**) **:** *à env 500 m au sud de la poste, dans la 1re rue parallèle à celle qui longe le fleuve. 012-504-769. • meaculpakampot.com • Doubles 20-30 $ selon taille.* Dans une maison récente, à l'écart du centre-ville, un jeune Irlandais très attentionné propose une dizaine de chambres, fraîches et calmes, certaines dans une annexe. Toutes d'un bon confort, d'une propreté irréprochable et joliment décorées à partir d'artisanat cambodgien. 2 disposent d'un balcon privé (les nos 10 et 11). Autour du bâtiment, un jardin avec une agréable paillote, bien paisible pour prendre le petit déj (bon café !). Fait aussi resto (excellentes pizzas au feu de bois) mais, le soir, il est réservé aux clients de l'hôtel (voir « Où manger ? Où prendre un petit déj ? », plus loin). Prêt de vélos.

De prix moyens à plus chic (10-100 $)

L'Auberge du Soleil (plan A-B2, **20**) **:** *Kipling Lane. ☎ 033-633-33-13. 088-882-02-45. • auberge-du-soleil.com • Doubles env 25-45 $, familiale 50 $.* Dans une agréable maison coloniale restaurée, Cédric propose 3 chambres propres, dont une avec balcon et une autre très vaste pouvant accueillir 4 personnes. Toutes avec lambris et mobilier en rotin, ventilo ou clim. Également un resto de spécialités... suisses (voir « Où manger ? »).

Rikitikitavi (plan A2, **16**) **:** *face à la rivière, à proximité de la poste. 012-235-102 ou 012-274-820. • rikitikitavi-kampot.com • Doubles 50-60 $ selon période, avec un bon petit déj inclus. Plats 5-8 $.* Si vous arrivez à prononcer son nom, vous gagnez le droit de lire (ou de relire) *Le Livre de la jungle,* de Rudyard Kipling, dont il est tiré. Cette adresse, très fréquentée, ne possède pourtant que 7 chambres bien équipées, bénéficiant d'une déco particulièrement soignée, avec coussins et dessus-de-lit en soie. Elles sont peut-être un peu sombres, certes. Sur la terrasse, face à la rivière, long bar pour siroter un cocktail et salle de resto où la carte propose un mix des cuisines du monde (végétarien, kebab, khmer, burger, brochettes...). Accueil souriant.

The Columns (plan B2, **21**) **:** *37, Phoum 1, au sud du rond-point de l'An 2000. 092-128-300. • the-columns.com • Doubles 45-65 $. CB acceptées (commission).* Un bel exemple d'architecture *French colonial,* avec une superbe façade qui justifie pleinement le nom de l'hôtel, du vieux carrelage et des ventilos nostalgiques au plafond. Belle restauration contemporaine également : une vingtaine de chambres carrelées, aux murs blancs, avec mobilier dessiné et fabriqué localement, coussins en soie, etc. Toutes très confortables. Plein de services (transferts, location de motos, laverie). Une adresse classe.

Où manger ? Où prendre un petit déj ?

L'animation se concentre autour du vieux marché, entre la rivière et les deux ronds-points. N'oubliez pas nos adresses aux environs (lire ci-dessous), certaines, comme la *Greenhouse* et le *Khmer Root Café,* étant vraiment superbes, voire exceptionnelles. De plus, essayez de savoir si Jean-Claude, l'ancien patron de l'excellent restaurant *La Java Bleue,* a ouvert un nouveau lieu et faites-le-nous savoir...

Epic Arts Café *(plan A-B2,* ***30****) : derrière le vieux marché. Tlj 7h-16h. Plats 3-5 $.* Une adresse éthique, fondée pour réinsérer les personnes handicapées, notamment sourdes et muettes. Jolie salle et terrasse sous les arcades, plus une galerie à l'étage. On y vient dès le petit déj, excellent et servi toute la journée, avec café-poussoir, gâteaux, pancakes, *eggs benedict* (œufs à la sauce hollandaise), *shakes...* On y revient le midi pour avaler de bons petits plats *world food* et quelques plats khmers. Vente d'artisanat équitable. Parfois des spectacles.

Sister II *(plan B2,* ***31****) : rue perpendiculaire à la rivière qui débute à l'angle du* Bokor Mountain Lodge. *Tlj sf dim 6h-18h.* Un genre de petit salon de thé, couleur locale, avec un petit déj servi toute la journée et de bons gâteaux faits maison (brownies, gâteaux à la carotte, tartes au citron, cookies, etc.). Pour perfectionner son apprentissage, amusant lexique khmer joint à la carte.

Café Espresso *(plan A-B2,* ***32****) : près du vieux marché. Mar-ven 8h15-16h, w-e 9h-16h30. Plats env 2-6 $.* Dans une ruelle discrète, un local qui l'est tout autant, avec un petit décor aussi brut que branché, canapés en osier, fresque dorée et tableaux dépareillés. Sympa pour un p'tit noir (café régional torréfié et en vente sur place) ou un petit déj à base de toasts ou d'*eggs benedict*. Cela dit, on a trouvé la cuisine moyenne, notamment les pancakes, à l'américaine et pas très fins... Le midi, sandwichs, *quesadillas,* falafels, etc. Tenu par un Australien.

Mira Home Cooking *(plan A2,* ***33****) : à l'entrée du vieux marché. Tlj 8h-22h. Fermé 2 sem autour du Nouvel An. Plats env 2-4 $.* Petite affaire familiale bon marché bien connue des expats francophones. Bons petits plats khmers (*amok, lok lak,* poulet coco, *korkou...*), à déguster sur la terrasse en observant l'animation locale. Également des cocktails, jus de fruits, *shakes,* etc. Accueil très gentil.

Rusty Keyhole *(plan A2,* ***34****) : River Rd. Tlj sf mar hors saison 7h30-23h30. Plats env 4-6 $.* En angle, face à la rivière, une sorte de pub à la bonne franquette où se côtoient expats et touristes, surtout anglo-saxons, autour de tables posées sur le trottoir. L'endroit est connu pour ses *spare ribs,* servis copieusement. Également du chili, des sandwichs, saucisses...

Mittapheap *(plan B1,* ***35****) : 107, rue 713. 012-330-105. Face à l'angle nord-est du marché. Tlj jusqu'à 20h. Prix moyens à chic.* Resto sino-khmer typique, dont la grande salle sert aussi de salon familial. Tout est là, la tenancière à l'air sévère, le vieil oncle devant la TV, les nombreux gamins, les carrelages blancs et les grandes tables syndicales. Menu en anglais, mais sans les prix et ce n'est pas très bon marché ! Spécialités de fruits de mer et de crabe au poivre vert, ceci explique cela... Accueil sans fioritures.

L'Auberge du Soleil *(plan A-B2,* ***20****) : Kipling Lane. Tlj sf lun soir. Plats env 5-18 $.* Cédric, venu du pays de Guillaume Tell, a apporté ses racines dans cette maison coloniale jaune comme le soleil. Il propose donc, pour changer du régime khmer, des plats suisses, tels la raclette, la fondue au fromage et les röstis (galettes nature ou fourrées). Également de la fondue bourguignonne (minimum 2 personnes), du magret de canard ou encore un *buffalo burger.* Il loue aussi 3 chambres (voir « Où dormir ? »).

Mea Culpa *(plan A2,* ***14****) : voir « Où dormir ? De bon marché à prix moyens ». Le midi slt (réservé le soir aux clients de l'hôtel).* Pour les amateurs de bonnes pizzas cuites au feu de bois.

Où dormir ? Où manger dans les jolis environs ?

Olly's Place *(hors plan par A1,* ***11****) : Teuk Cchou Rd, sur la rive droite de la rivière, à env 2 km du centre (panneau sur la droite de la route).*

092-605-837 ou 067-202-770. • ollysplacekampot.com • Dortoir 3 $; double 6 $. (espace commun). Au bord de la rivière, cette petite adresse retirée a été reprise par d'anciens agriculteurs des Alpes-de-Haute-Provence, Christelle et Sébastien (qui fut aussi berger dans les Cévennes) et par Gilles, skieur des Hautes-Alpes. 4 bungalows en bambou au fond du jardin et 3 chambres dans la maison principale. C'est très simple (sanitaires communs, ventilo, moustiquaire), mais pas ruineux, et il y a même un petit dortoir de 3 lits. Terrasse au bord de l'eau, pour piquer une tête dans la rivière. Fait aussi resto (petit déj, sandwichs, salades, burgers, plats khmers et thaïs). Prêt de vélos et location de scooters. Christelle, guide de randonnée, propose des treks dans la région. Attention, le samedi soir, les décibels de la *Naga House* voisine sont puissants, alors allez faire la fête avec eux !

Greenhouse *(hors plan par A1, **18**) : à env 7 km au nord de Kampot, sur la rive ouest de la rivière. 088-886-30-71 ou 092-791-958. • greenhousekampot.com • Depuis le centre, traverser le nouveau pont et tourner à droite vers les rapides de Chu. Au niveau d'un petit village, panneau sur la droite, suivre le joli chemin de terre à travers les vergers. Attention, les enfants de moins de 12 ans ne sont, en principe, pas acceptés. Doubles env 12-30 $ selon confort, bungalows 4 pers 40 $. Plats env 3-8 $. (resto slt).* L'une des meilleures adresses de la région. Pile en sentinelle d'un méandre de rivière, ce petit éden, facilement accessible à vélo, moto ou *tuk-tuk* depuis Kampot, se niche dans une oasis de fleurs, de cactus, d'arbres et d'arbustes régionaux, le tout en surplomb de la rivière ! Une douzaine de bungalows en bois habillés de palmes parfaitement raccord avec le cadre : salle de bains privée ou pas, *deluxe* (plus de vue et d'espace, eau chaude) et familial. Ponton-terrasse idyllique en surplomb de l'eau... pour donner envie de faire un tour en bateau, en kayak ou *paddle-board,* de se baigner ou de... ne rien faire du tout. Location de VTT également. Le lieu est aussi un restaurant réputé, où l'on peut venir manger même si l'on n'y dort pas. Cuisine franco-khmère, parfumée et authentique, avec une mention spéciale pour les viandes à déguster absolument avec une sauce au poivre vert ou rouge de Kampot. Miam ! Fait aussi bar et sert un excellent *espresso* à l'italienne. Très bon accueil de Marco et Matteo.

Les Manguiers *(The Mango Trees ; hors plan par A1, **15**) : prendre la latérite qui part à droite juste avt le nouveau pont. C'est au milieu des rizières, 2 km plus loin, au bord de la rivière. 092-330-050 ou 090-330-050. • mangokampot.com • Compter 3 $ en tuk-tuk depuis la ville ; sinon, on vient vous chercher gratuitement pour un séjour de plus de 3 nuits. Pour 2 pers, env 15-35 $ selon confort, et 55-60 $ pour 4 pers. Table d'hôtes le soir env 8 $.* Idéal pour un séjour en famille. Les proprios franco-khmers travaillent pour une ONG qui finance du soutien scolaire aux enfants en difficulté. Vaste terrain avec un ensemble de jolis bungalows en bois disséminés sous les manguiers (on s'en doutait !). L'endroit ne manque pas d'espace et de charme. Au choix, bungalows sur pilotis, maisons avec ou sans salle de bains, jolies chambres avec salle de bains à partager. Plein d'activités : bateau, kayak, badminton, pétanque, ping-pong, jeux pour les enfants, bouquins. Prêt de vélos. Noter l'amusante traction avant, construite avec des pierres dans le jardin !

Champa Lodge *(hors plan par A1, **15**) : après Les Manguiers (lire ci-dessus), prendre à gauche la latérite qui traverse un paysage rural de toute beauté. 092-525-835. • champalodge.com • Doubles 40-60 $. (tablette).* Dans un bel environnement campagnard, une adresse certes onéreuse, mais plutôt originale. Stéphane, un Flamand francophone qui a vécu en Afrique, a remonté ici 3 maisons traditionnelles khmères. La plus chère se trouve au bord de l'eau et face au coucher du soleil, les 2 autres ont vue sur les champs et sur le lever de soleil. Également 2 chambres moins chères mais plus classiques, avec douche privée à l'extérieur et bout de terrasse. Fait aussi resto (plats et barbecue khmers, ragoût à la bière belge, crabe sur commande...) et bar, avec un grand choix de bières belges, pas données, mais vous en trouverez difficilement ailleurs...

Khmer Root Café *(hors plan par A1,* ***11****) : Teuk Chhou Rd.* *088-356-8016. Après* Olly's Place *et l'ex-*Bodhi Villa. *Tlj 13h-20h.* Une paillote un peu excentrée, qui ne désemplit pas. Cuisine traditionnelle khmère, parfumée et d'une grande finesse, au point que les touristes reviennent suivre les cours de cuisine de Soklim, le talentueux chef, qui utilise beaucoup de plantes aromatiques. Parmi les incontournables, les superbes *massaman curry* et poulet au poivre de Kampot. Vive les racines ! Également des jus de fruits et des cocktails.

Où boire un verre ? Où écouter de la musique ?

Le Camp'Potes Bar *(plan A-B2,* ***40****) : 34, rue 726. Tlj sf dim 17h-22h.* Dans le quartier animé, une petite enclave francophone tenue par Jean-Jacques, originaire d'Antibes et amoureux des îles. Ici, le programme, c'est pastis et *pasta,* mais aussi planteur et cocktails. Sympa pour l'apéro, si vous avez envie de papoter avec les expats du coin.

ABC *(plan A2,* ***41****) : sur le flanc du vieux marché. Tlj sf mer.* Happy hours *18h-20h.* Live music *mar et sam 21h-23h.* Cet *ABC*-là, ce n'est ni une école ni une chaîne de télé américaine, mais un tout petit bar très animé les soirs de concert. Ça danse, ça boit, ça cause, et c'est vachement sympa.

Moi Tiet *(plan A2,* ***41****) : à gauche du précédent.* Ce vieux bar connu comme le loup blanc, dont le nom signifie « une autre ! », est tenu par une jeune Américaine sortie d'un roman de Scott Fitzgerald. Le concept fonctionne à plein ! Petite courette au fond, plus calme. En fin de semaine, on passe d'un bar à l'autre, l'*ABC* étant *next door...*

Oh'Neil's *(plan A2,* ***42****) : sur le quai. Tlj 17h-minuit min (3h le w-e)...* Un pub tenu par un Irlandais, donc une valeur sûre pour ceux qui veulent boire jusqu'au bout de la nuit. Quand tout est fermé ailleurs, c'est le point de ralliement. Bonne musique de fond.

Naga House *(hors plan par A1,* ***11****) : à côté d'*Olly's Place. *Sam 23h-5h.* Une *guesthouse* pleine de jeunes fêtards où, le samedi soir en saison, se produit un DJ venu de Phnom Penh. En général, grosse ambiance délurée jusqu'au bout de la nuit...

Achats

FarmLink *(hors plan par A1,* ***50****) : de l'autre côté de la rivière ; après le nouveau pont, tourner à droite, c'est la 2e maison sur la gauche.* ☎ *033-690-23-54.* *092-952-486. • farmlink-cambodia.com • Lun-ven 7h30-11h30, 13h30-16h30.* Une société fondée par un Français, Jérôme Benezech, et désormais gérée par Sébastien Lesieur, qui aide les producteurs locaux à structurer la filière de commercialisation du fameux poivre de Kampot (lire le paragraphe consacré au poivre dans l'introduction de Kampot). Certains jours, on peut y voir des femmes trier les grains, avec précision et minutie, selon la forme et la taille. Une visite intéressante. Vente sur place.

Dorsu *(plan A2,* ***41****) : 35, Old Market St.* *012-960-225. • dorsu.org • Tlj 9h-19h.* Cette ONG à but lucratif emploie des locaux selon une charte éthique (et finance une école). Production de vêtements créatifs et originaux, en partie issus du recyclage, à prix raisonnables vue la qualité. On peut même apporter un modèle et commander une réplique.

Spa, massages

■ **Seeing Hands Massage 5** *(plan A2,* ***42****) : face à la rivière, entre le* Bokor Mountain Lodge *et le* Rikitikitavi *; attention : ne pas confondre avec le* Seeming Hands Massage. *012-328-465 ou 087-637-577. Tlj 8h-23h.*

Vous aurez le choix entre 7 massages différents. Ces « mains qui voient », efficaces et relaxantes, appartiennent à des masseurs non voyants, pour la plupart. Pas cher.

■ ***Banteay Srey*** *(Women's Spa ; hors plan par A1,* ***11****) : 33, Tuek Chhu Rd, à gauche d'Olly's Place. 012-276-621. Tlj sf mar 11h-19h.* Réservé aux femmes ! Là encore, un business éthique, soit un spa destiné à insérer les femmes cambodgiennes en difficulté, formées par un personnel qualifié. Massages à l'huile de coco, à 2 ou 4 mains, du corps, des pieds, des mains, du visage, gommage *(body scrub)*... Tarifs fort abordables. Également des cours de yoga. Terrasse sur la rivière pour boire un verre ou manger des plats végétariens.

À voir. À faire

En ville, rien de particulier, à part les ronds-points kitschissimes et, plus sérieusement, les jolies maisons coloniales issues d'une autre époque...

DANS LES ENVIRONS DE KAMPOT

Pour les amateurs de balade à vélo ou à moto, jolie campagne au nord-ouest, du côté de nos adresses aux environs (voir plus haut), avec vergers, rizières, rivière... Le sud-est de la ville plaira aux amateurs de grottes pas trop exigeants : la ***grotte de Kbal Romeas*** *(qui est aussi un site d'escalade géré par Climbodia : 095-581-951 ; • climbodia.com •)*, la ***grotte de Phnom Chhnork*** (superbe campagne, mais pas facile à trouver et piste en mauvais état) et les ***grottes de Phnom Sorseha.*** Apporter une lampe, mais on trouve souvent sur place un « guide » équipé moyennant 1 $. Si vous ne louez pas de vélo ni de moto, prenez donc un *tuk-tuk tour* (environ 30 $ la journée quand même...).

➢ ***Balades sur la rivière :*** pour la *sunset cruise,* départ vers 16h devant le *Rikitikitavi (plan A2,* ***16****),* retour aux alentours de 18h. Compter environ 5 $ par personne. Mais c'est un peu l'usine (cette virée fait partie du package de la visite du Bokor, et on se retrouve sur des bateaux de 10 à 15 personnes). Certains organisent la sortie plus tard pour aller admirer les lucioles et les planctons phosphorescents. Renseignez-vous auprès de votre *guesthouse.* En fait, la meilleure excursion (et la plus chère, environ 10 $) est celle à la journée qui passe par la *Greenhouse* pour déjeuner (en supplément). Départ vers 11h du matin devant le *Rikitikitavi.*

➢ ***Balades dans les marais salants :*** *l'idéal est de louer un vélo, un tuk-tuk ou une moto (piste irrégulière). Se renseigner auprès de son hébergement pour l'accès.* Magnifique balade qui permet de découvrir des rizières et des marais salants, après avoir pédalé 3 ou 4 km à peine. Y aller de préférence en fin d'après-midi. Très photogénique. En chemin, ne pas manquer le *wat Traey Koh,* belle pagode sur la droite du deuxième pont.

Le Bokor : *à 38 km de Kampot en direction de Sihanoukville. À 15 km, l'entrée officielle avec un droit à payer. Très sympa à faire à moto (n'envisagez même pas un tuk-tuk, ça grimpe raide !). Sinon, s'adresser à une agence qui propose un package d'une journée incluant la visite du site et une balade sur la rivière au soleil couchant ; compter env 25 $/pers, droit d'entrée, repas et guide inclus. Ts les hébergements vendent les tickets. Selon la saison, prévoir un pull, il peut y faire frais.*

Lancée à l'époque du protectorat, cette station d'altitude et ancienne plantation de thé marque l'extrémité abrupte de la chaîne de montagnes de l'Éléphant, qui prolonge au sud celle des Cardamomes. Depuis la route, ce relief semble surgir de nulle part, comme si quelque géant s'était pris les pieds dans le tapis terrestre. Au-delà de sa topographie et de la fraîcheur de l'altitude, la vue depuis le sommet (par

temps dégagé) constitue le sel de cette excursion, à moins d'avoir un goût prononcé pour les villes fantômes ?
Vous y verrez notamment le *Bokor Palace,* un chef-d'œuvre Art déco en péril, abandonné pendant la Seconde Guerre mondiale puis sous Lon Nol – et aujourd'hui recouvert d'une couche de béton pour éviter qu'il ne s'écroule. Ses immenses salles aux murs grisâtres (qui furent criblés de balles khmères rouges et vietnamiennes avant la « rénovation ») servirent de décor de film d'épouvante dans la scène finale de *City of Ghosts,* de Matt Dillon, avec Gérard Depardieu. Brrr ! À voir également, l'anachronique église catholique, avec son autel (et non son hôtel) désaffecté et ses saintes statues sur fond de graffitis khmers, vietnamiens et anglais. Surtout, ne pas manquer le beau temple bouddhique, avec son toit élégant et son stupa qui se découpent comme des ombres chinoises dans le coucher du soleil.
Aujourd'hui, le grand projet d'aménagement du *tycoon* Sok Kong, patron de la *Sokimex,* société pétrolière également en charge de l'exploitation touristique d'Angkor, dénature peu à peu le site. Chiffré à un milliard de dollars et couvrant 14 000 ha, il a déjà donné naissance à un monstrueux hôtel de 600 chambres doté d'un casino, et prévoit encore des galeries marchandes et même un parc d'attractions ! Pas sûr que la nostalgie soit encore de mise dans quelques années...

LES FORÇATS DE LA ROUTE

Gaston Doumergue, alors ministre des Colonies, décida, en 1917, de construire une station d'altitude au Bokor pour soigner les colons européens souffrant de maladies tropicales, et éviter ainsi des rapatriements coûteux pour l'État. Pour finir le plus vite possible les 32 km de route, on abusa de la main-d'œuvre locale : des milliers de forçats cambodgiens travaillèrent sur le chantier pendant 6 ans. Plus de 1 000 d'entre eux périrent de la malaria et de conditions de travail indignes. Marguerite Duras l'évoque dans Un barrage contre le Pacifique. *En 1926, le député Marcel Cachin porta l'affaire devant l'Assemblée nationale.*

SIHANOUKVILLE (KOMPONG SOM)

200 000 hab.

• Plan Centre *p. 97* • Plan Otres *p. 99*

Situé à 230 km au sud de Phnom Penh, le premier port du Cambodge est aussi la plus grande station balnéaire du pays, Kep paraissant bien plus intime à côté de cette anarchie immobilière et touristique. On y trouve néanmoins de belles et longues plages de sable fin et, à quelques encablures, des îles – Koh Ta Tiev, Koh Rong et Koh Rong Samloem – devenues quasi des destinations à part entière.
À Sihanoukville même, le gros des troupes est constitué de touristes tranquilles, additionnés le week-end d'expats et d'estivants khmers venus se prélasser à l'ombre des filaos et des cocotiers. Au nord, le quartier anarchique et un peu glauque de Victory Hill borde paradoxalement des plages assez tranquilles et familiales. Au milieu, le centre-ville, sans charme, mais qui regroupe pas mal de services et quelques adresses. Au sud, au rond-point orné d'un couple de lions, commence la zone archi-touristique de Serendipity et Occheuteal, où hébergements et restos se marchent sur les pieds.

Enfin, plus au sud, les plages d'Otres, qui correspondent mieux à l'idée qu'on se fait d'une station balnéaire, et Otres Village, en retrait, plébiscité par les néo-babas anglo-saxons. Outre ces derniers, et l'habituelle communauté francophone, on trouve depuis peu une communauté russe.
– ***Attention à la saison des pluies*** dans la région (de juin à octobre), notamment les derniers mois : contrairement au reste du pays, il peut alors pleuvoir toute la journée et pendant de nombreux jours. Pas drôle !

Arriver – Quitter

Par la route

Gare routière *(plan I, B1)* **:** *à env 1 km d'Independence Sq et à env 6 km d'Ocheteal Beach (env 4 $ en tuk-tuk).* Taxis collectifs pour Phnom Penh et bus.
Pratique, les compagnies disposent de bureaux au centre-ville. Pour quelques dollars supplémentaires, le bus peut vous prendre à votre hôtel. En revanche, à l'arrivée, les bus s'arrêtent tous à la gare routière. On vous rappelle que les compagnies les plus sûres sont *Mekong Express* et *Giant Ibis.* Sinon, renseignez-vous sur le trajet avant de partir auprès d'autres voyageurs, regardez bien l'état des véhicules et évitez, quand c'est possible, les trajets de nuit.
■ ***Giant Ibis*** *(plan I, B2,* ***44****)* **:** *dans la rue qui va à Sokha Beach, à droite du resto Marco Polo. 089-999-818. • giantibis.com • Tlj 6h30-20h.*
■ ***Mekong Express*** *(012-257-599. • catmekongexpress.com •),* ***Capitol Tour*** *(☎ 034-934-042 ou 011-600-943)* et ***Virak Buntham*** *(plan I, B1-2,* ***1****)* **:** *Ekareach St, avt la station Caltex en venant d'Ocheteal. Bureaux à côté les uns des autres.*
■ ***Sorya*** *(plan I, B1-2 et B2,* ***2****)* **:** *2 stations en ville sur Ekareach St, une dans le grand virage et l'autre après la station Caltex en venant d'Ocheteal. ☎ 034-933-888. 092-181-808. • ppsorya transport.com •*
■ ***Rith Mony*** *(plan I, B2,* ***3****)* **:** *Ekareach St, avt la station Caltex en venant d'Ocheteal. 017-525-366 ou 012-644-585.*
Liaisons avec :
➢ ***Phnom Penh :*** 3 bus *deluxe*/j. avec *Giant Ibis* (mat et début d'ap-m). Une dizaine de bus/j., plus 5 minibus VIP avec *Rith Mony* (7h-17h15). Une douzaine de bus/j. avec *Sorya* (7h-18h30) et une dizaine avec *Capitol* (7h-17h15). Trajet : env 4h.
➢ ***Koh Kong :*** 1-2 bus le mat, que ce soit avec *Virak Buntham, Sorya* ou *Rith Mony.* Trajet : env 4h.
➢ ***Battambang et Siem Reap :*** 8 bus/j., 7h-14h, avec *Rith Mony,* 1 bus le soir avec *Virak Buntham.* Trajet : 10h.
➢ ***Kampot et Kep :*** en principe, les bus pour Ha Tien (voir plus bas) s'y arrêtent. Également des minibus pour avec les compagnies *Anna Travel, Kampot Tours* et *Rith Travel* (voir la rubrique « Arriver – Quitter » à Kampot). Viennent vous chercher à votre hébergement.
➢ ***Kratie :*** 3 bus/j., le mat, avec *Rith Mony.*
➢ ***Ha Tien*** *(frontière vietnamienne)* **:** 1-2 bus/j. le mat avec *Virak Buntham.* Arrêt à Kampot et Kep. De là, correspondances pour différentes destinations au Vietnam. Trajet : env 4h.
➢ Liaisons pour le ***Vietnam*** et la ***Thaïlande*** (voir « Arriver – Quitter » en fin de guide).

Taxis collectifs pour Kampot *(plan I, B1)* **:** *juste en face du marché Psah Leu, dans le centre-ville.* Trajet : env 1h30.

En train

Gare ferroviaire *(plan B1)* **:** *à nouveau en service depuis avr 2016. • royal-railway.com •*
➢ ***Phnom Penh via Kampot :*** 1 départ/j., ven-dim (qui pourrait être étendue à un départ quotidien, se renseigner). Durée : env 8h jusqu'à Phnom Penh, 3h pour Kampot.

CAMBODGE / LA RÉGION CÔTIÈRE

En avion

✈ ***Aéroport de Sihanoukville*** *(hors plan I par B1)* **:** *à env 20 km de la ville, sur la route de Kampot (20 mn de trajet).* Bureau de change (taux moyen, service *Western Union*) et distributeur d'argent.

➢ ***Siem Reap* :** 1 vol/j. avec *Cambodia Angkor Air (📱 012-507-050 ; • cambodiaangkorair.com •). Durée : 1h.*

Comment circuler à Sihanoukville ?

Sihanoukville rassemble plusieurs quartiers éloignés : près de 8 km séparent Serendipity d'Occheuteal en passant par le centre-ville, situé à l'intérieur des terres. Compter environ 15 mn et 5 $ de jour (7 $ la nuit) en *tuk-tuk.* Prix à négocier avant de monter. Moins cher en *moto-dop.* L'ensemble entoure un cap accidenté. Les plages d'Otres 1 et 2 (séparées par la plage publique) sont désormais reliées à Occheuteal par la route (plus besoin de passer par la colline). Bien sûr, possibilité de louer un peu partout vélos (environ 2 $/j.) et petites motos (environ 5 $/j. ; attention, port du casque obligatoire).

Dangers et enquiquinements

Quelques petites précisions mais, bien entendu, pas de parano.

– Sihanoukville est très étendue. ***La nuit, ne vous promenez pas dans les zones isolées et sans éclairage,*** qui plus est avec banane et appareil photo. Quelques vols à la tire se sont déjà produits, ceux-ci pouvant s'accompagner de menaces à main armée. Au cas (peu probable) où cela arriverait, autant obtempérer et ne pas faire le matador. Solution efficace : utiliser un *moto-dop* ou un *tuk-tuk.*

– De même, ne pas laisser ses affaires sans surveillance sur la plage. Laisser ses valeurs et documents à la garde de l'hôtel.

– Petit avertissement concernant les bars de Serendipity Beach et d'Occheuteal Beach qui restent ouverts une grande partie de la nuit : il est déjà arrivé que certains glissent une poudre magique au fond du verre. Ce sont des amphétamines qui ont pour seul objectif de faire boire et de consommer toujours plus. Là encore, pas de parano, mais mieux vaut être averti et vigilant, car le mélange avec l'alcool peut avoir des effets graves.

– La police locale apprécie particulièrement les touristes à moto et les arrête assez fréquemment pour simple contrôle... Dans ce cas, mieux vaut présenter un permis de conduire international qui bien souvent coupe court aux tentatives de racket. Sinon, il y a souvent une « bonne » raison pour flanquer une petite amende, « négociable » autour de 1-2 $. On vous rappelle que le port du casque est obligatoire pour le conducteur.

Adresses et infos utiles

ℹ ***Office de tourisme et police touristique*** *(plan I, B2)* **:** *Serendipity Rd, dans un kiosque rond et vert, tt en verre, partagé avec la police touristique. ☎ 034-666-64-06. 📱 088-526-6466. Tlj 7h-22h.* Plans et brochures, mais peu d'infos. Vente de transports avec commission. Également un bureau à Occheuteal Beach, au niveau de la statue aux dauphins, mais assez nul...

■ ***Revues gratuites* :** le *Sihanoukville Visitors Guide* est un trimestriel gratuit doublé d'un site internet *(• canbypublications.com •).* Informatif, très détaillé et utile, malgré le manque d'objectivité des critiques. Même principe pour le bimensuel *Sihanoukville Advertiser (• sihanoukvilleadvertiser.com •).*

✉ ***Poste*** *(plan I, A1)* **:** *Independence Sq. Lun-sam 8h-12h, 14h-17h.*

■ ***Téléphone* : SmartShop** *(plan I, B2,*

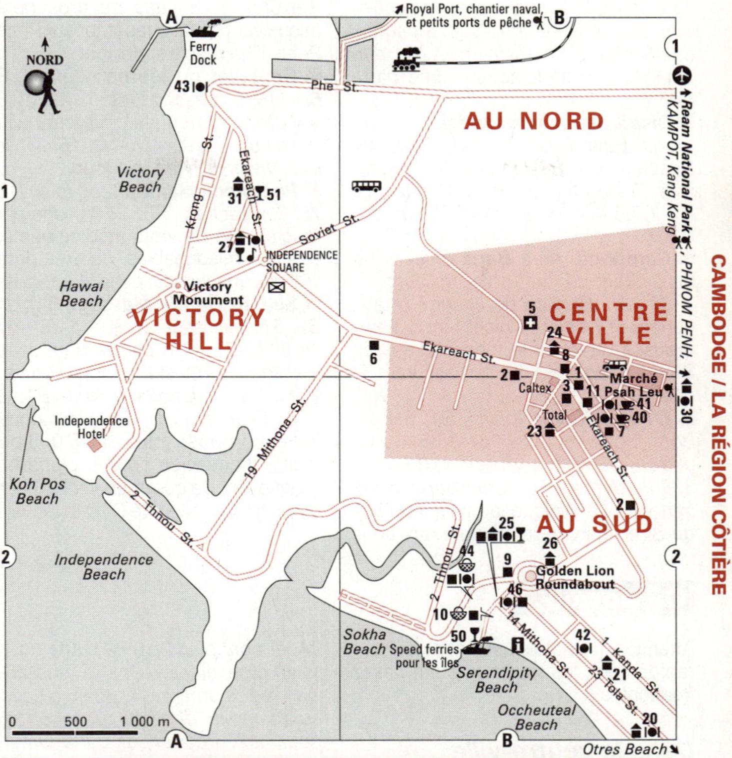

SIHANOUKVILLE – Centre (Plan I)

Adresses utiles

- Office de tourisme et police touristique
- Taxis collectifs pour Kampot
- **1** Mekong Express, Capitol Tour et Virak Buntham
- **2** Sorya
- **3** Rith Mony
- **5** CT Poly Clinic
- **6** Consulat du Vietnam
- **7** Seeing Hands Massage 3 et Pharmacie Santepheap
- **8** Mr Heinz Books
- **9** Cambodia Asia Bank
- **10** Scuba Nation
- **11** SmartShop
- **25** The Dive Shop
- **44** Giant Ibis
- **46** Koh Rong Dive Centre

Où dormir ?

- **20** Susaday et Villa 999
- **21** Orchidée Guesthouse
- **23** Geckozy
- **24** Don Bosco Guesthouse
- **25** Monkey Republic et Dao of Life
- **26** One Stop Hostel
- **27** Tiki
- **30** Don Bosco Hotel School
- **31** Backpacker Heaven

Où manger ?

- **20** Susaday
- **25** Monkey Republic
- **27** Tiki et L'Ambassade
- **40** Starfish Bakery & Café
- **41** Douceur du Cambodge
- **42** Nyam
- **43** New Beach Restaurant
- **44** Sandan et Marco Polo
- **46** So

Où boire un verre ? Où sortir ?

- **25** Monkey Republic
- **27** Tiki
- **50** Bars de Serendipity Beach
- **51** Mojo

Achats

- **10** et **44** M'Lop Tapang

11 ; 137, Ekareach St, dans le centre-ville, face à la station Total, *à gauche de* ABA Bank *; lun-sam 7h30-20h, dim 8h-16h).* On peut acheter une carte SIM.

■ ***Distributeurs automatiques :*** nombreux dans le secteur d'Occheuteal Beach *(plan I, B2),* ainsi qu'au centre-ville, le long d'Ekareach Street *(plan I, B1-2)* ou encore à Victory Hill *(plan I, A1).*

■ ***Cambodia Asia Bank*** *(plan I, B2,* ***9****) : au bord du rond-point aux lions. Tlj 7h30-21h.* Service de change à taux correct et *Western Union.* Sinon, nombreuses banques le long d'Ekareach Street *(plan I, B1-2),* qui assurent le change.

■ ***CT Poly Clinic*** *(plan I, B1,* ***5****) : 47, Borei Kamakor St. ☎ 081-88-6666 ou 089-88-6666 (urgences). ☎ 012-723-338 (le docteur Lik Kim Hour parle le français).* La clinique la mieux équipée de Sihanoukville, mais gare aux abus d'examens. En cas de gros pépin, mieux vaut se faire rapatrier sur Phnom Penh. Pharmacie sur place.

■ ***Consulat du Vietnam*** *(plan I, B1,* ***6****) : 310, Ekareach St. ☎ 034-933-669. • vietnamconsulate-shihanoukville.org • Lun-ven 8h-12h, 14h-16h, et sam mat.* Visas délivrés en 1 jour.

■ ***Pharmacie Santepheap*** *(plan I, B2,* ***7****) : Ekareach St. Tlj 7h-20h.* Une pharmacie avec de vrais médicaments, à des prix raisonnables, délivrés par un vrai pharmacien qui parle le français.

■ ***Seeing Hands Massage 3*** *(plan I, B2,* ***7****) : Ekareach St. ☎ 012-799-016. Tlj 8h30-21h.* Un centre dans lequel exercent des masseurs non voyants.

■ ***Mr Heinz Books*** *(plan I, B1,* ***8****) : 219, Ekareach St.* Un sympathique Italien propose plus de 8 000 bouquins, d'occasion pour la plupart, en 10 langues. De quoi meubler les heures de plage. Location de DVD et de vélos.

Où dormir ?

Attention, les hôtels ouvrent et ferment rapidement, les reventes étant assez fréquentes...

Dans le centre-ville et autour

De bon marché à plus chic (moins de 100 $)

🏠 ***Geckozy*** *(plan I, B2,* ***23****) : en venant du nord, tourner à droite au niveau de la station* Caltex *dans Ekareach St (rue principale), puis dans la 2e rue à gauche. ☎ 012-495-825. • geckozy-guesthouse.com • Doubles avec sdb 6-10 $.* Wifi. Pour les routards à petit budget qui voudraient fuir les secteurs archi-touristiques, voici une *guesthouse* discrète (même l'entrée est difficile à trouver), tenue par un Français. Jardin bien verdoyant et petites chambres sympas. Agréable salon avec BDthèque et DVDthèque bien fournies. Pas mal d'habitués. Accueil à l'humeur !

🏠 🍴 ***Don Bosco Guesthouse & Hotel School*** *(plan I, B1,* ***24****, et hors plan I par B1,* ***30****) : pour la 1re adresse, prendre Omui St en face de* Caltex *et tourner rapidement à gauche au panneau dans la ruelle étroite ; pour la 2de, continuer dans Omui St sur 5 km, c'est sur la droite. ☎ 087-919-834 et 016-679-526 respectivement. • donboscoguesthouse.com • donboscohotelschool.com • Pour l'*Hotel School, *mieux vaut être motorisé ; sinon, transfert gratuit sur résa ; navette gratuite vers la ville et les plages 3 fois/j. Compter respectivement 15-20 $ et 30-60 $ selon confort, petit déj en plus. 💻 (2de adresse). Wifi (dans les 2).* Fondée par une congrégation catholique italienne, cette école hôtelière (couplée à une école technique) propose les services d'un hôtel en permettant aux jeunes Cambodgiens d'acquérir une formation. À la *guesthouse,* modeste mais centrale, dans un quartier populaire, chambres propres et carrelées (dont 2 familiales). Possibilité de prendre ou de se faire livrer petit déj et repas (sans oublier les glaces, bien sûr !) chez *Gelato Italiano,* le resto de l'école à deux rues de là. On peut aussi profiter de la piscine de

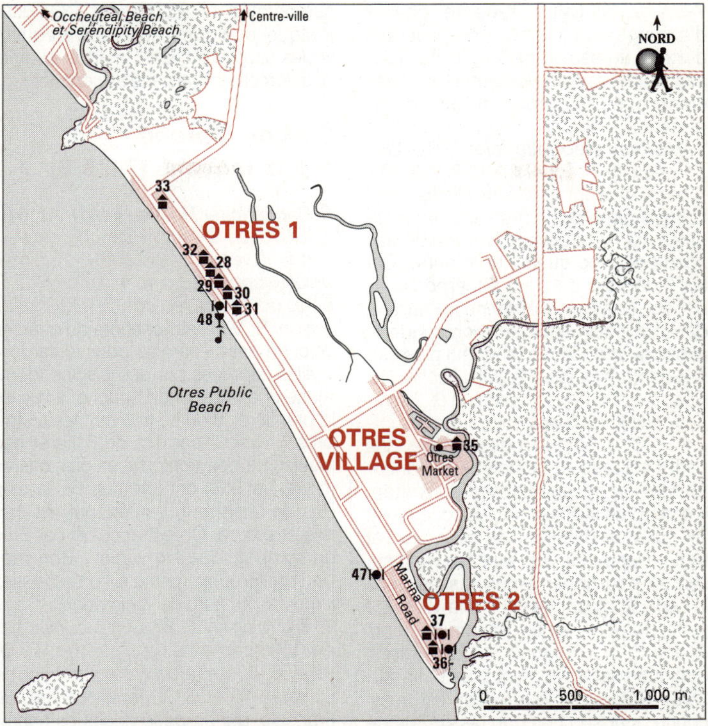

SIHANOUKVILLE – OTRES (Plan II)

Où dormir ?

- **28** Wish You Were Here
- **29** Mushroom Point
- **30** Lim Hour Bungalows
- **31** Otres Beach Guesthouse
- **32** Mien Mien Bungalows
- **33** Otres Orchid
- **35** The Living Room, Mama Clare's B & B et Wild Side Villas
- **36** Tamu
- **37** Secret Garden

Où manger ?

- **36** Tamu
- **47** Sam's Beach Bar
- **48** Papa Pippo

l'*Hotel School,* à 5 km, soit le siège de l'école hôtelière. Là-bas, chambres plus confortables, mais sans fantaisie (sauf les *deluxe* avec jacuzzi, les plus chères). Resto avec buffet midi et soir (cuisine khmère et occidentale). Pas donné, mais les profits sont réinvestis dans des programmes éducatifs. Cette adresse soutient l'action de *ChildSafe,* qui s'engage à fournir aux enfants un environnement protégé.

À Sokha Beach, Occheuteal Beach et Serendipity Beach

De bon marché à chic (moins de 50 $)

One Stop Hostel (*plan I, B2,* **26**) : *au rond-point aux lions.* 071-606-5503. • *onestophostel.com* • *Dortoir*

7-8 $. Cette récente chaîne d'auberges de jeunesse propose des dortoirs agréables de 4 à 10 lits. Tous avec clim, casiers, loupiotes et prises électriques. Le tout autour d'une piscine...

Monkey Republic *(plan I, B2, **25**) : Serendipity Beach Rd. 092-000-000. • monkeyrepublic.info • Dortoir 5 $.* Uniquement pour les fauchés solitaires qui ne peuvent pas partager une chambre avec quelqu'un d'autre. Car les 2 dortoirs de 6 lits superposés se situent dans un bâtiment à l'arrière, dans un environnement bordélique et sans charme. Clim à fond, qui plus est.

Susaday *(plan I, B2, **20**) : Occheuteal Beach, dans la partie sud. 092-742-750. • valton.bruno@yahoo.fr • Double env 12 $.* Non loin de la plage, une petite adresse sympathique et francophone, tenue par Sabine et Walton. 6 chambres avec ventilo, eau chaude et TV dans un bâtiment de plain-pied et tout en longueur. Une adresse vraiment sympa pour loger à prix tassés dans le coin. Si c'est plein, il y a la ***Villa 999*** juste derrière, tenue par un Antibois (*089-325-130),* mais les chambres, quoique vastes, coûtent plus cher (20-25 $). Notez que le *Susaday* est aussi connu pour son très bon resto situé de l'autre côté de la route, au bord de la plage (voir « Où manger ? »).

Orchidée Guesthouse *(plan I, B2, **21**) : Occheuteal Beach, 23, Tola St. ☎ 034-933-639. 012-380-300. • orchidee-guesthouse.com • Doubles 25-55 $ selon confort et sans ou avec petit déj.* Grande villa, plus un petit immeuble et une petite piscine sur l'arrière. Au total, près de 70 chambres plutôt bien équipées, même si les moins chères sont assez moyennes. Fréquentée par de petits groupes, souvent pleine, et l'accueil s'en ressent un peu. Reste malgré tout l'une des bonnes adresses du coin.

Victory Hill et Victory Beach

Sachez que la rue de Victory Hill, qui part à gauche au milieu de Ekareach Street (formant un côté du triangle dessiné sur le plan en A1), ressemble à un « petit Pattaya » ; elle est même tristement surnommée « French Street ». On vous indique quelques adresses fréquentables un peu à l'écart, mais le quartier pâtit forcément de cette atmosphère...

De bon marché à prix moyens (7-35 $)

Backpacker Heaven *(plan I, A1, **31**) : 4, Ekareach St, sur la gauche en descendant vers la mer. 010-237-539. • post@bpheaven.com • Dortoir 6-12 $/pers, doubles avec sdb 12-30 $ selon saison.* Vue l'atmosphère du quartier, voici un petit « paradis pour routards ». 2 villas séparées par une piscine (dommage que la seconde bouche la vue de la première, là où se trouvent les chambres !), avec 2 dortoirs de 8 lits et des piaules de bon confort. Les plus chères (n°s 404 et 504) ont une vue sur la mer. Pas de charme fou, mais tout est carrelé et propre. On est accueilli par Erik, un sympathique Norvégien. Bon rapport qualité-prix, même si l'on est assez excentré, au nord de l'animation.

Tiki *(plan I, A1, **27**) : un peu plus bas que L'Ambassade, sur la gauche. 096-923-65-82. • jeffup83@gmail.com • Doubles 10-15 $.* Tenu par Jeff, un Français, qui propose quelques chambres mignonnettes avec douche froide et w-c (eau chaude dans la salle de bains commune) et TV. Le tout autour d'une petite cour-jardin, fleurie et agréable. Bon resto-bar avec animations (voir « Où manger ? »). Assez routard.

Plus au sud, à Otres Beach 1

À environ 5 km du rond-point aux lions. Compter 4-5 $ en *tuk-tuk.* Attention, un décret municipal devrait contraindre les hôteliers et restaurateurs à démonter leurs bungalows et paillotes côté plage, ce qui ne devrait pas avoir d'incidence sur les hébergements situés de l'autre côté du chemin (enfin, en principe...).

De bon marché à chic (moins de 50 $)

Toutes nos adresses se trouvent donc en léger retrait de la plage (maximum

20 m à pied !), et à proximité les unes des autres.

Wish You Were Here (plan II, **28**) : *097-515-2561. • wishotres.com • Dortoir 4 $, doubles et bungalows 8-10 $.* Avec un nom pareil, on a envie d'aller voir si on ne retrouve pas une tête connue... Ambiance jeune et sympa. Dortoirs basiques en matériaux naturels, avec moustiquaires et casiers en bois. Chambres privées et petits bungalows au diapason. Sanitaires communs pour tout le monde (oui, d'accord, mais pas en même temps !). Jeter un œil au château d'eau habilement camouflé. Bar-resto bien cool.

Mushroom Point (plan II, **29**) : *977-124-635. • mushroompoint.com • Compter 7-10 $ en dortoir de 7 lits (bien aéré) ; doubles 25-35 $; petit déj en sus.* On paie l'originalité du lieu, une dizaine de bungalows tout ronds qui ont poussé en cercle, comme de vrais champignons sur une pelouse. Même les lits sont tout ronds. Pas de clim, mais l'architecture assure une aération naturelle. Salle de bains privée extérieure (eau froide). Regardez si les bungalows côté plage sont encore là, on ne sait jamais... Les soirées se prolongent au bar. Une adresse à l'ambiance jeune, tenue par des Slovènes.

Lim Hour Bungalows (plan II, **30**) : *☎ 666-80-80. 034-093-334-446. Double 15 $.* Une vingtaine de chambres réparties dans 2 bâtiments tout en longueur et qui se font face. Les chambres sont simples mais fort correctes pour le prix (salle de bains – avec eau froide –, moustiquaires, ventilo).

Otres Beach Guesthouse (plan II, **31**) : *en face du resto* Pippo. *☎ 034-699-99-68. 016-873-999. Doubles 20-25 $. Pas de petit déj.* Rien de très original, juste des chambres carrelées et propres dans un bâtiment en longueur. Clim pour les plus chères. Dans le même esprit, si c'est complet, on peut poser ses valises non loin de là au **Mien Mien Bungalows** *(plan II, 32 ; 012-514-078 ou 016-305-031 ; doubles 25-45 $).*

Otres Orchid (plan II, **33**) : *017-877-692. • otres.orchid@yahoo.com • Doubles avec sdb 20-35 $ selon confort.* Une petite adresse au style khmer avec une série de bungalows en canne et feuilles de palme, plutôt agréables. Tous avec mobilier en rotin, balcon et eau chaude. Jardin plein de plantes. Bon accueil.

Otres Village

Les néo-babas et les bobos anglo-saxons ont investi Otres Village, situé entre les plages d'Otres 1 et Otres 2, en retrait de la plage publique où les constructions sont interdites. Autour d'Otres Market, qui s'anime le samedi soir avec ses DJs et ses petits stands, ont poussé des *guesthouses* et des villas à tous les prix, tenues par de jeunes Occidentaux. Une atmosphère de village, donc, avec pas mal de voyageurs au long cours...

De bon marché à chic (moins de 50 $)

The Living Room (plan II, **35**) : *097-477-0475. • kristelbastian@sbcglobal.net • Dortoir bon marché et bungalows à partir de 15 $.* Un lieu assez rigolo, où l'on peut à la fois dormir, manger, boire et s'amuser. Bar sympa et bon resto de *world food,* plus des soirées et des jeux organisés chaque semaine (en principe le jeudi). Bref, un joli « salon » pour faire des rencontres... en anglais.

Mama Clare's B & B (plan II, **35**) : *097-690-2914. Doubles 20-30 $; petit déj en plus.* Quelques maisonnettes en bois et en hauteur, genre cabanes dans les arbres, dont 2 au bord de l'eau. Bon accueil de la pétulante Mama Clare, qui fait l'école aux enfants du coin une heure par jour, et leur passe des films. Sympa.

Wild Side Villas (plan II, **35**) : *070-840-583. • wildsidevillas-otres.com • Doubles 25-50 $ selon confort.* L'adresse chic du village, avec des bungalows originaux, confortables et bien décorés, sur le thème des sirènes. Moustiquaire et terrasse. Les standard sont en bois, certaines assez croquignolettes, les autres en dur. Piscine, bar et resto. L'originalité du lieu, ce sont aussi les tournois de poker organisés régulièrement... Un conseil, payez la note d'hôtel avant de jouer !

Otres Beach 2

Après la plage publique, à 7 km de Sihanoukville (du centre, environ 5 $ en *tuk-tuk*). C'est plutôt le coin des hôtels de charme...

De plus chic à très chic (50-150 $)

Tamu *(plan II,* ***36****) : au bout de la plage d'Otres 2. 015-258-340. • tamucambodia.com • Doubles 80-190 $ selon confort et saison, copieux petit déj compris.* Hôtel d'une quinzaine de chambres à la décoration soignée, tendance épurée et contemporaine. Longue piscine de 17 m depuis laquelle on ne se lasse pas d'observer le coucher de soleil sur la plage. À l'étage, les chambres (dont une suite) offrent une vue imprenable sur la mer et les îles. Une dizaine de chambres disposent d'un jardin privatif, dont 2 familiales. Dans le prolongement de l'hôtel, sur la plage, le restaurant du *Tamu* invite au farniente avec ses *daybeds* et ses transats (voir ci-après « Où manger ? »).

Secret Garden *(plan II,* ***37****) : juste avt Tamu. 097-649-5131. • secretgardenotres.com • Double 110 $, petit déj inclus. Menu 18 $, plats 4-7 $. CB acceptées (+ 2,5 %).* L'autre adresse de charme. Une petite série de bungalows en dur avec toits de « chaume » local, dans un jardin doté d'une piscine. Jolie décoration avec quelques touches traditionnelles et coffre en bois. Tout le confort moderne, mais pas de TV, ici on regarde la mer ! Paillote-restaurant avec un staff local et australien. Sandwichs, salades, plats asiatiques et occidentaux, plus un menu qui change deux fois par semaine.

Où manger ?

Dans le centre-ville

De bon marché à prix moyens (moins de 15 $)

Douceur du Cambodge *(plan I, B2,* ***41****) : 46, 7 Makara St. 100 m après le supermarché Samudera, sur la droite. Tlj 5h-18h.* L'adresse idéale pour le petit déj dès potron-minet ! Si on arrive tôt, on voit Vincent le Ch'ti ou son aide cambodgien mettre les mains dans le pétrin. Les habitués et les touristes ne s'y trompent pas, qui viennent en nombre occuper la terrasse donnant sur l'agitation urbaine. Viennoiseries et pâtisseries craquantes de fraîcheur : croissants, pains au choc', éclairs, tartes au citron... Miam ! À midi, sandwichs et omelettes.

Starfish Bakery & Café *(plan I, B2,* ***40****) : prendre la ruelle très étroite juste à droite du supermarché Samudera. 012-952-011. • starfishcambodia.org • Lun-sam 7h-17h30 ; dim en projet...* Cette ONG emploie des personnes handicapées (boutique d'artisanat, salon de massage). Bien pour joindre l'utile à l'agréable, du petit déj (viennoiseries et pains à emporter, dont le *brown rice bread*) au déjeuner (sandwichs, salades, *mezze*). À déguster dans une ancienne maison coloniale, avec terrasse et jardin intérieur.

Dao of Life *(plan I, B2,* ***25****) : Serendipity Rd. 097-706-1144. Tlj sf lun 12h-21h.* Un peu perdu dans la grande avenue, comme un brin d'herbe fraîche dans un centre commercial, ce petit resto 100 % *vegan* (végétalien) mérite le détour. D'abord pour l'accueil solaire de la charmante Shazia, d'origine anglo-bengali, ensuite pour son état d'esprit et sa cuisine du monde, saine et originale, à base de bons produits, à accompagner d'un jus *detox.* Petit déj servi toute la journée. Petite salle assez baba et terrasse sur le toit, où ont lieu des séances de yoga et de petits événements culturels.

À Ocheteal Beach et Serendipity Beach

Le soir, les bars-restos de Serendipity Beach et d'Ocheteal Beach proposent des ***barbecues de poissons bon marché.*** Atmosphère intime, à condition que les baffles du bar voisin ne s'excitent pas trop...

De prix moyens à chic (7-25 $)

|●| ***Sandan*** *(plan I, B2,* ***44****)* **:** *à env 150 m du rond-point aux lions, à côté du* Marco Polo. ☎ *034-399-050. Tlj 12h-22h.* Happy hours *17h-19h. Fourchette haute.* Encore un beau bébé de l'ONG *Friends,* avec un excellent resto doublé d'une belle boutique de souvenirs (*M'Lop Tapang* ; voir « Achats »). Sur l'élégante terrasse, on déguste des plats tout en finesse, comme le *prahok* à la citronnelle et coco, le traditionnel *amok,* ou encore les travers de porc gluants au Coca-Cola et cinq épices ! Cuisine sans glutamate. Carte des vins. Parfois quelques spectacles traditionnels.

|●| ***Susaday*** *(plan I, B2,* ***20****)* **:** *Ocheteal Beach, dans la partie sud. Fourchette basse.* Un bar-resto bien tranquille au bord de la plage, en contrebas de la *guesthouse* (voir « Où dormir ? »). Excellente cuisine franco-khmère. Large choix et variantes exotiques : steaks réputés au poivre de Kampot ou au roquefort, fondue bourguignonne, soupe cambodgienne, poulet au gingembre, crêpes flambées, etc. Également des plats et desserts du jour. Tenu par un couple français sympathique.

|●| ***Nyam*** *(plan I, B2,* ***42****)* **:** *juste en face de l'*OC Hotel, *dans la partie urbanisée en retrait d'Ocheteal Beach.* 📱 *092-995-074. Ouv slt le soir, 17h-22h.* Une enseigne orangée et des tables joliment dressées, au milieu des restos à barbecue. Clientèle autant cambodgienne qu'occidentale, un bon signe. Très belle cuisine khmère, il est vrai, servie dans des portions différentes afin de satisfaire tous les appétits (ou pour partager entre amis). En dessert, on vous conseille notamment les bouchées aux haricots et gingembre. En un mot : *nyam-nyam...*

|●| ***So*** *(plan B2,* ***46****)* **:** *à gauche du* Nataya Holiday Villa, *à Serendipity Beach.* 📱 *017-420-270. Tlj jusqu'à 22h. Parfois des* early birds *avt 18h30.* Un cadre *lounge* avec une terrasse ouverte sur la rue, bien agréable le soir. On y déguste une cuisine à dominante occidentale, assez exigeante, avec principalement du poisson, à l'image de ce thon parfumé au citron vert et à la coriandre. Le midi, sandwichs, pâtes et salades. Service attentionné et souriant. Parfois de la musique le soir. Cette adresse soutient l'action de *ChildSafe,* qui s'engage à fournir aux enfants un environnement protégé.

|●| ***Marco Polo*** *(plan I, B2,* ***44****)* **:** *à env 150 m du rond-point aux lions.* 📱 *092-920-866. Tlj 12h-22h.* Une envie insoutenable de pizzas ? C'est ici qu'il faut les manger ! Cuites au feu de bois, ce sont les meilleures de Sihanoukville. Pour ne rien gâcher, cadre chaleureux d'une petite cahute en bois que l'on croirait bringuebalante. Quelques plats de pâtes et de viandes également.

|●| ***Monkey Republic*** *(plan I, B2,* ***25****)* **:** *Serendipity Beach Rd. Tlj, en continu.* Happy hours *18h-21h.* Pour changer un peu du régime khmer, un bar-resto à l'anglo-saxonne, arcades sur fond rouge, billard, terrasse et paiement à la commande (pour pas se faire de bile, Bill !). Bons petits déj, burgers, chili con carne, *fish & chips,* le tout à arroser d'une pinte à la pression. Musique dans le coup.

Victory Hill et Victory Beach

Prix moyens (7-15 $)

|●| ***New Beach Restaurant*** *(plan I, A1,* ***43****)* **:** *au nord de Victory Beach, resto du* New Beach Hotel. ☎ *034-933-818 ou 822.* Juste une terrasse très simple qui surplombe la mer, face à l'île aux Serpents et un pont devenu inutilisable... Cuisine de qualité constante, orientée poissons et fruits de mer. Également une carte chinoise. Sa réputation n'est plus à faire, et les Cambodgiens y

viennent en famille le dimanche. Très calme le reste du temps...

Tiki (plan I, A1, 27) : voir plus haut « Où dormir ? À Victory Hill ». Tlj sf sam. Dans le cadre d'un mignon petit jardin, Jeff, le chef français, prépare une cuisine éclectique allant du camembert braisé au barracuda en feuille de bananier, en passant par l'entrecôte. Le midi, seulement des sandwichs, salades et carpaccios. Voir aussi « Où boire un verre ? Où sortir ? »

L'Ambassade *(plan I, A1, 27) :* *017-443-714.* On aime bien le resto et ses plats français plébiscités par les expats, véritable ambassade française, plus quelques plats khmers.

Otres Beach

De bon marché à chic (3-25 $)

Sam's Beach Bar *(plan II, 47) : au tt début d'Otres 2, côté plage. Bon marché.* Connu comme le loup blanc pour son barbecue, servi tous les soirs, pour 5 $. Également un petit déj toute la journée et quelques plats khmers. Et puis, comme dit Sam, le patron, « free swimming pool » juste en face... La mer, quoi !

Papa Pippo *(plan II, 48) : à Otres 1. Prix moyens. Musique live le jeu soir.* Une chouette paillote sur la plage, avec parasols et transats. Chez Pippo, on sert de bonnes pizzas, mais aussi des *piadine,* une sorte de pita italienne (de Romagne) que l'on fourre de charcuterie, fromage, etc. Également des pâtes, bien sûr, sans quoi l'Italie ne serait plus l'Italie. Bungalows en finition à Otres Village, renseignez-vous...

Tamu *(plan II, 36) : au bout de la plage d'Otres 2, entre le* Secret Garden *et le* Ren Resort. *015-258-340. • tamucambodia.com • À 7 km de Sihanoukville (5 $ en* tuk-tuk *du centre). Chic.* Cuisine de produits frais, carte occidentale et asiatique. Gaspacho, tartare de poisson, *nasi goreng,* gambas poêlées, brochettes de poulet sauce *teriyaki...* Tout ça au bord de l'eau, les pieds dans le sable. Le rêve !

Où boire un verre ? Où sortir ?

À Occheuteal Beach et Serendipity Beach

Bars de Serendipity Beach *(plan I, B2, 50) :* s'il faut choisir dans la foule de bars du secteur touristique, autant se rendre sur le front de mer. Grosse animation en fin de journée. Chacun y va de sa musique, de calmos à beaucoup plus vitaminée. Le soir, prendre un verre confortablement installé dans un fauteuil, les pieds dans le sable, face à la mer. Nombreuses *happy hours* et *parties.* Vers le rond-point aux lions, on aime bien **Monkey Republic** *(plan I, B2, 25)* pour son décor, son billard et sa bonne musique de fond.

À Otres

À Otres 1 et 2, toutes nos adresses signalées dans « Où dormir ? » et « Où manger ? » font aussi bar. Nombreux ***bars-restos installés en bord de plage,*** bien sûr. Parfois quelques animations. À Otres Village, signalons l'amusant ***Otres Market,*** le samedi soir en haute saison, pour son ambiance néo-hippie, avec bars et stands de bouffe et de fringues. Quelques DJs et concerts sympas...

À Victory Hill

On oublie les bars à entraîneuses (voir plus haut l'intro dans « Où dormir ? À Victory Hill et Victory Beach »), mais on peut opter, au bout à gauche, pour le ***Tiki*** (voir plus haut « Où dormir ? Où manger ? À Victory Hill » ; *plan I, A1, 27*). Jeff, le patron, propose une soirée *open micro* le mardi, un concert le jeudi, des jeux le samedi et un apéro tapas le dimanche midi. Revenu dans la rue principale, on trouvera le ***Mojo*** *(plan I, A1, 51),* un lieu très underground, tenu par Éric, qui propose de la bonne musique jusque tard dans la nuit. Entre les deux, également l'***Aquapool'Co,*** un concept de piscine-bar ouvert par de jeunes francophones.

Achats

M'Lop Tapang *(plan I, B2,* ***10*** *et* ***44****)* **:** *respectivement Serendipity Rd et au resto Sandan (voir « Où manger ? »). Respectivement : tlj 10h-20h et tlj sf dim 7h-21h.* Émanations de l'ONG *Friends,* ces 2 boutiques proposent une très belle collection de vêtements, sacs et pochettes en tout genre, d'une grande originalité. Idéal pour faire ses emplettes sans trop se ruiner, tout en rendant service à des tas de familles et à leurs enfants, qui peuvent ainsi aller à l'école...

Les plages

Plusieurs plages, chacune a sa propre atmosphère. Avant de vous jeter à l'eau, une précision : les Khmers se baignent habillés ; mesdemoiselles et mesdames, évitez donc le topless ! Dans le même esprit, les tenues trop légères en ville ne sont pas forcément bien perçues.

Du nord au sud et du plus calme au plus « festif »...

Victory Beach *(plan I, A1)* **:** plage familiale aux abords aménagés, un ensemble de paillotes et quelques hôtels au bord de l'eau. Assez tranquille.

Hawai Beach *(plan I, A1)* **:** face à l'île aux Serpents. Plage familiale et populaire, fréquentée le week-end par les Cambodgiens. Toute une ribambelle de petites paillotes-gargotes les pieds dans l'eau. La vue est quelque peu mitée par le pont inutilisé qui relie l'île aux Serpents à Sihanoukville, dommage.

Independence Beach *(plan I, A2)* **:** petite plage publique plutôt propre et pas trop fréquentée, à côté de la plage privée de l'hôtel de luxe du même nom, établissement où séjournèrent, entre autres, Jackie Kennedy et Catherine Deneuve.

Sokha Beach *(plan I, B2)* **:** partiellement annexée par un complexe de luxe. Reste un bout de plage libre qui s'étire sur 100 m environ vers le sud, au niveau des rochers. Beau sable blanc, pas mal pour le farniente.

Serendipity Beach et Occheuteal Beach *(plan I, B2)* **:** les plages les plus animées de Sihanoukville, mais aussi les moins attirantes. On passe de l'une à l'autre en longeant une promenade bordée de bars, restos, fauteuils et transats posés sur le sable, où la propreté n'est vraiment pas au rendez-vous. Et puis les nombreuses sollicitations des petits vendeurs auront raison de votre sieste !
Ocheteal Beach est un peu plus calme dans sa partie sud, mais les égouts se déversent non loin... De plus, éviter de louer des jet-skis dans ces deux secteurs, c'est cher et dangereux, et on nous signale des pannes fréquentes ! Bref, paradoxalement, des plages pour faire éventuellement la fête le soir, mais à éviter en journée.

Otres Beach *(plan II)* **:** *à env 3 km au sud d'Occheuteal Beach, par une route goudronnée. En tuk-tuk, compter 5 $ l'aller pour Otres 1 et 7-10 $ pour Otres 2 et Otres Village.* Sable blanc et site propice à la baignade, elle s'étire sur 2 à 3 km, et se trouve scindée en trois parties. À Otres Beach 1, on trouve pas mal de nos adresses à prix raisonnables. Noter qu'en principe les bungalows construits côté plage devraient disparaître, mais pas ceux de l'autre côté du chemin, ni les bars et les restos les pieds dans le sable, sauf imprévu toujours possible... La deuxième partie est une plage publique, où les constructions sont rigoureusement interdites, donc à fréquenter sans modération. Enfin, la troisième partie, Otres 2, est bordée d'hôtels chic, avec bars et restos sous des paillotes agréables.

À voir. À faire

Psah Leu *(marché ; plan I, B1-2)* **:** *Makara St. Tlj 7h-17h30.* Ambiance bien typique. Tous produits, de l'alimentation à l'orfèvrerie.

Shipyard and fishing ports *(le chantier naval et les petits ports de pêche ; hors plan I par B1)* **:** à environ 1 km au nord de Victory Beach, après le *ferry dock* (containers et file de camions), petit chantier naval et port de pêche au niveau du panneau « Royal Port ». 2 km plus loin, au niveau de la pêcherie *(fishery),* autre port de pêche croquignolet *(nop rolok).*

➢ **Balades en bateau :** sorties à bord d'un beau voilier de 11 m, l'*Amoya,* avec *Shanti Sailing Trips (011-974-119 ; • shantisailingtrips.sitew.com •).* À la barre, Mathias et Sophie, un couple très sympa. Sinon, excursion de 1 ou 2 jours à bord du *Sun (016-396-201 ou 012-596-237 ; • suntours-cambodia.com •).*

➢ **Balades à cheval :** *avec* **Liberty Ranch,** *à Otres Village. 097-257-0187 ou 016-339-774. • libertyranch-sihanoukville.com •* Sorties à cheval dans la campagne environnante ou le long du lagon, on peut même nager avec les chevaux !

➢ **Balades à moto :** *avec* **Straydog Adventures,** *à l'angle de Serendipity Rd et Mithona St, à droite d'Utopia Plaza. 017-668-720. • straydogasia.com •* Sorties et circuits en motos sur les pistes de la région. Fait aussi de la location.

Plongée

Se pratique essentiellement de novembre à avril. Plusieurs spots intéressants pour tous niveaux, comme les îles de *Koh Rong Samloem* et *Koh Kong* (excursion d'une journée) ou, plus loin (5-6h de bateau, accessible en 2 jours *live aboard,* avec nuit à bord), *Koh Tang, Koh Prins* et parfois *Poulo Wai.* Prévoir respectivement 85 et 220 $ par personne, tout compris (2 et 5 plongées, dont une plongée de nuit). Pour le snorkelling, compter environ 25 $/personne (palmes, tuba, boissons et casse-croûte inclus) pour une excursion d'une journée depuis Sihanoukville.

■ **Scuba Nation** *(plan I, B2,* ***10****)* **:** *dans la rue qui descend vers Serendipity Beach, sur le côté gauche (à env 100 m de la plage). 012-604-680. • divecambodia.com •* Centre PADI très sérieux et réputé, tenu par Gerard, Néerlandais et l'un des plongeurs les plus qualifiés du Cambodge. Plongée, cours et snorkelling. Dispose d'un instructeur français.

■ **The Dive Shop** *(plan I, B2,* ***25****)* **:** *Serendipity Beach Rd, juste à gauche de Monkey Republic. ☎ 933-664. 097-723-2626. • diveshopcambodia.com •* Centre PADI également, de bonne réputation, avec plongées, cours et snorkelling. En projet, un bureau à Otres 1.

DANS LES ENVIRONS DE SIHANOUKVILLE

Ream National Park (hors plan I par B1) **:** *rens au* Ream National Park Headquarter, *à env 20 km ; prendre la route de Kampot, le bâtiment se trouve juste en face de l'aéroport. 012-875-096. Tlj 7h-11h30, 14h-17h. Possibilité de balades à pied en compagnie d'un guide (de 2h à la ½ journée ; compter 8-15 $/pers), en bateau (de 2h à la journée ; prévoir 35-70 $ pour un bateau, 1-5 pers). On peut même loger dans un bungalow sur pilotis (5 $/pers), avec 2 chambres, plus 2 lits *de camp et quelques hamacs, dans un environnement très retiré (accès par bateau slt ; prévoir 45 $) ; petit village pour se restaurer et sentiers pour se balader.* Site magnifique de 21 000 ha offrant un paysage varié : mangroves, plages (malheureusement, pas toujours propres), bancs de coraux, quelques petites îles. Très riche par la diversité de sa faune (dauphins visibles de novembre à avril) et de sa flore, il sert aussi de base pour la Marine royale. *Un barrage contre le Pacifique,* le film de Rithy Panh, avec Isabelle Huppert, adapté du roman de Marguerite Duras, a été tourné dans le coin. Depuis le bureau du parc, on peut faire un trek de 2 à 4h de marche. Possibilité de remonter la rivière en 2h pour observer les oiseaux (aigles, aigrettes, martins-pêcheurs...) et la mangrove depuis une passerelle en bois et une tourelle de 15 m de hauteur. On peut aussi y loger :

Ream Beach Guesthouse : *au bout de la plage qui précède le village (à 7 km de l'aéroport). 016-356-666. Doubles 15-30 $ selon confort. Plats à prix moyens.* Une dizaine de chambres dans un bâtiment en dur et un resto-bar avec des tables installées jusque sur le ponton, avec vue sur la baie. Excursions en bateau sur demande.

Koh Ta Kiev : *au sud d'Otres Beach, face au Ream National Park. Boat trip à la journée, mais on y trouve aussi quelques hébergements (les contacter pour les transferts). En bateau collectif (ferry), depuis Otres Beach, compter 30-45 mn et 10-15 $/pers A/R selon saison. En bateau privé à la journée, env 30-70 $/pers A/R selon prestataire, snorkelling inclus, mais les repas ne le sont pas toujours.* C'est l'île la plus proche de Sihanoukville (environ 10 km), à quelques encablures du Ream National Park. C'est aussi la plus petite des îles visitables autour de Sihanoukville (en clair : pas encore privée ni exploitée par un groupe immobilier, mais ça pourrait arriver !). Elle mesure 28 km² et ressemble à un petit paradis par rapport aux îles de Koh Rong et de Koh Rong Samloem, de plus en plus fréquentées (voir plus loin). Cela dit, pas mal de bateaux en saison, mais la plupart des gens viennent à la journée.

Coral Beach : *côte ouest. 098-258-791 ou 088-830-1907. • coral-beach.ktk.com • Résa à Otres 2, chez* White Sand Bungalows. *Hamac 5 $, dortoir 8 $, bungalows 15-20 $.* Tenu par un couple de Français, Priscilla et Micka. Simple mais sympa. Bonne cuisine au resto. Excursions en bateau.

Ten 103 Treehouse Bay : *côte ouest. 088-504-4192 ou 097-943-7587. • ten103cambodia.com • Résa à Serendipity Beach, chez* Ocean Walk Inn. *Hamac (avec moustiquaire) 7 $, dortoir 8 $, bungalows 20-25 $.* Une belle adresse pour une gentille robinsonnade. Four à bois et cuisine méditerranéenne. Agréable espace commun avec des coussins moelleux. Originalité du lieu : une distillerie d'absinthe bio !

CAMBODGE / LA RÉGION CÔTIÈRE

KOH RONG ET KOH RONG SAMLOEM

Une quinzaine de petites îles s'égrènent à quelques encablures de Sihanoukville. Nature sauvage, végétation luxuriante, récifs coralliens, belles petites plages de sable où se disputent cocotiers et filaos. Longtemps resté oublié, ce chapelet d'îles suscite désormais un véritable engouement touristique. Si certaines îles ont été privatisées, comme *Koh Pos* (« l'île aux Serpents », la plus proche de Sihanoukville, cédée à des Russes) et *Koh Russei* (« Bamboo Island », cédée à un groupe haut de gamme), d'autres font l'objet d'une concession accordée à de grands groupes qui louent les terrains à de petites structures hôtelières (nos adresses indiquées plus loin). Cependant, ces groupes de luxe pourraient un jour remettre en question les structures modestes et

bâtir de vastes complexes touristiques. Ce pourrait être, un jour, le cas de *Koh Rong.* En attendant, on y trouve le plus grand nombre d'adresses concentrées sur une même plage, investies par des routards du monde entier.
À ne pas confondre avec *Koh Rong Samloem,* sa petite sœur plus au sud, plus calme, plus familiale. En s'éloignant un peu des plages « squattées » par les *guesthouses* et les hôtels, on trouve quelques adresses où le temps continue à s'écouler lentement, sites propices aux robinsonnades. Sur ces îles, pas vraiment de villages, ni routes, ni voitures, ni électricité (à part les groupes électrogènes ou les panneaux solaires). Le wifi, comme les portables, passent plutôt mal. Tant mieux. Voici un cadre (presque) idéal pour le farniente. Pas grand-chose d'autre à faire, d'ailleurs, si ce n'est se balader à pied pour découvrir les côtes désertes, ou moins fréquentées, ou s'offrir un accrobranche au *High Point Ropes Park* de Koh Rong (assez cher cependant). Surtout, plusieurs de ces îles sont connues pour leurs spots de plongée et de snorkelling (voir « Plongée », plus haut, à Sihanoukville). Magnifiques faune et flore sous-marines à découvrir avec palmes ou bouteille...

Arriver – Quitter

Tous les bateaux partent de Sihanoukville, mais à une fréquence aléatoire (bateaux parfois en réparation, annulations si la météo est mauvaise, etc.). ***Se renseigner sur les horaires la veille ou le jour même du départ.*** Hors saison, nettement moins de liaisons et se méfier de l'état de la mer, qui peut être dangereuse.

En *slow ferry*

Départ du Royal Port *(hors plan I de Sihanoukville par B1)* au nord de Sihanoukville. En principe, 2 départs/j. dans les 2 sens. Compter env 10 $ l'aller pour 2h30 de bateau. Le bateau passe aussi par Koh Rong Samloem (côte ouest incluse).

En *speed ferry*

Tickets en vente au ***Koh Rong Dive Centre*** *(plan I de Sihanoukville, B2,* ***46****)* : *Serendipity Rd, tt proche du rond-point aux lions.* ☎ *934-744.* 📱 *086-495-188.* • *speedferrycambodia.com* • C'est aussi un club de plongée, mais c'est un peu l'usine... Également un bureau sur le quai de Serendipity Beach *(tlj 9h-13h, 15h-18h).* Certains hôtels peuvent aussi se charger de la réservation. Dans ce cas, on vient vous chercher.

➢ ***Pour Koh Rong :*** départ du quai de Serendipity Beach *(plan I de Sihanoukville, B2)* 3 fois/j. ; 4 retours/j. Trajet : 45 mn-1h. Selon les saisons, compter 10-30 $ l'A/R. Le retour est toujours réservé en *open ticket,* à confirmer la veille. Un conseil : éviter les places sans bâche si vous n'aimez pas l'eau...

➢ ***Pour Koh Rong Samloem :*** embarcadère de Serendipity Beach *(plan I de Sihanoukville, B2).* 3 liaisons/j. dans les 2 sens. Même temps de trajet, même tarif et même impératif de confirmation de retour.

➢ ***Entre Koh Rong et Koh Rong Samloem :*** moins de liaisons et toujours à confirmer sur place selon la météo. En principe, liaison le mat. Trajet : 20 mn, à bord d'un petit *speed boat.* Prix : 5 $ (on paie à bord). Noter que le billet acheté à Sihanoukville en *open ticket* sera valable pour le trajet retour de Koh Rong Samloem à Sihanoukville (à confirmer la veille à l'*Orchid Guesthouse* de Saracen Bay). Noter aussi que si vous avez perdu votre ticket, il vous en coûtera env 10 $.

Infos et conseils utiles

– En haute saison, il est impératif de réserver à l'avance dans les adresses à prix moyens et chic indiquées plus loin, qui disposent d'un téléphone, voire d'un bureau à Sihanoukville. Pour les petites adresses pas chères, une seule solution : se dépêcher à l'arrivée du bateau !

– Attention, les prix indiqués augmentent voire doublent facilement à Noël.

– Gare aux moustiques, aux punaises et aux puces des sables (prévoir un répulsif).

– Si vous avez absolument besoin de téléphoner ou d'être joint, achetez plutôt une puce *Smart,* dont le réseau passe à peu près sur les deux îles. En revanche, dans les adresses de la côte ouest de Koh Rong Samloem, seul l'opérateur *Metphone* fonctionne.

– Électricité fournie le soir par groupe électrogène (plus rarement par panneau solaire), généralement entre 17h et 2h du mat'.

– Les bonnes connexions wifi sont rares ou très, très lentes... À Koh Rong, la meilleure connexion est celle du *Paradise Bungalows,* où l'on peut se contenter de boire un verre pour bénéficier du wifi.

– Pas de banque ni de distributeur, évidemment, mais à Koh Rong on peut changer un peu d'argent en dépannage au *Koh Rong Mini Mart & Guesthouse.*

– À Koh Rong, quelques supérettes pour faire des emplettes de base, sur la gauche du quai.

– Enfin, attention aux drogues qui circulent, surtout à Koh Rong, et aux poudres magiques que certains esprits malveillants versent parfois dans les verres des routards allumés...

Où dormir ? Où manger ? Où boire un verre ?

À Koh Rong

C'est la plus grande des deux îles. La majorité des adresses sont entassées sur la plage de Tui (ou Tuich ou Touch !), au sud-est, où règne une ambiance très routarde, très festive, parfois un peu zone. Pour trouver un peu de calme, quelques adresses à l'écart, vers la droite de la plage ou sur l'autre côte...

Bon marché (moins de 10 $)

Petites *guesthouses* les unes sur les autres, sur le quai vers la gauche de la plage ou dans les ruelles à l'arrière. Souvent des baraques en bois avec cloisons ajourées, très inégales, parfois très glauques ! Pour les fauchés et dans notre ordre de préférence (soit du meilleur au pire), dortoirs basiques dans les 5-7 $ chez **Natural Lounge** (de loin le mieux, mais vite plein), et chez ***Rising Sun, Island Boys Guesthouse, Para Guesthouse*** ou encore ***Bong's.*** Mais regardez-y à deux fois avant de dire oui ou investissez dans une chambre double ailleurs...

Koh Rong Mini Mart & Guesthouse : *dans la partie gauche du quai. 016-628-290. Double avec sdb 12 $.* Au-dessus d'une petite supérette, une série de chambres très correctes. Bon rapport qualité-prix, mais on est au cœur de l'animation.

Vanna's Guesthouse : *à l'arrière du village, derrière le* Dreamcatch Inn. *Double 10 $.* Une baraque en bois proposant une dizaine de chambres correctes avec ventilo et douche commune. Petite terrasse. On se sent un peu chez l'habitant.

Island Boys Guesthouse : *à gauche. 070-240-154. Dortoir à 7 $, double 15 $. Barbecue ts les soirs 5 $.* Les dortoirs et les chambres sont basiques, avec salle de bains commune. Fait resto et bar, avec des soirées animées chaque semaine. En fait, on y vient surtout pour l'ambiance australienne, avec souvent une flopée d'*Aussie boys* presque aussi barbus que les ZZ Top !

Mr Run's : *à gauche.* La gargote des routards fauchés, avec des plats de nouilles frites et de *fried rice* dans les 2 $.

Prix moyens (moins de 30 $)

Natural Lounge : *à l'arrière du village. 069-541-177 ou 097-911-7799. • chhengphearin2014@gmail.com • Dortoir 7 $, double avec sdb et familiale sans sdb 20 $.* Dans un beau bâtiment en bois assez récent, 2 dortoirs très corrects et de jolies chambres. Casiers à la réception. Resto en projet.

Sea House : *sur le ponton où*

l'on débarque. 010-678-698. Double 15 $. Une grande baraque en bois donnant directement sur l'eau, sympa, non ? Cela dit, préférer les chambres nos 5 et 6 pour en bénéficier vraiment. Sinon, vue depuis le resto-bar décoré de quelques fresques. Évidemment, on se prend le vent en pleine poire ! Bonne musique.

Lonely Beach : *à la pointe nord de l'île. 097-685-7840 ou 093-967-240. • lonely-beach.com • Transfert tlj du Royal Port à Sihanoukville, en début d'ap-m (retour le lendemain mat) ; compter 3h de bateau et 20 $ l'A/R. Dortoir 10-12 $ selon saison, doubles 30-35 $ et familiales 40-50 $.* Une superbe adresse, totalement isolée, qui fait le bonheur des routards. Agréable dortoir aéré de style khmer, avec vue, moustiquaires et salle de bains commune. Avis aux routards fauchés et motivés : on peut parfois travailler ici en échange d'un lit, des repas et d'un peu d'argent de poche... Pour les budgets plus aisés, bungalows en matériaux locaux. Électricité solaire. Le tout entouré par la jungle et face à la plage, le rêve !

Coco Bungalows : *au milieu de la plage. Résa conseillée au* Koh Rong Dive Centre, *à Sihanoukville, sinon ça risque d'être plein. 086-495-188. • speedferrycambodia.com • Doubles sans ou avec sdb et vue 25-35 $.* Sur un terrain qui grimpe à l'arrière du village, donc un peu en retrait du bruit. Une série de beaux bungalows en matériaux locaux. Resto et bar du côté du quai et de l'animation.

Monkey Island : *à droite, entre* Happy Bungalows *et* Paradise Bungalows. *• monkeyisland-kohrong.com • Résa indispensable à Sihanoukville, au resto* Monkey Republic *(voir coordonnées plus haut). Doubles sans ou avec sdb 25-35 $. Snacks et plats 3-5 $.* Un gros spot de routards très animé. Bungalows en matériaux locaux plutôt corrects. Mais on y vient surtout pour l'ambiance qui règne au resto-bar sur fond de bonne musique. Bons petits plats khmers, thaïs et occidentaux, à arroser d'une bonne bière. Cool, *man,* mais le service est plutôt speed...

De chic à plus chic (50-100 $)

Happy Bungalows : *à droite. 016-855-969 ou 087-605-366. • chann seangly1986@hotmail.com • Doubles 40-55 $. Pas de petit déj.* Bungalows en bois et feuilles de palme, un peu en retrait du bazar. Tous avec douche (limitée à 1 mn si possible !), w-c, moustiquaire, ventilo, coffre en bois et balcon. Pas donné, mais pas mal du tout. Plutôt calme.

Paradise Bungalows : *à droite, c'est le dernier de la plage. 092-548-883 ou 078-300-354. • paradise-bungalows.com • Tlj 7h30-21h30. Résa indispensable à Sihanoukville chez* Casablanca Books, *Serendipity Beach Rd, juste à droite de* Mick & Craig's. *Doubles 35-100 $ selon confort, familiales 3-8 pers 40-80 $. Plats 3-8 $.* C'est l'adresse chic de la plage principale. Une série de bungalows répartis de façon un peu décousue en surplomb de la mer. Les moins chers avec pas ou peu de vue, dommage. Préférez, si vous le pouvez, ceux avec vue, par exemple les *Sammot* nos 3, 4 et 5. Belle paillote *lounge* avec coussins et tables basses, musique électro. Plats sans glutamate mais cuisine un peu chère et inégale. Bien aussi pour boire un verre et bénéficier de la meilleure connexion wifi de la plage.

À Koh Rong Samloem

C'est la plus petite des deux îles. Plus calme, plus familiale, l'ambiance n'a rien à voir avec celle de Koh Rong, sa grande sœur délurée. Ce qui ne veut pas dire qu'ici il n'y aura pas de complexe touristique un de ces jours... Plus venteuse aussi, Saracen Bay, la plage principale, accueille la majorité des adresses, nettement moins concentrées toutefois qu'à Koh Rong. Pour les amateurs de robinsonnades, un chemin mène en 45 mn à pied à Sunset Beach sur la côte ouest (avec une montée, une descente), soit une plage joliment orangée où se trouvent 2-3 adresses qui ont notre préférence, plus une annexe du club de plongée *The Dive Shop* (voir « Plongée » à Sihanoukville). Il est possible de demander à son hébergement un transfert en bateau. Se renseigner au moment de la résa.

De bon marché à plus chic

🏠 🍽 ***Robinson Bungalows :*** *à Sunset Beach, sur la côte ouest, à 45 mn de marche ou transfert direct (sf hors saison) via* The Dive Shop *(voir « Plongée » à Sihanoukville) avec un bateau tlj le mat pour 20 $ l'A/R (2h30 par trajet).* ☎ *088-454-6872.* • *robinsonbungalows.com* • *Doubles 20-30 $ selon saison. Plats 4-8 $.* Une dizaine de bungalows en matériaux locaux, parfois un peu branlants, mais qui plairont aux Robinson en herbe (enfin, en sable). Le tout au bord d'une jolie plage tranquille et généralement propre (les déchets apportés par les courants n'arriveraient qu'en basse saison...). Tous avec moustiquaire, balcon, hamac et électricité solaire (chouette, ni bruit ni pollution !). Et dans la cuisine locale, ni glutamate ni huile de palme. Beau coucher de soleil pour l'apéro. Tenu par un couple suisse cool.

🏠 🍽 ***Huba-Huba :*** *à Sunset Beach, sur la côte ouest ; même accès que pour* Robinson Bungalows *(lire ci-dessus).* ☎ *088-554-5619.* • *huba-huba-cambodia.com* • *Dortoir 5-8 $ et doubles sans ou avec sdb 20-40 $ selon saison.* Une adresse plus étudiée que la précédente, tenue par deux jeunes Français, Vic et Tiffanie. Pour les petits budgets, un dortoir de 6 lits. Sinon, bungalows simples, en bois, dont 2 familiaux côté plage (avec sanitaires). Resto coloré en surplomb, avec poisson et fruits de mer, viande, plats végétariens, et même de bonnes crêpes. Excellent café. *Beach bar* en contrebas. Location de palmes, masques et tubas. Quelques activités proposées, dont du kayak.

🏠 🍽 🍸 ***M'Pay Bay Bungalows :*** *au nord-ouest de l'île.* ☎ *016-596-111.* • *mpaybay.com* • *Transfert sur résa avec le bateau jaune de la maison : départ du Royal Pier, à Sihanoukville, en début d'ap-m, retour le lendemain mat ; compter 2h30 de trajet et 10 $ l'A/R. Tente 10 $, double 25 $.* Pour les amateurs de robinsonnades et d'isolement, cette adresse simple et tranquille propose des tentes et des bungalows face à une plage sympa. Confort rustique, avec douche au seau, w-c, moustiquaire et hamac. Sanitaires communs et moustiquaire pour les tentes. Fait resto et bar, évidemment.

🏠 🍽 ***The Beach Resort :*** *Saracen Bay.* ☎ *016-333-609.* • *thebeachresort.asia* • *Résa au quai de Serendipity Pier. Transfert possible avec le* Party Boat *(même groupe ; voir plus haut « Arriver – Quitter »). Dortoir 8 $, doubles 20-40 $ selon confort.* Resort pas très intime mais il propose, sur 2 étages (attention, escalier raide !), les plus grands dortoirs de l'île avec une armée de matelas à 2 places (si, si), moustiquaires, petits coffres individuels et salle de bains commune. Les bungalows, eux, sont un peu étranges, sortes de champignons recouverts de paille, certains avec douche/w-c au rez-de-chaussée et la chambre au-dessus, les autres avec sanitaires communs, d'autres en bois en retrait de la plage. Resto-paillote servant un excellent barracuda. *Beach bar* et billard. Bizarrement, le petit déj n'est pas terrible. Service un peu blasé. C'est le problème de cette adresse, un peu trop fréquentée...

🏠 🍽 ***Rumi Bungalows :*** *à droite de la plage.* ☎ *010-403-426 ou 070-518-240.* • *rumibungalows@gmail.com* • *Double 40 $, tree house 50 $. Plats 5 $.* En surplomb du ponton d'arrivée, bungalows simples, avec douche/w-c et moustiquaire. À vrai dire, malgré l'accueil adorable du jeune couple turc et des améliorations en cours, les prix sont un peu élevés... Du coup, autant réserver l'amusante cabane dans l'arbre *(tree house),* ce qu'il y a de plus original ici. Petit resto-bar avec vue, servant du poisson et quelques turqueries *(borek).* Épicerie en dépannage.

🏠 🍽 ***Saracen Bay Resort :*** *Saracen Bay.* ☎ *016-997-047.* • *saracenbay-resort-cambodia.com* • *Résa conseillée. Double 55 $, petit déj inclus. Plats 5-15 $.* Sans aucun doute les plus beaux bungalows de Saracen Bay. Bungalows en bois étudiés, avec salle de bains en dur à l'arrière, terrasse et hamacs, plus la plage avec ses transats juste devant. Elle n'est pas belle la vie ? Le resto-bar se trouve sur un agréable ponton. Plats asiatiques et occidentaux servis avec le sourire.

KOH KONG

Cette province englobe des kilomètres de côtes vierges, une grande île homonyme (mais pas très facile d'accès) et un arrière-pays extrêmement sauvage que les montagnes des Cardamomes mettent en relief. En attendant leur correspondance, de nombreux voyageurs venus de Thaïlande passent une nuit dans le petit port de (Krong) Koh Kong, situé à une dizaine de kilomètres de la frontière.
Une nuit, mais rarement plus... Il est vrai que la ville ne présente pas d'intérêt particulier.
Pourtant, le potentiel aventure-nature de cette province côtière, semée de réserves naturelles et de mangroves, striée de rivières et ponctuée d'îles perdues, est très prometteur. Sa valorisation touristique, qu'on espère la plus respectueuse possible, n'en est qu'à ses balbutiements. Si de gros projets industriels ne viennent pas abîmer le paysage...

Orientation dans la province

La N48 qui relie Koh Kong à la N4 (axe Phnom Penh-Sihanoukville) est entièrement bitumée et souvent bordée de forêt tropicale, même si celle-ci s'éloigne de plus en plus de la route... En revanche, à l'exception de cet axe principal, pas de routes ou presque. Même les pistes pour motos deviennent rapidement difficiles et impraticables en saison des pluies.
Attention, ne pas confondre Koh Kong City (ou Krong Koh Kong), chef-lieu de la province relié par un pont à une presqu'île, juste en face, et Koh Kong Island, l'île éponyme qui se situe à environ 2h30 de bateau au sud...

Arriver – Quitter

En bus

Gare routière : *à env 1 km au nord du centre-ville.* Inutile de s'y rendre car les 4 compagnies de bus (*Virak Buntham, Sorya, Olympic* et *Rith Mony*) ont des bureaux au centre-ville, dans la rue principale, d'où ont aussi lieu certains départs (se renseigner lors de l'achat du billet).
La gare routière n'intéressera que ceux qui prennent un ***taxi collectif*** pour ***Kampot, Phnom Penh*** ou ***Sihanoukville.*** Pour ***Kep,*** taxi privé obligatoire.
Pour les bus et minibus (vans), bien regarder l'état du véhicule avant de monter.
➢ ***Bangkok :*** 1 bus/j. avec *Rith Mony* et *Sorya,* en fin de mat. 1 minibus avec *Virak Buntham* en début d'ap-m. En fait, les bus partent de la frontière (côté Thaïlande). Le prix du ticket comprend le transfert depuis le centre-ville de Koh Kong jusqu'à la frontière. Trajet : 6-7h.
➢ ***Phnom Penh :*** env 7 bus/j., 7h45-14h, avec ttes les compagnies, dont 1 bus VIP le mat avec *Virak Buntham.* Attention, lieux de départs différents selon la compagnie. Trajet : 5h.
➢ ***Sihanoukville :*** 1 bus direct/j. le mat et 1 bus VIP en début d'ap-m avec *Virak Buntham.* 2 départs/j. avec *Olympic* et *Rith Mony,* mais changement de bus à Srae Ambel. Trajet : env 4-5h.
Les compagnies proposent aussi des ***bus pour Siem Reap, Battambang*** et ***Hô Chi Minh-Ville,*** mais il faut la plupart du temps changer à Phnom Penh.

Adresses et infos utiles

Le baht est la devise la plus utilisée dans cette région frontalière. Gardez-en quelques coupures si vous venez de Thaïlande car on perd un peu au change en utilisant riels ou dollars.

■ ***Acleda Bank :*** *au bord de la N48, sur le rond-point avt d'entrer dans le centre-ville. Lun-ven 7h30-16h.* Change à taux correct, *Western Union* et distributeur pour *Visa* et *MasterCard.*

■ ***Canadia Bank :*** *à gauche de la* Kaing Kaing Guesthouse. *Lun-ven 8h-15h30, sam 8h30-11h30.* Change et distributeur.

■ ***Ratha Exchange & Transfer :*** *rue 2, à proximité du marché (à droite de la* Cambodia Public Bank*). Tlj 7h-17h30.* Bureau de change. Bons taux. Juste à gauche, la *Cambodia Public Bank* possède un distributeur *Visa* et *MasterCard* (pas de change au guichet, en revanche).

@ ***Internet :*** *boutique juste à gauche de l'agence* Koh Kong Island Tour, *à droite du* Koh Kong City Hotel *et en face de l'*Asian Hotel.

■ ***Eco Adventure Tours :*** *sur le port (rue nº 1), entre le* Koh Kong City Hotel *et la* Kaing Kaing Guesthouse. *012-707-719 ou 097-555-27-59. • kohkongecoadventure.com • Tlj 7h-21h30.* Outre les excursions (lire « À voir. À faire dans les environs »), Ritthy propose des tickets de bus incluant le pick-up à l'hôtel, location de vélos, VTT et motos, visas, etc. Très bonne agence.

Où dormir ?

De bon marché à prix moyens (jusqu'à 30 $)

99 Guest House : *135, rue 6. ☎ 035-660-09-99. 016-620-333. Dans la rue en face de l'*Apex Hotel. *Doubles avec sdb 10-15 $ selon confort.* Un hôtel central et moderne, aux chambres très bien tenues. Laverie. Prêt de vélos. Salon de massage. Pour les excursions, travaille avec *Eco Adventure Tours* (Ritthy ; voir plus haut). Mais le grand plus, c'est l'accueil, excellent, ce qui est loin d'être le cas partout. Et Sok, qui a vécu en France, parle impeccablement notre langue.

Kaing Kaing Guesthouse : *sur le port (rue nº 1), au sud d'*Eco Adventure Tours. *☎ 035-674-71-11. Doubles 10-15 $ selon confort.* Sur le port, un édifice jaune, sur 5 étages, avec une déco sympa : escalier en bois massif et tabourets en forme de pions d'échec géants. Chambres impeccables, certaines avec balcon donnant sur l'eau. Excellent rapport qualité-prix.

Otto's : *rue 8, rue perpendiculaire aux quais, à env 300 m de l'ancien embarcadère. ☎ 035-633-69-99. Doubles 5-10 $.* Une adresse on ne peut plus *roots,* tenue par un vieil Allemand (oui, Otto). Dans une maison en bois sur pilotis, chambres très rudimentaires mais à prix plancher et donc intéressantes pour les fauchés. À l'arrière, l'extension en dur abrite celles avec salle de bains (eau froide) et l'option clim. Petit déj et repas khmers sur demande. Très basique quand même !

Koh Kong Heritage Guesthouse : *rue 6 (rue perpendiculaire aux quais, qui débute presque en face de l'ancien embarcadère). 017-820-808. Doubles avec sdb 7-10 $ selon confort. Pas de petit déj.* Dans un bâtiment récent, une quinzaine de chambres réparties sur 2 niveaux. Elles sont simples, sans charme, mais propres et relativement confortables. Seul hic de taille : pas de moustiquaire, et on peut vous dire qu'il y a des moustiques !

Asian Hotel : *juste en face du* Koh Kong City Hotel. *☎ 035-936-667. • asiankohkong.com • Doubles avec sdb 15-20 $.* Un hôtel moderne et fonctionnel. Chambres impeccablement propres. Les moins chères donnent sur l'arrière, les autres ont un balcon côté rue. Le resto *Baan Peakmei* est au rez-de-chaussée.

Chic (30-50 $)

Oasis Bungalow Resort : *Smach Mean Chey. 016-331-556 ou 092-228-342. • oasisresort.netkhmer.com • Du centre, continuer tt droit au rond-point de la banque Acleda sur 1 km, en passant la Red Cross, puis suivre les panneaux. Double 30 $.* Une adresse de charme à 2-3 km du centre-ville. Magnifique jardin avec une belle piscine et une grande paillote faisant office de salon et de restaurant. Une poignée de bungalows, spacieux et joliment décorés, avec colonnette en bois, beaux tissus et coussins multicolores, plus tout le confort. Vraiment bien ! Billard. Tenu par le sympathique Jason, Irlandais d'origine.

Thmorda Garden Riverside Resort : *169, Neang Kok Village. ☎ 035-690-03-24. • thmordagarden.com • Sur la presqu'île face à la ville ; prendre le pont à péage, tourner à droite et encore à droite au panneau (chemin sur 500 m). Pas loin en* tuk-tuk. *Doubles 30-45 $ selon confort et vue, familiales 4 pers 50-55 $ et* riverfront deluxe *60-65 $. CB refusées.* Un très beau site, au bord de l'eau, mais très isolé aussi. Bien pour les amoureux, pas pour les fêtards. Les chambres, plutôt bien tenues et équipées, sont un peu en retrait dans un bâtiment orange en L, avec un bout de terrasse et hamac ou fauteuils. Les plus chères ont une terrasse privée face à l'estuaire. Également 2 chambres modernes à l'arrière du restaurant. Services de transfert en *tuk-tuk,* laverie, massages, kayak, vélo. Cela dit, accueil et service pas toujours au top, dommage. En tout cas, le plus photogénique, ici, c'est le bar-resto (voir « Où manger ? »).

Où dormir sur ou au bord de la rivière ?

Sur la route 48, au sud de la ville de Koh Kong et de l'intersection avec la nationale Phnom Penh-Sihanoukville, voici deux établissements chic situés sur les berges luxuriantes de la Tatai, l'une des rivières qui s'échappe du massif sauvage et mystérieux des Cardamomes. Dans les deux cas, l'accès se fait par bateau : départ sous la pile du pont Phum Daung, environ 20 km avant la ville de Koh Kong. On conseille d'y séjourner au moins 2 nuits pour profiter pleinement de l'expérience.

Rainbow Lodge : *sur la rivière Tatai, à 10 mn en bateau vers l'amont depuis le pont. 012-160-2585. • rainbowlodgecambodia.com • Selon saison, bungalow pour 2 pers 80-100 $, en pens complète. Également des triples et des familiales (pour 4).* Ce *lodge* fut créé par une Britannique qui réalisa l'urgence d'initier des projets touristiques en phase avec l'écologie et les communautés locales. Les actuels proprios (anglo-saxons également) perpétuent l'esprit des lieux. L'ensemble, légèrement en surplomb de la rivière, est littéralement noyé dans un écran de verdure. Les 7 bungalows sur pilotis sont équipés de salle de bains, d'un balcon tendu d'un hamac et d'un ventilo. La cuisine fait la part belle aux produits locaux, aussi naturels et saisonniers que possible, certains issus du jardin de la maison. Plusieurs formules de treks guidés, camping et kayak possibles. On peut aussi se contenter d'une baignade ou de balades en bateau (coucher de soleil, cascade).

4 Rivers Floating Lodge : *en aval du pont sur la rivière Tatai ; voir directement avec le lodge pour l'accès. ☎ 035-690-06-50. 097-643-4032 (à Phnom Penh). • ecolodges.asia • 2 bateaux gratuits/j. dans les 2 sens, sinon compter 20 $/pers et env 30 mn de bateau. Résa impérative. Double env 240 $, petit déj compris. Menu env 20 $.* Les adeptes du *glamping* (contraction de camping et de glamour) trouveront leur bonheur. Ce *lodge* de luxe flotte sur un réseau de pontons en bois recyclé, et répond autant que possible aux critères de l'écologie et du tourisme responsable. Il propose une douzaine de vastes tentes (45 m²), dont le mobilier est habillé de jacinthe d'eau, aux ouvertures généreuses et salles de bains originales (ou limite kitsch !). Toutes profitent d'une géniale terrasse privée avec transats, fauteuils et bastingage fendu d'une échelle pour la trempette. On vous rassure, pas de crocos dans la région... Au resto, cuisine gastronomique, khmère et occidentale, et belle cave à vins. Nombreuses balades en bateau possibles et de petites randos, on peut même faire le tour de la petite île en kayak. Service aussi discret qu'attentif.

Où manger ? Où boire un verre dans le coin ?

De bon marché à prix moyens (3-15 $)

Fat Sam : *au rond-point central (avec statue de porteur). 097-737-0707. Tlj 9h (16h dim)-22h. Plats 3-7 $.* C'est un peu le quartier général du centre-ville. Un café-resto, avec terrasse, tenu par un patron écossais très doux. On y vient du petit déj jusqu'au dîner, ou juste pour boire une bonne bière pression. Rien d'extraordinaire, mais une cuisine fort honnête : omelettes, salades, sandwichs, burgers, hot-dogs, plats occidentaux, asiatiques et végétariens... Loue aussi des scooters et des motos et organise des excursions (voir « À faire »).

Crab Shack : *Phumi Thnai Krabei, sur la presqu'île en face de la ville. Passer le pont à péage puis tourner à gauche et rouler sur plusieurs km jusqu'à la plage. Attention, il y a un 2d Crab Shack, un peu plus loin (qui loue des hamacs à 5 $ la nuit si le cœur vous en dit...).* Une petite affaire familiale qui a son petit succès, avec paillotes et tables en bord de mer. Bien sûr, on y mange du crabe, servi frit au poivre ou à la vapeur. Quelques plats moins chers. Demander le prix avant de commander.

De prix moyens à chic (7-25 $)

Thmorda Crab House : *au Thmorda Garden Riverside Resort (voir « Où dormir ? »). Plats env 5-20 $.* On vient profiter de cet adorable ponton en bois, avec son joli bar et ses paillotes sur l'eau. Très esthétique et propice à la rêverie. Bien sûr, la spécialité, c'est le crabe, cuisiné de 9 façons différentes. Également d'autres fruits de mer et quelques plats de nouilles et de viande. Parfois un peu de roulis dans l'accueil et le service. Bien aussi pour un simple verre.

Café Laurent : *au Koh Kong City Hotel, à 300 m au sud du pont. 016-373-737. Tlj 10h30-23h. Plats 5-17 $.* Un bar-resto sur pilotis très esthétique, avec de nombreuses passerelles, idéalement situé pour siroter un verre en journée ou, mieux, au soleil couchant. Côté resto, c'est plutôt bon mais vraiment cher. Plats *western* et asiatiques, en portions *small* ou *big*. Si vous êtes juste côté budget, les *small* suffisent largement. Carte des alcools bien fournie, mais pas donné non plus.

À voir. À faire dans les environs

De l'avis général, la meilleure agence locale pour organiser ses excursions est ***Eco Adventure Tours,*** tenue par l'excellent et sympathique Ritthy. Coordonnées plus haut dans « Adresses et infos utiles ». Au programme, trek dans la jungle des Cardamomes, journée sur l'île de Koh Kong avec découverte de la mangrove et snorkelling, journée en kayak, cascades de Thummel Dar à la frontière thaïe, etc. *(compter env 25 $/pers/j.).* Le resto ***Fat Sam*** (voir « Où manger ? Où boire un verre dans le coin ? ») organise aussi des excursions et loue des scooters et des motos.

Koh Kong Island : *au sud, à env 2-4h de trajet selon le type de bateau et votre point de chute.* Cette île magnifique (mangrove, snorkelling) est accessible en saison sèche par *longboat* (environ 20 $ aller-retour et 4h de bateau) ou par *speed boat* (départ chaque jour à 8h30 et retour à 15h ; compter 30 $ aller-retour et environ 2h de trajet). Tickets à réserver au *Koh Kong Bay Hotel,* entre le *Koh Kong*

City Hotel et le pont, ou se renseigner auprès du bureau de résas des *resorts* de l'île (lire plus bas). Beaucoup plus cher en bateau privé. Sinon, à la journée (mais c'est court), ou sur 2 jours avec *Eco Adventure Tours* (Ritthy) ou avec le resto *Fat Sam*. Pour une robinsonnade un peu plus longue, réserver dans l'un des *resorts* de l'île. Bureau de réservation en ville : agence *Koh Kong Island Tour,* à droite du *Koh Kong City Hotel* et en face de l'*Asian Hotel* (*📱 015-558-988).*

White Sand Beach Resort : *plage nº 3. 📱 099-998-850. • kohkongwhitesandbeach.com • Possibilité de camper pour env 10 $ par tente. Doubles 15-25 $. Resto à prix moyens.* Sur une belle plage, quelques chambres mitoyennes avec salle de bains commune, plus une série de petits bungalows en bois avec salle de bains privée. Un beau site, au calme. Dommage que le service ne soit pas toujours au top.

Koh Kong Island Resort : *plage nº 7. ☎ 035-936-371. 📱 0977-558-988. • kohkongisland.net • Doubles 25-50 $, familiales 70-80 $ pour 3-5 pers.* Un *resort* plus chic que le *White Sand,* avec de jolis bungalows en bois entourés de verdure tropicale, plus des balcons donnant directement sur la plage. Là encore, quelques écarts dans le service et les prestations, en partie dus aux difficultés d'approvisionnement.

LE TONLÉ SAP ET SES ENVIRONS

LE TONLÉ SAP

À une quinzaine de kilomètres au sud de Siem Reap.

UN LAC AU SYSTÈME HYDROLOGIQUE UNIQUE...

On rappelle que le Tonlé Sap est bas de février à juin et haut de juillet à novembre. C'est ***le plus grand lac d'Asie du Sud-Est*** et la mère nourricière du Cambodge. Fonctionnant comme un véritable cœur, le lac se gonfle et se dégonfle au rythme des moussons. Il multiplie sa surface par 4 et sa profondeur par 10 grâce au phénomène des vases communicants : le Mékong en crue atteignant un niveau supérieur à celui du lac, il force le courant de la rivière Tonlé Sap à s'inverser pour aller remplir le lac en amont. Cela limite aussi les risques d'inondation au sud (voir également la rubrique « Géographie » dans « Cambodge : hommes, culture, environnement » plus loin).

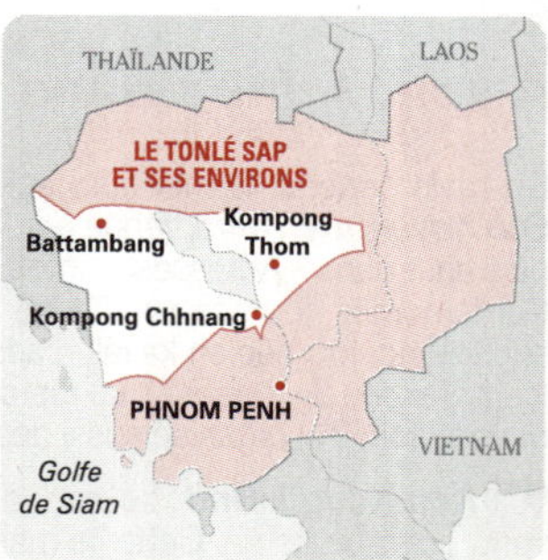

Cette véritable mer intérieure, qui inonde les forêts et les champs alentour, est aussi l'une des plus poissonneuses au monde. Les poissons remontent le fleuve sur plusieurs centaines de kilomètres pour pondre leurs œufs, et les larves reviennent ensuite dans le lac avec la crue, attirant une foule d'oiseaux d'eau (pélicans, marabouts, cormorans, hérons, aigrettes...), dont plusieurs espèces en voie de disparition. Également des reptiles, crocodiles, varans, ainsi que des tortues. Pendant la saison sèche, l'eau laisse assez de sédiments derrière elle pour fertiliser la terre et permettre une activité agricole, essentiellement du riz, jusqu'à trois récoltes par an au lieu de deux dans le reste du pays.

... ET UN ÉCOSYSTÈME DE PLUS EN PLUS MENACÉ

Cet extraordinaire environnement est classé Réserve de la biosphère par l'Unesco. Malheureusement, il reste très fragilisé par une importante poussée démographique (nombre de jeunes ne trouvant pas de travail dans les villes s'installent sur le lac) et les problèmes écologiques qui s'ensuivent : déchets, raréfaction des poissons, déforestation des voies d'accès. De plus en plus d'entreprises de pisciculture, conscientes des enjeux économiques, voient là également l'occasion de faire fortune et rachètent aux familles, pour des sommes dérisoires, le produit de leur pêche. Ainsi, paradoxalement, les familles sont très pauvres. Ajoutons à cela le souci des barrages hydrauliques : les projets en cours sur le Mékong mettent indéniablement en cause la sécurité alimentaire du bassin du Mékong. Qu'adviendra-t-il de cette faune génétiquement programmée pour terminer son cycle et pondre en remontant le Mékong ? Les enjeux tant écologiques qu'humains sont énormes et mobilisent de nombreuses associations. Mais que fait le gouvernement ?

LA VIE SUR LE LAC : VILLAGES FLOTTANTS ET MAISONS SUR PILOTIS

Ici a pris souche le peuple khmer des origines, installé sur des villages lacustres depuis la nuit des temps. Aujourd'hui, ce sont près de 3 millions de personnes qui vivent autour du Tonlé Sap, sur des villages flottants ou dans des maisons sur pilotis. Sur le lac, les maisons se déplacent au rythme des crues et décrues, plus d'une dizaine de fois par an, et des besoins de ses habitants en fonction de la hauteur des eaux.

Tout se fait par bateau : les enfants vont à l'école en bateau, les femmes font leurs courses en pirogue, ou attendent le passage du bateau-épicerie. On pêche, bien entendu, on fait sécher le poisson, on le pile pour en faire du *prahoc,* cette pâte de poisson qui agrémente la cuisine cambodgienne, ou on le transforme en farine pour alimenter les élevages de porc (sur l'eau !).

Dans certains villages, on peut aussi voir les femmes travailler la jacinthe d'eau, cette plante aquatique verte que l'on fait sécher, que l'on fume et qui sert ensuite à la fabrication d'objets de vannerie : hamacs, chapeaux, paniers, boîtes, etc.

Une diversification indispensable qui permet désormais à ces communautés lacustres de générer un peu de budget. Tout comme l'accueil de touristes mis en place par l'ONG *Osmose* (voir plus loin). Sur les rives du lac, enfin, toute une zone inondable où les maisons sont fichées sur de très hauts pilotis. Là aussi, la vie des habitants est intimement liée au rythme des eaux.

La visite

Si vous en avez le temps, il faut absolument aller à la découverte du Tonlé Sap. Le lever et le coucher du soleil sont les moments les plus magiques. Naviguer dans les méandres de la forêt inondée reste un grand moment, tout comme découvrir les villages flottants. Mais tout dépend où et avec qui. Malheureusement, certaines agences organisent ces excursions selon une éthique assez éloignée du tourisme solidaire. Et plusieurs villages, comme Chong Khneas, sont devenus une attraction malsaine où le voyageur se sent voyeur. Logiquement, plus ils sont proches de Siem Reap, plus il y a de touristes.

Kampong Khleang *(village sur pilotis)* **:** *à 40 km env de Siem Reap.* S'il y en a un seul à visiter, c'est bien celui-là. Plus grand village établi sur le lac, il est accessible, via le village de Damdek, par la terre ferme. Pas de droit d'entrée, pour l'instant, visite gratuite si on ne prend pas la balade en bateau. Ce village sur pilotis, avec quelques maisons flottantes, est encore peu touristique et authentique. Marché.
Une agence en propose la visite avec la possibilité de passer une nuit chez l'habitant. Elle s'inscrit dans une démarche de tourisme durable, qui favorise le développement local :

■ **Buffalo Trails :** *012-297-506 ou 093-832-812. • buffalotrails-cambodia.com • Balade à la journée ou ½ journée. Prévoir 65-85 $/pers pour la journée et 50-75 $ pour la ½ journée selon nombre de participants (à partir de 2 pers). Réduc de 5 % sur présentation du guide de l'année.* L'agence organise également des randonnées à pied, balades en charrette à buffles (ou bœufs), etc. Une façon authentique de découvrir la campagne cambodgienne et ses habitants. Programme aussi des excursions de plusieurs jours.

Kampong Phluk *(village sur pilotis)* **:** *à 26 km de Siem Reap. Accessible depuis la route 6, par une bifurcation à droite au-delà des temples Roluos (panneau « Orphan Centre »). Balade en bateau comprenant le droit d'entrée au village : 25 $/pers ! Un supplément de 5 $/pers pour aller en bateau, par un canal et à travers la forêt inondée, jusqu'au Tonlé Sap.* Vraiment très cher, pour un village qui n'a plus grand-chose de pittoresque. Il se distingue par ses maisons perchées sur pilotis à 4 m de hauteur, en raison des crues du lac. Déjeuner possible à l'un des deux restos flottants sur la rivière, à 100 m du lac. Marché tous les matins.

La réserve ornithologique, la forêt inondée et le village de Prek Toal : visite possible avec l'ONG *Osmose.* Meilleure période : octobre-mars (d'avril à juin, le niveau du lac est trop bas, et en été, les oiseaux se dispersent vers d'autres cieux).

■ **Osmose** *(plan de Siem Reap, B3,* ***10****)* **:** *bureau à Siem Reap ; suivre les panneaux à partir de la pagode Wat Damnak, c'est à 10 mn à pied vers le sud. ☎ 063-765-506. 012-832-812 (contact francophone). • osmosetonlesap.net • Groupes 2-8 pers. Départ à 6h et retour vers 17h. Prix sur la base d'un groupe de 4 pers : 105 $/adulte (réduc moins de 12 ans), comprenant les transports A/R depuis l'hôtel, le ticket pour la réserve, un guide spécialisé, les repas et l'eau pour la journée. Possibilité de passer la nuit dans une famille formée à l'école hôtelière Sala Baï.* Cette ONG accomplit un énorme travail pour la préservation de l'écosystème du lac et du mode de vie de ses habitants. Sur une journée, elle propose aux visiteurs d'être les témoins d'une nature et d'une population essayant de vivre en « osmose » au rythme du Tonlé Sap. Ce programme, remarquable, commence par la traversée du lac, et l'observation des oiseaux dans la forêt inondée. Après un bon déjeuner traditionnel au restaurant communautaire, la visite du village flottant de Prek Toal s'effectue en pirogue traditionnelle pour mieux appréhender le mode de vie des pêcheurs. Visite également d'un atelier d'artisanat de jacinthes d'eau *(Saray Tonle),* géré par *Osmose* pour promouvoir le travail des femmes et cours de tressage. Le bénéfice des visites permet de financer un programme d'éducation à l'environnement pour les enfants du village et des interventions de développement ciblant les familles les plus défavorisées (activités génératrices de revenus, potagers flottants, soutien scolaire et médical) tout en les sensibilisant à la valeur de leur environnement. En assurant un revenu correct aux pêcheurs, ces derniers ne sont pas tentés de braconner en récoltant les œufs et oisillons des oiseaux de la réserve. Certains ont même intégré l'équipe de gardes forestiers.

AU SUD DU TONLÉ SAP

KOMPONG CHHNANG

Bâtie sur les rives marécageuses du Tonlé Sap, Kompong Chhnang est le chef-lieu de la province du même nom, qui signifie « port de la poterie ». La ville est composée côté route (la nationale 5) d'une partie moderne et sans grand charme, et côté lac d'un village plus typique qui s'étire le long du quai, avec ses habitations sur pilotis et le port. Une courte étape sur le chemin fluvial de Siem Reap, et l'occasion de découvrir les villages de potiers. Sinon, aucune adresse enthousiasmante. Inutile de vous attarder à Kompong Chhnang.

Arriver – Quitter

En bus

Depuis Phnom Penh, 83 km de route plutôt correcte. Liaisons assurées par les compagnies *Sorya, Capitol et Olympic Express.* Être à l'arrêt 30 mn avt l'heure indiquée sur le billet, les horaires de passage étant très fluctuants, selon le trafic. Possibilité de visiter Kompong Chhnang sur le trajet entre la capitale et Battambang.

➢ ***Phnom Penh :*** 9 bus/j., 7h-15h30. Départs ttes les heures. Trajet : 3h.

➢ ***Battambang :*** 9 bus/j., 8h35-16h35. Départs ttes les heures. Trajet : 3h30. Changement pour Siem Reap.

En voiture

Compter 2h de trajet.

Où dormir ?

Chanthea Borint Hotel : *depuis la route N5, en venant de Phnom Penh, tourner à gauche au niveau du grand monument rouge ; à 2 km de la rivière. ☎ 026-988-622. Double env 15 $, petit déj en sus.* Chambres propres et calmes, avec ou sans eau chaude, réparties autour d'une courette arborée. L'ensemble ne respire pas la prime jeunesse mais on y est mieux qu'ailleurs. Salles d'eau minuscules et assez rudimentaires. Loue des vélos. Accueil débonnaire.

Sovannphum Hotel : *sur la route N5. ☎ 026-989-333. 012-812-459. Double 15 $.* Un hôtel sans âme, au bord de la route, propre mais désespérément impersonnel. Clim, TV, eau chaude.

À voir. À faire

Le marché local : *le long de la rive (ne pas confondre avec le marché central), à env 2 km de la N5 et des arrêts de bus.* Motos-dops *pour faire l'A/R.* À faire tôt le matin de préférence, pour profiter de l'animation et du ballet incessant des

CAMBODGE / LE TONLÉ SAP ET SES ENVIRONS

embarcations des villageois venus vendre sur le rivage leur petite production maraîchère. Pas mal d'artisanat aussi : osier et poteries qui ont fait la réputation de la région. Vraiment pittoresque ! En face, de l'autre côté du Tonlé Sap, vue superbe sur la plaine inondable, les rizières et la montagne.

– On peut ***louer un bateau*** à l'un des nombreux pêcheurs qui travaillent sur le Tonlé Sap. Prix à négocier, le tarif officiel étant, par personne et par heure, de 20 $ pour un bateau à moteur et de 5 $ pour un bateau à rames. Balade très sympa de quelques heures dans les villages lacustres, notamment à *Phoum Kandal* et *Chong Kos.* Évidemment, nous recommandons la barque, moins bruyante et moins chère. Les habitants, majoritairement d'origine vietnamienne, habitent dans les maisons flottantes, souvent précédées d'un ponton et d'un hamac ! Assez peu de touristes et très pittoresque ! Le village flottant de *Kompong Luong* est en amont sur le lac.

➢ ***Balades dans les alentours de la ville :*** solliciter un *tuk-tuk* si vous n'avez pas votre propre véhicule ou louer un vélo pour aller visiter les villages de potiers. Magnifiques paysages campagnards, surtout en fin de journée, belle luminosité. Rester bien sur les routes.

À L'OUEST DU TONLÉ SAP

BATTAMBANG

250 000 hab.

• Plan *p. 123*

Deuxième ville du pays, Battambang fut fondée au XIe s sur les bords de la rivière Sangker. Cette ancienne capitale se retrouve à deux reprises sous le contrôle des Thaïlandais, avant de récupérer à chaque fois son indépendance grâce aux Français. Entourée de plaines considérées comme le grenier (le bol de riz !) du Cambodge, Battambang occupe une place importante dans l'économie du pays, dont elle a suivi le réveil. Sans avoir le même charme que d'autres petites villes comme Kampot, son architecture doit encore beaucoup à l'époque coloniale, surtout représentée par des rangées de modestes immeubles à boutiques d'un étage. Ainsi, pas grand-chose à visiter dans le centre poussiéreux, à part quelques pagodes et l'obligatoire marché central. Il faut aller s'enivrer du puissant parfum bucolique de la campagne alentour pour apprécier les contrastes de cette contrée où se cultive le riz le plus parfumé, où l'on cueille les noix de coco les plus sucrées et les oranges les plus juteuses du Cambodge.

Arriver – Quitter

Par la route

Les routes Phnom Penh-Battambang (290 km, trajet env 6h) et Battambang-Siem Reap (entre 2h et 3h30 en fonction des travaux) sont très bonnes. Ce qui permet de rallier Poipet (180 km) en 2h30 max. La route Battambang-Pailin (97 km, trajet 1h30) est totalement goudronnée. La frontière thaïe (ouverte aux étrangers) n'est qu'à 10 km de Pailin.

En bus

Compagnies de bus et gares routières : à Battambang, les départs et arrivées ont lieu à l'extérieur de la ville, mais les compagnies assurent des navettes avec leurs bureaux. Arriver avt l'heure indiquée sur le billet. À Battambang, monter rapidement dans les navettes qui n'attendent pas. Sinon *tuk-tuk* pour 2 $. Prix à peu près alignés partout. Fréquences identiques dans les 2 sens. Il vaut mieux acheter son billet la veille dans les bureaux ou à la réception de son hôtel.

Capitol Tour *(plan A1, **2**)* ***:*** *739, rue La Ae.* ☎ *053-953-040.* • *capitolkh.com* •

Phnom Penh Sorya Transport *(plan A1, **4**)* ***:*** ☎ *053-953-904.* *092-181-804.*

Rith Mony *(plan A1, **3**)* ***:*** *rue La Ae, dans un kiosque voisin de la station-service.* *012-673-597.*

➢ ***Phnom Penh :*** nombreuses liaisons quotidiennes avec *Capitol Tour, Phom Penh Sorya Transport* et *Rith Mony.*

➢ ***Siem Reap :*** plusieurs liaisons quotidiennes avec les mêmes compagnies.

➢ ***Kompong Cham :*** 1 bus le mat avec *Sorya Transport.*

➢ ***Sihanoukville :*** 4 bus/j., le mat, avec *Sorya Transport.*

➢ Pour ***Poipet*** (frontière thaïe), se reporter au chapitre « Arriver – Quitter » en fin de guide.

– Également un service de ***minibus vers Phnom Penh et Sihanoukville*** assuré par *Golden Bayon Express Company* ou *Mekong Cruises.* Un peu plus cher mais plus rapide.

En taxi

Départ du marché (taxis publics) ou à organiser depuis son hôtel (chartérisation). Intéressant pour aller à la frontière de Poipet ou Pailin (40 $ l'aller simple). Jusqu'à 2 fois plus rapide. Compter env 50 $ pour Siem Reap. Facile de trouver des compagnons de route pour partager le coût d'une location.

En bateau

➢ ***Battambang-Siem Reap :*** *à Battambang, quai en contrebas du nouveau pont au nord de la ville (plan A-B1).* 1 bateau/j. dans les 2 sens, départ à 7h. Ticket env 22 $, à acheter la veille. La plupart des hôtels vendent également les billets. Magnifique navigation sur des chenaux puis en plein lac. Émouvantes tranches de vie en passant devant les villages flottants. Un peu plus rapide dans ce sens que le trajet inverse, en raison des courants, mais cette « croisière » reste assez longue (6-8h en tout selon saison). Une excellente manière de joindre l'utile à l'agréable : la traversée peut aisément se substituer aux balades en bateau qui partent à l'assaut des villages flottants. Prévoir crème solaire, chapeau et pique-nique. Voir le chapitre « Siem Reap » pour plus d'infos.

Adresses et infos utiles

Office de tourisme *(plan B3)* ***:*** *en face de la résidence du Gouverneur.* *012-534-177. Lun-ven 8h-11h, 14h-17h.* On y parle l'anglais. Docs et plan de la ville.

– Procurez-vous ***Battambang Buzz,*** une revue semestrielle gratuite, en anglais. On la trouve dans les hôtels, restos et bars. Contient un plan de ville, une carte des environs et quelques infos pratiques.

■ ***ANZ Royal Bank*** *(plan A1, **6**)* ***:*** *à l'extrémité est du marché, proche de la rivière. Lun-ven 8h-16h.* Distributeur 24h/24 et service de change.

■ ***Cambodia Asia Bank*** *(plan A1, **5**)* ***:*** *rue 3, à l'angle de la place du vieux marché. Tlj 8h-17h.* Changent les euros. Pas de distributeur, mais on peut retirer de l'argent au guichet avec sa CB.

@ ***Internet :*** *plusieurs centres à l'arrière du* Chhaya Hotel *(plan A1-2, **11**).*

Polyclinique Visal Sokh : *près de la station* Total *et du consulat du Vietnam.* *012-848-415.* Pour les petits pépins 24h/24. Un médecin francophone, les autres parlent l'anglais. Également, dans le même quartier, la ***Yi Kuok Clinic*** : *près de la station de bus* Capitol. ☎ *053-953-163.* *012-530-171.* Le docteur Yi Kuok parle le français.

■ ***Pharmacie*** *(plan A1)* ***:*** *en face du* Seng Hout Hotel. *Tlj 7h30-17h.*

■ ***Butterfly Tour :*** *089-29-70-70.*

• butterflytour.asia • Balades guidées à la ½ journée à partir de 20 $, pick-up inclus à l'hôtel. Plusieurs circuits encadrés par des étudiants cambodgiens anglophones. Super pour découvrir la campagne et l'artisanat dans les villages.

■ ***Soksabike*** *(plan A1, **7**) : dans la petite rue 1 ½, parallèle à la rue 2. 012-542-019. • soksabike.com • Balades guidées à la ½ journée : 27 $ env.* Cette association propose tous les jours des parcours à vélo accompagnés dans la campagne. On traverse des villages où sont fabriqués le papier et les galettes de riz. Un moyen idéal de pénétrer le cœur de la vie des campagnes.

Où dormir ?

De bon marché à prix moyens (moins de 30 $)

Royal Hotel *(plan A1, **10**) : dans la rue qui fait face à la façade principale du grand marché. ☎ 053-952-522. 016-912-034. • royalhotelbattambang.com • Doubles 4-25 $ selon confort ; petit déj en sus.* Une large gamme de chambres de la double ventilo-eau froide (sur le palier), un peu sombre car donnant sur l'atrium, à la suite plus chic, avec TV et frigo. Jacuzzi. Bon confort général et bien propre. Autre atout, les chambres très bon marché situées sur l'agréable toit-terrasse, près du resto où sont servis le petit déj (avec baguette !) et le dîner (sandwichs et plats khmers). Personnel aussi efficace que sympathique. Au final, une adresse très centrale d'un excellent rapport qualité-prix, souvent prise d'assaut.

Chhaya Hotel *(plan A1-2, **11**) : 118, rue 3 (200 m au sud-ouest du marché). ☎ 053-952-170. 012-733-204. • chhayahotel.com • Nuitée 2 $ en dortoir de 4 pers, doubles 5-10 $. Pas de petit déj.* Tout près du marché, cet hôtel décrépit de 84 chambres a deux atouts : sa situation centrale et ses prix plancher. Mais attention, à ce tarif-là, ne demandez pas la lune : le confort est rudimentaire et l'entretien, comme l'accueil, assez limite. En attendant, les chambres doubles ont leur salle de bains, et parfois la clim. Beaucoup de passage, et potentiellement assez bruyant.

Star Hotel *(plan A1, **12**) : Lak A St, à côté des bus Capitol. ☎ 053-953-522. • starhotelbattambang.com • Doubles 10-15 $ selon confort ; familiale (4 pers) 25 $. Possibilité de petit déj à l'Asia Hotel voisin (même proprio).* Un immeuble de 4 étages (sans ascenseur) pas très folichon de l'extérieur

■ Adresses utiles

- Office de tourisme
- Départ des bateaux
- 2 Capitol Tour
- 3 Rith Mony
- 4 Phnom Penh Sorya Transport
- 5 Cambodia Asia Bank
- 6 ANZ Royal Bank
- 7 Soksabike

Où dormir ?

- 10 Royal Hotel
- 11 Chhaya Hotel
- 12 Star Hotel
- 13 Seng Hout Hotel
- 14 Phka Villa
- 15 Au Cabaret Vert
- 16 La Villa
- 17 Bambu Hotel
- 18 Battambang Resort
- 19 Sangker Villa

Où manger ?

- 16 La Villa
- 20 Les gargotes du marché de nuit
- 21 Restaurant chinois
- 22 Nary Kitchen
- 23 Smokin' Pot
- 24 White Rose
- 25 Jaan Bai

Où prendre un petit déj ? Où manger une pâtisserie ? Où boire un verre ?

- 30 Choco l'Art Café
- 31 Sunrise Coffeehouse
- 32 The Lonely Tree Cafe
- 33 Madison Corner

■ Où prendre un cours de cuisine ?

- 22 Nary Kitchen

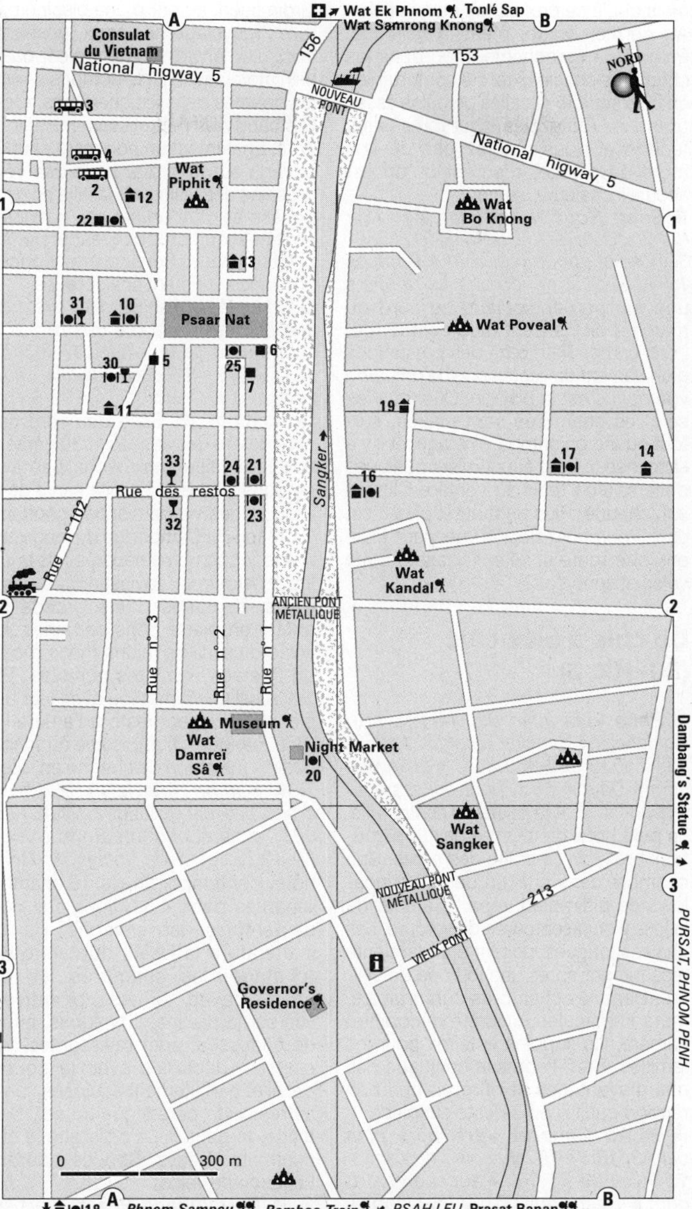

Wat Ek Phnom, Tonlé Sap
Wat Samrong Knong
Phare
Consulat du Vietnam
National higway 5
156
153
NORD
NOUVEAU PONT
3
4
2
Wat Piphit
12
22
1
Wat Bo Knong
13
31
10
Psaar Nat
Wat Poveal
30
5
6
25
7
11
19
33
24
21
17
14
16
Rue des restos
32
23
Sangker
Rue n° 102
Wat Kandal
ANCIEN PONT MÉTALLIQUE
2
Rue n° 3
Rue n° 2
Rue n° 1
Museum
Wat Damreï Sâ
Night Market
20
Dambang's Statue
Wat Sangker
3
NOUVEAU PONT MÉTALLIQUE
213
VIEUX PONT
PURSAT, PHNOM PENH
15
Governor's Residence
0
300 m
A
B
18
Phnom Sampeu, Bamboo Train, PSAH LEU, Prasat Banan
CAMBODGE / LE TONLÉ SAP ET SES ENVIRONS

BATTAMBANG

mais qui, à ce prix-là, fait bien l'affaire. Au dernier étage, c'est la terrasse. Propreté irréprochable, frigo dans les chambres spacieuses, lits confortables en bois sculpté et salles de bains assez grandes. Évitez les chambres sans fenêtre et vous n'aurez pas de vrai motif de plainte, d'autant qu'on est accueilli chaleureusement.

Seng Hout Hotel (*plan A1,* ***13***) **:** *rue 2. ☎ 053-952-900. 012-530-327. • senghouthotel.com • Doubles 15-40 $, petit déj en sus.* Dans une rue perpendiculaire au nord du marché, on ne peut plus central, cet hôtel un peu flétri offre des prestations globalement correctes pour le prix. Son vrai bonus est la piscine. Quoi qu'il en soit, les chambres sont claires, surtout quand on grimpe en étage, et il y a l'ascenseur. Pour économiser quelques dollars, s'en tenir au ventilo. Clim et eau chaude. Plus on monte, plus c'est cher. Pourquoi ? Pour la vue, pardi ! Elle englobe toute la ville. Terrasse. Loue vélos et scooters.

De chic à plus chic (30-100 $)

Phka Villa (*plan B2,* ***14***) **:** *K.O St, Romcheak 5, Sangkat Ratanak. ☎ 053-953-255. 089-969-366. • phkavilla.com • Double 55 $, petit déj et transfert inclus.* À la lisière du centre-ville, ce petit hôtel de charme pas trop coûteux préserve l'intimité des hôtes. Une chambre dans chacun des 10 bungalows de plain-pied, répartis autour de la jolie piscine entourée de verdure. Les chaises longues incitent à un farniente ressourçant après une journée de visites. Dans les chambres confortables, murs immaculés, discrète décoration khmère, lits supplémentaires pour les familles. Bref, l'adresse conjugue pas mal d'avantages et offre un très bon rapport qualité-prix. Resto sur place.

Au Cabaret Vert (*hors plan par A3,* ***15***) **:** *à 10 mn à pied du centre. ☎ 053-656-20-00. • aucabaretvert.com • Resto ouv 11h-22h. Doubles 65-75 $, petit déj compris. Plats khmers env 10 $.* Petit *resort* « écologique » tenu par un couple de Français. 6 bungalows répartis dans un jardin fleuri, autour d'une piscine naturelle : recyclage des eaux, gestion de la clim... l'environnement n'est pas un vain mot. Vous l'aurez compris en lisant les poèmes dans les chambres, c'est à Rimbaud que l'établissement doit son nom. Également un bon resto et un bar ouverts sur le jardin. Loue des vélos, organise des visites de la ville en cyclo-pousse et offre un service agence de voyages qui propose excursions et billets de bus. Service attentionné et ambiance vraiment chaleureuse.

La Villa (*plan B2,* ***16***) **:** *rive droite, à la hauteur de la rue des restos, de l'autre côté de la rivière. ☎ 053-730-151. 017-411-880. • lavilla-battambang.net • Doubles 75-105 $, petit déj compris.* Belle demeure coloniale datant des années 1930 gérée par une Française charmante, pas avare de bons conseils. La villa servit de QG aux troupes vietnamiennes pendant la libération du Cambodge du joug khmer rouge. 7 chambres décorées de grands lits à baldaquin, ravissantes salles de bains, équipées d'une grande baignoire en pierre dans certaines. Une volée d'escaliers raides mène à celles du 2e étage, sous les combles. Elles ont aussi un cachet fou avec leur beau plancher. Élégant resto à l'arrière (voir « Où manger ? ») et piscine au fond du jardin. Une étape de charme en ville.

Bambu Hotel (*plan B2,* ***17***) **:** *rive droite, pas loin de* La Villa. *☎ 053-953-900. • bambuhotel.com • Doubles 80-120 $, petit déj inclus.* Un bel hôtel contemporain de 16 chambres réparties dans 4 pavillons aux noms de temples des environs. Un luxe inattendu à la lisière du centre-ville. À l'étage, les chambres les plus chères, avec terrasse privative et vue sur la piscine. Les autres, en rez-de-chaussée, sont ravissantes, spacieuses, décorées avec le goût du détail et parfaitement équipées : beaux carreaux de céramique au sol. Dommage, le petit déj n'offre que le strict minimum. Resto. Service adorable. Location de vélos.

Battambang Resort (*hors plan par A3,* ***18***) **:** *Wat Ko Village, à env 4 km au sud de la ville. ☎ 053-666-10-01. 098-528-210. • battambangresort.com • Doubles 60-80 $, petit* *déj et transferts inclus.* Un peu à l'écart ? On ne s'en porte que mieux en découvrant ce havre de sérénité blotti dans un immense jardin, au milieu des rizières. Un environnement enchanteur, dans lequel sont répartis des bungalows modernes, qui accueillent 14 chambres design et de plain-pied aux lignes épurées, avec vue splendide sur le jardin ou le lac. Belle piscine d'eau salée, jacuzzi. Prêt de vélos pour rejoindre le centre-ville en quelques coups de pédales. Resto sur place, aussi agréable pour son cadre que pour sa cuisine, à prix modérés. Vous l'avez compris, on est encore sous le charme...

Sangker Villa *(plan B1-2,* ***19****) : 200, Phum Rumcheck 4. 097-764-00-17. • sangkervilla.com • Rive droite, près de l'hôtel* Bambu. *Doubles avec sdb et clim 45-55 $, petit déj inclus.* Une jolie *guesthouse* au calme, tenue comme une maison d'hôtes par de jeunes Français accueillants. Oh, pas le grand luxe, mais un certain confort et une atmosphère chaleureuse. 8 chambres plus ou moins spacieuses avec terrasse pour certaines. À l'arrière, petite piscine et bar.

Où manger ?

Attention, les repas sont servis tôt, notamment le soir. Après 21h, tout le monde plie bagage et les rues sont désertées !

Bon marché (3-7 $)

Les gargotes du marché de nuit *(plan A2,* ***20****) : au bord de la rive ouest de la rivière, face au musée. Tlj 15h30-4h du mat.* Ensemble de petits restos locaux et authentiques servant de la cuisine khmère bonne et vraiment pas ruineuse.

Restaurant chinois *(plan A2,* ***21****) : rue 121. Tlj.* En fait, le resto n'a pas de nom. Et ce n'est pas la salle, éclairée au néon, qui séduit locaux et expats. En revanche, les *noodles,* faites maison, trônent en vedette sur toutes les tables, et sont le plus souvent servies en soupe.

Nary Kitchen *(plan A1,* ***22****) : 650, rue 111, tt près du vieux marché. Tlj 8h-22h.* La jovialité de Nary, sa passion pour la cuisine et son désir de bien faire (et de parler français !) sont les ingrédients de son succès. On recommande aussi son école de cuisine (voir plus loin « Où prendre des cours de cuisine » ?). Le sourire des convives en dit long sur la satisfaction des clients. Atmosphère chaleureuse, cuisine khmère spontanée et savoureuse, réalisée avec des produits frais du marché.

Smokin' Pot *(plan A2,* ***23****) : dans la rue des restos. Tlj 9h30-22h.* Une cantine de rue, toutes tables dehors. Service efficace et plus tardif qu'ailleurs. Des plats khmers sans prétention mais parfumés, préparés sous vos yeux. Très bon *lok lak* et plein de préparations de légumes. Fait aussi office d'école de cuisine dans l'annexe située rue 123.

White Rose *(plan A2,* ***24****) : 102, rue 2 ; à l'angle de la rue des restos. Tlj 7h-22h.* Fréquenté aussi bien par les touristes à l'étage que par les locaux en bas. La carte décline les grands classiques sino-khmers servis en portions généreuses. Un lieu vivant et sympa.

Jaan Bai *(plan A1,* ***25****) : rue 2. Tlj 11h-22h30.* Voilà une adresse moderne qui détonne dans le paysage culinaire de Battambang. La salle climatisée se remplit vite à chaque service. Décor très sobre, banquettes en carreaux de ciment, et quelques tables en bois. Au choix, des assiettes « *small* » ou « *large* », pour caler tous les appétits avec de savoureux plats khmers et thaï concoctés avec des produits de saison. Une partie des bénéfices est reversée à une association qui forme les jeunes au métier de cuisinier.

De prix moyens à chic (7-25 $)

La Villa *(plan B2,* ***16****) : voir « Où dormir ? » Tlj, le soir slt.* Salle de resto à l'arrière de la villa, sous une verrière aux armatures métalliques, quelques tables dans le jardin. Déco et ameublement dans le ton de la demeure. Beaux carrelages au sol, piano et bar à cocktails. Accessoires d'époque jusqu'aux interrupteurs et ventilos. Mais dans l'assiette, nous direz-vous ? Une cuisine franco-khmère bien équilibrée.

Où prendre un petit déj ? Où manger une pâtisserie ? Où boire un verre ?

Choco l'Art Café *(plan A1,* ***30****) : tt près du marché central, dans une ruelle. 081-364-635. Tlj sf mar 8h (10h hors saison)-23h.* L'enseigne en dit long, sans bluffer ! Voilà une alternative gourmande et raffinée à la cuisine khmère classique. On aime autant la salle, haute de plafond, qui expose des œuvres d'artistes, que les délicieux gâteaux à savourer sur des tables basses. Réjouissant aussi pour un déjeuner à base de crêpes, salades, sandwichs... Le pain est fait maison, et les tentations de grignotages sont multiples ! À moins qu'on ne préfère flancher pour un cocktail ou un verre de vin. Et pour la petite histoire romantique, Soline (en cuisine) et Ke (en salle et à ses pinceaux) se sont rencontrés à l'association *Phare,* qui forme les artistes (voir la rubrique « ONG », plus loin).

Sunrise Coffeehouse *(plan A1,* ***31****) : 100 m à l'ouest du Royal Hotel. Tlj sf dim 6h30-20h.* Comme son nom l'indique, à fréquenter le matin pour profiter du lever de soleil, autour d'un bon petit déj. Spécialiste du café (expresso, cappuccino, moka, frappé, etc.). Également un onctueux chocolat, de délicieux cookies et muffins. Choix de jus de fruits, salades et sandwichs en journée. Accueil gentil comme tout.

The Lonely Tree Cafe *(plan A2,* ***32****) : 134, rue 121 (celle des restos). Tlj 10h-22h.* Une terrasse sur la rue prolonge la salle du rez-de-chaussée où cohabitent l'espace café et le coin boutique, qui vend foulards et artisanat au profit d'une ONG. L'étage est plus reposant pour boire un verre à l'*happy hour,* en fin de journée, en grignotant des tapas espagnoles ou des plats khmers servis avec diligence.

Madison Corner *(plan A2,* ***33****) : tlj non-stop.* Avec sa petite terrasse d'angle, ses fauteuils en osier et ses banquettes, un bar agréable, animé en journée par l'attachante personnalité de Patrice Belin, le patron. Expressos, bières et jus de fruits frais, ainsi que des crêpes sucrées et salées. Beau choix de rhums arrangés maison. Petits déj. Billard à l'étage et jeux de société. Un *corner* où il fait bon se la couler douce.

Où prendre un cours de cuisine ?

Nary Kitchen *(plan A1,* ***22****) : tt près du vieux marché. 012-763-950. • navatuhk@yahoo.com • Cours à 9h et 16h ; durée 3h. Compter 10 $/pers.* À l'arrière de son petit resto (voir plus haut « Où manger ? »), Nary organise des cours conviviaux de cuisine khmère traditionnelle : *amok fish, spring rolls, green* ou *red curry...* les grands classiques cambodgiens et leurs épices n'auront plus de secrets pour vous ! D'autant plus que vous repartirez avec un livret de recettes. Le cours commence par une séance au marché et se termine, bien entendu, par la dégustation. Bon encadrement et atmosphère sympathique comme tout.

À voir

Museum *(plan A2) : rue 1. Normalement, lun-ven 8h-11h et tlj 14h-17h. Entrée : 1 $.* Présentation désordonnée et poussiéreuse, mais belles pièces, notamment les linteaux sculptés et fragments de style Bayon (XIe s). En vrac, pas mal de stèles et têtes du Bouddha, corps de divinités de style Angkor Wat, et d'imposantes têtes de *yaksa* du temple de Beantey Srei du XIIIe s. Également des objets en bronze et en cuivre. Assez modeste dans l'ensemble, mais quelques jolies statues noyées dans un joli fatras !

Dambang's Statue *(hors plan par B3)* **:** elle trône au milieu du rond-point. C'est la figure légendaire à laquelle la ville doit son nom. Comme souvent dans les légendes, plusieurs versions existent sur son origine. On retiendra celle de Dambang Kranhoung, un bûcheron géant qui tenait son nom du « bâton » (un véritable tronc) provenant d'un arbre, le *kranhoung,* dont le bois est dur comme le fer. À plusieurs reprises, il s'opposa au roi khmer de l'époque, et un jour il fit tournoyer son bâton et le lança si violemment que celui-ci s'éleva dans les airs et disparut. L'endroit où on le retrouva plus loin prit le nom de *Bat Dambang* (Battambang) : « le bâton perdu et retrouvé ». On éleva alors une statue représentant Dambang Kranhoung à genoux, tourné vers Phnom Penh et présentant son bâton en signe de soumission au roi. Cette statue est très vénérée des Cambodgiens, qui viennent même y brûler de l'encens.

Wat Damreï Sâ *(plan A2)* **:** *à l'ouest du musée.* S'écrit aussi *Tahm Rai Saw.* Datant du début du XXe s, l'enduit des murs est un mélange de chaux, de sucre et de résine. Les bas-reliefs illustrent des scènes intéressantes du *Râmâyana.* Aujourd'hui, il accueille une université bouddhique.

Neuf pagodes à Battambang sont disséminées des deux côtés du fleuve. ***Wat Poveal*** *(plan B1),* en face du marché central, sur la rive est de la rivière, un peu en retrait. L'ensemble de bâtiments datant du XVIIIe s abrite aujourd'hui la résidence du chef des bonzes de la province de Battambang, un collège et un lycée réservés aux jeunes bonzes. On les croise dans leur tenue safran, au milieu des édifices décrépits. Sur la même rive, le ***wat Kandal*** *(plan B2)* vaut aussi le coup d'œil. ***Wat Piphit*** *(ou wat Peapahd, plan A1),* au nord du marché. Belle pagode.

The Governor's Residence *(résidence du Gouverneur ; plan A3)* **:** *rive ouest, face au vieux pont.* Derrière un monumental porche en latérite, un exemple de demeure coloniale. Ne se visite pas, se regarde en coin à travers la grille.

– ***Psaar Nat*** *(marché ; plan A1)* **:** au centre de la ville, tous les chemins y mènent ! Énorme, il dresse sa silhouette massive des années 1930 à la croisée des rues touristiques. Peu de souvenirs à y glaner. Les anciens immeubles de commerçants, plus ou moins restaurés, sont situés dans les rues au sud du marché.

ONG

■ ***Phare Ponleu Selpak*** *(hors plan par A1)* **:** *Anch Anh Village, dans la commune d'****Ochar.*** *077-554-413. ● phareps.org ● Par la route 5 en direction de Sisophon. Représentations à 19h les lun, jeu, ven et sam en hte saison ; lun et jeu slt en basse saison. Entrée : 14 $; ½ tarif enfant.* En français, « Phare, la lumière des arts », est une association créée par 9 jeunes Cambodgiens et leur prof de dessin, après la guerre, dans le but de reconstruire l'identité culturelle du pays à travers les arts. Aujourd'hui, *Phare Ponleu Selpak* accueille près de 1 200 jeunes dans son centre basé à Battambang. L'association propose une formation gratuite aux arts visuels et appliqués, ainsi qu'aux arts de la scène (cirque, musique, théâtre, danse), en plus d'un enseignement formel. Elle est ouverte à tous, mais se donne une vraie mission éducative et sociale en accueillant les jeunes défavorisés, à condition qu'ils soient motivés. L'école se visite. Les activités sont réparties en pavillons où l'on peut voir les œuvres picturales exposées (une pépinière de talents !)

et les jeunes en répétition. Forte de sa réputation, l'école de cirque organise régulièrement des performances sous son chapiteau (programme mensuel – « *Schedule* » – sur le site). Des tranches de vie émouvantes. Enfin, si vous souhaitez soutenir cette association, sachez que Phare Ponleu Selpak propose un programme de parrainage afin de soutenir les enfants les plus défavorisés : voir « *Support us* » sur le site de l'association.

DANS LES ENVIRONS DE BATTAMBANG

Les attraits limités de la ville elle-même (quoique...) sont largement compensés par l'exquise beauté de la campagne, un peu moins verte au pic de la saison sèche. Petites rivières et bocages, potagers et arbres majestueux marquent autant le visiteur que les vieilles pierres, si puissantes soient-elles.
– Exemple de belle excursion à la journée (6h) : *wat Ek Phnom,* retour par la ville, *prasat Banan,* puis jolie piste à travers la campagne jusqu'au *Phnom Sampeu.* En *tuk-tuk,* prévoir 20 $. Devant les sites, buvettes. Mais ne pas oublier chapeau et crème solaire.

★ ***Wat Ek Phnom :*** *à 12 km au nord de la ville, par la route qui longe la rive gauche de la rivière. Comptez 30 mn de trajet sur une charmante piste bordée de maisons sur pilotis. Fermeture à 17h. Entrée : 1 $.* Modestes mais ravissantes ruines d'un temple datant du XIe s, sur un tertre en pleine campagne, à côté d'une pagode clinquante. Très belle lumière en fin d'après-midi. Sanctuaire entouré d'un poétique chaos de blocs de pierre (l'ancienne enceinte) et, tout autour, de champs de nénuphars. Festival de portes et fenêtres de guingois, ornées des traditionnelles colonnettes sculptées. Au centre, la *cella* percée de quatre portes surmontées de linteaux. À l'ouest, divinité se battant avec deux chevaux enragés. À l'est, à l'intérieur, le « barattage de la mer de lait ». Décor végétal portant une divinité sur trois éléphants sur le linteau suivant. Face nord, Shiva chevauche un taureau sur une tête de démon.
En route, on peut s'arrêter dans un village où sont fabriquées les crêpes de riz utilisées pour entourer les rouleaux de printemps.

★ ***Wat Samrong Knong :*** *à 3 km de la ville ; sur le chemin de wat Ek Phnom, suivre la rivière vers le nord, puis prendre un chemin à droite sous une arche. Accès libre.* L'une des plus anciennes pagodes de la province de Battambang (elle date de 1707) jouxte un nouveau temple. À l'époque des Khmers rouges, elle servit de prison avant que les détenus ne soient déportés vers le camp S21, à Phnom Penh. À une centaine de mètres de la pagode se trouve un monument commémoratif, « The Well of Shadows » (« le puits des ombres »). Un ossuaire vitré surmonte un bas-relief qui décrit les atrocités perpétrées ici.

★★ ***Prasat Banan :*** *à 22 km au sud de Battambang en suivant la rive gauche de la rivière Sangker. Itinéraire déjà superbe en soi, à travers une campagne parsemée de jolies maisons sur pilotis (attention aux singes !). Fermeture à 17h. Entrée : 2 $.* Hardi petit, pour ce romantique et rustique ensemble de tours du XIe s perchées à 100 m de hauteur. En haut des 374 marches (merci au lecteur qui a compté), la vue à 360° sur la campagne verdoyante est un enchantement. Pas étonnant que le lieu fût une position stratégique des Khmers rouges (et bombardé, bien sûr). La plupart des statues ont disparu. Pas toutes volées, certaines sont au musée de Battambang. Quelques linteaux sculptés, quand même. En bas de la colline, des enfants vous indiqueront de belles caves assez méconnues.

★★ ***Phnom Sampeu :*** *à 12 km à l'ouest de la ville, sur la route de Pailin. Face aux escaliers, prendre à gauche et grimper tt de suite à droite, bifurquer ensuite à gauche, sous l'arche, pour atteindre ces « killing caves ». Attention, singes parfois agressifs sur le site. Entrée : 1 $.* Important pèlerinage bouddhique. La montagne

cache également des grottes de sinistre réputation. En effet, les Khmers rouges y assassinèrent au moins 10 000 personnes. En bas de la montagne, une centaine de marches très raides permettent d'accéder aux grottes, à un bouddha doré et au temple. Autre option, suivre la route à pied, en jeep ou à moto moyennant quelques dollars. Macabres souvenirs dans les grottes, où les prisonniers étaient précipités depuis un trou en haut de la caverne. Quelques ossements en témoignent encore. D'autres furent torturés à mort à l'électricité. Atmosphère dans la grotte assez chargée. Au sommet, un canon (fabriqué dans l'ex-RDA) est pointé sur la montagne du Crocodile. Redescendre par le grand escalier central, qui offre une belle vue panoramique sur la campagne.
Des grottes abritent aussi des chauves-souris. Vers 17-18h, on peut en observer une nuée, qui prend son envol au pied de la colline. Impressionnant !

Bamboo Train : *plusieurs stations possibles à quelques km. Sur la ligne Phnom Penh-Battambang au sud de la ville, par la rive droite de la rivière Sangker. Prix : 5 $ (+ env 7 $ l'A/R pour le* tuk-tuk*). Il n'est plus utilisé que pour les touristes.* Pour profiter d'une belle luminosité, à faire en fin de journée, un peu avant le coucher de soleil. Sympa et bon enfant. Cette ancienne voie ferroviaire, utilisée autrefois pour le transport du fret, avait été coupée par les Khmers rouges. Elle est aujourd'hui exploitée sur un court tronçon à des fins locales et surtout touristiques. On parcourt environ 7 km à une vitesse moyenne de 27 km/h. Le *Bamboo Train,* surnommé ainsi en raison de sa structure en... bambou, est devenu un des transports les plus populaires du secteur ! Sur une voie unique fréquentée à double sens, ces plateformes précaires sont montées sur bogies entraînés par un moteur de style tondeuse et raccordés à l'essieu arrière par une courroie (tendue par le pied du pilote !). Un copilote surveille au loin les « wagons » qui arrivent, et à chaque croisement on démantibule le bidule, on le pose sur le bas-côté et on le remonte après. Arrêt bien inutile devant les boutiques de souvenirs... Rien d'incontournable. Le folklore du *Bamboo Train* n'en a plus pour longtemps. Le projet de rénovation de la voie ferrée est déjà bien avancé et menace « l'attraction » ! En attendant, il circule toujours...

À L'EST DU TONLÉ SAP

KOMPONG THOM

30 000 hab.

• Plan *p. 131*

Paisible ville de province, située au bord de la rivière Stung Sen, Kompong Thom se trouve à mi-chemin entre Phnom Penh et Siem Reap. C'est le point de départ idéal pour la visite de *Sambor Prei Kuk,* un ensemble de temples datant du VIIe s que tout voyageur ayant le temps devrait inscrire à son agenda. Plus loin et plus difficilement accessible, *Preah Khan,* à ne pas confondre avec son homonyme d'Angkor, témoigne également de la grandeur et de l'étendue de la civilisation khmère. Particulièrement pittoresque, la campagne environnante, semée de petits sanctuaires, contribue également à justifier l'étape.

Arriver – Quitter

➢ Tous les ***bus*** desservant la ligne ***Phnom Penh*** (à 167 km) – ***Siem Reap*** s'arrêtent à Kompong Thom devant l'*Arunras Guesthouse.* Dans les 2 sens, des bus aux horaires fluctuants, 9h30-16h30 env, avec les compagnies *Giant Ibis, Mekong Express, Sorya* et *Bayon* (minibus) ; être là en avance. Attention, pour Phnom Penh comme pour Siem Reap, les compagnies ne tiennent pas compte de la distance déjà parcourue et l'on paie le prix total du trajet Phnom Penh-Siem Reap, sans rabais, alors qu'on est à mi-chemin. Compter 2h de route pour Kompong Cham. L'idéal si à Kompong Cham on veut attraper celui qui monte vers Kratie-Stung Treng (1 seul bus/j. Kompong Cham-Stung Treng, à 11h). ***Taxis collectifs*** si les horaires ne conviennent pas. Prévoir 2h30-3h de voyage vers l'une ou l'autre de ces destinations.

Adresse utile

■ Comme toute capitale provinciale, la ville dispose d'une banque, d'une poste *(plan A2),* d'un parking pour les transports locaux *(plan B2),* bien que la majorité des bus s'arrêtent devant l'hôtel *Arunras,* et même d'un bureau touristique *(plan A1 ; ouv 8h-11h, 14h-18h).*

■ ***Acleda Bank*** *(hors plan par A2,* ***1****) : bâtiment moderne de 3 étages, au sud, direction Phnom Penh, à 2 km du centre-ville par la N6. Lun-sam 7h30-16h (12h sam).* DAB 24h/24 et service *Western Union.*

Où dormir ?

De bon marché à prix moyens (moins de 30 $)

☗ ***Mittapheap Hotel*** *(plan A1,* ***10****) : de l'autre côté de la rivière. ☎ 062-961-213. Doubles avec sdb 7-15 $. Pas de petit déj.* Wi-Fi Petit hôtel au calme, simple et assez agréable, avec vue sur la rivière pour certaines chambres. Les 2 moins chères, au rez-de-chaussée, n'ont qu'un ventilateur et sont en général réservées pour les chauffeurs. À l'étage, les chambres sont équipées de frigo et celles à 2 lits sont plus spacieuses. TV partout. Bien tenu par la patronne qui parle le français.

☗ ***Santepheap Guesthouse*** *(plan B2,* ***11****) : 23, rue Pracheathipathay. 📱 011-882-527. Doubles sans ou avec sdb et clim 7-14 $. Pas de petit déj.* Pas le grand luxe, mais un confort honorable dans la grande maison comme dans l'annexe récente, à l'arrière. Des chambres carrelées pour un charme rétro certain, boosté par une petite véranda donnant sur une bougainvillée. Propreté satisfaisante et accueil souriant.

☗ ***Arunras Guesthouse & Hotel*** *(plan A2,* ***12****) : 46Eo, rue Sereipheap. ☎ 062-661-777 et 062-961-294. Selon nombre de lits, eau chaude et confort, doubles avec sdb 5-15 $.* Impossible à louper : la *guesthouse,* l'hôtel et les restos du même nom sont limitrophes et situés à la descente des bus. Sous une apparente décrépitude, des travaux d'entretien ont eu lieu et les chambres sont plutôt correctes si l'on n'est pas trop pointilleux sur le bruit (route devant et karaoké au 5e étage) et la propreté. Pour 1 $ de plus, on gagne quelques mètres carrés à l'hôtel. Certaines chambres avec ventilateur ont un mur aveugle. Resto (voir « Où manger ? »).

Plus chic (50-100 $)

☗ ***Sambor Village*** *(hors plan par B2,* ***13****) : Democrat St (à 600 m de la route 6). ☎ 062-961-391. • sambor-village.asia • Double 55 $, suite 90 $, petit déj inclus.* Wi-Fi *(près du resto).* La seule adresse de charme de Kompong Thom est délicieusement noyée dans la verdure. Dans chacun des 10 pavillons, 2 chambres prolongées par une terrasse privée ouverte sur le luxuriant jardin et la piscine. Lits à baldaquin,

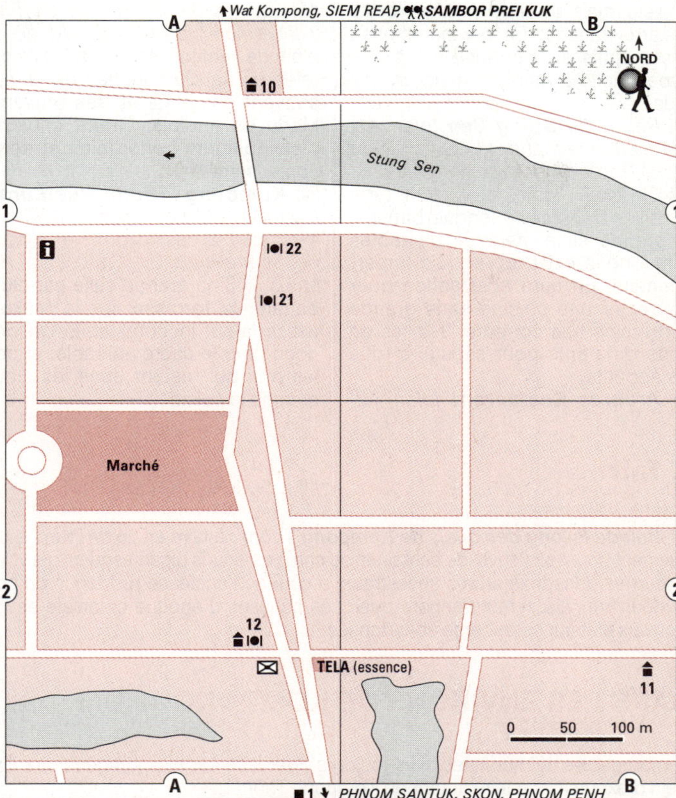

KOMPONG THOM

■ **Adresses utiles**

- Bureau touristique
- 1 Acleda Bank

Où dormir ?

- 10 Mittapheap Hotel
- 11 Santepheap Guesthouse
- 12 Arunras Guesthouse & Hotel
- 13 Sambor Village

Où manger ?

- 12 Arunras Restaurant
- 21 Resto du Stung Sen
- 22 Kompong Thom Restaurant

moustiquaire, carreaux de ciment, beaux volumes et salle de bains moderne. Resto à l'étage de la maison khmère. Aussi une barque devant l'hôtel, pour une balade sur la rivière. Prêt de vélos. Une belle adresse pour une détente assurée.

Où manger ?

Plein de ***stands*** devant le marché, le soir, de 16-17h jusqu'à 21h environ. Très bon marché. Il y a même une rôtisserie qui ne fait pas seulement les habituels poulets, mais aussi de délicieux petits canards laqués. En revanche peau assez épaisse et coriace donc pas hyper facile à manger, mais un vrai régal.

|●| ***Resto du Stung Sen*** *(plan A1,* ***21****) : 50 m au sud du* Stung Sen Royal Garden Hotel, *face au marché. Tlj 6h-21h. Plats 3-6 $ selon type et taille.* Dans cette longue bâtisse, la grande salle meublée de tables à rallonges est propre mais impersonnelle. En faire abstraction pour apprécier une cuisine sans grande vertu mais très correcte. 3 tailles de plats différents pour satisfaire tous les appétits.

|●| ***Arunras Restaurant*** *(plan A2,* ***12****) : au rdc de l'hôtel* Arunras. *Plats 3-8 $ selon type et taille.* Aérée par plein de ventilos, sa grande salle carrelée est la plus animée de la ville, souvent complète et très bruyante. Menu en anglais. Grand choix de plats toujours honorables et servis copieusement.

|●| ***Kompong Thom Restaurant*** *(plan A1,* ***22****) : au bord du Mékong, à gauche après le pont en venant de Siem Reap. Tlj 6h30-22h. Plat env 5 $.* Si la grande salle est plutôt banale, la terrasse sur le Mékong est un atout incontestable. On vient donc pour le cadre agréable, et pour les prix qui restent dans les clous, comme la cuisine.

À faire

➢ ***Balade le long des quais de Kompong Thom :*** à faire en fin de journée uniquement pour voir l'envol de centaines de chauves-souris gigantesques, qui vivent la journée dans trois arbres ancestraux, à côté de l'ancienne résidence du gouverneur français. Il reste encore quelques bâtisses d'époque coloniale en très mauvais état sur cette berge abandonnée.

DANS LES ENVIRONS DE KOMPONG THOM

Remarquables ou modestes mais toujours divertissantes et photogéniques, il y a plein d'excursions à faire autour de Kompong Thom !

👀 ***Sambor Prei Kuk*** *(temples de) : depuis Kompong Thom, suivre la N6 pdt 5 km en direction de Siem Reap jusqu'à une fourche avec panneau ; y obliquer à droite sur la N62 (anciennement N64), large route désormais asphaltée, filant vers Tbeng Meanchey (à 130 km de là) ; après 13 km, embranchement sur la droite indiqué (panneau et mur en brique), puis 15 km de bonne piste. Alternative (pour faire une jolie boucle A/R) : 4 km slt après l'intersection sur la N62, bifurquer à droite (passage sous une arche), puis à gauche après 4 km ; poursuivre jusqu'au village d'Asti, où passe la piste principale ; demander son chemin, tt le monde connaît ces temples. Compter 1h de trajet. Entrée : env 6 $. Guides sur place.*

Les temples de Sambor Prei Kuk sont l'un des plus remarquables exemples de l'art préangkorien (première moitié du VIIe s), malheureusement en mauvais état et mal restaurés (portes renforcées par du béton). Grande avancée pour la reconnaissance de ce site exceptionnel, la demande d'inscription sur la liste du Patrimoine mondial de l'Unesco est en bonne voie, et les temples de Sambor Prei Kuk devraient bientôt être répertoriés. Sous l'ancien nom d'Isanapura, les temples furent la capitale du royaume indianisé de Chenla et dédiés au culte de Harihara, unissant Vishnou à Shiva. L'architecture à base de brique est semblable à celles de sites de l'Inde du Sud : une tour centrale, représentant la montagne sacrée *meru,* entourée de sanctuaires de taille inférieure, de murs d'enceinte et de fossés. Très rare ailleurs, le plan octogonal

est souvent utilisé. Aux trois grands ensembles de temples (le central, le sud et le nord) s'ajoute dans les alentours une multitude d'autres sanctuaires plus modestes.
La visite des trois grands *prasat* (signalés par des panneaux) se fait facilement à pied, sur des sentiers sablonneux (toutefois, on regrettera l'absence de fléchage pour passer de l'un à l'autre). Compter 2h pour parcourir ce site très boisé, reposant et... quelque peu magique. Une belle balade en forêt !
– ***Prasat Sambor*** *(groupe nord)* **:** passé le mur d'enceinte encore significatif, quatre tours en assez bon état sur les côtés. Au milieu, le prasat Sambor est entouré de quatre tours octogonales. Sur l'une d'entre elles, des bas-reliefs assez bien conservés révèlent notamment Shiva et de petits chevaux ailés. À terre, remarquer les quadrilatères aux flancs ciselés qui accueillaient des lingams. La tour centrale a été bombardée alors que les Khmers rouges s'étaient réfugiés sur le site. En allant vers le prasat Tor, un bassin avec des vestiges d'escaliers.
– ***Prasat Tor*** *(groupe central)* **:** la muraille extérieure et tous les temples sont quasiment effondrés. De façon puissante et élégante à la fois, seul le *temple du Lion (prasat Tor)* émerge au milieu des éboulis et de lianes courant d'arbre en arbre pour former des balançoires naturelles. Linteaux bien restaurés.
– ***Prasat Yeay Peau*** *(groupe sud)* **:** belles tours octogonales et intéressants vestiges de sculptures, notamment dans deux cercles sur le mur intérieur. Malgré leur forte usure, on reconnaît à gauche un lion (crinière, queue et pattes) écrasant deux guerriers. À droite, un singe offre, semble-t-il, un cadeau à une divinité.

Preah Khan : *dans la province de Preah Vihear, à env 4h de Kompong Thom (en saison sèche slt). Pour la description, voir plus loin « Angkor. À voir. À l'extérieur des circuits. À l'est d'Angkor ». Jusqu'à nouvel ordre, l'accès le plus aisé (relatif...) se fait depuis la N6 en allant vers Siem Reap ; bifurcation au village de Stoung, ou, plus simple, à env 14 km de Kompong Thom (arche sur la droite). Autre option : emprunter la N62 jusqu'au carrefour de Phnom Dek, d'où une piste très sablonneuse rejoint le village de Ta Seng, où se rejoignent ttes les pistes mentionnées ici.* Ce site très difficile d'accès est réservé aux motards accompagnés (tour guidé ou *moto-dop* local), à moins d'avoir une bonne expérience, de posséder un GPS, de parler le cambodgien, ou, mieux encore, tout cela à la fois !

Phnom Santuk : *en direction de Phnom Penh par la N6, embranchement bien indiqué au km 17. 809 marches à gravir (c'est précis ! on l'a fait !) ou, pour les véhiculés, route étroite et sinueuse jusqu'au sommet. Entrée : 3 $.* Sur cette colline boisée, lieu de pèlerinage régional, de spectaculaires bouddhas couchés, sculptés dans les cavités de la roche tourmentée, voisinent avec une pagode et divers pavillons, dont un avec de belles peintures très colorées. La fraîcheur de la végétation et le panorama depuis une table rocheuse légèrement en contrebas, notamment au coucher de soleil, donnent un sens supplémentaire à l'excursion.

Sur la route de Siem Reap

Spean PreahToeus' Bridge : *à **Kompong Kdei,** sur la nationale, à env 90 km de Kompong Thom et 60 km avt Siem Reap.* Il s'agit d'un des plus longs ponts à voûtes en encorbellement du monde. On compte pas moins de 21 voûtes. Construit en latérite au XIIe s, c'est aussi le mieux conservé. Il mesure 22 m de long et 16 m de large. Son parapet se termine par quatre statues de nagas en grès, sculptées à chaque extrémité.

ANGKOR, SIEM REAP ET ENVIRONS

SIEM REAP

200 000 hab.

• Plan *p. 137*

À 300 km au nord-ouest de Phnom Penh et à quelques encablures du lac Tonlé Sap, riche en surprises, la ville de Siem Reap, traversée du nord au sud par une rivière, sert de porte d'accès et de lieu de séjour aux visiteurs d'Angkor. Son nom, « Siamois battus », a été donné à la province au XVIe s quand les pilleurs siamois furent boutés hors du royaume.
La ville qui n'était qu'une bourgade jusque dans les années 2000, connaît aujourd'hui un boom touristique incroyable et propose un nombre considérable d'hébergements, toutes catégories confondues. Ce phénomène s'est encore accéléré avec le débarquement en masse de groupes de touristes asiatiques. Les grands hôtels poussent comme des champignons afin de satisfaire les plus de 3 millions de visiteurs annuels ! Les maisons traditionnelles sur pilotis aux façades de bois colorées ne sont plus qu'un souvenir, et le trafic automobile s'intensifie aux heures de pointe.
Plus agréable, l'animation dans le quartier du vieux marché, avec les nombreux bars de *Pub Street* (communément appelée « rue de la Soif ») et de sa jumelle, l'allée piétonne *The Lane,* qui se sont métamorphosées en mini *Khao San Road* (célèbre rue routarde branchée de Bangkok) ! Vous l'aurez compris, Siem Reap est devenu plus qu'une simple ville de passage...

Arriver – Quitter

En bus

Gare routière *(hors plan par B2)* **:** *excentrée, à 4 km à l'est sur la route 6 en direction de Phnom Penh.* Joyeux chaos en permanence. Même si on peut acheter les billets sur place, on vous recommande chaudement de passer par un intermédiaire. Toutes les agences du centre-ville ainsi que les hôtels vendent les billets de bus moyennant une très faible commission. Sans aucun doute plus fiable pour la compréhension et l'obtention des horaires, et on économise le déplacement jusqu'à la gare routière, assez excentrée (compter 3 $ en *tuk-tuk*). Sinon, de nombreuses petites agences sur la route en arrivant du centre-ville, ou petits guichets de fortune devant les compagnies présentes à la gare routière.

Les compagnies

Les horaires des compagnies sont d'une manière générale assez respectés. Il est plus prudent de réserver. Le transfert à l'arrivée ou au départ est souvent organisé par la compagnie ou le vendeur de billets. Sinon, y aller en *tuk-tuk* ou à *moto-dop.* La compagnie la plus fiable à l'heure actuelle est incontestablement ***Giant Ibis.*** Un peu plus chère que la moyenne, mais les bus sont en bon état, confortables, ce qui permet d'économiser de grosses frayeurs pendant le trajet. Voici une sélection des compagnies de bus, d'un confort inégal, mais à priori correctes. Il en existe d'autres que nous ne prendrons pas la responsabilité de citer, par mesure de sécurité. Devant la vétusté alarmante de certains engins, on est en droit de se demander si on ne court pas direct au casse-pipe. Voici donc notre sélection :

■ ***Giant Ibis :*** *252, Phum Viheachen.* 📱 *095-777-809.* • *giantibis.com* • 3-5 départs/j. pour ***Phnom Penh*** (dont 1 bus de nuit). Bus confortables et ponctuels, équipés du wifi.

■ ***Mekong Express Limousine Bus :*** *14, Sivatha Bd.* ☎ *963-662.* Dessert ***Phnom Penh*** (4 bus/j., trajet 7h), ***Sihanoukville*** et ***Hô Chi Minh-Ville*** (1 bus/j., trajet 13h).

■ ***Capitol Tour :*** *au sud du vieux marché, pas loin de Sivatha Bd.* ☎ *963-883.* • *capitolkh.com* • Dessert ***Phnom Penh*** (env 10 départs/j., et bus de nuit partant en soirée, trajet 7h), ***Battambang*** (4 départs, 3h de trajet), ***Poipet*** (1 bus, trajet 3h), ***Sihanoukville*** et ***Hô Chi Minh-Ville*** (par Phnom Penh). Pour ***Bangkok,*** 1 bus le mat (trajet 9h).

■ ***Phnom Penh Sorya Transport :*** *Old Market.* 📱 *092-181-800.* Dessert ***Phnom Penh*** (4 bus/j.).

■ ***Virak Buntham Express Travel :*** *gare routière et nombreux points de vente en centre-ville.* 📱 *017-790-440.* Dessert ***Phnom Penh*** et ***Sihanoukville*** en bus de nuit.

■ ***Golden Bayon Express :*** *billets en vente dans les agences.* 4 trajets quotidiens en minibus entre ***Phnom Penh*** et Siem Reap.

En bateau

⛴ ***Quai d'embarquement*** *(hors plan par A3) : arrivée et départ au port de Chong Khneas, près de Phnom Krom, à 15 km au sud de Siem Reap, sur le Tonlé Sap.* Prévoir 30 mn de trajet en *tuk-tuk* pour faire le transfert avec la ville, et env 10 $.

Liaisons

➢ ***Phnom Penh :*** les liaisons en bateaux rapides ayant été suspendus depuis l'amélioration du réseau routier, il ne reste plus que les formules touristiques : ***Cavar Tour Office,*** *sur Taphul Rd, près du* Central Boutique Hotel. ☎ *063-964-049.* 📱 *070-242-815.* • *cavartravel@gmail.com* • *Lun-ven 7h-21h, w-e 7h-15h30.* 1 bateau/j., départ tôt le mat (compter env 40 $ pour un trajet de 6h, 3-4 fois plus cher que le bus). Voir aussi le chapitre « Phnom Penh ».

➢ ***Battambang :*** 1 bateau régulier/j., départ vers 7h (compter env 22 $, beaucoup plus cher que le bus). Belle navigation (vie des berges, méandres, etc.) selon le niveau de l'eau : trop haut, il n'y a plus de reliefs ; trop bas, c'est la mort du panorama sur la rivière Sangker, vision bloquée par les rives ! Dans tous les cas, à déconseiller en période sèche (c'est même impossible d'avril à juin), mais c'est le moyen le plus pittoresque et le plus économique pour observer la vie sur le lac. Compter environ 7-8h de voyage (la plupart du temps sans toilettes, renseignez-vous avant !). Se fait en gros hors-bord chargé à mort ou en barque à moteur à peine moins remplie. Assis sur son sac, on peut alors regretter l'absence de gilets de sauvetage, mais aussi profiter pleinement du paysage. Folklorique !

En avion

✈ ***Aéroport international de Siem Reap*** *(hors plan par A1) : 9 km à l'ouest, par la route 6.* Comptoir à motos et taxis ; prévoir respectivement 5 et 7 $ jusqu'au centre (15 mn de trajet). Dans le sens ville-aéroport, c'est un peu plus cher (10 $). Également des *tuk-tuk.* Bureau de change, banques, dont *ANZ Royal* qui dispose d'un distributeur automatique. Beaucoup d'hôtels assurent une navette gratuite, à demander au moment de la résa.
Obtention possible du visa à l'arrivée (voir le chapitre « Les questions qu'on se pose avant le départ » en début de guide).

Adresses utiles

- Quai d'embarquement
- Tourist Office
- **3** Foreign Trade Bank of Cambodia *(zoom)*
- **4** Canadia Bank
- **5** Cathay United Bank
- **7** Agence de la Guesthouse Dara
- **8** Terre Cambodge
- **9** ANZ Royal Bank

Où dormir ?

- **10** Popular Boutique Hotel
- **11** Neth Socheata *(zoom)*
- **12** Siem Reap Riverside
- **13** Mad Monkey Hostel
- **14** Bou Savy Guesthouse
- **15** The Villa Siem Reap
- **16** Neak Pean Hotel
- **18** Auberge Mont Royal
- **19** La Villa Loti
- **20** Central Boutique Hotel
- **21** Victoria Angkor Resort & Spa
- **22** Raffles – Grand Hôtel d'Angkor
- **23** FCC Hôtel
- **24** The Backpacker Hostel
- **25** Hostelling International
- **26** Happy Guesthouse et Sweet Dreams Guesthouse
- **27** Lovely Guesthouse
- **28** Garden House
- **29** The Siem Reap Central Hostel
- **30** Mom's Guesthouse
- **31** European Guesthouse
- **32** Motherhome Guesthouse
- **33** Retreat Villa
- **34** The Siem Reap Hostel
- **35** Golden Banana
- **36** Passaggio Boutique Hotel
- **37** Alliance Boutique Villa
- **38** Reflections Art Boutique Hotel
- **39** Les Mystères d'Angkor
- **40** La Noria
- **41** Bopha Angkor Hotel
- **42** Borann – L'Auberge des Temples
- **43** Viroth's Hotel
- **44** Pippeli Pensione
- **46** Navutu Dreams Resort
- **47** Maison 557
- **48** Hôtel Angkor Village
- **49** Sala Lodges
- **50** Sala Baï
- **51** Hôtel de l'école Paul-Dubrule
- **52** La Maison d'Angkor
- **53** Suites and Sweet Resort
- **54** Angkor Hotel
- **55** La Palmeraie
- **56** Pavillon Indochine

Où manger ?

- **11** Socheatea Restaurant *(zoom)*
- **37** Alliance Café
- **40** La Noria
- **50** École hôtelière Sala Baï
- **60** La Crêperie *(zoom)*
- **61** Cambodian Traditional Chef
- **62** Khmer Kitchen *(zoom)*
- **63** The Blue Pumpkin *(zoom)*
- **64** Mie Café
- **65** La Cabane, cuisine des filles *(zoom)*
- **66** Chamkar *(zoom)*
- **67** The Indian *(zoom)*
- **68** The Hashi
- **69** Hansa BBQ
- **71** Sugar Palm
- **72** Paris-Saïgon
- **73** Barrio
- **74** Phare Cafe
- **75** Arun
- **76** Chanrey Tree
- **77** Dakshin's *(zoom)*
- **78** Viroth's Restaurant
- **79** Le Tigre de Papier *(zoom)*
- **80** Touich Restaurant
- **81** The Square 24
- **83** Abacus
- **84** Cuisine Wat Damnak
- **87** Le Jardin des Délices
- **88** Kanell

Où boire un thé, un café ?

- **102** La Couleur du Thé

Où boire un verre ? Où écouter de la musique ?

- **21** L'Explorateur
- **22** Elephant Bar
- **23** Bar du FCC
- **100** Miss Wong *(zoom)*
- **101** Silk Garden *(zoom)*
- **104** Angkor What ? *(zoom)*
- **105** X Rooftop Bar
- **107** Red Piano et Mezze *(zoom)*
- **109** The Warehouse *(zoom)*
- **110** Asana *(zoom)*
- **111** The Yellow Sub *(zoom)*

Spectacle

- **74** Phare, « le cirque du Cambodge »

Massages

- **120** Frangipani
- **121** Sokkhak Spa
- **122** Khmer Relief Spa *(zoom)*
- **123** Body and Soul *(zoom)*

Achats

- **130** Senteurs d'Angkor *(zoom)*
- **131** Les Artisans d'Angkor
- **132** Samatoa *(zoom)*
- **133** Theam's

À voir

- **22** Raffles – Grand Hôtel d'Angkor
- **23** FCC Hôtel

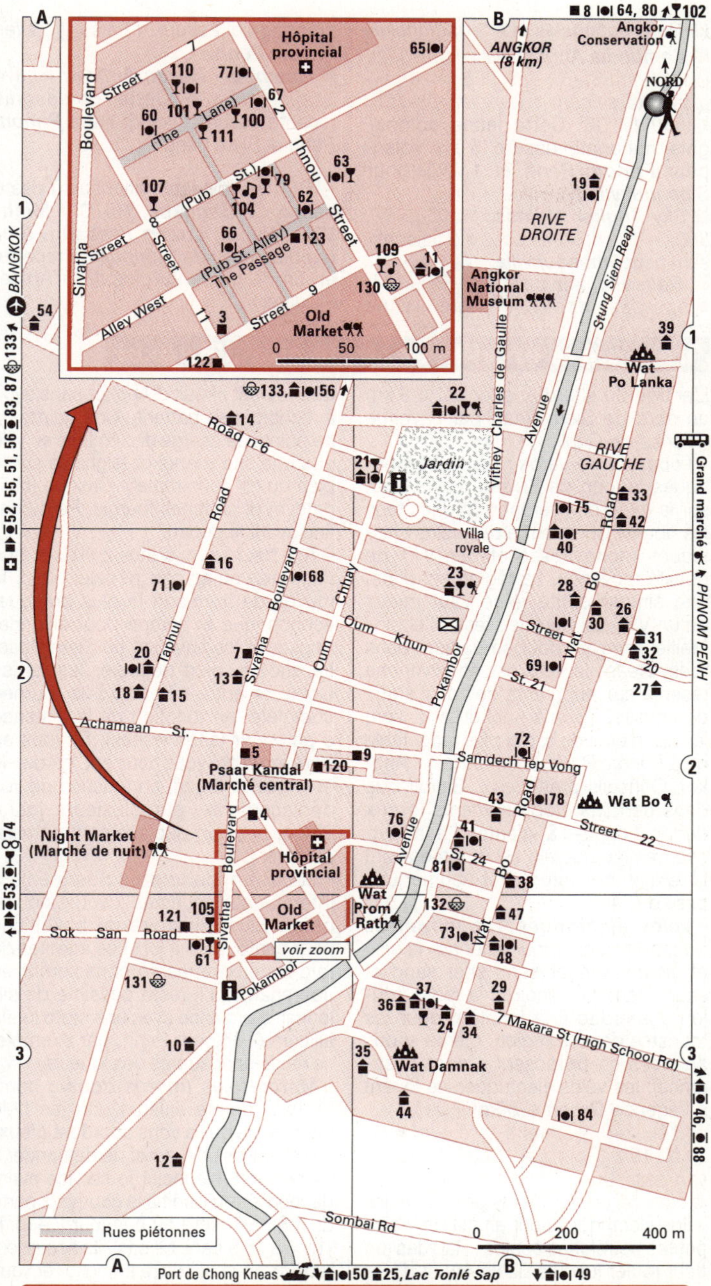

ANGKOR (8 km)
Angkor Conservation
NORD
RIVE DROITE
RIVE GAUCHE
Stung Siem Reap
Angkor National Museum
Wat Po Lanka
Jardin
Villa royale
Road n°6
Taphul Road
Sivatha Boulevard
Oum Chhay
Oum Khun
Pokambor Avenue
Vithey Charles de Gaulle Avenue
Wat Bo Road
Street 20
St. 21
Achamean St.
Samdech Tep Vong
Psaar Kandal (Marché central)
Night Market (Marché de nuit)
Wat Bo
Street 22
St. 24
Hôpital provincial
Old Market
Wat Prom Rath
voir zoom
Sok San Road
7 Makara St (High School Rd)
Wat Damnak
Sombai Rd
Rues piétonnes
0 200 400 m
Port de Chong Kneas 50 25, Lac Tonlé Sap 49
BANGKOK
Grand marché PHNOM PENH
Street 7
Boulevard
(The Lane)
(Pub St.)
(Pub St. Alley) The Passage
Thnou Street
Street 2
Street 8
Street 9
Street 11
Sivatha Alley West
0 50 100 m

SIEM REAP

Liaisons nationales et internationales

■ ***Cambodia Angkor Air :*** *house 17D, Oum Khun St. ☎ 969-268. • cambodiaangkorair.com • Lun-ven 8h-12h, 13h30-17h30.* Cette jeune compagnie nationale assure 5 à 6 vols/j. pour ***Phnom Penh*** et 1 vol/j. pour ***Sihanoukville.***

■ ***Sky Angkor Airlines :*** *☎ 063-967-300. • skyangkorair.com •* 2 liaisons/sem pour ***Sihanoukville.***

■ ***Bassaka Air :*** *☎ 063-969-144. • bassakaair.com •* Cette jeune compagnie assure 1 liaison/j. avec ***Phnom Penh.***

■ ***Cambodia Bayon Airline :*** *• bayonairlines.com •* Cette compagnie récente assure 1 vols/j. entre ***Phnom Penh*** et Siem Reap.

– Pour les vols internationaux à destination de ***Bangkok, Hô Chi Minh-Ville, Hanoi, Luang Prabang, Singapour*** et ***Kuala Lumpur,*** se reporter en fin de guide au chapitre « Arriver – Quitter ».

Transports en ville et sur le site d'Angkor

L'entrée du site d'Angkor est à 8 km au nord de Siem Reap par l'avenue Charles-de-Gaulle.

– ***Location de vélos :*** plusieurs boutiques le long de Sivatha Boulevard, sur la route de l'aéroport et dans tous les hôtels. Choix entre des vélos classiques monovitesse et des VTT de qualité moyenne. La région est plate, une simple petite reine vaut mieux qu'un VTT qui déraille ; tester l'engin ! Meilleur moyen pour se balader dans Siem Reap, le vélo est en revanche réservé aux endurants dès qu'il s'agit de pousser jusqu'à Angkor. Attention, la saison chaude est ici plus redoutable qu'à Phnom Penh. Voir plus loin « Angkor. Conseils pratiques ». Savoir que dans certains établissements le prix de location (2-3 $) s'entend à la journée (remise du vélo escomptée avant la fermeture nocturne) et non sur une base de 24h.

– ***Vélos électriques :*** un moyen de transport génial pour sillonner la ville et visiter Angkor sans suer sang et eau. Alternative écolo à la moto (toujours interdite à la location pour les touristes dans la région, même si des agences en proposent... sans assurance), les vélos électriques se louent à l'agence ***Green e-bike.*** *📱 095-700-130 ou 140. • greene-bike.com • Tlj 7h30-19h. Compter 10 $/24h (avoir son passeport). Point de rendez-vous fixé par tél ou mail.* Verts grenouille, les vélos électriques sont en fait de vraies petites pétrolettes écolos ! Rapides (on peut rouler jusqu'à 32 km/h), et d'une autonomie de 35 km (si l'on ménage sa monture), les *e-bikes* permettent de faire le petit circuit d'Angkor sans avoir à recharger sa batterie. Une quinzaine de points de charge disséminés en ville et sur le site d'Angkor (signalés sur le plan qu'on vous remet). Casque (obligatoire) et cadenas fournis. Petit briefing avant le départ.

– ***Tuk-tuk :*** si vous êtes 2 ou 3 et que vous ne voulez pas pédaler, voici le moyen de transport le plus pratique, économique et sympa pour sillonner Angkor et les environs de Siem Reap. Là encore, bien négocier les tarifs ! Compter entre 15 et 25 $ la journée complète, en fonction de la distance à parcourir (sites visités). Si vous en trouvez un qui vous convient, gardez-le et négociez le tarif en fonction de vos déplacements, sur plusieurs jours. Sinon, pour un déplacement en ville, compter 2 $.

– ***Location de motos :*** fermement interdite aux touristes jusqu'à nouvel ordre. Plus d'histoire de bakchichs pour contourner la loi ! Les adeptes de raid à deux-roues se consoleront en apprenant qu'il reste possible de sillonner la province avec une moto louée ailleurs (à Phnom Penh, par exemple, se renseigner auprès des loueurs).

– ***Motos-taxis (motos-dops) :*** nombreux, comme ailleurs. On les hèle dans la rue ou ils vous abordent d'eux-mêmes. Possible aussi de demander à sa pension. Négocier le service avant de monter, qu'il soit à la course (à partir de 1 $), à l'heure ou à la journée (prévoir 6 à 15 $ dans ce cas). Ils acceptent tous de vous conduire à Angkor et vous déposent à la billetterie du site.

– ***Voitures et minibus (avec***

chauffeur) : prévoir de 25 à 40 $ par jour, avec un supplément pour Banteay Srei, Beng Mealea, Kbal Spean et les autres temples éloignés.

Adresses et infos utiles

Infos touristiques

i ***Tourist Office*** *(plan B1)* ***:*** *sur la route des temples, dans un petit pavillon blanc au milieu du parc, quasi en face de l'hôtel* Victoria. *• siemreap.me • Tlj 7h30-17h30.* Pas beaucoup de personnel, vraiment peu d'infos à soutirer. Pour avoir des bonnes infos à jour, procurez-vous plutôt le trimestriel en anglais *Siem Reap Angkor Visitors Guide.* On le trouve dans pas mal de boutiques.

i ***Tourist Office*** *(plan A3)* ***:*** *pas loin du vieux marché. Tlj 7h30-17h30.* Peu de doc à emporter et peu de bonne volonté.

✉ ***Poste*** *(plan B2)* ***:*** *sur Pokambor Ave, rive droite. Tlj 7h-17h30.* Lettres et paquets, philatélie et téléphone. Faire oblitérer ses lettres sous ses yeux est toujours conseillé. Pour les collectionneurs, bon choix de timbres anciens.

Banques et change

Banques et distributeurs automatiques de billets accessibles 24h/24 partout en ville.

■ ***Cathay United Bank*** *(plan A2,* ***5****)* ***:*** *18A, Sivatha Bd. Lun-sam 7h30-20h30, dim 8h-16h.* Change les espèces. Retrait avec carte de paiement. Transfert international d'argent *Western Union.*

■ ***Foreign Trade Bank of Cambodia*** *(zoom,* ***3****)* ***:*** *Tep Vong St, face à l'angle sud-ouest du marché. Lun-sam 8h-16h (11h30 sam).* Mêmes services que la *Cathay United Bank.*

■ ***ANZ Royal Bank*** *(plan A-B2,* ***9****)* ***:*** *Tep Vong St.*

■ ***Canadia Bank*** *(plan A2,* ***4****)* ***:*** *lun-sam 8h-15h30 (11h30 sam).*

■ ***Acleda Bank :*** *sur Sivatha Bd. Lun-ven 7h30-16h.* Distributeur de billets, change (taux avantageux), service *Western Union.*

■ ***Cambodia Asia bank :*** *à l'angle de la route 6 et de Sivatha Bd.* Mêmes services que dans les autres banques.

Agences de voyages

De nombreuses agences en ville proposent des services de billetterie pour les transports, des excursions sur le site d'Angkor et dans le reste du pays, à la carte. Parmi les plus sérieuses ou celles qui proposent les services les plus originaux, nous avons retenu :

■ ***Khoaviet Travel (Hanoi Tour) :*** *332, St 63 (Siem Reap River St), Phum Wat Damnak. ☎ 063-966-023. • khoaviet travel.fr •* Bonne agence locale francophone (succursale d'une grosse agence vietnamienne). Prix raisonnables, bon sens du service, excursions et tours dans tout le pays, ainsi qu'au Vietnam et au Laos.

■ ***Amica Travel :*** *183, Taphul Village, commune de Savay d'Angkom. ☎ 063-966-139. • voyager-au-cam bodge.com •* Une agence sérieuse, spécialiste du voyage au Cambodge, au Vietnam et au Laos. Voyages à la carte, voyages solidaires, trekking... Bonne organisation.

■ ***Terre Cambodge*** *(hors plan par B1,* ***8****)* ***:*** *30, Roluos St, Borei Prem Prei. 📱 077-448-255 ou 092-476-682. • terre cambodge.com • bikingcambodia.net • Situé au nord de la ville (à hauteur de* Angkor Village Resort*). Résa conseillée à l'avance (surtout en hte saison).* Fondée en 1999, cette agence sérieuse propose des formules treks et VTT (de la ½ journée à plusieurs jours), des voyages à la carte, de 7 à 14 jours entre amis ou en famille, avec nuits et repas chez l'habitant, encadrées par des guides d'un bon niveau culturel. Une belle façon de sortir des sentiers battus. Possibilité de rejoindre un groupe sur l'un de leurs 2 séjours.

■ ***ASEV Voyages :*** *Traing Village, Slor Kram District. ☎ 063-964-781 ou 782. • asia-myway.com • Lun-ven 8h-12h, 14h-18h et sam mat.* Une agence francophone sérieuse qui propose de bonnes prestations (vols domestiques, hébergement, visites d'Angkor avec un guide francophone, voiture avec chauffeur, excursions). Le directeur, Andy, organise aussi des itinéraires originaux et adaptés aux familles voyageant avec des enfants.

■ ***Asia Holidays*** **:** *Borey Arcad, C40, N6, Krous Village. ☎ 761-606. ● asia-holidays.info ● Sur la route de l'aéroport, dans le coin des agences et des compagnies aériennes.* Agence sérieuse et francophone qui se décarcasse dans l'organisation des séjours à la carte.

■ ***Agence de la Guesthouse Dara*** *(plan A2,* ***7****)* **:** *10, Sivatha Bd (kiosque situé devant la pension du même nom). 012-955-166. Tlj 7h-21h30.* Billets de bus, de bateau, location de voitures avec chauffeur. Vend aussi des tours pour la visite d'Angkor.

Urgences

En cas de pépin grave, il est préférable d'aller à Phnom Penh ou, encore mieux, à Bangkok, et de contacter votre assurance voyage.

➕ ***Royal Angkor International Hospital*** *(hors plan par A1)* **:** *sur la route de l'aéroport. ☎ 063-761-888. 012-235-888.* Consultation hors de prix (environ 150 $!), mais services compétents en cas de problème grave (accident) et urgences 24h/24. Pas de chirurgie sur place, mais peuvent apporter les premiers soins, faire les examens nécessaires avant le transfert sur Phnom Penh ou Bangkok, à condition d'avoir une carte de paiement.

➕ ***Angkor Hospital for Children*** *(plan A2)* **:** *Tep Vong St (coin de Oum Chhay St). ☎ 063-963-409. Lun-sam 8h-17h.* Mis en place par une ONG. Excellents soins pour les enfants.

➕ ***Naga Healthcare*** *(plan A2)* **:** *660, Hup Guan St, derrière le marché central. ☎ 063-761-295. 092-793-180. Consultation env 40 $.* Cabinet médical tenu par un médecin néerlandais francophone, le docteur Joost Hoekstra.

➕ ***Hôpital provincial*** *(plan A2 et zoom)* **:** *au nord du vieux marché. ☎ 063-764-091.* À éviter de préférence, même si les chambres les plus récentes sont réservées aux touristes.

➕ ***International Dental Clinic*** **:** *545, route de l'aéroport (N6). ☎ 767-618.* Tous types d'interventions et urgences bien sûr.

■ ***Pharmacie*** **:** ***U-Care,*** *Pi Thnou St (vieux marché). ☎ 063-965-396 (poste 104). Tlj 24h/24.* Moderne, rayons de parapharmacie et beauté. Distributeur à l'intérieur. Pharmacienne francophone. *Également au Lucky Mall, sur Sivatha Bd. ☎ 966-683.*

Internet

Quelques cybercafés en ville, de plus en plus clairsemés. Il faut dire que tous les hôtels, *guesthouses,* restos et bars ont le wifi gratuit.

Où dormir ?

D'une poignée d'hôtels à la fin des années 1990, la ville en compte presque 500 ! Pour faire face à une montée toujours croissante du tourisme de masse, et malheureusement dans un certain désordre urbanistique, on a construit, sur la route de l'aéroport notamment, quantité de nouveaux hôtels, rivalisant tous de luxe : gigantesques halls, restaurants, vastes piscines, salles de sport, soins spa et massage. Bien souvent, ce sont de vraies usines. Ceux-là n'ont pas besoin de nous pour exister. Nous n'indiquons sur cette route de l'aéroport que les hôtels de charme, à taille humaine (très peu !).

À part pour ceux qui ne souhaitent pas sortir de leur hôtel, nous recommandons plutôt de résider en ville où l'offre touristique ne manque pas ! C'est pourquoi il est toujours possible (particulièrement en basse saison, de mai à septembre) de négocier les prix à la baisse dans bon nombre d'établissements chic et moins chic, en contactant directement l'hôtel. Il n'est pas rare non plus qu'on vous propose d'office une ristourne quand le taux d'occupation de l'hôtel n'est pas optimal.

Sachez, enfin, que la plupart des hôtels offrent le transfert depuis l'aéroport ou le bateau : ne pas oublier de le demander lors de la réservation.

Autour du vieux marché (plan A3 et zoom)

De prix moyens à chic (15-50 $)

Popular Boutique Hotel *(plan A3, **10**) : 33, Bobos St. 063-963-578. • popularboutiquehotel.com • Doubles avec sdb 15-25 $ et jusqu'à 80 $, petit déj inclus.* À deux pas de Pub Street, de la rivière et du vieux marché, l'hôtel est très bien situé. C'est en fait une ancienne *guesthouse* qui est montée en gamme en rénovant ses chambres fraîches et très convenables. Les moins chères n'ont que le ventilo et celles du rez-de-chaussée n'ont pas de vue. Les chambres les plus récentes font un bond dans la catégorie « Plus chic », mais ne sont pas dotées d'un confort qui justifie à nos yeux la différence de prix. Piscine. Bon rapport qualité-prix dans l'ensemble et accueil chaleureux.

Neth Socheata *(zoom, **11**) : dans une ruelle parallèle à 2 Thnou St et St 9. ☎ 063-963-294. 012-686-171. • nethsocheatahotel.com • Doubles 30-40 $, suite 75 $, petit déj inclus.* On ne peut rêver hôtel plus central et en même temps préservé de l'agitation. De taille humaine, soigneusement rénové, il propose des chambres plaisantes et de bon confort, d'un excellent rapport qualité-prix. D'ailleurs, il vaut mieux réserver, c'est souvent complet. Si vous êtes d'humeur ludique et prêt à dépenser un peu plus, louez donc la suite : très spacieuse, avec terrasse et même une grande baignoire en ciment accolée au lit, propre à réaliser nombre de fantasmes... Accueil affable de la patronne à l'anglais impeccable. Bon resto de l'autre côté de la ruelle (voir « Où manger ? »).

Siem Reap Riverside *(plan A3, **12**) : à 350 m au sud du vieux marché, sur la rive droite un peu avt la Crocodile Farm. ☎ 063-760-177. 012-517-000. • siemreapriverside.net • Doubles 25-35 $ selon confort, petit déj inclus ; réduc pour les longs séjours.* Petit hôtel propre et plaisant. Chambres à la déco simple mais bien tenues et avenantes. Possibilité de loger en famille dans certaines. Celles du 2e étage ont une vue dégagée sur la rivière, mais c'est depuis la jolie terrasse sur le toit qu'on a la meilleure vue. Sympathique piscine à l'arrière. Accueil adorable. Bon rapport qualité-prix.

Au nord d'Achamean ***Street*** *(rive droite ; plan A-B1-2)*

Bon marché (7-15 $)

Mad Monkey Hostel *(plan A2, **13**) : 19, Sivatha Bd. ☎ 063-688-00-08. • madmonkeyhostels.com • Entrée dans une petite allée (démarrant juste en face du magasin de pierres précieuses). Ouv 24h/24. Dortoir 8 $, doubles 15-22 $ selon confort.* L'ambiance un peu débridée est à la fête, dans cet *hostel* de jeunes, majoritairement anglo-saxons. Mieux vaut être dans le même *moove*. Jusqu'à 12 personnes en dortoirs (climatisés), avec casiers fermés sous les lits. Chambres simples et propres. Isolé du boulevard, mais pas toujours calme pour autant, vous l'aurez compris. Sympathique *Top Banana Beach Bar,* pour boire un verre les pieds dans le sable ou manger un morceau. Piscine entourée de gros coussins pour se vautrer et récupérer de la nuit.

Prix moyens (15-35 $)

Bou Savy Guesthouse *(plan A1, **14**) : dans un chemin perpendiculaire à la route 6, face à la station Caltex. ☎ 063-964-967. 012-898-627. • bousavyguesthouse.com.com • Doubles avec sdb 16-22 $ selon confort, petit déj inclus. Transfert gratuit depuis l'aéroport, la gare ou le bateau.* Non loin de la bruyante route de l'aéroport, mais dans un environnement paisible, face à l'école. Toutes catégories confondues, les chambres sont entretenues scrupuleusement. Lit *king size* dans certaines et jusqu'à 3 lits dans d'autres. Agréable piscine. La gentillesse du personnel, toujours prêt à rendre service, conforte dans le choix de cette sympathique *guesthouse* d'un rapport qualité-prix épatant. Location de vélos et resto sur place.

The Villa Siem Reap (plan A2, **15**) : *153, Taphul Rd. ☎ 761-036. • thevillasiemreap.com • Résa conseillée. Doubles 25-35 $; bungalow env 80 $; petit déj en sus.* Un hôtel à prix modérés qui se défend bien dans sa catégorie. Dans la plupart des chambres, le violet domine et le confort ne fait pas défaut. Pour avoir encore plus d'espace, une poignée de *garden bungalows* (avec jardin). Bon confort pour tout le monde. Espace cafet' et piscine d'eau salée. Organisation d'excursions et cours de cuisine cambodgienne. Service prévenant et disponible.

Neak Pean Hotel (plan A2, **16**) : *105, Taphul Rd. ☎ 763-943. • neakpeanhotel.com • Doubles avec sdb 25-30 $, petit déj inclus ; familiale env 50 $.* Une adresse bien positionnée, pour son emplacement et ses tarifs raisonnables. Si les boiseries foncées ne font pas l'unanimité, les chambres sont objectivement spacieuses et propres. Les plus chères donnent sur l'agréable piscine, les autres sur la rue, et toutes ont un balcon. En bref, de bonnes prestations et un personnel à l'écoute des clients.

De chic à plus chic (35-100 $)

Auberge Mont Royal (plan A2, **18**) : *497, Taphul Rd (en face de The Villa Siem Reap). ☎ 063-964-044. 012-630-131. • auberge-mont-royal.com • Doubles 45-70 $, suite pour famille 85 $, petit déj et transfert aéroport compris.* Petit hôtel plaisant de 3 étages et d'une quarantaine de chambres bien nettes. Les *deluxe* sont incontestablement plus agréables que les standard, plus petites, et bénéficient de spacieuses salles de bains avec baignoire. Couleurs douces et déco soignée, qui mêle astucieusement le bois et l'artisanat cambodgien. Coffre, TV câblée, eau chaude, clim, ventilo. À l'arrière, bassin en guise de piscine et des villas au calme qui abritent les chambres les plus agréables. Petit resto-bar où sont servis de délicieux petits déj avec pancakes et fruits frais. Accueil francophone. Personnel affable.

La Villa Loti (plan B1, **19**) : *225, River Rd. ☎ 063-963-879. 017-666-114. • lavillaloti.com • Continuer le long de la rive ouest depuis la villa royale. Résa conseillée. Doubles 60-70 $, petit déj compris ; suites familiales 75-110 $. CB acceptées. Transport gratuit de l'aéroport.* Grande et chaleureuse propriété en bois et brique, noyée au fond d'un jardin touffu. Réparties sur 2 niveaux, une poignée de chambres avec balcon, plus 2 suites familiales au rez-de-chaussée avec terrasse. Lits avec moustiquaire-baldaquin. Resto sous paillote, agréable bar pour bouquiner et siroter un verre, et une adorable piscine pour enchaîner quelques brasses. Location de vélos en bon état. Belle adresse cosy dans ce coin encore typique de Siem Reap.

Central Boutique Hotel (plan A2, **20**) : *855, Taphul Rd (dans une allée adjacente). ☎ 063-764-030. 012-320-476. • centralboutiqueangkorhotel.com • Doubles 60-80 $, petit déj inclus.* En retrait de la rue, c'est autour de 2 belles piscines que sont agencées les chambres spacieuses et coquettes aux murs immaculés. Dans chacune, un effort de déco et des touches colorées bien agréables. Tout le confort nécessaire, et aussi des chambres triples. Resto sympa à prix raisonnables.

Spécial folie (150 $ et bien plus !)

En dehors de nos catégories habituelles, mais en basse saison les promos peuvent se révéler intéressantes. En haute saison, les prix peuvent aussi se négocier à la baisse, suivant les disponibilités... et votre motivation à la négociation !

Victoria Angkor Resort & Spa (plan B1, **21**) : *à l'ouest des jardins royaux (Central Park !). ☎ 063-760-428. • victoriahotels-asia.com • Doubles env 180-320 $; si résa en direct, transfert et 1h de massage* *offerts.* Bravo à l'architecte qui a bâti cet hôtel dans un style rétro-colonial en souvenir de l'Indochine. Et les ascenseurs anciens tout en bois avec portes battantes aident à remonter le temps ! Lumières tamisées, persiennes en bois et plancher en teck : on s'y croirait ! Pas moins de 120 chambres et 9 suites superbes aux thèmes différents. Bar feutré à l'intérieur, mais on peut aussi profiter de l'*happy hours* (17h-19h) au bord de l'immense piscine d'eau salée : un bon plan ! Également 2 restos et musique le vendredi soir. Spa et massage traditionnel. Une Citroën de collection devant l'entrée, utilisée pour visiter les temples, complète la touche rétro. Cette adresse soutient l'action de *ChildSafe,* qui s'engage à fournir aux enfants un environnement protégé.

Raffles – Grand Hôtel d'Angkor (plan B1, **22**) : *Vithei Charles-de-Gaulle. ☎ 063-963-888. • raffles.com/siemreap • À partir de 460 $.* Les tarifs sont délirants, mais on ne peut passer à côté de cet hôtel mythique, reflet de la splendeur de l'époque coloniale (il fut construit en 1932), sans au moins y jeter un œil (à défaut d'y dormir !). Chambres très spacieuses (de 32 à 48 m²), très bien équipées, on s'en doute. Décor alliant harmonieusement les réminiscences Art déco et les beaux objets khmers. Vaste hall, portier, personnel en tenue traditionnelle, restaurants gastronomiques, bars (voir plus loin la rubrique « Où boire un verre ? »), jardins luxuriants, piscine superbe bordée de cocotiers, bain bouillonnant, spa. Les superlatifs ne manquent pas pour décrire cette vénérable vieille dame des colonies. Spectacles de danses et musiques royales dans les jardins de l'hôtel, accessibles aux non-résidents en haute saison. Cette adresse soutient l'action de *ChildSafe,* qui s'engage à fournir aux enfants un environnement protégé.

FCC Hôtel (plan B2, **23**) : *Pokambor Ave, près de la résidence royale. ☎ 063-760-280. • fcccambodia.com • Doubles 180-280 $, suite env 330 $, petit déj et transfert aéroport compris (tant mieux !).* Ancienne résidence du gouverneur français, au bord de la rivière, à l'architecture des années 1930 parfaitement retapée et mise en valeur. Une trentaine de chambres et quelques suites agréablement distribuées autour d'une piscine d'eau salée. Classieuses, au design un poil zen, à la hauteur de leur écrin. À la différence des chambres supérieures qui ont vue sur la piscine, les standard se contentent de la vue sur le jardin intérieur. Le tarif inclut aussi le hammam et le jacuzzi. Massage possible. Accueil à la fois discret et très aimable. Bar-resto très sympa, à prix abordables. Cette adresse soutient l'action de *ChildSafe,* qui s'engage à fournir aux enfants un environnement protégé.

Du wat Damnak au wat Po Lanka (rive gauche ; plan B1-2-3)

Bon marché (moins de 15 $)

The Backpacker Hostel (plan B3, **24**) : *7, Makara St (Angkor High School Rd). 012-313-239. • angkorbackpacker.com • À deux pas du carrefour avec Wat Bo Rd. Dortoir 5 $/pers, doubles avec sdb 10-15 $, familiale 30 $.* Aucun charme et pas de première jeunesse, mais propre et fonctionnel : carrelage, clim (y compris dans le dortoir)... À ce prix, on ne va pas râler, même si on a une chambre au 4ᵉ étage et qu'il faut quasi faire le grand écart entre chaque marche !

Hostelling International (hors plan par A3, **25**) : *209, Wat Damnak. 089-591-169. • hisiemreapl.com • Un poil excentré, non loin de la rivière, en direction du Tonlé Sap. Dortoir 7 $, doubles 13-20 $, petit déj inclus.* Cette ravissante maison coloniale abrite 18 chambres aux murs vert pomme. Une bonne surprise que cette AJ conviviale, à la tenue générale impeccable : clim, salles de bains riquiqui mais privées avec eau chaude, lits au carré et sols rutilants, balcon dans certaines chambres, billard et cerise sur le gâteau, spa. Curieusement assez peu fréquenté, sans doute parce qu'un peu excentré. Pour le repos, une agréable terrasse à l'avant. Petit resto et bar.

Happy Guesthouse (plan B2, **26**) : *dans une petite impasse parallèle* *à l'arrière de Wat Bo Rd. ☎ 063-963-815. 📱 012-960-879. • happyangkorguesthouse.com • Résa conseillée. Doubles 8-12 $ selon confort.* 💻 📶 Dans cette impasse qui aligne les *guesthouses* bon marché, celle-ci est notre préférée ! Chambres simplement meublées mais propres et sans lacune. D'ailleurs, on se déchausse avant de grimper dans les étages. Accueil amical et sympa, tout comme l'ambiance, du reste, à l'image des lieux. On s'attarde bien volontiers avec un verre face au bar, confortablement installé dans un coin *chill out.* Resto à prix serrés. Location de vélos, mais bien vérifier l'état.

🏠 ***Sweet Dreams Guesthouse*** *(plan B2, **26**) : en face de l'European, contre la Happy Guesthouse. 📱 092-548-600. • sweetdreamsguesthouse.com • Doubles sans ou avec sdb (clim ou ventilo) 5-15 $.* 📶 Dans une impasse qui regorge de petites adresses bon marché, une vingtaine de chambres propres et d'un rapport qualité-prix enthousiasmant pour les budgets serrés. Location de vélos.

🏠 ***Lovely Guesthouse*** *(plan B2, **27**) : St 20 (rue perpendiculaire à la Wat Bo Rd). 📱 012-242-429. • visitangkor.net • Doubles 10-15 $, transfert aéroport ou terminal de bus inclus.* 📶 Dans le quartier des *guesthouses,* en voici une accueillante avec une douzaine de chambres, certes sommaires, mais nickel. Le petit salon-terrasse à l'avant est bien paisible et l'accueil sincèrement *lovely* ! Location de vélos.

🏠 ***Garden House*** *(plan B2, **28**) : 129, Wat Bo Rd. ☎ 063-964-810. 📱 012-756-158. • gardenhouseguesthouse.com • En face de Mom's Guesthouse. Doubles avec sdb, ventilo ou clim 8-15 $, transfert aéroport compris. Pas de petit déj.* 📶 Le fronton sculpté de l'entrée précède un bâtiment moderne de 2 étages. Certes un peu simple, mais bien tenu dans l'ensemble. La plupart des chambres sont assez spacieuses, avec frigo. Loue des vélos.

🏠 ***The Siem Reap Central Hostel*** *(plan B3, **29**) : Makara St. 📱 012-517-111. À deux pas du carrefour avec Wat Bo Rd. Doubles 8-12 $.* 💻 📶 Petite structure acceptable pour le prix, à condition de ne pas être trop tatillon sur le ménage. Une vingtaine de chambres avec clim ou ventilo, grand lit, petit frigo, TV... Une adresse de dépannage.

De prix moyens à chic (15-50 $)

🏠 ***Mom's Guesthouse*** *(plan B2, **30**) : 99, Wat Bo Rd. 📱 012-320-881 (en français). • momguesthouse.com • Doubles 25-35 $, petit déj inclus. CB acceptées.* 💻 📶 Une bâtisse récente a remplacé la maison traditionnelle. Doubles bien équipées, au mobilier assez classique en bois et rotin. Les chambres au confort standard se situent à l'avant, les plus chères sont à l'arrière, donc plus au calme. Autre particularité : elles sont un peu plus grandes et disposent parfois d'un minibalcon. Bon rapport qualité-prix, aussi grâce à sa grande piscine à l'arrière, parfaitement inattendue (*deck* en bois, cadre verdoyant). Dans l'ensemble, très correctement tenu... Réception francophone.

🏠 ***European Guesthouse*** *(plan B2, **31**) : dans l'impasse qui aligne les guesthouses. 📱 012-582-237. • european-guesthouse.com • Dortoir 5 $, double env 20 $, transfert aéroport compris.* 📶 Une quinzaine de chambres simples mais propres avec TV câblée, clim et eau chaude. Dortoirs assez basiques pour 6 à 8 personnes (ventilo pour ce dernier). Le salon de jardin, avec son mobilier en osier, est propice au farniente et aux rencontres après une journée de visite. Très sympa pour boire un verre et fraterniser avec les voisins. Il est aussi possible d'y commander crêpes et pizzas. Cette adresse soutient l'action de *ChildSafe,* qui s'engage à fournir aux enfants un environnement protégé.

🏠 ***Motherhome Guesthouse*** *(plan B2, **32**) : derrière Wat Bo Rd. ☎ 063-760-302. • motherhomeguesthouse.com • Double avec sdb env 30 $, petit déj et transfert aéroport compris.* 💻 📶 Plus qu'une simple *guesthouse,* la *Motherhome* est déjà un petit hôtel confortable où tout est mis en œuvre pour le bien-être des hôtes. Chambres impeccables et bien équipées. Pas de piscine sur place, mais on peut toujours aller se rafraîchir à celle du *Motherhome Inn,* situé sur la route de l'aéroport, en empruntant gratuitement un vélo. Tous les soirs, spectacle de danses apsaras. Plein d'infos touristiques à dispo dans le hall. Mêmes éloges pour le resto, chapeau ! Très bonne ambiance générale et accueil très pro. Un de nos meilleurs rapports qualité-prix.

Retreat Villa (plan B1, **33**) : *126, Wat Bo Rd. ☎ 063-762-727. • retreatvilla.com • Doubles 35-45 $, petit déj inclus. Familiale possible.* Dans un périmètre qui s'urbanise à la vitesse de l'éclair, ce boutique-hôtel se ménage un charmant coin de verdure et cultive une ambiance relax. À peine 20 chambres de tailles différentes, très mignonnes, de plain-pied ou à l'étage, avec balcon attenant. Aucune objection sur le confort, et même des petites touches de déco fort plaisantes. Jolie piscine pour piquer une tête après la visite des temples. Spa et resto sur place.

The Siem Reap Hostel (plan B3, **34**) : *7, Makara St (au coin de Wat Bo Rd). ☎ 063-964-660. • thesiemreaphostel.com • Résa conseillée. Dortoir 8 $, double 30 $, petit déj inclus.* Le haut du panier des *hostels* avec des chambres de bonne tenue, fonctionnelles, à la déco sobre et au confort soigné. Literie confortable et clim, même dans les dortoirs. Ceux de 6 lits sont dotés d'une salle de bains privée, contrairement à ceux de 8-10 lits. Veilleuses pour bouquiner et larges casiers. Bonne ambiance et échanges faciles pour qui bourlingue seul. On a bien aimé le coin bibliothèque, et la possibilité d'échanger ses livres, ainsi que la salle de cinéma, où sont régulièrement projetés des films. Grande salle commune avec bar (*happy hours* de 17h à 20h) donnant sur la piscine intérieure. Accueil dynamique et ambiance internationale. Petite restauration.

Golden Banana (plan B3, **35**) : *au fond d'une impasse entre la rivière et le wat Damnak. ☎ 063-761-259. 012-885-366. • golden-banana.com • Doubles 35-65 $ selon saison et confort, petit déj compris.* 3 structures sous le même label vert pomme, style boutique-hôtel un rien bohème : le *B & B* au confort simple mais charmant (le moins cher), les chambres dites « supérieures » dans la partie plus récente, un immeuble voisin entourant une belle piscine, et enfin un restaurant de cuisine khmère. L'adresse est fréquentée par la communauté gay mais sans exclusivité. Personnel absolument adorable et piscines accessibles sans discrimination aux clients des différentes structures. Une de nos meilleures adresses dans cette catégorie.

Passaggio Boutique Hotel (plan B3, **36**) : *432, Wat Damnak Village. ☎ 063-760-324. • passaggio-hotel.com • Juste après le pont sur High School Rd. Doubles 35-50 $, petit déj inclus.* À quelques pas du centre, un établissement bien tenu, qui reste toutefois modeste pour un hôtel pompeusement qualifié *Boutique*. Si on peut lui reprocher le bruit de la rue, surtout gênant au bord de la piscine, les chambres en étage ont l'avantage d'êtres claires, spacieuses et impeccables. Quoique les chambres du rez-de-chaussée soient moins chères, on vous les déconseille. Le petit déj est servi sur la terrasse. Un endroit discret, tout comme l'accueil, gentil comme tout. Cette adresse soutient l'action de *ChildSafe,* qui s'engage à fournir aux enfants un environnement protégé.

Plus chic (50-100 $)

Alliance Boutique Villa (plan B3, **37**) : *7, Makara St (High School Rd), wat Damnak. ☎ 063-964-940. • allianceangkor.com • Doubles 60-90 $ selon saison, 1 familiale 105 $, petit déj et transfert aéroport compris.* Dans l'enceinte de l'ancienne Alliance française, derrière une rangée de palmiers, le bâtiment des années 1950 abrite 7 chambres (seulement) raffinées et confortables. 5 d'entre elles sont situées à l'arrière, bien au calme et colorées, avec baie vitrée et terrasse privative donnant sur un minuscule espace vert pour les suites. Chambres élégantes, décorées avec goût, soit un doux mélange de modernisme et de traditionnel. Bon point pour les dessus-de-lit faits main en patchwork, les jolis parquets de cèdre rouge et les salles de bains luxueuses. Sur place, un délicieux restaurant (voir la rubrique « Où manger ? ») et une miniboutique d'objets artisanaux de très belle facture. Petite piscine avec *deck*, à l'avant, dans un espace assez réduit.

Reflections Art Boutique Hotel *(plan B2, **38**) : 0545, Wat Bo Rd (en face de St 23). ☎ 063-640-2224 ou 063-969-044. • reflectionsartboutiquehotel.com.com • Doubles 45-115 $, plus cher avec jacuzzi dans la chambre (suivre les promos sur Internet et comparer les prix, très variables et parfois exagérés).* On adore ce petit hôtel hors norme question cadre et décor. Tout y est décalé, voire un poil déjanté : couleurs pétantes, sculptures bizarres, mobilier insolite, fresques, un mélange rigolo et séduisant tout à la fois de pop art et d'art naïf... Décor thématique des chambres tout aussi original. On est encore sous le charme du concept même si, côté entretien, un peu plus de rigueur ne serait pas superflue. Belle piscine, bar sympa et accueil aimable.

Les Mystères d'Angkor *(plan B1, **39**) : au nord de Wat Bo Rd, derrière le wat Po Lanka (on peut d'ailleurs le traverser). ☎ 063-963-639. • mysteres-angkor.com • Doubles 60-80 $ selon saison, 2 grandes suites familiales 85-100 $, petit déj compris. Transfert aéroport gratuit pour 3 nuits.* 6 maisons d'un étage (une vingtaine de chambres en tout) dans un havre de verdure et de cocotiers, à l'écart du brouhaha de Siem Reap. 3 catégories de chambres. L'architecture et la déco néokhmère épurée (bois exotiques, moustiquaire sur baldaquin) inspirent un confort moderne (clim et ventilo) sans superflu. Belle piscine (massages possibles). Réception et salon dans une maison khmère joliment restaurée. À l'étage, sous la vieille charpente, le resto avec sa formule table d'hôtes et sa cuisine de marché, sur résa. Accueil très plaisant. Cette adresse soutient l'action de *ChildSafe,* qui s'engage à fournir aux enfants un environnement protégé.

La Noria *(plan B1-2, **40**) : River Rd, proche du pont de la villa royale. ☎ 063-964-242. • lanoriaangkor.com • Compter 50-70 $, petit déj inclus.* Une pension de charme, au bord de la rivière. Une petite trentaine de chambres impeccables, réparties dans des pavillons d'un étage. Douche chaude avec jarre traditionnelle, balcon ou terrasse avec vue et accès au jardin. Ventilo et clim. Personnel accueillant. Piscine petite mais profonde. Incorpore ponctuellement un centre de massage ouvert aux non-résidents, pratiqué par des aveugles formés par *Krousar Thmey* (voir la rubrique « Aide humanitaire » en fin de guide), fondation que l'établissement soutient. Bon resto (voir plus loin « Où manger ? »). Une de nos adresses préférées. Cette adresse soutient l'action de *ChildSafe,* qui s'engage à fournir aux enfants un environnement protégé.

Bopha Angkor Hotel *(plan B2, **41**) : 512, Asharsva St. ☎ 063-964-928. • bopha-angkor.com • Prévoir 55-90 $, petit déj inclus.* Chambres bien situées en bord de rivière et proches du vieux marché. Pour les familles, des chambres communicantes. Architecture imitant en dur l'exotisme khmer, et personnel en habit traditionnel. Un peu rococo mais pas rédhibitoire, et dépaysant, d'autant que le confort est bien présent. Charme et petit luxe à des prix intéressants dans sa catégorie. Déco variable selon les prix, mais toutes les chambres sont impeccables. Belle piscine, végétation abondante, petits bassins glougloutants et bar agréable. Accueil impec.

Borann – L'Auberge des Temples *(plan B1, **42**) : Wat Bo Rd, au fond d'un chemin, juste derrière* La Noria. *☎ 063-964-740. • borann.com • Résa conseillée. Doubles 60-80 $ selon saison.* Au cœur d'un quartier encore pittoresque et calme, une auberge de charme noyée dans la verdure et les fleurs. Dans un style inspiré par l'architecture locale, semblable à *La Noria* (même propriétaire), 5 pavillons d'un étage, abritant chacun 4 chambres élégantes, spacieuses et d'excellent confort (ventilo et AC, tomettes au sol, marionnettes du théâtre d'ombres aux murs). Meubles chinés chez les antiquaires. Dans le jardin, piscine au milieu des fleurs. Personnel charmant, et majoritairement francophone. Cette adresse soutient l'action de *ChildSafe,* qui s'engage à fournir aux enfants un environnement protégé.

CAMBODGE / SIEM REAP

Viroth's Hotel (plan B2, **43**) : St 23. ☎ 063-761-720. • viroth-hotel.com • Résa conseillée. Doubles à partir de 90 $, petit déj compris ; lit supplémentaire 20 $. Viroth's semble être sorti tout droit d'un magazine de déco d'architecture contemporaine et réunit tous les attributs du boutique-hôtel dont il se recommande... Un côté exclusif de par sa déco particulièrement étudiée, léchée et ultra design pour une clientèle aux mêmes attributs. 7 chambres à la déco minimaliste et aux murs blancs immaculés, mais au confort optimal. Vastes et lumineuses, décorées d'objets d'art khmer, salles de bains ouvertes (avec toilettes séparées), patios. Petite piscine entourée d'un jardin luxuriant, spa. L'ensemble, à l'ambiance confidentielle, est très réussi, et le personnel charmant. Très bon resto à quelques rues de là (voir plus loin la rubrique « Où manger ? »).

Pippeli Pensione (plan B3, **44**) : 7, Wat Damnak. ☎ 063-969-011. 012-224-228. • pippelipensione.com • Doubles 80-90 $ selon saison, petit déj inclus. Boutique-hôtel très design dans les tonalités noir et blanc. 9 chambres seulement avec une grande terrasse, joliment décorées. Tout le confort espéré, bien sûr. Piscine, solarium, bar sympa et accueil souriant.

Très chic (100-150 $)

Navutu Dreams Resort (hors plan par B3, **46**) : Angkor High School Rd ; tourner à droite au niveau du Phnom Srei Restaurant. ☎ 063-964-864. 092-141-694. • navututdreams.com • À 1,3 km du centre. Doubles 125-165 $ selon superficie et saison, petit déj inclus (guetter les « Green season special rates ») ; familiale 250 $. Resto ouv aux non-résidents. Quartier résidentiel très peu urbanisé où dominent champs, palmeraies et petites rizières (derniers 500 m de route en terre battue !). 2 types de chambres, dans un bain de végétation tropicale : les « *Grand Tour* » (70 m², jardin privé et terrasse) et les « *Explorer* » (40 m², terrasse). Quasi le même confort et élégante décoration intérieure. Salle à manger ouverte, excellente restauration, service impeccable. 3 piscines (dont 2 d'eau salée et une pour les enfants) et un spa. Accueil chaleureux, pro et francophone. Le tout dans un calme absolu, vrai luxe à Siem Reap. Et comme le service de *tuk-tuk* est inclus, on est vraiment tout proche du tumulte de la ville.

Maison 557 (plan B3, **47**) : 557, Wat Bo Rd. 089-280-830. • maison557.com • Doubles 90-160 $ selon confort et situation, petit déj et transfert aéroport compris ; négociable à la baisse en basse saison. Ancienne maison d'architecte des années 1950. Aujourd'hui, petit hôtel au calme et à l'entrée discrète, tenu par Jeff, un sympathique Écossais. Tout est articulé en U autour de la piscine. 6 chambres, dont 4 donnent directement sur la piscine, tout comme le joli salon blanc, protégé du soleil par un toit de feuilles de palme. Certaines salles de bains sont carrément en plein air, bien agréable ! Également une suite familiale avec sa propre piscine. Belles peintures japonisantes ornant les murs des chambres. Toute la déco est d'ailleurs très soignée.

Spécial folie (plus de 150 $)

Angkor Village Hotel (plan B3, **48**) : au sud de Wat Bo Rd. ☎ 063-965-561. • angkorvillage.com • Doubles 130-185 $ (hte saison), petit déj inclus. Ce beau « village » est inspiré des *kots*, villages de bonzes construits près des pagodes. En tout, une cinquantaine de chambres décorées avec raffinement réparties dans des pavillons, au sein d'un jardin luxuriant et rafraîchissant. Une fois dans sa chambre, depuis le lit en bois sculpté avec vue sur les bassins de lotus et les fleurs, on est vraiment coupé du monde extérieur et à des lieues de l'effervescence de la ville. Un véritable enchantement... Piscine. Et le comble du luxe est bien l'absence de télé, pour un repos absolu. Le resto *L'Auberge des Temples* est érigé sur pilotis, au milieu d'un lac, en pleine végétation. Définitivement beaucoup de cachet. Spectacles le soir à l'*Apsara Theatre* (voir « Loisirs » plus loin).

Sala Lodges (hors plan par B3,

49) : *498, Salakomroeuk.* ☎ *063-766-699.* ● *salalodges.com* ● *Doubles 230-280 $, petit déj, ainsi que transfert aéroport et* tuk-tuk *inclus.* Ici, aux portes de la ville et déjà à la campagne, le grand luxe se passe de sophistication. De simples maisons traditionnelles sur pilotis achetées dans différentes provinces du pays, avant d'être démontées puis remontées ici, pour en faire des *lodges* individuels haut de gamme. 11 maisons (13 chambres en tout, 2 chambres communiquent dans l'une d'elles) où les éléments anciens ont été récupérés au maximum. Magnifiques planchers d'origine, volumes immenses, mobilier en bois et lignes épurées. Les maisons sont disséminées dans un jardin luxuriant, où se love une piscine tout aussi enchanteresse. Vraiment pas loin de la ville et proche du paradis !

Sur la route du Tonlé Sap (hors plan par A3)

Sala Baï *(hors plan par A3,* **50**) : *quartier Wat Svay, à 5 mn en tuk-tuk du vieux marché, le long de la rivière, rive gauche en direction du Tonlé Sap.* *089-590-864.* ● *salabai.com* ● *Ouv de mi-oct à mi-juil. Résa obligatoire. Doubles 25-35 $, plus 2 suites 45-55 $.* Il s'agit des chambres d'application de l'école hôtelière *Sala Baï,* fondée par l'ONG *Agir pour le Cambodge* (voir la rubrique « Aide humanitaire » en fin de guide). L'hôtel propose 4 chambres standard avec TV, clim, minibar et douche à l'italienne. Hyper propres, sinon les étudiants se paient une mauvaise note ! Les familles (3 personnes) apprécieront de loger dans les suites, qui bénéficient d'une terrasse privative donnant sur un jardin arboré. L'hôtel comprend également un spa d'application qui permet de former une dizaine d'élèves tous les ans. Possibilité de prendre son petit déj en semaine dans la salle de l'excellent resto (voir « Où manger ? »). Cette adresse soutient l'action de *ChildSafe,* qui s'engage à fournir aux enfants un environnement protégé.

Sur la route de l'aéroport (nationale 6 ; plan A1 et hors plan par A1)

Les 9 km qui séparent le centre-ville de l'aéroport sont désormais bordés d'hôtels plus ou moins récents ou en construction, assez éloignés du centre-ville ! L'offre pléthorique, rarement bon marché et essentiellement destinée aux groupes, a peu d'attraits à nos yeux de routards, à de rares exceptions près.

Chic (35-50 $)

Hôtel de l'école Paul-Dubrule *(hors plan par A1,* **51**) : *La Glacière, route de l'aéroport (N6).* ☎ *063-963-673.* ● *ecolepauldubrule.org* ● *Doubles 35-50 $ selon confort, petit déj inclus.* 4 chambres charmantes, propres et confortables (TV, AC, salle de bains en marbre), tenues par les élèves de l'école d'hôtellerie et de tourisme Paul-Dubrule. Bien qu'un peu excentré, très bon rapport qualité-prix. La totalité des bénéfices est reversée au sein de l'ONG et contribue à l'autofinancement du projet pédagogique de l'école. Cette adresse soutient l'action de *ChildSafe,* qui s'engage à fournir aux enfants un environnement protégé.

De chic à très chic (50-150 $)

La Maison d'Angkor *(hors plan par A1,* **52**) : *sur la route de l'aéroport (N6), à 4 km du centre (niveau borne 316) ; sur la gauche en venant du centre.* ☎ *063-965-048.* ● *lamaisondangkor.com* ● *Doubles 80-100 $ et suites 100-125 $ selon saison, petit déj et transfert aéroport compris (si résa en direct).* Un des rares hôtels de charme dans ce secteur. Petite structure paisible dans l'esprit boutique-hôtel, dotée de jolies chambres réparties dans des pavillons noyés dans un jardin luxuriant. Luxe, calme et volupté, donc, au bord de la piscine où sont servis les repas. Raffinement au diapason dans les chambres dotées de terrasse, fleurs fraîches. Jacuzzi dans le jardin. Cette adresse soutient l'action de

ChildSafe, qui s'engage à fournir aux enfants un environnement protégé.

🏨 🍽 ***Suites and Sweet Resort*** *(hors plan par A3,* ***53****)* **:** *à slt 4 km du centre en suivant Sok San Rd.* ☎ *063-761-490.* • *suitesandsweet.com* • *Doubles 120-160 $, petit déj inclus.* Une dizaine de luxueux bungalows autour d'un bel étang. Quasi tous les mêmes, ils sont agencés autour d'un étang naturel rempli de nénuphars. Environnement bucolique et reposant, idéal pour ceux (celles) souhaitant une coupure radicale à moins de 10 mn du centre. Chambres spacieuses avec coin salon, déco élégante, belles salles de bains avec douche à l'italienne. Terrasse sur l'étang et minipiscine privative devant chaque bungalow... Bien sûr, resto.

🏨 ***Angkor Hotel*** *(plan A1,* ***54****)* **:** *sur la route de l'aéroport (N6), côté gauche en quittant la ville.* ☎ *063-964-301.* • *angkor-hotel-cambodia.com* • *Double env 50 $, petit déj inclus ; également des triples à prix intéressant. Ne pas hésiter à négocier les prix.* 💻 📶 Hôtel moderne, mastodonte de 200 chambres au confort standardisé, spacieuses et bien équipées. Personnel compétent. Sauna et salle de gym, belle piscine. Resto dans une salle aussi chaleureuse qu'un hall de gare.

🏨 ***La Palmeraie*** *(hors plan par A1,* ***55****)* **:** *sur la route de l'aéroport (N6).* ☎ *063-966-016 ou* 📱 *092-952-113.* • *lapalmeraiedangkor.com* • *3 formules : doubles 80-160 $, bungalows familiaux pour 4 pers 190-260 $ et villa privative avec large terrasse et billard qui peut accueillir 8 pers max 450-700 $, petit déj inclus.* 📶 À 4 km à l'écart de la ville, au milieu d'un jardin tropical, un petit hôtel de charme qui s'apparente davantage à une chambre d'hôtes. La belle piscine est bordée par des bungalows construits en style traditionnel, de très bon confort et dotés de toutes les options souhaitables. La villa a en outre sa propre piscine. Le tout est décoré avec goût et les beaux volumes attestent du grand confort de l'adresse. Personnel aux petits soins et accueil francophone. Possibilité de prendre ses repas sous la charmante pergola. Une navette est prévue pour rejoindre le centre.

Sur la route d'Angkor (hors plan par A1)

🏨 🍽 ***Pavillon Indochine*** *(hors plan par A1,* ***56****)* **:** 📱 *012-541-003 ou 012-849-681.* • *pavillon-indochine.com* • *Selon saison, doubles 60-85 $, familiale 90-110 $, petit déj-buffet inclus. Intéressant : les prix comprennent un tuk-tuk à la journée pour la visite des temples.* 📶 Dans le petit bâtiment de style khmer entouré d'un grand jardin, une vingtaine de chambres à la déco coloniale, ainsi que 4 suites familles (jusqu'à 6 personnes) et 2 bungalows. Les Français qui tiennent cette délicieuse adresse ont un réel souci du détail, notamment dans l'aménagement et la décoration (statues, vieilles affiches d'Angkor, gravures, etc.). Parquets en vieux bois, affiches anciennes et confort irréprochable dans chacune des vastes chambres. Bar et restaurant en terrasse donnant sur la piscine, spa. Le charme opère vite dans ce havre de paix au luxe discret, non loin d'Angkor Wat.

Où manger ?

Ce ne sont pas les restos qui manquent en ville. De la traditionnelle cantine de rue aux tables d'hôtels, amis routards, vous avez l'embarras du choix. Où que vous alliez, l'attente peut être longue avant d'avoir votre plat, même si vous êtes le seul client. Comme tout est préparé à la demande, il ne reste plus qu'à décrocher l'œil de sa montre et à taper le carton. Dans un registre plus chic, la plupart des hôtels de luxe possèdent des restos ouverts à tous, souvent sur réservation. Certains proposent d'excellents buffets qui permettent d'apprécier la variété et la finesse de la cuisine khmère. Nous en indiquons une poignée qui ont, par ailleurs, la particularité de programmer certains soirs des spectacles de danse. Entre les deux, quantité de bonnes petites tables, qui affichent des menus à la fois khmers et internationaux (pour les nostalgiques).

Dans la rue

Pour les adeptes ou les estomacs aguerris, sachez qu'il existe autour des marchés, dès la fin de journée, des cuisines ambulantes éclairées de néons, assorties de tables et chaises posées à même le trottoir. Cuisine économique et rapide dans une ambiance très locale et populaire !

Autour du vieux marché (zoom)

Dans ce tout petit périmètre de trois-quatre rues perpendiculaires sont concentrées des dizaines (pour ne pas dire des centaines) de restos. Autrement dit, chaque pas de porte est une entrée de resto et la concurrence fait rage ! Le choix peut s'avérer difficile. Prenez le temps d'observer l'intérieur, de décortiquer les menus affichés à l'extérieur, et fiez-vous à votre instinct. Parmi la quantité d'adresses écumées, nous en avons retenu un petit nombre qui nous ont semblé véritablement sortir du lot. L'axe principal en est Pub Street, également baptisée « rue de la Soif » par les expats, et sa petite sœur, Pub Lane.

Bon marché (moins de 7 $)

Socheatea Restaurant *(zoom,* ***11****)* **:** *2 Thnou St. Tlj 7h-22h.* Dans un coin vraiment tranquille et sans voitures, tenu par la même famille que l'hôtel d'en face. La salle pimpante, colorée et aérée, ouverte sur la rue piétonne, est une halte sereine dans le brouhaha de la ville. Cuisine khmère appliquée, dont certains plats pittoresques : salades de racines de lotus, poisson au sucre de palme, haricots de soja fermentés, etc., sans oublier les classiques (riz, nouilles et currys). Aussi des pizzas. Une bonne adresse, clean.

Khmer Kitchen *(zoom,* ***62****)* **:** *entrée par la petite Pub St ou par la rue qui longe le marché. Tlj 10h-22h30.* La salle est rassurante, avec son mobilier en osier et ses nappes à carreaux. C'est un des restos les plus fréquentés par les touristes, qu'on ne boude pas pour autant. Pour l'animation permanente et les plats classiques souvent réussis. De toute façon, à ce prix-là, on ne chipote pas trop : le rapport qualité-prix reste bon dans ce secteur très touristique. Une affaire qui tourne... Autre antenne identique en tous points à l'opposé de la rue.

Chamkar *(zoom,* ***66****)* **:** *The Passage. 092-733-150. Résa souhaitée.* Coincé entre 2 restos, *Chamkar* est un minuscule établissement contemporain d'une poignée de tables. Si elle est dispo, choisir l'unique table sur le balcon. Celles devant les cuisines permettent de voir officier les cuistots. La courte carte végétarienne adapte les spécialités khmères avec une imagination et une maîtrise réjouissantes. Le temps d'un repas, nul doute que les carnivores se laissent aussi séduire. Desserts raffinés. Portions généreuses, tarifs démocratiques : un plaisir à ne surtout pas bouder. Pour apprécier un environnement plus zen, un autre resto, *Chamkar House,* installé dans une maison khmère traditionnelle, a ouvert dans une rue perpendiculaire à la N6.

Cambodian Traditional Chef *(plan A3,* ***61****)* **:** *Sok San Rd.* On ne sait où donner de la tête dans cette rue animée entre Pub Street et le marché de nuit ! Est-ce l'*happy hour* à 1 $ servi avec le sourire de 10h à minuit qui nous a rendus complaisants ? Quoi qu'il en soit, on apprécie l'accueil chaleureux, la petite salle sans façon et la terrasse sur rue. Et la cuisine ne démérite pas : grand choix de plats khmers classiques à prix très serrés pour le quartier.

Prix moyens (7-15 $)

The Indian *(zoom,* ***67****)* **:** *en face de l'hôpital provincial.* Un bon indien fréquenté par les Indiens ! Toujours un signe d'authenticité, sinon de qualité. *Samossas,* soupes, currys, *byrianis* (plats de riz) et surtout de généreux *thalis,* cette spécialité végétarienne du sud de l'Inde, le tout dans un cadre sobre et soigné (tables nappées). Préciser la quantité d'épices voulues car sinon c'est très *spicy* ! Plus récent, le resto (presque) voisin ***Dakshin's*** *(2, Thnou St ; zoom,* ***77****)* est un régal, pour les yeux et les papilles ! Cuisine ouverte dans une salle moderne avec quelques tables en mezzanine. La carte explore avec brio les subtilités de la cuisine indienne, délicieusement parfumée. Service ultra-pro.

|●| *La Crêperie* *(zoom,* ***60****)* ***:*** *The Lane, entre Pub St et St 7. Tlj jusqu'à 22h.* Petite salle carrelée et ventilée, mobilier laqué, murs blancs immaculés, pour de bonnes crêpes comme à Belle-Île mais aussi des petits plats qui fleurent bon le terroir français. Grand choix de galettes, dont une au tartare de saumon, crêpes caramel beurre salé ou normande flambée. À arroser d'une bière belge, pour faire écho aux origines du chaleureux patron. Prix parisiens, on se réserve donc cette adresse pour une incartade nostalgique.

|●| 🍷 *The Blue Pumpkin* *(zoom,* ***63****)* ***:*** *en face de l'entrée nord-est de Pub St. Tlj 6h-23h.* Cette cafétéria-boulangerie-pâtisserie ne déparerait pas dans un quartier branché du Vieux Continent. Rien de pittoresque, mais parfait pour succomber à des douceurs sucrées. À l'intérieur, décor blanc et design, salon et grande salle climatisée à l'étage, avec de larges canapés. Glaces, viennoiseries, snacks, jus de fruits... Pratique pour un grignotage gourmand. Toutes les pâtisseries ne sont cependant pas bouleversantes, et la *success-story* de cette enseigne, qui a ouvert plusieurs annexes en ville, à l'aéroport et sur le site d'Angkor, l'a aussi banalisée.

Au nord d'Achamean Street (rive droite ; plan A-B1-2)

De prix moyens à chic (7-25 $)

|●| *Mie Café* *(hors plan par B1,* ***64****)* ***:*** *85, Phum Treng, Khum Slorgram. 012-791-371. Venant du centre, route d'Angkor, c'est la rue qui part à droite après avoir passé le* Sofitel. *Tlj sf mar. CB refusées.* Dans une jolie maison en bois, salle à manger ouverte et aérée pour une très belle cuisine khmère avec une touche de créativité et de modernité. Que de bons produits, un vrai savoir-faire. Goûter aux poissons, bœuf ou grenouille marinés... L'*amok* de poisson, en particulier, est d'une finesse exquise, nappé d'une sauce onctueuse et parfumée. Service pro et attentif et, probablement, le meilleur rapport qualité-prix dans cette catégorie.

|●| *La Cabane, cuisine des filles* *(zoom,* ***65****)* ***:*** *18, New St A (dans le prolongement de Pub St). 077-76-98-32. Ts les soirs 18h-22h30. Prix moyens.* La cuisine des filles, c'est celle de 2 copines, Sophie et Daraneth, qui officient au calme dans une ambiance sympathique. Pour un peu, on se croirait dans une guinguette ! Les 2 cartes font le grand écart entre les classiques khmers et des plats de tradition française, comme un saucisse/purée qui, à défaut d'être original, assure vraiment. On aime autant la salle ouverte et informelle que le rapport qualité-prix.

|●| *Sugar Palm* *(plan A2,* ***71****)* ***:*** *Taphul Rd. ☎ 063-964-838. 012-818-143. Fermé dim.* À l'étage d'une superbe maison de style colonial, en retrait de la route. Intérieur en boiseries, larges ventilateurs, stores en bambou et tables ouvertes sur l'extérieur. Sans doute l'un des meilleurs restos khmers à Siem Reap, qui se distingue autant pour son cadre que pour sa cuisine : *rice rolls* frais et croquants, *amok,* currys. Spécialité de *prahok kh'tik* (porc à la crème de coco et piments rouges séchés). Tout est fin, frais et bon, dans un cadre vraiment agréable (pouvoir prendre son temps, donc).

|●| 🍷 *Phare Cafe* *(hors plan par A3,* ***74****)* ***:*** *Ring Rd ; au bout de Sok San Rd, prendre à gauche sur Ring Rd, c'est au début de la rue. 092-225-320. Slt le soir ; dîner à 18h30 avt le cirque (voir plus loin la rubrique « Loisirs »). Résa recommandée.* Dîner contre le chapiteau du cirque Phare, à la belle étoile, est d'autant plus sympa qu'on y déguste des plats emblématiques bien relevés, à prix raisonnables. Courte sélection pour aller droit au but : *amok,* bœuf *kroeung,* salade de fleurs de bananier...

|●| *Chanrey Tree* *(plan B2,* ***76****)* ***:*** *Pokambor Av. ☎ 063-767-997. Tlj.* Quel magnifique écrin ! Entre jardin, terrasses et salle contemporaine, les tables sont disséminées dans un environnement végétal superbe, qui s'apprécie tout particulièrement le soir, quand les lumières se tamisent. Outre le cadre et l'architecture du lieu, vraiment dépaysants, la cuisine khmère raffinée ne tombe pas dans l'esbroufe qu'on attendait au tournant. Les plats sont délicieux, originaux, et servis avec professionnalisme. Idéal en tête à tête.

The Hashi *(plan A2,* ***68****)* **:** *86, Sivatha Bd. ☎ 063-969-007. En face du Lucky Mall. Tlj 11h-15h, 18h-23h. Formules déj 10-15 $, bentos 17-20 $; plus cher le soir.* La variété de la gastronomie de Siem Reap n'est que le reflet de son cosmopolitisme. Voici le meilleur resto japonais de la ville. Salle sobre en bois blond et climatisée. On enlève bien sûr ses chaussures, avant de s'asseoir au niveau du sol et de glisser ses jambes dans la fosse. Le choix est délicat tant la carte est longue (et lourde !). Le midi, d'intéressants *teishoku* (menus) à partager si possible pour goûter la diversité de la cuisine. L'*ebi fried teishoku* (crevettes en beignets avec riz, soupe, salade et dessert), servi généreusement, présente un bon rapport prix-qualité et prouve qu'il est aussi possible de maîtriser son porte-monnaie. Mon tout joliment présenté. Le soir, un peu plus cher, surtout les viandes.

CAMBODGE / SIEM REAP

Du wat Damnak au wat Po Lanka

(rive gauche ; plan B1-2-3)

Bon marché (3-7 $)

Hansa BBQ *(plan B2,* ***69****)* **:** *175, Wat Bo Rd. 017-776-935. Tlj 18h30-21h.* Une adresse populaire exceptionnelle ! Immense hangar sous lequel, dès l'ouverture, se ruent les familles affamées pour se jeter sur le buffet illimité d'une grande variété. La règle du jeu : premier arrivé, premier servi ! Le principe est simple : on remplit son assiette de viandes, poissons, fruits de mer, nombreux légumes... (mais pas les desserts, bien sûr) pour se concocter une super fondue (eau bouillante fournie régulièrement). Et on remet ça... À la fin, le bouillon a fusionné tous les goûts, tous les parfums... Mon tout dans une réjouissante et rugissante atmosphère !

Arun *(plan B1,* ***75****)* **:** *63, Achar St. 012-890-396. Tlj 8h-22h.* Une adresse simple et populaire, largement fréquentée par une clientèle autochtone. Les touristes, eux, s'aident des photos présentées sur la carte pour choisir les plats. Bonne cuisine khmère à prix imbattables. Les poissons sont excellents, ainsi que les cuisses de grenouilles (frites ou farcies). Portions copieuses. Grande terrasse couverte.

Prix moyens (7-15 $)

Paris-Saïgon *(plan B2,* ***72****)* **:** *176, Group 3, Wat Bo St. ☎ 063-965-408. Ouv midi et soir jusqu'à 22h. Résa fortement conseillée.* À l'écart du tumulte de Pub Street, le lieu idéal pour un dîner romantique. La salle climatisée affiche un cadre cosy, intime : murs en brique, éclairage tamisé, nappes blanches pour... une exquise cuisine franco-vietnamienne ! Accueil discret, atmosphère feutrée pour déguster les excellents nems maison ou un curry d'agneau-purée maison, entre autres. Belle sélection de vins.

Barrio *(plan B3,* ***73****)* **:** *170, Wat Bo Rd. ☎ 063-965-237.* Les âmes nostalgiques en mal de cuisine française seront comblées. Installé dans un jardin charmant, le resto est tenu par un Français adorable qui ne badine pas avec l'appétit de ses hôtes. Au choix : la terrasse protégée ou la salle avec son grand lustre de cristal et son carrelage en damier... Petits plats bien franchouillards : œuf mayo, filet de bœuf et un plat du jour qui varie selon les envies. Un poil plus cher qu'ailleurs, mais d'excellents produits sélectionnés avec rigueur et cuisinés avec professionnalisme. Également quelques spécialités khmères.

Touich Restaurant *(prononcer « Touille » ; hors plan par B1,* ***80****)* **:** *à 3 km du centre, derrière le wat Preah an Kau Sai (wat Leu). 092-808-040. Compter 3 $ en tuk-tuk ; sinon, sur demande la veille ou l'avt-veille, on pourra venir vous chercher et vous ramener (service gratuit). Réserver.*

Tlj à partir de 18h. Un petit resto local d'une dizaine de tables disposées sous un toit de bambou, à la déco simple et colorée. En cuisine, Touich concocte des plats simples et authentiques : viandes grillées, calamars sautés au poivre de Kampot, poissons frais, aubergines braisées au porc, ainsi que quelques plats végétariens. Le tout est bon et copieux, et le service familial charmant. N'hésitez pas à interroger Sobey, le mari de Touich (vous le reconnaîtrez à son français parfait), qui s'attarde volontiers à chaque table, sur le fonctionnement familial du resto et sur les autres. Une adresse à peine excentrée et qui vaut largement le détour.

|●| *Kanell* *(hors plan par B3,* ***88****) : 7 Makarat St, après le lycée Angkor. ☎ 063-966-244. Tlj. Accès piscine pour les clients.* Quel cadre bucolique ! La belle maison coloniale devance un immense jardin luxuriant dans lequel sont disséminées des tables, installées chacune sous une pergola au toit de chaume. Le patron français concocte une excellente cuisine française et khmère, qui joue sur les saveurs subtiles. Les plats sont raffinés, les présentations émerveillent et participent au plaisir d'un repas sans fausse note. À moins d'opter pour la carte de snacks à grignoter au bord de la piscine ombragée, au fond du jardin. Service souriant et attentif.

|●| *La Noria* *(plan B1-2,* ***40****) : voir « Où dormir ? ». ☎ 063-964-242. Danses et théâtre d'ombres mer à 19h30 (7 $) sur résa.* Élégante terrasse surplombant la rivière et entourée de végétation. Un cadre charmant et pas prétentieux pour goûter une cuisine khmère et européenne de bonne qualité à prix raisonnables. À la carte, notons d'obligatoires *amok* et autres currys, des salades au tofu ou de classiques pâtes fraîches *alla carbonara.* Très bon service. Un coup de cœur pour le spectacle du mercredi soir pendant le dîner. Belle performance réalisée par des jeunes (aveugles ou sourds) de la fondation Krousar Thmey.

|●| *Viroth's Restaurant* *(plan B2,* ***78****) : 246, Wat Bo Rd. 📱 012-826-346.* Avec sa grande salle ouverte sur un jardin, ses bassins et sa fontaine, *Viroth's* fait le bonheur des amoureux. Le cadre contemporain, l'ambiance intimiste le soir venu ainsi qu'un service personnalisé offrent une reposante quiétude, si on ne s'attable pas trop près de la route. Excellente cuisine khmère raffinée, cuissons justes, touches personnalisées, épices douces et parfumées, assiettes généreuses et délicieux desserts pour finir (bananes flambées au rhum bluffantes). Le chef a tout bon.

|●| 🍷 *Alliance Café* *(plan B3,* ***37****) : 7 Makara St (High School Rd). Voir « Où dormir ? » ☎ 063-964-940. Tlj 10h-22h.* Cadre élégant, enrichi d'expos de peintures contemporaines, et clientèle plutôt aisée. Au choix, on prend ses repas dans la salle ouverte, chic et intime, où sont suspendues des lampes de pagode multicolores, ou bien au bord de la piscine. Plats végétariens et asiatiques de bonne tenue et créatifs : salade de fleur de banane au poulet grillé, salade de mangue verte aux croquettes de poisson... Et quelques plats français, classiques. Rien à redire. Spectacles de marionnettes ou de danse de temps en temps.

|●| 🍷 *Le Tigre de Papier* *(zoom,* ***79****) : Pub St. 📱 012-265-811. Ouv 24h/24.* 2 entrées pour ce resto en longueur, qui débouche aussi sur le passage ! Banquettes confortables, sympathique déco d'épicerie et situation stratégique, en plein cœur de l'action ! Coloré, convivial et d'un bon rapport qualité-prix. Bons petits plats, pizzas au feu de bois et bière pas chère. Propose également des cours de cuisine.

Chic (15-25 $)

|●| *Cuisine Wat Damnak* *(plan B3,* ***84****) : derrière la pagode du même nom, entre le marché Psa Dey Hoy et le lycée Angkor. 📱 077-347-762. Fermé dim-lun et au déj. Résa conseillée.* Une jolie maison traditionnelle dans un quartier encore très typique et qui a conservé son âme de village. Trois atmosphères distinctes : une salle climatisée classique en bas, une autre aménagée dans la partie traditionnelle en bois à l'étage et un jardin tropical planté de nombreuses plantes aromatiques et d'épices. L'ancien chef de l'école *Sala Baï* propose une cuisine cambodgienne de marché créative, à base de produits locaux et de saison. Les menus dégustation changent toutes les semaines. Un livre, ainsi qu'une boutique, toujours sur le thème de la cuisine cambodgienne. Plus qu'un resto, un lieu dédié à la culture gastronomique locale. On adore le concept...

The Square 24 *(plan B2,* ***81****) : St 24. 012-614-695. Tlj midi et soir jusqu'à 22h.* Encore un resto *trendy* où le cadre prime. Imaginer une haute paillote ouverte, à l'architecture moderne, dans un environnement végétal bordé de petits plans d'eau... Cuisine assez créative, réelle maîtrise des épices et des saveurs, mets joliment présentés. Excellent *fish amok* et des plats originaux servis avec un accompagnement au choix. Quelques plats « western » également. Service efficace et atmosphère tamisée reposante après la visite des temples.

Sur la route du Tonlé Sap *(hors plan par A3)*

École hôtelière Sala Baï *(hors plan par A3,* ***50****) : quartier Wat Svay, à 5 mn en* tuk-tuk *du vieux marché, le long de la rivière, rive gauche en direction du Tonlé Sap (voir « Où dormir ? »). 089-590-864. Résas : • booking@salabai.com • Lun-ven, pour le petit déj (7h-9h) et le déj slt (12h-14h). Fermé de mi-juil à mi-oct. Menus et carte.* Dans le quartier authentique de Wat Svay, « la pagode des mangues ». Le restaurant d'application de l'école hôtelière de l'ONG *Agir pour le Cambodge* (voir la rubrique « Aide humanitaire » en fin de guide) offre sur 2 niveaux un espace ventilé avec une belle vue sur le jardin et la rivière. Dans la continuité du restaurant, une longue baie vitrée permet d'observer les élèves apprentis cuisiniers en train de travailler. Le resto propose à la fois une cuisine d'influence asiatique et occidentale. 2 menus au choix qui changent régulièrement et une carte de suggestions servies par des étudiants très motivés. Bon, joliment présenté et original. L'occasion de contribuer au succès de cette formidable initiative qui permet de former tous les ans plus d'une centaine de jeunes Cambodgiens très défavorisés. La totalité de la scolarité est entièrement gratuite !

Sur la route de l'aéroport *(nationale 6 ; hors plan par A1)*

Prix moyens (7-15 $)

Le Jardin des Délices *(hors plan par A1,* ***87****) : La Glacière, N6 (avt l'aéroport). ☎ 063-963-673. • ecolepauldubrule.org • Ouv slt pour le déj, mar-ven.* Cet établissement est en réalité le restaurant d'application de l'école d'hôtellerie et de tourisme fondée par Paul Dubrule, qui forme des jeunes pour la plupart issus de milieux défavorisés. Le chef cambodgien, passé par l'institut Bocuse et l'école Lenôtre, propose chaque semaine un menu gastronomique d'influence française. Les bénéfices sont entièrement reversés à l'ONG et contribuent à l'autofinancement du projet pédagogique de l'école.

De chic à plus chic

Abacus *(hors plan par A1,* ***83****) : N6 (pour l'aéroport). ☎ 063-763-660. 012-644-286. À hauteur de l'*Acleda Bank, *tourner à droite (c'est à 100 m). Tlj midi et soir jusqu'à 22h30.* Dans une grande villa moderne et lumineuse, salle à manger de style contemporain à la sobre élégance et larges baies s'ouvrant sur le jardin. Excellente cuisine française traditionnelle, qui se paie le prix fort. Clientèle d'expats et d'hommes d'affaires, car c'est l'un des restos les plus chers de Siem Reap. Plats du jour à l'ardoise. Terrasse appréciée à la fraîche le soir.

Où boire un thé, un café ?

La Couleur du Thé *(hors plan par B1,* ***102****) : Slokrame ; en venant de la ville en longeant la rivière (rive gauche), passer le* Natura Resort, *puis*

2e chemin à droite après la guesthouse Samatika ; *c'est à 30 m à gauche.* *095-612-580. Tlj 8h-19h.* Certes un peu excentré, ce salon de thé à la lisière de la ville a des airs de campagne avec son beau jardin verdoyant et sa piscine. Dans une ambiance zen et sereine, installé dans un canapé chinois en bois rouge ou sous un parasol bouddhique, on prend le temps de vivre et de rêver. La préparation du thé, minutée avec précision, semble la seule contrainte dans ce lieu hors du temps. Une carte entière avec des thés de toutes provenances. Niki, la maîtresse des lieux, en connaît un rayon et, en vraie passionnée du thé, saura vous orienter. Tartes salées le midi, vins au verre et pâtisseries.

Où boire un verre ? Où écouter de la musique ?

Les endroits où prendre un verre ne manquent pas. La plus grosse concentration se trouve à deux pas du vieux marché, dans une rue justement appelée Pub Street, véritable « rue de la Soif », doublée d'une petite allée parallèle (Pub Lane). Les enseignes se succèdent, certaines se dédoublent même !

Dans Pub Street et The Lane (zoom)

Les pubs ouvrent tous les jours de 9h à minuit, certains ferment plus tard. *Happy hours* multiples.

Asana (zoom, **110**) **:** *dans la ruelle entre Pub St et St 7 (la même que celle du* Silk Garden*). Tlj 11h-2h.* Dans une courette paisible, on découvre la dernière demeure en bois authentique du centre-ville. Elle abrite un bar vraiment chaleureux et original. Au rez-de-chaussée, une variété incroyable de façons de s'asseoir : chaises, canapés et fauteuils de toutes sortes, hamacs, lits suspendus, sacs de riz, etc. Le concept : une vraie volonté de favoriser les échanges entre clients et les rencontres sur fond musical extra. Dans la maison sur pilotis, grande salle à la lumière tamisée pour déguster d'excellents cocktails et *fruit shakes* sans oublier le *sombaï,* spécialité maison à base de fruits et d'épices infusés dans de l'alcool de riz (visite de l'atelier possible avec dégustation, en français, sur résa). Accueil charmant et atmosphère vraiment relax bien éloignée du brouhaha touristique... Possibilité de se restaurer, c'est bon et pas cher. Une de nos plus sympathiques adresses, c'est dit !

Miss Wong (zoom, **100**) **:** *dans une ruelle parallèle au nord de Pub St. Tlj 18h-1h.* Bar à cocktails signalé par une lanterne rouge et un joli décor chinois style *Lotus bleu* ; lumières bien tamisées dans des tonalités pourpres, on se croirait dans la concession de Shanghai dans les années 1920.

The Yellow Sub (zoom, **111**) **:** *The Lane, à deux pas de* Miss Wong. *Tlj sf lun de 15h jusque tard.* L'originalité de ce café est avant tout le décor totalement consacré aux Beatles : photos, peintures, caricatures, affiches, etc. Un cachet indéniable et même la possibilité de se faire un ping-pong (à l'étage). La meilleure surprise, c'est la terrasse perchée sur le toit : super pour boire un verre ou grignoter pâtes, pizzas et burgers.

Silk Garden (zoom, **101**) **:** *dans une petite impasse perpendiculaire à The Lane. Tlj 15h30-minuit.* Derrière cette haute devanture en bambou se cache un nid tropical avec de grandes plantes vertes, totalement isolé de la rue. Leur définition : les trois « R » (*roots,* rock, reggae). Une poignée de tables disséminées dans le jardin pour boire un cocktail à l'*happy hour* (en fin d'après-midi). Le drapeau breton et les crêpes ne peuvent pas mentir sur l'origine du patron ! Salle au 1er étage et long comptoir.

Mezze (zoom, **107**) **:** *13A, St 11. Tlj de 18h jusque tard.* À l'étage, ce bar à la déco grandiose ravit une clientèle branchée et fêtarde, mélange homogène de touristes et d'expats. On vient davantage pour la bonne musique, les cocktails et l'ambiance festive que pour la cuisine libanaise. Beaux jeux de lumière, dans une atmosphère tamisée.

🍷 ♫ ***Angkor What ?*** *(zoom,* ***104****) : voisin du* Tigre de Papier *(voir plus haut « Où manger ? »). Tlj jusqu'à 3h.* Un bar-boîte bien anglo-saxon. Grandes tablées à l'extérieur, et un son craché par des enceintes qui concurrencent celles du *Temple,* le club le plus populaire situé juste en face. Fresque déjantée à l'intérieur et chaude ambiance.

🍷 ***X Rooftop Bar*** *(plan A3,* ***105****) : Sok San Rd, à l'angle de Sivatha. 📱 012-263-271. De 15h jusqu'au petit matin.* Chouette terrasse sur le toit, pour prendre un peu de hauteur sur l'agitation de la ville. Une mise à distance relative, car ça envoie du lourd, au *X Bar* ! Musique à donf' dans cet antre de jeunes qui se retrouvent au bar, au billard, ou sur la rampe de skate ! Musique live en fin de semaine et grosse ambiance certains soirs, mais il y a de la place et au moins, on respire.

🍷 ***Red Piano*** *(zoom,* ***107****) : entrée sud-ouest de Pub St. ☎ 063-964-750. Tlj 6h30-1h. CB refusées.* Des murs rouges, ça va de soi, et une grande terrasse ouverte sur la rue, meublée de gros fauteuils en osier. Le piano est à l'étage, tout comme le balcon avec vue sur l'animation. Possibilité de se restaurer depuis le petit déj jusqu'au soir. Sympa le temps d'une bière belge ou d'un cocktail, mais inutile de s'attarder à table.

🍷 ♩ ***The Warehouse*** *(zoom,* ***109****) : en face de l'Old Market. Tlj 10h-3h.* 📶 Un bar très sympa, lieu de rendez-vous des expats, mais aussi des locaux et des routards. On y vient surtout pour l'atmosphère, ou pour boire une bière et observer l'agitation de la ville depuis le balcon. Billard à l'étage, soirées karaoké, retransmission de matchs sur grand écran, etc. Également service de restauration.

Ailleurs en ville

🍷 ***Bar du FCC*** *(plan B2,* ***23****) : voir « Où dormir ? » Tlj 7h-minuit.* Happy *hours 17h-19h.* Un bar en plein air où les tables se mirent dans le bassin. Et autour, dans les galeries, des boutiques chic et branchées qui complètent le décor. Particulièrement agréable en début de soirée, pour l'apéro. Resto à l'étage, à prix raisonnables.

🍷 ***Elephant Bar*** *(plan B1,* ***22****) : dans l'hôtel* Raffles, *voir « Où dormir ? » Ouvre à 18h.* Chic et cher mais tellement classe... C'est le moment de troquer le marcel pour une chemisette bien repassée ! Somptueux décor colonial, canapés Chesterfield, long bar où sont exposées les différentes bouteilles d'alcool, et un billard pour la détente. Avec qui ? Agatha Christie et son héros fétiche Hercule Poirot, *of course...*

🍷 ***L'Explorateur*** *(plan B1,* ***21****) : dans l'hôtel* Victoria Angkor, *voir « Où dormir ? »* Happy hours *ven 17h-19h (avec petits canapés gratuits) : moitié prix sur les boissons.* Ambiance Art déco en terrasse, au bord de l'immense piscine. Beaucoup de charme et très calme (sauf le vendredi soir, lors des programmations musicales). Atmosphère chic et romantique mais pas guindée. Cocktails servis avec des petits assortiments à grignoter.

Loisirs

Spectacles

■ 👓 ***Phare, « Le Cirque du Cambodge »*** *(hors plan par A3,* ***74****) : Ring Rd ; au bout de Sok Sen Rd, prendre à gauche sur Ring Rd, c'est au début de la rue. 📱 015-499-480 et 092-225-320. • pharecambodiancircus.org • Ouverture billetterie,* Phare Cafe *et boutique tlj à 18h30. Spectacle à 19h40. Prix : 18 $; réduc. Résa conseillée.* Cirque, théâtre, danse, musique, contes traditionnels se mêlent dans des spectacles éblouissants alliant poésie, tradition et modernité. Quel talent, quelle énergie ! Chaque soir, une prestation de haut vol en met plein la vue des petits et des grands. Et nous émeut tout à la fois. Gros avantage de la scène, qui n'est pas immense : on est tout près des artistes, même sans être au premier rang. Les spectacles changent très régulièrement, en ayant comme trame de fond la période douloureuse de la guerre. Pour la petite histoire, ce cirque associatif a été créé pour permettre l'autofinancement de l'ONG mère *Phare Ponleu Selpak* (à Battambang), créer des emplois pour les jeunes artistes défavorisés et aider au développement de leur carrière professionnelle au niveau national et international. Sur place, un bon resto pour dîner avant le spectacle (voir plus haut « Où manger ? ») et une boutique (œuvres réalisées par des artistes peintres de *Phare Ponleu Selpak* et produits provenant d'ONG). En contribuant au succès du spectacle, vous aiderez en même temps à développer les arts du cirque et à faire connaître des artistes vraiment très créatifs.

■ ***Théâtre d'ombres :*** *ts les mer à 19h30 au resto de l'hôtel* La Noria *(voir « Où dormir ? »). Résa impérative. Compter 7 $.* Ces spectacles alternant théâtre d'ombres et danses sont proposés par l'ONG *Krousar Thmey* qui fait jouer des jeunes handicapés (sourds-muets), très impliqués et doués. L'argent va directement à l'ONG.

Danses khmères

Nombre d'hôtels et de restos proposent chaque soir des danses plus ou moins khmères. Difficile de s'y retrouver dans la qualité. Disons que ça va du pire au vraiment pas mal. Notre préféré :

■ ***Apsara Theatre :*** *en face de l'*Hôtel Angkor Village *(voir « Où dormir ? » ; plan B3,* ***48****). Résas : ☎ 063-963-361. • angkorvillage.com • Formule dîner (menu fixe, boissons en plus) + spectacles tlj à 19h30. Prix : 27 $ (vraiment cher !).* Une superbe salle de théâtre, tout en bois, où l'on s'installe à même le sol devant la scène, ou au 1er étage, sur des chaises (la visibilité est aussi bonne). 5 danses locales ou retraçant la légende du *Râmâyana,* de bonne qualité, mais spectacle assez long, autant être prévenu.

Massages et spas

La grande mode à Siem Reap comme ailleurs. Attention, pour les massages, beaucoup d'attrape-crédules. Parmi les adresses sûres :

■ ***Massage Krousar Thmey*** *(hors plan par B1) : même lieu que l'expo sur le patrimoine khmer (lire « À voir. À faire »). • krousar-thmey.org • Tlj sur demande 9h-21h. Compter 7 $/h.* Salon de massage de l'école pour enfants sourds ou aveugles de l'ONG du même nom. Les jeunes ont été formés par des professionnels. Une façon agréable de soutenir cette belle initiative.

■ ***Frangipani*** *(plan A2,* ***120****) : 615-617, Hup Guan St. ☎ 063-964-391. 📱 012-982-062. • frangipanisiemreap.com • Dans le quartier du marché central, derrière la banque* ANZ. *Résa vivement conseillée.* Sans doute le meilleur institut en ville, qui fait travailler des masseuses professionnelles ultra compétentes. Atmosphère tout aussi pro et détente. Boisson détoxifiante et lavage de pieds pour commencer. Une vingtaine de massages, du simple « antistress » à la réflexologie plantaire, en passant par le *Trésor tropical* à base de yaourt. Tout un programme ! Et comme on dit, la qualité n'a pas de prix. Le top à Siem Reap, mais toujours bien moins cher qu'en France. Enfin... on n'en sort pas déçu.

■ ***Sokkhak Spa*** *(plan A3,* ***121****) : Sok San Rd. ☎ 063-763-797. • sokkhakspa.com • Tlj 11h-22h.* Voici une autre adresse élégante et raffinée pour se faire masser dans les règles de l'art par un personnel bien formé. Soins de qualité, à prix justifiés. Pour économiser quelques dollars, on peut traquer les coupons de réduction dans le *Siem Reap Angkor Visitor Guide,* distribué gratuitement dans les hôtels.

■ ***Khmer Relief Spa*** *(zoom,* ***122****) : dans une impasse à côté du vieux marché. ☎ 063-765-596. • khmerreliefspa.com • Tlj 10h-23h.* Petit établissement décoré avec goût. Là aussi, des massages de haute volée réalisés par des professionnels d'une grande gentillesse. Nombreux soins à base de fleurs et de fruits.

■ ***Body and Soul*** *(zoom,* ***123****) : dans le passage, allée parallèle à Pub St,* *en face du* Tigre de Papier. *092-226-694. Tlj 9h-22h. Pour les cours, résas au moins 1 j. avt.* Ouvert par un Français, ce spa très prisé des touristes et des expatriés de Siem Reap offre tous les massages habituels ainsi que du *reiki*. Il propose également des cours de massage d'une demi-journée (environ 25 $). Boutique d'huiles essentielles et de produits de beauté bio.

Achats

Senteurs d'Angkor *(zoom,* ***130****) : en face de l'angle nord du vieux marché. ☎ 063-966-733. • senteursdangkor.com • Tlj 7h30-22h30.* Élégante boutique vendant un large assortiment d'articles produits localement et uniquement à partir de matières premières cambodgiennes. Tissus de soie, statues, objets en argent, bijoux, bibelots et bougies de bonne qualité. Également des épices, noix, cafés et autres thés parfumés, très joliment présentés. Évidemment plus cher que sur les marchés, mais la qualité et l'origine sont certaines. Sur la route de l'aéroport (au nº 145), à 2 km du centre, un autre point de vente, assorti d'ateliers de démonstration.

Les Artisans d'Angkor *(plan A3,* ***131****) : Stung Thmey St. ☎ 063-963-330. • artisansdangkor.com • Tlj 7h30-18h30.* Ce chantier-école forme de jeunes ruraux aux métiers de l'artisanat : taille de la pierre, du bois, laque, dorure, tissage, etc. Plusieurs localisations. L'école-showroom, tout près du vieux marché, fait boutique. De beaux produits, chers. Cette véritable entreprise gère aussi une boutique-café *(Angkor Cafe)* face à l'entrée du temple d'Angkor Wat, et, à 16 km de la ville (district de Puok), une ferme-boutique de soie *Angkor Silk Farm (tlj 8h-17h30)* où sont exposées toutes les étapes de la production, depuis l'élevage des vers à soie jusqu'au tissage, en plus d'une somptueuse boutique qui clôt la visite et un espace buvette bien agréable. Boutiques également aux aéroports de Phnom Penh et de Siem Reap (au cas où il vous manquerait le cadeau pour la grand-tante).

Samatoa *(plan B3,* ***132****) : 11, St 26, sur la rive gauche. 092-529-001. • samatoa.com • lotusfarm.org • Tlj 8h-21h. Réduc de 10 % sur les articles sur mesure sur présentation de ce guide.* Dans cette entreprise sociale de réinsertion, des designers viennent chaque année aider les couturières à créer des collections de vêtements majoritairement féminins. Il suffit de choisir un des modèles (ou de venir avec le sien) et de le faire réaliser sur mesure, dans une soie 100 % naturelle fabriquée traditionnellement par la maison. Compter 2 jours de délai. Travail de qualité pour un prix très correct. Une initiative à encourager. Les créations sont aussi diffusées par d'autres boutiques et hôtels. Les curieux demanderont à monter à l'étage pour visiter l'atelier, et pourront même se rendre à la *Lotus Farm*, à 6 km environ au sud de la ville. Dans les ateliers, on peut assister au filage et au tissage du lotus, dont le précieux tissu est utilisé dans la fabrication de vêtements haut de gamme.

Theam's *(hors plan par A1,* ***133****) : 25, Veal Village, Khum Kokchak. 078-208-161. • theamshouse.com • Assez excentré, prendre un* tuk-tuk. *Tlj 8h-18h.* À l'abri des regards dans un chemin en terre excentré, la maison de Theam est magnifique ! L'artiste, formé à l'école Boulle et passé aux *Artisans d'Angkor*, a installé ici son atelier et sa galerie d'art. Voilà une bonne raison pour aller s'y aventurer. Production originale, de haute qualité, comme ces triptyques peints à l'acrylique et laqués. Boutique pleine de couleurs, d'objets et d'animaux stylisés laqués. Gros succès des éléphants en argile laqués qui reçoivent 7 couches de peinture, à chaque fois poncées. Également des sets de table, foulards, etc.

Khmer Ceramics & Bronzes *(hors plan par B1) : Vithey Charles de Gaulle, Temple Rd. ☎ 063-210-004. 017-843-014. • khmerceramics.com • Tlj 8h-20h.* Un Belge s'est installé là pour faire renaître la tradition de la

CAMBODGE / SIEM REAP

céramique au Cambodge. Petite visite pour voir les artisans et apprentis au travail devant leurs tours et leurs fours. On peut s'inscrire pour un stage de 2h et récupérer le fruit de son travail après cuisson et vernissage 24h après.

Jayav Art *(hors plan par B1)* **:** *A25, Vithey Charles de Gaulle. 089-787-345. Tlj 11h-19h. Réduc de 10 % sur présentation de ce guide.* Michel Brousseau a eu l'astucieuse idée de créer des modèles de sculptures inspirées de l'art khmer, fabriquées en... papier mâché ! Bel effet ! De loin comme de près, difficile de soupçonner qu'on a là des œuvres en papier recyclé. À l'étage, on peut voir le personnel cambodgien travailler minutieusement.

À voir. À faire

Plusieurs ***pagodes*** le long de la rivière, sur la rive gauche. On en voit tout le long de la route, jusqu'au lac. Elles ont moins souffert que celles de Phnom Penh : la plupart sont intactes. Observer les beaux frontons de bois. N'hésitez pas à louer un vélo et à vous engager sur les routes. En ville, le ***wat Bo*** *(plan B2)* date du XVIIIe s et renferme des peintures bien préservées représentant des passages du *Reamker,* le *Râmâyana* version khmère. Sur la rive ouest, le ***wat Preah Prohm Rath*** *(plan B2-3)* a été construit en 1945 à l'emplacement d'un monastère du XIIIe s. Kitsch et coloré.

Psaar Chas *(Old Market ; le vieux marché ; zoom)* **:** *ferme à 18h.* Détruite puis reconstruite, cette vaste halle abrite surtout des boutiques d'artisanat pour acheter vos souvenirs (côté rivière). Le marché de Phnom Penh est toutefois moins cher. Côté épices, la production locale ne parvenant plus à suivre la demande étrangère, le « poivre de Kampot » est un poivre vietnamien, de qualité tout à fait acceptable mais qui n'a aucune raison d'être vendu au prix du poivre cambodgien ! De même, méfiez-vous des pseudo-« boîtes en argent », souvent en tôle étamée, des fausses pierres précieuses, etc.
Pas de surprise, en revanche, concernant la littérature sur Angkor.

Night Market *(plan A2)* **:** *un peu à l'est de Sivatha, pas loin du vieux marché. On y accède par des petites rues adjacentes où il faut lutter contre les assauts des rabatteurs qui insistent pour vous attirer dans les salons de massage. Env 17h-22h.* Boutiques d'artisanat, de textiles et d'accessoires. Hyper touristique, et concurrence acharnée, donc prix à négocier. Parmi la multitude de vêtements, qui se distinguent peu d'un stand à l'autre, on peut, en cherchant bien, trouver un artisanat plus original, comme des marionnettes du théâtre d'ombres, réalisées artisanalement en peau de buffle ou de vache tannée. Leur réalisation peut prendre plusieurs jours, ce qui explique leur prix un peu élevé. Petits restos et gargotes en plein air tout autour (dont le *Steven Corner,* populaire, bon et copieux, à prix dérisoire).

Psaar Leu *(le grand marché ; hors plan par B2)* **:** *à env 2 km du centre, sur la route de Phnom Penh. Tlj 7h-17h.* Marché couvert important pour toute la région. Des centaines de petits stands où les Cambodgiens viennent se ravitailler pour tout. Nourriture, vêtements, quincaillerie... Peu d'intérêt touristique, hormis celui d'observer le quotidien des habitants.

Les architectures et monuments coloniaux : plus grand-chose, malheureusement. Les plus connus restent le *Raffles – Grand Hôtel d'Angkor (plan B1,* ***22****),* et, de l'autre côté de l'esplanade, la résidence royale dans la villa blanche, où de Gaulle séjourna en 1966, lors de sa visite à Angkor. C'est encore aujourd'hui la résidence du roi quand il vient par ici. Pas loin, le *FCC (plan B2,* ***23****),* un bijou Art déco, et la poste.

National Angkor Museum *(Musée national d'Angkor ; plan B1)* **:** *968, Vithei Charles de Gaulle. ☎ 063-966-601. ● angkornationalmuseum.com ● Tlj*

8h30-18h30 (18h avr-sept). Entrée : 12 $; réduc ; gratuit moins de 6 ans ; 3 $ de plus pour l'utilisation d'un audioguide en français. Idéal aux heures chaudes.
Inauguré en 2007, le Musée national, moderne et didactique, est une bonne introduction à la visite d'Angkor. Au-delà des polémiques sur les sommes colossales englouties pour sa construction et sur le centre commercial attenant qui n'a de culturel que le nom, on applaudit sans réserve la mise en valeur réussie du patrimoine national.

La visite
Il est facile de consacrer 2 à 3h pour visiter les huit galeries numérotées de A à G, selon un parcours à la fois thématique et chronologique, assez bien pensé. Un excellent préambule à la civilisation et à l'art khmers, pour comprendre l'histoire du site et les différents styles architecturaux qui le composent, grâce notamment aux techniques multimédias. Panneaux d'explications en anglais, clairs et synthétiques, et un audioguide intéressant pour un complément d'information. Le musée, très vaste, s'organise sur deux niveaux autour d'une pièce d'eau.
La visite commence au 1er étage. Après une courte présentation filmée du musée, sans grand intérêt, on pénètre dans le vif du sujet :
– *La première galerie :* salle spectaculaire « ***aux mille bouddhas*** », tous d'origine cambodgienne. Le plus précieux, face à l'entrée, serait un bouddha méditant du XIe s provenant d'Angkor Wat (style Baphuon). C'est une pièce unique au Cambodge. À droite, belle série de bouddhas dorés et polychromes XVIIe-XIXe s. Sur le deuxième podium, une étrange statue d'ermite allongé XIIe-XIIIe s. À côté de beaux bouddhas méditant en bois et, tout au fond, des bouddhas debout. L'autre pièce majeure à ne pas manquer est le grand bouddha couché, dit *nirvana* : ses orteils sont égaux (non décalés) et les doigts de la main sont au même niveau, comme c'est la tradition dans la représentation du Petit Véhicule (bouddhisme cambodgien).
– *La galerie A :* dédiée aux périodes de la ***civilisation khmère*** (Funan, Chenla, pré-angkorienne et postangkorienne), avec entre autres une carte intéressante des routes commerciales en Asie. Quelques pièces intéressantes : un bouddha debout en grès rouge, l'un des plus anciens (VIe s) et à côté, un Vishnou de la même époque. De la culture Chenla, un Vishnou montrant de façon insolite ses muscles... Harmonieuses divinités féminines.
– La section « ***Religions et croyances*** » *(galerie B)* commence par un répertoire complet des divinités brahmaniques (se faire passer le film en français). Voir le *Muka lingam,* cet étonnant socle qui réunit les trois divinités hindoues en une seule pièce : Brahma sur le socle, Vishnou sur la partie octogonale et Shiva en haut, ou encore Vishnou à quatre mains doté de ses quatre attributs, le disque, la boule, le bâton et le sabre. On poursuit le panorama religieux par le descriptif du bouddhisme du Grand Véhicule et les légendes fondatrices qui s'y rattachent. On note l'omniprésence de la figure du serpent Naga, roi des eaux et des enfers et protecteur de Bouddha. Au milieu, une borne de frontière ciselée de style Banteay Srei, du Xe s.
– La *galerie C* commence par une longue frise chronologique. On vous fera grâce de l'énumération des ***rois khmers*** ! Ils ont tous plus ou moins apporté leur pierre à la magnificence d'Angkor entre le IXe et le XIIIe s, dont la construction est expliquée ensuite au rez-de-chaussée avec une grande maquette et des effets audiovisuels un peu grandiloquents. Superbe série de frontons et de linteaux sculptés. Tout au fond, belles colonnes gravées, permettant de suivre l'évolution des styles à Angkor.
– La *galerie D* (descendre au rez-de-chaussée) est consacrée au style ***Angkor Wat*** avec notamment une belle représentation du bodhisattva *Avalokiteshvara* (la compassion), le bodhisattva du Grand Véhicule traditionnellement représenté à Angkor durant la période hindouiste (découvert au Beng Mealea). Belle maquette centrale et film sur Angkor Wat projeté sur les murs, permettant une immersion réussie.

– La *galerie E* met l'accent ensuite sur ***Angkor Thom*** et ses énigmatiques bouddhas au sourire mystérieux, ainsi que ses énormes têtes des divinités (Asura, Deva...). Intéressante série de bornes et de *chaitya* (petits stûpas à l'intérieur des sanctuaires) joliment ciselées. Le règne de Jayavarman VII (J7 pour les intimes) précède un cortège de divinités animales : lions, éléphants, tortues, serpents, taureaux. Ne pas manquer le film en français, très bien fait, sur les caractéristiques du style Bayon, un style qui a vu naître les colossaux temples d'Angkor. Avant de passer dans la salle suivante, deux imposantes statues gardiennes de l'escalier du temple de Banteay Srei : Narasimha et le torse de l'aigle Garuda.
– Dans la ***salle des pierres*** *(galerie F)*, on profite de la facilité qu'on a ici à détailler de près ce qui ne peut s'observer qu'en se tordant le cou lors de la visite des temples. Les textes gravés en sanskrit sur les stèles peuvent s'écouter grâce à de petits haut-parleurs judicieusement placés.
– *Galerie G :* ***les costumes.*** Sans doute l'une des salles les plus intéressantes, car elle permet de comprendre comment se sont définis les styles khmers anciens. Le sampot, long drap de 4 m de long, est noué autour de la taille, drapé, puis remonté par derrière comme une culotte. Le dos est d'ailleurs autant travaillé que l'avant, on le voit bien sur les statues exposées au centre de la pièce. Remarquer les plissés des pagnes : ils varient très nettement suivant les périodes. De même pour les différents types de coiffes et les bijoux, très importants dans l'étude des styles et qui définissent des périodes précises. On admirera aussi la riche présentation de petits bronzes, cuillères à riz, clochettes et grelots d'éléphants, vases et objets domestiques... Décor de palanquins, tridents et diverses statuettes. Voir aussi la frise chronologique.
– La visite s'achève par la galerie des ***Apsaras,*** nymphes célestes. Dans le mythe fondateur de l'hindouisme, dieux et démons étaient en lutte pour la maîtrise du monde. Les dieux, affaiblis, demandèrent l'assistance de Vishnou, qui leur proposa d'unir leurs forces à celles des démons, dans le but d'extraire le nectar d'immortalité de la mer de lait, c'est le fameux barattage. Après mille ans d'efforts, un certain nombre d'êtres merveilleux apparurent, dont les gracieuses Apsaras, ces célèbres danseuses célestes. Quelques très jolies statues. Film intéressant sur les apsaras. Cette salle sert enfin de vestibule à la boutique : superbes pièces sculptées, objets, tissus... inabordables ! Espace librairie.

La Conservation d'Angkor *(plan B1)* **:** *moyennant 5 $ versés à l'EFEO, il est possible de faire la visite.* Entouré d'une enceinte protégée, transformé en porcherie sous les Khmers rouges, ce vaste dépôt créé par l'École française d'Extrême-Orient en 1908 a été surnommé « le fort Knox de l'art khmer » ! Ce qui n'a pas empêché un commando armé de bazookas de l'attaquer en 1993 pour emporter 21 pièces parmi les plus précieuses... Depuis ce cambriolage, les plus belles statues d'Angkor entreposées ici ont été rapatriées à Phnom Penh. Ce qui fut fait, dans le plus grand secret : 250 œuvres ont été évacuées par un avion de l'ONU pour être mises à l'abri au Musée royal. D'autres belles pièces sont maintenant exposées au Musée national d'Angkor (voir plus haut). Il n'empêche qu'il flotte encore dans ces entrepôts vieillots et poussiéreux, le souvenir d'une page d'histoire. Celle d'archéologues français qui ont dédié leur vie à la restauration du patrimoine khmer. Pour un organisme autrefois chargé de la sauvegarde et de la restauration angkorienne, il est vraiment troublant de le voir aujourd'hui si négligé. Une importante collection de sculptures y repose toujours, comme dans les limbes.

L'exposition sur le patrimoine khmer *(hors plan par B1)* **:** *sur la route des temples, côté droit après l'hôpital* Jayarvaman VII. *012-762-317. Tlj 9h-12h, 15h-18h. GRATUIT (mais donations bienvenues).* Mise en place par l'association *Krousar Thmey* (voir la rubrique « Aide humanitaire » en fin de guide). Quelques panneaux d'informations sur le lac et son environnement, ses habitants et leurs cultures lacustres et maquette. À coupler avec l'expérience émouvante « Seeing in the dark » : accompagné d'un aveugle, on tente de trouver ses repères dans une salle complètement noire qui simule l'effervescence de la rue et une séquence d'achats au marché. Assez troublant de se confronter aux injustices quotidiennes de ces jeunes. En bref, un dispositif tout simple qui permet de tisser des liens spontanés avec les aveugles, qui sont aussi formés aux massages (lire plus haut « Loisirs »).

Mine Museum (musée de la Mine) : *à 25 km du centre, sur la route de Banteay Srey. 015-674-163. • cambodialandminemuseum.org • Tlj 7h30-17h30. Entrée : 5 $.* Pour ceux et celles qui sont intéressés par le sujet, un petit musée privé sur ce fléau du Cambodge. Mr Aki Ra (dont les parents ont été tués par les Khmers rouges quand il avait 5 ans) a posé des mines quand il était dans l'armée vietnamienne. Plus tard, il a été employé par le gouvernement pour les neutraliser. Un film retrace son parcours. Cette expérience lui a donné l'idée de créer ce musée, pour dénoncer vigoureusement les mines antipersonnel, et le *Relief Centre,* une école pour les handicapés et orphelins des mines. Vaut le coup, ne serait-ce que pour soutenir le projet de Mr Aki Ra. Vente de petits articles sur place, qui financent l'école.

Angkor Panorama Museum (plan Angkor) : *60, Phum Slor Kram, près du guichet des passes pour Angkor. ☎ 063-765-263. • angkorpanoramamuseum.com • Tlj 7h-12h, 13h-21h. Entrée : 15 $ (bien cher). Film : 5 $.* Étonnant, ce nouveau musée financé par la Corée du Nord à la gloire du Cambodge d'antan. Si la 1re salle présente une maquette du site et des panneaux sur les temples et leur conservation, le « clou » de la visite est cette fresque déroulée sur 360° : 13 m de haut, 123 m de long pour figurer 45 000 personnages à des étapes marquantes de l'empire khmer (IXe – XVe s) : la guerre contre les Chams, la construction du temple du Bayon, la vie quotidienne à la glorieuse époque. 63 artistes nord-coréens ont travaillé pendant 1 an à sa réalisation. Un film retrace également la fondation de la cité.

Découvertes à pied et itinéraires à VTT dans la zone des temples et ailleurs autour du lac : pour ceux qui disposent d'un peu de temps pour découvrir les parages, les agences de voyages proposent différents itinéraires de découverte en 4x4 de temples éloignés et peu fréquentés ou des randos à pied ou à VTT.

Balades à cheval : *avec* **The Happy Ranch Horse Farm** *(à 1,5 km à l'ouest de la ville). • thehappyranch.com • 012-920-002. Tlj. Compter 28 $/h.* Un ranch à l'américaine, avec de magnifiques installations et des chevaux bien dressés qui conviendront également aux cavaliers débutants. Balades à l'heure ou à la demi-journée à travers la campagne et les rizières, encadrées par un personnel passionné.

ANGKOR… ET TOUJOURS

• Plan *pp. 172-173*

Qui n'a jamais rêvé des tours d'Angkor ? D'y entendre « cette musique sculptée qui nous révèle, après dix siècles, le rythme lent et ondoyant de la danse des apsaras » (Élie Faure) ? De revivre le pèlerinage de Pierre Loti dans cette « basilique fantôme, immense et imprécise, ensevelie sous la forêt tropicale » ? Pour l'archéologue Bernard Groslier : « Il faut

se représenter à la fois Versailles, la Concorde, le Louvre, la place des Vosges et toutes les plus belles cathédrales... » Rien de moins !

Pas de doute, Angkor excite l'imagination et favorise l'inspiration. Depuis la fin de la guerre, l'explosion touristique est en marche et s'accélère encore avec l'essor croissant du tourisme asiatique (d'ailleurs, éviter de s'y rendre pendant le Nouvel an chinois au risque de se retrouver dans des embouteillages monstres pour accéder aux temples).

Chaque année, l'ONU, l'Unesco, des experts et l'autorité cambodgienne en charge du site (rien que ça !) se penchent sur la façon de gérer au mieux l'augmentation des flux touristiques (4,5 millions de personnes attendues en 2016). Aménagement des sites, réfection des routes, équipements annexes, organisation... Actuellement à l'étude : la réservation en ligne avec un créneau horaire pour les groupes, un sens de la visite pour les monuments les plus visités...

L'état du site est aussi abordé : les dégâts de l'humidité sur le grès, la préservation des décors, la consolidation des édifices... tout comme l'aspect social, pour que la population alentour profite mieux de la manne induite par la richesse d'Angkor. Cet immense travail de conservation, qui ne paraît jamais suffisant vu l'ampleur de la tâche, doit être entrepris pour que chacun puisse continuer à venir admirer ce chef-d'œuvre de l'humanité.

UNE CITÉ DE LÉGENDE

Le site d'Angkor Wat aurait été trois fois plus vaste que celui que l'on connaît aujourd'hui : c'est la conclusion d'une équipe d'archéologues qui ont sondé le sous-sol de la cité mythique à l'aide de radars de la Nasa. L'ensemble s'étendait sur près de 3 000 km^2 et était la plus grande ville de l'ère préindustrielle, avec près de 800 000 habitants. Les archéologues ont aussi relevé des indices prouvant que la combinaison de désastres environnementaux (inondations, surpopulation et déforestation) aurait également pu être à l'origine de l'effondrement de la civilisation khmère au XIVe s.

UN PEU D'HISTOIRE ANGKORIENNE

La glorieuse capitale de l'Empire khmer aura vécu plus de 500 ans, ***de sa fondation au IXe s jusqu'à son déclin au XIVe s.*** En 889, le roi Yasóvarman Ier, héritier des royaumes de Funan et de Chenla, fonde une capitale qui porte son nom. Mais les Cambodgiens l'appelleront tout simplement *Angkor,* qui, en langue khmère, signifie... « capitale ». Le site fut choisi pour la proximité du grand lac (Tonlé Sap), mais aussi pour ses collines, sa rivière (Siem Reap) et ses plaines fertiles permettant la culture du riz. Le roi, dévot de Shiva, avait besoin d'une montagne sacrée (le mont Meru de la légende hindoue) pour y installer les dieux. La justesse du choix des lieux ne sera jamais démentie par les successeurs de Yasóvarman : il avait trouvé la capitale idéale, capable de garantir la prospérité et l'invulnérabilité du royaume khmer. Après sa mort, le grand temple de prasat Kravan aurait été élevé à sa gloire, ainsi que le sanctuaire de Baksei Chamkrong (mais tous les spécialistes ne s'accordent pas sur ce point).

UNE CITÉ PAS SI PERDUE...

Même si Angkor a connu une grande période de déclin, les temples n'ont jamais été abandonnés. Quelle surprise pour Henri Mouhot, en 1861, de découvrir ces temples qui n'ont jamais cessé d'être des lieux de culte ! D'abord hindou, Angkor devient bouddhique à la suite de la conversion d'un roi, au XIIe s.

Après l'épisode du déménagement à Koh Ker, entre 921 et 944, pour une bête histoire de partition du royaume entre successeurs, Angkor redevient capitale au milieu du Xe s et centre d'une unité retrouvée, grâce à Rajendravarman II. Immensément riche, celui-ci s'entoure de hauts dignitaires religieux et se lance avec eux dans de nombreux travaux (exécutés par des milliers d'esclaves) : on leur doit, entre autres, le temple du Mébon oriental, celui de Lolei, celui de Pre Rup et la très raffinée citadelle des Femmes (Banteay Srei), sans oublier de grandes chaussées, le temple du Palais royal (Phimeanakas) et quantité de petits sanctuaires. Ce grand roi laisse le pouvoir à son fils Jayavarman V (J5), « lotus né d'une onde céleste », selon la légende. Celui-ci n'ayant pas d'enfant, une nouvelle guerre de succession s'empare du royaume au début du XIe s. L'un des deux prétendants au trône, Jayaviravarman, règne juste le temps d'entreprendre la fondation du grand temple de Ta Keo. Son rival, ***Sûryavarman Ier,*** patiente quelques années, mais remportera, avec la dynastie qui porte son nom, une incommensurable victoire.

L'ère des grands bâtisseurs

Curieusement, Sûryavarman Ier n'entreprend pas d'importants travaux à Angkor même : il se contente de faire entretenir les temples et de restaurer le Palais royal. En revanche, ses 50 ans de règne permettent la pacification et l'extension du royaume, dont vont profiter ses successeurs. Son fils Udayadithyavarman (à vos souhaits !) entreprend de gigantesques travaux : on lui doit cet incroyable lac artificiel de 8 km sur 2, appelé Barai occidental.
En 1113, Sûryavarman II, un prince sans scrupule, s'empare du pouvoir. Conquérant insatiable, il s'en prend aussi bien aux Chams qu'aux Vietnamiens, élargissant considérablement ce qui est devenu l'Empire khmer. Paradoxalement, c'est à ce guerrier redoutable que l'on doit la plus élégante et la plus majestueuse des constructions : ***Angkor Wat.*** Dédié à Vishnou, ce véritable « temple-montagne » demeure aujourd'hui encore le symbole du Cambodge, et le fut aussi bien pour les royalistes que pour les Khmers rouges. À peu près à la même période sont élevés d'autres temples, parmi lesquels Thommanon et l'imposant Banteay Samrè. Après les 32 ans (approximativement) de règne de Sûryavarman II, l'empire connaît une longue période de guerres et une succession de rois qui ont laissé peu de traces. Jusqu'à l'avènement***, vers 1181, de Jayavarman VII (J7), vainqueur des Chams*** qui avaient osé, pour la première fois de son histoire, s'emparer du royaume et piller Angkor ! Hanté par l'invasion cham, J7 n'aura plus qu'une idée : protéger son pays et sa capitale. Croyant fervent – mais ***bouddhiste,*** contrairement à ses prédécesseurs –, il invoque la protection des dieux, d'où le ***nombre considérable de temples édifiés sous son règne,*** notamment à Angkor : Banteay Kdey, Ta Phrom, puis les groupes de Preah Khan et les sanctuaires de Banteay Prei, Neak Pean, Ta Som, Ta Nei...
La plus belle de ses fondations, incontestablement, est celle de la ville royale : Angkor Thom, Angkor la Grande. Inspiré par la prise d'Angkor Wat, cité céleste pourtant réputée invulnérable, Jayavarman VII fait élever des murailles autour de sa nouvelle capitale, également protégée par des douves de 100 m de largeur !
Embrassant la foi bouddhique, c'est sous les traits du bienveillant bodhisattva Avalokiteçvara qu'il se fait représenter en personne, sur le temple-montagne qui est son chef-d'œuvre : le Bayon. À son père, à sa mère, il dédie des bijoux en pierre : le Preah Khan et le Ta Phrom. Mieux : ce roi, qu'on dit lépreux (mais est-ce le souvenir d'un vieux mythe indien ?), fait élever, sous la protection du Bouddha, 102 hôpitaux à travers le Cambodge. Jayavarman VII eut des successeurs franchement réacs... Ils restaurèrent vigoureusement l'orthodoxie hindoue. Trop tard. Le peuple était devenu bouddhiste.
Un jour, le chef des jardins tue le souverain qui s'était introduit nuitamment dans le potager. Allait-on exécuter l'auteur de cette tragique méprise ? Non, il était bouddhiste. Alors on le fit roi. Incroyable ! Dès lors, les souverains bouddhistes issus

du peuple ne pensent plus en pharaons. Aux gros temples en pierre, ils préfèrent des pagodes en bois. L'énorme cité d'Angkor entame son déclin. Peu à peu, les bassins s'envasent. La mousson ronge les visages divins...
Pour ne rien arranger, en 1351, les Thaïs assiègent Angkor, la prennent, la pillent, et réduisent en esclavage ses 100 000 habitants. Le prince khmer Soryotei parvient à chasser les Thaïs au bout de 6 ans, et se fait reconnaître roi. Pourtant, quelque chose est cassé et ses successeurs vont délaisser la cité.

L'émerveillement des découvreurs

UN MANDARIN CHEZ LES KHMERS

En 1296, un voyageur chinois, Tcheou Ta Kouan, arrive à Angkor Thom. Il a alors ces mots, restés célèbres : « Je salue la perfection. » Après une année passée à sillonner la région, il rédige un récit détaillé, que l'on peut considérer comme le premier guide consacré au Cambodge. Grâce à l'objectivité de son témoignage, on a beaucoup appris sur les mœurs et coutumes de l'époque angkorienne.

Le compte-rendu de Tcheou Ta Kouan décrit notamment les fabuleuses cérémonies royales : remparts d'étendards et de fanions, cortège de centaines de filles aux cheveux fleuris, défilé d'éléphants, troupes de femmes en armes, épouses et concubines en palanquins d'or, puis le roi lui-même, brandissant son épée du haut d'un éléphant. Partout, des parasols blancs ou rouges, tachetés d'or... Sans oublier les chants, la musique et les cierges.
Le récit du Marco Polo chinois, parvenu aux oreilles de quelques aventuriers occidentaux, va enflammer leur imagination. Mais ils n'auront pas l'occasion de se rendre dans la cité magique, ***abandonnée par la Cour vers 1430 à cause des attaques siamoises.*** Livrée aux pillages, l'ancienne capitale perd beaucoup de ses richesses, parmi lesquelles de somptueux bouddhas d'or et des pierres précieuses, désormais en Birmanie ! Envahie peu à peu par la végétation, seule une petite partie d'Angkor continue à être fréquentée... La majeure partie du site devient le royaume... des bêtes sauvages. Les tigres ont remplacé les rois, les singes les courtisans.
Au milieu du XVIe s, un roi cambodgien retombe sous le charme, en chassant l'éléphant dans la jungle. Il fait dégager la végétation pour mieux admirer les temples, puis décide d'y installer sa Cour. On restaure alors la plupart des monuments, et des missionnaires rapportent la nouvelle en Europe : on a retrouvé la cité engloutie... De rares grands voyageurs leur succèdent aux XVIIe et XVIIIe s, colportant d'autres rumeurs : Angkor, pour eux, est comparable à Rome et à Babel !
Il faut attendre le XIXe s pour que les Occidentaux puissent voir les premières images rapportées d'Angkor. On les doit au botaniste Henri Mouhot (dont le père travaillait au Trésor – ça ne s'invente pas !), qui explora le Cambodge de 1858 à 1861. La publication de ses dessins dans la très populaire revue *Le Tour du monde* va lancer en France le mythe angkorien. Ses écrits, en plus de ses jolis croquis, feront rêver des générations de voyageurs.

Le génie des conservateurs

Après la période des découvreurs arrive celle des explorateurs... et des colons (les premiers tracent souvent le chemin des seconds). La grandeur d'Angkor Wat sera utilisée pour unifier l'Indochine : après avoir visité le site, le gouverneur de la Cochinchine, fraîchement conquise, propose à la France de s'implanter au Cambodge – histoire de taquiner les Anglais déjà présents au Siam. Une fois installés (avec la bénédiction du roi), les colonisateurs n'auront d'yeux que pour les beautés d'Angkor, devenu le symbole de la puissance coloniale en Asie. En 1867, des moulages

des temples sont présentés au public parisien lors de l'Exposition universelle. Des explorateurs rapportent des statues khmères pour les expos suivantes, suscitant des vocations. Parmi les premiers pionniers de l'art khmer, le cartographe Louis Delaporte tente de dresser un inventaire d'Angkor. Vaste entreprise ! Il faudra des dizaines d'archéologues, d'architectes et d'épigraphistes pour achever sa tâche. ***Angkor*** va devenir ***le plus grand chantier archéologique du monde.***
En 1907, le site, auparavant situé en territoire siamois, est rendu au Cambodge. Le pouvoir colonial français a ainsi le champ libre pour s'investir dans la sauvegarde des temples : la Conservation d'Angkor est créée.

Les successeurs de Commaille

Les successeurs du premier conservateur d'Angkor sont de sacrés personnages, qui se tuent à la tâche, ***comme envoûtés par les lieux.*** Ils se font tour à tour archéologues, écrivains, dessinateurs, constructeurs, sauveteurs et gardiens des temples... Henri Parmentier est de ceux-là : il retourne inlassablement les pierres pour percer leurs mystères. La parution de l'un de ses articles déclenche chez Malraux l'envie irrésistible de venir à Angkor !
Autre héros des lieux, ***Henri Marchal,*** qui passe plus de 60 ans au Cambodge. Conservateur d'Angkor à la fin des années 1930, en poste pendant 34 ans (un exploit, vu les conditions de vie d'alors), il rédige un impressionnant journal de fouilles et se lance dans une reconstruction totale des temples (méthode appelée anastylose) : il fait démonter les ruines pour les remonter ensuite pierre par pierre. Il meurt à Siem Reap, en pleine guerre du Vietnam. Derniers noms légendaires liés à la Conservation : les ***Groslier,*** père et fils. Georges Groslier, passionné de peinture, de sculpture et de danse, s'intéresse surtout à l'art khmer : il a l'idée de créer le superbe Musée national de Phnom Penh. Mais la malédiction cambodgienne frappe à nouveau ! Groslier meurt torturé par les Japonais en 1945. Son fils, Bernard-Philippe, reprend le flambeau. Devenu archéologue, il est nommé conservateur d'Angkor en 1960 et entreprend une vaste campagne de restauration et de consolidation du site, avec de gros moyens financiers (merci de Gaulle !) et techniques (hérités de la débâcle de l'armée française en Indochine).
Pendant la guerre qui embrase le pays à partir de 1970, Groslier continue courageusement son travail, traversant les champs de bataille à vélo ! Il va même jusqu'à hisser le drapeau de l'Unesco au sommet d'Angkor Wat pour dissuader les combattants de s'en prendre au Patrimoine de l'humanité... Dernier génie des lieux, Groslier est finalement chassé d'Angkor par les Khmers rouges.

UN PREMIER CONSERVATEUR TRÈS IMPLIQUÉ

Jean Commaille, fils de soldat, peintre amateur, est une sorte d'aventurier débarqué en Indochine dans les fourgons de la Légion. Trop amoureux d'Angkor, il se fait plaquer par sa femme et habite une cabane sur le site ! Il finit assassiné par des bandits en 1916, détroussé de la paie des ouvriers de la Conservation. Il est inhumé à proximité du Bayon.

La folie des pilleurs

Contrairement à une rumeur tenace, les hommes de Pol Pot ont peu pillé Angkor, considéré comme le symbole du glorieux passé khmer. Ils ont surtout saccagé les temples pour en utiliser les pierres : on en a retrouvé dans les rizières (elles servaient de barrages), ainsi qu'à Phnom Penh : le monument de l'Amitié khméro-vietnamienne est, paraît-il, taillé dans du grès d'Angkor ! Les objets de culte, surtout, ont souffert de l'idéologie du régime : les troupes qui occupaient le site ont eu le loisir de dynamiter quelques statues et d'en décapiter beaucoup, notamment

celles de la galerie aux mille bouddhas. Sans doute par flemme, ou par peur des esprits, les Khmers rouges se sont souvent contentés d'enterrer ces traces honteuses d'une religion « réactionnaire ». Quelques dirigeants ont aussi favorisé le trafic avec la Thaïlande.
Ainsi ***les Khmers rouges ne sont pas les seuls responsables du vaste pillage des temples*** commencé après le départ de leurs protecteurs français. Les Vietnamiens s'y sont mis après 1979, les militaires y voyant un bon moyen d'arrondir leurs fins de mois. Les paysans eux-mêmes avouent qu'ici « 1 kg de pierre vaut 1 kg d'or ». ***Le commerce des statues khmères est l'un des plus fructueux du marché de l'art ancien.*** Toutes les méthodes sont bonnes pour arracher leurs trésors aux temples mal protégés : on scie les bas-reliefs, on détache les visages de grès au burin, on fait sauter les socles.
En 1994, Sihanouk lance un appel désespéré : « La lutte contre les prédateurs d'Angkor doit constituer un devoir sacré pour tous... » Il n'est pas entendu par tout le monde, mais l'opinion publique internationale a pris conscience du problème, et les catalogues d'œuvres volées découragent la plupart des acheteurs.

Coopération internationale

Les pays étrangers participant activement à la reconstruction des sites d'Angkor sont nombreux : la France a terminé en 2012 la reconstruction du Baphuon, le Japon assure les travaux d'entretien du Bayon, l'Inde est impliquée dans la conservation de Ta Phrom, l'Allemagne dans celle d'Angkor Wat, la Suisse a restauré Banteay Srei, et les États-Unis ont alloué près de 1 million de dollars à la reconstruction de Bakhèng.

Conseils pratiques

– La ***période*** la plus agréable (de novembre à mars) correspond à la haute saison touristique, donc synonyme de fréquentation maximale des sites. Le temps est absolument étouffant en avril et mai, et la saison des pluies (de juin à octobre) atteint son pic lors des deux derniers mois, mais rien n'empêche de visiter les sites à ces périodes et de jouir ainsi de mois plus creux. Faites votre choix comme vous le sentez !
– ***Bibliographie :*** dans tous les cas, munissez-vous de l'excellent livre de Maurice Glaize, *Monuments du groupe d'Angkor,* qui reste un ouvrage de référence et que vous trouverez un peu partout à Siem Reap. L'homme a passé sa vie à démonter et à remonter les monuments d'Angkor et les connaît comme sa poche. Et aussi *Angkor et ses temples,* de Thierry Zéphir (Éd. du Pacifique, 2005). Pratique et léger. Voir plus loin la rubrique « Livres de route » dans « Cambodge utile ». Ou encore celui de Claude Jacques, directeur d'étude à l'École pratique des hautes études, qui a publié plusieurs beaux livres, notamment *Angkor, cité khmère,* qu'on trouve sur place.

Comment visiter Angkor ?

Pas d'hébergement sur le site. Base de départ obligatoire à ***Siem Reap*** qui n'est qu'à 8 km d'Angkor Wat. Pour se restaurer, des rangées de gargotes sont alignées à l'entrée des grands sites.

Avec ou sans guide ?

Un guide n'est pas superflu pour les petits et grands circuits, en tout cas quand on tombe bien (ils ne sont pas tous passionnants), et conseillé (raisons pratiques notamment) pour les temples les plus éloignés, moins restaurés. C'est aussi une question de budget. Prix « syndical » d'environ 30 $/j. pour les Grand et Petit Circuits ; ajouter des suppléments par site éloigné (10 $ pour Beng Mealea, 10 $ pour

Koh Ker, 20 $ pour les deux) ou pour le lever de soleil, etc. Testez-en un le premier jour et gardez-le s'il est bon. Possible de s'adresser aux agences de voyages (voir les rubriques « Adresses et infos utiles. Agences de voyages » dans les chapitres « Phnom Penh » et « Siem Reap »). Elles utilisent des guides compétents, dont certains parlent le français. À savoir, les guides parlant le français sont plus rares, donc plus chers (compter autour de 45 $/j.). Bien se faire préciser ce qui est compris dans le tarif et les horaires de travail.
L'office de tourisme de Siem Reap pourra également vous procurer un guide, mais prenez-vous-y là encore à l'avance pour avoir la chance de dégoter un bon guide francophone. Enfin, si vous avez une relation de confiance avec votre hôtelier, vous pouvez toujours lui en faire la demande. Nul doute qu'il vous trouvera un guide...

Quel moyen de locomotion ?

Voir aussi « Transports en ville et sur le site d'Angkor » à Siem Reap pour plus d'infos (prix, etc.). Évidemment, les tarifs des *tuk-tuk* et voitures grimpent pour les temples les plus éloignés, comme Banteay Srei, Phnom Kulen ou Kbal Spean. Le site est très vaste : il y a souvent plusieurs kilomètres entre les temples ; il est donc impossible de l'explorer à pied.
– ***Vélo :*** sympa pour les temples du Petit Circuit, et jouable pour le Grand si l'on n'est pas pressé et en bonne santé. Les vélos électriques (voir plus haut « Transports en ville et sur le site d'Angkor ») qu'on peut recharger sur le site s'avèrent une bonne option. Normalement, l'autonomie est suffisante pour le petit tour. Attention, le soleil peut cogner fort et bon nombre de secteurs sont à découvert. Chapeau, crème solaire et hydratation impératifs ! Par ailleurs, calculez bien votre coup afin d'éviter de vous retrouver en pleine nuit noire sur la route non éclairée.
– ***Moto-dop ou tuk-tuk :*** le *tuk-tuk,* idéal à plusieurs (jusqu'à 3 ou même 4 personnes), est aussi plus confortable et moins cher que le *moto-dop* (même si l'on est seul). Compter 15 $/j. Le chauffeur peut vous accompagner toute la journée et vous déposer au pied des temples, mais il n'a pas le droit de vous guider : ce n'est pas un guide officiel. D'ailleurs, il connaît les noms de chaque édifice mais rarement leur histoire. Attention, en saison des pluies (de juillet à octobre), les routes inondées peuvent rendre l'accès à moto difficile, voire impossible.
– ***Voiture avec chauffeur :*** si vous êtes attaché à votre confort (dont la clim), ou quand les trajets s'allongent. Ou, plus prosaïquement, quand vous êtes pressé car c'est ce qui reste de plus rapide !

À quelle heure et où ?

Depuis les surprenants embouteillages aux pics d'affluence d'Angkor Wat jusqu'à ceux, plus énervants, du coucher du soleil du Phnom Bakhèng (allez plutôt ailleurs !), foule, poussière et bruit risquent de surprendre les redécouvreurs contemporains d'Angkor. Les cyclistes parfois pris en tenailles entre un gros bus et les bas-côtés jureront, pesteront... Pas de vrais remèdes, juste quelques palliatifs.
Venir dès 5h30 à l'ouverture du site pour le lever du soleil sur ***Angkor Wat,*** mais vous ne serez pas seul (pour les photographes avertis, ce sera mieux l'après-midi, mais toujours autant de monde). Tôt le matin ou la fin d'après-midi sont à viser pour visiter ***Ta Phrom*** et le Bayon. Inclure une visite matinale d'un site éloigné reste le moyen le plus sûr d'étancher les petites soifs d'explorateur.
Notez que, pour l'instant, seuls Angkor Wat, ainsi que les temples de Bakhèng et Pre Rup sont accessibles dès 5h30, les autres temples ne le sont qu'à partir de 7h30. Toutefois, la règle semble peu à peu évoluer. Ne pas hésiter à se renseigner au cas de nouveaux sites ouvriraient plus tôt.

Horaires, tarifs et durées de visite

– **Horaires :** *billetterie tlj à partir de 5h (ouv des guichets)-17h30. Le point de vente est situé sur la route 60, au nord-est de Siem Reap à côté de l'Angkor Panorama Museum.* Les hôtels et agences ne vendent pas de billets.

– ***Prix d'entrée :*** *20 $ pour 1 j. ; 40 $ pour 3 j., à répartir au choix tout au long d'une semaine ; et 60 $ pour 7 j., à répartir au cours du mois qui suit ; gratuit pour les moins de 12 ans.* Le billet donne accès à l'ensemble du site, excepté Kulen Mountain et Beng Melea. Pas donné, mais justifié au regard de l'étendue du site. De plus, ce tarif est stable depuis quelques années, tant mieux ! Il faut payer en espèces, en dollars. ***Attention,*** le décompte des jours payés se fait à partir du jour de l'achat. Les *passes* achetés entre 17h et 17h30 (fermeture des caisses) courent à partir du lendemain et permettent d'entrer le jour même sur le site, le temps d'un coucher de soleil, et cela évite d'avoir à faire la queue le lendemain matin. Photo d'identité prise sur place par une webcam et imprimée immédiatement sur le *pass* que vous prendrez soin de ne pas froisser ni détériorer, sous peine d'être recalé à l'entrée du site et de devoir repayer. Les *passes* sont systématiquement contrôlés à chaque entrée de site. Aucun *pass* n'est échangé ni remboursé. Vos chauffeur et guide ne paient pas d'entrée, comme tous les Cambodgiens.
– ***Choix du forfait :*** 3 jours, c'est un minimum pour appréhender tout le site en parcourant les Petit et Grand Circuits (voir plus loin). Un jour, c'est vraiment insuffisant. Il faut alors se contenter du Petit Circuit, dont les trois principales perles (Angkor Wat, le Bayon et Ta Phrom) sont visitables en une seule journée (compter au moins 3h pour Angkor Wat). Le forfait d'une semaine est rentabilisé à partir de 4 jours, sachant qu'il faut au moins 4 jours pour voir l'essentiel de la région : les deux circuits (3 jours), prolongés en beauté par le fabuleux Banteay Srei (une demi-journée) et un tour en bateau sur le Tonlé Sap d'une demi-journée (voir, plus haut, « Siem Reap »).

Restauration sur place

Inutile de ressortir du site pour déjeuner en ville, de véritables petits villages de restos jouxtent les principaux temples, notamment en face de l'entrée d'Angkor Wat. Dans les gargotes standard, nouilles, riz sautés et autres plats tout simples. Prix plus élevés qu'à l'extérieur, on s'en doute. De beaux restaurants avec terrasse, face au bassin Sras Srang (le bassin des ablutions), à l'est de Ta Phrom *(plan Angkor,* ***26****)*. Très agréables. Bricoler son pique-nique (emporter une natte) est une autre option bien plus économique et plus romantique aussi, c'est ce que font nombre de Khmers.
Petit détail qui a son importance, il y a des w-c près de chaque grand site.

Problèmes de sécurité

La question des mines

L'ensemble du site, d'une superficie de 400 km^2, a été truffé de mines par les Khmers rouges, mais aussi par les militaires eux-mêmes afin de protéger les temples. Bref, le secteur était dangereux, comme toute la région nord du pays. La *Cofras* (société française) et *Halo Trust* (ONG britannique) ont déminé tous les sites ouverts au public.
Soyons bien clairs : les compagnies de déminage sont certaines qu'il n'y a plus de mines dans les endroits déminés, pas ailleurs. Ainsi, quand on parle d'un site déminé, il s'agit du temple lui-même mais pas forcément à 200 m de celui-ci. Ça ne veut pas dire qu'il y ait des mines, ça veut simplement dire qu'il n'a pas été visité par les démineurs. Donc, rassurez-vous, il n'y a plus aucun danger sur les sites. Mais n'allez pas explorer seul la jungle ou les sous-bois entourant les temples « hors circuit ».

Les vipères, les scorpions et les singes

– Présence de ***vipères*** venimeuses sur le site, surtout pendant la saison des pluies (septembre, octobre). Le port de sandales est alors déconseillé, même si les vipères fuient en vous sentant approcher.

– Les ***scorpions*** se cachent dans les anfractuosités d'arbres et de roches. Ne mettez jamais vos mains sous une pierre ou dans un tronc d'arbre.
– Méfiez-vous des ***singes*** ! Ils ont des bobines attachantes et vous font de drôles de mimiques. Mais ils peuvent être féroces, surtout si vous transportez de l'alimentation. On les a vus se jeter littéralement sur une malheureuse touriste pour lui arracher son sandwich des mains. Pas de vile provocation donc à l'égard des bestiaux !

Comportement

On rappelle qu'Angkor est un ensemble de lieux sacrés. La plupart des temples sont, en fait, les tombes des rois ou de leurs parents. Avoir une tenue décente est indispensable mais pas suffisant. ***Se couvrir les épaules, les coudes et les genoux sous peine d'être refoulé*** ou de devoir acheter sur place des vêtements à prix d'or. Un simple foulard ne suffit pas toujours, notamment pour la tour centrale d'Angkor Wat. Bien sûr, se prémunir des coups de soleil. De bonnes chaussures dans lesquelles on ne transpire pas sont conseillées ; préférer les semelles souples et fines aux crampons de randonnée : un des ennemis sournois, après les pilleurs, ce sont les milliers de semelles quotidiennes qui abîment les pierres, peu à peu. Les marches sont très abruptes à grimper et les chevilles sont sollicitées.

Petit lexique pour la visite

Angkor	capitale ou ville
Wat, prasat	temple
Apsara	nymphe
Baray	réservoir
Devaraja	divinisation de la fonction royale
Garuda	mi-homme, mi-oiseau
Lingam	symbole phallique
Mont Meru	montagne habitée par Shiva
Naga	serpent mythique à plusieurs têtes
Pali	base linguistique indienne qui, ajoutée au sanskrit, donna naissance au khmer
Barattage de la mer de lait	D'où naît le breuvage d'immortalité, l'ambroisie. Les démons et les dieux tirent chacun sur leur bout de naga qui, comme une courroie sur une poulie *(vasouki)*, fait tourner la « baratte » formée par le mont Meru, d'un côté puis de l'autre, et produit ainsi le nectar *(amrita)*.

À voir. À faire

Impossible de décrire ici les 287 temples recensés dans la région d'Angkor. On n'a pas la place et, pour être francs, on ne les a pas tous visités. Il faudrait plusieurs semaines, et certains sites, malgré leur importance historique, ne valent pas vraiment le déplacement. Les plus beaux temples, par chance, sont peu éloignés les uns des autres (à l'exception de Roluos et Banteay Srei). Ils ont été regroupés dans le Petit Circuit (15 km) et le Grand Circuit (24 km), créés par la Conservation d'Angkor en 1925. Ces circuits sont très facilement accessibles, contrairement à certains temples extérieurs.

Angkor Hot Air Balloon : *à 10 km à l'est de Siem Reap. ☎ 069-558-888. • angkorballooning.com • Déc-mars slt. 2 vols/j. : au lever et au coucher du soleil. Env 30 mn de vol. Résa conseillée la veille. Compter 100 $ (60 $ pour les enfants de moins de 1,50 m, interdit aux moins de 5 ans), aller-retour à l'hôtel compris. Notez que le vol peut être annulé en cas de mauvaises conditions météo (on est* *remboursé).* Ascension de 300 à 400 m au-dessus de la plaine d'Angkor en ballon captif, près du temple de Bakong (groupe de Roluos).

LE PETIT CIRCUIT

D'Angkor Wat à Angkor Thom

• Plan Angkor Wat *pp. 176-177*

★★★ ***Angkor Wat :*** *à l'entrée du site.* Le plus grand, le plus connu, le plus majestueux des temples. On considère qu'une armée de 300 000 ouvriers et 6 000 éléphants participèrent à sa construction. ***Un conseil :*** le site étant bondé de touristes, faire la visite avant 9h, à l'heure du déjeuner ou en fin de journée quand la foule est partie. Et préférer rentrer par la porte est, il y a moins de monde dans ce sens, ce qui n'empêche pas de sortir par la porte principale, à l'ouest. Sans surprise, c'est à l'aurore et au crépuscule qu'on a la plus belle lumière pour photographier les tours d'Angkor se reflétant dans le bassin.

Symbole mythique du Cambodge

En khmer, *Angkor Wat* signifie « la pagode de la ville » ou « la ville-pagode ». Commencée au XIIe s, juste avant celle de la cathédrale Notre-Dame de Paris, la construction a duré 37 ans ! C'est le plus grand monument de l'Asie du Sud-Est. Ce temple-montagne est entièrement dédié à Vishnou, dieu suprême de l'hindouisme, symbolisé par la tour centrale (le phallus est un attribut divin). D'ailleurs, tout est symbolique à Angkor Wat : les murs d'enceinte (1 025 m sur 800 m) représentent la chaîne de montagnes sur laquelle repose le mont Meru, centre de l'Univers pour les hindous. Et le temple figure lui-même sur ce mont, et est en même temps le centre de la capitale et du royaume. Voilà pourquoi le roi bâtisseur d'Angkor Wat, Sûryavarman II, divinisait du même coup sa fonction, en s'apparentant à Vishnou... Censé être invulnérable, le temple a servi de refuge à la population de Siem Reap au début de la guerre civile en 1970. La façade porte encore les stigmates des impacts de balles.

TOURS DE PASSE-PASSE

Ses cinq tours sont célèbres dans le monde entier, notamment grâce au cinéma : elles servirent de décor à Lord Jim *(avec Peter O'Toole) et à* Apocalypse Now. *Mais pour son film, Coppola a dû faire reconstruire un temple en carton-pâte ! Ces tours sont l'emblème du pays ; tous les régimes qui se sont succédé (y compris communistes) en ont fait leur drapeau, à ce petit détail près : seules trois tours sont représentées...*

La visite

Le temple est orienté à l'ouest (entrée principale), ça vous permettra de vous y retrouver. D'ailleurs, pour aller à contre-courant des foules, nous vous recommandons d'entrer par la porte est.

Autour de l'enceinte extérieure, des douves de 1,3 km de côté, larges de 190 m et profondes de 2 à 3 m. Elles étaient probablement infestées de crocodiles autrefois. Un pont superbe, couvert d'une chaussée de pierre longue de 200 m, les enjambe. Des statues précèdent cette voie royale : d'un côté, un lion, symbole de puissance et de feu, de l'autre, des nagas. On observe par endroits de petits trous sur les pierres, qui servaient à leur transport. En longeant le mur d'enceinte vers le sud, en profiter pour admirer la grande statue de Vishnou, un peu en retrait sur la droite.

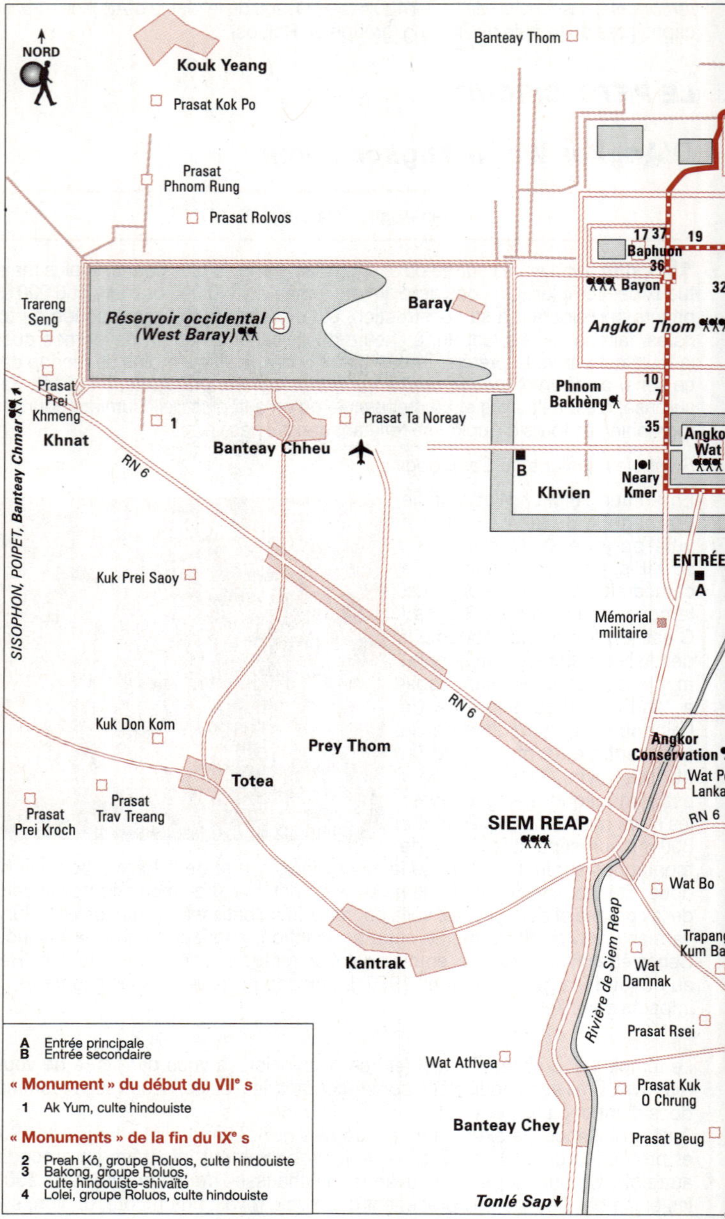

NORD
Kouk Yeang
Banteay Thom
Prasat Kok Po
Prasat Phnom Rung
Prasat Rolvos
Trareng Seng
Réservoir occidental (West Baray)
Baray
17 37
19
Baphuon
36
Bayon
32
Angkor Thom
Phnom Bakhèng
10
7
35
Angkor Wat
Prasat Prei Khmeng
Khnat
1
Banteay Chheu
Prasat Ta Noreay
B
Khvien
Neary Kmer
SISOPHON, POIPET, Banteay Chmar
RN 6
ENTRÉE
A
Mémorial militaire
Kuk Prei Saoy
Kuk Don Kom
Prey Thom
Totea
Angkor Conservation
Wat Po Lanka
Prasat Prei Kroch
Prasat Trav Treang
SIEM REAP
RN 6
Wat Bo
Trapang Kum Ba
Wat Damnak
Kantrak
Rivière de Siem Reap
Prasat Rsei
Wat Athvea
Prasat Kuk O Chrung
Banteay Chey
Prasat Beug
Tonlé Sap
A Entrée principale
B Entrée secondaire
« Monument » du début du VIIe s
1 Ak Yum, culte hindouiste
« Monuments » de la fin du IXe s
2 Preah Kô, groupe Roluos, culte hindouiste
3 Bakong, groupe Roluos, culte hindouiste-shivaïte
4 Lolei, groupe Roluos, culte hindouiste

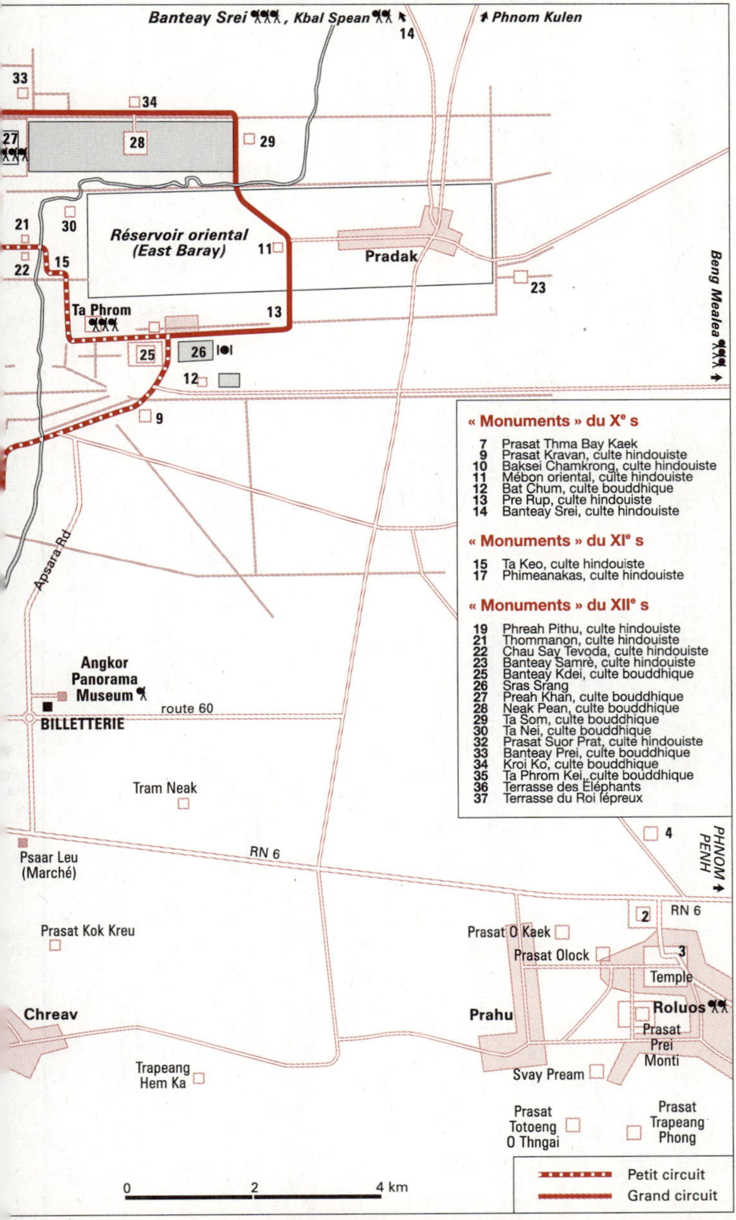

Banteay Srei, Kbal Spean
14
Phnom Kulen
33
34
27
28
29
21
30
Réservoir oriental (East Baray)
11
Pradak
22
15
Ta Phrom
13
23
Beng Mealea
25
26
12
9
« Monuments » du Xe s
7 Prasat Thma Bay Kaek
9 Prasat Kravan, culte hindouiste
10 Baksei Chamkrong, culte hindouiste
11 Mébon oriental, culte hindouiste
12 Bat Chum, culte bouddhique
13 Pre Rup, culte hindouiste
14 Banteay Srei, culte hindouiste
« Monuments » du XIe s
15 Ta Keo, culte hindouiste
17 Phimeanakas, culte hindouiste
« Monuments » du XIIe s
19 Phreah Pithu, culte hindouiste
21 Thommanon, culte hindouiste
22 Chau Say Tevoda, culte hindouiste
23 Banteay Samrè, culte hindouiste
25 Banteay Kdei, culte bouddhique
26 Sras Srang
27 Preah Khan, culte bouddhique
28 Neak Pean, culte bouddhique
29 Ta Som, culte bouddhique
30 Ta Nei, culte bouddhique
32 Prasat Suor Prat, culte hindouiste
33 Banteay Prei, culte bouddhique
34 Kroi Ko, culte bouddhique
35 Ta Phrom Kei, culte bouddhique
36 Terrasse des Éléphants
37 Terrasse du Roi lépreux
Apsara Rd
Angkor Panorama Museum
route 60
BILLETTERIE
Tram Neak
4
PHNOM PENH
Psaar Leu (Marché)
RN 6
RN 6
2
Prasat O Kaek
Prasat Kok Kreu
Prasat Olock
3
Temple
Roluos
Chreav
Prahu
Prasat Prei Monti
Trapeang Hem Ka
Svay Pream
Prasat Totoeng O Thngai
Prasat Trapeang Phong
0
2
4 km
Petit circuit
Grand circuit

ANGKOR

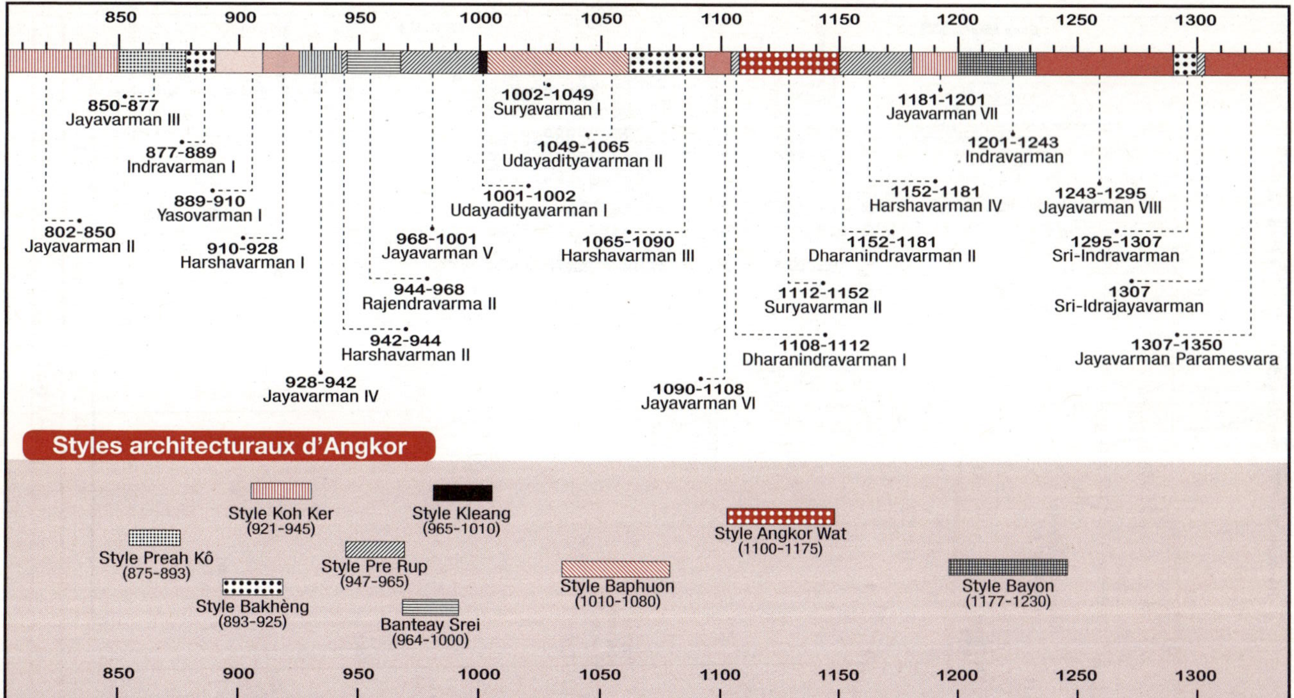
850
900
950
1000
1050
1100
1150
1200
1250
1300
802-850
Jayavarman II
850-877
Jayavarman III
877-889
Indravarman I
889-910
Yasovarman I
910-928
Harshavarman I
928-942
Jayavarman IV
942-944
Harshavarman II
944-968
Rajendravarma II
968-1001
Jayavarman V
1001-1002
Udayadityavarman I
1002-1049
Suryavarman I
1049-1065
Udayadityavarman II
1065-1090
Harshavarman III
1090-1108
Jayavarman VI
1108-1112
Dharanindravarman I
1112-1152
Suryavarman II
1152-1181
Dharanindravarman II
1152-1181
Harshavarman IV
1181-1201
Jayavarman VII
1201-1243
Indravarman
1243-1295
Jayavarman VIII
1295-1307
Sri-Indravarman
1307
Sri-Idrajayavarman
1307-1350
Jayavarman Paramesvara
Styles architecturaux d'Angkor
Style Preah Kô
(875-893)
Style Bakhèng
(893-925)
Style Koh Ker
(921-945)
Style Pre Rup
(947-965)
Banteay Srei
(964-1000)
Style Kleang
(965-1010)
Style Baphuon
(1010-1080)
Style Angkor Wat
(1100-1175)
Style Bayon
(1177-1230)
850
900
950
1000
1050
1100
1150
1200
1250
1300

COMPRENDRE LES STYLES ARCHITECTURAUX D'ANGKOR EN UN CLIN D'ŒIL

Style	Temples apparentés	Architecture	Sculpture
Style Preah Kô (875-893) hindouisme	**Temples de Roluos (Lolei, Preah Kô, Bakong)**	Généralement en brique. Apparition des temples-montagnes en grès	Premiers bas-reliefs en grès
Bakheng (895-925)	**Phnom Bakhèng**	Généralisation du grès	Formes géométriques et poses sévères
Koh Ker (925-945)	**Koh Ker, Prasat Kravan**	Apparition des galeries	Profusion des statues en nombre et en volume
Style Pre Rup (945-967) hindouisme et bouddhisme	**Pre Rup**	Utilisation de la latérite et apparition des temples bouddhistes	Statues au décor simple
Style Bantey Srey (964-1000) hindouisme	**Bantey Srey**	Utilisation du grès rouge	Maîtrise de l'art khmer, décorations plus fluides et plus délicates
Style Khleang	**Ta Keo**		Simplification du style de Banteay Srey
Style Baphuon (1010-1080) hindouisme et bouddhisme	**Baphuon**	Abondance des décorations	Recherche de l'harmonie, de la fluidité et de l'élégance dans l'expression des visages
Style Angkor Wat (1100-1175) hindouisme	**Angor Wat, Banteay Samrè, Beng Mealea**	Apogée de l'art khmer	Position frontale des statues afin de donner de la grandeur Beaucoup de raffinement
Style Bayon (1177-1230) bouddhisme	**Ta Phrom, Angkor Thom, Bayon, Preah Khan**	Apparition de tours sculptées de visages et multiplication des éléments architecturaux	Représentations plus réalistes de scènes de la vie quotidienne

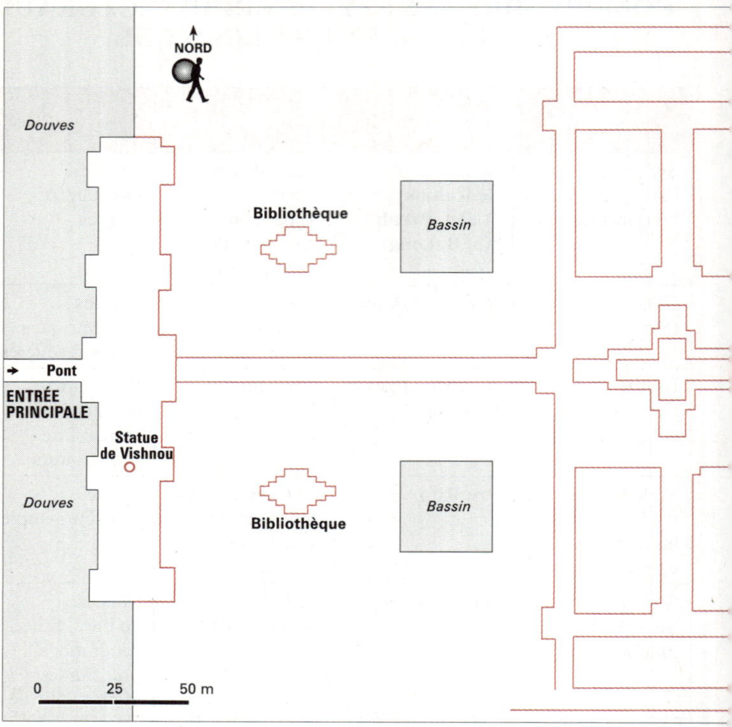

Revenir devant l'entrée, dans l'axe de la grande allée. Dans son prolongement, une fois passé l'enceinte, une autre chaussée, longue de 350 m. Sur les côtés, deux balustrades de pierre représentant chacune un naga, serpent géant à sept têtes, roi des animaux marins, gardien des richesses de la terre et omniprésent sur le site, jusque dans le dessin des tuiles qui sont inspirées de celui de ses anneaux. À droite et à gauche de la voie, les petits pavillons, que l'on appelle « bibliothèques ». Avant d'atteindre le temple, prendre le temps de contempler la façade principale, d'une harmonie parfaite sur 235 m. Juste après, deux grands bassins aux ablutions. Les entrées étaient strictement réservées : celle de la tour centrale au roi, les deux voisines aux dignitaires de la Cour et celles des extrémités aux éléphants royaux ! Les serviteurs, moins considérés que les éléphants, devaient se contenter des entrées de l'arrière. Pour avoir la plus belle vue d'ensemble, prendre à gauche et longer le grand bassin.

– ***Les bas-reliefs :*** les murs des galeries de la deuxième enceinte sont chacun gravés sur 2 m de hauteur et 200 m de largeur de scènes fantastiques. Soit, au total, 800 m de chefs-d'œuvre ! Un vrai péplum, figé dans le grès tendre, s'étale devant vos yeux... Ces bas-reliefs, incontestablement les plus beaux de tout Angkor, sont remarquablement conservés.

Dans la partie nord de la galerie ouest, dont les bas-reliefs s'apprécient le mieux en fin d'après-midi, orientation oblige, scène du fameux *Râmâyana* (guerre entre Râma et Râvana, qui lui a piqué sa femme, Sîtâ). Les roues du char de Râvana

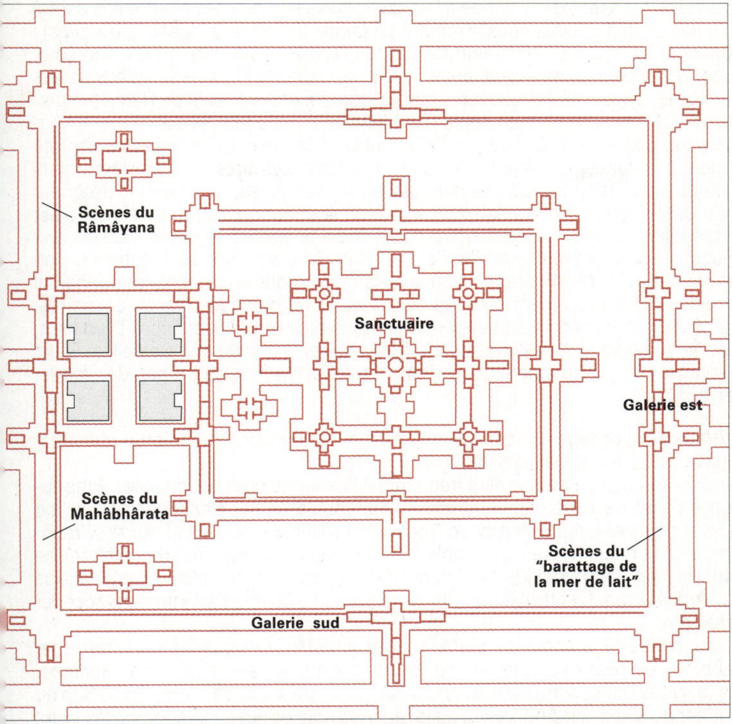

ANGKOR WAT

possèdent 16 rayons, nombre qu'on retrouve également dans la loi bouddhique. Remarquer l'armée de singes dirigée par Hanumân, et alliée de Râma. Dans la partie sud de la même galerie ouest, les bas-reliefs racontent le *Mahâbhârata,* encore une histoire de crimes et de jalousie amoureuse. À gauche de la scène, l'armée de Kaurava, à droite celle de Pandava (le vainqueur).

Dans le pavillon de gauche, au fond de la galerie sud, les divinités hindoues : Râvana (reconnaissable à ses trois visages) cherche à ébranler la montagne où se tient Shiva. Au-dessus de l'entrée, Krishna est attaché à un arbre par sa mère adoptive. À droite de cette scène, au-dessus d'une fenêtre, Râvana, déguisé en caméléon (le vicieux), s'introduit dans le harem du roi des dieux Indra ! De l'autre côté, Râma tue le roi des singes en lui décochant des flèches.

La première partie de la galerie sud est appelée galerie historique. Elle mesure 90 m. Elle illustre l'audience que Sûryavarman II, le maître des lieux, âgé de 20 ans, donne en 1124. On le voit sur la montagne sacrée, entouré de ministres, de brahmanes et d'une armée d'éléphants, protégé par ses inséparables parasols. Dans le prolongement de la galerie, scènes du jugement de Yama, dieu des Enfers. On y dépeint magnifiquement les croyances khmères.

La galerie est (côté opposé à l'entrée principale) est l'une des plus fameuses. On peut y admirer le « barattage de la mer de lait », qui produit l'*amrita,* nectar d'immortalité, épisode fondamental de la création de l'Univers. De ce *barattage* (voir lexique plus haut) naissent plusieurs êtres mythiques, dont les apsaras,

largement représentées. Petit détail original : l'une d'entre elles montre ses dents. Un guide devrait pouvoir vous la montrer. À droite, les démons géants (ou *asuras*) ; à gauche, les dieux du panthéon hindou (ou *Devas*). Au centre, arbitre suprême, Vishnou (qui se prépare à devenir immortel), surmonté d'Indra. À ses pieds, la tortue Kurma, avatar de Vishnou. Le singe *(Hanumân)* est le copain de Râma (un peu plus loin). Dans la mer de lait, toute une faune aquatique fantastique.
– ***Le sanctuaire :*** on y accède généralement par l'entrée est. Des escaliers abrupts mènent à l'intérieur du temple. Dans le sanctuaire, symbole du mont Meru dans la cosmologie hindouiste, une succession de terrasses, d'escaliers, de cours et de petits autels. Un vrai labyrinthe, même si la conception architecturale est parfaitement carrée. À l'intérieur, des ruines de bibliothèque et les bassins aux ablutions (vides) à chaque angle. Seul le roi pouvait accéder au sanctuaire. Son tombeau a été pillé. À côté, on trouve la fameuse galerie aux mille bouddhas. Il ne reste malheureusement presque plus rien, à part quelques bustes décapités. L'accès à la tour centrale se fait par une redoutable rampe. Prudence ! D'en haut, panorama magique sur la forêt, les tours voisines et la grande avenue dallée. En fin de journée, une atmosphère quasi divine règne ici (surtout s'il y a peu de monde, bien sûr).

Phnom Bakhèng : *à proximité d'Angkor Wat, à gauche de la route menant à Angkor Thom. Montée au sommet jusqu'à 17h.*
Temple-montagne extrêmement fréquenté à l'heure du coucher du soleil. Embouteillages garantis sur le parking et grosse foule sur le sentier. Beaucoup plus calme au lever du soleil lorsque l'ombre d'Angkor Vat s'illumine peu à peu. Au Xe s, Yasóvarman Ier fit ériger le premier temple d'État d'Angkor au sommet de cette colline naturelle. Véritable pyramide, le Phnom Bakhèng est malheureusement en mauvais état. Arrivé en haut, entre 16h et 17h, parfois jusqu'à 30 mn d'attente pour accéder au temple.
La tour centrale conserve de beaux portails sculptés. Tout autour, sur la terrasse, des blocs de pierre échoués là, quelques lingams, et, sur la terrasse inférieure, des tourelles qui dégringolent en cascade. Vue extra sur la forêt et le Tonlé Sap au coucher du soleil (sur Angkor Vat au lever). À l'angle opposé, on aperçoit les tours d'Angkor Wat.
En haute saison, possible de monter à dos d'éléphant installé dans des palanquins très confortables, prévus pour deux adultes (20 $ par personne). Quand ceux-ci n'ont pas été réservés par un groupe...

Baksei Chamkrong *(plan d'Angkor,* ***10****) :* *peu après le Phnom Bakhèng, sur la gauche, dans la forêt.* Élégante pyramide de brique et de latérite (matériaux classiques). Son nom, qui signifie « l'oiseau qui abrite sous ses ailes », est tiré d'une légende qui raconte qu'un grand oiseau avait protégé de son envergure un roi de ses ennemis. Elle fut érigée peu après la mort de Yasóvarman Ier par son fils Harshavarman Ier. Jolie tour-sanctuaire, dont les sculptures en stuc moulé restèrent, hélas, inachevées. Archéologiquement intéressant ; les inscriptions gravées sur les piédroits de sa porte est déclinent toute la généalogie des rois précédant Harshavarman Ier.

Angkor Thom

• Plan Angkor Thom *p. 179*

Il s'agit en réalité de toute une ville fortifiée avec plusieurs temples. À 1 700 m exactement de la porte d'Angkor Wat. Au bout d'une longue et noble avenue bordée d'arbres, on aperçoit l'image tant rêvée de la porte sud : une arche sublime de plus de 23 m de haut, surmontée de ce mystérieux bouddha à quatre visages,

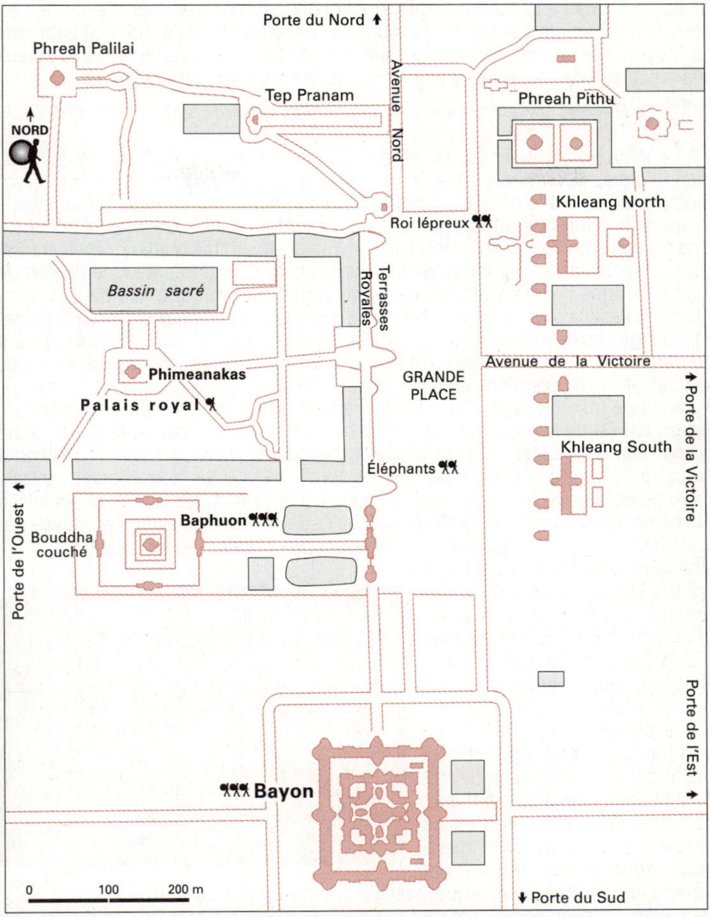

ANGKOR THOM

coiffé de sa tiare de pierre. De chaque côté du pont franchissant les douves, 54 statues de géants soutenant le naga sacré comme lors d'une compétition de tir à la corde : c'est le « barattage de la mer de lait », déjà évoqué par les bas-reliefs d'Angkor Wat. Côté gauche les divinités, côté droit les démons.

En franchissant le porche, on pénètre dans la vaste ville royale, centre du site archéologique et apothéose de l'ère angkorienne. La cité d'Angkor Thom est ceinte des quatre côtés par des murailles de 8 m de haut, sur une longueur totale de 12 km. Autour, des douves de 100 m de largeur... Cinq portes monumentales permettent l'accès à la ville, les plus remarquables étant celles de la Victoire, à l'est, et la porte des Morts, du même côté, par laquelle on évacuait autrefois les cadavres. Visite possible à dos d'éléphant (20 $ par personne) le matin, de la porte sud jusqu'au Bayon.

Dites-vous que l'ancienne capitale, désormais peuplée d'arbres, de vaches et, dans la journée, de bonzes et de touristes, hébergea jusqu'à 100 000 habitants au Moyen Âge ! Leurs maisons, uniquement en bois et en paille (seuls les dieux avaient droit à des résidences en pierre), ont été englouties par le temps.

Le Bayon : *au centre de la ville d'Angkor Thom. Un conseil : venir vers 7h du mat pour éviter la foule.*
Il fut construit entre la fin du XIIe et le début du XIIIe s, sous le règne de Jayavarman VII après la victoire sur les Chams. Si le temple d'Angkor Wat est la majesté même, celui-ci est le mystère incarné. D'où son nom : « la montagne magique ». Imaginer une forêt de têtes gigantesques, regardant dans toutes les directions... Une massive montagne de 54 tours (il n'en reste aujourd'hui que 37), représentant, pour certains, les 54 provinces de l'Empire khmer. Elles sont chacune ornées de quatre visages censés illustrer les quatre vertus du Bouddha : au sud, la sympathie ; à l'est, la pitié ; au nord, l'humeur égale ; à l'ouest, l'égalité. Soit, à l'origine, 216 visages aux sourires énigmatiques qui irradient le royaume et vous observent du haut de leur sérénité totale. Tôt le matin, les premiers rayons du soleil sur ces visages éternels valent également le coup d'œil.
Pyramide à trois niveaux, d'une hauteur totale de 43 m, le temple-montagne du Bayon est un dédale où l'on est obligé de se perdre. Le plan général est d'une grande complexité : les tours-sanctuaires sont partout, suivant d'abord un schéma au carré, le long des enceintes, puis en cercle, autour de la montagne centrale en référence au cycle de la vie. Pour compliquer le tout, les portes et les allées observent une disposition cruciforme. D'où cette curieuse sensation éprouvée par le visiteur, pris entre les galeries, les terrasses, les escaliers et les tours !
Une autre énigme posée par ces sphinx khmers fut celle de leur origine. Longtemps, les chercheurs ont cru qu'il s'agissait d'un temple dédié à Shiva ou à Brahma, puis uniquement au Bouddha. On a fini par comprendre qu'il avait été construit à une époque de transition entre le brahmanisme et le bouddhisme. Il s'agit donc bien d'un panthéon, consacré aux dieux adorés au Moyen Âge par tous les Khmers, mais dont l'hôte central est devenu le Bouddha... avant que la religion ne change à nouveau !

ELLE N'AVAIT PEUR DE RIEN !

En 1967, en pleine guerre du Vietnam, Jackie Kennedy décida de visiter Angkor. Elle fut accueillie par le roi Sihanouk, qui était pourtant violemment antiaméricain. On organisa un somptueux pique-nique face au temple du Bayon, les commentaires culturels étant assurés par le conservateur français Groslier.

Le Bayon possède également de fabuleux bas-reliefs historiques : on y a totalisé plus de 10 000 personnages. On peut les admirer sur les murs extérieurs des galeries du 1er niveau. Les fresques de la galerie est relatent les sanglants exploits de l'armée angkorienne contre les Chams, et celles de la galerie sud témoignent de la vie quotidienne des Khmers au XIIe s : pêche, chasse, combats de cochons, scènes de marché, accouchement. On y voit aussi la bataille du Grand Lac (le Tonlé Sap) et divers duels. Très utile d'avoir un guide pour les explications. Au 2e niveau, les fresques illustrent la vie quotidienne du roi. Les niches dans les murs accueillaient des bouddhas, pillés au milieu du XIIIe s, lors des invasions brahmaniques.

Le Baphuon : *au nord du Bayon, à env 300 m. Prendre l'escalier de gauche avt la grande esplanade. Compte tenu de la déclivité importante de l'escalier, l'accès est interdit aux moins de 12 ans.*
Implanté au cœur de l'ancienne cité royale d'Angkor Thom, au sud du Palais royal, et dédié au culte du Lingam, le Baphuon est l'un des plus grands édifices religieux du Cambodge ancien et fut probablement l'un des édifices majeurs autour duquel se structura la ville angkorienne. Autrefois comparé à une montagne d'or, ce temple (appelé « le père caché ») fut construit au milieu du XIe s (donc avant Angkor

Thom, bien qu'il s'y trouve). Le Baphuon est un style architectural khmer à lui tout seul. Construire une pyramide aussi vertigineuse était un exploit pour l'époque. Rançon de ce succès, elle s'est en grande partie écroulée ! Le plus remarquable aspect est la façade occidentale du 2e étage, que les artisans de l'époque moyenne transformèrent en un bouddha entrant en nirvana, long de 60 m.
L'étude (anastylose) du monument, entreprise par Groslier, a été interrompue par la guerre en 1971. Les archives du chantier ont disparu en 1975. Dès 1995, le Baphuon a fait l'objet d'un gigantesque programme de restauration, dont la maîtrise d'œuvre a été confiée à l'École française d'Extrême-Orient en partenariat avec l'autorité cambodgienne Apsara. Ce travail de grande ampleur, où le choix du béton a été exceptionnellement utilisé, a été achevé en 2012.

La terrasse des Éléphants *(plan d'Angkor,* ***36****)* **:** *le long de la grande avenue qui part du nord du Bayon. Sur la gauche, avt les larges escaliers.* Y aller de préférence en matinée pour l'éclairage des sculptures. Au début du XIIIe s, Jayavarman VII fit aménager cette terrasse en bordure du Palais royal, sur 350 m de longueur. Il est probable qu'il pouvait ainsi assister, avec ses courtisans, aux spectacles donnés sur la grande place. Sur le terrain en face, les vestiges de 12 tours, les ***prasat Suor Prat,*** « tours des Danseurs de corde » *(plan d'Angkor,* ***32****),* disposées symétriquement autour de la porte de la Victoire.

POURQUOI CES TOURS ?

L'explication qu'en donne Tcheou Ta Kouan dans ses chroniques vaut son pesant de moutarde : « Quand deux familles se disputent sans qu'on puisse régler le litige, un représentant de chaque famille s'assied au sommet d'une des tours alors que le restant de la famille reste au pied de la tour à surveiller l'autre famille. Après quelques jours d'observation, celui qui a tort finit par le manifester d'une façon ou d'une autre (ulcères, catarrhe ou fièvre maligne) et celui qui a raison n'a pas le moindre malaise. Ils décident ainsi du juste et de l'injuste ; c'est ce qu'ils appellent "le jugement céleste". »

La terrasse du Roi lépreux *(plan d'Angkor,* ***37****)* **:** *juste après la terrasse des Éléphants, en retrait sur la gauche.* Bien moins large que sa voisine, mais tout de même haute de 6 m, cette terrasse doit son nom à une petite statue retrouvée au sommet, censée représenter Jayavarman VII (qui serait mort de la lèpre). Selon une légende khmère, ce roi serait en fait associé au prince indien Preah Thong, gendre du roi des nagas, qui fonda Angkor. Il s'agirait plutôt, selon des spécialistes, d'une représentation de Yama, dieu des Enfers, la terrasse ayant servi de lieu de crémation. La statue présente est une copie – l'originale est à l'abri au musée de Phnom Penh. Les bas-reliefs qui ornent les murs de chaque côté, véritables merveilles, font partie des plus belles illustrations de l'art khmer. On y reconnaît une admirable pléthore de divinités, nagas géants, apsaras, génies armés et monstres divers. Les reliefs sont encore mieux conservés dans la galerie, derrière le mur. Dans cet étroit déambulatoire, noter les concubines plus abîmées que les autres. Certains racontent que les sculptures ne seraient pas usées par le temps, mais représenteraient ces dames atteintes de la lèpre, contaminées par le roi (toujours la légende !). Plusieurs restos après la terrasse du Roi lépreux.

Royal Palace *(le Palais royal)* **:** *accès par les terrasses ou par la porte située côté Baphuon.* Entouré de douves et de hautes murailles, ce palais fortifié a servi sous plusieurs règnes, à partir du milieu du Xe s, et fut remanié à diverses reprises. Il ne reste plus rien des habitations royales, construites en bois (c'est malin). Seul subsiste le petit temple de ***Phimeanakas*** *(le Palais céleste ; plan d'Angkor,* ***17****).* Le toit, dit-on, était entièrement en or. Ce temple pyramidal a beaucoup souffert, mais le temps n'a rien ôté à ses lignes harmonieuses. Et les lions des escaliers sont toujours en place. Au nord, les bassins royaux, en grès, ont également survécu. On peut même s'y baigner quand la pluie les remplit. Le reste de l'enceinte du palais n'est plus que végétation.

Suite du Petit Circuit

🎬🎬 **Thommanon** (plan d'Angkor, **21**) **:** *sortir d'Angkor Thom par la porte de la Victoire (l'est) ; le temple est à gauche de la route.* Thommanon fut construit à la fin du règne de Sûryavarman II, au début du XIIe s, et dédié à Vishnou. Jolis petits pavillons de grès, bien conservés. Remarquer les sculptures des portails et des angles.

🎬 **Chau Say Tevoda** (plan d'Angkor, **22**) **:** *juste en face de Thommanon, de l'autre côté de la route.* Construit un tout petit peu après son voisin mais moins bien conservé, à part de riches décorations. Cela explique les similitudes, même si l'influence d'Angkor Wat est ici plus forte. Pour info, le nom se traduit par « la divinité Chau Say ».

🎬🎬 **Ta Keo** (plan d'Angkor, **15**) **:** *à 1,5 km de Chau Say Tevoda, sur la gauche.* Une pyramide massive, sur plusieurs niveaux, culminant à une cinquantaine de mètres. Attention, la montée sur des marches raides et irrégulières est fatigante, mais le panorama est une belle récompense. Admirer la sobriété de l'ensemble, resté inachevé et entièrement dépourvu de sculptures. Ce dépouillement constitue toute l'originalité de l'édifice et, d'une certaine manière, permet de mieux en souligner les finesses architecturales. Ta Keo (« l'ancêtre Keo ») est également un parfait exemple de ce qu'est un temple-montagne. Construit à la fin du Xe s, il a certainement inspiré la construction d'autres temples angkoriens. La Chine mène actuellement des travaux de restauration sur le temple.

🎬🎬🎬 **Ta Phrom** (plan d'Angkor) **:** *à 2 ou 3 km de Ta Keo, sur la gauche. Toujours un peu en restauration. Là encore, il est préférable de venir avt 9h pour éviter la foule. Mais les photographes apprécieront la lumière de la fin d'après-midi.*
« L'ancêtre Phrom » est notre chouchou, incontestablement. Si Angkor Wat n'est qu'harmonie et majesté, le Bayon mystère et boule de gomme, alors Ta Phrom est un lieu romantique et magique, parce qu'il resta longtemps livré à la jungle. La Conservation, qui a heureusement sauvé les principaux monuments du site, eut l'excellente idée d'abandonner de nombreuses années celui-ci à son sort, histoire de laisser aux futurs visiteurs le plaisir de ressentir l'émotion éprouvée par les premiers découvreurs. Ainsi, quand on évoque Angkor, on pense plus aux visages couverts de mousse et aux racines couleur de pierre qu'aux tours, bien sûr somptueuses mais institutionnalisées, d'Angkor Wat. Cependant, les amoureux du Ta Phrom, ceux qui en sont à leur deuxième ou troisième visite, seront étonnés. En effet, le site a été nettoyé sévèrement de ses mauvaises herbes et arbres naissants. Subsistent évidemment les quelques grosses racines mythiques, mais l'ensemble a perdu, nous semble-t-il, de son aura romantique...
Construit sous Jayavarman VII vers 1186, Ta Phrom fut autrefois l'un des plus gigantesques temples d'Angkor. Difficile d'imaginer qu'il y a 8 siècles ce

TA PHROM ANGELINA JOLIE

Vous en pincez pour Lara Croft, l'archéologue aventurière de Tomb Raider *? Vous aurez alors reconnu le temple, théâtre de scènes du film... On dit d'ailleurs qu'Angelina Jolie, tombée amoureuse du Cambodge lors du tournage, y serait retournée plusieurs fois. Les autorités ont alors l'idée de se servir de sa notoriété pour lancer une campagne de préservation du site, fortement endommagé. Ici, on le surnomme déjà « Temple Angelina Jolie ». Rien d'officiel encore...*

CAMBODGE / ANGKOR

« monastère du roi » abritait 260 divinités, servies par 12 640 personnes, vivant toutes dans l'enceinte de 60 ha de cette ville dans la ville. Les dignitaires mangeaient dans une vaisselle en or, dormaient dans des draps de soie. La tour centrale croulait sous les pierres précieuses.

Aujourd'hui, on se demande si la forêt fait œuvre de protection ou de destruction. Le fromager est le prédateur le plus redouté. Ses racines germent sur les murs, s'étendent vers le sol en s'insérant entre les pierres qu'elles disloquent en grossissant. Elles se font pythons pour mieux dévorer les statues, les feuilles restent figées au dallage, les branches se font une joie de traverser portes et fenêtres. Dans certaines galeries, on remarque que des traits des bouddhas sculptés sur les murs ont été transformés en ermites. Jayavarman VIII, revenu à l'hindouisme, a ainsi voulu gommer les traces du bouddhisme instauré par Jayavarman VII. Essayer d'aller voir le Ta Phrom en fin d'après-midi, quand les derniers rayons inondent le temple. Magie garantie.

Magnifiques photos sépia du Ta Phrom sur le site • *mcdermottgallery.com* • Visiter également la galerie qui les présente (près de la poste).

LE FROMAGER DESTRUCTEUR

Cet arbre splendide, utilisé autrefois pour fabriquer les boîtes de fromage, est l'ennemi des archéologues. Ses graines, enfouies dans les déjections d'oiseaux, se retrouvent parfois sur les ruines. Peu à peu, les racines pénètrent alors entre les pierres et font éclater les édifices.

Banteay Kdei *(plan d'Angkor,* ***25****)* **:** *peu après Ta Phrom, prendre la route de droite qui redescend sur Angkor Wat ; c'est tt de suite à droite après le grand virage.*

La « citadelle des Cellules » est un vaste monastère bouddhique de la fin du XIIe s, entouré de quatre enceintes. Il fait partie des temples plats (à l'opposé des temples-montagnes) et s'étire sur plusieurs centaines de mètres. Il fut dégagé en 1920. L'entrée principale est surmontée de quatre visages très raffinés de 2 m de haut, représentant le bodhisattva Avalokiteshvara. Banteay Kdei se caractérise par ses bas-reliefs multiples et superbement sculptés, pleins de raffinement, où apparaissent moult danseuses sacrées (apsaras). Le monastère était équipé d'une grande salle de danse où ces gracieuses créatures officiaient pour le roi. On entre par un porche gardé par des *garudas.* C'est un temple tout simplement admirable, l'un de nos préférés.

Au bout de la première allée, un premier temple, puis, après un deuxième temple, un bouddha en méditation. L'ensemble abritait des nonnes et des prêtres. Au gré de la balade, on découvre de nombreux linteaux et piliers sculptés.

Sras Srang *(plan d'Angkor,* ***26****)* **:** *face à Banteay Kdei, de l'autre côté de la route.*

Le « bassin des Ablutions » (c'est sa signification en khmer) est en fait une piscine royale, commandée par Jayavarman VII et creusée en 953. Superbes réflexions au lever du soleil. Le roi fit aménager tout autour des escaliers et des terrasses de grès, décorés de lions et de nagas. Digne d'une piscine olympique, le Sras Srang mesure 800 m sur 400 !

À noter, plusieurs ***restaurants*** (notamment le *Khmer Angkor Kitchen Restaurant*) avec une terrasse surélevée se sont installés face au bassin. Vraiment agréables et pas plus chers que les gargotes.

Prasat Kravan *(plan d'Angkor,* ***9****)* **:** *en poursuivant vers Angkor Wat, sur la gauche.* L'un des premiers temples du site (*prasat* signifie « temple »), construit en 921 mais restauré dans les années 1970. Il est dédié à Vishnou. Il se distingue également des autres par sa belle brique, alors que le grès fut largement employé par la suite. Les briques furent fabriquées sur place et séchées au soleil, puis cuites. L'ensemble a de l'allure avec ses cinq hautes tours. Nombreuses représentations de Vishnou. Noter encore l'avant-marche en demi-lune. À l'intérieur de la tour centrale, bas-reliefs de Vishnou à huit bras (au fond) et quatre bras (côtés). À gauche, Vishnou tient un lotus, une conque, un sabre et un disque représentant la lumière. À droite, Garuda porte Vishnou (c'est en fait sa monture).

LE GRAND CIRCUIT

Il démarre dans le prolongement d'Angkor Thom, part dessiner une large boucle au nord, puis retrouve le Petit Circuit à hauteur de Banteay Kdei. La route est plus longue mais ne prend pas nécessairement plus de temps, les temples y étant moins nombreux.

__Preah Khan__ (plan d'Angkor, __27__) : 3 km au nord du Bayon. Entrée habituelle par l'ouest, à droite de la route, via un long chemin. La tradition voudrait pourtant qu'on entre par l'est. On conseille de se faire déposer à l'une des deux portes et de sortir de l'autre côté, en fixant un point de rdv avec le tuk-tuk. *Moins fréquenté en fin de journée.*
Plus qu'un temple, Preah Khan correspond d'abord à une antique ville disparue de plus de 50 ha, entourée de douves. La « ville de la fortune royale victorieuse » abritait un monastère (et ses 430 divinités), ainsi qu'une université bouddhique, dont le nombreux personnel engloutissait 10 t de riz par jour. Les 5 324 villages alentour comptaient près de 100 000 âmes (97 840, précise une stèle), dont plus de 47 000 personnes attachées à l'entretien du temple, 4 506 cuisiniers et 1 000 danseuses (on ne devait pas s'ennuyer dans le coin). Les habitations étaient disséminées dans la forêt autour du temple.
Au centre de cet ancien périmètre, le temple lui-même de Preah Khan (« l'Épée sacrée du roi ») fait irrésistiblement penser à Ta Phrom : ici aussi, la végétation s'est développée parmi les dédales de pierres, mais avec moins de violence. Moins connu des touristes, Preah Khan est souvent désert. En profiter, l'atmosphère n'en est que plus saisissante. Il reste pas mal de sculptures, malgré le vandalisme et les pillages.
On pénètre par l'entrée est, où on longe une chaussée encadrée de plots où figuraient des bas-reliefs de bouddhas, tous détruits par les brahmanistes au XIIIe s. Il ne reste qu'une seule effigie du Bouddha, au bout sur la gauche. Puis apparaît la célèbre scène du barattage de la mer de lait.
En passant la deuxième porte, d'impressionnants fromagers embrassent et compressent le toit de la galerie. L'intérieur est couvert de bas-reliefs et de fausses fenêtres, colonnes sculptées de motifs végétaux. Fausses portes aussi, avec de superbes frises ciselées (notamment le départ du Bouddha en char). Porte du milieu, petits bouddhas assis. Autre scène remarquable : en haut, le Bouddha attaqué par les démons. Il appelle la « déesse Terre » à la rescousse. Alors, elle tire ses cheveux qui se transforment d'abord en torrents, puis en mer qui noie les démons. Puis viennent les bibliothèques (celle de gauche, vers la sortie, à colonnes sur deux étages, est assez impressionnante) et l'enfilade de portes et de petites pièces qui mènent au centre du temple où l'on trouve un stûpa. Noter tous ces trous dans les murs, prévus pour fixer des plaques de métal renvoyant la lumière. Nul ne sait si les plaques ont été volées ou si le sanctuaire ne fut jamais achevé. Voir aussi le lingam aux trois formes : rond en dessous pour Shiva, octogonal pour Vishnou et carré pour Brahma. La visite se poursuit en traversant tout le temple. Le linteau de la porte ouest (à l'extérieur) illustre la bataille de Râma contre Râvana. Ce temple se révèle un véritable enchantement ; surtout, venir en profiter de bonne heure !

__Neak Pean__ (les Serpents enroulés ; plan d'Angkor, __28__) : à quelques km de Preah Khan. Prendre le chemin partant à droite de la route. Peu d'intérêt pendant la saison sèche car il n'y a pas d'eau. Un endroit pour le moins étonnant, construit à l'époque de Jayavarman VII, dans la seconde moitié du XIIe s. Imaginer un grand bassin entouré d'escaliers, occupé autrefois par des bonzes. Au centre, une toute petite île où se dresse un sanctuaire. Autour, quatre bassins plus petits, également carrés. En plus de l'ingénieuse entreprise mise en place, observer les animaux fantastiques sculptés sur le temple (on reconnaît deux nagas géants) et sur les gros déversoirs des bassins. À l'intérieur de chaque déversoir, une figure sculptée différente. Dans le grand bassin, le groupe sculpté représente un cheval mythique (en fait, un dieu déguisé), tirant des hommes par sa queue. On sait aujourd'hui que le bassin central est une réplique du lac sacré Anavatapta, situé au pied du mont Kailash dans l'Himalaya tibétain, source du Gange, de la Shita, de l'Indus et de la Vakshu dans la mythologie hindoue, fleuves qui sont symbolisés par les quatre déversoirs. Les pèlerins venaient là s'asperger d'eau sacrée.

Ta Som *(plan d'Angkor,* ***29****)* **:** *à env 2 km de Neak Pean, sur la gauche.* Petit temple du style de Ta Phrom, édifié à la même époque. Englouti lui aussi par la forêt, le site est surtout connu pour la tour à visages de son entrée ouest. Il faut aller jusqu'à l'entrée opposée pour voir toute la partie extérieure gauche prisonnière d'un énorme banian. Le Ta Som est dédié à la mémoire des ancêtres des rois.

Le Mébon oriental *(plan d'Angkor,* ***11****)* **:** *au nord-est de Ta Phrom, à plusieurs km.* Ce temple était situé sur une île, au centre du Baray oriental, immense réservoir d'eau aujourd'hui transformé en rizière. La fondation du temple date de 952. Au milieu du Xe s, il y avait là une ville, choisie comme capitale par Rajendravarman. Seul le temple a subsisté, comme ailleurs. Dans l'enceinte, quatre tours en quinconce encadrent le sanctuaire. Les tours ouvrent à l'est avec de remarquables fausses portes en grès sculpté sur les autres côtés. Sur les linteaux de la tour centrale, Indra sur son éléphant tricéphale à l'est, Skanda dieu de la Guerre sur son paon à l'ouest, et Shiva sur son taureau sacré au sud. Sur la tour nord-ouest, remarquer sur la face est le dieu « qui enlève les obstacles », à tête d'éléphant, Ganesh, chevauchant sa trompe transformée en monture !

Pre Rup *(plan d'Angkor,* ***13****)* **:** *à 1,5 km au sud du Mébon, sur la droite.* Imposante pyramide de brique, sur plusieurs niveaux, de la même époque que le Mébon. Il s'agit du dernier temple construit dans ce matériau. Derrière l'entrée se dressent huit tours (quatre de chaque côté) et au centre, une haute pyramide et une tour centrale flanquée de quatre autres tours. La grimpette est assez raide. Très jolie au coucher de soleil. Ancien temple funéraire brahmanique datant de 961, dédié à Shiva et dont le nom signifie « retourner le corps », un rituel de crémation dans l'hindouisme.
Le plan d'ensemble rappelle celui du Bayon, en moins complexe et sans les galeries, mais il n'y a en fait aucun rapport entre eux, puisque le Bayon est bouddhique. Et ici, les 14 hautes tours se terminent un peu en bouillie minérale, à cause de l'érosion. Mais les couleurs, qui vont du gris à l'orange en passant par le beige, donnent tout son charme au site. Remarquer également les portails aux colonnes sculptées. Pas grand-chose à voir car les linteaux sont très abîmés. La tour centrale abritait un lingam, aujourd'hui disparu. Enceinte et gradin entourent l'ensemble. Les premières galeries de la première enceinte étaient réservées aux pèlerins.

À L'EXTÉRIEUR DES CIRCUITS

Le Baray occidental **:** *à l'ouest d'Angkor Thom, à env 12 km de Siem Reap, sur la route de l'aéroport.* Cet immense réservoir d'eau (8 km sur 2) fut aménagé au XIe s pour irriguer les douves, les bassins et les rizières de la nouvelle capitale. Ce genre de dispositif hydraulique, colossal, explique la puissance des Khmers à l'époque. Au centre, un Mébon, petit palais similaire à celui du Baray oriental mais tout à fait ruiné. On peut se promener sur cet étonnant lac artificiel et même profiter d'une petite plage, fréquentée le week-end par les Cambodgiens ! Endroit magique au coucher du soleil.

Banteay Samrè *(plan d'Angkor,* ***23****) : à l'est du Grand Circuit, un peu après le Baray oriental. Très peu fréquenté.* Traversée d'une zone d'habitations traditionnelles en chemin. Surnommé l'« Angkor Wat miniature », cet élégant temple du XIIe s est assez bien conservé. Faire le tour par la gauche le long des douves pour rejoindre l'allée d'accès. Double enceinte au carré, puis une seconde enceinte-galerie, avant d'accéder au sanctuaire, orné d'une jolie tour. Belles décorations sculptées, notamment sur les frontons. Les frises mettent en scène, ici aussi, Vishnou et Shiva. Devant le temple, ne pas rater la superbe terrasse, aboutissement d'une longue chaussée le reliant à d'autres temples et flanquée de lions dont la queue amovible faisait place à une torche lors des cérémonies. On peut dire qu'alors les lions pétaient le feu !

Banteay Srei *(hors plan d'Angkor,* ***14****) : à 25 km au nord d'Angkor, par une route goudronnée. Compter env 30 mn de trajet et autour de 25 $ l'A/R en* tuk-tuk. *À l'entrée du site : café-resto, boutique d'artisanat, bureau de change, toilettes et centre d'info (vente de plans et brochures). Un conseil : arriver au temple le plus tôt possible ; dès 7h30, les premiers groupes arrivent, à 8h les cars se comptent parfois par dizaines... Autre créneau, entre 11h30 et 13h quand la foule est repartie. Moins de monde mais la lumière est aussi plus crue.*

– Sur la zone du parvis, le ***centre d'interprétation*** présente une intéressante perspective sur le Banteay Srei : sa place dans la chronologie angkorienne et un rapport pédagogique aux autres grands monuments mondiaux. Étonnant parallèle notamment avec le temple maya de *Chichén Itzá* (Mexique), qui date sensiblement de la même période, et symbole lui aussi d'une civilisation disparue... Également une présentation de son architecture. Excellente explication des méthodes de construction, illustrée de croquis : les grands codes d'architecture hindoue repris dans ce temple plat, avec la symbolique du mont Meru et la tour-sanctuaire, les méthodes d'imbrication des pierres... Enfin, toute une partie historique sur la découverte et la restauration du site (de 1860 à nos jours), autour de photos d'époque. Bien pensé. Introduction indispensable !

– L'entrée dans la zone du temple se fait par l'est. Sortie côté ouest par un chemin balisé qui conduit au grand *trapeang* (plan d'eau) à travers une jolie clairière. Sinon, accès direct au parking pour les plus pressés.

Banteay Srei, l'un des temples mythiques d'Angkor, est devenu célèbre au travers de l'aventure de Malraux, qui y vola un bas-relief et deux apsaras en 1923. Baptisé la ***citadelle des Femmes,*** le temple est entièrement décoré de reliefs, proches de la perfection. On pense que seules les femmes étaient capables d'une exécution aussi délicate. Autre particularité : ce petit bijou de l'art khmer est sculpté dans le grès rose (un mélange de pierre de sable rose et de latérite), qui prend différentes teintes selon l'orientation du soleil. Par ailleurs, il n'a pas été construit par un roi mais pas son précepteur sur une terre offerte par le roi Rajendravarma. Dans la cour intérieure, plusieurs pavillons très bien conservés, gardés par des singes en pierre (copies), deux belles bibliothèques, surmontées chacune d'un faux étage et flanquées, comme souvent, d'une fausse porte. Elles encadrent le sanctuaire destiné au roi.

ET IL DEVINT MINISTRE DE LA CULTURE !

À 22 ans, Malraux avait déjà réussi à ruiner Clara, sa richissime épouse. Pour se refaire, il loua quatre charrettes à bœufs et démonta les bas-reliefs situés sur la tour de gauche, tout au fond du temple. L'expédition fut un secret vite éventé, puisqu'ils furent arrêtés tous deux dès leur retour à Phnom Penh. Assigné à résidence, Malraux plaida le « Res nullius » (le délit est nul puisque l'objet n'appartient à personne !). Et il se prit 2 ans, dont 1 ferme. Une grande campagne de soutien à Paris lui permit de faire appel et de s'en tirer à 1 an avec sursis.

CAMBODGE / ANGKOR

Partout, les façades sont gravées d'une multitude de motifs floraux et de gracieuses figurines. Sur les linteaux des portes, des scènes de la mythologie brahmanique, véritables dentelles. Ne pas rater le portail avec Shiva et le taureau Nandi, et le triple fronton où Indra, seigneur du ciel, se tient sur un éléphant. Malgré la taille modeste du temple, dédié à Shiva, on peut passer des heures à observer les détails. Les toits étaient pentus, constitués de charpentes et recouverts de tuiles rendues étanches grâce à une colle végétale. On comprend pourquoi l'endroit, d'une grande harmonie, déclencha tant de passions. Selon l'archéologue Maurice Glaize, il s'agit bien du « plus joli des temples khmers ». Sa conservation a été réalisée en partenariat avec la Suisse.

Le groupe de Roluos : *15 km à l'est de Siem Reap. Deux possibilités : prendre la route 6 et dans ce cas suivre le panneau « Preah Kô » quand on arrive de Siem Reap ou « Bakong » en venant de Phnom Penh ; ou, plus bucolique, la route parallèle en latérite un peu plus au sud.*
Le nom de Roluos désigne plusieurs temples de la fin du IXe s. Bien que rattaché au site archéologique d'Angkor, le lieu est préangkorien. Les rois installent ici Hariharalâya, capitale du royaume khmer pendant 70 ans, avant de déménager plus au nord. Roluos est d'une grande importance : ses constructions témoignent des débuts de l'architecture et de la sculpture khmères. Les trois principaux temples sont distants les uns des autres d'environ 1 km. Y aller tôt le matin.
- ***Lolei*** *(plan d'Angkor,* ***4****) : à gauche de la route 6 par une piste en terre.* Il date de la fin du IXe s. Édifié par Yasóvarman Ier, il est dédié à la mémoire des fondateurs d'Hariharalâya. *Lolei* signifie d'ailleurs « séjour de Harihara » (c'est-à-dire de Shiva et Vishnou). Le temple formait alors une île (tout comme le Mébon oriental) au milieu d'une pièce d'eau de 4 km de longueur sur 800 m de large qui alimentait la capitale en eau. Il en reste quatre tours en brique, en assez piteux état. Les reliefs des portails sont bien conservés, avec de très jolies divinités féminines, entre autres. Certains arborent encore un beau décor floral. Quelques linteaux notables, notamment celui avec, aux extrémités, Ganesh monté sur son rat Mushaka. Sur l'autre portail, de tout petits personnages. De part et d'autre des niches, d'élégantes déesses (les *Devatas*) remplacent les gardiens de porte.
- ***Preah Kô*** *(Bœuf sacré ; plan d'Angkor,* ***2****) : à droite de la route 6.* Temple funéraire de Jayavarman II et de ses ancêtres. C'est le premier temple de Roluos, construit en 879 à proximité du Palais royal (disparu), à l'intérieur de douves. Dégagé en 1932. Il est consacré à Shiva. Accès par une chaussée dallée bordée de bornes (vestiges du péristyle, autrefois couvert de tuiles). Avant d'arriver au sanctuaire, à gauche une bibliothèque. Juste devant, vestiges d'une salle longue où se reposaient les pèlerins. Devant le temple, trois nandis, taureaux sacrés, monture de Shiva, sont couchés sur le flanc, et sur le soubassement, les six lions symbolisant le pouvoir et la force. Puis on trouve six tours-sanctuaires en brique assez bien conservées, aux portails ornés de sculptures. Tandis que les tours côté est sont élevées en mémoire des ancêtres mâles du fondateur du temple, celles de l'ouest (moins hautes) sont dédiées aux esprits des reines. Certains linteaux sont remarquables, notamment celui de la tour sud-est. Le dieu *Kala* (dieu du Temps) trône au-dessus de monstres marins. Sur les têtes des serpents, six petits dieux appelés *Varuna*. Sur les côtés, de curieux lions « à trompe », montés par un étrange personnage. Sur les piliers de l'entrée, inscriptions d'origine. Sur la tour de droite, gardien de gauche (le méchant) et celui de droite (le gentil) dans un très bon état. Au tournant, éléphant se faisant manger la tête par un démon. Enfin, tour centrale, linteau admirablement conservé (serpent à cinq têtes).
- ***Bakong*** *(plan d'Angkor,* ***3****) : au sud de Preah Kô, à 1,5 km de la grand-route.* Le plus important du groupe de Roluos puisqu'il s'agit d'un temple d'État, dédié à Shiva, dont la construction date de 881. Entouré de douves, son mur d'enceinte (700 m sur 900) est dans un état remarquable. Bordé par un monastère (pas de visite), ce troisième temple-montagne de l'histoire khmère, et le premier construit en grès (IXe s), est très photogénique. C'est le temple qui répond le mieux à l'idée

du mont Meru. Sur les côtés, deux nagas reliant le monde des humains au mont Meru. Au milieu, le pont de l'Arc-en-Ciel. Seules les chapelles sont en brique. Salles de repos juste après le mur d'enceinte et quelques pavillons de méditation plus petits. Escalier monumental avec, à chaque étage, les lions-gardiens. Noter les blocs de la bordure avec les trous, c'est là qu'on ancrait les parapets. Aux quatre coins, les éléphants (symbole de stabilité et pérennité). Marches très hautes pour élever au maximum la pyramide. On retrouve donc la disposition pyramidale à cinq gradins déjà observée dans les circuits précédents. Du fait de sa structure et aussi de la présence d'un sanctuaire au sommet, on en déduit que le Bakong symbolisait le centre virtuel du royaume. La première terrasse représente le Naga, la deuxième, Garuda, les troisième, quatrième et cinquième, des divinités de haut rang. Mon tout est entouré de huit tours-sanctuaires de brique en assez bon état, représentant chacune une forme de Shiva. Tour centrale superbe. Le Bakong ayant été entièrement remonté par Maurice Glaize entre 1936 et 1943, on a pu constater que la tour n'était pas du IXe s, comme le reste du temple, mais qu'elle avait été érigée au XIIe s. Ce qui explique la ressemblance avec Angkor Wat...

À l'est d'Angkor

Beng Mealea : *60 km env à l'est de Siem Reap. Pour s'y rendre, deux itinéraires possibles : route 6, puis bifurcation à gauche au village de Dam Daek ; ou route 66 (l'ancienne Voie royale, aujourd'hui à péage). Prévoir 1h30 de trajet en* tuk-tuk. *Prix : env 30 $ l'A/R (env 50 $ en voiture). En partant vers 6h30, garantie d'être dans les tout premiers sur place. Entrée : 5 $. Billetterie 2 km avt le site. En s'organisant, il peut être pratique de coupler la visite avec celle du village lacustre Kampong Khleang (voir plus haut le chapitre sur le Tonlé Sap).*
Un des derniers temples quasiment totalement enfouis dans la végétation, il n'a été que très peu restauré, vers 1955. À comparer au Ta Phrom mais en beaucoup moins arrangé pour la visite (seulement quelques passerelles et passages tracés). Encore peu visité, c'est un de nos temples préférés.

Un peu d'histoire
Le Beng Mealea (la « guirlande de l'étang ») date du XIIe s. Ville et sanctuaire tout à la fois, d'une superficie de 108 ha (à peu près celle d'Angkor Wat). Un fossé de 4 m de largeur l'entourait. En fait, on ne sait pas grand-chose sur ce sanctuaire. Par son style, il est proche d'Angkor Wat.

Visite du site
Le long du chemin menant au temple, quelques vestiges du corps du serpent (naga) qui précédait les quatre entrées. Arrivée à la partie sud du site. Premier bâtiment à gauche, avec un portique et un linteau sculpté, murs prisonniers de la végétation. En face, une bibliothèque en ruine. Passage d'une galerie avec quelques éléments de voûte, mais ce sont les arbres qui font voûte désormais. Il a fallu installer des planches pour faciliter certains franchissements. Tour centrale totalement écroulée et formant un immense éboulis. Tout autour, des galeries à cinq colonnes en pierre. On pénètre (en souplesse) dans l'une d'elles à travers un passage orné de barreaux de grès tournés comme du bois, pour atteindre une petite plateforme en hauteur. Pendant quelques secondes, on se prend pour Indiana Jones. Toit végétal si épais qu'il dispense une douce fraîcheur. De l'exubérance de ce végétal et de l'élégante sobriété de la pierre se dégage une poésie apaisante, une émotion réelle. Là, devant nous, une belle galerie. La nature n'a pas encore gagné, car elle conserve encore une partie de sa voûte.
On longe un passage couvert, dans une pénombre humide, pour déboucher sur une magnifique bibliothèque. Quatre murs percés de fenêtres à cinq colonnettes de pierre (on retrouve souvent le chiffre cinq, plus rarement le sept). On se retrouve dans l'axe de l'entrée (vestiges du corps du naga sur les côtés). Dans le mur, face à la bibliothèque, une trouée lumineuse s'ouvre sur un nouveau spectacle

de belles colonnes encore debout, dans un fantastique chaos de pierre et de linteaux déchus. Après avoir contourné la bibliothèque, on parvient à des éléments de l'enceinte extérieure qu'on va suivre quelque temps jusqu'à la porte est, reconnaissable à ses nagas surgissant des fougères arborescentes dans leur position d'origine. Là encore, grande poésie de ces vestiges tentant de s'extraire de leur gangue végétale. Nombreuses portions des remparts en ruine. La visite aura duré au moins 1h30, dont 90 mn d'enchantement total si l'on a échappé à la foule...

Preah Khan : *à env 6-7h de Siem Reap (en saison sèche slt), en poursuivant plein est depuis Beng Mealea. Mais accès plus aisé depuis le village de Stoung, avt Kompong Thom en venant de Siem Reap. Donation : 5 $.* **Attention,** ne pas confondre avec le site situé à l'intérieur du parc d'Angkor. De Beng Mealea à Preah Khan, les 65 km de piste empruntent le tracé de l'ancienne Voie royale datant du Xe s. Aventure ! Plusieurs vestiges de ponts et de bâtiments angkoriens. Preah Khan, plus grand complexe jamais construit (35 km^{2}, soit trois fois plus qu'Angkor Thom !), fut d'abord un lieu de culte brahmanique mystérieux, dont la richesse provenait probablement des mines de fer voisines, exploitées depuis des temps immémoriaux par des peuples protokhmers. Dépouillé de ses plus belles sculptures en 1870 par les archéologues français (visiter le musée Guimet à Paris...), sauvagement pillé dans la seconde moitié des années 1990, Preah Khan est dans un très mauvais état général. La visite n'en demeure pas moins une récompense à la hauteur de l'effort consenti, ne serait-ce que pour la tour aux quatre têtes de *prasat Preah Stung,* qu'on attribue à Jayavarman VII (Bayon).

Koh Ker : *à env 60 km de Beng Mealea en continuant vers le nord-est par la route à péage. Compter 3h de route depuis Siem Reap (120 km en tt). Prix d'une voiture A/R : env 80 $. Entrée : 10 $.*
Jayavarman IV, qui règne déjà à Koh Ker, préféra y rester quand il devient empereur. Son fils, ingrat, revint à Angkor. Le fait que le site ait acquis toute son ampleur en seulement une quinzaine d'années donne une idée de la mégalomanie de ces temps. Vestige le plus connu et spectaculaire, la pyramide *prasat Thom* (ou *prasat Kompeng*), un *prang* (tour principale) pyramidal de sept étages et de 40 m de haut dédié à Shiva. Avec le *prasat* Chen (autre monument important situé à l'entrée), ils abritaient une statuaire remarquable et raffinée. Les sculptures en ronde-bosse, contrairement aux autres temples qui possèdent des bas-reliefs, apportent ici un effet réaliste original.
Le *prasat* Chen est, quant à lui, dédié à Vishnu. Nombreuses statues, autrefois peintes, dans les deux pavillons d'entrée. Le site a été abondamment pillé au cours de la seconde moitié du XXe s, du fait de son isolement. Mais grâce aux études effectuées sur place et à la campagne de demande de restitutions engagée par l'État, Sotheby's en 2011 et le Metropolitan Museum of Art de New York en 2013 ont restitué trois statues. Mais d'autres œuvres se trouvent encore fort probablement dans des musées ou collections privées. Plus d'infos sur le site de l'École française d'Extrême-Orient : • *efeo.fr* •
Ceux qui veulent continuer l'aventure peuvent filer en direction de Tbaeng Meanchey, et, 20 km avant d'y arriver, prendre une piste vers le nord (difficile en saison de pluies), remontant vers la citadelle de Preah Vihear...

Au nord de Banteay Srei

En partant très tôt, avec une voiture, on peut enchaîner les deux sites suivants. Mais attention ! Se souvenir qu'il faut arriver à l'entrée du péage de Phnom Kulen avant 11h (en haute saison) ! Au retour, possible de profiter de Banteay Srei.

Kbal Spean : *continuer la route sur une vingtaine de km après Banteay Srei. Bonne route et quelques ponts en plus ou moins bon état. Arrivée à un* *parking avec des gargotes. Ferme à 16h30.* Kbal Spean, la « rivière aux mille lingams », se découvre après une courte marche pentue à travers une forêt assez dense (30-45 mn). Un grand nombre de lingams ont été sculptés dans le lit de la rivière. En fait, ce sont comme des carrés de pierre tapissant le fond de l'eau. Ces lingams servaient à bénir les eaux avant qu'elles n'atteignent la cité royale. Des bas-reliefs, représentant les divinités du panthéon brahmanique, se trouvent aussi le long de la rivière. Malheureusement, beaucoup ont été volés, arrachés à coups de burin du lit de la rivière. Un guide ou un chauffeur de *tuk-tuk* averti vous montrera les sculptures cachées dans la jungle. Le paisible environnement, l'atmosphère inspirée qui baigne la rivière, la belle chute d'eau en contrebas (où l'on peut prendre une douche vigoureuse) rendent ce site assez unique parmi les temples d'Angkor, et il mérite le détour.

Bourey Sovann Restaurant : *peu avt d'arriver au Kbal Spean, sur la droite. 012-842-258. Le midi slt.* Agréable resto en pleine campagne. Salles en plein air entourées d'une végétation luxuriante, bière fraîche et cuisine de bonne qualité. Heureusement, car c'est le seul resto digne de ce nom dans le coin !

Phnom Kulen *(la rivière aux mille lingams)* **:** *à 15 km de Banteay Srei (soit 50 km de Siem Reap), par une piste correcte. Visite à déconseiller lorsqu'il a plu, la piste est en terre et les rochers peuvent être glissants. Deux sites : le 1er est accessible moyennant 20 $! Le 2d est gratuit et tout aussi intéressant que le 1er.*
L'une des grandes montagnes sacrées pour les Cambodgiens et un lieu de pèlerinage très populaire. C'est ici, en 802, qu'eut lieu le véritable acte de naissance du Cambodge. Le roi Jayavarman II y proclama l'indépendance du pays vis-à-vis de Java, et y fonda la première capitale. Immense plateau couvert d'une dense forêt vierge.
Il s'agit de deux sites, tous deux appelés « rivière aux mille lingams » en raison du nombre de lingams sculptés dans le lit de la rivière. Aux deux endroits, belle cascade où il fait bon se baigner.
Les agences de Siem Reap combinent la visite de Phnom Kulen avec celle de Banteay Srei. Y venir avant 11h. À 12h, le sens de la circulation s'inverse et la route est réservée à la descente. Ce qui signifie aussi : pas de descente avant 12h ! Compter 45 mn minimum de piste depuis le péage jusqu'au premier parking, et autant à la descente. Prudence, ne pas quitter les chemins balisés, le déminage complet des environs n'est pas encore garanti.
En plus des lingams et sculptures sur les rochers, ce site abrite un petit temple et un grand bouddha couché.
– *La rivière aux mille lingams :* on n'a pas compté, mais on ne doit pas en être loin. Depuis le parking, emprunter un petit chemin jusqu'à la rivière. La franchir sur un tronc d'arbre pour voir en amont, à une vingtaine de mètres, une sculpture de Vishnou couché. Comme au Kbal Spean, les fameux lingams ne sont que des carrés sculptés dans le lit de la rivière (et pas du tout de forme phallique). Un sentier mène ensuite, à une centaine de mètres, à une petite source sacrée. Gentil environnement.
– *Le temple du Bouddha :* à 10-15 mn à pied du parking. Les fainéants peuvent s'y rendre à *moto-dop*. Ici, rien d'artistique, il s'agit d'un lieu de culte. Stands de bondieuseries et de pharmacopée populaires : onguents, herbes et écorces, cornes et dents de toutes sortes, pierres à furoncles et tout un tas de choses... Escalier en béton, encadré de nagas, menant au pied du *rocher du Bouddha couché,* sculpté au XVe s. Au XIXe s, pour le protéger, on y édifia un petit temple qu'on atteint par un second escalier plus large. Il fut détruit en 1975 par l'aviation gouvernementale car les Khmers rouges tenaient la colline. Cependant, le bouddha ne fut pas touché. Du sommet, à près de 500 m de hauteur, superbe panorama sur la région. Atmosphère très religieuse.
– *Les chutes d'eau :* reprendre la voiture, jusqu'au second parking. Lieu de pique-nique populaire pour les familles, surtout le week-end. De hauts arbres prodiguent un ombrage salutaire.

CAMBODGE / ANGKOR

Angkor... plus loin !

Banteay Chmar : ce gigantesque temple s'adresse avant tout aux routards à l'esprit vraiment aventurier. Ils découvriront, après bien des difficultés, un monument qui vient certes d'être restauré, mais où la magie opère toujours, entre autres du fait de son isolement.

Infos pratiques

Au nord-ouest du Cambodge. Compter 4h env au départ de Siem Reap. Route impeccable en bus jusqu'à Sisophon (105 km, 1 à 2h de trajet). Ensuite, 65 km de piste, en cours d'asphaltage, en taxi privé ou collectif, ou moto-taxi (tape-cul sur la piste !) ; trajet impraticable en saison des pluies. Entrée : 5 $; gratuit moins de 12 ans.

– Loger chez l'habitant, visiter le magnifique temple de Banteay Chmar avec des guides du village, faire des activités pour découvrir la vie traditionnelle khmère, c'est possible à Banteay Chmar où des comités de villageois ont développé un programme de tourisme solidaire en 2007 sous l'impulsion de l'association française *Agir pour le Cambodge.* Le but était de développer la communauté sur les plans social, économique et écologique et de leur assurer des revenus complémentaires, répartis de manière équitable. Des villageois ont été formés par l'école hôtelière *Sala Baï* de Siem Reap pour la cuisine du restaurant et le service des chambres d'hôtes. Une façon utile, donc, d'aider ces familles à vivre. Depuis 2009, ce programme est géré par *Global Heritage Fund,* un organisme américain qui sensibilise les populations locales à la conservation et à la mise en valeur de leur patrimoine. Il est aussi en charge de la restauration du temple. Pour en savoir plus : • *tsophal@globalheritagefund.org* • (M. Tath Sophal, responsable du projet) et • *visitbanteaychhmar.org* •

– Autre solution, dormir dans un des hôtels de Sisophon. L'idéal est de partir tôt le matin et de revenir le soir à Sisophon (ou à Siem Reap). Conseillé d'acheter de l'eau et quelques biscuits pour la journée.

La visite

On a du mal à comprendre que ce temple, parmi les plus grands de tout le Cambodge, ait été construit dans une région si déshéritée. Bâti au XIIe s, il est entouré d'une douve, large de 65 m.

Avant d'entrer à l'intérieur du temple, observer l'enceinte principale. Sur la gauche, superbe scène de combat naval opposant les Khmers aux Chams. Ces derniers sont reconnaissables à leurs coiffes, les autres étant tête nue. Armés de lances, les soldats s'affrontent au corps à corps. Certains se noient et se retrouvent au milieu des poissons.

Il faut aimer l'escalade pour pénétrer à l'intérieur du temple, un gigantesque amas de blocs de pierre et d'écroulements successifs. Cette difficulté de s'y déplacer l'a certainement protégé des pillages (encore que certaines pièces aient manifestement disparu).

Partout, la pierre est finement sculptée, notamment les célèbres apsaras qui gardent les entrées. Le temple possède, lui aussi, des tours à visages, perdues au milieu de la végétation. Vous l'avez compris, vous êtes dans une œuvre majeure de l'art khmer, ignorée du tourisme... encore pour quelque temps.

Soierie du Mékong : *entrée face au collège de Banteay Chmar, sur la route principale. ☎ 546-901-570. • soieriesdumekong.com • Lun-ven 7h30-12h, 13h30-17h ; w-e sur résa.* Fondée par 2 ONG françaises, *Enfants du Mékong* et *Espoir en Soie,* cette entreprise sociale lutte pour l'autonomie des femmes et contre l'exode rural fréquent dans la région. Des collections de foulards variés et d'excellente qualité alliant la créativité du design français et le savoir-faire du tissage à la main.

Preah Vihear : *situé dans la chaîne frontalière des Dangkrek. Compter 250 km de route goudronnée depuis Siem Reap, soit env 3h30-4h. Pour s'y rendre :*

*minibus à Siem Reap, devant le marché psaar Leu (hors plan de Siem Reap par B2, **120**), à env 2 km du centre, sur la route de Phnom Penh ; il arrive à Sra Em, à 30 km de Preah Vihear. Compter 5 $ pour env 3h de trajet. Ensuite, moto-taxi jusqu'à destination (autour de 10 $ + 5 $ pour monter en haut du temple). Entrée : 10 $.*

Noter que le conflit frontalier, qui opposait depuis des années les armées thaïe et cambodgienne (chaque pays revendiquant sa souveraineté sur le temple), s'est soldé en novembre 2013 par une décision de la Cour internationale de justice donnant raison au Cambodge.

Les allures de forteresse de ce sanctuaire (IXe-XIIe s) de grès jaune noirci par le temps, grimpant à l'assaut d'une colline sacrée depuis des temps immémoriaux, pour culminer à 640 m d'altitude comme une nef tournée vers Angkor, font de sa visite un moment inoubliable. On y accède en parcourant différentes bibliothèques et gopuras reliés par une voie royale. Sur le site, il y a parfois plus de militaires que de visiteurs, mais leur présence n'est pas contraignante. Depuis Siem Reap, la visite peut être idéalement couplée avec la découverte d'autres sites éloignés comme Koh Ker (selon l'itinéraire choisi).

Nuit sur place obligatoire. Plusieurs *guesthouses* à Sra Em, à 30 km du site, sur la route d'Along Vien (chambres autour de 10-15 $). Également un hôtel 4 étoiles, le ***Preah Vihear Boutique Hotel and Restaurant*** *(☎ (088) 862-27-78 ; • preahvihearhotel.com • ; double env 190 $).* Une trentaine de chambres agréables, entourées de beaux jardins. Piscine, bar et resto.

Noter que la frontière avec la Thaïlande est encore fermée, mais il est question qu'elle rouvre prochainement. À suivre... Il est néanmoins possible de passer en Thaïlande par le village cambodgien de Phang (situé sur la route longeant la frontière, à environ 60 km à l'ouest de Preah Vihear). On arrive au village thaï d'Osmak.

LE SUD-EST

KOMPONG CHAM

78 000 hab.

Les temps modernes ont endormi ce port autrefois très actif, en projetant le ruban de bitume vers l'amont. Que cette relative torpeur puisse aider la ville à conserver encore longtemps son pittoresque agencement colonial !

Aux alentours immédiats, il ne faut pas manquer d'explorer l'île sauvage de Koh Paen, de sillonner à vélo les pistes qui longent les berges, et de s'arrêter dans les pittoresques villages.

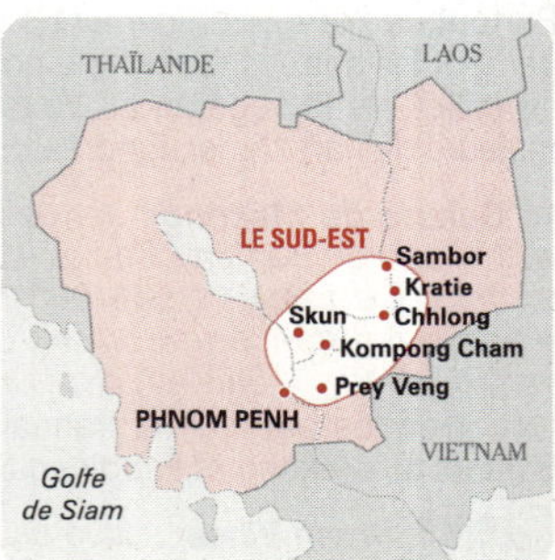

Arriver – Quitter

La majorité des bus s'arrêtent sur le boulevard Monivong, où se trouve le bureau de la principale compagnie : *Sorya*. Les billets s'achètent soit dans les officines, sur la N7, soit dans les hôtels. Les horaires ne sont pas précis, car il ne s'agit pas des terminaux mais d'arrêts.

➢ ***Phnom Penh :*** 6h45-15h45, une douzaine de bus/j. dans les 2 sens. 120 km (N7), 3h de voyage. Également des taxis collectifs à prendre à côté de la station *Caltex,* à l'angle de Ang Duong St et N7 (prix similaires). Les bus en provenance de Phnom Penh s'arrêtent à Kompong Cham, pour prendre des passagers.

➢ ***Batambang, Poipet :*** 1 bus/j. le matin, avec *Sorya.*

➢ ***Kompong Thom et Siem Reap :*** 7h30-12h, env 4 bus/j. Prévoir respectivement 120 km (2h30 de trajet) et 280 km (env 4h30 de trajet).

➢ ***Kratie :*** 2 bus/j. dans les 2 sens pour chaque compagnie. 220 km, prévoir 4h30 de trajet. Également des taxis collectifs, à peine plus chers et des minivans plus rapides. Plantations de caoutchouc sur le trajet.

➢ ***Frontière du Laos :*** 1 bus 1 j. sur 2 avec *Sorya* via Stung Treng.

Infos utiles

On trouve au centre-ville des ***banques*** *(Acleda, Canadia, ANZ)* avec distributeurs de billets, un marché et une ***poste.***

Où dormir ?

Les hôtels sont situés devant le Mékong. Rien de vraiment emballant, quel que soit le prix de la chambre. Assurément mieux pour un dépannage que pour une nuit romantique. Les budgets serrés trouveront le long du fleuve des *guesthouses* à partir de 5 $ pour deux. On vous prévient, mieux vaut alors ne pas être trop à cheval sur l'hygiène et sur l'accueil. Une bonne alternative, dormir en face, sur l'île de Koh Paen, dans la *guesthouse* que nous indiquons plus loin (« À voir. Koh Paen »).

☗ ***Mekong Hotel :*** *rue de la berge, en amont des bars et autres* guesthouses. *☎ 042-941-536. Doubles avec sdb 10-30 $ selon confort.* 📶 *(réception).* Long immeuble jaunâtre de 2 étages cachant un énorme espace intérieur distribuant 72 chambres. Tant pis pour la froideur des carrelages et des grands couloirs... On y trouve un confort acceptable dans une ville qui n'offre pas l'embarras du choix. Autant de charme qu'un hôpital, la propreté aseptisée en moins... Les chambres *budget,* ventilées, sont vite pleines, tout comme celles tournées vers le Mékong. Les plus chères ont un balcon. Restent celles donnant sur l'arrière, moins sympas mais plus calmes. Toutes ont des lits simples. Un grand coup de pinceau égaierait l'ensemble ! Cafétéria pour le petit déj sans intérêt. Accueil très poli.

☗ ***Moon River Guesthouse :*** *devant le Mékong, à droite du* Mekong Hotel *quand on regarde le fleuve. 📱 016-788-973. • moonrivermekong@gmail.com • Doubles 10-17 $, petit déj inclus.* 📶 Un hôtel d'une quinzaine de chambres plus riantes que la moyenne, avec clim. Les fauchés se contenteront du ventilateur. Literie confortable, eau chaude et vue sur le Mékong pour les meilleures chambres. Resto sur place.

☗ ***Monorom 2 VIP Hotel :*** *Mort Tunle St (le long de la rivière, à côté du* Mekong Hotel*). 📱 092-777-102. Doubles 15-20 $. Pas de petit déj. CB refusées.* Devant le Mékong, un hôtel assez récent, qui ne lésine pas sur le bois verni sculpté. Déco typée, et assez chargée, mais il reste de la marge pour encombrer les chambres, vraiment spacieuses. Frigo, TV, ascenseur, clim. Évidemment, pour la vue sur le Mékong avec un balcon, il faut allonger quelques dollars supplémentaires.

Également des chambres familiales. Le resto *Smile,* à côté, sert de bons petits déj, et même plus si affinités. Et comme c'est une ONG qui aide les orphelins, on les soutient au resto comme à la boutique d'artisanat.

Où manger ? Où boire un verre ?

Bon marché (3-7 $)

Destiny Coffee House : *12, Vithei Pastuer. Dans la rue qui mène au fleuve, sur la droite. Lun-sam 7h-17h.* Qu'elle est revigorante, cette adresse gourmande en diable où les douceurs fondantes compensent l'absence de vue sur le Mékong : brownies, pancakes, excellents cafés, salades, jus de fruits et petits plats occidentaux. Rien de très local mais carrément régressif !

Mekong Crossing : *à l'angle de la rue Pasteur et de la rue de la berge. 017-801-788. Tlj 6h-minuit.* Resto-pub idéalement placé, avec une belle terrasse extérieure en angle. Sympa au petit déj pour voir le lever du soleil sur le fleuve ou dans la journée pour siroter un savoureux *fruit shake.* On y sert jusque tard une bonne cuisine khmère. Propre, ambiance agréable dans la salle lumineuse. Location de vélos.

Lazy Mekong Daze : *rue de la berge, pas loin du pont. 092-307-765.* Resto-bar tenu par un Breton et son énergique compagne khmère, Dary, qui organise des balades en bateau sur le Mékong pour découvrir Kompong Cham autrement (balade de 3h avec coucher du soleil). Petits déj, plats khmers et occidentaux, savoureuses pizzas (un peu d'attente). La grande taille se partage à deux, voire à trois. Cocktails pour se laisser définitivement gagner par « l'étourdissement paresseux du Mékong », affalé dans les fauteuils de rotin. Location de vélos et plein d'infos sur les possibilités de balades dans la région. Dary est une mine d'informations et pourra vous aider à organiser vos visites dans le coin.

Stands de nuit : *au bord du Mékong, proche de l'hôtel du même nom.* Desserts et boissons (dont notre chouchou, le *teukolok).*

À voir. À faire

Le ***grand marché*** classique au centre-ville et quelques ***villas*** datant du début du XXe s sur la rue Ketomalea (à l'ouest de l'avenue). Notamment la maison du gouverneur, qui n'est autre que le frère de Hun Sen !

– **Balades en bateau sur le Mékong :** *rens auprès des pêcheurs situés près du Monorom 2 VIP Hotel. Compter 5 $/h.* Préférer le crépuscule pour avoir la plus belle lumière.

Wat Nokor : *à 3,5 km au nord du centre-ville, sur la N7. Y aller à moto-dop ou en tuk-tuk. Tlj 7h-18h. Entrée : 2 $, valable aussi pour Phnom Srei et Phnom Pros.* Dans son agréable écrin campagnard immédiatement à l'ouest de la ville, ce temple bouddhique construit sous le règne de Jayavarman VII (fin XIIe s-début XIIIe s), le célèbre

DES BAS-RELIEFS D'ANGKOR AUX TORTURES DES KHMERS ROUGES

La province de Kompong Cham, nom signifiant « le port des Chams », compte encore un grand nombre de cette ethnie. Autrefois hindous et puissants, les Chams furent progressivement vaincus par leurs voisins khmers et vietnamiens. Convertis à l'islam à partir du XVIIe s, ils sont aujourd'hui plutôt déshérités, d'autant qu'ils ont particulièrement souffert sous les Khmers rouges.

LE SUD-EST DU CAMBODGE

vainqueur des Chams, mérite largement la visite. Comme au Bayon ou à Ta Phrom, le souverain avait à cœur de réconcilier son peuple. En faisant ériger ce temple, il a mêlé les éléments bouddhistes et hindouistes. De superbes contrastes de couleurs et de formes naissent de l'alternance de blocs de grès et de latérite, noircis et usés par le temps jusqu'à ressembler à de grosses éponges. Une pagode récente, colorée, très kitsch, lieu de culte quotidien, est curieusement incrustée dans le sanctuaire central du temple d'origine. À la tombée du jour, les gens viennent s'asseoir là sur des mottes et boire du vin de palme en mangeant des serpents et des grenouilles grillés.

Phnom Srei et Phnom Pros : *par une voie majestueuse grimpant sur la droite de la N7, env 5 km au-delà du rond-point du wat Nokor, direction Phnom Penh.* La « colline aux Femmes » (*Phnom Srei ;* prendre le chemin qui part sur la droite de la voie) domine, une fois n'est pas coutume, sa voisine la « colline aux Hommes » *(Phnom Pros).* Chacune a droit à son habillage : stûpas récents, très colorés, et grands bouddhas dorés pour les messieurs, stûpas non peints pour les dames, mais du haut de cette colline, le temple domine la campagne et offre une belle vue. Entre le couple, une sorte de parc à thème bouddhique qui compte dans ses rangs une bibliothèque dotée d'un riche fonds d'ouvrages, dont pas mal en français, et un bar. Petite donation bienvenue.

Koh Paen et The Bamboo Bridge *(pont de bambou)* **:** *depuis le pont de béton, suivre le fleuve vers l'aval sur env 500 m. Péage A/R vélo-moto : 1 $. Loc de deux-roues possible auprès de nos adresses.* Chaque année, de décembre ou janvier au début de la saison des pluies, un stupéfiant pont temporaire entièrement fabriqué en bambou enjambe le Mékong sur 800 m pour relier Koh Paen au « continent ». Le reste du temps, un bac dessert cette île sablonneuse d'une bonne quinzaine de kilomètres de long, couverte d'une luxuriante mosaïque de jardins et de maisons de bois. Ceux qui n'ont pas le vertige s'aventureront en haut de la tour d'observation en brique au coucher du soleil. Superbe !
Sur l'île, une *guesthouse* très sympa :

Mekong Bamboo Hut Guesthouse : *015-905-620. À l'arrivée du pont, prendre le chemin sablonneux sur la droite pdt 15 mn env, en longeant le Mékong. Ouv nov-avr et juil-août. Compter 2 $ le hamac, 3 $ pour un matelas.* Sur cette île préservée et splendide, hors des sentiers battus, l'occasion de jouer les Robinson ! Et les enfants adorent... Ben et Yovana ont une quinzaine de hamacs avec moustiquaire sous un toit en chaume, une douche, une terrasse devant le Mékong, et même un coin resto, idéal pour fraterniser et échanger sur ce coin de paradis. Copieuse cuisine khmère. Une expérience inoubliable, pour vraiment déconnecter. Location de vélos et de motos.

LE SUD-EST DU CAMBODGE

DANS LES ENVIRONS DE KOMPONG CHAM

Les mygales frites de Skun : *sur la route N6, km 68, entre Kompong Thom et Phnom Penh, à 4 km de Skun.* Si vous passez par ce marché avec deux restaurants *Romdaul 88,* où tous les cars s'arrêtent pour la pause, ne manquez pas cette spécialité culinaire locale, ne serait-ce que pour le plaisir des yeux. Elles sont vendues, à la douzaine, vivantes ou cuites, par des femmes qui en portent de pleins plateaux sur la tête. Énormes, avec des poils partout, brrr ! Ne manquez pas aussi l'autre spécialité : les sauterelles frites. Bon appétit !

L'ancienne « route des plantations » d'hévéas (N7) : *traverser le Mékong et suivre la N7 jusqu'au village de Suong. Passer un pont qui domine un paysage de marais bordé de cabanes de pêcheurs, puis prendre à gauche.* La région est le principal producteur de caoutchouc, l'une des plus sûres richesses du pays.

Malheureusement, l'argent du caoutchouc n'arrive pas souvent dans les caisses de l'État ! La N7 traverse de vastes paysages dégagés et les plantations d'hévéas jadis créées par les Français. Il faut avoir vu au moins une fois ces « cathédrales » végétales, les petits godets qui recueillent le blanc latex, les saigneurs à l'œuvre au petit jour, les camions de collecte, une usine de traitement.

Chup Rubber Plantation *(l'usine de caoutchouc)* **:** *district de Chup, sur la N7. À 30 km à l'est de Kompong Cham, en direction de Kratie. Prévoir 7-8 $ à moto-dop, 10 $ en tuk-tuk. Droit d'entrée : 1 $.* Possibilité d'assister aux différentes phases de traitement du caoutchouc. Malheureusement, pas de panneaux explicatifs, donc visite sans trop d'intérêt.

Chiro **:** *à 6 km au nord de Kompong Cham, sur la rive opposée du Mékong. Compter 30 mn à vélo ou 10 mn de tuk-tuk (5 $).* Pour les amateurs de beaux paysages et de tranquillité. En contrebas du village de Chiro, on accède à une magnifique plage de sable blanc en traversant les champs de maïs. Baignade magique... Pour découvrir le Cambodge rural, nous recommandons de loger sur place pendant la saison sèche (le village est inondé le reste du temps). Compter 10 $ chez l'habitant ou en bungalow, 20 $ dans la maison (trois lits doubles). L'association cambodgienne *Organization for Basic Training (OBT ; 017-319-194 ; • obtcambodia.wordpress.com •)* développe le tourisme communautaire pour offrir une instruction gratuite aux enfants du village. On partage ainsi avec les habitants une partie de leur quotidien et leurs repas (4 $). Également deux bungalows en bambou et une maison traditionnelle sur pilotis avec eau potable, toilettes et salle d'eau. Confort assez simple, mais on vient avant tout pour s'imprégner de la culture khmère. Location de vélos, balades en bateau, pêche.

KRATIE

• Plan *p. 197*

La région de Kratie (prononcer « krotchè ») fut, du VIe au VIIIe s, un « haut lieu de khméritude », assimilé au royaume du « Chenla de Terre », centre civilisé aux franges du monde sauvage. Peu de traces subsistent de ce passé lointain. Bien plus tard, elle sera un foyer anticolonial, puis une base pour le Viet-minh et les Khmers rouges.

Malgré sa situation géographique très centrale, la province de Kratie demeura enclavée tant qu'on ne put l'atteindre qu'au prix d'une longue remontée du Mékong. Aujourd'hui, par la N7, Phnom Penh n'est plus qu'à 7h de bus. Pourtant la région, principalement constituée de territoires peu habités et difficilement pénétrables, distille encore une forte sensation de bout du monde.

Alanguie au bord du fleuve, la capitale se laisse bercer par le Mékong, où batifolent les derniers dauphins d'eau douce.

Arriver – Quitter

Les compagnies de bus *Sorya* et *Rith Mony* assurent pratiquement les mêmes services, aux mêmes tarifs. Les points de départ se situent le long du fleuve, lieux où l'on peut acheter ses billets, ou plus simplement auprès des hôtels. Tous les bus partent en général le matin entre 6h et 12h30.

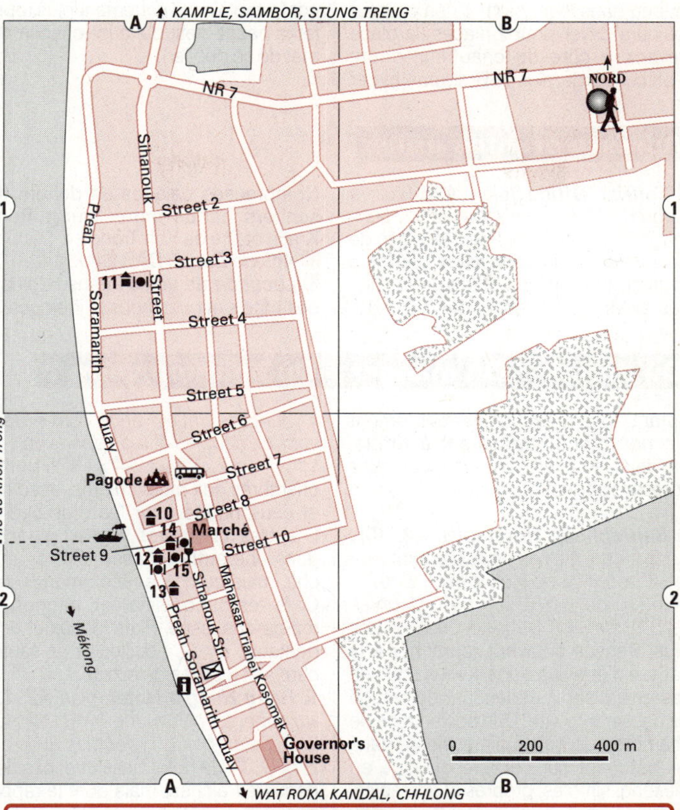

KRATIE

Adresse utile	**11** Tonlé Guesthouse & Restaurant
Tourist Office	**12** You Hong II Guesthouse
Où dormir ? Où manger ? Où boire un verre ?	**13** Heng Heng II Hotel
	14 Star Backpackers
10 Santepheap Hotel	**15** Tokae

➢ ***Phnom Penh et Kompong Cham par la route :*** dans les 2 sens, 5 bus/j. entre Kratie et Phnom Penh (340 km, 7h de trajet) via Kompong Cham (216 km, env 3h de route).

➢ ***Siem Reap :*** 1 bus/j. Compter 10h de trajet.

➢ ***Stung Treng :*** 1 bus/j. 142 km dont une très bonne section de la N7, 3h de trajet. Également des taxis collectifs.

– ***Minibus express :*** il existe également des minibus express qu'on peut réserver via sa *guesthouse,* et dans la plupart des restos. Départ entre 6h et 7h selon les destinations. Seul bémol : on vous entasse à 4 sur une banquette pour 3 personnes et demie (3 places déjà pas très larges, plus un siège de fortune pliable dans le passage vers l'arrière du minibus). Ça, plus les bagages sous les sièges qui dépassent et qui font que parfois on a les genoux un peu dans le menton. Sinon on peut toujours payer pour 2 places (la place devant, à côté du chauffeur, coûte d'office 4 $ de plus !). Bref, pas hyper confortable mais nettement plus rapide (et la pause petit déj à mi-chemin permet de se déplier).

Adresse et infos utiles

- ***Tourist Office*** *(plan A2)* **:** *sur la berge du Mékong, niveau rue 13. Lun-ven 7h-11h, 14h-17h.* Pas beaucoup de personnel, ni de services ni d'infos à soutirer. Fournit des plans de la ville, des environs et les circuits à vélo. Nombreuses balades en dehors des sentiers battus entre Stung Treng-Kratie et l'île de Koh Trong.
- ***Acleda Bank* :** DAB 24h/24.
- ***Location de vélos* :** dans la plupart des hôtels et *guesthouses* indiqués.

Où dormir ? Où manger ? Où boire un verre ?

Autant être prévenu, l'hébergement n'a rien d'enthousiasmant à Kratie, même si, en cherchant bien, quelques adresses sortent du lot.

Santepheap Hotel *(plan A2,* ***10****)* **:** *sur la berge, face au point d'embarquement pour l'île de Koh Trong. ☎ 072-210-210 ou 016-703-580. Doubles 7-15 $, familiale 3-4 pers 30 $.* Les plus pressés pourront reprocher à la bâtisse d'être aussi chaleureuse qu'une caserne. Il serait cependant dommage de passer trop vite. Une soixantaine de chambres de belles dimensions, dans un bâtiment sur l'arrière ou face au Mékong, simples, propres et agréables. Carrelage net, bons matelas, clim ou ventilateur, et la garantie de dormir sur ses deux oreilles.

Tonlé Guesthouse & Restaurant *(plan A1,* ***11****)* **:** *rue 3, tt proche du fleuve. 072-210-505. • letonle.org • Doubles env 10-20 $ selon confort.* Voici des chambres d'application où se forment les étudiants en hôtellerie, issus de milieux défavorisés. En plus de faire une bonne action, vous apprécierez le confort de cette charmante maison à un étage. Les 9 chambres sont impeccablement tenues, décorées avec soin. Salles de bains communes d'une propreté sans faille, avec douche à l'italienne. Service zélé à la *guesthouse* comme au resto. Bonne cuisine khmère à prix modiques.

You Hong II Guesthouse *(plan A2,* ***12****)* **:** *119, rue 10, reliant la berge au marché. 011-674-088. • youhong_kratie@yahoo.com • Selon confort, doubles et triples sans ou avec sdb 7-15 $. Plats 2-4 $.* 5 petites chambres aux murs colorés, avec clim et eau chaude pour les plus chères. D'autres chambres à prix plancher dans une autre adresse face au marché, mais qu'on ne recommande pas. Café-resto convivial et mignon au rez-de-chaussée. Plats locaux et occidentaux : *amok,* nouilles et riz sautés, currys et 3 tailles de pizzas.

Heng Heng II Hotel *(plan A2,* ***13****)* **:** *sur la berge, niveau rue 10. 012-929-943. Selon confort, doubles avec sdb 7-15 $.* Un hôtel classique, pas de la dernière fraîcheur mais dont le rapport qualité-prix reste correct. Une vingtaine de chambres avec vue sur le Mékong pour certaines. Les moins chères n'ont pas de fenêtre mais sont propres et ventilées. Salles de bains correctes. Location de vélos.

Star Backpackers *(ex-Star Guesthouse, plan A2,* ***14****)* **:** *rue 10. 097-455-31-06. Nuitée 3 $ en dortoir, double 6 $.* Évidemment pas la panacée, mais en dépit des matelas avachis et en faisant abstraction du bruit de la rue (la proximité du marché n'arrange rien), les chambres ne sont pas ruineuses et on en a pour son argent. Elles sont situées à l'étage, comme le resto. Dans une ambiance très routarde, on échange ses bons plans, bercé dans un hamac. Honnêtes petits plats servis en terrasse. Accueil agréable. Possibilité de louer des vélos.

***Arun Mekong Guesthouse* :**

sur l'île de Koh Trong, à env 3 km du débarcadère. 📱 *017-663-014.* • *arunmekong@yahoo.com* • *Moto-taxi 2 $ ou 30-40 mn de marche. Doubles sans ou avec sdb 25-35 $.* Il faut prendre le bac et traverser la petite île pour savourer cet environnement simplement magnifique. Charme et confort sont ici réunis. 7 chambres en tout : 5 dans la maison principale et 2 bungalows sur pilotis. Partout, des moustiquaires, de beaux planchers et du charme à revendre. Évidemment, il n'y a ni wifi, ni clim, ni piscine, et l'électricité n'est disponible que de 18h à 22h, mais ces petites privations s'accompagnent d'une douceur hors du temps. Au resto, dans le salon ou dans un hamac face à ce jardin d'éden, le bonheur n'est pas loin. Accueil charmant. Prêt de vélos pour parcourir l'île.

Tokae (plan A2, **15**) **:** *rue 10.* 📱 *097-339-1285. Tlj jusqu'à 22h.* Face à l'effervescence du marché, on repère ce petit resto d'angle à sa grande peinture de gecko au mur. Dans la salle ouverte, on sert les classiques khmers, dont un savoureux *fish amok,* des plats végétariens, un gaspacho qui renseigne sur la nationalité du patron, des crêpes... Le tout à prix serrés, et dès le petit déjeuner.

Restos en plein air : *le long du Mékong, installation en fin d'ap-m. Prix très bas.* Très bien aussi pour boire un verre, baigné d'un crépuscule orangé.

À voir. À faire

Le centre-ville : selon la tradition coloniale, l'habituel marché est entouré d'immeubles dits à « compartiments chinois ». Modeste, mais charmant plaisir du tourisme urbain cambodgien... Au sud de Kratie, le long de la rivière, la maison du gouverneur fait partie des vestiges coloniaux disséminés dans le centre-ville.

Wat Rokakandal : *à 2 km au sud de la ville, en bordure du fleuve. Demander aux enfants d'aller chercher le gardien qui détient les clés.* Ce petit temple, construit au début du XIXe s, est l'un des plus anciens de la région contrairement à celui qui a été récemment construit de l'autre côté de la route. À l'intérieur de la jolie pagode, les colonnes de bois à dorures, les charpentes décorées, le plafond et les vieux dais sont bien préservés. Vente d'artisanat local, assez poussiéreux.

Koh Trong : *en face de Kratie. Service de navettes 7h-19h, ttes les 15-30 mn. Traversée : 5 mn ; 1 000 riels.* Une balade incontournable à faire à la journée, à pied ou à vélo (on peut les louer sur place à l'arrivée du bateau ou les embarquer), pour plonger au cœur de la vie rurale, calme et authentique. Un sentier de 9 km permet de faire le tour de l'île. Pêle-mêle, on croise pêcheurs, temples, chars à bœufs, un village flottant, des bonzes et des gamins au large sourire... et très peu de touristes. On peut aussi y dormir, pour une robinsonnade hors du temps (voir plus haut « Où dormir ? »). Authentique, et complète la visite de Kratie. Bon reflet de la campagne cambodgienne.

– ***Kayak :*** *avec* ***Sorya Kayaking Adventures,*** *426, St 6 (plan A1 ; à côté de la Canadia Bank).* 📱 *090-241-148. Lun-sam 7h-21h.* Plusieurs possibilités d'excursions à la demi-journée et à la journée, pour découvrir Kratie et ses environs depuis le Mékong. Le prix, à partir de 10 $, inclut le guide, le transfert en camion, l'encadrement, l'eau, et les gilets de sauvetage, ainsi que le pique-nique pour les journées complètes. Une des balades permet d'aller voir les dauphins.

DANS LES ENVIRONS DE KRATIE

Sambok Mountain : *au nord, à 13 km de la ville en direction de Kampi. Panneau « Meditation Resort ».* Pour gravir cette colline luxuriante, trois escaliers (160, 73 et 127 marches) vous mènent au lieu de culte. Au 1er niveau, Dhama Tibhathana

(« place des dialogues »), le petit sanctuaire très kitsch, à gauche, est intéressant pour les scènes représentant les différents péchés et les punitions qu'on rencontre dans l'enfer bouddhique. Au 2e niveau, dit Sub Buddhagia, remarquer le gong fabriqué à partir d'une ogive de bombe désamorcée, histoire de rappeler que l'aviation américaine avait bombardé la ville en 1972, alors qu'elle était déjà prise par les Khmers rouges. Au 3e niveau, lieu de culte, vue panoramique sur le Mékong (un peu obstruée par les arbres) et la campagne environnante. Pour les paresseux, on peut monter au sommet à moto.

Les dauphins d'eau douce *(ou «* ***de l'Irrawaddy*** *») : au site de* ***Prek Kampi,*** *à env 20 km au nord de Kratie par la route qui suit la berge (très en creux, plein de bosses). Depuis Kratie, compter 10 $ l'A/R en tuk-tuk. Tlj 6h-17h. Prix des bateaux : env 10 $/pers (un peu moins cher à partir de 3 passagers) ; réduc. Durée : 1h (nov-mai) à 1h30 (juin-oct).*
Le dauphin de l'Irrawaddy circule dans les grands fleuves et semble particulièrement se plaire dans cette partie du Mékong. Un détail : il est aussi timide que son cousin marin peut être enjoué et curieux. Une soixantaine de dauphins folâtrent ici et, avec un peu de patience, la balade en barque laisse le temps de les observer. Ne pas chercher leur bec, ils n'en ont pas et ressemblent au marsouin. L'émersion respiratoire périodique garantit d'entrevoir furtivement leur tête ronde, mais pas assez longtemps pour espérer une photo du cétacé... Et inutile de compter sur une pirouette à la Flipper ! Le mammifère a ses excuses. L'homme et ses techniques de pêche violentes (électricité, explosifs, filets inadaptés) ont décimé sa population, qui reste menacée à terme par l'inéluctable développement du bassin du Mékong. La protection de l'espèce est en partie financée par cette exploitation touristique écoresponsable. Les barques évoluent lentement, et coupent (enfin !) le moteur pour approcher les cétacés. À faire si possible en fin d'après-midi, avec, en prime, de superbes couchers de soleil. Pour observer les dauphins, il n'est toutefois pas indispensable de faire le tour en barque. Depuis l'embarcadère dont ils s'approchent beaucoup, vous n'aurez pas de mal à les repérer !
À moins de 1 km au nord, les ***rapides de Kampi,*** lieu de repos, de pique-nique, de baignade, pour les locaux principalement, surtout le week-end. Aujourd'hui, l'équilibre écologique est menacé par le projet de barrage hydroélectrique de Don Sahong, à 2 km en amont sur le fleuve, à la frontière avec le Laos. Une voie migratoire essentielle pour une centaine d'espèces de poissons serait alors coupée, privant aussi les pêcheurs de leur gagne-pain. Les villageois et les associations de protection de l'environnement sont vent debout contre cette catastrophe imminente, dont les répercussions seraient désastreuses pour l'environnement. Les pressions diverses suffiront-elles à interrompre le barrage ? Les ONG se mobilisent, et l'affaire reste à suivre...

Chhlong : *à 30 km au sud de Kratie en suivant le Mékong. Prévoir 1h de trajet en tuk-tuk (env 20 $ A/R). Route goudronnée.* L'excursion vers ce bourg fluvial qui nous arrive presque intact des temps du protectorat garantit une bonne dose de Cambodge rural en chemin : belles vues sur le Mékong, ses îles, ses maisons flottantes, ses bancs de sable et pirogues, et sur la campagne riche en charrettes à bœufs, meules de foin, plantations et séchoirs à tabac, bambouseraies, champs bien cultivés et villages habités par des Chams. Ancienne étape majeure du commerce du bois, le comptoir marquait la limite de la civilisation avant le « Haut Chhlong » (Mondolkiri) peuplé de tribus hostiles. Rejoindre la rue de la berge, parallèle à la nationale. Là, entre un temple et un confluent photogénique, des villas et demeures à arcades distillent toujours une forte présence, bien qu'elles soient pour la plupart très délabrées.

SAMBOR

➢ À env 40 km au nord de Kratie (1h de trajet). 10 km au-delà de Kampi, au carrefour (statues de dauphins) du village de Sandan, au lieu d'obliquer à droite vers la N7 et Stung Treng, prendre la piste tt droit, le long du fleuve.

Le village de Sambor : ce bout du monde comme on les aime fut le site d'une des premières capitales du royaume de Chenla (VIe-VIIe s). Le temple a malheureusement été rasé par les Khmers rouges. Une escale d'une demi-journée à Sambor vous laissera le temps de visiter le *Mekong Turtle Conservation Centre* *(• mekongturtle.com • ; tlj 8h30-16h30 ; entrée 4 $, réduc),* certes modeste mais instructif.

Wat Sor Sor Muy Roi : l'ancien temple, connu pour ses « cent colonnes », a été entièrement détruit par les Khmers rouges. À la fin des années 1990, le gouvernement a reconstruit un temple moderne très coloré avec 106 colonnes, et un petit temple en bois pour rappeler l'ancien. Reste en place l'authentique vieux stûpa blanc du roi Ang Chan Ier.

CAMBODGE UTILE

ABC du Cambodge

- ***Superficie :*** 181 035 km².
- ***Population :*** 15,7 millions d'hab.
- ***Capitale :*** Phnom Penh.
- ***Religion :*** bouddhisme.
- ***Régime politique :*** monarchie constitutionnelle à tendance autoritaire.
- ***Roi :*** Norodom Sihamoni (depuis 2005).
- ***Premier ministre :*** Hun Sen (depuis 1998).
- ***Langues :*** khmer, français (celle de l'écrit administratif), anglais et vietnamien.
- ***Monnaie :*** le riel (et, en pratique, le dollar US).
- ***Indice de développement humain :*** 143ᵉ rang (0,555).

AVANT LE DÉPART

Infos diplomatiques

Pour les formalités d'entrée dans le pays, se reporter à la rubrique « Les questions qu'on se pose avant le départ » en début de guide.

Pensez à scanner passeport, visa, carte de paiement et *vouchers* d'hôtel. Ensuite, adressez-les-vous par mail, en pièces jointes, en même temps que votre billet électronique. En cas de perte ou de vol, rien de plus facile pour les récupérer depuis un cybercafé. Les démarches administratives en seront bien plus rapides.

Avoir un passeport européen, ça peut être utile !

L'Union européenne a organisé une assistance consulaire mutuelle pour les ressortissants de l'UE en cas de problème de voyage. Vous pouvez y faire appel lorsque la France (c'est rare) ou la Belgique (c'est plus fréquent) ne disposent pas d'une représentation dans le pays où vous vous trouvez. Concrètement, cette assistance vous permet de demander de l'aide à l'ambassade ou au consulat (pas à un consulat honoraire) de n'importe quel État membre de l'UE. Leurs services vous indiqueront s'ils peuvent directement vous aider ou vous préciseront ce qu'il faut faire.

Leur assistance est bien entendu limitée aux situations d'urgence : décès, accident ayant entraîné des blessures ou des lésions, maladie grave, rapatriement pour raison médicale, arrestation ou détention. En cas de ***perte ou de vol de votre passeport,*** ils pourront également vous procurer un ***document provisoire*** de voyage.

Cette entraide consulaire entre les États membres de l'UE ne peut, bien entendu, vous garantir un accueil dans votre langue. En général, une langue européenne courante sera pratiquée.

Ariane, le fil à suivre

Ariane est un service gratuit mis à disposition par le Centre de crise du ministère des Affaires étrangères. Il permet aux voyageurs français qui le souhaitent de s'enregistrer à l'occasion de leurs séjours à l'étranger. Les informations déposées sur Ariane sont utilisées en cas de crise, par exemple pour contacter des voyageurs dans l'hypothèse où des opérations de secours sont organisées, ou encore pour joindre rapidement les familles ou les proches en France si une situation le nécessite. Pour en savoir plus : • *pastel.diplomatie.gouv.fr/fildariane* •

Assurances voyage

■ ***Routard Assurance :*** *c/o AVI International, 40-44, rue Washington, 75008 Paris.* ☎ *01-44-63-51-00.* • *avi-international.com* • Ⓜ *George-V.* Depuis 20 ans, *Routard Assurance,* en collaboration avec *AVI International,* spécialiste de l'assurance voyage, propose aux voyageurs un contrat d'assurance complet à la semaine qui inclut le rapatriement, l'hospitalisation, les frais médicaux, le retour anticipé et les bagages. Ce contrat se décline en différentes formules : individuel, senior, famille, light et annulation. Pour les séjours longs (2 mois à 1 an), consulter leur site. L'inscription se fait en ligne et vous recevrez, dès la souscription, tous vos documents d'assurance par email.

■ ***AVA :*** *25, rue de Maubeuge, 75009 Paris.* ☎ *01-53-20-44-20.* • *ava.fr* • Ⓜ *Cadet.* Un autre courtier fiable pour ceux qui souhaitent s'assurer en cas de décès-invalidité-accident lors d'un voyage à l'étranger, mais surtout pour bénéficier d'une assistance rapatriement, perte de bagages et annulation. Attention, franchises pour leurs contrats d'assurance voyage.

■ ***Pixel Assur :*** *18, rue des Plantes, BP 35, 78601 Maisons-Laffitte.* ☎ *01-39-62-28-63.* • *pixel-assur.com* • *RER A : Maisons-Laffitte.* Assurance de matériel photo et vidéo tous risques (casse, vol, immersion) dans le monde entier. Devis en ligne basé sur le prix d'achat de votre matériel. Avantage : garantie à l'année.

ARGENT, BANQUES, CHANGE

Monnaie et change

– La devise cambodgienne s'appelle le ***riel.*** Cependant, ***c'est le dollar américain*** (abrégé $ ici) ***qui vous sera le plus utile dans le pays*** ! Tout le monde l'accepte depuis le passage des contingents de l'ONU qui en ont inondé le pays. On vous rend la petite monnaie en riels, ce qui permet d'avoir toujours des coupures des deux devises sur soi. Le change riels/dollars est à peu près stable et souvent plus intéressant dans les bureaux de change que dans les banques.

– À titre indicatif (sous réserve de fluctuations) : compter environ 4 000 riels pour 1 $. Aux régions frontalières avec la Thaïlande, le *baht* (Bts) thaïlandais est aussi utilisé : 1 $ = 35 Bts = 4 000 riels, soit 1 Bts = environ 115 riels. En général, tout se passe très bien, sans arnaques. Essayer d'avoir un maximum de petites coupures (1 et 5 $) pour les tractations de base (*tuk-tuk,* repas, etc.). Attention aux dollars trop abîmés, aux billets douteux de 50 et 100 $ ou imprimés avant 1990 (même en bon état ; bien le préciser auprès de la banque où est effectué le change) !

– L'***euro*** se change sans problème dans les banques et les bureaux de change. Cela dit, vous aurez toujours intérêt, ne serait-ce que pour des raisons pratiques, à changer vos euros en dollars plutôt qu'en riels (bonjour l'épaisseur des liasses). Donc, prévoyez peut-être de partir avec des dollars, si vous obtenez un bon taux... Sinon, avec 1 €, on obtient environ 1,15 à 1,20 $ sur place ou 4 600 à 5 000 riels. Taux variant selon les lieux, les périodes et, surtout, selon le taux de change euro/dollar, bien sûr !

Cartes de paiement

Avertissement

Si vous comptez effectuer des retraits d'argent aux distributeurs, il est **très vivement conseillé** d'avertir votre banque avant votre départ (pays visité et dates). En effet, **votre carte peut être bloquée dès le premier retrait** pour suspicion de fraude. C'est de plus en plus fréquent. Bonjour les tracasseries administratives pour faire rentrer les choses dans l'ordre et on se retrouve vite dans l'embarras !

– ***Distributeurs automatiques :*** dans les grandes villes (Phnom Penh, Siem Reap, Sihanoukville et Battambang, notamment), on trouve des distributeurs automatiques, délivrant des... dollars. C'est le ***moyen de change le plus pratique.*** Même si le taux de change est meilleur que dans les banques et les *money changers,* n'oubliez pas que la banque locale prélève sa commission (1 à 2 % par retrait) en plus de celle de votre banque, souvent élevée, alors ne retirez pas de petites sommes. Noter qu'il est également possible d'obtenir directement au guichet des banques une avance en espèces avec votre carte de paiement (même commission ; minimum 5 $) et sur présentation de son passeport.

Petite mesure de précaution : si vous retirez de l'argent dans un distributeur, utilisez de préférence les distributeurs attenants à une agence bancaire. En cas de pépin avec votre carte (carte avalée, erreurs de code secret...), vous aurez un interlocuteur dans l'agence, pendant les heures ouvrables.

– ***Règlement par carte de paiement :*** de plus en plus utilisé dans les grands hôtels, restaurants haut de gamme, boutiques de luxe, agences de voyages, mais aussi dans de grosses *guesthouses,* certains supermarchés, etc. Comme dans tous les pays asiatiques, une commission supplémentaire (autour de 3 %) est prélevée. Garder donc plutôt l'usage des cartes de paiement pour les grandes occasions.
Pensez à téléphoner à votre banque pour relever le plafond de retrait aux distributeurs et pour les paiements par carte, quitte à le faire rebaisser à votre retour.
Avant de partir, notez donc bien le numéro d'opposition propre à votre banque (il figure souvent au dos des tickets de retrait, sur votre contrat, ou à côté des distributeurs de billets), ainsi que le numéro à 16 chiffres de votre carte. Bien entendu, conserver ces informations en lieu sûr et séparément de votre carte.
Par ailleurs, l'assistance médicale se limite aux 90 premiers jours du voyage et l'assistance véhicule aux cartes haut de gamme (renseignez-vous auprès de votre banque). N'oubliez pas aussi de VÉRIFIER LA DATE D'EXPIRATION DE VOTRE CARTE DE PAIEMENT avant votre départ !
En cas de perte, de vol, ou de fraude, quelle que soit la carte que vous possédez, chaque banque gère elle-même le processus d'opposition et le numéro de téléphone correspondant.

– ***Carte Visa :*** *n° d'urgence (Europ Assistance),* ☎ *(00-33) 1-41-85-85-85 (24h/24).* • *visa.fr* •

– ***Carte MasterCard :*** *n° d'urgence,* ☎ *(00-33) 1-45-16-65-65.* • *mastercard france.com* •

– ***Carte American Express :*** *téléphoner en cas de pépin au* ☎ *(00-33) 1-47-77-72-00.* • *americanexpress.com* •

Transfert d'argent

En cas de besoin urgent d'argent liquide (perte ou vol de billets, chèques de voyage, carte de paiement), vous pouvez être dépanné en quelques minutes grâce au système ***Western Union Money Transfer.*** Pour cela, demandez à quelqu'un de vous déposer de l'argent en euros dans l'un des bureaux *Western Union* (liste sur ● *westernunion.fr* ●). L'argent vous est transféré en moins d'un quart d'heure. La commission, assez élevée, est payée par l'expéditeur. Possibilité d'effectuer un transfert en ligne 24h/24 par carte de paiement (*Visa* ou *MasterCard* émise en France).

ACHATS

L'artisanat traditionnel a presque entièrement disparu pendant la guerre, mais certains tentent de le faire revivre. En attendant, il reste pas mal de souvenirs à rapporter, que vous trouverez surtout dans les nombreux marchés de Phnom Penh. Quelques beaux objets un peu anciens, en cherchant bien.
– Le ***krama,*** très beau foulard à carreaux en soie ou en coton, est une production typiquement cambodgienne, ainsi que le ***sampot,*** étoffe portée autour de la taille.
– Les ***fripes*** valent vraiment le coup : on trouve des chemises d'occasion en soie à des prix encore plus bas qu'en Thaïlande.
– ***Pour les nostalgiques*** de l'Indochine, les gamins des rues proposent de vieilles cartes du pays, des billets anciens et des livres en français photocopiés.
– Le ***poivre de Kampot*** est considéré parmi les meilleurs au monde, notamment sur les viandes grillées. Acheter du « Kampot Pepper » certifié pour ne pas se faire refiler du poivre vietnamien... En vente entre Kep et Kampot, dans les plantations et certaines boutiques.
– ***À Angkor,*** tout le monde vend la même chose : illustrations rudimentaires sur carton, instruments de musique, ainsi que figurines et bijoux en toc qu'on vous vendra au prix de l'or ou de l'argent ! Prenez soin toutefois de vous munir d'un papier délivré par les sculpteurs pour la douane.
– Bien sûr, fréquentez les ***marchés,*** présents dans tout le pays mais particulièrement nombreux à Phnom Penh, où vous trouverez, entre autres, des boussoles en faux ivoire ou en corne, des objets en bois sculpté, des statuettes en cuivre, des bijoux intéressants, des pierres précieuses (à condition de s'y connaître), etc.
– N'oubliez pas les ***boutiques des ONG,*** très nombreuses à Phnom Penh (également à Siem Reap et Sihanoukville), qui vendent souvent de très beaux articles (sacs, vêtements, pochettes, etc.), colorés et créatifs, et toujours pour la bonne cause.
– Rappelons qu'il est ***strictement INTERDIT de sortir du pays des antiquités khmères*** : Angkor a été déjà suffisamment pillé ! Ne tentez surtout pas de rapporter le moindre caillou ramassé dans un temple ou une sculpture ancienne achetée sur le site : la douane fouille scrupuleusement les bagages à l'aéroport...

Marchandage

Une vieille tradition asiatique à laquelle vous n'échapperez pas. Tous les prix se discutent, surtout dans les marchés. Certains demandent des tarifs sans commune mesure avec ceux pratiqués auprès des Cambodgiens. Mais sachez aussi que, dans la plupart des cas, le commerçant n'acceptera pas de vous laisser le bien convoité au prix qu'il demande à ses compatriotes, puisque vous avez forcément plus d'argent qu'eux... Renseignez-vous sur les prix pratiqués pour savoir sur quelle base négocier et comparez. Ensuite, à vous d'évaluer la juste mesure entre ce que vous êtes prêt à mettre et ce qu'attend le vendeur. Sachez que dans les campagnes et les petites villes, les habitants sont habituellement moins gourmands : il convient donc de ne pas y appliquer tout à fait les mêmes principes.
N'oubliez jamais que le marchandage est un art qui demande un peu de patience et beaucoup de sourires et d'humour (très important !). Passé les premières réticences, vous y trouverez même peut-être du plaisir...

BUDGET

Le Cambodge est un pays bon marché. À 5-15 $, l'immense majorité des chambres que nous avons visitées étaient propres. Dans les restos, les prix restent très abordables. Même remarque pour les moyens de transport. Inutile de culpabiliser si le prix d'une course à *moto-dop* vous paraît incroyablement bon marché (1 000 ou 1 500 riels, c'est le prix que paient les Cambodgiens). En résumé, en adoptant un mode de vie routard normal, on peut visiter le pays avec un petit budget. En prenant du temps, bien sûr, car les transports sont longs. Notez que pendant le nouvel an khmer (mi-avril), période de vacances pour les Cambodgiens, les prix ont tendance à grimper.

Hébergement

Attention, les fourchettes de prix sont un peu plus élevées à Siem Reap, Sihanoukville et Phnom Penh, tourisme oblige ! Les prix s'entendent pour deux personnes. À noter que le petit déj est généralement en supplément, sauf pour les catégories « Un peu plus chic » et « Chic ».
- ***Bon marché :*** moins de 10 $ (9 €) ou 7 à 15 $ dans les villes touristiques (6,40 à 13,60 €).
- ***Prix moyens :*** de 10 à 30 $ (9 à 27,30 €) ou 15-35 $ (13,60-31,80 €).
- ***Chic :*** de 30 à 50 $ (27,30 à 45,50 €) ou 35-50 $ (31,80-45,50 €).
- ***Plus chic :*** de 50 à 100 $ (45,50 à 91 €).
- ***Très chic :*** de 100 à 150 $ (91 à 136 €).
- ***Spécial coup de folie :*** plus de 150 $ (136 €).

Nourriture

Prix par personne pour un repas dans un restaurant (boissons en supplément) :
- ***Bon marché :*** de 3 à 7 $ (2,70 à 6,40 €).
- ***Prix moyens :*** de 7 à 15 $ (6,40 à 13,60 €).
- ***Chic :*** de 15 à 25 $ (13,60 à 22,70 €).
- ***Plus chic :*** plus de 25 $ (22,70 €).

Transports

Quelques idées de prix :
- ***Bus :*** Phnom Penh-Siem Reap, de 7 à 15 $ selon les compagnies ; Phnom Penh-Sihanoukville, de 6 à 12 $; Phnom Penh-Hô Chi Minh-Ville, de 10 à 15 $. Un peu plus cher en minibus.
- Un siège en ***taxi collectif*** : Siem Reap-Battambang, 8 $ environ ; Sihanoukville-Phnom Penh, environ 15 $.
- Location d'un ***taxi entier*** : multiplier le prix d'un siège par 5 au minimum, généralement par 7.
- Une place en ***bateau*** : de 3 à 6 fois plus cher que le bus.
- ***Avion :*** pour un vol Phnom Penh-Siem Reap, compter environ 110 $, hors promotions.

Pourboires

Ce n'est pas une tradition répandue, mais les hommes de l'ONU ont habitué le personnel des bars et des restos (surtout à Phnom Penh) à en recevoir. Il est toujours apprécié par les gardiens de parking quand le stationnement est « gratuit ». Cela dit, vous ne vexerez personne en ne laissant rien.

CLIMAT

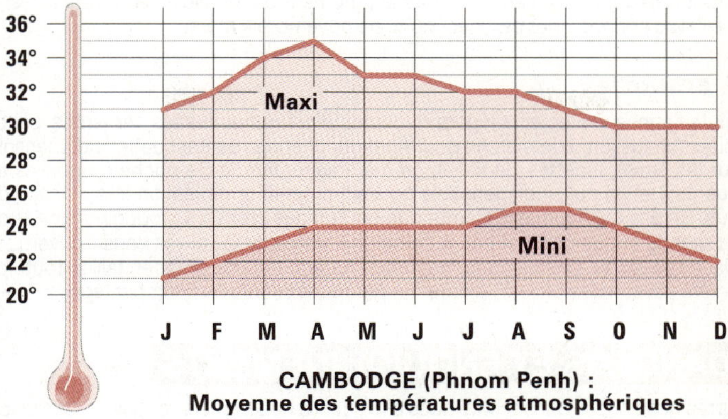

CAMBODGE (Phnom Penh) :
Moyenne des températures atmosphériques

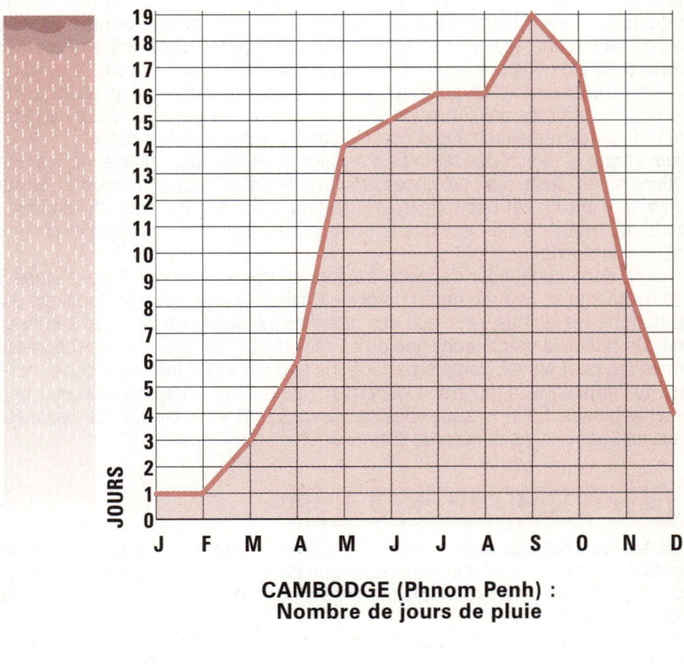

CAMBODGE (Phnom Penh) :
Nombre de jours de pluie

Comme tout pays tropical digne de ce nom, le Cambodge connaît deux saisons : la ***période d'hiver (de novembre à mars)*** et la ***mousson d'été (d'avril à octobre).*** La première est relativement sèche (avec une température autour de 25 à 30 °C) ; la seconde est très chaude (jusqu'à 35 °C) et surtout très humide (pluies

violentes mais courtes, en fin de journée, et pas mal d'inondations). Avril et mai sont deux mois particulièrement étouffants.
En résumé, il fait (très) chaud toute l'année ! Mais la chaleur est plus facilement supportable en hiver (janvier est idéal), moment où les pluies sont très rares. La meilleure période pour partir est donc de novembre à mars.

À emporter

Toute l'année : vêtements légers en coton. Shorts, chemisettes, tee-shirts, sandalettes (chaussures de marche pour Angkor), chapeau ou casquette (indispensable sur les sites), lunettes de soleil, crème solaire, lampe de poche (coupures fréquentes) et un pull, indispensable pour affronter la climatisation très efficace des bus. Ne pas oublier que le Cambodge est l'un des premiers producteurs de textile au monde et que ce n'est pas la peine de surcharger la valise : vous trouverez sur place tee-shirts, chemisettes, pantalons légers. Peu de grandes tailles toutefois.
En été (saison des pluies) : ajouter un parapluie pliable ou un imper léger.

DANGERS ET ENQUIQUINEMENTS

Après des années d'insécurité dues à la guérilla des Khmers rouges, le Cambodge est progressivement rentré, depuis 1998 (année de la fin des combats), dans une période de stabilité et de sécurité civile. ***Phnom Penh*** a connu une véritable métamorphose et a quitté le cercle des capitales dangereuses. Ce qui n'empêche pas d'être vigilant : le vol à l'arraché (surtout des gars à moto) est en expansion. Alors tenez bien vos sacs quand vous marchez dans la rue, circulez à bord d'un *tuk-tuk* ou d'un *moto-dop.* La nuit, mieux vaut prendre un *tuk-tuk* qu'un *moto-dop.* Comme il y a moins de circulation, ces derniers ont tendance à rouler nettement plus vite ou carrément en état d'ivresse, quand ce n'est pas les deux...
Siem Reap, la région des temples d'Angkor et les grandes villes sont des destinations sûres. Jusqu'aux provinces reculées de *Kratie* et du *Ratanakiri* et, surtout, de *Païlin* (l'ancien fief des Khmers rouges) qui s'ouvrent de façon dynamique au tourisme, preuve s'il en est que le spectre de l'insécurité militaire et civile est désormais bien loin.
On peut donc se balader de façon autonome presque partout. Cela n'empêche pas de se méfier, comme dans n'importe quel autre pays, des pickpockets dans les marchés et les bus, ainsi que des quartiers excentrés un peu trop sombres la nuit. On donne la même consigne qu'en maints autres pays : en cas d'agression armée (ça peut arriver, comme partout), ne tentez pas de résister, donnez sur-le-champ l'argent (ou la montre). Concernant l'argent, ne jamais en emporter beaucoup en balade. Enfin, lorsque vous partez vous promener, laissez votre passeport dans un lieu sûr et ne conservez sur vous qu'une photocopie.

FÊTES ET JOURS FÉRIÉS

Pour les fêtes dont les dates varient selon la lune, renseignez-vous pour connaître les dates précises, nous n'indiquons qu'une période. À noter également que lorsqu'un jour férié à date fixe tombe un samedi ou un dimanche, les administrations ferment le lundi suivant.
– ***7 janvier :*** fête nationale. Elle commémore la chute du régime de Pol Pot, suite à l'intervention de l'armée vietnamienne.
– ***Janvier-février :*** fête du Têt. C'est le Nouvel an vietnamien. La plupart des magasins ferment à cette occasion pendant plusieurs jours.
– ***Fin février :*** course de cyclo-pousse à Phnom Penh, dans le quartier du Palais royal. Le premier rallye eut lieu en 1993, à l'initiative de Serge Chevalier (un boulanger français) et du ministère du Tourisme.

– ***8 mars :*** Journée internationale de la femme.
– ***Mi-avril :*** Nouvel an khmer *(Bon Chaul Chhnam),* fêté pendant 3 jours. Il marque la fin de la saison sèche. Nombreux jeux dans la rue. Les Cambodgiens passent leur temps à s'asperger les uns les autres. Amusant. Comme c'est une période de congés, il est plus difficile de trouver des restos ouverts, une chambre d'hôtel (penser à réserver) ou une place de bus. Et les prix ont tendance à grimper.
– ***Fin avril, début mai :*** anniversaire de l'Illumination du Bouddha.
– ***1er mai :*** fête du Travail, comme partout.
– ***9 mai :*** jour du Génocide. Un hommage est rendu ce jour-là à la mémoire des (nombreuses) victimes des Khmers rouges. La cérémonie la plus émouvante a lieu au mémorial de Choeung Ek, dans les environs de Phnom Penh.
– ***14 mai :*** anniversaire du roi Norodom Sihamoni. Le jour chômé ne tombe pas forcément à cette date-là, il peut varier de quelques jours.
– ***Mi-mai :*** cérémonie du Sillon sacré *(Chat Prea Angkal).* Cette fête traditionnelle célèbre les premières pluies et donc les premières semailles de riz. Elle a généralement lieu devant le Musée national.
– ***1er juin :*** Journée internationale de l'enfant.
– ***18 juin :*** anniversaire de Sa Majesté la reine mère.
– ***24 septembre :*** Journée de la Constitution.
– ***Fin septembre :*** fête des Ancêtres *(Phchoum Ben).* Les Cambodgiens commémorent les esprits des morts. Des offrandes sont faites à cette occasion. La croyance veut que si les âmes des personnes mortes ne voient pas leur famille faire des offrandes dans un *wat,* l'âme sera damnée et viendra importuner sa famille pendant l'année.
– ***Octobre :*** autre fête religieuse importante venant après la fête des Ancêtres. Elle dure 29 jours, pendant lesquels les Cambodgiens se rendent en procession au *wat* pour offrir aux moines de nouvelles robes safran (les veinards).
– ***23 octobre :*** célébration des accords de Paris de 1991.
– ***29 octobre :*** jour du couronnement du roi Norodom Sihamoni.
– ***Novembre*** (renseignez-vous sur la date précise, ça change chaque année) ***:*** fête des Eaux *(Bon Om Touk).* Une fête à ne pas manquer !
– ***9 novembre :*** fête de l'Indépendance. À cette occasion, tous les magasins suspendent le drapeau national devant leur vitrine, improvisant un mât avec un portemanteau, par exemple.
– ***10 décembre :*** Journée des Droits de l'homme.

HÉBERGEMENT

On trouve de quoi se loger à tous les prix. Pour l'instant, pas de camping, bien que certaines adresses (très peu) proposent des tentes à louer ou un bout de pelouse. Pour les fauchés, on trouve souvent des hamacs à louer pour deux fois rien (encore faut-il arriver à dormir dans un hamac). Dans la capitale et les endroits touristiques, les *hostels* (AJ privées), *guesthouses* et petits hôtels ne manquent pas. Ces établissements proposent souvent des dortoirs, une option idéale pour le voyageur solitaire au budget serré, dès lors qu'ils sont propres (ce qui n'est pas toujours le cas). Et, bien sûr, des chambres simples, avec ou sans fenêtre, avec ou sans salle de bains, avec ou sans moustiquaire, etc. Selon son budget, on pourra aussi choisir ventilo ou clim, eau froide ou eau chaude. Noter que de plus en plus d'hôtels de bon standing ont des sections « *hostel* » pour capter tous les budgets (notamment à Siem Reap). Un petit conseil, n'hésitez pas à vérifier la propreté des draps lorsque vous prenez la chambre. Avec quelques dollars supplémentaires, on pourra loger dans des établissements plus confortables (pas mal d'établissements dans les 20-40 $ offrent de remarquables rapports qualité-prix !). Quelques belles adresses de charme également.

LANGUE

L'idiome officiel est le *khmer,* grammaticalement simple : il n'existe ni conjugaison, ni genre, ni nombre, ni article. Ce sont les élèves qui doivent être heureux ! Ainsi, pour exprimer une action passée ou future, il suffit d'ajouter des adverbes avant ou après le verbe (hier, aujourd'hui, demain) ou des particules avant le verbe.
C'est avec la prononciation que tout se complique : le « r » est par exemple roulé en début et milieu de mot ; il est en revanche à peine audible ou carrément guttural quand placé à la fin. De même, le « tch » est tout juste esquissé et le « b » final se prononce entre le « b » et le « p ».
Pour ne rien arranger, l'écriture (d'élégantes volutes) est indéchiffrable pour qui n'a pas fait Langues O, l'alphabet étant issu du sanskrit... Rassurez-vous, (presque) tout est traduit en anglais dans les magasins, les restos et les édifices publics. Pas mal de traductions en français également. N'oublions pas que le français, bien que de moins en moins parlé, est la deuxième langue du pays et que tous les textes administratifs sont traduits dans la langue de Rabelais. Aujourd'hui, les jeunes apprennent surtout l'anglais. Mais l'Institut français du Cambodge attire tout de même près de 6 000 élèves. Il y a également beaucoup de francophones, généralement d'anciens exilés revenus au pays (les « Franco-Khmers »), dans l'administration. Les motos-taxis connaissent quelques mots d'anglais, mais vous vous rendrez vite compte que la plupart ne comprennent pas grand-chose, excepté le montant de la course, accessoirement le nom des rues. Ils vous feront toujours croire qu'ils ont compris votre destination, donc faites attention !
Quelques rudiments de khmer ne vous seront pas inutiles, surtout en dehors de la capitale. On peut se procurer, dans les librairies de Phnom Penh ou auprès des gamins qui vendent des livres aux étrangers (dans les restos du centre), l'excellent petit lexique français-khmer de Pierre Guynot. Voici quelques mots indispensables, que nous vous conseillons de prononcer de différentes manières tant que vous n'êtes pas compris.

Vocabulaire de base

Expressions courantes

Bonjour	*Suôr sdei*
Bonsoir	*Sa ayan souô sadai*
Pardon	*Somto*
Au revoir	*Léa sen haoy*
Pas de problème	*Kmien panaharta*
Merci (beaucoup)	*Or koun (chœur)*
Peut-être	*Prohel*
Oui	*Baat* (par les hommes) ou *chaah* (par les femmes)
Non	*Baat tè et chaah tè*
Argent	*Luoy ; prakh*
Combien ça coûte ?	*Tlay pon man ?*
Je voudrais	*Khniam chang ban*
S'il vous plaît	*Somtoh*
Cher	*Tlaï*
C'est trop cher	*Tlaï nah !*
Encore	*Tiièt*
Excusez-moi	*Som toh*
Comment t'appelles-tu ?	*Neak tchmo haï ?*
Je m'appelle...	*Khniom tchmo...*

Au resto

Manger	*Gniamiam*
Viande	*Satch*

Boire	*Niam teuk*
Porc	*Satch tchrouk*
Bouteille	*Dâp*
Poulet	*Moan*
Eau (pure)	*Teuk (sot)*
Bœuf	*Satch ko*
Bière	*Biia* (ou *beer* en anglais)
Sel	*Amboel*
Poivre	*M'réét*
Riz que l'on achète	*Baï*
Riz (que l'on mange)	*Angkâr*
Fruit	*Plètcheu*
Soupe	*Sômlâ*
Banane	*Tcheik*
Œuf	*Potear*
Couteau	*Kâmbet*
Fourchette	*Sâm*
Poisson	*Treï*
Lait	*Teuk dâ ko*

À hôtel

Hôtel	*Santhakea*
Douche	*Bantoup teuk*
Chambre	*Bantoup*
Lumière	*Ponlü*
Lit	*Kré*
Moustiquaire	*Mung*
Draps	*Kom ral pouk*
Savon	*Sabou*

Sur la route

Bus	*Lan krong*
Gare routière	*Ben lan*
Vélo	*Kâng*
Moto	*Môtô*
Billet (pour)	*Tinh sâmbot (thœu)*
Petit bateau (pirogue)	*Touk*
Grand bateau	*Kapal*
Quand ?	*Pel na ?* (ou *kal na ?)*
Voiture	*Lan*
À quelle heure ?	*Mâong ponman ?*
Gare	*Sathani*
Où ?	*Ti na ?*

Lieux

Où se trouve ?	*Neuv ai naa ?*
Loin	*Chngaay*
Proche	*Chiet*
Ville	*Ti krong*
Lac	*Boeng*
Pagode	*Wat*
Temple	*Prasat*
Pont	*Spiean*

Colline	*Phnom*
Fleuve	*Tonlé*
Rizière	*Srê*
Port	*Kompong*
Marché	*Psaa(r)*
Banque	*Thoniaki*
W-c	*Bankoune*

En cas de problème

Malade	*Chloen*
Très urgent	*Prognap nah*
Ambulance	*Lan pèt*
Vite	*Poeun Poeun*
Médecin	*Krou pèt*
Hôpital	*Monti pèt*
Français	*Barang*
Je suis français	*Kniom chon cheat barang*

Nombres

Un	*Mouï*
Deux	*Pi*
Trois	*Beï*
Quatre	*Boun*
Cinq	*Pram*
Six	*Pram mouoï*
Sept	*Pram pi*
Huit	*Pram beï*
Neuf	*Pram boun*
Dix	*Dâp*
Onze	*Dâp mouï*
Douze	*Dâp pi*, etc.
Seize	*Dâp pram mouï*
Dix-sept	*Dâp pram pi*, etc.
Vingt	*Mapeï*
Vingt et un	*Mapeï mouï*, etc.
Trente	*Samsap*
Quarante	*Sairsap*
Cinquante	*Asap*
Soixante	*Oksap*
Soixante-dix	*Tchetsap*
Quatre-vingt	*Pètsap*
Quatre-vingt-dix	*Kaosap*
Cent	*Mouï roï*, etc.
Mille	*Mouï poan*, etc.

– Faux amis : même si le français a quelques adeptes parmi les Cambodgiens, attention aux faux amis et ne vous méprenez pas sur le sens de « en kouille », par exemple, qui signifie tout simplement « asseyez-vous ».

COMMENT ÇA VA ?

Les Cambodgiens adorent interpeller les femmes francophones par cette phrase d'apparence anodine. La prononciation est très proche de « Cormon sava », qui signifie en khmer... jeune fille capricieuse ! Coquins, ces Cambodgiens !

LIVRES DE ROUTE

Romans, récits

– ***Un barrage contre le Pacifique,*** de Marguerite Duras (Gallimard, coll. « Folio », 1978). Porté à l'écran par René Clément quelques années après sa parution en 1950, puis par le cinéaste franco-cambodgien Rithy Panh en 2008. Dans ce roman autobiographique, Marguerite Duras nous immerge dans l'ambiance du Cambodge de l'époque coloniale en relatant l'histoire d'une famille française marquée par le déclassement social.

– ***La Voie royale,*** d'André Malraux (Le Livre de Poche, 1976). Quelque part au Cambodge serpentent les restes de ce qui fut la Voie royale, la route mythique et disparue qui reliait, à travers la jungle, Angkor au bassin de la Menam, la route des temples khmers, somptueux et inviolés. Dans cette région sauvage iront se perdre un archéologue et un vieil aventurier unis par leurs quêtes parallèles, à la recherche d'inestimables sculptures de grès. Récit semi-autobiographique fiévreux et sombre, magnifique roman d'aventures.

– ***Nos vingt ans*** (1962, Grasset, coll. « Les Cahiers Rouges », 2006), de Clara Malraux. Avoir la vingtaine dans les années 1920. L'ex-femme du célèbre ministre de la Culture du grand Charles dédie ses mémoires aux beatniks 2 ans avant Mai 68. Carnet de route d'un jeune écrivain ambitieux et d'une petite (par la taille !) bourgeoise juive attirés par les voyages et les œuvres d'art. Malraux organise une expédition à Angkor pour aller dérober des statues et les revendre aux antiquaires. Tout ne se passe pas comme prévu. Il manque de croupir dans les geôles de Phnom Penh, mais un manifeste d'intellectuels (Aragon, Mauriac, Breton...) prend fait et cause pour sa libération.

– ***Jarai,*** de Loup Durand (Kailash, 2006). Heureuse initiative de l'éditeur de Pondichéry que cette réédition d'un roman dont l'action se déroule dans le Cambodge du début des années 1970. On peut à la fois le considérer comme un roman d'aventures et comme un récit initiatique ! Tout premier voyageur au Cambodge se doit de l'avoir lu et tout résident de le relire, car il est à la fiction ce que fut l'essai de Charles Meyer *Derrière le sourire khmer* (une rareté très recherchée), une mine d'informations et de réflexions pour mieux appréhender ce pays mystérieux.

– ***Le Roi lépreux,*** de Pierre Benoit (1927 ; Le Livre de Poche, 2012). L'auteur de *L'Atlantide* inventait le polar archéologique dans les années 1930 avec ce *road-book* dont le thème se résume à une question : pourquoi la statue de ce roi lépreux présente un visage souriant alors que les peintures le représentent avec un air soucieux ? Un trio composé d'une danseuse apsara, d'un conservateur français et d'une milliardaire américaine s'attache à dénouer cette énigme.

– ***L'Archéologue,*** de Philippe Beaussant (1987 ; Gallimard, coll. « Folio », 1996). Mordu par un serpent, un archéologue se meurt sur les berges du Nil. Son passé lui revient, en particulier son itinéraire cambodgien. Dans un long monologue philosophique passionnant et superbement écrit, où il est tout autant question de musique que d'archéologie, le narrateur sonde avec une rare acuité l'âme khmère et l'essence de son expression artistique.

– ***Le Saut du varan,*** de François Bizot (Gallimard, coll. « Folio », 2008). Un polar historique qui met en scène deux hommes, un inspecteur et un ethnologue, amenés à enquêter sur le meurtre d'une jeune Cambodgienne sur fond de traditions et de terres ancestrales.

– ***Kampuchéa,*** de Patrick Deville (Points, 2012). L'auteur s'était déjà aventuré au Vietnam avec *Peste et Choléra.* Avec la même précision d'explorateur et de chimiste, il replonge le lecteur dans le tumultueux passé du Cambodge, en faisant revivre avec une densité extraordinaire des histoires individuelles. Depuis la colonisation jusqu'au régime khmer rouge, on est embarqué par le récit de personnages souvent oubliés.

– ***Un pèlerin d'Angkor,*** de Pierre Loti (1913 ; L'Aube, 2010). Quand Pierre Loti découvre Angkor pour la première fois en 1901, son rêve d'enfant devient réalité. Face à la majestueuse cité khmère, l'écrivain (pourtant grand voyageur) se sent tout petit. De par son humilité, le récit de son pèlerinage nous livre bien des clés de sagesse. Plus qu'un périple, une découverte : sur soi, les autres, le monde. Un siècle après, ce carnet de voyage trépidant résonne toujours avec la même intensité poétique.
– ***Le Bouddha de bronze et autres récits,*** de Romel (Arconce, 2013). Un voyage débute toujours par un départ, parfois sans retour. L'auteur, lui, a posé ses valises au Cambodge depuis 1992. À bord d'un rafiot de fortune, on suit le cours du Mékong, sur les traces du mystérieux bouddha de bronze...

Histoire et civilisations

– ***Les Khmers,*** de Bruno Dagens (Les Belles Lettres, 2003). Un vrai jeu de piste par thème dans la culture khmère. Tant d'érudition en si peu de pages et exposée d'une façon aussi simple et ludique mérite le respect. À consulter pour devenir incollable sur les us et coutumes et l'histoire du Cambodge.
– ***Contes du Cambodge,*** de Solange Thierry (L'École des Loisirs, 2005). Contes cambodgiens traduits par la khmérologue Solange Thierry, repris dans une collection « Jeunesse ». Le tout agrémenté d'illustrations de Chen Jiang-Hong pour enchanter petits et grands.
– ***Cambodge : art, histoire, société,*** de Danielle et Dominique Guéret (Actes Sud, Imprimerie Nationale, 2009). Un livre d'art et de référence sur le patrimoine culturel et naturel du royaume. Indispensable à tout amoureux du Cambodge ou tout lecteur désireux de connaître le pays en profondeur.
– ***100 questions sur le Cambodge,*** de Frédéric Amat et Jérôme Morinière (Gope éd., coll. « Tuk-Tuk », 2013). Les deux journalistes interrogent neuf spécialistes sur l'histoire, les Droits de l'homme, leur vision du pays, leurs souvenirs et anecdotes. Des réponses et récits pour mieux appréhender le Cambodge.

Sur la période khmère rouge et les procès

– ***Le Portail,*** de François Bizot (Gallimard, coll. « Folio », 2002). Ethnologue, membre de l'École française d'Extrême-Orient, l'auteur est fait prisonnier au Cambodge par la guérilla Khmère rouge, en 1971. Enchaîné, il passe 3 mois dans un camp. Il est interrogé par Duch, le tortionnaire, plus tard directeur de la prison S-21 et responsable de 17 000 morts. À la chute de Phnom Penh, les Khmers rouges le nomment interprète des réfugiés qui se sont retranchés à l'ambassade de France. Il démontre ici les mécanismes de l'épouvante du régime khmer rouge et fait tomber le masque du bourreau monstre qui, grâce à une écriture splendide, redevient presque humain.
– ***Le Silence du bourreau,*** de François Bizot (Gallimard (2011), coll. « Folio », 2013). Prolongement du récit ***Le Portail,*** suite aux retrouvailles de l'auteur et de son ex-geôlier en 2008. À travers ce témoignage très personnel et le recueil de la confidence de Duch durant son procès, Bizot s'interroge sur la terrifiante capacité d'un homme à devenir un monstre, tout en restant humain...
– ***Tu vivras mon fils,*** de Pin Yathay (2000 ; Archipel, 2005). Récit autobiographique du passage miraculeux d'un jeune ingénieur à travers les mailles sanglantes de l'univers concentrationnaire des Khmers rouges. De l'évacuation de Phnom Penh jusqu'à la fuite à travers la jungle vers la Thaïlande, l'odyssée tragique d'un homme ordinaire propulsé chef d'un clan familial qui sera entièrement décimé, compose un véritable manuel de survie allant jusqu'à traiter les cas de conscience les plus douloureux. Un des meilleurs exemples de cette littérature.
– ***Une enfance en enfer, Cambodge 17 avril 1975-8 mars 1980,*** de Malay Phcar (Robert Laffont, 2005). L'auteur n'avait que 9 ans quand les Khmers se sont

emparés de Phnom Penh en 1975. Une vision de l'intérieur avec les yeux d'un enfant. Le travail forcé et toutes ses horreurs. Émouvant.
– ***L'Élimination,*** de Rithy Panh, avec Christophe Bataille (2012 ; Le Livre de Poche, 2013). « Oublier est impossible. Comprendre est difficile. » C'est pourtant ce que Rithy Panh tente de faire dans ce livre fascinant. Extrêmement sobre et sensible, le récit alterne entre souvenirs bouleversants de l'enfance de l'auteur dans le Kampuchéa démocratique et confidences de Duch, obtenues après des centaines d'heures d'entretien. En donnant ainsi la parole à l'ex-directeur du camp S-21, inventeur d'une véritable mécanique d'élimination, Rithy souhaite exposer la vérité et non juger.

B.D.

– ***L'Année du lièvre*** (tome I, *Au revoir Phnom Penh*), Gallimard, 2011, par Tian. Cette B.D. nous plonge dans le quotidien d'une famille chassée de Phnom Penh après la prise de la capitale et du pouvoir, le 17 avril 1975, par les Khmers rouges. Angoisse, peur et violence l'accompagnent tout au long de sa fuite, au cours de laquelle elle va découvrir les horreurs de la révolution. Le tome II, *Ne vous inquiétez pas,* est paru en 2013 chez le même éditeur.
– En plus des récits des rescapés cités plus haut, il faut lire la trilogie de ***Séra,*** auteur de B.D. franco-khmer, imprégnée du traumatisme cambodgien et très documentée (cartes, plans, bibliographie). Le style de l'illustrateur inspiré par la photographie, aux tonalités sombres et angoissantes, accentue l'horreur et les tourments, en prenant parfois le pas sur la narration :
– ***Impasse et rouge*** (Albin Michel, 2003). La chute de la République khmère de Lon Nol.
– ***L'Eau et la Terre : Cambodge 1975-1979*** (Delcourt, 2005). Le Cambodge durant les années de plomb de l'autogénocide.
– ***Lendemains de cendres : Cambodge 1979-1993*** (Delcourt, 2007). La fin du régime de Pol Pot et la fuite des premiers réfugiés vers la Thaïlande.

Actualité économique et sociale

– ***Cambodge contemporain,*** sous la direction d'Alain Forest (Indes Savantes/ Irasec, 2008). Au sein de cette somme pluridisciplinaire, on retiendra, entre autres, le chapitre très instructif « Pour comprendre l'histoire contemporaine du Cambodge », signé Alain Forest, l'un des meilleurs connaisseurs francophones du pays.

Sur Angkor

Quelques ouvrages indispensables pour mieux comprendre le Cambodge, avant et après votre voyage... Cette liste n'inclut pas tous les livres consacrés à Angkor, trop nombreux. Vous en trouverez sur place, la plupart épuisés en France, photocopiés par des revendeurs cambodgiens... L'un des plus réputés est celui de Maurice Glaize, ***Les Monuments du groupe d'Angkor*** (Adrien Maisonneuve, 2000). Fin 2010, il est ressorti aux éditions Hazan dans le format d'un beau livre d'art, actualisant le texte de Glaize sous la supervision de Gilles Béguin et illustré de photos de Suzanne Held.
– La référence est l'ouvrage de Jean Laur, ***Angkor, temples et monuments*** (Flammarion, 2002). Ancien conservateur du site, il a répertorié chaque emplacement avec minutie et passion. Un beau livre assez lourd, plutôt à consulter avant ou après le voyage. On trouve cet ouvrage en solde.
– ***Angkor, la forêt de pierre,*** de Bruno Dagens (Gallimard, coll. « Découvertes », n° 64, 1989). Le plus accessible (financièrement) des livres illustrés consacrés à Angkor. Un panorama complet du site le plus mythique d'Asie du Sud-Est, de sa découverte par un voyageur chinois jusqu'au vandalisme actuel qui le menace.

Aucune figure ne manque : archéologues héroïques qui consacrèrent leur vie aux temples, écrivains inspirés par la magie des lieux, grands de ce monde en pèlerinage obligatoire ou simples balayeurs dévoués... Reproductions superbes de cartes et gravures anciennes.
- ***Angkor : gloire et splendeur de l'Empire khmer,*** de Marilia Albanese (éd. White Star, 2010). Superbement illustré, cet ouvrage détaille chaque temple avec force plans et itinéraires.
- ***Angkor et ses temples,*** de Thierry Zéphir (Éd. du Pacifique, 2005). Du fait de son format pratique et léger, de son prix raisonnable, c'est l'une des meilleures ventes sur le site archéologique.
- ***Archéologues à Angkor,*** de l'EFEO (éd. Paris-Musée, 2010). Illustré d'une sélection de photos tirées des archives de l'EFEO. Un ouvrage incontournable pour tout amateur d'art khmer.

Langue

- ***Parler le cambodgien, comprendre le Cambodge,*** de Pierre-Régis Martin. Disponible uniquement sur place (librairie « Carnets d'Asie », Mekong Libris). En plus de la partie langue pure, permet aussi d'en savoir plus sur les coutumes et la mentalité khmères.

Sur la cuisine cambodgienne

- ***La Cuisine du Cambodge avec les apprentis de Sala Baï,*** de Joannès Rivière (Philippe Picquier, 2009). Voici le livre de recettes de l'école hôtelière de l'association *Agir pour le Cambodge* (voir plus loin « Aide humanitaire » dans « Cambodge : hommes, culture, environnement »). Vous pouvez reproduire ce que vous aurez eu la chance de goûter sur place au resto d'application *Sala Baï* (voir également à Siem Reap « Où manger ? »). Les droits d'auteur de l'ouvrage sont intégralement reversés à *Agir pour le Cambodge* *(14, rue du Dragon, 75006 Paris ; 06-31-67-55-47 ; • agirpourlecambodge.org •).*
- ***Le Vrai Goût du Cambodge : une traversée du pays en 50 recettes,*** de Céline Anaya Gautier (Aubanel, 2008). Ouvrage très illustré au titre explicite puisqu'il s'agit aussi d'un beau livre sur le pays khmer.

Pour les Franciliens, ne pas hésiter à vous rendre dans cette librairie spécialisée :

■ ***You Feng :*** *45, rue Monsieur-le-Prince, 75006 Paris. ☎ 01-43-25-89-98. • you-feng.com • Ⓜ Odéon. Lun-sam 9h30-19h. Autre adresse : 66, rue Baudricourt, 75013 Paris. ☎ 01-53-82-16-68. Ⓜ Tolbiac. Mar-sam 10h-18h30.* Éditeur-libraire très sympa, spécialiste du Cambodge et de l'Extrême-Orient. Tous les ouvrages disponibles (en anglais et en français). Vend aussi CD et journaux.

PHOTOS

On trouve des cartes mémoire dans certaines boutiques de Phnom Penh ou sur le site d'Angkor, à des prix assez intéressants. Par courtoisie, demandez toujours aux gens (y compris aux bonzes et aux vieillards) s'ils vous autorisent à les photographier (un signe et un sourire suffisent). S'ils ont quelque chose à vendre, achetez-leur une babiole pour les remercier de la faveur qu'ils vous font. Quant aux moines, donnez-leur une obole en signifiant bien que c'est pour l'entretien du temple.

POSTE

Les principaux bureaux de poste sont ouverts du lundi au samedi de 8h à 12h et de 14h à 17h. Compter un délai approximatif de 15 jours.

SANTÉ

Dans un pays ruiné comme le Cambodge, la situation sanitaire est évidemment déplorable. La population connaît les ravages du paludisme, de la malnutrition, de la tuberculose, actuellement première cause de mortalité, et de la rage (pays le plus touché par cette maladie). Quant aux voyageurs, les vaccins, les règles élémentaires d'hygiène et les précautions alimentaires habituelles les préserveront dans la plupart des cas.

Vaccinations

Aucune vaccination n'est obligatoire pour les voyageurs en provenance d'Europe. Sont très fortement conseillées :
- ***les vaccinations « universelles »,*** encore plus utiles là-bas. Diphtérie, tétanos, polio, coqueluche (Repevax ou Boostrixtetra) : un rappel tous les 15 ans pour les personnes à jour de leurs vaccins. Hépatite B : immunité d'autant plus longue que la primovaccination a été faite tôt dans la vie (avant 20 ans, probable immunité à vie).
- ***Hépatite A*** (par exemple Vaqta) ***:*** absolument indispensable. Après la première injection (protectrice 15 jours plus tard, à quasi 100 %), une seconde injection faite 6 à 18 mois plus tard entraîne probablement une immunité à vie.
- ***Typhoïde*** (Typhim Vi) ***:*** indispensable, sauf peut-être pour un très court séjour dans la capitale. Immunité : 3 ans. Il existe également un vaccin combiné hépatite A + typhoïde, le Tyavax.
- ***La rage :*** attention aux chiens, souvent porteurs de la maladie. En cas de morsure, laver immédiatement et abondamment la plaie avec du savon. Puis consulter en urgence un médecin recommandé par les autorités consulaires ou les expats du coin pour se faire injecter le vaccin curatif ou se faire rapatrier en urgence. Les symptômes n'apparaissent pas avant 10 à 15 jours, mais l'issue est alors toujours fatale. La vaccination est indispensable pour les séjours longs et en zones rurales. Elle consiste en trois injections (J0, J7, J28). Il peut être fait par tout médecin, délivré par tout pharmacien. Ne pas oublier que même lorsqu'on est déjà vacciné, il faut se faire injecter aussi vite que possible le rappel, puis une autre dose 24h après.
- ***L'encéphalite japonaise :*** elle sévit en permanence, mais surtout, par épidémies en période de mousson. C'est une maladie grave. La vaccination est d'autant plus recommandée que les séjours ruraux seront longs, en particulier dans les zones de rizières, en période de mousson et après. Le vaccin (Ixiaro®) consiste en deux injections (J0, J28), en centre de vaccinations internationales et en pharmacie (sur prescription) : environ 105 € chaque dose ! Plus d'infos sur ● *astrium.com/encephalite-japonaise.html* ●

Centres de vaccination

Pour les centres de vaccination partout en France, dans les DOM-TOM, en Belgique et en Suisse, consulter le site internet ● *astrium.com/espace-voyageurs/centres-de-vaccinations-internationales.html* ●

Risques et précautions

- Traitement antipaludique fortement conseillé, même si le ***paludisme*** affecte surtout les zones rurales. Ne pas prendre cette maladie à la légère ! Ainsi, si à Phnom

Penh et à Siem Reap il n'y a quasi pas de paludisme intra-muros, les moustiques vecteurs sont bel et bien présents sur le site d'Angkor, où vous ne manquerez certainement pas d'aller admirer un coucher de soleil… l'heure où se réveillent ces « chaires » bestioles ! Utiliser donc abondamment des répulsifs antimoustiques efficaces (à base de DEET 50 %). Il est conseillé de s'enduire les parties découvertes du corps et de renouveler fréquemment l'application (toutes les 4h). Une moustiquaire imprégnée d'insecticide est utile (moustiquaire souvent fournie dans les hôtels mais rarement imprégnée ; emporter la sienne !). Porter des vêtements couvrants, si possible imprégnés d'insecticides (chemise à manches longues et pantalon), lorsque la nuit est tombée et jusqu'au lever du soleil. Éviter le parfum. Ne pas oublier les antipaludiques prescrits par un médecin. En cas de fièvre pendant ou après le voyage, consulter d'urgence un spécialiste.

– La ***dengue*** est également transmise par les moustiques mais de jour. Les symptômes sont sensiblement les mêmes que pour le paludisme (fièvre, migraines, douleurs musculaires, fatigue intense, et en prime, parfois une éruption cutanée), à cette différence près que cette maladie n'est généralement pas mortelle. Heureusement, car on ne lui connaît pas de traitement. Protégez-vous ! Une raison de plus pour éviter de se faire piquer…

– Comme la dengue, le ***zika*** est transmis par un moustique qui pique le jour. Raison de plus pour se protéger.

– L'***eau*** est le principal vecteur de maladies. On ne le répétera jamais assez, NE JAMAIS BOIRE L'EAU DU ROBINET. Bien vérifier que les bouteilles d'eau (purifiée) que l'on vous propose sont fermées. Si elles ont été décapsulées avant d'être placées sur votre table, les refuser. Éviter tous les glaçons.

Se munir éventuellement d'une gourde et purifier l'eau suspecte grâce à un procédé individuel et économique : *lifestraw.* Il s'agit d'une sorte de paille qui filtre bactéries, virus et parasites (à hauteur de 99,99 % : du jamais vu) avec une capacité de 1 000 litres, soit la consommation d'une personne sur une année.

– Les ***aliments*** sont l'autre source de ***problèmes intestinaux.*** Le choix des restaurants s'avère donc primordial : si c'est vraiment très sale, fuyez ! Un endroit vide doit être considéré comme louche. À Phnom Penh, les estomacs fragiles préféreront sans doute les restos occidentaux, non par conservatisme mais par mesure d'hygiène. Ne pas exagérer cependant, on trouve tout plein de bonnes et fiables adresses khmères.

Éviter les crudités et les légumes non bouillis. De même pour les glaces et fruits déjà épluchés. Aujourd'hui, le traitement d'une turista simple de l'adulte repose sur l'association d'un antibiotique en une prise, une seule fois, type azithromycine (Zithromax® ; deux comprimés en une seule prise, une seule fois), allié à un ralentisseur du transit intestinal, tel que l'acécadotril (Tiorfan® ; une gélule d'emblée, puis une gélule trois fois par jour, si possible avant les trois principaux repas ; durée maxi : 7 jours). Se réhydrater fréquemment, manger du riz et boire de l'eau de riz, du thé ou des boissons de préférence sans bulles. La présence de sang ou de pus ainsi que la coexistence d'une fièvre imposent une consultation rapide. Contacter le médecin de l'ambassade qui vous conseillera.

– Le ***soleil*** tape fort au Cambodge, surtout à Angkor : se couvrir la tête avec un chapeau à larges bords et ne pas oublier sa crème solaire. Boire beaucoup d'eau (purifiée) ou de Coca-Cola pour éviter la déshydratation. En cas de coup de soleil, appliquer la pommade *Biafine.*

– La bilharziose et certaines parasitoses s'attrapent lors des ***baignades*** sur les bords du Mékong, dans les eaux stagnantes ou à faible débit.

– ***Les piqûres et morsures d'animaux :*** si vous êtes piqué par de petits insectes, employez de la pommade type *Parfenac* (anti-inflammatoire). Pour les moustiques, on a déjà parlé du paludisme, de la dengue et du zika. Les ***piqûres de scorpion*** sont douloureuses mais jamais mortelles, sauf exception rarissime. On trouve des scorpions dans les temples, alors mieux vaut ne pas glisser ses mains n'importe où (sous les cailloux notamment) et attention au moment de remettre

ses chaussures, prisées par les scorpions. N'oubliez pas de les secouer avant de les remettre. En cas de piqûre, consulter un médecin.
Les ***morsures de serpent*** peuvent être mortelles, mais là encore, les cas sont rares, car le serpent est un animal craintif. Porter des chaussures montantes et marcher en faisant du bruit. Éviter les sandalettes à Angkor. En cas de morsure, ne pas s'affoler, éviter de courir, poser un bandage serré autour de la plaie et essayer de la refroidir. Ne pas exciser. Le venin met souvent plusieurs heures avant d'agir ; il convient donc de trouver un hôpital au plus vite !
Les sangsues abondent dans les hautes herbes pendant la saison des pluies. Ne jamais tenter de les arracher.
Pour plus d'infos, consulter • *astrium.com* •

En cas de pépin

Ne pas trop se fier aux « pharmaciens » du pays (certains vendent des médicaments périmés ou contrefaits et ils ne sont pas plus pharmaciens que vous, bien souvent) ou aux hôpitaux (sous-équipés). Demander conseil à votre ambassade, qui connaît les adresses compétentes. En cas de pépin sérieux, prendre le premier avion pour Bangkok, qui possède les meilleurs hôpitaux de la région. Savoir enfin qu'au Cambodge les études de pharmacie (et de médecine) se font en français. Si un médecin ne parle pas le français, dans la plupart des cas, ce n'est pas bon signe...
– ***Les pharmacies :*** il en existe de deux types, les A et les B. Les premières sont tenues par des pharmaciens diplômés qui proposent théoriquement de vrais médicaments. Le problème, c'est qu'il n'y en a quasiment pas. Voir « Adresses et infos utiles » à Phnom Penh. Les secondes (les B) ne sont que des revendeurs de médicaments. Il faut savoir que la plupart d'entre eux sont des faux souvent fabriqués au Vietnam. Ces contrefaçons – sorte de placebos dans le meilleur des cas, toxiques dans le pire – ont la forme, le goût, la couleur et l'emballage des médicaments qu'ils copient. ***La prudence certaine est donc de rigueur.*** C'est simple, éviter les petites pharmacies de rue, même si les médicaments qu'on y propose semblent familiers.

■ Les produits et matériels utiles aux voyageurs, assez difficiles à trouver dans le commerce, peuvent être achetés par correspondance sur le site • *astrium.com* • Infos complètes toutes destinations, boutique web, paiement sécurisé, expéditions *Colissimo Expert* ou *Chronopost.* ☎ *01-45-86-41-91 (lun-ven 14h-19h).*

SITES INTERNET

Infos pratiques

• ***routard.com*** • Rejoignez la plus grande communauté francophone de voyageurs ! Échangez avec les routarnautes : forums, photos, avis d'hôtels, etc. Retrouvez aussi toutes les informations actualisées pour choisir et préparer vos voyages : plus de 200 fiches pays, une centaine de dossiers pratiques et un magazine en ligne pour découvrir tous les secrets de votre destination. Enfin, comparez les offres pour organiser et réserver votre voyage au meilleur prix. Routard.com, le voyage à portée de clics !
• ***diplomatie.gouv.fr*** • Cliquer sur « Conseils aux voyageurs ». Le site du ministère français des Affaires étrangères, mis à jour régulièrement, répertorie les régions déconseillées et donne aux voyageurs, selon un classement par pays, des conseils généraux de sécurité, les formalités d'entrée et de séjour. Un site à consulter avant votre départ.
• ***tourismcambodia.org*** • Site gouvernemental répertoriant de nombreuses infos touristiques. En anglais.

- ***tourismcambodia.com*** • Autre site très complet avec infos pratiques et culturelles, par ville (en anglais).
- ***talesofasia.com/cambodia.htm*** • Un site complet de rapport de voyages, d'infos sur tout le territoire cambodgien (autres pays également). Du nord à l'ouest en passant par le sud, vous saurez tout. Monnaie, argent, visas. Très riche. En anglais.
- ***canbypublications.com*** • Le site des gratuits *Visitors Guide* (existe pour Phnom Penh, Sihanoukville et Siem Reap). Vivant de la pub, la couverture des adresses n'y est pas neutre. Cela dit, plein d'infos pratiques, notamment sur les transports, le taux de change, etc. En anglais.
- ***yp.com.kh*** • Les *Pages jaunes* du Cambodge. Peut s'avérer utile. Lancer une recherche par catégorie marche parfois mieux.

Culture et traditions

- ***vorasith.online.fr/cambodge*** • De très bonnes pages érudites mais parfaitement lisibles sur la culture khmère et l'histoire du pays. En français.
- ***capsurlemonde.org/angkor*** • Les principaux temples d'Angkor (site assez succinct) : photos et histoire... En français.
- ***efeo.fr*** • Le site de l'École française d'Extrême-Orient, créée en 1907 pour préserver le site d'Angkor.

Histoire et actualités

- ***proceskhmersrouges.net*** • Anne-Laure Porée a été correspondante française de nombreux médias français, à propos du fameux procès. Complet et instructif. Aujourd'hui, elle poursuit son étude de la période en s'attachant au quotidien de S21, des recherches qu'elle partage sur son blog.
- ***cambodiadaily.com*** • Journal cambodgien pour avoir des nouvelles. En anglais.

TÉLÉCOMMUNICATIONS

– Pour passer vos coups de fil, achetez une carte SIM locale (lire plus loin) ou dirigez-vous vers les boutiques Internet qui proposent des connexions téléphoniques à moindre coût via la Toile, depuis un poste de téléphone à disposition ou à partir d'un ordinateur équipé d'un logiciel du type *Skype.* Compter environ 0,05 $ (ou 200 riels)/mn pour l'Europe. Seul inconvénient, la communication n'est pas toujours très bonne.
– Vous pourrez envoyer un ***fax*** depuis certains centres Internet, les postes des grandes villes ou les grands hôtels.
– ***France → Cambodge :*** 00 + 855 + indicatif de la ville (sans le « 0 ») + numéro du correspondant.
– ***Cambodge → France :*** 001 (ou 007, moins cher) + 33 + numéro du correspondant (9 chiffres : ne pas composer le « 0 » initial).
– ***Cambodge → Cambodge :*** les numéros de postes fixes comportent 9 chiffres ; ceux des mobiles sont constitués de 9 ou 10 chiffres. Les 3 premiers chiffres des fixes correspondent à l'indicatif de la zone, qu'il faut composer même pour les communications intra-urbaines.

Téléphones portables

Au Cambodge, les portables sont partout, le réseau téléphonique fixe souffrant de grosses faiblesses. D'ailleurs, de nombreux établissements ne disposent désormais que d'un (voire de deux ou trois) numéro(s) de portable. Malheureusement, les gérants d'établissements peuvent changer, les numéros de téléphone avec.

– ***À savoir :*** un téléphone tribande ou quadribande n'est, en principe, pas nécessaire au Cambodge, sauf si vous souhaitez bénéficier d'Internet. Pour être sûr que votre appareil est compatible avec votre destination, renseignez-vous auprès de votre opérateur.
– ***Activer l'option « international » ou « monde » :*** pour les abonnés récents, elle est en général activée par défaut. En revanche, si vous avez souscrit à un contrat depuis plus de 3 ans, pensez à contacter votre opérateur pour souscrire à l'option (gratuite). Attention toutefois à le faire au moins 48h avant le départ.
– ***Le « roaming » :*** c'est un système d'accords internationaux entre opérateurs. Concrètement, cela signifie que lorsque vous arrivez dans un pays, au bout de quelques minutes, le nouveau réseau s'affiche automatiquement sur l'écran de votre téléphone. Vous recevez rapidement un SMS de votre opérateur qui vous indique les différents tarifs.
– ***Tarifs :*** ils sont propres à chaque opérateur et varient en fonction des pays (le globe est découpé en plusieurs zones tarifaires). N'oubliez pas qu'à l'international vous êtes facturé aussi bien pour les appels sortants que pour les appels entrants (ces derniers étant bien moins chers évidemment).
– ***Internet mobile :*** utiliser le wifi à l'étranger et non les réseaux 3G ou 4G, au risque de faire exploser les compteurs, avec au retour de voyage des factures de plusieurs centaines d'euros ! Le plus sage consiste à ***désactiver la connexion*** « données à l'étranger » (dans « Réseau cellulaire »). Penser aussi à ***supprimer la mise à jour automatique de votre messagerie*** qui consomme elle aussi des octets sans vous avertir (option « Push mail »). Opter pour le mode manuel. Cependant, la majorité des fournisseurs de téléphonie mobile offrent aujourd'hui des ***journées incluses dans le forfait,*** avec appels téléphoniques, SMS, voire MMS et connexion internet en 3G limitée. Les destinations incluses dans votre forfait évoluant sans cesse, ne manquez pas de consulter votre fournisseur.

Bons plans pour utiliser son téléphone à l'étranger

– ***Acheter une carte SIM/puce sur place :*** c'est l'option la plus avantageuse pour appeler dans le pays mais aussi à la maison. Il suffit d'acheter à l'arrivée une carte SIM locale pour 0,50 à 5 $, incluant un petit crédit de communication (certaines sont même gratuites). Plusieurs compagnies se partagent le marché et le pays est bien couvert. On vous conseille en particulier les opérateurs *Smart* et *Cellcard* qui disposent des meilleurs réseaux et permettent de se connecter à Internet en 3G, voire en 4G (en 2G seulement sur les îles), selon le tarif choisi. Pour téléphoner en France ou en Europe, on vous conseille plutôt *Smart* qui, aux dernières nouvelles, proposait un coût d'environ 0,04 $/mn. En tout cas, comparez, mais n'achetez surtout pas de carte SIM à l'aéroport en arrivant (tarifs prohibitifs). Les puces locales s'achètent, sur présentation du passeport, dans les nombreuses petites boutiques de téléphonie mobile ou en supermarché, stations-service, tabac-journaux, etc. Vous disposez alors d'un numéro de téléphone local. Avant de signer le contrat et de payer, essayez donc, si possible, la carte SIM du vendeur dans votre téléphone – préalablement débloqué – afin de vérifier si celui-ci est compatible. C'est pratique et incomparablement moins cher que si vous appeliez avec votre carte SIM personnelle.
– ***Se connecter sur les réseaux wifi*** est le meilleur moyen d'avoir accès au Web gratuitement ou à moindre coût. Quasi tous les hôtels, restos et bars des villes touristiques disposent désormais d'un réseau accessible avec un code d'accès, généralement gratuit. On trouve même une connexion dans les bus VIP de certaines compagnies !
– Une fois connecté au wifi, à vous les joies de la ***téléphonie par Internet*** ! Le logiciel ***Skype,*** le plus répandu, vous permet d'appeler (et de voir) vos correspondants gratuitement s'ils sont eux aussi connectés, ou à coût très réduit si vous voulez les joindre sur leur téléphone. ***Viber*** et ***Whatsapp*** permettent d'appeler et d'envoyer SMS, photos et vidéos, sans frais. Il suffit de télécharger – gratuitement – ces applis sur son smartphone.

Urgence : en cas de perte ou de vol de votre téléphone portable

Suspendre aussitôt sa ligne permet d'éviter de douloureuses surprises au retour du voyage ! Voici les numéros des quatre opérateurs français, accessibles depuis la France et l'étranger :

- ***SFR :*** *depuis la France, ☎ 1023 ; depuis l'étranger, + 33-6-1000-1023.*
- ***Bouygues Télécom :*** *depuis la France comme depuis l'étranger, ☎ + 33-800-29-1000 (service et appel gratuits).*
- ***Orange :*** *depuis la France comme depuis l'étranger, + 33-6-07-62-64-64.*
- ***Free :*** *depuis la France, ☎ 3244 ; depuis l'étranger, ☎ + 33-1-78-56-95-60.*

Vous pouvez aussi demander la suspension de votre ligne depuis le site internet de votre opérateur.

Avant de partir, notez (ailleurs que dans votre portable !) votre numéro IMEI utile pour bloquer à distance l'accès à votre téléphone. Pour avoir ce numéro, tapez *#06# sur votre clavier puis reportez-vous au site • *mobilevole-mobilebloque.fr* •

Internet et wifi

On trouve des cybercafés (ou salles de jeux en ligne) dans les villes. Les prix oscillent de 0,50 à 1 $ de l'heure. Mais... de moins en moins, car la plupart des hôtels, restos et bars offrent une connexion gratuite en wifi, ce qui ne signifie pas que la connexion est parfaite. C'est d'autant plus vrai dans les endroits reculés bien sûr, où il n'y a parfois pas de connexion du tout.

TRANSPORTS

Train

Une ligne de chemin de fer relie à nouveau depuis avril 2016 Sihanoukville à Phnom Penh, en passant par Kampot et Takeo.

Bus

C'est un moyen de transport économique mais rarement ponctuel et pas toujours sûr. Il y a encore des accidents à cause de véhicules en mauvais état et de conduites irresponsables (alcoolémie, vitesse), en particulier la nuit. Plusieurs compagnies relient quotidiennement la capitale aux principales villes du pays. Nombreux bus également pour le Vietnam et la Thaïlande. *Mekong Express* (• *catmekongexpress.com* •) et *Giant Ibis* (• *ggantibis.com* •) sont parmi les meilleures compagnies mais pas les moins chères (un avantage supplémentaire pour les bus *Giant Ibis* : ils sont, en principe, à l'heure). La Compagnie *Sorya* (• *ppsoryatransport.com* •) est moins fiable (sécurité, ponctualité), mais elle propose un grand nombre de liaisons entre les villes. Certaines sociétés disposent de bus de nuit confortables. Ça peut être intéressant pour le trajet Phnom Penh-Siem Reap.

Rouler, un défi permanent

- ***Attention :*** la circulation urbaine à la mode cambodgienne peut s'avérer particulièrement traumatisante, pas forcément à cause des vitesses atteintes (rarement possible d'aller très vite), mais en raison des trajectoires et modes d'arrêt parfois diamétralement opposés à ceux que nous connaissons. Les feux rouges ne veulent pas dire grand-chose pour l'immense majorité des conducteurs, tout comme le code de la route d'ailleurs. Il faut intégrer quelques règles de base.
- Le trafic arrive dans les deux sens, même sur une bande de circulation apparemment à sens unique : gardez bien les yeux ouverts ; le plus gros ayant toujours raison, cédez-lui donc le passage !

REMARQUE : ON PEUT CONSIDÉRER QUE LES BUS FONT UNE MOYENNE DE 50 KM/H

DISTANCES EN KM	BATTAMBANG	KAMPOT	KOMPONG CHAM	KOMPONG THOM	KRATIE	PHNOM PENH	PÛIPET	PURSAT	SEN MONOROM	SIEM REAP	SIHANOUKVILLE	TAKEO	TBENG MEANCHEY
BATTAMBANG		440	415	320	640	290 (4/5 h)	120	100	665	170	520	370	460
KAMPOT	440		265	315	500	150	560	335	520	465	100	85	450
KOMPONG CHAM	415	265		126 (2h30)	230	120	440	310	289 via Snoul (6h)	270 (4h)	350	195	280
KOMPONG THOM	320	315	126 (2h30)		370	165	300	350	390	150 (2h30)	395	240	140
KRATIE	640	500	230	370		340 (6h)	670	540	256 (4/5h)	665	579	425	500
PHNOM PENH	290 (4/5h)	150	120	165	340 (6h)		410	190	400 (8h)	320	230	75	300
PÛIPET	120	560	440	300	670	410		220	690	150	640	485	440
PURSAT	100	335	310	350	540	190	220		560	280	420	265	490
SEN MONOROM	665	520	289 via Snoul (6h)	390	256 (4/5h)	400 (8h)	690	560		540	600	440	530
SIEM REAP	170	465	270 (4h)	150 (2h30)	665	320	150	280	540		545	390	290
SIHANOUK-VILLE	520	100	350	395	579	230	640	420	600	545		190	530
TAKEO	370	85	195	240	425	75	485	265	440	390	190		380

– On double là où il y a de la place et, en général, la droite de la route est réservée aux motos.
– À moto, pour couper un boulevard, conduisez en diagonale en sens opposé tout en agitant votre bras gauche. Le port du casque est obligatoire pour le conducteur et son passager.

– Si vous tournez à droite, le feu rouge ne compte pas.
– Si un type en uniforme bleu agite de loin un bâton en vous pointant du doigt, faites comme si de rien n'était, essayez de tourner à droite ou à gauche avant d'arriver jusqu'à lui, ou faites demi-tour et repartez en sens inverse. Si malgré tout vous êtes arrêté, gardez le sourire. Être en possession d'un **permis de conduire international** peut éviter les tentatives de racket. Sinon dites que vous n'êtes pas pressé et que vous n'avez qu'un ou deux dollars sur vous. Après quelques conciliabules (vous n'avez en fait commis aucune infraction), il prendra le dollar en détournant les yeux (il en gagne 30 par mois !). Si vous avez passé outre, aucun risque d'être poursuivi, le réservoir des motos de policiers est souvent quasi vide ! À l'extérieur des villes, c'est beaucoup plus gérable, même si ça vaut aussi son pesant de cacahuètes.
– À noter que de nombreux ponts se construisent sur le Mékong. Ils raccourcissent les temps de trajets, mais alourdissent parfois la facture, certains étant à péage.

Taxi à deux et quatre roues

Si votre chauffeur est trop kamikaze ou paraît ivre, n'hésitez pas à en changer. Pas mal d'accidents sont à déplorer.
On trouve trois sortes de taxis. Les ***motos-taxis*** (appelées parfois ***motos-dops***) sont le moyen de transport le moins coûteux, même pour sortir de la ville. Tous les jeunes chauffeurs ne conduisent pas comme des kamikazes et on peut se faire prêter un casque. Les ***tuk-tuk,*** carrioles attelées à des scooters ou à des motos, sont bien plus confortables. On y monte jusqu'à quatre personnes, à l'abri du soleil et rafraîchi par la brise. Les ***pick-up*** et autres petites berlines servant de taxis collectifs ne sont pas chers. On les trouve près des marchés. Le confort est limite, à moins d'acheter plusieurs places ou le véhicule entier, il faut attendre qu'ils soient pleins avant de partir.

Bateau

Les liaisons en bateaux rapides climatisés ont perdu toute ou partie de leur popularité depuis l'amélioration du réseau routier, qui a rendu les voyages en bus nettement moins chers. Les navigations ne sont plus régulières mais touristiques, souvent liées à des croisières.

Avion

Il existe une ligne intérieure opérée par *Cambodia Angkor Air* (● *cambodiaangkorair.com* ●) qui assure des liaisons quotidiennes entre Phnom Penh et Siem Reap, ainsi qu'entre Sihanoukville et Siem Reap.
Voir aussi ● *cambodia-airports.aero* ● pour les liaisons domestiques et internationales.

URGENCES

Attention, les numéros à trois chiffres ne sont joignables que depuis des postes fixes dont l'indicatif est le 023, donc uniquement depuis Phnom Penh.

■ ***SAMU :*** ☎ *119 (à Phnom Penh).*
■ ***Police :*** ☎ *117 ou 118.*
■ ***Ambassade et consulat de France à Phnom Penh :*** ☎ *430-020.*
✚ ***Urgences 24h/24 :*** ***Naga Clinic*** *à Phnom Penh (plan Phnom Penh, A3, 17).* 📱 *011-811-175.*
■ ***Centre antirabique :*** *le seul du pays est celui de l'**Institut Pasteur,** à Phnom Penh, bien sûr.* ☎ *428-009.* ● *pasteur-kh.org* ●

CAMBODGE : HOMMES, CULTURE, ENVIRONNEMENT

AIDE HUMANITAIRE

Des centaines d'organisations non gouvernementales travaillent sur place, dans tous les domaines, pour aider le peuple cambodgien mutilé par plus de 20 ans de guerres. Nous avons recensé celles que nous connaissons le mieux (ce qui ne veut pas dire que les autres ne valent pas le coup). Le choix va être dur... Vous pouvez les aider en toute confiance : grâce à vos dons, elles continueront à soutenir l'effort de reconstruction du pays. Si vous envoyez directement de l'argent, précisez bien que vous soutenez leur mission au Cambodge, car elles mènent souvent leurs actions dans plusieurs pays d'Asie du Sud-Est.

■ ***Agir pour le Cambodge :*** *14, rue du Dragon, 75006 Paris.* *06-31-67-55-47.* • *contact@agirpourlecambodge.org* • *agirpourlecambodge.org* • Située à Siem Reap, *Sala Baï* est une école hôtelière qui forme de jeunes Cambodgiens issus de l'extrême pauvreté. Plus de 1 300 étudiants, dont 70 % de jeunes filles, y ont été formés depuis 2002, date de la création de l'école par l'association *Agir pour le Cambodge.* Grâce à *Sala Baï*, tous ont trouvé un emploi stable après avoir obtenu leur diplôme. Déjeuner à *Sala Baï,* c'est une journée de formation pour un élève. Séjourner à *Sala Baï,* ce sont 2 à 4 jours de formation pour un élève.

■ ***Enfants d'Asie :*** *18, rue de la Pierre-Levée, 75011 Paris.* ☎ *01-47-00-19-00.* • *enfantsdasie.com* • L'association assure les besoins essentiels des enfants qu'elle accompagne (nutrition, hébergement, suivi médical et prévention, soutien affectif) tout en les aidant à s'insérer durablement dans la vie active : scolarisation, formation professionnelle, bourses d'étudiants... Aujourd'hui, 10 000 enfants sont parrainés par le biais de l'association, qui est présente au Cambodge, dans de nombreux centres répartis sur tout le territoire, mais aussi à Vientiane et dans les provinces du Nord Laos.

■ ***Enfants du Mékong :*** *5, rue de la Comète, 92600 Asnières.* ☎ *01-47-91-00-84.* • *enfantsdumekong.com* • La première ONG française spécialiste de l'Asie du Sud-Est, a obtenu le label IDEAS de bonne gouvernance, gestion financière et efficacité de l'action. Elle conserve toujours la même mission depuis plus d'un demi-siècle : éduquer, former et accompagner la jeunesse pauvre et souffrante dans sa construction intellectuelle, affective et morale. Elle mène également plus de 100 programmes de développement par an, principalement des constructions d'écoles. À travers toute l'Asie, ce sont plus de 22 000 enfants qui prennent le chemin de l'école grâce au parrainage scolaire. En consacrant 24 € par mois à cette association (6 € après défiscalisation), vous donnez la possibilité à un enfant de prendre en main son avenir. Une belle initiative, à encourager.

■ ***Handicap International France :*** *138, av. des Frères-Lumière, CS 78378, 69371 Lyon Cedex 08.* ☎ *04-78-69-79-79.* • *handicap-international.fr* • *Handicap International* est une ONG fondée en 1982 par 2 médecins français pour venir en aide aux Cambodgiens victimes de mines antipersonnel dans les camps de réfugiés en Thaïlande. Depuis, elle se bat pour permettre aux victimes de guerre et aux personnes handicapées de « vivre debout » dans 57 pays à travers le monde. Au Cambodge, elle mène des actions d'insertion sociale et de soutien aux associations de personnes handicapées pour l'application de leurs droits. Elle gère un centre de réadaptation et forme des techniciens à la fabrication d'appareillages (prothèses, orthèses, etc.). Elle a aussi participé activement au déminage du pays et à la sensibilisation des populations affectées par les mines et restes explosifs de guerre. L'association est cofondatrice de la campagne internationale pour interdire les mines qui a abouti à l'interdiction de ces armes ; elle a reçu le prix Nobel de la paix en 1997 pour cette cause.

■ ***CARE :*** *71, rue Archereau, 75019 Paris. ☎ 01-53-19-89-89. • carefrance.org • Ⓜ Crimée.* L'ONG *CARE* est l'un des plus grands réseaux d'aide humanitaire au monde, présent dans 90 pays auprès de 72 millions de personnes. Dans les situations de réponses à l'urgence ou dans des contextes d'aide à long terme, *CARE* s'attaque aux causes profondes de la pauvreté. Les femmes sont au cœur des actions, car elles sont un levier essentiel dans la lutte contre la pauvreté. Leur rôle est central pour le bien-être de leur famille, comme pour le développement de leur communauté.

■ ***Krousar Thmey** (Nouvelle Famille) :* *• krousar-thmey.org • Contact en France : 47, rue Greneta, 75002 Paris. ☎ 01-40-13-06-30. • france@krousar-thmey.org • Contact au Cambodge : ☎ + 855 (0)23-880-503. • info@krousar-thmey.org • Krousar Thmey,* première fondation cambodgienne d'aide à l'enfance défavorisée, agit auprès des plus démunis depuis 1991. Elle scolarise les enfants aveugles et sourds dans tout le pays, gère des centres de protection et des maisons familiales pour enfants des rues, ainsi qu'une école d'arts et de culture khmers. Au total, elle aide chaque année 2 500 enfants dans ses programmes situés dans 14 provinces du Cambodge. *Krousar Thmey* propose aussi une exposition sur le patrimoine khmer à Siem Reap, à découvrir en même temps qu'une expérience unique : « Seeing in the dark ». À ne surtout pas manquer !

■ ***Pour un Sourire d'Enfant :*** *49, rue Lamartine, 78000 Versailles. ☎ 01-39-67-17-25. • pse.ong • Au Cambodge : 402 groupe 12, village Trea, district Stung Mean Chey, BP 2107, Phnom Penh 3, Cambodge. ☎ + 855 (0)23-995-660.* L'une des ONG qui nous ont le plus émus. Elle s'occupe prioritairement des enfants des familles de chiffonniers qui travaillent dans les rues de la ville ou sur les décharges en province. Près de 6 500 sont pris en charge : en rattrapage scolaire, en formation professionnelle ou « parrainés » dans les écoles publiques des environs. Du riz (9 t par semaine) est distribué aux parents en compensation pour ces petits bras manquant aux revenus de la famille. Pour soutenir leur action, nous recommandons vivement le restaurant d'application *(Le Lotus Blanc)* de leur école de Phnom Penh. Les enfants sont scolarisés et formés aux métiers de l'hôtellerie et de la restauration, à la mécanique, à la coiffure, aux métiers du bâtiment et au commerce. Possibilité de visiter le centre (voir « Où manger ? » à Phnom Penh).

■ ***ONG Friends-International et ChildSafe :*** *au Cambodge, ☎ (0)12-311-112 (ChildSafe Hotline). • thinkchildsafe.org • Voir aussi « Où manger ? Les restos d'application d'école hôtelière gérés par des ONG » à Phnom Penh et Siem Reap. En France : Friends-International, 29, rue Vaneau, 75007 Paris. • france@friends-international.org • ChildSafe,* reconnaissable à son logo pouce levé dans un cercle orange, est un mouvement lancé par l'*ONG Friends-International,* soutenue par le ministère du Tourisme et d'autres institutions. Il opère principalement en Asie et regroupe des hôtels, des *guesthouses,* des conducteurs de *tuk-tuk* et d'autres acteurs formés pour protéger les enfants contre toutes les formes d'abus. Il diffuse « Sept conseils aux Voyageurs », qui informent les touristes sur des problématiques que peuvent rencontrer les enfants et sur les meilleurs comportements à adopter pour les protéger. *ChildSafe* dispense aussi des formations permettant aux populations locales de mieux identifier les risques et donc de prévenir les violences envers les enfants. Les plaintes recueillies anonymement sont suivies et transmises aux autorités dans le respect des Droits de l'homme et des dispositions légales de chaque pays.

■ ***AFS – Association française de solidarité :*** *rue des Déportés, 29260 Lesneven.* • *afs-cambodge.com* • *À Battambang : village Bekchanthmey Sangkat Prek Preh Sdach, près de la statue du Roi noir.* 📱 *+ 855 (0)12-828-850. À Phnom Penh :* 📱 *+ 855 (0)12-855-231.* Née en 1980 pour venir en aide aux Cambodgiens réfugiés dans les camps de Thaïlande, l'*AFS* est aujourd'hui implantée à Phnom Penh et à Battambang. À Phnom Penh, un foyer pour étudiant(e)s permet de loger des jeunes défavorisés. Le foyer pour collégiens et lycéens à Battambang accueille 130 pensionnaires, ainsi qu'une classe de rattrapage. L'*AFS* aide les familles cambodgiennes à travers le parrainage, l'éducation et les actions de développement (prêts individuels, greniers à riz, banque de vaches...) et s'appuie sur un solide réseau de bénévoles français. Si vous souhaitez leur apporter vêtements, cahiers ou livres (à acheter au Cambodge), l'association en fera bon usage.

■ ***HAMAP Humanitaire :*** *7, rue de Charenton, 94140 Alfortville.* ☎ *01-43-75-44-68.* • *hamap-humanitaire.org* • L'ONG agit au profit des populations défavorisées en leur permettant l'accès à l'eau et à l'assainissement, à l'éducation, à la santé et à la sécurité. Elle intervient dans une quinzaine de pays dans le monde et plus particulièrement au Cambodge. Dans le domaine de la santé, elle organise plusieurs fois par an, en soutien des acteurs locaux, des missions médicales au profit des familles. En 2015, au cours de cinq missions, plus de 5 500 patients ont pu accéder à des soins gratuits grâce à l'investissement de 83 bénévoles médicaux et non médicaux. Dans un autre domaine, *HAMAP Humanitaire,* en coopération avec l'ONG *L'Eau pour tous,* des agences de l'eau et des collectivités françaises, développe un programme de forage de 70 points d'eau dans la région de Siem Reap qui permet à plus de 10 000 personnes d'accéder chaque année à l'eau potable. Pour devenir bénévole, n'hésitez pas à les contacter.

BOISSONS

– L'***eau*** du robinet n'est pas potable. On trouve partout des bouteilles d'eau minérale. Méfiez-vous des glaçons. Quant aux jus de fruits pressés, à vous de juger les conditions d'hygiène dans lesquelles ils ont été préparés.
– L'une des rares boissons nationales est la ***bière,*** de marques *Angkor* ou *Cambodia,* toutes deux plutôt bonnes et légères. La *Tiger* (de Singapour) est également très répandue, ainsi que la *Anchor* (à ne pas confondre avec la bière locale, celle-là vient des États-Unis !).
– On peut trouver du ***vin*** français dans la plupart des restos chic de Phnom Penh et de Siem Reap, ainsi que des vins australiens ou chiliens, moins chers.
– Les Khmers consomment surtout du ***vin de palme,*** que l'on peut se procurer sur les marchés. Attention, c'est méchant !
– Également de l'***alcool de riz.***
– Côté Vietnam, à l'est de Phnom Penh, on vous proposera peut-être de l'alcool additionné de... sang frais de cobra ! Ça vaut le coup d'œil : le serpent est saigné devant vous. C'est bien meilleur que la bave de crapaud, et certains lui trouvent des vertus médicinales...
– Le ***café*** est en général assez fort et pas terrible.
– Le ***thé*** vert est souvent bon, tradition asiatique oblige. Mais, dans les endroits touristiques, on vous servira bien souvent du thé *Lipton* en sachet.
– Le ***teukolok,*** véritable spécialité khmère, est à la fois rafraîchissant et nourrissant. C'est une sorte de *shake* (appelé comme ça dans les gargotes quand il y a

un menu). Les fruits (mangue, banane, pomme, ananas, papaye, orange, etc.) sont mélangés avec de la glace pilée (attention à l'hygiène ; voir la rubrique « Santé » dans « Cambodge utile »), des œufs, du lait et du sucre. Un must !

CUISINE

La cuisine cambodgienne mélange allègrement les influences vietnamienne, thaïlandaise, chinoise et française. Beaucoup de soupes, de riz (aliment de base de la population) et de légumes. De temps en temps de la viande (porc et bœuf, mais ce dernier est souvent dur !), mais surtout du poisson d'eau douce, comme les anguilles (pêchées dans le Tonlé Sap ou le Mékong), et du poulet. Également des tortues d'eau, dans la région du lac, et du gibier (chevreuil) dans les zones forestières. Les préparations sont agrémentées de citronnelle, coriandre, gingembre et *prahoc,* une spécialité khmère qui s'apparente au nuoc-mâm et n'est autre qu'une saumure de poisson.

RIZ AMER

Le riz gluant est un délice mais il a un léger inconvénient : il colle à l'œsophage et de nombreuses personnes âgées meurent par étouffement. Pas étonnant que la farine de riz gluant fasse une excellente colle en lui rajoutant de l'huile d'amande.

Parmi les ***plats typiques,*** citons le plus populaire : l'***amok,*** poisson ou poulet cuisiné au lait de coco dans une feuille de bananier et parfois servi dans une noix de coco. C'est l'équivalent du *hok mok* thaï. Souvent succulent ! Existe au crabe sur la côte. Les autres plats les plus courants sont le poisson grillé ***(trey aing)*** ou frit ***(trey chean),*** la soupe de porc ***(samla chapek)*** ou de poisson ***(somla machou banle),*** la salade de bœuf ***(phlea sach ko)*** et les populaires nouilles de riz sauce coco ***(khao phoun).*** Notons aussi les *volcans,* de la viande de bœuf grillée sur une pierrade, mélangée avec des légumes épicés (une fondue cambodgienne, en somme !) et le ***lok lak,*** bœuf mariné au citron ou au poivre, servi avec un œuf frit et beaucoup d'oignons. Parfois un peu semelle quand même, le bœuf...

Sinon, les curiosités gastronomiques ne manquent pas : certains Cambodgiens sont friands de criquets et même de nos chères cuisses de grenouilles, grillées, farcies au riz et au gingembre, et épicées à souhait !

Sachez que les ***restaurants français*** sont (presque !) aussi nombreux que les expats français eux-mêmes, surtout à Phnom Penh. Dans la capitale, mais aussi en province, pas mal de ***restos asiatiques*** servent des spécialités thaïes, chinoises, indiennes ou encore vietnamiennes. Pour l'anecdote, sachez que le curry, ici, se mange avec... de la baguette (on parle de pain, bien sûr) !

NOS AMIES LES BÊTES

Au Cambodge, la tarentule est un mets de choix, notamment dans la région de Skun. Faire frire dans l'huile et arroser de jus de citron. Ce plat est consommé seulement depuis la période Pol Pot qui affamait la population. Régalez-vous avec ces pattes croustillantes et la tête bizarrement blanche.

Côté fruits, on retrouve tous les parfums des tropiques : papayes, jacquiers, noix de coco, mangoustans (coque brun-violet au fruit blanc laiteux très parfumé), pommes de lait (de la famille des sapotilles, qui sont également très bien représentées), fruit du dragon (peau rose fuchsia avec d'étranges pétales, chair gris clair acidulée, parsemée de minuscules graines noires) au goût peu prononcé, mais très esthétique, et bien sûr les durians (à l'odeur si... particulière). Les mangues, exquises, n'ont pas le même goût qu'ailleurs.

CURIEUX, NON ?

– S'il y a un bien un pays où les élèves sont heureux, c'est au Cambodge : en khmer, il n'existe ni conjugaison, ni genre, ni nombre, ni article. Le rêve, quoi !

– Pour les francophones, c'est une autre histoire. Attention notamment aux faux amis ; ainsi « en kouille » signifie tout simplement « asseyez-vous ».

– À l'est de Phnom Penh, en allant vers le Vietnam, vous aurez peut-être l'occasion de boire de l'alcool allongé de sang frais de cobra. L'animal est saigné devant vous. Le breuvage aurait des vertus médicinales !

– En plus d'être bouddhistes, la plupart des Khmers sont aussi animistes. Ils croient aux génies et aux esprits, bons ou mauvais, assurant l'équilibre et l'harmonie du cosmos. Cette croyance les aide à s'adapter et à accepter leur situation. Du coup, le comportement rationnel des Occidentaux les déconcerte (et inversement).

– Les Cambodgiens sont très superstitieux : ne prenez pas le risque de passer sous une corde à linge, considérée comme impure et enlevez votre chapeau en entrant dans une pagode, sinon vos cheveux ne se réincarneraient pas et dans la prochaine vie, vous seriez... chauve.

– Pour rouler en ville, mieux vaut connaître les bases de la conduite cambodgienne : on double là où il y a de la place, les motos occupent la partie droite de la chaussée et si une voiture tourne à droite, le feu rouge ne compte pas... entre autres. Bref, c'est pas gagné !

– Les gens gardent leur calme en toute circonstance. S'énerver ou élever la voix ferait perdre la face à un interlocuteur. On ne contredit pas non plus quelqu'un, s'il se trompe, on ne lui fait pas remarquer. Sinon, il pourrait vous en vouloir.

– Le Tonlé Sap est le plus grand lac d'Asie du Sud-Est. Son système hydrologique y est étonnant. Des millions de personnes vivent autour, mais aussi sur l'eau, dans des villages flottants dont les maisons se déplacent plusieurs fois par an au rythme des crues, décrues et des besoins des habitants.

– Énormes, poilues, cuites ou crues, vous goûterez bien une douzaine de mygales ? Ça tombe bien, on en trouve à Skun, près de Kompong Cham. Bon appétit !

– Un Blanc doit répondre à l'image que les Khmers ont des Occidentaux vivant dans des pays riches. Un Blanc fauché est un non-sens et un style négligé indigne de respect. On demande de la tenue.

DROITS DE L'HOMME

Après une courte période d'accalmie, le régime de Hun Sen a repris ses vieilles méthodes répressives. Dès l'été 2015, plusieurs militants du Parti du sauvetage national du Cambodge (CNRP) de Sam Rainsy ont été condamnés à de lourdes peines pour avoir participé à une manifestation non autorisée, et un sénateur a même été arrêté pour « trahison ». La réforme de la commission électorale promise par Hun Sen n'a pas eu lieu, tandis qu'un mandat d'arrêt a été lancé fin 2015 à l'encontre du leader de l'opposition. Sam Rainsy, qui avait tenté d'instaurer une « culture du dialogue » avec le gouvernement, a finalement tiré les conséquences de son échec et s'est résolu à partir en exil.
Une loi anti-association a par ailleurs été adoptée, qui autorise le gouvernement à ne pas enregistrer les ONG ou à les dissoudre, sans passer par une décision judiciaire. Toutes les associations « autorisées » doivent se soumettre à une « neutralité politique », aux contours très flous. Une loi qui fragilise grandement tous ceux

qui tentent de lutter contre les abus des proches du pouvoir ou des entreprises internationales.
La contestation sociale, particulièrement dans le textile, demeure vive, en dépit des interdictions de manifestation (lire plus loin la rubrique « Histoire »). Plusieurs ONG ont par ailleurs souligné la responsabilité des grandes marques occidentales qui se fournissent dans ces ateliers.
Elles dénoncent également la pression exercée contre ceux qui s'opposent aux expropriations forcées. Plusieurs centaines de milliers de personnes ont été expulsées ces dernières années sans recevoir une protection judiciaire adéquate. Selon *Human Rights Watch,* de nombreuses rafles ont en outre eu lieu, surtout à Phnom Penh. Elles ont touché des populations marginalisées (toxicomanes supposés, enfants des rues, prostituées, etc.). Plusieurs centaines d'entre eux ont été détenus dans des conditions très dures.

Procès des chefs khmers rouges

La lenteur des « Chambres extraordinaires » chargées de juger les principaux dirigeants khmers rouges encore vivants aura finalement peut-être raison de la justice. Kaing Guek Eav (alias « Duch »), qui a dirigé le sinistre camp S-21, a ainsi été reconnu coupable de crimes contre l'humanité. Tout comme Nuon Chea et Kieu Samphân, respectivement chef d'État et idéologue du régime khmer rouge, également condamnés à vie. Mais le pouvoir coopère de moins en moins et a récemment refusé d'arrêter deux anciens dirigeants khmers rouges. Pour de nombreux observateurs, les derniers responsables du Kampuchéa démocratique, à l'origine de l'extermination de plus de 1,7 million de Cambodgiens entre 1975 et 1979 (voir le chapitre « Histoire »), pourraient bien mourir avant d'être jugés, à l'image de la « première dame » du régime, Leng Thirith, une des rares femmes à avoir occupé une place importante au sein du système khmer rouge, morte de vieillesse en août 2015.

■ ***Fédération internationale des Droits de l'homme (FIDH) :*** *17, passage de la Main-d'Or, 75011 Paris. ☎ 01-43-55-25-18. • fidh.org • Ⓜ Ledru-Rollin.*

■ ***Amnesty International*** *(section française) : 76, bd de la Villette, 75940 Paris Cedex 19. ☎ 01-53-38-65-65. • amnesty.fr • Ⓜ Belleville ou Colonel-Fabien.*

N'oublions pas qu'en France aussi les organisations de défense des Droits de l'homme continuent de se battre contre les discriminations, le racisme et en faveur de l'intégration des plus démunis.

ÉCONOMIE

Saigné par le génocide khmer rouge qui, entre 1975 et 1979, a tué près de 2 millions de Khmers, surtout les élites, le Cambodge, 15,7 millions d'habitants dont plus de 30 % ont moins de 14 ans, vit sous perfusion.

UN ÉQUILIBRE ROMPU PAR LA GUERRE

Pol Pot n'aura eu besoin que de 4 ans pour réduire en cendres un pays où l'on avait coutume de dire : « Le Vietnamien plante le riz, le Cambodgien le regarde pousser, le Laotien l'écoute et le Chinois le vend... »

Une situation encourageante mais fragile

Depuis le retour au calme dans les années 1990 (accords de Paris en 1991 et premières élections législatives de 1993), la situation s'est nettement améliorée dans de nombreux domaines (en matière de législation, de réseau routier, de déminage, de relations internationales, etc.). Malgré un taux de croissance autour de 7 % et une inflation ramenée à 1,2 % en 2015, grâce notamment à la baisse du prix du

pétrole, le Cambodge demeure l'un des pays les plus pauvres du monde, marqué par de fortes inégalités. Un tiers environ des Cambodgiens vit sous le seuil de pauvreté national et doit vivre avec moins de 1 $ par jour. 37 % des enfants de moins de 5 ans souffrent de malnutrition. Le marché du travail n'offre que peu d'emplois aux jeunes et le pays souffre de corruption, à toutes les échelles de l'administration.
L'aide internationale reste essentielle, puisqu'elle représente encore 10 % du PIB. Parmi les pays les plus généreux, la Chine, le Japon et les États-Unis. Cela dit, cette manne, augmentée du transfert des revenus des travailleurs expatriés, ne fait que compenser le rapatriement des dividendes des sociétés étrangères implantées dans le pays, en particulier dans le domaine du textile.
Par ailleurs, très fortement « dollarisé », le pays bénéficie d'une bonne stabilité monétaire mais, d'un autre côté, le secteur bancaire, où quasi tous les dépôts sont en dollars, reste fortement dépendant du taux de change. Une situation susceptible d'affaiblir ce grand importateur (énergie, denrées alimentaires, etc.).

Les secteurs clés de l'économie

– ***L'agriculture :*** la moitié des Cambodgiens vit de l'agriculture. Les exportations de *riz* s'avèrent d'ailleurs très prometteuses. En 2015, elles ont augmenté de près de 23 %, atteignant 44 000 t, avec pour destinataires principaux l'Union européenne et les États-Unis. Mais le secteur agricole ne connaît pas d'autre forme de développement, compte tenu de la fragmentation de ses terres. Pourtant, le potentiel est riche : *fruits* et *légumes* pour remplacer les importations du Vietnam et de la Thaïlande ; *poivre* de la région de Kampot et le long de la N7 dans le Kompong Cham ; *maïs, manioc, canne à sucre, noix de cajou, sésame...* ne sont encore l'affaire que de quelques pionniers ; comme le *palmier à huile* dont les plantations sont visibles le long de la N4 au sud du col de Pich Nil. L'*hévéaculture,* avec les immenses plantations de Chup, de Krek, de Mimot, de Snuol, plantées jadis par les Français, a pris de l'ampleur ces dernières années. Le *tabac* est cultivé sur les berges du Mékong au nord de Kompong Cham. La *pêche,* partout pratiquée et surtout dans le Tonlé Sap, est encore mal organisée, et le *bois* est dramatiquement surexploité. L'*élevage* de bovins a commencé, et le pays exporte déjà.
Par ailleurs, l'agroalimentaire est une longue aventure qui n'en est qu'à ses débuts.
– ***L'industrie :*** elle repose essentiellement sur le *textile* et la confection de *chaussures.* Le textile emploie à lui seul autour de 700 000 personnes et représente 78 % du total des exportations du pays, en augmentation de 17 % en 2015 par rapport à l'année précédente.
Toutefois, les conditions de travail, ainsi que les bas salaires,ont conduit les ouvriers à descendre dans la rue en 2014 et 2015 pour réclamer une amélioration de leur statut. Avant cette mobilisation, une ouvrière du textile, travaillant pour le compte d'une grande marque occidentale, gagnait en moyenne 100 $ par mois pour 10 à 12h de travail par jour. Pour 24h d'affilée, voire 28h en continu, environ 130 $ par mois, incluant les heures supplémentaires. Une enquête a montré qu'en moyenne, par mois, un loyer coûte environ 50 $, l'eau et l'électricité 30 $, la nourriture 40 $, les médicaments 15 $, sans compter « l'aide à la famille » de 20 $, bref, beaucoup se retrouvent contraints d'emprunter... Cette mobilisation a en partie « payé » puisque, malgré une revendication de 40 %, les ouvriers ont finalement obtenu une augmentation de 30 % du salaire minimum (ce qui n'est vraiment pas énorme, vu le tarif de départ, et n'exclut pas de nouveaux conflits à venir).
D'un point de vue sociosanitaire, les chiffres indiquent que 2 000 ouvrières souffrent chaque année de malaise sur leur lieu de travail (malnutrition, voire décès, lié au faible revenu, heures supplémentaires qui engendrent une grande fatigue, vapeurs toxiques, mauvaise aération...). De nouvelles manifestations fin 2015 ont permis aux ouvrières d'obtenir une nouvelle hausse du salaire minimum, qui s'élève désormais à 140 $, soit une augmentation de près de 10 %. De leur côté,

certaines grandes marques de vêtements, comme *H&M,* commencent à signer des accords avec les syndicats pour garantir des avancées sociales.
D'un point de vue strictement économique, le secteur du textile est très exposé à la conjoncture internationale, car lié la plupart du temps à des entreprises étrangères (sous-traitance). Il a dû faire face à une baisse significative de la consommation des ménages américains et européens lors de la crise de 2008. Cependant, la récente reprise aux États-Unis, premier partenaire commercial du pays, devrait permettre de soutenir à nouveau ce secteur qui représente tout de même 75 % des exportations nationales. Mais l'arrivée de pays voisins, comme la Birmanie, place le Cambodge sur un marché de plus en plus concurrentiel.
De nouvelles productions pourraient bien se développer de manière significative dans les prochaines années, notamment celle de vélos ou dans le domaine minier (pierres précieuses, bauxite, or et fer). Sans oublier les gisements d'hydrocarbures découverts en mer, qui ouvrent de nouvelles perspectives pour l'économie du pays. Enfin, le gouvernement donne des autorisations à des entreprises chinoises pour édifier des barrages hydroélectriques, mais ces projets se heurtent à la résistance des habitants et des écologistes, comme dans les Cardamomes, où la forêt risque d'en payer le prix fort.
– ***Le tourisme :*** l'essor est spectaculaire et devrait se poursuivre. Les Chinois arrivent en troisième position parmi les visiteurs asiatiques, mais ils sont devenus la cible prioritaire du gouvernement. Près de 5 millions de touristes se sont rendus au Cambodge en 2015. Pour l'instant, ce dynamisme est surtout lié à Angkor. Ce qu'il faut maintenant, c'est que les recettes du tourisme profitent aussi au reste du pays, que les visiteurs découvrent quantité d'autres centres d'intérêt, d'itinéraires qui combleront les amateurs de nature sauvage, de grandes forêts, de tourisme fluvial, les explorateurs, les accros de la moto, comme les partisans du balnéaire ou du farniente (zone côtière, îles)... Ça vient, petit à petit.

ENVIRONNEMENT

Plusieurs associations écologiques, comme *Global Witness* (*● globalwitness.org ●*), dénoncent le problème majeur de la ***déforestation*** au Cambodge. À l'origine, le besoin de nouvelles terres agricoles, ainsi que l'augmentation des plantations d'hévéas (l'arbre à caoutchouc), de manioc et de palmiers à huile. Les conséquences sont catastrophiques : l'abattage d'arbres dans la région du Nord-Est entraîne progressivement une diminution annuelle de près de 2 % de la surface forestière. C'est même l'un des taux de déforestation les plus élevés au monde ! Depuis les années 1980, le Cambodge a perdu un quart de ses forêts. Différents organismes internationaux, dont le PNUD, essaient tant bien que mal de juguler les dégâts engendrés par cette régression des surfaces boisées.
La situation du lac Tonlé Sap inquiète aussi les experts de l'environnement. Le plus grand lac d'Asie du Sud-Est, qui multiplie sa superficie par quatre durant la saison des pluies, est une source d'alimentation majeure pour les habitants de ses rives fertiles. Mais il est surexploité, certaines espèces disparaissent des abords du lac et la biodiversité est mise à mal. Plus grave, l'imminent projet de barrage hydroélectrique de Don Sahong sur le Mékong, à la frontière du Laos et du Cambodge, empêcherait les flux migratoires d'une centaine d'espèces de poissons. Et les derniers dauphins d'eau douce, qui sont déjà menacés, seraient alors voués à disparaître.
Il est nécessaire aussi d'évoquer ici la surexploitation touristique du site d'Angkor, entraînant des problèmes d'évacuation des eaux usées, de plus en plus polluées, et rejetées dans les rizières. Par ailleurs, le nombre excessif de bus hors d'âge, sans aucun contrôle de rejet de CO_2, pollue chaque jour le cœur du secteur classé d'Angkor, où sévit un trafic incessant, mêlant aussi *tuk-tuk* et voitures...

GÉOGRAPHIE

Situé au cœur de la péninsule indochinoise, le Cambodge est coincé entre la Thaïlande (à l'ouest), le Vietnam (à l'est) et le Laos (au nord). Sa superficie n'est que de 181 035 km² et des poussières, soit trois fois moins que la France. Le relief est moyen, avec tout de même un sommet à près de 1 800 m d'altitude (au sud-ouest), quelques plateaux au nord (la chaîne des Dangrek, 400 m d'altitude moyenne) et deux chaînes de basses montagnes (les Cardamomes et l'Éléphant) à l'ouest. La côte sud borde le golfe de Siam sur environ 250 km, avec quelques jolies plages : Sihanoukville et Kep.
Étalez de la pâte à modeler. Poussez-y, par en dessous, une pierre plate en forme de triangle. À l'endroit de la collision – simulacre du choc de l'Inde et de l'Asie –, vous avez créé l'Himalaya : un gros bourrelet qui, débordant vers la droite, forme les chaînes du Yunnan et de la Birmanie (Myanmar). Poussez encore : la Chine bombe le torse. Quant à la péninsule indochinoise, elle pique du nez. Elle s'étire pour porter les derniers échos du super continent jusqu'au pointillé de l'arc indonésien... Va-t-elle se tuer à la tâche ? Au nord, elle n'hésitait pas à dresser des montagnes ; plus bas, ça s'effiloche déjà en plateaux, en collines ; en fin de course, c'est vraiment la débâcle : deltas, îles, lacs et marais fusionnent dans un no man's land liquide. La terre, à bout de souffle, part en quenouille dans l'océan...
La grande particularité du Cambodge réside dans son système hydrographique, avec bien sûr le Mékong, bras nourricier du pays qu'il traverse sur près de 500 km. Mais il ne faut pas oublier ce lac étonnant qu'est le Tonlé Sap, situé entre Angkor et Phnom Penh. Le Tonlé Sap est un organe vital du Cambodge : relié au Mékong à la hauteur de Phnom Penh par un canal naturel d'une centaine de kilomètres, il se remplit chaque année à la saison des pluies en accueillant les volumes d'eau du Mékong que la mer ne peut plus contenir. C'est le bon vieux système des vases communicants ! Curieux phénomène que celui de ce cours d'eau remontant vers les terres au lieu de continuer vers la mer ! Ainsi le lac voit-il sa superficie quadrupler ! En saison sèche, c'est l'inverse qui se produit : le Tonlé Sap déverse dans le Mékong les réserves accumulées.
Enfin, n'oublions pas les forêts, qui ceinturent le pays du sud-ouest au nord-est.

HISTOIRE

Jusqu'au XIXᵉ s, le Cambodge est la proie d'invasions menées par ses voisins turbulents et conquérants. Résultat : la région (la Cochinchine) lui glisse progressivement entre les doigts. Il faut dire que sous l'angle des tragédies de palais, les XVIIᵉ et XVIIIᵉ s cambodgiens sont riches en trahisons : des princes font et défont les rois, coups de poignard lors de parties de jeu, assassinat de membres de la famille royale, décapitation de rois, prétendant assassiné par son gendre, successeur tué par son neveu ! En 1722, quatre rois complotent les uns contre les autres. Le Cambodge est alors un beau fromage que les Vietnamiens grignotent au gré des meurtres.
Dans l'espoir de rattraper la poule aux œufs d'or, le roi du Siam envoie ses armées. Les Vietnamiens les dispersent. La bataille est rude. Le Cambodge a eu chaud. Il va devoir payer, sans hésitation. Pas un document n'est alors signé sans l'approbation du résident vietnamien. Est-ce la fin ? Pas encore... Car brusquement, les dynasties changent au Siam et au Vietnam. La « tradition » exige qu'on donne un cadeau aux Siamois pour l'avènement de la nouvelle dynastie. Mais les poches du nouveau roi sont presque vides. Reste Battambang, Sisophon, Mongkol-Borei, ainsi que le symbole même de l'identité cambodgienne, la sainte ville d'Angkor. Mais cela ne suffit pas. Le Cambodge devient protectorat siamois.
Malgré sa frustration, le Vietnam doit attendre 1813 pour pouvoir réagir, durement... Les troupes viets campent à Phnom Penh. Les fonctionnaires khmers sont

tenus de porter le chignon annamite. L'assimilation est en marche... En 1841, les Vietnamiens annexent le Cambodge. Bien entendu, les Thaïs répliquent. Guerres. Dévastations. Vous parlez d'un destin ! Mais pourquoi se battre quand on peut s'entendre ? Le Cambodge sera sous condominium siamo-vietnamien. Son roi sera choisi à la fois par Bangkok et par Hué.

Près d'un siècle de protectorat français

En 1859, les Français viennent de prendre Saigon « pour venger le massacre des missionnaires ordonné par Hué ». En bon voisin, Ang Duong fait savoir qu'il serait « très heureux de conclure une alliance avec l'empereur des Français ». L'affaire est rondement menée par le vicaire apostolique local, Mgr Miche. Le protectorat est instauré en 1863. Son premier acte est d'écraser le maquis de Poukombo – un montagnard « héroïsé » depuis par la légende anticoloniale. Première mission sérieuse : sauver le pays. Les Cambodgiens en veulent à la France, alors maîtresse de la Cochinchine, de ne pas leur avoir rendu les régions annexées jadis par les Vietnamiens. Mais les Français obtiennent du Siam qu'il renonce à ses prétentions, ainsi qu'aux provinces conquises de Battambang et d'Angkor.
Pour la première fois, le souverain cambodgien a les mains libres. Le royaume est réorganisé, mais pas sans couinements... En France, Jules Ferry reçoit des plaintes émanant de mandarins. Suspecte-t-il le roi ? Toujours est-il qu'en 1884 débarque l'envoyé du gouvernement français. La France prend en main le Cambodge par un coup de force : envahissant le palais, pointant les baïonnettes sur la gorge du roi, menaçant de l'enlever et de le déporter, M. Thompson obtient le traité qui lui livre tous les pouvoirs politiques. Grossière erreur politique. Le roi suscite une insurrection qui dure 26 mois. Jules Ferry tombé, le nouveau pouvoir français met de l'eau dans son vin. Il remplace l'administrateur par un résident, formule plus douce qui oblige chaque mesure à obtenir l'approbation royale. Les fonctionnaires coloniaux reçoivent pour première instruction de se faire aimer des populations. Ben, pourquoi pas ?
À la fin du siècle, la France s'offre le luxe d'envoyer une canonnière menacer Bangkok : comme par magie, le Siam rend au Cambodge les provinces de Stung Treng, de Mlou-Prei, de Tonlé-Repou et de Kong... En 1907, un nouveau traité avec les Thaïs apporte la restitution de Battambang, Sisophon, Mongkol-Borei, Siem Reap et Tnot. L'heure est revenue, pour le Cambodge, de ressembler à un pays...
À l'appel du roi Sisovath, l'École française d'Extrême-Orient vient défricher la forêt d'Angkor, dépouiller les inscriptions, classer les blocs écroulés et conserver la statuaire. En découvrant les ruines relevées, un frisson d'admiration parcourt le monde entier... Parallèlement, la France colonise. Routes. Plantations d'hévéas. Hôpitaux. Écoles publiques. L'enseignement bouddhique est maintenu, les vieux textes sacrés traduits... Dans l'entre-deux-guerres, on asphalte 1 160 km de routes. On va en train de Phnom Penh jusqu'au Siam. En 1884, l'intrépide Si Votha lance sur l'occupant ses troupes armées de flèches et de fusils à pierre...

La Seconde Guerre mondiale

Pendant la Seconde Guerre mondiale, les Américains cherchent une base solide en Asie. Ils misent sur la Thaïlande. Et ce, malgré l'opposition des Anglais et des peuples indochinois. Car on n'a pas digéré qu'en 1940 le royaume thaï, profitant de la défaite française et du pétrin britannique, attaque le Cambodge et le Laos. Et qui plus est, avec succès ! Les troupes vichyssoises cèdent du terrain. Qui arbitre ? Le Japon. Drôle d'arbitrage : la Thaïlande peut reprendre Battambang et Angkor. Mais les événements se précipitent. En 1941, le Japon occupe l'Indochine, attaque Pearl Harbor... En tout cas, les Japonais attendront le 9 mars 1945 (juste avant la capitulation) pour investir Phnom Penh et jeter tous les Français en prison. Trois jours plus tard, le nouveau roi, Norodom Sihanouk (qui est monté sur le trône en 1941, âgé de seulement 19 ans), dénonce le protectorat français et

proclame l'indépendance. Méfiant, Tokyo préfère miser sur l'ultranationaliste Son Ngoc Thanh, aimé du peuple, qui accède au fauteuil de Premier ministre.
Vient la Libération. La France, qui n'a pas suivi de trop près les événements d'Indochine, envoie Leclerc. Les provinces annexées par la Thaïlande sont rétrocédées. Sihanouk s'étant déclaré indépendant, peut-on rétablir le protectorat malgré l'opposition du roi ? La France a déjà bien des soucis au Vietnam... Elle opte pour une autonomie accrue, dans un cadre de monarchie constitutionnelle.

Croisades de Sihanouk pour l'indépendance

Il a fallu une guerre mondiale et ses désordres inévitables pour que le Cambodge retrouve son indépendance. La patience et la ténacité de Norodom Sihanouk y sont aussi pour beaucoup : les Français ne lui rendent sa liberté que par bribes, en prenant tout leur temps... En janvier 1946, Paris reconnaît « l'autonomie interne » du Cambodge au sein de l'Union française, puis, en novembre 1949, son indépendance *de jure,* en gardant la main, ce qui n'est pas rien, sur l'armée et la police. Mais les troubles éclatent. Rentré d'un exil forcé, l'insubmersible Son Ngoc Thanh enflamme les foules, et même anime un maquis, ravitaillé par le Viêt-minh. L'ardeur nationaliste est à son comble et Sihanouk vient en France solliciter l'indépendance. Et comme son message n'y est guère entendu, il s'adresse aux Américains. Inquiète, la France lâche quelques concessions de plus.
Il faudra attendre la croisade royale (non violente) de 1953 pour que Sihanouk obtienne une réelle indépendance nationale. Reste le problème de la présence viêt-minh. Une nouvelle campagne politique permet de chasser les militaires et les agitateurs vietnamiens, le plus pacifiquement du monde. En 1954, à la conférence de Genève sur l'Indochine, Sihanouk évite ainsi la partition du Cambodge en obtenant enfin la reconnaissance officielle de son royaume souverain.

Le Cambodge indépendant

Définitivement débarrassé des ingérences françaises, le Cambodge ne l'est pas pour autant de ses propres démons... Pour mieux riposter aux attaques de ses opposants, Sihanouk a ce geste qui étonne tout le monde : il abdique en mars 1955 et laisse le trône à son père. Écrasé par sa charge, il a besoin d'une reconnaissance officielle. Un peu comme de Gaulle (qu'il admirait), Sihanouk a toujours demandé des preuves d'amour à son peuple... Le Sangkum, « communauté socialiste populaire » qu'il met sur pied, lui permet de gagner les élections de septembre 1955 et de se faire nommer Premier ministre. Cinq ans plus tard, à la mort de son père, il ne reprend pas le trône mais accède au statut de chef de l'État. Un nouveau référendum national confirme que les Cambodgiens approuvent sa politique de neutralité dans le conflit vietnamien.

Piège américano-vietnamien

Les Américains vont faire payer cher son non-alignement à Sihanouk. La CIA arme le mouvement khmer Serei, qui tente de l'éliminer. Aidée également par la Thaïlande et le Vietnam du Sud (tous deux proaméricains), la guérilla de droite cambodgienne sape soigneusement, 10 années durant, toutes les tentatives de paix du gouvernement, incitant inévitablement Sihanouk à rechercher l'aide de la Chine et du Vietnam du Nord. En 1965, la rupture entre Cambodge et États-Unis est totale.
Suite à la fameuse offensive du Têt au Vietnam, les Américains, désemparés, accentuent la pression sur le Cambodge. Dans l'est du pays, la « piste Hô Chi Minh » est l'une de leurs principales préoccupations. Cette route de près de 1 800 km, édifiée dans les années 1950 par le Viêt-minh, permet aux révolutionnaires du Nord d'infiltrer le Sud-Vietnam en y acheminant hommes et armes. Terminus de la piste, la taupinière de Cuchi est une incroyable trouvaille vietnamienne

qui permet de prendre les troupes américaines en étau. Militairement, une intervention américaine au Cambodge s'impose, histoire de déloger les maquisards du Viêt-cong. Sihanouk ayant refusé son aide, il devient donc urgent de le remplacer : le général Lon Nol, qui a su gagner la confiance de l'armée cambodgienne et de la bourgeoisie de Phnom Penh, toutes deux inquiètes de la montée du péril communiste, devient Premier ministre à la suite des élections de 1966.

Aussitôt, Sihanouk forme un « contre-gouvernement », dans lequel on retrouve diverses personnalités de la gauche cambodgienne, dont de futurs Khmers rouges... Pris dans un inextricable engrenage politico-militaire, le Cambodge sombre dans l'anarchie. Des émeutes éclatent dans les zones rurales, violemment réprimées par des hommes de Sihanouk. Grave erreur qui lui vaudra la haine des campagnes. Au même moment, les débuts de la Révolution culturelle chinoise enflamment les esprits de la gauche cambodgienne : les Khmers rouges sont nés, ainsi baptisés par Sihanouk en personne. Accusés d'avoir fomenté les émeutes paysannes, ceux-ci gagnent le maquis pour entamer une lutte de guérilla contre le gouvernement. L'infiltration viêt-cong s'intensifie. Les Américains en profitent pour organiser des opérations de nettoyage (au napalm !) en territoire cambodgien, encouragés par la reprise des relations diplomatiques avec un Sihanouk cette fois-ci menacé sur sa gauche.

Coup d'éclat (pour ne pas dire coup d'État) : le 18 mars 1970, le Parlement cambodgien proclame la destitution de Sihanouk ! Le prince Sisowath Sirik Matak, responsable de cette trahison, a été encouragé par la CIA... D'ailleurs, Washington reconnaît aussitôt le nouveau gouvernement, composé du prince Sisowath, bien sûr, et... du général Lon Nol. Sihanouk, coincé à Pékin, appelle le peuple cambodgien à la résistance. Les milliers d'insurgés qui envahissent la capitale sont massacrés par les troupes de Lon Nol. Les rescapés prennent le maquis pour rejoindre les Khmers rouges.

En avril 1970, Nixon donne son feu vert aux forces américano-sud-vietnamiennes qui pénètrent au Cambodge pour en chasser les révolutionnaires vietnamiens. Les conséquences sont terribles pour la population. Selon un journaliste américain, en l'espace de 14 mois, les B 52 américains vont effectuer plus de 3 600 raids. Une escadrille lâche même, à elle seule, la moitié du tonnage total de bombes utilisées dans le Pacifique pendant la guerre américano-japonaise ! Terrorisés, les paysans des provinces de l'Est se réfugient à Phnom Penh, dont la population passe de 600 000 à 2 millions d'habitants en 1970.

Terreur et corruption : le régime de Lon Nol

À partir de 1970, le Cambodge entre de plain-pied dans une guerre qui va se prolonger pendant plus de 20 ans. Malgré tous les efforts de Norodom Sihanouk (qui porte cependant une sacrée part de responsabilité), le pays est trop petit pour supporter la pression conjuguée des puissances impérialistes, exportatrices de leurs querelles idéologiques en Asie du Sud-Est. Comment résister aux États-Unis (via la Thaïlande et le Vietnam du Sud), au géant soviétique (qui soutient le Viêt-minh) et à la pieuvre chinoise (qui arme les Khmers rouges) ? À l'exception du groupe des pays non alignés (Inde, Indonésie, etc.) et,

ET L'AMÉRIQUE ARMA... LES KHMERS ROUGES

Nixon ne supporta pas que certains soldats nord-vietnamiens se réfugient au Cambodge avec l'assentiment plus ou moins direct du roi Sihanouk. Selon l'Amérique, les Khmers étaient aussi communistes mais... moins dangereux. L'aide américaine permit d'armer Pol Pot et de renverser Sihanouk, en mars 1970. À Washington, personne n'avait lu les terribles écrits de Pol Pot.

d'une certaine manière, du général de Gaulle, trop peu de voix s'élèvent pour sauver le peuple khmer plongé dans l'enfer de cette « troisième guerre d'Indochine », comme l'appela Jean-Claude Pomonti, du *Monde*.
À peine arrivé au pouvoir, Lon Nol décrète la loi martiale, condamne Sihanouk à mort (par contumace), se fait nommer maréchal, puis président de la République, et s'entoure de militaires archi-corrompus. Sous son régime, environ 800 000 personnes sont victimes des divers affrontements au Cambodge : pogroms antivietnamiens menés par l'armée gouvernementale, insurrections réprimées dans le sang, bombardements meurtriers des Américains, offensives de la guérilla KR et du Viêt-cong, etc.
Pour s'opposer aux putschistes, Sihanouk crée le Front uni national du Kampuchéa (FUNK) et soutenu par Mao, qu'il admire, constitue à Pékin un gouvernement d'Union nationale (le GRUNC) en s'alliant aux Khmers rouges. En avril 1973, il retourne en secret dans son pays, pour entreprendre une tournée des zones « libérées » par la guérilla khmère rouge. Deux mois plus tôt, les accords de Paris avaient mis fin (du moins sur le papier) à la guerre du Vietnam. Les Américains n'en continuent pas moins de bombarder pendant plusieurs mois le pays meurtri. Malgré leur aide militaire, Lon Nol est de plus en plus harcelé par la guérilla, qui contrôle dès 1972 les deux tiers des campagnes et coupe toutes les voies de communication du pays en 1974. À la fin de l'année, pourtant débarrassée des Vietnamiens, la république fantoche de Lon Nol, rongée à l'intérieur par la corruption et militairement battue sur tous les fronts par les Khmers rouges, est prête à tomber. Phnom Penh est encerclée.

Les Khmers rouges au pouvoir

Année zéro

Le 17 avril 1975, les Khmers rouges sont maîtres de la capitale, faute de combattants. Les responsables gouvernementaux se sont enfuis, aidés par la CIA. Soulagés par la fin des hostilités, les habitants accueillent les « révolutionnaires » dans la liesse. Les combattants prennent possession des points stratégiques de la ville. Un événement à peine imaginable va alors se produire : sous prétexte de bombardements américains imminents, en l'espace de 48h, les « libérateurs » procèdent à l'évacuation TOTALE de Phnom Penh ! Habitants et réfugiés, soit environ 2,5 millions de personnes, sont déportés de force vers les campagnes du nord et de l'ouest du pays... Personne n'est épargné : les témoins de l'époque rapportent que les malades des hôpitaux se sont retrouvés sur la route, dans leur fauteuil roulant ! Un exode qui coûtera la vie à des dizaines de milliers de déportés (on parle de 400 000 victimes), notamment les vieillards et les enfants en bas âge. En quelques jours, cette capitale, considérée comme la plus belle d'Asie du Sud-Est, n'est plus qu'une ville fantôme, livrée aux rats et à une poignée de révolutionnaires qui saccagent tous les symboles de la société bourgeoise. La banque d'État est dynamitée, les églises sont brûlées, le contenu des magasins est déversé dans les rues... C'est l'« année zéro », aube d'une renaissance totale proclamée par la radio khmère rouge.
Dans la foulée, toutes les villes du Cambodge sont évacuées : on ordonne à la population de gagner les rizières pour se mettre au travail dans le but d'assurer l'autosuffisance alimentaire du « Kampuchéa démocratique », selon la nouvelle appellation du pays. Durant sa déportation, la population est soigneusement triée en trois catégories. Les militaires sont conduits à l'écart pour être exécutés. Fonctionnaires et intellectuels (il suffit de porter des lunettes ou de posséder un stylo), considérés comme suspects, sont envoyés dans des « villages spéciaux ». Le reste, classé sous l'appellation de « peuple », est prié de rejoindre son village natal et de se plier aux ordres pour gagner son riz quotidien. Les conditions de travail sont proches de l'esclavagisme : les digues sont élevées à main nue, les charrues

sont tirées par des hommes (les bœufs ayant été tués), les horaires sont draconiens (10 à 12h de travail) et les repas limités au strict minimum, voire supprimés au cas où les quotas ne sont pas respectés.

Période « papa-maman »

Progressivement, toute la société cambodgienne est réorganisée sur le modèle d'une armée. Les rares privilèges (rations supplémentaires, par exemple) sont réservés aux soldats révolutionnaires. Normal : ils ont accepté de sacrifier leur famille pour l'Angkar, organisation suprême des Khmers rouges, qui régit désormais le pays sans que quiconque n'en connaisse vraiment les responsables. Tout est remis en question : les gens doivent changer de nom (on ne garde que la fin des prénoms), le salut avec les mains est banni, la lecture est remplacée à l'école par des danses et chants révolutionnaires... Les enfants appartiennent à l'Angkar. C'est la période « papa-maman », ainsi baptisée par la radio officielle !

Le mariage lui-même n'échappe pas à la révolution. Les époux sont choisis au hasard : jeunes gens et jeunes filles défilent chacun d'un côté et se retrouvent unis à de parfaits inconnus, dans une cérémonie commune conclue par une grande soupe de riz ! Plus de 600 personnes pouvaient être unies en une seule fois. Plutôt express ! Ces mariages forcés ne sont considérés comme des crimes que depuis 2009.

MARIAGES FORCÉS

Voici encore un crime méconnu des Khmers rouges. Entre 1975 et 1979, on maria près de 250 000 Cambodgiens inconnus les uns des autres. Dans leur utopie délirante, les révolutionnaires imaginaient l'avènement d'un homme nouveau tout en souhaitant augmenter la population. Les mariés vivaient ces unions forcées comme des viols.

Officiellement, chaque citoyen a le droit d'avoir ses propres croyances. Mais comme toute religion réactionnaire est interdite, autant dire que toutes le sont. Les bonzes sont persécutés, les chrétiens sont accusés de travailler pour la CIA et la communauté cham (musulmane) est presque entièrement massacrée. Les pagodes deviennent des greniers à riz et les mosquées des porcheries.

Des valeurs du passé khmer, seuls les temples d'Angkor et le roi semblent respectés. Et encore... Les vénérables statues du Bouddha sont décapitées et Sihanouk, rappelé dès 1975 pour participer à la « reconstruction », se retrouve prisonnier pendant 3 ans dans son propre palais. Pour justifier son nom, le Kampuchéa démocratique organise des élections en mars 1976. Un curieux exemple de démocratie : les candidats sont des cadres militaires, et seuls les combattants votent. Le reste du peuple est considéré comme « prisonnier de guerre »...

Génocide

Cloisonnés dans des campagnes dont ils n'ont pas l'habitude, en proie aux maladies, au soleil, à la faim et aux travaux de force, les citadins sont condamnés à brève échéance. Dans l'urgence d'accomplir leur « programme », les Khmers rouges n'ont prévu aucune intendance. Les hôpitaux des villes sont interdits d'accès, les médicaments réservés aux combattants, les médecins traqués pour cause d'appartenance à la bourgeoisie... D'incessantes exactions sont commises sur la population sous prétexte de non-conformité idéologique : les jeunes aux cheveux longs sont exécutés, de même que toute personne susceptible de connaître une langue étrangère ! Les Khmers rouges haïssent les signes d'intelligence. « Il vaut mieux tuer un innocent que de garder en vie un ennemi », disent les bourreaux pour se justifier. Pour économiser les cartouches, on fracasse les têtes des condamnés à coups de pioche.

L'Angkar a tout planifié et attend des combattants que ses ordres soient exécutés avec une rigueur implacable. Critiquer l'Angkar est un sacrilège sanctionné par la mort. Les charniers se multiplient aux quatre coins du pays. Fin 1975, les associations caritatives avancent déjà le nombre de 1,4 million de victimes. Il atteindra vraisemblablement les 2 millions. L'idée d'un véritable génocide se répand, confirmée par les déclarations terrifiantes de certains idéologues khmers rouges : « Un million de jeunes est suffisant pour construire le Kampuchéa nouveau. »

Stalinisme des rizières

Mais qui sont les Khmers rouges ? Et qui se cache derrière cette monstrueuse organisation appelée Angkar ? Les principaux dirigeants sont connus, malgré les pseudonymes que certains ont choisis pour brouiller les pistes : Khieu Samphân, Ieng Sary, Son Sen et Saloth Sâr, plus connu sous le nom de Pol Pot (pour « Politique Potentielle » ! On rêve !). Ces quatre hommes concentrent à eux seuls tout le pouvoir. Ieng Sary, par exemple, a une dizaine de ministères sous son contrôle.

SIHANOUK ET LES KHMERS ROUGES

Destitué par l'arrivée de Lon Nol, pro-américain, Sihanouk pensait que sa survie politique ne se ferait qu'en soutenant les Khmers rouges. Il devient président du Kampuchéa démocratique en 1975, mais démissionne en 1976. L'ex-roi se retrouve alors enfermé au palais, sans pouvoir. Durant le génocide, il perd 14 de ses petits-enfants. Il ne garde la vie sauve que grâce à la pression de Mao sur Pol Pot. Selon les Chinois, on ne tue pas un dieu vivant !

Envoyés en France dans les années 1950 pour y faire leurs études, ils y entretiennent leur anticolonialisme tout en s'initiant aux rudiments du marxisme dans les milieux étudiants autour de la Sorbonne. Rentrés au pays, ils se lancent dans l'agitation politique, puis, chassés par le roi, se réfugient dans le maquis. Ils constituent leur armée avec des paysans, traditionnellement opposés au pouvoir de Phnom Penh. En privilégiant les adolescents, plus faciles à endoctriner. Les slogans nationalistes (et souvent racistes) leur permettent de convertir une population hostile à la présence étrangère.
La Révolution culturelle de Mao va considérablement influencer l'idéologue Khieu Samphân qui met au point une sorte de marxisme agraire, le Cambodge n'ayant pas de prolétaires. Le modèle n'est donc pas soviétique, même si la Tcheka semble avoir inspiré les méthodes de l'Angkar. Intellectuel brillant mais froid et têtu comme du teck, Khieu Samphân accouche de théories utopiques sans se préoccuper de leurs conséquences. Mais c'est le plus « modéré », en tout cas le plus ouvert, des leaders KR. Une fois au pouvoir (il est officiellement chef de l'État), il est vite débordé par son compère Saloth Sâr (un nom aux initiales sans équivoque), alias « frère numéro un », alias Pol Pot (il se faisait aussi appeler Tol Sot), chef de l'armée KR, devenu Premier ministre en avril 1976. Admirateur de Marx et de Staline, Pol Pot a un autre modèle : Hitler. Avec des méthodes encore plus barbares (si c'est imaginable...), Pol Pot aura appliqué sur le peuple khmer un génocide proportionnellement plus important que celui des nazis, à la différence qu'on peut parler d'autogénocide, puisque c'est son propre peuple qui en a été la victime.

La chute des Khmers rouges

La haine des Khmers rouges pour les Vietnamiens révisionnistes, plus profonde encore que celle du capitalisme, va causer leur perte. Pol Pot et ses hommes rêvent de reconstituer l'Empire angkorien, qui s'étendait au temps de sa grandeur sur une partie du Vietnam (et du Siam, mais les KR n'en veulent pas aux Thaïs, qui les ont bien aidés). L'erreur du nouveau gouvernement est de s'en prendre au régime de Hanoi, qui sait pourtant se défendre, comme il l'a prouvé avec les

Américains. Soyons réalistes : les Vietnamiens, trop occupés à édifier le socialisme dans leur pays, ne se préoccupent pas vraiment du sort des Cambodgiens (ennemis héréditaires), mais l'influence de la Chine (autre ennemi héréditaire) au Cambodge et la menace des Khmers rouges à leur frontière les poussent à réagir.

En décembre 1978, l'armée vietnamienne envahit le Cambodge et chasse les Khmers rouges de Phnom Penh.

REGRETS BIEN TARDIFS

Certains intellectuels français soutenaient Pol Pot. En effet, les Américains avaient installé un régime à leur solde. La victoire des Khmers rouges symbolisait le succès d'une petite armée contre le rouleau compresseur américain et le régime fantoche de Lon Nol. En revanche, aucun intellectuel ne s'était intéressé à l'idéologie fanatique de ces cinglés.

Occupation vietnamienne, contre-guérilla khmère

Les Vietnamiens ont l'intelligence d'installer des Cambodgiens au pouvoir (dont Hun Sen, un Khmer rouge repenti), pour ne pas provoquer la population. Mais ils ne se débarrassent pas des Khmers rouges, adossés à la frontière thaïlandaise... Ces derniers, infatigables, reprennent la guérilla. Ils vont utiliser un moyen diabolique pour tenter de déstabiliser le nouveau régime : les mines ! De fabrication chinoise, les mines antipersonnel sont conçues non pas pour tuer mais pour mutiler. En les plaçant volontairement dans les rizières et les champs, les Khmers rouges savent pertinemment qu'ils empêcheront les paysans de travailler. Et sans récoltes, le régime ne tiendra pas longtemps... Encore un mauvais calcul de la part des dirigeants Khmers rouges : les Vietnamiens ne sont pas au Cambodge pour faire des profits – ils n'ont même pas tenté de coloniser le pays –, et seule la population va souffrir du minage intensif des campagnes... Des débuts de famine et un nombre considérable de mutilés incitent les organisations caritatives internationales à aider le peuple cambodgien, mais une partie de l'aide (qui passe par la Thaïlande) est détournée par les Khmers rouges. Les hommes de Pol Pot ne sont pas seuls à s'opposer à l'occupant vietnamien : aidé par Pékin, Sihanouk crée une armée royaliste en 1982, et le nationaliste de droite Son Sann, aidé par la Thaïlande (entre autres), forme son propre groupe armé.

Reconstruction

Après 11 ans d'occupation vietnamienne, la conjoncture internationale bouleverse les données politico-militaires.

Isolé après l'effondrement du bloc soviétique, le Vietnam se voit contraint d'opérer un rapprochement avec la Chine. Un accord secret entre les deux puissances asiatiques impose une levée de la mainmise vietnamienne sur le Cambodge et un cessez-le-feu de la part des Khmers rouges. L'armée vietnamienne se retire du Cambodge en 1989. Le 23 octobre 1991, les accords de paix au Cambodge sont enfin signés, à Paris, par les quatre factions cambodgiennes rivales, sous l'égide du Conseil de sécurité de l'ONU.

LA MÉMOIRE SÉLECTIVE DE L'ONU

Le Vietnam envahit le Cambodge en décembre 1978, chassant Pol Pot et ses comparses criminels. Et pourtant, Thiounn Prasith, l'ambassadeur des Khmers rouges, gardera son siège à l'ONU encore... 14 ans. En effet, à l'époque, les Vietnamiens étaient les grands ennemis des Américains (donc de l'Occident). Les Khmers rouges étaient considérés comme moins dangereux (pourtant leurs crimes étaient connus !).

La plus importante opération de l'histoire des Nations unies peut commencer... pour un budget estimé à 2 milliards de dollars. L'Autorité provisoire de l'ONU pour le Cambodge (APRONUC, ou UNTAC en anglais) a tout pouvoir pour accomplir la mission définie par les accords de Paris : rétablissement de la paix, retour des réfugiés, mise en place d'un nouveau pouvoir politique, organisation d'élections libres et reconstruction du pays. Accessoirement, les temples d'Angkor sont enfin déclarés Patrimoine mondial de l'humanité.
En tout cas, le peuple n'a pas tout pardonné aux Khmers rouges. Lors de son retour à Phnom Penh en novembre 1991 pour participer aux réunions, Khieu Samphân manque d'être lynché ! Réfugié dans les toilettes du siège du parti communiste, pris d'assaut par des manifestants, le responsable khmer rouge doit attendre les chars de l'armée pour regagner l'aéroport d'urgence. Le prince Sihanouk, lui, revient triomphalement au pays en septembre 1991. Début 1992, les « Casques bleus » débarquent, au nombre de 20 000, suivis d'une cohorte d'ONG et d'hommes d'affaires.
Comme prévu, des élections ont lieu en mai 1993, pour élire l'assemblée constituante. Le FUNCINPEC (sihanoukiste) et le PPC (ancien parti proche d'Hanoi) sortent des urnes largement vainqueurs, malgré le boycott des élections par les Khmers rouges.
Le 24 septembre, Sihanouk promulgue la Constitution du gouvernement royal du Cambodge et redevient roi du pays, 38 ans après avoir abdiqué... ce qui en fait du même coup le plus ancien souverain asiatique. Il désigne le prince Ranariddh (leader du FUNCINPEC et accessoirement son fils) et Hun Sen (ancien Premier ministre), respectivement premier et second Premiers ministres. La mission de l'APRONUC prend fin ce jour-là : la démocratie est revenue, Sihanouk a retrouvé son trône (ce que tout le monde souhaitait), et la reconstruction du pays est bien entamée.

Vers un avenir khmer rose ?

Mais le bilan de l'ONU paraît mitigé : le déploiement des Casques bleus a déversé une manne financière sur le pays (110 millions de dollars rien qu'en argent de poche), dont ont surtout profité les commerçants des grandes villes (la plupart chinois) et les prostituées. Les prix ont flambé. À leur départ, un nombre considérable de Cambodgiens se retrouvent au chômage. Quant aux réfugiés rapatriés, ils s'entassent dans les bidonvilles et les squats, n'ayant pu retrouver leur logement et leur ancien emploi. Et la délinquance s'accroît. Plus grave pour l'avenir : la paix n'est pas entièrement revenue, les Khmers rouges n'étant pas encore tous désarmés. Ils ne représentent plus une menace sérieuse, le pouvoir ayant utilisé la tactique prônée par Sihanouk, qui les connaît bien : leur permettre de participer à la reconstruction du pays en acceptant de leur laisser jouer une partie du jeu politique.

Lente dérive du nouveau pouvoir

Le gouvernement de coalition, avec deux Premiers ministres à sa tête, ennemis notoires, provoque des situations de guérillas internes : chaque ministère a une double tête, l'une communiste provietnamienne, l'autre libérale, dont le chef de file est le fils du roi : imaginez la prise de décision... Pour couronner le tout, chaque parti politique a gardé sa force armée, que l'on tente vainement d'intégrer dans une armée commune.
Cette lente dérive du pouvoir s'accompagne très logiquement d'une réduction régulière de la marge de manœuvre de l'opposition : journaux fermés, députés menacés ou expulsés... Il a pu sembler que les deux chefs du gouvernement, Norodom Ranariddh et Hun Sen, se sont plutôt bien entendu pour concocter un régime qui s'éloigne à vitesse régulière de la « démocratie » et du « multipartisme » prévus par les accords de paix signés à Paris en octobre 1991. La communauté

internationale ne semble pas s'en émouvoir outre mesure. Après avoir investi plus de 3 milliards de dollars dans l'élaboration d'un nouveau processus démocratique, l'ONU semble se laver les mains de ce qui pourrait advenir du pays. Hun Sen, le second Premier ministre, a tout simplement pris les rênes du pouvoir en 1997, écartant tous ceux qui le gênaient. Même si certaines provinces ont une direction bicéphale, tout le monde sait qui commande vraiment. Le personnage même de Hun Sen fait peur et l'homme est très craint par son entourage. La corruption vérole l'administration et l'armée, où quasiment tous les officiers ont acheté leurs galons. Cette relative anarchie laisse libre cours au racket et à tous les trafics de la part des militaires et des gens de pouvoir. Le manque d'encadrement fiable (70 % des intellectuels, enseignants et techniciens ont été exécutés sous Pol Pot) ne favorise pas un changement de mentalité.
En juillet 1997, Phnom Penh est le théâtre d'affrontements armés d'une violence inouïe. L'origine de ce coup de force est due à de profonds désaccords entre Hun Sen et Ranariddh, les deux Premiers ministres. Le 5 juillet 1997, les forces armées gouvernementales prennent d'assaut le siège du parti de Ranariddh. Rapidement, les combats tournent à l'avantage des soldats de Hun Sen. Ils en profitent pour capturer des partisans royalistes, qu'ils exécutent ou torturent. La guerre civile larvée exacerbe les tensions, et les contre-offensives se succèdent en vain.

Fin d'un bourreau, arrivée d'un dictateur...

Fin juillet 1997, la radio khmère rouge annonce un scoop : Pol Pot a été arrêté et jugé par des anciens partisans. Le verdict est à la mesure des crimes commis par ce personnage : prison à vie. La nouvelle est accueillie avec scepticisme. Les Khmers rouges veulent faire amende honorable en accablant leur ex-chef historique, pour servir leurs futures alliances politiques. Un an plus tard, le prisonnier Pol Pot meurt mystérieusement et son corps est incinéré, ce qui arrange tout le monde.
En juillet 1998, après une année 1997 de toutes les tensions, les élections qui se veulent démocratiques ont lieu sous le regard d'observateurs étrangers. Hun Sen remporte les élections (41 % des votes) et les observateurs internationaux décrètent qu'il s'agissait d'élections « libres et équitables ».
Les responsables khmers rouges qui se sont ralliés ont obtenu un poste de député (!). Ceux qui choisissent d'intégrer l'armée régulière gardent leur grade et leurs avantages (bonjour l'ambiance dans les casernes !).
Malgré ce tableau peu flatteur de la situation politique au Cambodge, les grandes puissances d'Europe et d'Asie soutiennent encore Hun Sen pour des raisons de stabilité géopolitique évidentes. En gros, celui qui contrôle l'armée mérite considération...

Vers plus de compromis

En 2001, le Conseil constitutionnel du Cambodge donne son accord pour la création d'un tribunal chargé de juger les Khmers rouges ayant exercé durant la période du Kampuchéa démocratique, de 1975 à 1979. Reste à savoir quels seront les inculpés. Déjà, on observe que certains « frères » khmers rouges ont obtenu du gouvernement de Phnom Penh une amnistie pure et simple, comme l'ancien chef de l'État Khieu Samphân, l'ancien ministre des Affaires étrangères Ieng Sary et « l'âme » du régime khmer rouge, Nuon Chea, tous trois retranchés dans leur province de Pailin. Or, l'ONU a clairement fait savoir qu'elle n'accorderait pas de subventions à un gouvernement qui laisse ses inculpés en liberté.
Mais peut-il en être autrement quand on sait que le Premier ministre, Hun Sen lui-même, est un Khmer rouge repenti ? Lui et ses collaborateurs ont tout à perdre dans ce procès ; voilà pourquoi il a offert une retraite dorée à ses anciens dirigeants, monnayant ainsi leur silence. Mais voici – peut-être – venu le temps des révélations. Et des condamnations ?

En attendant, le régime démocratique au Cambodge n'est toujours pas de mise. Toute contestation du régime est vite réprimée en silence ou dans la violence. Et Sihanouk ne peut rien faire, muselé par son Premier ministre et ennemi Hun Sen, qui s'arroge de plus en plus de droits pour installer un régime fort aux coudées franches.

Passage de flambeau

Norodom Sihamoni. Tel est le nom du nouveau monarque cambodgien. À la surprise générale, le roi Norodom Sihanouk abdique en 2004 en faveur de son plus jeune fils, né en 1953. Le roi cinéaste laisse son trône à un fils chorégraphe et danseur, qui, après avoir fait ses études à Prague, s'est illustré sur les scènes coréennes et parisiennes. Représentant auparavant le Cambodge auprès de l'Unesco à Paris, il se retrouve ainsi sous les feux de nouvelles rampes, politiques cette fois, alors qu'il est peu féru d'intrigues de palais.
Ces affaires royales ne semblent guère affecter Hun Sen. L'homme fort du pays conforte son pouvoir aux législatives de juillet 2008 et fête, en janvier 2009, 24 années au poste de Premier ministre. Un record.

Le temple de la discorde

Pendant ce temps-là, le 7 juillet 2008, à la frontière thaïlandaise, le temple Preah Vihear, classé au Patrimoine mondial de l'Unesco et attribué au Cambodge, a ravivé les braises du conflit jamais éteint entre les deux voisins. La Thaïlande a organisé un grand déploiement de forces héliportées mais s'est heurtée à une armée cambodgienne coriace (il faut dire qu'elle est composée d'anciens maquisards khmers rouges, du style durs à cuire et maîtres du terrain).
Après quelques escarmouches, tout le monde s'est assis à la table des négociations, sous l'égide de l'ONU, mais le ministre thaïlandais, qui avait négocié un compromis honorable, s'est vu destitué à son retour à Bangkok. Il est vrai que des deux côtés de la frontière, les partisans d'un nationalisme chatouilleux tiennent encore le haut du pavé. Début 2011, la gestion de ce petit territoire d'à peine 4,6 km^2, attribué définitivement au Cambodge mais ô combien chargé de symboles, n'a toujours pas été réglée, bien au contraire. Ce temple fait l'objet d'une controverse nationaliste. Plus que les ruines, même si cela est très important, ce sont les hydrocarbures en sous-sol qui intéressent les deux pays, qui n'ont jamais enterré la hache de guerre depuis 1953 et l'indépendance du Cambodge. Depuis le 4 février 2011, les armées s'affrontent aux abords du temple, avec des armes lourdes, faisant pendant ce premier week-end des morts et des blessés dans les deux camps, et notamment un touriste. Plus de 15 000 civils ont été évacués. Côté thaïlandais, plusieurs écoles et maisons ont été détruites par des obus. Selon un commandant cambodgien, une aile du temple de Preah Vihear s'est effondrée. Le gouvernement du Premier ministre thaïlandais, Abhisit Vejjajiva, est sous la pression intense d'un mouvement ultra-nationaliste, l'Alliance populaire pour la démocratie (ou les « chemises jaunes »), dont les membres estiment qu'il « brade la souveraineté du pays » et lui reproche sa faiblesse.

Le procès des Khmers rouges

Enfin l'ouverture !

Finalement, après 30 ans d'attente et de nombreuses difficultés, 2 ans et demi après que les magistrats concernés ont prêté serment, le procès des Khmers rouges s'est ouvert le 17 février 2009 à Phnom Penh. Les inculpés sont Duch (ancien directeur du centre de torture S-21), Nuon Chea (idéologue du régime et bras droit de Pol Pot), Khieu Samphân (ancien chef d'État du régime), Ieng Sary (ancien ministre des Affaires étrangères, mort en 2013) et sa femme Ieng Thirith (ancienne ministre des Affaires sociales, finalement jugée inapte à un procès pour raisons neurologiques en décembre 2011). Cinq personnes, c'est peu, mais il sera probablement très difficile d'aller plus loin. En effet, l'opposition du gouvernement cambodgien brandit habilement le spectre d'une blessure nationale qui pourrait entraîner le retour de l'instabilité. Rappelons que, quitte à élargir, on pourrait également mettre en cause la communauté internationale qui, après 1979, préféra supporter et reconnaître les Khmers rouges, pendant de nombreuses années, plutôt que le gouvernement provietnamien...

Les condamnations

Le camarade Duch, de son vrai nom Kaing Guek Eavun, ex-professeur de mathématiques, est le premier à être jugé et condamné. À partir de 1975, il a été le directeur du centre de torture S-21, installé dans l'ancien lycée Tuol Sleng (se reporter à la rubrique « À voir. À faire » à Phnom Penh). Environ 20 000 personnes y seront emprisonnées, souvent en famille, torturées et tuées ou achevées à Choeung Ek. Duch est décrit comme un homme méthodique, méticuleux et perfectionniste, avec une obsession maniaque des archives. Il écrivait des annotations ou des instructions en rouge sur les dossiers des prisonniers. Sur une liste de 17 noms d'enfants, il a écrit : « Tuez-les tous. » Le 26 juillet 2010, reconnu coupable de crimes de guerre et crimes contre l'humanité, Duch est condamné à 35 ans de prison. Avec les réductions de peine, il aurait dû rester 19 ans derrière les barreaux. En août, le parquet a fait appel de cette condamnation, jugée insuffisante par les familles des victimes. Le verdict définitif est enfin rendu en février 2012 : Duch est condamné à perpétuité.

Après lui, les deux plus hauts dirigeants khmers rouges encore vivants, Nuon Chea, l'idéologue du régime, et Khieu Samphân, le chef de l'État du « Kampuchéa démocratique », sont jugés. Leur procès est divisé en segments distincts afin qu'un premier verdict puisse être rendu avant la mort des accusés, tous octogénaires.

Les deux hommes ont été condamnés à perpétuité en 2014 au cours d'un premier procès, suivi par 4 000 parties civiles, pour avoir ordonné les plus grandes migrations forcées de l'Histoire moderne. Reconnus « indigents », ils n'auront pas à dédommager leurs victimes mais une dizaine de projets de financement externe ont été retenus. De plus, un deuxième procès contre eux s'est ouvert pour génocide.

Le cas Vergès

C'est dans ce cadre que Jacques Vergès (86 ans), l'un des deux avocats de Khieu Samphân (80 ans), a utilisé sa tactique préférée de « défense de rupture », une forme de mise en accusation médiatique des accusateurs. Il est vrai que les deux hommes se sont connus dans les années 1950 à Paris, fréquentant les mêmes cercles marxistes du mouvement anticolonialiste. Cette amitié de jeunes idéalistes n'expliquera certainement pas le mystère entourant l'avocat et les huit années (de 1970 à 1978) pendant lesquelles il s'est volatilisé. Une des hypothèses suggère qu'il faisait le coup de feu aux côtés des Khmers rouges. Dans une interview au magazine *Der Spiegel,* il avait même affirmé qu'« il n'y a[vait] jamais eu de génocide au Cambodge »... On croit rêver !

Crise politique et contestations sociales

À l'issue des élections législatives de juillet 2013, Hun Sen, au pouvoir depuis 28 ans, se déclare vainqueur (68 sièges contre 55 pour ses adversaires). Un résultat contesté par l'opposition, le Parti du sauvetage national du Cambodge (CNPR) et son chef de file Sam Rainsy, rentré d'exil pour participer au scrutin. Ce dernier accuse le régime en place de fraudes massives, demande l'ouverture d'une enquête et la tenue de nouvelles élections. À partir de septembre 2013,

des manifestations, d'une ampleur inédite dans le pays, sont réprimées dans la violence. Hun Sen joue la carte de la fermeté, alors que sa marge de manœuvre politique n'a jamais été aussi faible. Malgré sa « victoire », le Premier ministre a en effet enregistré son plus mauvais score depuis 1998 et perdu sa majorité des deux tiers au Parlement. Un tournant ? Devant la fermeté du pouvoir, l'opposition refuse de siéger à la Chambre.
Ses résultats « mitigés » s'expliquent par le ras-le-bol d'une population qui subit un système basé sur le népotisme et l'injustice (les terres expropriées aux paysans au profit de firmes internationales), creusant chaque jour un peu plus les inégalités entre une classe dirigeante richissime et une population exsangue. Sam Rainsy s'appuie sur ce mécontentement social pour fédérer et renforcer l'opposition. Début 2014, les ouvriers du textile mais aussi les opposants, les jeunes et les religieux manifestent pour réclamer pour les uns une hausse des salaires et de meilleures conditions de travail, pour les autres un nouveau scrutin. Encore une fois, Hun Sen répond par la manière forte, faisant cinq morts et des dizaines de blessés parmi les manifestants. Le Premier ministre finit même par interdire la liberté de se rassembler et de manifester.
Le chef du gouvernement reste néanmoins pragmatique et pour calmer une situation explosive qui risque de lui être fatale, il amorce un rapprochement avec l'opposition. À partir de février, les deux principaux partis engagent des discussions. Début avril, ils parviennent à un accord sur la réforme de la commission électorale nationale, dont l'indépendance sera inscrite dans la Constitution. Cela afin de limiter les fraudes dont Sam Rainsy accuse le pouvoir en place. En juillet 2014, un accord fragile permet aux candidats de l'opposition de siéger à nouveau au Parlement. Mais le calme n'aura pas duré longtemps : un an plus tard, le pouvoir exerce de nouvelles pressions sur les opposants et contraint Sam Rainsy à l'exil.
Après les grèves de 2014, conduites par 20 000 ouvriers du textile, qui ont débouché sur une augmentation de 30 % du salaire minimum, de nouvelles manifestations fin 2015 permettent aux ouvrières de gagner 10 % supplémentaire. Par ailleurs, quelques grandes marques s'assoient à la table des négociations pour faire avancer la cause des ouvriers. Malgré tout, une loi adoptée début 2016 va à l'encontre de l'intérêt des ouvriers : elle remet en cause le droit de grève et permet dorénavant aux employeurs de dissoudre une organisation syndicale.

MÉDIAS

Malgré la démocratie retrouvée au début des années 1990, les médias cambodgiens sont bâillonnés par la loi de la presse de 1995 qui interdit toute publication susceptible de porter atteinte à la stabilité politique. L'accusation de diffamation est régulièrement utilisée par le gouvernement comme un moyen d'intimider les journalistes, d'autant que la justice manque cruellement d'indépendance.

Votre TV en français : TV5MONDE, la première chaîne culturelle francophone mondiale

Avec ses 11 chaînes et ses 14 langues de sous-titrage, TV5MONDE est distribuée dans plus de 190 pays du monde par câble, satellite et sur IPTV. Vous y retrouverez de l'information, du cinéma, du divertissement, du sport, du documentaire…
Grâce aux services pratiques de son site voyage • *voyage.tv5monde.com* •, vous pouvez préparer votre séjour, et une fois sur place, rester connecté avec les applications et le site • *tv5monde.com* • Demandez à votre hôtel le canal de diffusion de TV5MONDE et contacter • *tv5monde.com/contact* • pour toutes remarques.

Euronews

Chaîne d'information la plus regardée en Europe, Euronews traite l'actualité mondiale en continu. Grâce à ses 400 journalistes de plus de 30 nationalités, la chaîne est accessible 24h/24 en 13 langues.
Véritable hub média multiculturel indépendant, Euronews porte un regard unique sur les événements et en propose une analyse factuelle. Créée en 1993, à Lyon, la chaîne s'adresse à 400 millions de foyers dans 155 pays et est disponible partout à travers le globe via ses déclinaisons digitales (Internet, applications mobiles, TV connectée, web radio...).

Presse

The Cambodia Daily, dont le slogan est « All the News without fear or favor », propose des articles (en anglais et en khmer), dont certains sont achetés à (ou offerts par) des groupes de presse étrangers, sur le Cambodge et le reste du monde. Tiré à 5 000 exemplaires, le journal est vendu dans la rue et les établissements publics par des enfants cambodgiens. De son côté, *Phnom Penh Post* (● *phnompenhpost.com* ●) est un bon quotidien presque entièrement consacré à l'actualité cambodgienne. Aujourd'hui, trois éditions coexistent : *Post English, Post Khmer* et *Post Weekend*. À l'intérieur, un plan actualisé de Phnom Penh. Le *Khmer Times* est un journal récent qui comporte, dans son édition du vendredi, quatre pages en français.
Le plus sérieux des quotidiens en khmer, *Rasmei Kampuchea,* est proche du parti du Premier ministre Hun Sen. De nouveaux quotidiens, tels que *Nokor Wat News Daily,* lancé en 2010, ou *Nokor Thom Daily,* apparu en 2013, tentent de se faire une place dans ce marché de la presse de plus en plus compétitif.

Radio

Dans la majeure partie du pays, on peut capter RFI 24h/24 (sur 88.5 FM à Phnom Penh, 92 FM à Siem Reap et sur 94.5 FM à Sihanoukville et Battambang). Si le gouvernement ne détient qu'une seule station, la *National Radio of Cambodia* (NRC), la plupart des stations privées du pays, une quarantaine, sont largement contrôlées par des proches du parti au pouvoir.
La station privée *Sambok Khmum,* plus connue sous le nom de *Beehive FM 105,* a connu bien des ennuis pour ses critiques du gouvernement. En 2003, un reporter a été tué. En 2012, son directeur, Mam Sonando, âgé de 72 ans, a été emprisonné et condamné à 20 ans de prison pour son engagement politique. Il a finalement été libéré 8 mois plus tard. On y écoute des infos en khmer, avec en plus la rediffusion des programmes de *Radio Free Asia.*

Télévision

CTN (chaîne privée, consensuelle à l'égard du pouvoir) a la plus grande audience. Les chaînes *MyTV* et *Bayon TV* sont également très populaires, en particulier auprès des jeunes téléspectateurs. On capte de nombreuses télévisions par satellite, notamment *Star TV* (Hong Kong), *MTV, CNN, BBC, Fox* et *HBO.* On reçoit aussi Canal France International (films et documentaires), dans certains hôtels, et TV5MONDE (lire plus haut).

Médias en ligne

Bien qu'en forte hausse la consultation des médias en ligne demeure bien inférieure à celle de la presse traditionnelle. La principale raison est le faible taux de pénétration d'Internet dans le pays (6 %, soit l'un des plus bas d'Asie). Les téléphones portables, certes très répandus, sont peu utilisés pour s'informer en ligne et servent même davantage à écouter la radio.

Les francophones peuvent consulter deux éditions, uniquement accessibles en ligne : (● *lepetitjournal.com/cambodge* ●) et le mensuel *Cambodge Nouveau,* ce dernier sur abonnement (● *cambodgenouveau.com* ●). Entretiens, articles de fond sur la politique, l'économie et la finance. Le rédacteur en chef, Alain Gascuel, est un journaliste indépendant qui finance et rédige seul les articles !

Liberté des médias

La plupart des médias cambodgiens dépendent financièrement d'organisations politiques. Néanmoins, des sites d'informations pallient ce manque. De même, quelques rares « médias traditionnels » indépendants, comme *Voice of Democracy,* apportent une information plus critique à l'encontre des autorités. Diffusant ses programmes en langue khmère, la station est accessible via Sarika 106,5 FM à Phnom Penh et 95,5 FM à Siem Reap.
Les journalistes d'investigation environnementaux doivent toutefois redoubler de vigilance. En octobre 2014, le journaliste ***Taing Try,*** qui enquêtait sur un trafic de bois dans la province de Kratie (sud du pays), a été abattu d'une balle alors qu'il se trouvait dans sa voiture. Quelques mois plus tôt, ***Suon Chan,*** journaliste local de 44 ans, a été battu à mort par un groupe de pêcheurs à la sortie de son domicile, en représailles à ses articles sur la pêche illégale. Dans un pays où la plupart des médias audiovisuels et la presse écrite sont contrôlés par le Parti du peuple cambodgien (CPP), Internet offre un espace de liberté d'information et d'opinion pour les journalistes et les net-citoyens indépendants. Mais la condamnation pour diffamation du journaliste britannique ***Rupert Winchester*** par le tribunal municipal de Phnom Penh, le 24 juillet 2014, constitue un inquiétant précédent, qui intervient quelques mois seulement après qu'un projet de loi sur les cybercrimes a été rendu public.
Le Cambodge occupe le 139e rang sur 180 pays dans le classement mondial de la liberté de la presse établi en 2015 par Reporters sans frontières.

MINES

Les mines antipersonnel ont été posées pendant deux décennies, essentiellement dans le nord-ouest du pays, entre 1978 et 1998, pendant une guérilla qui a débuté avec l'occupation vietnamienne (à partir de 1978). Des millions de mines ont été posées aussi bien par les Khmers rouges que par l'armée, cambodgienne ou vietnamienne. Même après le départ de cette dernière, en 1989, la guérilla a continué – bien que moins intensément – jusqu'à la mort de Pol Pot et la fin des combats en 1998, affectant considérablement le pays. Autre fléau, les 2,7 t de bombes lâchées par les États-Unis sur le territoire entre 1965 et 1973. On estime que 20 % des engins n'ont pas explosé. En tout, ce sont encore des millions de munitions qui sommeillent toujours sur le sol cambodgien...
Le travail de déminage a commencé en 1990, avec l'aide des ONG qui avaient pris le relais des Casques bleus. En 2014, sept associations travaillaient au déminage du pays : *Cambodian Mine Action Center* (ONG du gouvernement), *Cambodian Armed Forces, HALO Trust, Mines Advisory Group* (ONG britanniques), *Cambodian Self Help Demining* (ONG créée par le fondateur du musée de la Mine à Siem Reap), *APOPO* (ONG belge) et *Golden West* (ONG américaine) : soit 4 000 personnes qui ont déminé 45 km². Sans vouloir dresser un bilan optimiste, les ONG avancent que le pays serait désormais déminé.
Le bilan des dégâts est lourd. Il faut seulement une poussée de 5 kg pour provoquer l'explosion de certaines mines. Depuis 1979, près de 65 000 victimes ont été recensées. On en croise partout dans les rues, amputées d'une jambe, voire des deux, parfois aveugles. Leur seule chance de réinsertion : se procurer une jambe artificielle. Spécialisée dans l'appareillage des personnes amputées, l'association

Handicap International intervient également auprès des victimes de mines (voir plus haut la rubrique « Aide humanitaire »). Phnom Penh n'est pas minée, et Angkor a été nettoyé entre 1990 et 2000. Si quelques endroits isolés à la frontière thaïlandaise peuvent encore comporter un risque, il n'y a aucune raison de s'y aventurer seul. À ce jour, aucun touriste n'a été blessé par les mines.

OFFRANDES

On laisse d'habitude une offrande aux moines des pagodes, ainsi qu'aux mendiants. Prévoir des riels en petites coupures (100 ou 500) pour les nombreux mutilés de guerre (généralement victimes des mines), mais essayez de donner discrètement, sinon tous les estropiés du quartier vous tomberont dessus ! Opportunément, devant certains centres de pèlerinage bouddhistes, des changeurs sont spécialisés dans le change des gros billets en petites coupures. Si vous croisez une personne âgée en train de mendier, vous pouvez être sûr qu'elle est seule et réellement dans le besoin. Car au Cambodge, traditionnellement, les personnes âgées sont toujours prises en charge par leur famille.
En revanche, il est préférable de ne jamais distribuer d'argent aux enfants. Cet acte aurait pour conséquence de les transformer en mendiants. Si vous voulez les aider, achetez les produits qu'ils proposent (boissons, souvenirs, cacahuètes, etc.) ou apportez du matériel scolaire directement dans les écoles ou auprès des associations ou des chefs de village.

PATRIMOINE CULTUREL

L'art khmer

Les expressions artistiques privilégiées par le peuple khmer ont toujours été la sculpture et la danse. La communion parfaite de ces deux arts est incarnée par les célèbres apsaras (danseuses célestes) omniprésentes sur les murs des temples angkoriens. Les sculptures de ces corps gracieux et de ces visages angéliques avaient notamment fasciné Rodin (mais aussi Malraux et bien d'autres). Après la chute de l'Empire khmer, les pratiques artistiques cambodgiennes ne se sont pas éteintes mais elles sont devenues plus discrètes. Le régime khmer rouge leur a été fatal : assimilés à la culture bourgeoise et à la religion, chanteurs, sculpteurs, musiciens des temples et architectes ont disparu à 90 % dans les camps de travail. Les plus chanceux ont choisi l'exil. Aujourd'hui, la plupart des danseuses sont de jeunes pensionnaires des orphelinats.

Danse

Après 25 ans de silence, le *Ballet royal du Cambodge* a ressuscité, grâce à Bopha Devi, fille aînée de Sihanouk et danseuse étoile renommée (et à une aide de la France). D'ailleurs, le roi, Sihamoni, est un ancien danseur. Le ballet, c'est incontestablement la tradition artistique la plus authentique. Depuis 2008, il est même inscrit sur la liste du Patrimoine culturel immatériel de l'humanité de l'Unesco. Le déroulement du répertoire du ballet (danse de la princesse et de la fleur, danse de la femme et du géant, extraits du *Râmâyana,* etc.) est conforme à celui hérité des anciennes cours royales. Ces danses sont considérées comme un rite sacré plus que comme un simple spectacle, et accompagnées par un chœur de femmes. Les mouvements des danseuses reproduisent ceux du Grand Naga, serpent créateur du Cambodge. Autre coutume respectée par le Ballet : les costumes dorés des danseuses sont directement cousus sur elles, avant chaque représentation, pour qu'elles se glissent complètement dans la peau de leur personnage. Le *Sbek Thom* a également refait surface après 1991 : il s'agit du théâtre d'ombres khmer. Comme en Indonésie, les marionnettes sont en cuir. Il existe d'autres formes de théâtre comme le *Lakhon Bassac,* le *Lakhon Khaul* et le *Yiké.* Le Ballet royal se produit surtout à l'étranger et dans le palais de Phnom Penh.

Musique

La musique joue un rôle très important pour les Khmers et rythme chacune de leurs fêtes et cérémonies. Les musiciens jouent sur de très beaux instruments traditionnels : de grands xylophones *(roneat)* en bois et lamelles de bambou, des hautbois stridents *(sralaï),* de grandes guitares courbes et les fameux *chapeis* (la guitare khmère), sans oublier les percussions *(skor areak).*

Cinéma

Le Cambodge s'est signalé à quelques reprises. Le docteur Haing Ngor, exilé aux États-Unis après avoir connu le régime de Pol Pot, obtenait un oscar à Hollywood en 1984, pour son rôle dans *La Déchirure (Killing Fields).* Dix ans plus tard, le jeune réalisateur Rithy Panh tournait *Les Gens de la rizière,* premier film cambodgien présenté à Cannes, et, en 1998, le très réussi *Un soir après la guerre.* En 2003, nouveau coup de maître avec le poignant *S-21, la machine de mort khmère rouge,* où bourreaux et survivants sont confrontés. Avant lui, le seul cinéaste khmer reconnu était... Norodom Sihanouk, l'ancien roi. Le prince a tourné de grandes fresques historiques assez ringardes (une dizaine) à Angkor et s'est même amusé à jouer les acteurs ! À la fin des années 1960, en pleine guerre du Vietnam, il a organisé son « Festival de Cannes ». Comme par hasard, le grand prix lui est revenu chacune des trois années.

SIHANOUK SE FAIT DES FILMS

Le roi Sihanouk adorait se produire en public pour chanter dans la catégorie crooner. Il réalisait également des films à l'eau de rose dans lesquels il jouait le rôle du héros. Il imposait à ses ministres les moins en vue d'endosser les personnages de voyous ou de bandits. Il créa un festival de films pour que ses propres films raflent les meilleurs prix. Pendant ce temps, les Khmers rouges endoctrinaient les campagnes...

En 2004, deux films français sont sortis : *Holy Lola,* de Bertrand Tavernier, monté autour du thème de l'adoption, et *Dogora. Ouvrons les yeux,* de Patrice Leconte, un film musical sans acteurs ni dialogues, rassemblant une suite symphonique de chœurs et de belles images cambodgiennes. En 2009 sort l'adaptation du roman de Marguerite Duras, *Un barrage contre le Pacifique* (avec Isabelle Huppert et Gaspard Ulliel ; en DVD, éd. Keep Case), tournée par Rithy Panh dans la province de Kompong Son. Dernier film en date de ce réalisateur prolifique, *Duch, le maître des forges de l'enfer* (2012), un entretien bouleversant de l'ex-directeur du camp S-21, seul face à la caméra. Régis Wargnier porte à l'écran le livre autobiographique de François Bizot, *Le Portail* (voir plus haut « Livres de route »), dans *Le Temps des aveux,* en 2014. En convainquant Duch de son innocence, le prisonnier français va créer des liens amicaux avec son geôlier, qui mèneront à sa libération après 3 mois de détention.

PERSONNAGES

– ***Norodom Sihanouk*** *(1922-2012)* **:** ancien roi, personnage aimé et apprécié de son peuple. Ancienne star de cinéma, maoïste, il a donné l'indépendance à son pays mais est resté impuissant face à la montée des Khmers rouges. Bouddhiste, mais considérant que « monogamie égale monotonie », il a pris de nombreuses épouses. Il a abdiqué en faveur de son fils Norodom Sihamoni en 2004. En 2012, il décède à Pékin où il était traité pour un cancer, du diabète et de l'hypertension. Le dieu vivant est mort.

– ***Sam Rainsy*** *(né en 1949)* **:** opposant au régime du Premier ministre Hun Sen, l'ancien Khmer rouge. Régulièrement écarté du pouvoir et fait prisonnier, il a vécu en exil avant de retourner au Cambodge en 2013 pour participer aux élections législatives. En juillet 2013, il conteste les résultats et accuse le pouvoir en place d'avoir commis des fraudes massives pour lui voler la victoire. 2 ans plus tard, il repart en exil suite aux pressions du pouvoir.

– ***Norodom Sihamoni*** *(né en 1953)* **:** le nouveau roi du Cambodge. Ancien danseur et directeur de ballet, il a étudié à Pyongyang (Corée) et à Prague (République tchèque) après avoir passé sa jeunesse en France.

– ***Rithy Panh*** *(né en 1964)* **:** cinéaste cambodgien, reconnu sur la scène internationale, il a donné la parole tant aux bourreaux qu'aux victimes dans ses films, comme un devoir de mémoire (voir « Patrimoine culturel. Cinéma » plus haut).

– ***Somaly Mam*** *(née en 1970)* **:** présidente de *Agir pour les femmes en situation précaire.* Victime du trafic sexuel dans sa jeunesse, elle a libéré plus de 3 000 petites filles des maisons closes au Cambodge, mais aussi au Vietnam, au Laos et en Thaïlande.

– ***Vann Molyvann*** *(né en 1926)* **:** le père de la « nouvelle architecture khmère » étudie à l'École nationale supérieure des beaux-arts, à Paris, et devient l'architecte officiel du roi Sihanouk. Il bâtit Sihanoukville et, à Phnom Penh, le stade olympique et le monument de l'Indépendance. Revenu en 1991, après un exil suisse sous les Khmers rouges, il entre au gouvernement. Aujourd'hui, il tente de préserver son œuvre.

– ***Khoun Sethisak*** *(né en 1970)* **:** le Pavarotti cambodgien.

POPULATION

Actuellement, le nombre d'habitants au Cambodge est estimé à 15,7 millions, soit pratiquement 7 millions de plus qu'avant le génocide perpétré par les Khmers rouges à partir de 1975 (1,5 à 3 millions de victimes, selon les sources). En revanche, Phnom Penh comptait 2 millions d'habitants au début des années 1970, mais atteignait péniblement le million à la fin des années 1980 ; elle le dépasse allègrement aujourd'hui avec le rapatriement des Cambodgiens des camps de Thaïlande, revenus au pays après les accords de paix. Une grande partie des citadins n'a pas survécu au régime radical imposé par les révolutionnaires. Le problème des exilés complique les statistiques : on sait qu'environ 350 000 personnes ont réussi à quitter le Cambodge dès l'arrivée de Pol Pot au pouvoir, mais combien sont parvenues à s'enfuir par la suite ? Et des centaines d'exilés, longtemps restés en France, en Amérique, au Canada, en Australie ou ailleurs, reviennent chaque année depuis 1991. Ces Khmers rapatriés sont souvent surnommés « les rapat' » par les Français d'origine cambodgienne.

La composition de la population cambodgienne est étonnamment homogène, avec 90 % de ***Khmers.*** Ils occupent le pays depuis le début de notre ère. Le Khmer est attaché à sa terre, ce qui explique son patriotisme farouche. Plein de douceur, il sait pourtant se montrer un guerrier redoutable. Timide, il n'en est pas moins courageux, et du courage, il lui en a fallu pour vivre les horreurs de près de 30 ans de guerre, de dictature et d'instabilité politique... Selon l'écrivain François Ponchaud, qui a vécu une décennie auprès des Khmers, la violence et la cruauté de ce peuple, pourtant si paisible, peuvent s'expliquer par sa susceptibilité, son individualisme et son esprit de vengeance. Exacerbées par une idéologie ultra-radicale comme celle des Khmers rouges, ces tendances sont sans doute à l'origine de la folie suicidaire qui s'empara du Cambodge dans les années 1970. Un effrayant paradoxe chez un peuple autant attaché aux valeurs du bouddhisme, à l'esprit de famille et à l'hospitalité ! Mais que ses penchants néfastes ne vous

empêchent surtout pas d'apprécier le peuple khmer à sa juste valeur : la population aspire désormais et plus que jamais à la paix.
Le reste de la population cambodgienne est composé principalement d'Annamites (ethnie vietnamienne), de Chinois et de Chams.
Ennemis héréditaires des Khmers, qui les appellent les « youns » (terme méprisant qui signifie « barbares »), les ***Vietnamiens*** sont environ 100 000 au Cambodge, soit deux à trois fois moins qu'avant 1970. Une bonne raison à cela : chassés par le gouvernement de Lon Nol, ils ont été ensuite soigneusement traqués et décimés par les Khmers rouges. Ceux qui sont revenus au Cambodge (parce qu'ils y étaient nés) sont surtout pêcheurs, voire ouvriers ou petits commerçants. Ils vivent la plupart du temps en communautés, séparés des Khmers. Tradition asiatique oblige, la peau claire des filles vietnamiennes fait qu'elles sont appréciées des Cambodgiens alors que les mariages mixtes sont souvent mal perçus par la famille ! Sok Kong, le *tycoon* qui règne sur les stations-service *Sokimex* et sur l'exploitation touristique d'Angkor, est d'origine vietnamienne.
Autre minorité importante, les ***Chinois,*** qui tiennent les rênes économiques du pays. Outre les descendants des différentes ethnies venues de toute la Chine, la communauté chinoise comprend de plus en plus d'hommes d'affaires en provenance de Hong Kong, Singapour et Bangkok. Enviés et courtisés par les Khmers, ce sont eux qui contrôlent le marché de l'or au Cambodge.
Les ***Chams,*** au nombre d'environ 200 000, descendent d'une ethnie très ancienne, d'origine malaise, autrefois combattue par les rois d'Angkor. Musulmans, ils n'ont jamais été chaleureusement acceptés par les Khmers, sans toutefois avoir jamais été rejetés. En revanche, ils furent particulièrement persécutés par les Khmers rouges. Selon *Amnesty International,* un district exclusivement composé de 20 000 Chams fut entièrement massacré à l'époque de Pol Pot ! Les rescapés de la communauté cham vivent le long du Mékong.
D'autres minorités ethniques, très discrètes, occupent les régions de montagne, dans le sud-ouest et le nord du pays : Pears, Kuys, Braos, Samres...
À toutes ces communautés s'ajoutent les quelques milliers d'Occidentaux, personnels d'ONG, membres de missions gouvernementales, aventuriers ou commerçants expatriés (Français et Australiens notamment), que l'on trouve surtout dans la capitale et à Siem Reap.

RELIGIONS ET CROYANCES

Bouddhisme

Religion d'État jusqu'en 1975, le bouddhisme est redevenu la religion officielle du pays à la fin des années 1980. Introduit sur le territoire khmer après l'hindouisme, vers le XIIIe s, le bouddhisme a fini par séduire les souverains d'Angkor, comme le prouve le temple majestueux du Bayon, où veillent les mystérieux bouddhas à quatre visages. Ce bouddhisme primitif (dans le sens où il est plus ancien) professe l'athéisme (le Bouddha ne doit pas être déifié), l'absence de culte et la méditation comme moyen d'atteindre le nirvana (vide obtenu par l'extinction du désir), auquel ne peuvent prétendre que les moines après plusieurs réincarnations. La majorité des croyants se contente d'espérer une prochaine vie sans douleur grâce aux prières et aux nombreuses offrandes.
Il est de coutume de donner à manger aux bonzes, auxquels tout travail est interdit (les veinards). Cette habitude avait révolté les Khmers rouges : ils envoyaient les moines repiquer le riz dans les rizières ! Ceux qui refusaient de travailler la terre étaient exécutés. Un millier de moines ont survécu au régime khmer rouge. Le pays en comptait environ 60 000 avant 1975... Et les 3 000 pagodes ont été presque entièrement détruites. Depuis la chute de Pol Pot, les moines ont peu à peu refait leur apparition et semblent avoir converti de nombreux jeunes. On voit désormais des bonzeries toutes neuves à Angkor, et de nombreux *wat* à travers

le pays ont été reconstruits. Les bonzes restent dans les temples tout au long de la saison des pluies ; ce sont les habitants des alentours qui viennent les nourrir. À la fin de cette période, qui annonce la saison des mariages et son raffut sonore dès 4h du matin, on les croise par petits groupes de deux à quatre en train de longer les routes pour faire la quête pour leur nourriture.

TATOUAGES SACRÉS

Les Sak Yant *sont des tatouages réalisés par des moines bouddhistes dans certains temples. Ils offrent protection à condition que l'on accepte de respecter les grands principes religieux. Attention, ces tatouages effectués avec des pointes de bambou sont assez douloureux et surtout dangereux (pas de nettoyage de l'aiguille).*

Reportez-vous aux dessins des gestes et attitudes du Bouddha dans le chapitre « Hommes, culture, environnement » du Laos.

Animisme

Les Khmers ont gardé un vieux fond d'animisme. Leur univers est peuplé de génies et d'esprits, bons ou mauvais. Par exemple, la maladie, à leurs yeux, est plus la manifestation d'une force occulte qu'une simple apparition de microbes. Au lieu d'appeler un médecin, on préférera souvent changer le nom d'un malade pour tromper les esprits ! Ou l'on fera appel à un *kru* (gourou), plus à même d'apaiser leur courroux...
Joint au bouddhisme et au brahmanisme, cet animisme explique l'attitude des Khmers, qui veillent à respecter l'harmonie du cosmos. Tout cela les conduit à s'accommoder des obstacles et à se résigner à leur sort. On comprend mieux pourquoi la fréquentation d'Occidentaux rationnels les déconcerte (et vice versa)... Au Cambodge, nous avons affaire à un peuple pétri de spiritualité, ne l'oublions pas... (Merci au père François Ponchaud pour ses explications sur cette question importante.)

Hindouisme

Il est arrivé au début de notre ère sur le territoire, à peu près en même temps que le bouddhisme, dans les bagages de moines, de commerçants et de princes probablement venus de la côte orientale de l'Inde. L'hindouisme, à l'époque, est encore traversé de plusieurs courants, entre autres vishnouites ou shivaïtes, et le bouddhisme lui-même est parfois encore considéré comme l'une de ces tendances. En pays khmer, l'hindouisme va en quelque sorte se superposer aux structures sociales mais sans aucun prosélytisme ni aucune agressivité, intégrant certaines divinités locales. On y retrouve cependant le sanskrit comme langue sacrée et l'organisation en quatre castes, avec celle des brahmanes en tête. En fait, il est adapté, et sont laissées de côté, par exemple, les notions de pureté et d'impureté qui hiérarchisent généralement les castes. Seule la caste des brahmanes est formalisée, associée généralement à des fonctions honorifiques ou savantes, dans l'entourage immédiat du roi. Les autres catégories sociales sont les *varna,* que l'on assimilerait plus à des corporations professionnelles héréditaires qu'à de véritables castes cloisonnées.
Au final, il s'agit d'un hindouisme tolérant, cohabitant avec le bouddhisme, et presque d'une religion d'État, alternant les dominantes shivaïte (grand emblème, le lingam) et vishnouite (représentation de Vishnou et de ses avatars). Le nom du roi s'inspire d'une divinité tutélaire (il est donc divinisé, dépositaire des hautes sciences ou de la connaissance incarnée), il a été spirituellement éduqué par un gourou (généralement choisi parmi les hauts dignitaires brahmanes, parfois même en fonction de leur lignée indienne). Les proches du roi sont des brahmanes

détenteurs des grands textes fondateurs (les *Veda,* les épopées), l'un d'entre eux étant le *purohita,* sorte de chapelain royal.
Hindouisme et bouddhisme semblent donc coexister dans une certaine intelligence jusqu'au Xe s, époque où les fondations de temples bouddhiques se multiplient. La fin du XIe s voit ensuite un renouveau du bouddhisme du Grand Véhicule, avec une apothéose sous le règne de Jayavarman VII, mais c'est sans agressivité vis-à-vis de l'hindouisme. Une secte shivaïte va cependant mal réagir à la fin du XIIIe s : destruction et transformation (en images shivaïtes) systématiques des représentations du Bouddha. Au final, cet excès de fureur met fin au bouddhisme du Grand Véhicule, supplanté par le Petit Véhicule sous le règne de Srindavarman le très pieux, qui finira sa vie en ermite... L'hindouisme se réduit de plus en plus à un brahmanisme de cour... jusqu'à disparaître complètement : c'est au XIVe s que l'on trouve trace des dernières inscriptions en sanskrit, la langue sacrée de l'hindouisme.

Superstition

En plus d'avoir intégré dans leur vie quotidienne les religions et croyances évoquées plus haut, les Cambodgiens sont particulièrement superstitieux. Les domaines concernés sont aussi variés que la gourmandise, la grossesse des femmes, les fruits interdits, comment corriger des testicules de taille différente, le risque de passer sous une corde à linge, considérée comme impure. Vous verrez peut-être à la campagne des enfants porter un cordon autour du cou avec une clé suspendue. Cela afin d'éloigner certaines maladies. Car le roi de l'enfer, ne possédant pas la clé, ne peut entrer dans le corps. Attention, si un bouddha orne votre cou, il faut absolument le cacher dans la bouche en allant aux toilettes. Il ne doit pas assister à la scène peu ragoûtante, sinon il perdrait son effet protecteur. De même, évitez d'entrer dans une pagode avec un chapeau, vos cheveux ne s'en remettraient pas : sans leur réincarnation... vous seriez chauve dans la prochaine vie.

SAVOIR-VIVRE ET COUTUMES

Dicton éculé mais toujours valable : « N'oubliez pas que, ici, l'étranger c'est vous ! » Il est donc normal de respecter les coutumes locales, par respect pour vos hôtes et pour ne pas vous attirer d'inimitiés, même si les Khmers sont un peuple accueillant et tolérant, comme l'exige la tradition bouddhique. D'ailleurs, ils ne vous feront pas remarquer vos impairs.
Quelques règles à ne pas ignorer :
– il s'agit avant tout, comme partout en Asie, de ne jamais s'énerver et de ne surtout pas élever la voix ni de se faire menaçant. Ce genre de comportement fait perdre la face à un Cambodgien, et il vous en gardera rancœur : « faire perdre la face », en langue khmère, c'est l'équivalent de tuer !
– De même, il est très mal vu de contredire quelqu'un. Si votre interlocuteur se trompe, ne le lui faites pas remarquer. Il ne le reconnaîtra pas et vous en voudra par la suite.
– On ne se serre pas la main et on s'embrasse encore moins. Pour saluer quelqu'un, portez vos mains jointes au-devant de la poitrine si vous êtes face à un égal. Si vous saluez un supérieur, joignez les mains devant le visage. Mais si c'est un dieu, alors là, levez bien haut (pas trop haut quand même) les mains jointes au-dessus de la tête.
– Rester pudique dans son habillement : les touristes torse nu dans les lieux publics sont très mal vus (à juste titre !), et le nudisme sur la plage, n'en parlons pas. Lors de la visite des temples, il s'agit bien sûr d'être décemment vêtu, couvert des épaules aux genoux (et c'est valable pour les hommes comme pour les femmes).

– La politesse est très importante. En public, il convient d'appeler une personne par son nom précédé de « monsieur » ou « madame ». Appeler les gens directement revient à dire : « Viens ici mon chien. »
– Il est mal vu de critiquer la famille royale et le roi. Plus qu'un homme politique, il est le symbole de l'unité et des traditions khmères.
– Il est de coutume de donner de l'argent aux vrais mendiants, surtout les personnes âgées et mutilés de guerre (nombreux), qui n'ont rien d'autre pour vivre. Un billet de 500 riels suffit. Ici, la radinerie est une honte (surtout celle des Occidentaux).
– Au Cambodge, un Blanc fauché est un anachronisme. Avec une dégaine de clochard, vous perdriez toute considération ! Les Khmers attendent des Occidentaux qu'ils correspondent à l'image qu'ils se font des peuples riches. Ne cherchez pas à changer cette vision des choses et sachez qu'une personne propre et digne est ici mieux respectée qu'un routard négligé... Que cette mentalité ne vous révolte pas : ce n'est pas de l'intolérance de la part des habitants, mais une tradition basée sur des règles élémentaires de politesse et de respect des autres. La propagande khmère rouge a également laissé des traces : en 1975, les jeunes aux cheveux longs étaient exécutés !
– Ne jamais toucher la tête d'une personne (même d'un enfant), ce geste étant considéré comme une injure. En revanche, les Cambodgiens déambulent volontiers en se tenant par le petit doigt.
– Ne pas montrer les gens du doigt.
– Dans les temples, contourner le Bouddha par la gauche, dans le sens inverse des aiguilles d'une montre. Ne pas s'asseoir dos au Bouddha et ne pas pointer ses pieds dans sa direction, c'est très mal vu. En aucun cas une femme ne doit toucher un moine, sinon celui-ci perdrait tous ses mérites acquis.
– Toujours demander l'autorisation avant de prendre une photo de quelqu'un.

SEXE

Le Cambodge n'a rien à voir avec la Thaïlande, mais les mœurs ont beaucoup évolué avec l'arrivée des forces de l'ONU en 1992, et de la prostitution. Le sida a fait une entrée fracassante dans le pays. En provenance notamment de Thaïlande, près de 50 % des prostituées seraient séropositives !
Tout aussi grave et dramatique est l'existence de la prostitution enfantine. Elle a fait son apparition dans certaines villes du pays depuis que la Thaïlande, incitée par la pression internationale, fait la chasse aux pédophiles et aux esclavagistes. Nombre de potentats locaux ont rapidement compris les profits rapides qu'ils pouvaient tirer de ce trafic de gamines et gamins vendus (parfois par leurs parents !), facile à mettre en place et peu coûteux. Il s'agit d'un esclavage abject et intolérable que chaque touriste doit combattre. À ce sujet, voir l'ONG *ChildSafe* dans la rubrique « Aide humanitaire », plus haut.

SITES INSCRITS AU PATRIMOINE MONDIAL DE L'UNESCO

UNESCO
Organisation des Nations Unies pour l'éducation, la science et la culture

En coopération avec le centre du patrimoine mondial de l'UNESCO

Pour figurer sur la liste du Patrimoine mondial, les sites doivent avoir une valeur universelle exceptionnelle et satisfaire à au moins un des 10 critères de sélection. La protection, la gestion, l'authenticité et l'intégrité des biens sont également des considérations importantes.
Le patrimoine est l'héritage du passé dont nous profitons aujourd'hui et que nous transmettons aux générations à venir. Nos patrimoines culturel et naturel sont deux sources irremplaçables de vie et d'inspiration. Ces sites appartiennent à tous les

peuples du monde, sans tenir compte du territoire sur lequel ils sont situés. Pour plus d'informations : • whc.unesco.org •

– ***Angkor*** (1992).

– Le ***temple de Preah Vihear,*** situé à la frontière du Cambodge et de la Thaïlande, classé depuis le 7 juillet 2008. Ce classement avait d'ailleurs ravivé les tensions entre Cambodge et Thaïlande, qui se disputaient ce temple depuis des décennies. Mais le conflit est aujourd'hui réglé suite à la décision de la Cour internationale de justice en novembre 2013, qui a finalement donné (globalement) raison au Cambodge.

LE LAOS

VIENTIANE ET ALENTOUR

VIENTIANE

990 000 hab. IND. TÉL. : 021

• Plan d'ensemble *pp. 258-259* • Zoom (le centre) *p. 261*

L'atmosphère paisible de Vientiane, presque engourdie, où le temps semble s'étirer avec indolence, tranche radicalement avec la frénésie des autres capitales des pays voisins. Et pourtant ! La ville a bien changé ces dernières années, son développement économique s'accompagnant de projets immobiliers et de travaux d'aménagement, ne rimant pas forcément avec charme et embellissement. L'intensification du trafic et la mutation de ses larges avenues, bordées de nombreuses vieilles villas et de bâtiments d'époque coloniale, parfois en péril, révèlent une cité dorénavant sous l'influence du boom économique qui secoue un Sud-Est asiatique parti à la poursuite du « parrain » chinois, et effaçant progressivement les quelques traces liées à la présence française au temps du protectorat. Les coquettes façades un peu défraîchies entourées de jardins broussailleux disparaissent derrière des palissades où s'annoncent les constructions prochaines de complexes commerciaux démesurés surdimensionnés pour cette petite capitale.
À la croisée des chemins, Vientiane troque encore un peu de patine et de pittoresque par ici, contre plus d'animation par là, sans trahir tout à fait sa nature encore indolente et délaisser sa douceur de vivre. C'est là tout son charme. Elle s'anime joyeusement en soirée, avec son marché du soir qui aligne le long du Mékong ses échoppes débordant de textiles et d'objets manufacturés et importés de chez ses grands voisins chinois et vietnamiens.

UN PEU D'HISTOIRE

Le nom laotien de Vientiane est *Vieng Chan* ou *Viang Chan.* Il signifierait « ville du santal » ou « ville de la lune », le Mékong réalisant ici un méandre généreux en forme de croissant de lune. *Viang* signifie à la fois « ville » et « forteresse ». Le roi Setthathirat fortifie l'ancien Muang qui existe ici depuis le Xe s et en fait sa capitale en 1563 à la place de Luang Prabang *(Muang Sua),* jusque-là ville principale du pays.
Prospère au XVIIIe s, Vientiane est presque entièrement détruite au XIXe s par les Thaïlandais qui emportent le fameux bouddha d'Émeraude. L'arrivée des Français marque le renouveau de la ville à la fin du XIXe s. La plupart des anciens bâtiments coloniaux subsistent d'ailleurs, plus ou moins bien entretenus. Ils ont été construits sur le modèle des villas du Midi de la France, avec des tuiles rouges et des frises extérieures en bois. On les trouve essentiellement dans la partie basse de la ville, entre l'ambassade de France et la place Nam Phou...
Après la révolution de 1975, le nouveau régime, soucieux de limiter l'exode rural, n'entreprend rien pour développer Vientiane. Cela n'empêche pas les paysans de s'installer en masse à la périphérie de la ville, dans de simples maisons en bois sur pilotis. Aujourd'hui, c'est peut-être l'aménagement des berges du Mékong, en un grand parc esthétiquement discutable, qui illustre le mieux le remodelage de la ville. La chaussée surélevée a confisqué le panorama dont on jouissait depuis d'anciennes et populaires gargotes sur pilotis, tandis que de nouvelles constructions poussent à sa recherche.

Comment y aller ?

En avion

✈ ***Aéroport international Wattay*** *(hors plan d'ensemble par A2)* **:** *à env 4 km à l'ouest du centre-ville, sur la route de Luang Prabang. • vientianeairport.com •* Il compte 2 terminaux situés côte à côte : le premier, plus récent, accueille les vols internationaux ; le second, les vols intérieurs. Distributeurs de billets dans chacun, bureaux de change dans le terminal international (tlj 9h-20h30, taux correct). Bureau de poste et loueurs de voitures *Avis, Sixt* et *Eco.* Petits restos bon marché à l'étage de l'aéroport domestique.
■ ***Lao Airlines* :** *à l'aéroport. ☎ 51-31-46 (terminal international) et 51-30-32 (terminal domestique).* Vols quotidiens pour ***Luang Prabang, Paksé, Xieng Khouang, Oudom Xai, Luang Nam Tha*** et ***Savannakhet.***
■ ***Lao Central Airline* :** *à l'aéroport. ☎ 1189 (Call Center). • flylaocentral.com •* À ne pas confondre avec *Lao Airlines.* Compagnie privée affrétant des vols journaliers de type *low-cost* vers ***Bangkok*** et ***Luang Prabang.***
– Pour les vols internationaux réguliers vers ***Siem Reap*** (Cambodge), ***Bangkok*** (Thaïlande), ***Hanoi*** (Vietnam), ***Kunming*** (Chine) et ***Yangon*** (Birmanie), se reporter en fin de guide au chapitre « Arriver – Quitter ».

Pour se rendre au centre-ville

Coupon de transport prépayé à 55 000 kips (ou 7 $). Un petit quart d'heure suffit pour rejoindre le centre. Plus économique, le bus n° 49 (marcher jusqu'à la route), compter 5 000 kips. Si vous avez réservé dans un hôtel, vérifiez sur son site si celui-ci n'assure pas une navette gratuite depuis l'aéroport.

Par voie terrestre

– ***Le pont de l'Amitié (Mittapab Bridge*** *ou* ***Friendship Bridge) :*** à env 20 km au sud-est de Vientiane, il enjambe le Mékong pour relier la Thaïlande au Laos. Frontière ouv tlj 6h-22h sans interruption. Pour traverser le pont, les piétons doivent embarquer dans un bus spécial (prix fixe, pas cher, 8 fois/j.) qui s'arrête pour les formalités de sortie de Thaïlande, puis au poste-frontière d'entrée au Laos.

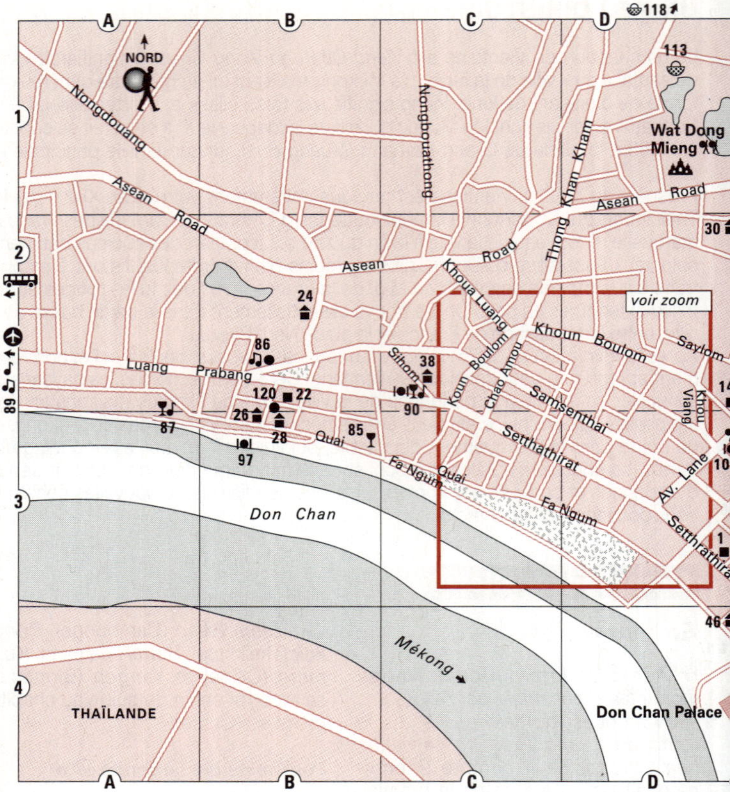

Adresses utiles

- Lao National Tourism
- 1 Consulat de France
- 3 Ambassade du Vietnam
- 4 Ambassade d'Australie
- 11 Ambassade de Malaisie
- 13 Exo Travel
- 14 Immigration Office et Joint Development Bank
- 15 Institut français et Bank of Ayudhya
- 18 Consulat de Thaïlande
- 20 Centre médical de l'ambassade de France
- 22 Jules Classic (location de motos)

Où dormir ?

- 24 Villa Lao
- 26 Nalinthone Guesthouse
- 27 Dorkket Garden Guesthouse
- 28 Hotel Beau Rivage Mékong
- 29 Jungle House
- 30 Villa Sisavad
- 38 Sihome Backpackers Hostel
- 44 Heuan Lao Guesthouse
- 45 Green Park Boutique Hotel
- 46 Paramy Chambres d'hôtes
- 47 Villa Manoly

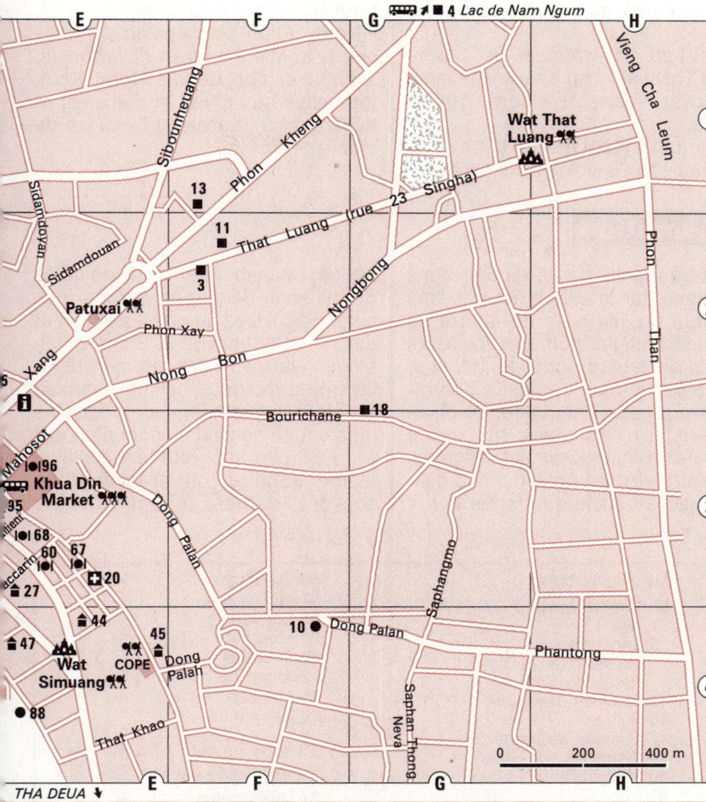

VIENTIANE – Plan d'ensemble

Où manger ?

60 PVO
67 PVO (annexe)
68 Bistro 22
96 Gargotes du marché Khua Din
97 Gargotes du quai Fa Ngum
109 Gargotes du marché du matin

Où boire un verre ? Où sortir ?

85 Samyeck Pakpasack
86 L'Echo
87 Highland Bar
89 Marina Club
90 Wind West

Achats

113 Nikone Handicraft
118 Bamboo Handicrafts

Loisirs et détente

10 Piscine du club de fitness Sengdara
86 Piscine du Mercure Vientiane
88 Piscine du Don Chan Palace
120 Papaya Spa

À voir

95 Kaysone Phomvihane Museum
109 Morning Market

Pour se rendre au centre-ville

– *Thai-Lao International Bus :* relie Udon Thani et Nong Khai à Vientiane. Compter respectivement 100 et 70 Bts.
– Alternativement, côté Laos, bus n° 14 (env 5 000 kips) ou *tuk-tuk* et taxis, forcément plus chers.
– Noter qu'on peut également franchir la frontière en *train* (2 liaisons/j., à 9h30 et 16h depuis Nong Khai, formalités aux gares frontalières) et débarquer à Thanaleng (à 13 km de Vientiane).

Orientation

Il est très facile de se repérer dans Vientiane car la ville n'est pas très étendue, et les rues du centre se coupent à angle droit. Les meilleurs points de repère sont : le *Mékong,* bordé par le quai Fa Ngum (fondateur du royaume du Lane Xang), et la *place Nam Phou,* avec sa fontaine centrale, malheureusement défigurée. Le centre-ville est grosso modo délimité par la boucle que forme la rue Khoum Boulom. Il est formé de pâtés de maisons découpés par les rues perpendiculaires au quai Fa Ngum et aux rues Setthathirat et Samsenthai. Même si les noms des rues sont régulièrement indiqués par un panneau en alphabet romain, les locaux se repèrent en général au nom d'un *wat* (il y en a partout). Pour une adresse, même connue, on précise donc souvent (derrière le *wat* machin).

Adresses utiles

- Hôpital Mahosot
- **7** Avis
- **9** Banque pour le Commerce Extérieur Lao et Lao's Passenger Service Co
- **12** Diethelm Travel Laos
- **16** Police
- **17** Consulat de Suisse
- **19** Distributeur de billets
- **40** Monument Books
- **65** Book-Café
- **66** Phimphone Market
- **112** Baràvin

Où dormir ?

- **23** Sala Inpeng
- **25** Mixay Paradise
- **31** Day Inn Hotel
- **32** Mixok Inn
- **33** Sinnakhone
- **34** Ansara
- **35** Inter City Boutique Hotel
- **36** Settha Palace Hotel
- **39** Lao Orchid Hotel
- **40** Vayakorn House
- **42** Khamvongsa
- **43** Mali Namphou Guesthouse
- **48** Chanthapanya Hotel

Où manger ?

- **50** La Cave des Châteaux
- **51** Full Moon Café
- **52** Ban Vilaylac Restaurant et L'Adresse de Tinay
- **53** Han Sam Euay Nong
- **54** Taj Mahal Restaurant
- **55** Le Vendôme
- **56** Lao Kitchen
- **57** La Terrasse
- **58** Le Provençal
- **59** Makphet
- **63** Chokdee
- **72** Amphone
- **74** Pho Zap
- **75** Xang Khoo

Où boire un café ? Où manger sandwichs et pâtisseries ?

- **57** Le Banneton et Café Croissant d'Or
- **66** Joma Bakery Café
- **75** The Scandinavian Bakery
- **84** Sinouk Café

Où boire un verre ? Où sortir ?

- **35** Bor Pen Nyang
- **51** Sticky Fingers
- **62** Khop Chaï Deu
- **66** Jazzy Brick
- **69** Noy's Fruit Heaven

Achats

- **55** T'shop Laï Gallery – Lao Coco Arts
- **115** Satri Lao, Mixay Boutic et Couleur d'Asie
- **116** Lao Textiles – Carol Cassidy
- **123** Tounet

Loisirs et détente

- **36** Piscine du Settha Palace Hotel
- **113** The Mandarina
- **121** Tangerine Garden
- **122** Lao Bowling Centre

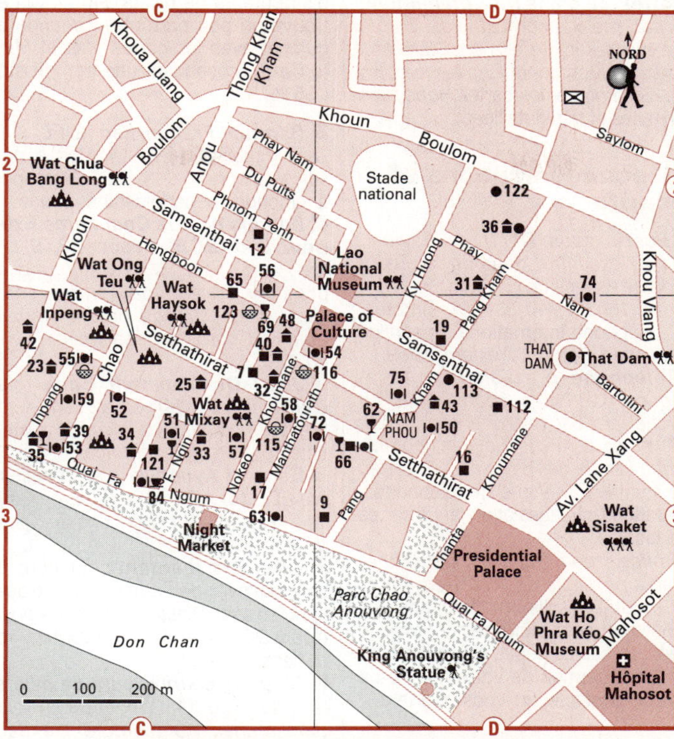

VIENTIANE – Le centre (Zoom)

Toutefois, un bon plan illustré de la ville peut rendre des services. Enfin, pour ceux qui se baladeraient à vélo, savoir que la plupart des rues sont à sens unique.

Adresses et infos utiles

– ***RFI à Vientiane :*** 100.5.

Infos touristiques

🅸 ***Lao National Tourism*** *(plan d'ensemble E2-3)* ***:*** *3556, av. Lane Xang, face à l'Institut français.* ☎ *21-22-51, ext 101 ou 103.* • *tou rismlaos.org* • *ecotourismlaos.com* • *Tlj 8h30-12h, 13h30-16h.* Toute une série de panneaux y détaille les attraits touristiques et culturels des différentes provinces du pays. Peu de documentation, quelques cartes et les renseignements sont généralement fournis en anglais et parfois en français, selon les préposés. On peut néanmoins généralement obtenir de meilleures infos auprès des agences de voyages et hébergements routards.

– ***Cartes et plans :*** *au* ***Phimphone Market,*** *rue Setthathirat, juste à côté de* Joma Bakery Café *(zoom D3,* ***66****) ou auprès de* Monument Books *(voir plus loin).* Se procurer les cartes *Hobo,* très bien faites et très détaillées.

Télécommunications et sécurité

✉ ***Poste*** *(zoom D1)* ***:*** *rue Saylom. Un peu excentré, dans un bâtiment moderne en face de* Lao Telecom. *Lun-ven 8h-16h30, w-e 8h-11h.* Timbres, fax, téléphone international et service de transfert d'argent *Western Union.*

■ ***Téléphone portable :*** *de nombreuses boutiques spécialisées au marché Talat Sao (plan d'ensemble D3,* ***109****) et dans la rue Saylom, notamment à l'angle de l'av. Lane Xang (plan d'ensemble E2).* Vente de téléphones, réparations, réglages et achat de cartes SIM locales.

■ ***Police*** *(zoom D3,* ***16****)* ***:*** *rue Setthathirat, à proximité de la pl. Nam Phou.* ☎ *191 ou 1191.* Ils ont l'habitude des touristes et sont plutôt réglos. Mais le mieux, en cas de pépin, est de s'adresser à la réception de votre hôtel ou à votre ambassade, qui vous aiguillera.

Argent, banques, change

Le centre-ville compte de nombreuses banques, officines de change et distributeurs de billets. C'est à Vientiane que vous trouverez les meilleurs taux, même si la différence est minime, souvent inférieure à 1 % avec les meilleurs changeurs des autres villes. Voir cette même rubrique sous « Laos utile », notamment au sujet des distributeurs.

Payer avec les cartes *Visa, MasterCard* et *American Express* est possible dans les grands hôtels, certains restos et quelques boutiques de luxe, moyennant une commission de 3 %.

Principales banques, officines de change, distributeurs de billets

Ouv lun-ven 8h30-15h30 pour les banques ; nombre de changeurs ferment plus tard et restent ouv le w-e. Dans toutes les banques ci-dessous : service de change des devises courantes, distributeurs de billets 24h/24 (on en trouve un peu partout) et change au guichet avec les cartes *Visa* et *MasterCard,* moyennant une commission (3-5 %).

■ ***Banque Franco-Lao (BFL) :*** *av. Lane Xang.* ☎ *28-51-11. Plus d'infos sur* ● *bfl.la* ● *Tlj 8h-20h30.* Personnel anglophone et parfois francophone.

■ ***Banque pour le Commerce Extérieur Lao*** *(****BCEL*** *; zoom D3,* ***9****)* ***:*** *1, rue Pang Kham.* ☎ *21-32-00.* ● *bcel.com.la* ● *Bureau ouv slt en sem ; kiosque de change donnant sur le quai Fa Ngum, ouv également le w-e 8h30-15h30.*

■ ***Joint Development Bank*** *(plan d'ensemble D2,* ***14****)* ***:*** *82, av. Lane Xang.* ☎ *21-35-31.* ● *jdbbank.com* ● *Juste à côté de l'Immigration Office.*

■ ***Bank of Ayudhya*** *(plan d'ensemble E2,* ***15****)* ***:*** *84/1, av. Lane Xang.* ☎ *21-45-75. Juste à gauche du Centre de langue française.*

■ ***Transfert d'argent :*** on peut se faire envoyer de l'argent en quelques minutes avec *Western Union* à la *poste (zoom D2)* et à la *Bank of Ayudhya* (voir ci-dessus).

■ ***D'autres distributeurs de billets :*** *face au resto* Kiku *(zoom D3,* ***19****), rue Samsenthai. Au* Mercure Vientiane *(plan d'ensemble B2,* ***86****), à l'angle de la rue Samsenthai et de la route de Luang Prabang.*

Représentations diplomatiques et formalités

■ ***Prolongation des visas :*** *auprès de l'****Immigration Office*** *(plan d'ensemble D2,* ***14****), Khoum Boulom et Lane Xang.* ☎ *21-25-20. Près du marché du matin. Lun-ven 8h-12h, 13h-16h.* Voir le chapitre « Les questions qu'on se pose avant le départ » en début de guide.

■ ***Consulat de France*** *(plan d'ensemble D3,* ***1****)* ***:*** *rue Setthathirat (entrée par la rue Gallieni).* ☎ *26-74-00. En cas d'urgence consulaire :* 📱 *020-555-147-51.* ● *ambafrance-laos.org* ● *Lun-ven sur rdv 9h-12h30, 14h-17h30.* Le consulat de France représente aussi les intérêts des ressortissants belges, néerlandais et luxembourgeois.

■ ***Ambassade d'Australie*** *(hors plan d'ensemble par G1,* ***4****)* **:** *route de Thadeua, au km 4. ☎ 35-38-00. • laos.embassy.gov.au • Lun-ven 8h30-17h.* Représente également les ressortissants canadiens.

■ ***Consulat de Suisse*** *(zoom C3,* ***17****)* **:** *Namphu Square. ☎ 26-41-60. • swissconsulate@etllao.com • Lun-ven 9h-11h30.* Dépend de l'ambassade de Suisse à Bangkok, en Thaïlande *(☎ 00-66-2-253-01-56).*

■ ***Consulat de Thaïlande*** *(plan d'ensemble G2-3,* ***18****)* **:** *15, rue de Bourichane, Ban Ponesinuan. ☎ 45-39-16. • vientiane.thaiembassy.org • Lun-ven 8h30-12h.* Pour la plupart des ressortissants occidentaux : visa nécessaire seulement au-delà de 15 ou 30 jours de séjour, selon le mode d'arrivée, terrestre ou aérien. Noter qu'il existe une limitation du nombre d'entrées possibles par la voie terrestre.

■ ***Ambassade de Chine*** *(hors plan d'ensemble par E4)* **:** *route du Wat Nak, Sisattanak. ☎ 31-51-00. • chinaemb_la@mfa.gov.com • la.china-embassy.org/eng • Lun-ven 8h-11h30, 14h-17h.*

■ ***Ambassade du Cambodge*** *(hors plan d'ensemble par G4)* **:** *route de Thadeua, au km 2. ☎ 31-49-52. • camemb.lao@mfa.gov.kh • recamlao@laotel.com • Lun-ven 7h30-11h30, 14h30-17h.* Noter que le *visa on arrival* est délivré à la frontière lao-cambodgienne (compter en moyenne 7 $ de plus) ainsi qu'aux aéroports de ce pays (20 $, comme à l'ambassade).

■ ***Ambassade du Vietnam*** *(plan d'ensemble F2,* ***3****)* **:** *85, route de That Luang (rue 23 Singha). ☎ 41-34-00. • mofa.gov.vnvnem.la • Lun-ven 8h30-17h30.* Visa obligatoire, non délivré aux postes-frontière. Obtention en 1 ou 2 jours ouvrables selon tarif.

■ ***Ambassade du Myanmar (ex-Birmanie*** *; hors plan d'ensemble par E4)* **:** *Lao-Thai Rd, Ban Watnak, Sisattanak. ☎ 31-49-10. • mmevte@laotel.com • mevientiane.org • Lun-ven 8h30-12h, 13h-16h30.*

■ ***Ambassade de Malaisie*** *(plan d'ensemble F2,* ***11****)* **:** *23, rue Singha, Ban Phonxay. ☎ 41-42-05. • malvntian@kln.gov.my • Lun-ven 8h-16h30.*

Urgences, santé, pharmacies

À Vientiane

Pour les petits bobos, les deux adresses plus loin feront l'affaire. ***En cas de gros pépin,*** les médecins se chargeront d'un rapatriement vers la Thaïlande, où la qualité des soins est comparable à la France (lire la rubrique « Santé » dans « Laos utile »). En dehors de Nong Khai de l'autre côté du Mékong, la grande ville thaïlandaise la plus proche est Udon Thani, à 60 km.

✚ ***Service d'ambulances :*** *☎ 195.* Très aléatoire.

✚ ***Centre médical de l'ambassade de France*** *(plan d'ensemble E3,* ***20****)* **:** *bd Khouvieng ; l'accès se fait par la grille latérale, dans la petite rue parallèle au bd Kouvieng. ☎ 21-41-50 ou, pour les urgences : 📱 020-565-547-94 (permanence 24h/24). Consultations sans rdv lun-ven 8h30-12h, 13h30-19h (17h mer) ; sam 9h-12h.* Ce cabinet privé compte 2 médecins généralistes, un dentiste, un kinésithérapeute, un orthophoniste, un orthopédiste et un psychothérapeute. Le tarif de la consultation est de 300 000 kips. Soins plutôt chers. La carte Vitale française n'est d'aucune utilité, mais vous recevrez tous les formulaires nécessaires pour un remboursement par les assurances.

✚ ***Hôpital Mahosot*** *(zoom D3)* **:** *rue Setthathirat ; face au consulat de France.* Un hôpital universitaire francophone comptant une annexe pour les étrangers, l'***International Clinic*** *(☎ 21-40-18 ou 19).* Garde médicale 24h/24. Chambres individuelles confortables. Correct pour les petits coups durs, mais qualité des soins inégale suivant les services et les médecins.

■ ***Pharmacies :*** *le long de Nong Bon (plan d'ensemble F2), derrière le marché du matin.* Près d'une dizaine de pharmacies recommandables où l'anglais, voire le français sont baragouinés. Souvent, les médicaments existent en deux versions : essentiellement fabriqués en Asie ou importés de France, ce qui fait passer facilement leur prix du simple au triple mais éloigne d'autant, à priori, le risque de contrefaçons. Savoir qu'il est presque

toujours possible d'acheter les médicaments à l'unité (bien vérifier les dates de péremption).
– Noter qu'il existe une pharmacie de garde à l'*hôpital Mahosot* ainsi qu'une autre, ouverte aux heures de consultation, au *centre médical de l'ambassade de France.* Voir plus haut.

En Thaïlande

Wattana Hospital : *à* ***Nong Khai,*** *à 3 km du pont de l'Amitié. ☎ (0066) 42-46-52-01. Contact au Laos : Mr Assanai, ☎ 24-00-97. • info@wattanahospital.net •* Petit hôpital thaïlandais le plus proche de Vientiane. Service satisfaisant mais, tant qu'à faire, mieux vaut aller jusqu'à l'*AEK Udon International Hospital,* qui dispose de plus de moyens. Accueil en français.

AEK Udon International Hospital : *555/5, Phosri Rd, à* ***Udon Thani.*** *☎ (0066) 42-34-25-55. • aekudon.com • À 1h30 de route de Vientiane, sans compter les formalités douanières.* En cas de gros pépin, c'est ici (ou carrément à Bangkok) qu'il faut demander à être transféré. Héliport sur le toit de l'hôpital. Près d'une quarantaine de spécialités représentées. Services irréprochables, mais prix élevés, mieux vaut avoir une bonne assurance voyages.

Bangkok International Hospital : *2, Soi Soonvijai 7, New Petchaburi Rd, à* ***Bangkok.*** *☎ 00-66-2-310-30-00. • bangkokhospital.com •* En cas d'urgence, des traducteurs sont mis à votre disposition. Un des hôpitaux thaïlandais les plus compétents.

Transports

Consulter également la rubrique « Transports » dans « Laos utile ».
Vientiane, c'est plat et peu étendu : beaucoup de distances peuvent être facilement parcourues à pied, et encore plus à vélo, mais en faisant attention, la circulation s'est considérablement intensifiée et les gros 4x4 font la loi sans beaucoup se préoccuper du code de la route. Si nécessaire, recourir aux *tuk-tuk* et *jumbos,* plutôt chers ou, pratique et économique, au récent service de bus de la ville. On déconseille la moto, forcément plus dangereuse, sans grand intérêt en ville et pas particulièrement agréable pour les environs.

■ ***Bus urbains et de banlieue :*** plus de 40 véhicules ont été offerts par le Japon à la municipalité de Vientiane. Pour les lignes et leurs fréquences, se renseigner auprès de votre hébergement.

■ ***Tuk-tuk et jumbo*** *(tuk-tuk collectif)* **:** ils sont généralement stationnés ou patrouillent autour des marchés et au coin des avenues et rues du centre-ville... Toujours négocier le prix du trajet avant le départ, car ils ne sont pas si bon marché que ça (20 000 kips par personne pour 1 ou 2 km). Sachez enfin qu'il est difficile de trouver des *tuk-tuk* après minuit.

■ ***Taxi Vientiane Group :*** *affrète des véhicules avec compteur. ☎ 45-41-68.*

■ ***Location de vélos :*** la plupart des *guesthouses* et de nombreuses petites agences en proposent. Compter généralement 40-50 000 kips/j. Plus cher pour un VTT, bien sûr. Une bonne agence aux prix légèrement inférieurs : *Lao Bike,* rue Setthathirath, juste en face du wat Ong Teu (*📱 020-550-904-71*).

■ ***Location de voitures :*** *compter 55-85 $/j. et 350-420 $/sem pour une voiture avec chauffeur, dans la région de Vientiane exclusivement. Pour un véhicule avec km illimité et autorisation pour tt le pays, prévoir env 100 $/j. et 600 $/sem, + 25-30 $/j. pour le chauffeur.* Rappelons qu'il est préférable de louer une voiture avec chauffeur. Y penser, par exemple, pour visiter les alentours de Vientiane si l'on est plusieurs. La plupart des grands hôtels et agences de voyages proposent ce genre de service. Voici une agence internationale réputée :
– *Avis (zoom C3,* ***7****) : rue Setthathirat. ☎ 22-38-67. • avis.la • Tlj 8h30-18h (13h le w-e).* Propose toute une gamme de véhicules assurance incluse, de la petite voiture au 4x4 rutilant en passant par le minibus, avec ou sans chauffeur (francophones ou anglophones). Compter 90 $/j. sans chauffeur, plein d'essence à ajouter. Également un bureau à l'aéroport.

■ ***Location et tours à motos :*** *compter 80 000 kips/j. pour un petit engin de 50 cm³ semi ou totalement automatique.* Filer sur ce genre d'engins pour un grand tour en solo depuis Vientiane est imprudent et exténuant, autant louer sur place à l'arrivée. Pour les motards expérimentés, voici un loueur et organisateur de tour à moto sérieux :
– *Jules Classic (plan d'ensemble B2,* ***22****) : 08/83, rue Phagna Sy, à côté du wat Xieng Veh.* 📱 *020-595-112-95.* • *bike-rental-laos.com* • *Loc à partir de 35 $/j. Tours, variable, se renseigner. Contacter autant que possible à l'avance, le parc s'épuise vite en hte saison et le staff est débordé.* Motos de 250 à 650 cm³. Organisation de très beaux circuits à moto par Jean-Louis, un Basque, dont la femme tient le *Papaya Spa.*

Agences aériennes

Souvent plus intéressant que de passer directement par les compagnies elles-mêmes, car elles ont des promos (attention, sans changement ni remboursement possibles). Ces agences sont généralement ouvertes du lundi au vendredi de 8h à 17h et le samedi de 8h à 12h. En voici une :

■ ***Lao's Passenger Service Co*** *(zoom D3,* ***9****) : 1, rue Pang Kham.* ☎ *213-642.* 📱 *020-555-058-53.* Accueil très compétent du directeur, M. Pyxa, qui parle un excellent anglais. Résas de tous transports, notamment de billets d'avion domestiques et internationaux, à prix très compétitifs.

Agences de voyages

Elles sont généralement ouvertes du lundi au vendredi de 8h à 12h et de 13h à 17h ; parfois le samedi matin.

■ ***Amica Travel :*** *005/04, rue Khounboulom, Ban Sihom, district de Chanthabuli.* ☎ *21-255-721.* • *voyager-au-laos.com* • Une agence sérieuse spécialiste du voyage au Laos, au Cambodge et au Vietnam. Voyages à la carte, voyages solidaires, trekking... Bonne organisation.

■ ***Shanti Travel :*** ☎ *09-70-40-76-17 (en France).* • *shantitravel.com* • Une agence dynamique créée par des Français installés en Asie depuis de nombreuses années. L'équipe est capable de réagir à tous vos projets au Laos et au Cambodge, du voyage en amoureux au trek en immersion, en passant par les voyages en famille. Prestations sur mesure et prix très raisonnables. Et pour les voyageurs prêts à continuer leur route en Asie, *Shanti Travel* vous emmène aussi en Birmanie, au Vietnam ou encore en Indonésie.

■ ***Van & Tours Service :*** 📱 *020-555-046-04.* • *laowheels-travel.com* • Une agence privée dirigée par Christophe Kittirath, un Laotien qui a longtemps vécu en France et qui propose, en dehors des sentiers battus et dans tout le pays, des circuits à la carte (sur devis) de 7 à 22 jours en minivan confortable en compagnie de guides francophones et/ou de chauffeurs anglophones expérimentés. Les nuits sont souvent organisées chez l'habitant. Ses prestations ont leur prix, mais la qualité des services proposés et son souci de montrer un Laos authentique le justifient.

■ ***Exo Travel*** *(plan d'ensemble F1,* ***13****) : 15, Kaystone Rd, Ban Phon Sa Ad, Saysetha.* ☎ *454-64-03.* • *exotravel.com* • Une agence sérieuse, spécialisée dans les voyages sur mesure, haut de gamme, culturels, comme nature et découverte de l'environnement au Laos et dans les pays voisins. Propose aussi des séjours aventure (trekking, vélo, kayak, moto) ou à thème (ethnies, artisanat...). Accueil en français.

■ ***Inter-Lao Tourisme :*** *111, Ban Mixay, rue Setthathirat.* ☎ *21-46-69.* • *interlao.com* • Gamme étendue de services dans la plupart des provinces du pays. Prestations irréprochables. Également un bureau à Paksé.

■ ***Diethelm Travel Laos*** *(zoom C1,* ***12****) : Ban Phaxay, unité 10 Sissatanak.* ☎ *31-63-93.* • *diethelmtravel.com/laos* • *Tlj sf dim et sam ap-m 8h-17h30 (pause 12h-13h30).* Cette agence, dont le siège est à Bangkok, propose des circuits et séjours dans la plupart des provinces du Laos. C'est aussi sans doute la plus chère. Bureaux dans la plupart des pays voisins. Accueil en français.

Supérettes et alimentation

■ ***Phimphone Market*** *(zoom D3,* ***66****) : juste à côté de Joma Bakery Café. ☎ 21-90-45. Lun-sam 8h-21h, dim 10h-18h.* Vente de produits frais, charcuterie, vins (dont français), *coffee corner,* etc. Assez cher car tout ou presque est importé. D'autres produits d'Asie. On y trouve aussi les cartes *Hobo,* très bien faites.

■ ***Baràvin*** *(zoom D3,* ***112****) : 364, rue Samsenthai. ☎ 21-77-00. Tlj sf dim 9h-19h.* Impossible de manquer l'énorme tonneau en guise de devanture. Grand choix de vins et de spiritueux. La **Cave,** un peu plus loin sur le même trottoir, pour déguster un bon cru avec une rondelle de sauciflard.

Presse, livres, cartes postales, photos

■ ***Institut français*** *(plan d'ensemble E2,* ***15****) : av. Lane Xang, en face du marché du matin. ☎ 21-57-64. • if-laos.org • Lun-sam 8h30-18h30. Entrée libre.* Consultation sur place de journaux et magazines français (avec 8-10 jours de retard). Médiathèque-bibliothèque bien fournie *(lun-ven 9h30-18h30, sam 9h30-16h30).* Cotisation annuelle obligatoire pour tout emprunt de livres. Également des séances de cinéma payantes (10 000 kips), dont une pour les enfants (voir le programme sur le site). Concerts et spectacles occasionnels. Petit café-resto sur place, pas mal du tout.

■ ***Monument Books*** *(zoom C3,* ***40****) : 124/1, rue Nokeo Khoumane ; juste à droite de Vayakorn Guesthouse. ☎ 24-37-08. Tlj 9h-20h (18h dim).* Large choix de livres et de magazines en français, et puis une foule de bouquins en anglais sur l'Asie, beaux livres, guides de voyage, cartes postales...

■ ***Book-Café*** *(zoom C2-3,* ***65****) : 53, rue Hengboon. 📱 020-568-937-41. Tlj 8h-20h.* Une attachante petite librairie, avec un rayon occase (achat-vente, échange). Tourisme, histoire, romans, beaux livres, rayon français, etc. Bien fouiller, il y a quelques pépites. Le génie de cette caverne d'Ali Baba n'est autre que Colin Cotterill, l'auteur de la série des Dr Siri (voir « Livres de route » dans « Laos utile »).

Où dormir ?

De très bon marché à bon marché (moins de 250 000 kips / 31 $)

🏠 ***Sihome Backpackers Hostel*** *(plan d'ensemble C2,* ***38****) : 56, rue Sihome. 📱 020-955-126-68. • sihomebackpackershostel.com • Nuitée 6 $ en dortoir, double avec AC et sdb 25 $, petit déj correct inclus. Serviettes payantes avec caution.* 📶 Une adresse très appréciée des voyageurs au long cours (surtout anglo-saxons) qui y trouveront un lit à prix plancher en dortoirs de 4, 6 et 8 lits et des chambres privées plutôt coquettes. Déco colorée, petite restauration, eau chaude garantie et entretien assuré. Fresques peintes par les voyageurs. Bonne ambiance routarde, billard, salon TV-cinéma, laverie, BBQ, vélos à louer, et toutes les infos nécessaires à la poursuite du voyage. Un bémol : karaoké bruyant en face.

🏠 ***Villa Sisavad*** *(plan d'ensemble D2,* ***30****) : 117/12 Ban Sisavad. ☎ 212-719. 📱 020-556-214-97. • villasisavad.com • Résa à l'avance très conseillée. Double avec sdb et AC 15 $; petit déj en sus.* Dans un quartier excentré (à 15 mn du centre en véhicule), cette petite rue tranquille abrite un hôtel au très bon rapport qualité-prix. 2 bâtiments se répartissent une quinzaine de chambres. Mais les vrais atouts sont la piscine (à ce prix, c'est une aubaine), bordée de tables ombragées par un toit de chaume, et l'accueil chaleureux de Mme Khéo, adorable et francophone.

Heuan Lao Guesthouse *(plan d'ensemble E4,* ***44****) : dans une ruelle en retrait de la rue Samsenthai, juste au carrefour avec la rue Setthathirat, dans la 1re rue sur la gauche de la statue de Sisavang Vong (panneau marron). ☎ 21-62-58. • agoda.com/heuan-lao-guesthouse/hotel/vientiane-la.html • Doubles avec sdb, ventilo ou clim 14-18 $; petit déj en sus.* Dans une charmante maison moitié en dur moitié en bois, un peu excentrée mais au calme, cette pension familiale propose une vingtaine de chambres correctes mais un peu défraîchies. Petite terrasse verdoyante pour le petit déj et location de vélos. Bon rapport qualité-prix-accueil de Somboune, artiste-peintre francophone, amoureux des chiens et des chats (il y en a partout !). Louer un vélo est judicieux vu la distance.

Mixay Paradise *(zoom C3,* ***25****) : 2, rue François-Ngin. ☎ 25-42-23. • laomixayparadise@yahoo.com • Doubles sans ou avec sdb, AC et TV 100 000-160 000 kips (plus intéressant en kips) ; petit déj en plus.* La coquette façade de cet immeuble à galeries extérieures contraste avec la blancheur immaculée des murs et carrelages intérieurs, qui lui donne un côté un peu clinique. La cinquantaine de chambres, de taille parfois très réduite, disposent d'un peu de mobilier (table, chaise et armoire). Demander à en voir plusieurs, car elles sont plus ou moins lumineuses, et parfois avec fenêtres sur couloir. Un reproche : ces listes interminables d'interdictions un peu gonflantes. Au rez-de-chaussée, resto avec terrasse où l'on prend le petit déj. Véranda et balcon accessibles en haut. Gamme complète de services : laverie, résa de transports et d'excursion, etc.

Villa Lao *(plan d'ensemble B2,* ***24****) : Ban Nong Douang. ☎ 24-22-92. • villalaos.com • Depuis la rue Samsenthai, prendre à droite juste avt le Mercure Vientiane (panneau). Doubles sans ou avec sdb 20-32 $.* Au milieu d'un jardin tropical, 2 charmantes maisons traditionnelles en bois abritent une dizaine de chambres nickel, avec terrasse et parquet à l'étage ou carrelage au rez-de-chaussée. Si le niveau de confort est assuré dans les *deluxe* (TV, frigo, salle de bains et AC), les standard sont trop dépouillées pour le tarif : sanitaires à partager, ventilo... Dans le jardin, une paillote avec quelques tables et coussins pour profiter de la douceur des soirées. Possibilité de restauration et cours de cuisine. Une adresse attachante à réserver plutôt pour les *deluxe,* donc. Un peu excentré, location de vélos sur place.

Sinnakhone *(zoom C3,* ***33****) : rue François-Nginn. ☎ 21-72-99. • sinnakhonehotel.webs.com • Doubles avec sdb et AC 21-25 $, petit déj compris.* Sur 4 niveaux avec ascenseur, de grandes chambres sans effet de style mais propres, spacieuses et d'un confort très honnête dans cette catégorie. Attention : les moins chères n'ont pas de fenêtre.

Paramy, chambres d'hôtes *(plan d'ensemble D4,* ***46****) : rue Saccarin, Phiawatt. ☎ 21-74-01. • palamyp@yahoo.com • Compter env 22 $.* En face de la clinique internationale, juste à l'arrière de la pharmacie du même nom et chez les mêmes propriétaires, 7 chambres avec clim et frigo, mais un peu vieillottes. Espace ouvert et plaisant où se tenir en dehors de sa chambre. Accueil familial parfait des proprios francophones, qui ne font aucune pub ; seul le bouche-à-oreille fonctionne... jusqu'à maintenant. Prêt de vélos.

Mixok Inn *(zoom C3,* ***32****) : 188, rue Setthathirat. ☎ 25-47-81. • mixokinn.com • Double avec sdb 150 000 kips, petit déj inclus.* Attention : ne pas confondre avec *Mixok Guesthouse* (mêmes proprios mais beaucoup moins bien). Dans un immeuble couleur moutarde de 3 étages, la version *Inn* n'a pas de charme particulier mais répond bien aux besoins. Construction récente, carrelage, clim, literie et salle de bains clean. Quelques chambres aveugles comme souvent, donc, visiter avant de choisir. Bon accueil.

Prix moyens (250 000-400 000 kips / 31-50 $)

Vayakorn House (zoom C3, **40**) : *91, rue Nokeo Khoumane. ☎ 24-19-11 ou 12. • vayakorn.biz • Double avec sdb et AC env 25 $. Petit déj (american breakfast) dans le lobby 4 $/pers.* Une adresse historique à Vientiane. En plein centre, la version « House » de cet établissement, un bâtiment de 3 étages, abrite une vingtaine de chambres simples. Toutes parquetées et meublées de bois, sans charme particulier mais agréables et absolument impeccables. Seul bémol : la moitié des chambres sont aveugles ; les plus lumineuses étant au dernier étage. Annexe récente et plus luxueuse à deux pas de là, sur la rue Hengbounnoy (parallèle) : ***Vayakorn Inn,*** double 35 $. Chambres spacieuses et bien équipées, déco soignée.

Khamvongsa (zoom C3, **42**) : *rue Khoun Boulom, Ban Vat Chan. ☎ 22-32-57. • hotelkhamvongsa.com • Double 40 $, suite avec kitchenette et salon (jusqu'à 3 pers) 80 $.* Le cadre est stylé et la déco moderne soignée. La maison coloniale a conservé son vieux parquet de bois précieux et ses larges fenêtres sur rue. Au rez-de-chaussée, tout ouvert sur la rue, la réception et le bar-salle de petit déj. Réparties entre la maison et, pour la plupart, dans un bâtiment moderne, les 26 chambres sont spacieuses, sobres mais élégantes. Pour les familles, suites avec mezzanine et kitchenette. Ensemble impeccablement tenu.

Sala Inpeng (zoom C3, **23**) : *63, rue Inpeng. ☎ 24-20-21. • salapeng@gmail.com • salalao.com • Doubles 30-50 $ avec petit déj. CB refusées.* En plein centre-ville, non loin du Mékong, le calme de cette rue rappelle le côté village de Vientiane d'autrefois ! Jolies maisonnettes traditionnelles, en bois et sur pilotis, dans un jardin. S'y nichent 9 chambres avec petite terrasse, déclinées en 3 catégories, selon la taille et le degré de décoration. Toutes sont charmantes, confortables (moustiquaire, bonne literie) et très bien entretenues. Le petit déj continental, avec croissants et fruits, est servi sur la terrasse des bungalows. Accueil impeccable.

Villa Manoly (plan d'ensemble E4, **47**) : *Soi 2, Ban Phyavat. (rue en terre face au wat Pyavat). ☎ 21-89-07. • villamanoly.com • Résa indispensable. Doubles avec sdb 25-35 $.* Plantée au milieu d'un vaste jardin tropical avec piscine, cette villa coloniale au charme suranné est décorée d'un bric-à-brac d'objets traditionnels. Les chambres sont plutôt spacieuses, confortables et bien équipées. Les plus chères bordent la piscine, les autres donnent sur le couloir.

Mali Namphou Guesthouse (zoom D3, **43**) : *109, rue Pang Kham. ☎ 21-50-93. • malinamphu.com • Double avec sdb et AC env 40 $.* En plein centre, à proximité immédiate de la place Nam Phou, cette belle *guesthouse* compte une quarantaine de chambres réparties sur 2 niveaux, autour du joli patio verdoyant, situé à l'arrière de l'établissement. Là, les routards du monde entier échangent tranquillement leurs expériences... Petites chambres propres et confortables, toutes avec balcon, les *deluxe* gagnant de l'espace et un frigo. Une adresse fiable, où l'on est bien accueilli.

Nalinthone Guesthouse (plan d'ensemble B2-3, **26**) : *quai Fa Ngum. ☎ 24-36-59. • nalinthoneguesthouselaos.com • Doubles autour de 40-42 $, petit déj inclus.* Face au Mékong, ce petit immeuble passe-partout abrite 12 chambres cosy et bien dotées pour sa catégorie. Les moins chères donnent sur l'arrière mais leurs hôtes peuvent profiter des balcons avec vue de la façade.

Chic (400 000-600 000 kips / 50-75 $)

Inter City Boutique Hotel (zoom C3, **35**) : *24-25, quai Fa Ngum. ☎ 24-28-42. • intercity-lao.com • Doubles 40-80 $ selon confort et vue.* Dès la réception, décorée avec goût d'antiquités et d'artisanat laotien, on est sous le charme de cet étonnant boutique-hôtel. À l'exception des salles de bains, correctes mais quelconques, la cinquantaine de chambres affichent la même originalité. Les plus chères *(executive suite)* offrent confort absolu et vue imprenable sur le Mékong. Accueil efficace.

Day Inn Hotel (zoom D2, **31**) : *59/3, rue Pang Kham. ☎ 22-38-48. • day-inn-hotel.com • Doubles avec sdb et AC 45-55 $.* Cet hôtel d'une trentaine de chambres réserve une bonne surprise avec ses couleurs pimpantes. Espace et confort assurés, mobilier en rotin, balcon ou véranda. Tenue et équipement sans faille. Bon accueil.

Dorkket Garden Guesthouse (plan d'ensemble E3, **27**) : *rue Saccarin. ☎ 21-29-63. • dorkketgarden.com • Doubles 40-50 $, petit déj inclus.* Propriété d'une Laotienne élevée aux États-Unis. À seulement 5 mn à pied du centre-ville, dans un bâtiment bas en brique donnant sur un petit coin de verdure tropicale avec un petit kiosque, voici une poignée de chambres un peu sombres mais confortables (salle de bains, clim, minibar) et décorées avec soin. Propreté sans faille. Bon rapport qualité-prix.

Chanthapanya Hotel (zoom C3, **48**) : *138, rue Nokeo Khoumane. ☎ 24-14-51. • chanthapanyahotel.com • Doubles à partir de 50 $ avec petit déj. Prix croissant selon confort.* En plein centre, un hôtel dont la façade a été aménagée de manière à lui donner une touche locale et chaleureuse. Chambres confortables (salle de bains, clim, téléphone, minibar), calmes et vraiment impeccables. Déco intérieure sobre et boisée. Éviter toutefois celles dont les fenêtres donnent sur un mur. Piscine intégrée au bâtiment, salle de fitness et sauna. Accueil gentil et serviable.

Hotel Beau Rivage Mékong (plan d'ensemble B3, **28**) : *quai Fa Ngum. ☎ 24-33-50. • hbrm.com • Doubles 50-70 $ selon saison, vue et confort.* Dans un quartier calme, avec une vue imprenable sur les berges aménagées du Mékong. Hôtel de type « boutique », ayant résolument pris le parti de la modernité. Une quinzaine de chambres confortables, toutes différentes et très bien équipées. Selon les étages, déco très design, à la fois sobre et chaleureuse, avec des éléments modulables, dans les tons roses ou bleus. Chambres très claires, dotées de petits balcons donnant sur le fleuve pour les plus chères, ou sur le jardin pour les autres. Une valeur sûre et originale de Vientiane.

Très chic (plus de 600 000 kips / 75 $)

Ansara (zoom C3, **34**) : *rue Wat Chan. ☎ 21-35-14. • ansarahotel.com • Dans une ruelle calme rejoignant le quai Fa Ngum à l'angle du wat Chan. Résa très conseillée. Double 160 $, suite 290 $; 10-20 % de réduc si résa sur le site. Menu déj 2-3 plats env 15 $.* Une superbe maison coloniale réhabilitée ? Que nenni ! Mais bien une reconstruction particulièrement réussie, à laquelle ont été adjoints 2 bâtiments de résidence plus classique sur l'arrière. Tradition et modernité se marient parfaitement : confort maximal, mobilier et déco combinant le style laotien à l'asiatique contemporain. 14 chambres, dont une familiale et 2 suites. Toutes les chambres disposent d'un balcon donnant sur le jardin et la grande piscine. Le petit déj, soigné, avec buffet plus choix à la carte, est servi sur l'élégante terrasse du restaurant *Signature* (formules déjeuner tentantes, cuisine française) ou à l'étage de la maison. Accueil très moyen, dommage.

Lao Orchid Hotel (zoom C3, **39**) : *rue Chao Anou. ☎ 26-41-34. • lao-orchid.com • Double env 75 $.* Dans cette rue tranquille, face au wat Chan et à deux pas du Mékong et de ses fabuleux couchers de soleil, voici un hôtel aux chambres confortables, dont la déco chaleureuse en bois s'inspire du style des maisons traditionnelles laotiennes. Nos préférées sont les plus élevées, ne serait-ce que pour la vue. Bon accueil.

Settha Palace Hotel (zoom D2, **36**) : *6, rue Pang Kham. ☎ 21-75-81 ou 82. • setthapalace.com • Résa impérative. Doubles et suites respectivement à partir de 180 et 240 $.* Une grande demeure coloniale des années 1930, rénovée et aménagée avec goût par des architectes talentueux. Juste une trentaine de chambres, pas énormes (hors « suite » en tout cas...) mais vraiment luxueuses et pour certaines avec balcon. Lits en palissandre, marbre dans les salles de bains, hauts plafonds. Raffinement total, petite piscine accessible aux non-résidents mais cher (compter 20 $). Un parfum rétro du temps du mandat français.

Green Park Boutique Hotel *(plan d'ensemble E4,* ***45****) : 248, Kouvieng Rd, Nongchanch. ☎ 26-40-97. • greenparkvientiane.com • À 10 mn de marche du centre et en retrait de la route. Résa impérative. Doubles 165-215 $ et suites 360-460 $.* 34 belles chambres réparties dans de petites maisons qui s'articulent autour de la piscine. Dans certaines, la salle de bains donne sur le « jardin tropical », mais elles ne valent pas vraiment le surcoût. Quelques bassins, des petits ponts, des bougies allumées le soir, et des chevaux qui paissent dans les champs tout autour... Une atmosphère et un professionnalisme parfaits pour une escale en amoureux. Spa et salle de gym ; également un resto. Navette toutes les heures (10h-22h) pour le centre-ville.

Où dormir dans les environs ?

Jungle House *(hors plan d'ensemble par H1,* ***29****) : 206, Soi 20, Ban Xokkham. 020-561-00-50. • mbodd.com • À 10 km du centre. Passer le grand what Luang, après un pont, tourner à gauche, ensuite, très compliqué, mieux vaut demander aux locaux « wat Xokkham » (prononcer Sokam). Soi 20 est une route en terre 500 m derrière le wat. Résa longtemps à l'avance indispensable. Compter 75 $ pour 2, comprenant le dîner, les boissons et le déj ; on se sert comme on veut dans le frigo. Transfert aéroport et navette pour le centre gratuits.* En pleine campagne, rien n'indique cette *Jungle House* derrière la vieille grille. Et pourtant, dans le jardin tropical se cache une immense villa composée de 4 chambres, réparties dans la maison principale et un cottage. En prime, une grande piscine et une bibliothèque de plus de 500 livres. Cette vraie maison d'hôtes (on mange avec les propriétaires), superbement meublée et décorée, a été créée par Michaël, un Britannique, à l'initiative de nombreuses associations pour personnes handicapées (dont COPE, que l'on peut visiter) et sa femme lao, Dr Xoukiet, qui combat le trafic d'enfants. Une adresse vraiment à part.

Où manger ?

Ce ne sont pas les restos ni les saveurs qui manquent à Vientiane, malgré sa taille modeste. Des stands et gargotes de rue aux établissements plus apprêtés, plats laotiens, vietnamiens ou chinois se côtoient et s'entremêlent. D'autre part, les amateurs de cuisine fusion ou purement occidentale, et en particulier française, se réjouiront du choix remarquable d'établissements aux rapports qualité-prix attractifs, surtout au déjeuner.

CUISINES LAOTIENNE, VIETNAMIENNE ET INDIENNE

Très bon marché (moins de 50 000 kips / 6 $)

Gargotes des marchés de Vientiane : au marché du matin *(plan d'ensemble D3,* ***109****)*, au marché *Khua Din (plan d'ensemble E3,* ***96****)*, au bord du Mékong *(plan d'ensemble B3,* ***97****)*. Soupes de nouilles *(phó), lap,* poulet ou poisson grillé, *hot pot* et, bien sûr, l'inévitable riz gluant.

Cantoches de rue : dans le petit quartier chinois, au croisement des rues Heng Boun et Khoum Boulom *(zoom C2)*, ainsi que le long du quai Fa Ngum *(zoom C-D3)*. On y sert une nourriture populaire sino-laotienne ou « sino » tout court.

Han Sam Euay Nong *(Les « 3 Sœurs » ; zoom C3,* ***53****) : rue Chao Anou, en face du wat Chan. Tlj 8h-20h.* Ce rez-de-chaussée ouvert sur rue abrite une dizaine de tables et se prolonge d'une petite terrasse sous auvent où sont installées les popotes. Un bonheur simple et typique pour le fondu de soupes, rouleaux de printemps juteux et salades locales, qui trouvera difficilement mieux dans cette gamme de prix. Qualité, fraîcheur et quantité assurées ; solitaires, ne prenez pas de grande portion !

Pho Zap *(zoom D2-3, **74**)* **:** *115, rue Saylom, près du That Dam. Tlj 6h-15h.* Une adresse prisée des locaux, grande salle en longueur, tables nappées de plastique pour choisir selon son appétit un des *phó*, proposés en 3 tailles. Également des *bo bun* et le *khao soy* (sorte de nouilles birmanes). Excellents jus de fruits frais, et pour le dessert il suffit de traverser la rue pour s'offrir un *nam van* (fruits dans du lait de coco).

PVO *(plan d'ensemble E3, **60** et **67**)* **:** *344, rue Samsenthai. Annexe, rue Kouvieng, une parallèle vers l'est. Tlj 6h30-16h30 (13h30 dim). Fermé dernier dim du mois.* 2 adresses voisines pour cette enseigne populaire de cuisine vietnamienne. La première est aménagée à couvert autour d'une ancienne maison en bois de quartier qui abrite aujourd'hui la section climatisée. Elle fait le plein tous les jours pour ses excellents *phó*. « Des *phó*, encore ! », direz-vous. Mais il y a autant de versions que de cuistots ! Si vous êtes plutôt *bo bun* ou autres salades et sandwichs vietnamiens, préférez l'annexe (qui, elle, ne sert pas de *phó*). Très bons jus d'orange frais dans les deux cas.

Bon marché (50 000-100 000 kips / 6-12,50 $)

Lao Kitchen *(zoom C2, **56**)* **:** *rue Hengboon, en face du KP Hotel. ☎ 25-43-32. Tlj 11h-22h.* Parfait pour s'initier à une cuisine lao, fine et authentique, calibrée pour les palais étrangers puisqu'il est possible d'ajuster le degré de piments en se basant sur le nombre de pictos « chilis ». La carte détaille parfaitement, en anglais, les ingrédients des *lap* (celui de canard est recommandé), currys, soupes, *dip* (légumes et herbes crus à plonger dans divers condiments) et les plats de riz. Tout est goûteux. Cadre net et plaisant.

Full Moon Café *(zoom C3, **51**)* **:** *rue François-Nginn. ☎ 24-33-73. Tlj 9h-23h. Happy hours jeu et sam 17h-20h.* Déco originale avec de jolis tableaux accrochés sur les murs colorés. Côté fourneaux, on se délecte de bons petits plats de l'Inde et de l'Asie du Sud-Est (Laos, Cambodge, Chine et Thaïlande), plutôt épicés. Agréable terrasse. Bon choix de cafés. Bon rapport qualité-prix.

Ban Vilaylac Restaurant *(zoom C3, **52**)* **:** *derrière le wat Ong Teu. ☎ 22-20-49. Tlj sf dim soir 9h-22h.* Une adresse perdue derrière son mur végétal et ses loupiotes à la nuit tombée, joliment décorée d'objets traditionnels lao. Spécialités lao-thaïes délicieuses, de la salade de papaye au *tom yam* en passant par le poulet aux noix de cajou. Service lent mais gentil. Calme et reposant.

Xang Khoo *(zoom D3, **75**)* **:** *68, rue Pang Kham, au coin de la fontaine de Nam Phou. ☎ 21-93-14.* Cette crêperie réputée a été reprise par Arnaud, un Français très sympa qui, en plus des crêpes 100 % sarrasin (rare en Asie du Sud-Est), propose des plats laotiens traditionnels (excellents *lap*) et occidentaux. Le tout dans une belle salle au carrelage rouge et aux grosses poutres en bois au plafond, avec large terrasse. Voilà une bonne petite adresse pour se régaler et bavarder avec ses voisins de table ou au bar avec Arnaud. De plus, prix vraiment doux pour la capitale.

Taj Mahal Restaurant *(zoom C-D3, **54**)* **:** *juste derrière le palais de la Culture. 020-556-110-03. Tlj sf dim midi.* Sous les dehors modestes d'une terrasse couverte de tôles, ce gentil resto indien propose une savoureuse cuisine. Dans l'assiette, voici donc currys, *biryanis* et encore bien d'autres plats typiques du pays de Gandhi. Très apprécié.

Prix moyens (100 000-150 000 kips / 12,50-19 $)

Makphet *(zoom C3, **59**)* **:** *78, Ban Impeng Vat Chanh Tha, face à l'hôtel Sala Inpeng. ☎ 26-05-87. Tlj 11h-22h30. Résa indispensable le soir.* Charmant petit resto doté d'un jardin agréable, ouvert par l'ONG *Friends-International* (● *childsafe-international.org* ●), qui forme les gamins des rues aux métiers de la restauration. On se délecte de bons petits plats laotiens mitonnés avec créativité et particulièrement bien présentés ; demi-portions possibles pour certains plats. Les desserts originaux ne sont pas en reste. Excellents jus de fruits. Service gentil et touchant d'application. Une annexe à Phnom Penh, *Friends.*

Amphone *(zoom C-D3,* **72***) : 37, Soi Wat Xieng Gneum. ☎ 21-24-89. Tlj sf dim. Menu dégustation ou repas à la carte.* Resto au calme, où l'on hésite entre la terrasse semi-couverte et la salle plus cossue. Goûtez, par exemple, au *mok pa* (poisson cuit dans une feuille de bananier) ou à la soupe *keng nor mai* (pousses de bambou mixées avec des piments). Petite musique jazzy et tables en terrasse bien mises.

CUISINE FRANÇAISE ET INTERNATIONALE

De bon marché à prix moyens (moins de 150 000 kips / 19 $)

Le Vendôme *(zoom C3,* **55***) : rue Inpeng, face au temple du même nom. ☎ 21-64-02. Ouv 10h-14h (lun-ven slt), 17h-22h (tlj).* À l'angle de rues presque villageoises, la terrasse couverte et verdoyante qui ceinture la maison coloniale fait vite le plein midi et soir. Les retardataires se consoleront à l'intérieur, qui vaut son pesant de pittoresque : une ambiance digne d'un roman d'Hougron (voir « Livres de route » dans « Laos utile »). Côté cuisine, quelques spécialités bien franchouillardes : filet de porc aux figues, poularde à la basquaise, etc. Également toute une gamme de grillades, soufflés (une spécialité maison) et salades généreuses. Éviter les pizzas en revanche. Rien de gastronomique mais bonne franquette assurée, comme l'illustre le plat du jour, vraiment bon marché.

Chokdee *(zoom C3,* **63***) : quai Fa Ngum. 020-561-034-34. Mar-sam 10h-23h, dim 10h-18h, lun 18h-23h.* Avec une effigie de Tintin au Népal à l'entrée, les Belges ne cessent de nous épater ! Car il faut l'avoir, la... banane, pour monter sous ces latitudes un resto-bar qui ne démériterait pas au plat pays. Bravo à Vincent, donc, et à son gérant, Laurent. Waterzoi, carbonades, boulets liégeois sont au rendez-vous, et... les vendredi et samedi, 20 recettes de moules différentes. D'autres spécialités, et pensez aux frites ou à la purée qui les accompagnent... Tout est bon et bien servi. Rien ne manque, puisque 100 bières belges sont à la carte ! Terrasse, salle et mezzanine avec balcon, décorées de fresques de B.D., souvent bondées. Patienter au bar le temps que ça se libère. D'occasionnels concerts sont prévus.

Le Provençal *(zoom C3,* **58***) : à l'angle des rues Manthatourath et Setthathirat. ☎ 21-96-85. Tlj 11h30-14h, 16h-22h.* Resto français servant copieusement des plats classiques accompagnés de frites maison et de ratatouille. Quant aux pizzas, cuites au feu de bois, elles font l'unanimité. Si après un plat vous avez de la place pour le dessert, on vous recommande les profiteroles au chocolat. Belle carte des vins. Le patron, grand bourlingueur et conteur a vécu partout. Un rendez-vous des expats.

La Terrasse *(zoom C3,* **57***) : 55/4, rue Nokeo Khoumane. ☎ 21-85-50. Lun-sam 11h-14h, 18h-22h. Menu complet du jour, compter 85 000 kips.* Quelques tables en terrasse ou une salle dont la déco rappelle Paname. Les grands classiques de la cuisine française et d'ailleurs (coq au vin, couscous) voisinent les incontournables standards internationaux (salades, pâtes, pizzas, burgers, etc.). Un mariage déconcertant de prime abord pour un établissement couru pour la qualité de ses menus du jour à prix doux. Même proprio que le *Banneton,* juste en face.

De prix moyens à très chic (plus de 100 000 kips / 12,50 $)

La Cave des Châteaux *(zoom D3,* **50***) : pl. Nam Phou. 020-236-140-92. Tlj sf sam et dim midi 11h-14h, 18h-22h30. Menu déj fixe autour de*

LAOS / VENTIANE ET ALENTOUR

100 000 kips ; menu-dégustation 185 000 kips. Joliment aménagé comme une vieille cave en pierre, doté d'une terrasse plaisante, même si elle souffre de la modernisation catastrophique de la place Nam Phou. Le midi, le menu « steak », servi avec 3 sauces et pommes de terre en robe des champs, remporte un succès justifié. À la carte, large choix de spécialités françaises, comme la souris d'agneau ou la joue de bœuf oignon, thym, roquefort et beurre d'anchois... Cuisine fusion fine et relevée, parfait pour combattre le mal du pays, bon choix de fromages et de vins y contribuant.

|●| ***L'Adresse de Tinay*** *(zoom C3,* ***52****) : derrière le wat Ong Teu, voisin de* Ban Vilaylac. *020-569-134-34. Tlj sf sam midi et dim 11h30-14h, 18h30-22h. Le midi, menu complet env 60 000 kips ; le soir, compter 160 000 kips.* Cadre élégant et agréable. Une cuisine française inventive préparée à base des produits achetés tous les matins au marché par Tinay, le chef franco-laotien. Menu alléchant et petite carte avec les suggestions du jour.

|●| ***Bistro 22*** *(plan d'ensemble E3,* ***68****) : 22, rue Samsenthai. ☎ 21-41-29. Formules déj lun-ven 50 000-80 000 kips ; sinon, repas complet autour de 200 000-250 000 kips.* Ne vous laissez pas décourager par les 10 mn de marche depuis le centre, car la carte gourmande d'inspiration française vaut bien une petite balade apéritive ! La formule déjeuner, particulièrement recommandée, change tous les jours. Le soir, les prix grimpent mais si l'on rêve d'une côte de bœuf à partager, d'une souris d'agneau braisée, d'un tartare, d'un pavé de thon façon *tataki* (juste saisi) ou d'un plateau de 6 fromages... Plats élégamment dressés. Difficile de résister à la vitrine des desserts ; le patron recommande le fondant mi-cuit. Courte carte des vins, pour moitié française. Service aux petits oignons.

Où boire un café ? Où manger sandwichs et pâtisseries ?

À l'exception du *Croissant d'Or,* vous retrouverez une branche de ces enseignes à Luang Prabang.

|●| ☕ ***Le Banneton*** *(zoom C3,* ***57****) : rue Nokeo Khoumane, face au resto* La Terrasse. *☎ 21-73-21. Tlj 7h-18h30 (13h30 dim).* Pour les Vientianais, c'est la meilleure boulangerie-pâtisserie de la ville. Sous vos yeux éblouis, voici la panoplie complète des viennoiseries françaises croustillantes pour vous caler à l'heure du petit déj, avec un café bio vraiment top et de la confiture maison. Également de bonnes tartines gourmandes, des quiches, salades et de délicieux jus de fruits.

|●| ☕ ***Joma Bakery Café*** *(zoom D3,* ***66****) : 44/4, rue Setthathirat, près de la fontaine Nam Phou. ☎ 21-52-65. Tlj 7h-21h.* On trouve de tout dans cette boulangerie-cafétéria à l'américaine : croissants, pain aux céréales, *apple pies, scones,* muffins et snacks. La terrasse sur la rue est très classique, limite fast-food, mais l'intérieur plutôt design est réussi. Ses recoins et la mezzanine attirent du monde, dont pas mal d'accrocs aux tablettes et smartphones.

|●| ☕ ***Café Croissant d'Or*** *(zoom C3,* ***57****) : rue Nokeo Khoumane, presque en face du resto* La Terrasse. *☎ 22-37-41. Tlj 6h30-23h.* Moins chères, les viennoiseries sont aussi moins fines qu'au *Banneton* tout proche. Cela dit, on a bien aimé les chaussons aux pommes et au citron, la tarte à l'orange ou le café. Idem pour l'atmosphère de la petite salle avec terrasse sur rue et du mignon petit patio verdoyant. Également de copieux sandwichs et salades. Succursale rue François.

|●| ***The Scandinavian Bakery*** *(zoom D3,* ***75****) : pl. Nam Phou. ☎ 21-51-99. Tlj 7h-21h.* Tartes salées, muffins, *brownies, apple pies* et autres petits gâteaux sont ici corrects, sans avoir la qualité de ceux des adresses précédentes. Demeure la situation sur la place, la petite terrasse, et le confort des 2 niveaux intérieurs pour apprécier un petit déj ou un café.

Sinouk Café *(zoom C3, **84**)* **:** *au coin du quai Fa Ngum et de la rue François Ngin. ☎ 312-150. Tlj 7h30-22h.* Le représentant local de la marque de café du plateau des Bolavens, dans le Sud. Un petit look parisien, on peut y prendre le petit déj avec œufs, croissants frais, et/ou pain au chocolat et un délicieux café (au goût fumé) au choix. Également petite restauration, à l'étage ou dans les fauteuils en osier de la terrasse.

Où boire un verre ? Où sortir ?

Pour admirer le coucher du soleil

Avec l'aménagement des berges du Mékong, les gargotes ont quitté le centre. De nouvelles constructions sortent progressivement de terre. Pour retrouver la magie des guinguettes sur pilotis, quand l'astre doré se mire dans le fleuve, il faut pousser plus loin vers l'ouest *(plan d'ensemble B3, **97**)*. On a quand même trouvé deux adresses qui font de la résistance.

Samyeck Pakpasack *(plan d'ensemble B3, **85**)* **:** *quai Fa Ngum. ☎ 21-29-12.* Perchée sur la disco du rez-de-chaussée, cette terrasse couverte est la seule à perpétuer la tradition des guinguettes aussi près du centre. Surtout, elle a conservé sa vue sur le fleuve. Architecture rudimentaire en bois, tables et bancs à l'avenant, idéal pour siroter une bière en grignotant quelques spécialités du cru. Le soir, groupe live. Populo et divertissant.

Highland Bar *(plan d'ensemble A2-3, **87**)* **:** *quai Fa Ngum. 020-774-448-55. Jusqu'à 23h.* Appréciée des expats, cette guinguette semi-couverte, à l'extrémité ouest du réaménagement de la berge, commande l'une des plus belles vues sur le Mékong, face à la rive de la Thaïlande. Idéal pour l'apéro au coucher du soleil. Cuisine lao-thaïe, les plats occidentaux sont moins réussis (éviter les pizzas). Concerts occasionnels, assez tôt (18h à 20h). C'est aussi un *sport-bar* à l'anglo-saxonne tenu par un Écossais.

Bars et pubs

Noy's Fruit Heaven *(zoom C3, **69**)* **:** *rue Hengboon. Tlj 7h-19h30.* Bar à la déco pimpante, tenu par une famille vietnamienne qui propose de délicieux jus et salades de fruits frais, pressés sous vos yeux. Petite terrasse pour siroter en goûtant l'ambiance de la rue.

Khop Chaï Deu *(zoom D3, **62**)* **:** *54, rue Setthathirat, presque à l'angle de la pl. Nam Phou. ☎ 25-15-67. Tlj 8h-23h. Ouv tôt jusque tard.* Une ancienne villa coloniale sert de tuteur aux terrasses en quinconce et passerelles qui se sont ramifiées tout autour. Éclairé comme un jour de carnaval, le « Merci Beaucoup » n'est guère esthétique mais s'anime à la nuit tombée, rassemblant touristes et Laotiens en goguette. On s'installe en plein air ou dans les salles climatisées, investies régulièrement par des groupes de pop-rock asiatiques. Les nombreux plats lao-thaïs et internationaux ne font pas d'étincelles... ni de mal : un mets simple accompagne honorablement *shake* ou *Beerlao.*

Bor Pen Nyang *(zoom C3, **35**)* **:** *quai Fa Ngoum. Tlj 10h-minuit.* Bar fréquenté par les expats et les oiseaux de nuit, à découvrir après avoir grimpé les escaliers vers le 4e étage sur le toit de l'immeuble. Superbe vue sur le Mékong, billard et écrans TV. La nourriture ne vaut pas le coup.

Beer gardens de la place Nam Phou *(zoom D3)* **:** profitez d'une soirée pour venir vous hydrater sur cette grande terrasse sur estrade, aménagée comme un *beer garden* à la mode thaïlandaise. C'est agréable, mais parcourez tout de même ce qu'on dit du coin dans la rubrique « À voir ».

Sticky Fingers *(zoom C3, **51**)* **:** *rue François Nginn. ☎ 21-59-72. Voisin du* Full Moon. *Tlj 17h (10h le w-e)-23h ;* happy hours *jusqu'à 20h. Brunch tlj.* Ce pub bien connu et animé draine les voyageurs et résidents étrangers de Vientiane qui s'y retrouvent en soirée pour descendre quelques verres et grignoter des plats « italo-mexicano-libano-américano-asiatiques ».

Jazzy Brick (zoom D3, **66**) : *rue Setthathirat, à côté de* Joma Bakery Café. Une chaleureuse maison coloniale façon *lounge* tropical tout en brique, lumières tamisées et bois exotique à l'intérieur. Pour siroter, sur quelques notes jazzy, un cocktail sophistiqué. Tarifs élevés (à partir de 5 $). Attention, tenue correcte exigée, éviter les tongs !

Wind West (plan d'ensemble C2, **90**) : *sur la route de Luang Prabang. 020-777-713-01. Tlj 20h-1h.* Ouvert en 1993, ce fut le premier pub de Vientiane ! Style western, tout en rondins, et essentiellement fréquenté par des Laotiens ; on y écoute de la musique live presque tous les soirs. Fait aussi *steak house*. Bonne ambiance quand il y a de l'assistance.

Discothèques

Les discothèques sont généralement ouvertes tous les soirs (entrée payante), mais l'ambiance n'est souvent au rendez-vous que le week-end, quand les jeunes Laotiens fêtards et branchés font le tour des boîtes. Elle bat son plein vers 22h30. À 23h30, soit 1h plus tard... c'est l'heure officielle maximale de fermeture. Noctambules, rassurez-vous, plusieurs établissements ont la permission de minuit, voire plus. La prostitution est dorénavant commune dans ces lieux, bien qu'elle reste théoriquement réprimée et bien moins développée qu'en Thaïlande. Alors, messieurs, ne vous étonnez pas si vous vous faites facilement approcher, les belles de nuit sont souvent de sortie, mais à vos risques et périls.

L'Echo (plan d'ensemble B2, **86**) : *adjacent à l'hôtel* Mercure. *Tlj 21h-23h (en principe).* La jeunesse friquée s'y trémousse toute la soirée aux côtés des touristes sur les rythmes fous des musiques thaïes et américaines. Et la *Beerlao* coule à flots !

Marina Club (hors plan d'ensemble par A2, **89**) : *route de Luang Prabang, en direction de l'aéroport, 500 m après le* Mercure *; y aller en* tuk-tuk. *Tlj 20h-1h.* Le temple local de l'électro avec tout ce qu'il faut de lumières laser et de décibels pour attirer les jeunes Laotien(ne)s. Le R'n'B et karaoké du début de soirée fait place ensuite à la house. On peut aussi se faire quelques *strikes* au bowling adjacent. Pas loin de là, la boîte ***At Home*** *(20h-minuit)* joue les vases communicants avec les mêmes ingrédients.

Achats

Plusieurs ***magasins*** proposent aux touristes des objets (assez chic) de décoration inspirés de la tradition laotienne. Tous se situent dans les principales rues commerçantes du centre-ville : Samsenthai, Setthathirat et Chao Anou. Globalement, même si l'on y trouve de jolies choses, c'est plutôt cher et sans garantie de commerce équitable pour les artisans qui produisent ces objets... Voici d'autres boutiques qu'on aime bien.

Décoration, divers

T'shop Laï Gallery – Lao Coco Arts (zoom C3, **55**) : *rue Inpeng, à côté du resto* Le Vendôme. ☎ *22-31-78. Tlj 8h-20h (10h-18h dim).* Une boutique d'artisanat solidaire, d'insolites objets à partir de bois recyclé, de coco, de coquille d'œuf (si, si !), bois ou fer, des créations contemporaines réalisées avec des matériaux traditionnels, et puis des savons et autres produits de beauté... À l'initiative du sympathique Michel, tout est fabriqué localement, par des dizaines de personnes handicapées qui se réinsèrent par l'artisanat. Bravo !

Bamboo Handicrafts (***Phai Exclusive*** ; hors plan d'ensemble par D1, **118**) : *rue Thongtoum.* ☎ *21-48-04. Lun-sam 8h-16h30.* Intéressant de voir à l'œuvre les artisans qui travaillent le bambou. Côté réalisations, pas mal de petits meubles, évidemment pas idéal à glisser dans ses valises, néanmoins, quelques objets de taille réduite : boîtes, appliques, cadres, pieds de lampe...

Satri Lao (zoom C3, **115**) : *79/4, rue*

Setthathirath. ☎ *24-43-84.* • *satrilao.laopdr.com* • *Lun-sam 9h-20h, dim 10h-19h.* Sur 3 niveaux, une profusion d'objets de déco, d'artisanat, arts de la table, textiles précieux, antiquités ethniques, et même des savons et produits de beauté. Chic, cher, mais vraiment très beau.

Tissus et textiles

Le meilleur choix se trouve sur les marchés. Ne pas hésiter à marchander, dans les limites du raisonnable. On peut voir des ateliers de tissage au nord-est de Vientiane, dans le quartier de Ban Nong Bua Thong. Pour ceux qui peuvent attendre, les marchés de Luang Prabang sont plus agréables et moins chers.

Couleur d'Asie *(zoom C3,* ***115****)* **:** *rue Nokeo Khoumane (face au wat Mixaï).* ☎ *22-30-08.* • *couleurdasie.net* • *Lun-sam 8h-22h.* Boutique de décoration d'intérieur (sets de table, rideaux...), tenue par Viviane Inthavong, une styliste réputée qui propose aussi sa collection de vêtements en soie d'inspiration française et laotienne. Pas vraiment donné mais de bon goût. Fait aussi salon de thé.

Lao Textiles – Carol Cassidy *(zoom C-D3,* ***116****)* **:** *82, rue Nokeo Khoumane.* ☎ *21-21-23.* • *laotextiles.com* • *Tlj sf sam ap-m et dim 8h-12h, 14h-17h.* Dans une grande maison coloniale un peu décatie d'apparence, entourée d'un luxuriant jardin, on y trouve tissus et vêtements aux motifs minutieux, créés sur place par une styliste renommée. Ils sont fabriqués sur des métiers à tisser traditionnels, que l'on aperçoit dans l'atelier à l'arrière. C'est du haut de gamme, donc cher, mais vraiment raffiné.

Nikone Handicraft *(plan d'ensemble D1,* ***113****)* **:** *1, rue Dong Mieng.* ☎ *21-21-91. Tourner à droite avt le cirque (pas facile à trouver). Tlj sf dim 9h-17h.* Toute une gamme de produits écologiques (teintures traditionnelles) décorés des motifs locaux et développés par une styliste au goût sûr. Les tissus (rideaux, arts de la table, foulards...) sont splendides et d'excellente qualité pour un prix somme toute raisonnable. Ne pas oublier de jeter un coup d'œil sur les métiers à tisser à gauche en sortant.

Mixay Boutic *(zoom C3,* ***115****)* **:** *53/55, rue Nokeo Khoumane.* ☎ *21-65-92.* • *artofmekong.com* • *Juste à côté du resto* La Terrasse. *Tlj sf dim 8h30-20h.* Essentiellement de superbes tissus et de l'artisanat local adapté au goût occidental. Marchandage possible, mais quel business !

Tounet *(zoom C3,* ***123****)* **:** *rue Hengboon, à deux pas du palais de la Culture.* ☎ *21-50-03. Tlj sf dim 8h-19h30.* Création de modèles maison de pantalons, sacs et écharpes, à partir de tissus lao et d'Asie du Sud-Est. C'est adapté au goût européen, beau et pas très cher. Possibilité de se faire confectionner des pièces sur mesure. Accueil adorable, en français de surcroît.

Loisirs et détente

Piscines

Certaines piscines d'hôtels sont ouvertes aux non-résidents ; compter environ 10-20 $. On aime bien celle du *Settha Palace Hotel (zoom D2,* ***36****)*, un peu pouet-pouet (et prix des consos pas donnés), mais mieux que celle du *Mercure Vientiane (plan d'ensemble B2,* ***86****)* qui donne sur le resto. Cette dernière offre toutefois accès au sauna et au fitness. Autre option, celle du *Don Chan Palace (plan d'ensemble E4,* ***88****)*, couverte, avec vue imprenable sur le Mékong.

En dehors des hôtels, il y a également la *piscine municipale,* à côté du stade *(compter 20 000 kips)* ou celle du club de fitness *Sengdara (plan d'ensemble F4,* ***10*** *; 5/77, rue Dong Palan ;* ☎ *45-21-59 ; env 50 000 kips).* Cette dernière est propre, mais le bassin est plus petit que celui de la municipale ; également un bassin enfants.

Massages

■ ***Papaya Spa*** *(plan d'ensemble B2, **120**) : Ban Sithan Neua. 📱 020-556-105-65. • papayaspa.com • Entre le Mercure et le fleuve, bien fléché. Tlj sf lun 9h30-19h30 (dernier massage à 17h30), rdv souhaitable.* Accueil en français. Dans cette jolie maison coloniale décorée avec beaucoup de goût, façon magazine de déco, on se fait pouponner sans compter. Prix plus élevés que dans le centre mais cadre très reposant ; nos lectrices sont sous le charme.

■ ***The Mandarina*** *(zoom D3, **113**) : rue Pang Kham. ☎ 22-38-57. Tlj 10h-20h.* Cadre plutôt joli, et relaxant. Gamme complète de massages traditionnels, de la tête aux pieds, la plupart pour 90 mn. Assez énergiques et pas très chers. Vous pouvez aussi faire confiance au *White Lotus* en face.

■ ***Tangerine Garden*** *(Spa and Wellness Centre ; zoom C3, **121**) : rue Wat Chan, face à l'hôtel Ansara. ☎ 25-14-52.* Dans une maison blanche de style colonial, au calme (ça compte !). Toute une gamme de massages pour ressortir totalement zen. Tout est propre.

Cinéma et bowling

■ ***Institut français*** *(plan d'ensemble E2, **15**) : voir « Adresses et infos utiles ». Projection de films en principe mar et mer. Env 10 000 kips.* Programmation éclectique de films, qui conviendra aux cinéphiles comme aux voyageurs en mal de culture française. Voir le programme sur leur site ou brochure.

■ ***Lao Bowling Centre*** *(zoom D2, **122**) : rue Khoum Boulom. ☎ 22-32-19. Tlj 9h-minuit (parfois jusqu'à 3h le w-e). Plus cher après 19h.* Un bowling avec des machines des années 1970, où les Laotiens, d'habitude si tranquilles, lancent leurs boules comme des dingues, et demeurent curieux et amusés du jeu des étrangers.

À voir

Dans le centre *(zoom)*

Architecture coloniale, moderniste et Art déco

👣👣 Datant du protectorat et des années 1950-1960, l'architecture coloniale demeure indubitablement l'un des attraits de Vientiane, même si la mutation de la ville entraîne une chasse à la rentabilité des terrains, difficilement compatible avec la protection du patrimoine. On distingue plusieurs styles, correspondant à des fonctions très différentes : les grands bâtiments administratifs, les luxueuses villas situées à l'ouest du centre (avenue Lane Xang, rue de la Mission) et les rangées de « compartiments chinois » de l'hypercentre (rue Setthathirath notamment). Ces dernières témoignent d'un habitat typique à toute l'Asie du Sud-Est d'époque coloniale : commerce au rez-de-chaussée, logement au-dessus. Vientiane, c'est aussi un plan urbain qui date du protectorat.
Mais mille milliards de mille sabords, qu'ont fait les architectes de la ***place Nam Phou*** *(zoom D3)* ? Les porches et vulgaires baraques entourant l'estrade ruinent complètement l'harmonie et la perspective qui se dégageaient de la place.

👣👣👣 ***Wat Sisaket*** *(zoom D3) : entre l'av. Lane Xang et la rue Setthathirat. Tlj 8h-12h, 13h-16h. Entrée : 10 000 kips. Plusieurs panneaux explicatifs, traduits en français.*
Situé au centre de la ville, dans un jardin paisible, Sisaket (« le cheveu sur la tête ») est à peine inauguré par le roi Anouvong en 1818 que les Siamois déferlent sur Vientiane. Ils l'épargnent cependant, pour son style... siamois ! Sa rénovation récente a été financée par l'Allemagne.
La principale caractéristique de ce temple est sa profusion de statuettes du Bouddha, disposées généralement deux par deux, dans des niches creusées dans

l'enceinte du cloître et dans les murs du *sim.* Il y en des milliers, choc visuel garanti ! Les plus anciennes sont en bronze et datent du XVe s. Les autres, en pierre ou en argent, remontent pour la plupart aux XVIIIe et XIXe s.
Le *sim,* de style siamois, est entouré d'une colonnade et possède un toit à cinq pans. En plus des niches à statuettes, des peintures très abîmées illustrant la vie du Bouddha ornent les murs intérieurs. L'étonnant plafond à caissons et ses décorations florales seraient inspirés du château de Versailles. Au sol, les carreaux-béton à motifs géométriques sont typiques de l'époque du protectorat. À l'extérieur, derrière le *sim,* mais aussi sous la colonnade, des gouttières en bois *(hang hod)* en forme de naga (serpent mythique) permettent de recueillir l'eau lustrale dont on arrose les statues lors de la fête du Nouvel An. On aperçoit aussi quelques tombes renfermant des urnes. Dans le petit parc qui entoure l'enceinte extérieure, ne pas manquer le pavillon bibliothèque (Ho Tai) et son élégante toiture à quatre pans d'inspiration birmane.

***King Anouvong's Statue** (zoom D3) :* érigée en 2010 au bord du fleuve, la statue représente le roi Anouvong, qui régna au début du XIXe s. Inhabituel qu'un régime marxiste choisisse un ancien roi pour représenter le pays ! Il faut dire que celui-ci s'est illustré pendant son règne en soulevant le joug du Siam, dont le Lane Xang faisait alors partie. La statue est orientée vers la Thaïlande, le bras levé, comme pour mieux maintenir à distance le grand frère voisin...

***That Dam ou « stûpa noir »** (zoom D3) : au bout de la rue Chanta Khoumane.* Cet étrange stûpa, qui doit son surnom aux sombres moisissures clairsemées de végétation qui le recouvrent, est sans doute très ancien. Selon la légende, il serait le gardien d'un dragon à sept têtes qui aurait protégé la ville lors des invasions siamoises. Quand on connaît cette période tragique de l'histoire du Laos, on se dit que sa protection n'a guère été efficace, d'autant que les Siamois l'auraient débarrassé de sa couverture de feuilles d'or. C'est peut-être la raison pour laquelle ce stûpa n'est pas l'objet d'une grande dévotion... En revanche, son histoire fait couler beaucoup d'encre : articles et publications se disputent ses secrets.

***Lao National Museum** (zoom D2) : rue Samsenthai, au bout de la rue Manh Thatourath. Tlj 8h-12h, 13h-16h. Entrée : 10 000 kips.* Musée désuet, commentaires non traduits. On découvre d'abord des fossiles, os de dinosaures, puis des objets archéologiques (poteries, outils...) provenant des civilisations laotiennes de l'âge du bronze. Au 1er étage, on trouve le plus intéressant : les ethnies du pays sont évoquées à travers tissus, outils, habitat, armes et instruments de musique. Également une rigolote collection de bouddhas en or et en argent, enfermés dans une cage ! Et enfin, les souvenirs de la guerre de libération, éclairant l'histoire contemporaine du Laos, ainsi que des vitrines montrant la « modernité » de l'industrie, l'agriculture, la politique... C'était la rubrique « Communisme et langue de bois » !

***Wat Mixay** (zoom C3) :* un petit temple entouré d'une muraille, de style thaïlandais avec une forte influence chinoise. Remarquer les bas-reliefs des portes du sanctuaire.

***Wat Ong Teu** (zoom C3) : à l'ouest de la rue Setthathirat.* Le temple est situé au centre d'un ensemble de cinq monastères, disposés en croix sur les points cardinaux : wat Inpeng (ouest), wat Mixay (est), wat Chanh (sud), wat Haysok (nord). Le wat Ong Teu, lui aussi reconstruit au début du XXe s, a été fondé par le roi Setthathirat. C'est le temple du « bouddha lourd », car il abrite le plus important bouddha en bronze de Vientiane. L'extérieur est surtout remarquable pour sa magnifique porte dorée en bois sculpté. Les motifs représentent des scènes du *Râmâyana.* À l'intérieur, l'imposante statue du Bouddha est flanquée de plusieurs petits bouddhas en bronze dans différentes postures.

Wat Inpeng *(zoom C3)* **:** un temple intéressant pour sa façade richement parée de bas-reliefs en bois sculpté doré, ornés de mosaïques de verre. L'enceinte du temple abrite une petite école monastique.

Wat Haysok *(zoom C3)* **:** temple-monastère mandarinal, dont on remarquera au passage l'impressionnante toiture à cinq pans.

Wat Chua Bang Long *(zoom C2)* **:** *dans une petite impasse perpendiculaire à la rue Khoum Boulom.* Un temple vietnamien devant lequel s'élève une grande statue blanche immaculée de Kuan-Yin, déesse de la Compassion. Également quelques statuettes très kitsch devant le sanctuaire. Très fréquenté lors du Nouvel an chinois et vietnamien.

À l'ouest *(vers l'aéroport)*

Wat Tai Yai *(hors plan d'ensemble par A2)* **:** *sur la route de Luang Prabang, sur la gauche avt de tourner vers l'aéroport.* Construit à la fin du XIXe s dans le style siamois, ce *wat* est remarquable par ses fines décorations polychromes extérieures. Son sanctuaire abrite l'un des plus imposants bouddhas de Vientiane...

Au nord *(plan d'ensemble D1)*

Wat Dong Mieng *(plan d'ensemble D1)* **:** *au nord de la ville, proche de l'ancien marché Thong Khan Kham.* Construit en 1923, ce temple n'est guère visité. Et pourtant, il est très joliment décoré dans le style lao-thaï. Demander au bonze de service d'ouvrir la porte.

Au nord-est *(plan d'ensemble E-H1-2)*

Patuxai (Anousavari *; plan d'ensemble E2)* **:** *au bout de l'av. Lane Xang, faisant face au palais présidentiel. Tlj 8h-17h. Entrée : 3 000 kips.* Un curieux arc de triomphe érigé vaguement à l'image de celui de la place de l'Étoile à Paris, mais dont la décoration est inspirée de la mythologie laotienne ! Édifié à grands frais dans les années 1960 avec du béton américain destiné à construire un aéroport, c'est un monument commémoratif en l'honneur des morts des différentes guerres. Depuis la terrasse au sommet du monument, à laquelle on accède par un escalier, la vue panoramique sur la ville est imprenable. L'esplanade au pied du Patuxai est équipée de fontaines musicales, qui se déchaînent théoriquement à 18h en semaine et dès 9h jusqu'au soir le week-end. Ce spectacle est très populaire en ville... on y assiste depuis des bancs sponsorisés !

Wat That Luang *(plan d'ensemble G-H1)* **:** *à env 4 km à l'est du centre-ville. Tlj 8h-12h, 13h-16h. Entrée : 5 000 kips*
Ce grand stûpa sacré, censé contenir un cheveu du Bouddha et les cendres d'une de ses hanches, est le monument religieux le plus important du Laos. C'est également ici que réside le chef suprême du bouddhisme laotien. Sur l'esplanade bétonnée, l'immense bâtiment sur le flanc droit du temple est le Parlement lao.
Le wat That Luang a eu une histoire mouvementée, mis à mal à travers les siècles par les Siamois, Birmans et autres envahisseurs. D'après la légende, au IIIe s de notre ère, un stûpa bouddhique s'élevait déjà à cet emplacement, mais les fouilles entreprises n'ont rien révélé de plus ancien qu'un temple khmer daté du XIe s. Le stûpa actuel fut édifié au milieu du XVIe s, lorsque Vientiane devint capitale du royaume. On ne peut pas dire que sa restauration, à grand

renfort de ciment, réalisée par les Français au début du XXe s, soit une réussite, même camouflée sous sa peinture dorée. Le reliquaire, dont la base mesure 68 m de côté, est entouré d'un cloître. On peut monter sur la première des terrasses entourées de pétales de lotus, et apprécier la vue sur la statue du roi Setthathirat. Tout autour, dans l'enceinte, plusieurs monastères bouddhiques en activité.
Si, en temps ordinaire, l'aspect du That Luang peut paraître un peu austère, il n'en est rien lors de la fête du That Luang, qui a lieu mi-novembre (voir la rubrique « Fêtes et jours fériés » au chapitre « Laos : hommes, culture, environnement »). Des bonzes, venus de tout le pays, habitent alors dans les loges qui entourent le cloître et y reçoivent des offrandes des fidèles. À l'extérieur, toutes les ethnies du pays et ambassades étrangères viennent se présenter. Et il se tient une véritable foire, avec montreurs d'animaux, manèges, jeux d'adresse, loteries et attractions diverses.

Au sud-est du centre *(plan d'ensemble E4)*

Wat Simuang *(plan d'ensemble E4)* **:** *à l'angle des rues Setthathirat et Samsenthai, avt le début de la route de Thadeua.*
Entouré de verdure, voici le temple (tout jaune) le plus vénéré de la ville, parce qu'il abrite le *Lak Muang* (pilier tutélaire). Selon la légende, cette lourde pierre aurait été plantée en terre en écrasant une jeune femme enceinte ! Elle s'était, paraît-il, offerte en sacrifice... Plus probablement, il s'agit d'une ancienne borne khmère autour de laquelle le sanctuaire initial fut construit au XVIe s, détruit en 1868 et reconstruit en 1915.
Très coloré, un peu dans le style hindou, le wat Simuang est aujourd'hui le temple de la chance et de la divination. Les autochtones (et sympathisants !) viennent y faire des vœux, puis reviennent s'ils sont exaucés pour faire une offrande sous forme de billets de banque, de couronnes de fleurs ou de fruits. D'où la présence de marchands de fleurs tout autour du temple. Devant le sanctuaire se dresse une surprenante statue du roi Sisavang Vong, à l'allure martiale, réalisée par un sculpteur soviétique dans les années 1960. Il en existe une copie dans les jardins du Palais royal de Luang Prabang.

Morning Market *(plan d'ensemble D3,* ***109****)* **:** *av. Lane Xang. Tlj 7h-16h env.*
Derrière le *Talat Sao Shopping Mall,* le *Morning Market* a été rénové et bétonné ; il abrite tous types de marchandises. Dans un pavillon dédié au textile, vous trouverez quelques beaux accessoires et tissus.

Khua Din Market *(plan d'ensemble E3)* **:** *derrière le marché du matin et à côté de la station de bus. Tlj 5h-18h env mais son animation décline vers 14h.*
À voir, même si sa reconstruction a oblitéré son pittoresque. C'est ici que les paysans viennent vendre leurs produits frais dans une atmosphère joyeuse et haute en couleur, pleine de tous les parfums (et puanteurs !) de l'Orient. Les marchandises sont exposées par catégories. Superbe travail des fleuristes découpant et modelant patiemment des feuilles de bananiers avec des assemblages destinés aux offrandes lors des mariages. Énorme boucherie en plein air avec boudins en cubes trempant dans l'eau, enfilade d'œufs sur des brochettes avec poussins à l'intérieur, étals d'insectes, œufs de fourmis, etc. À la poissonnerie, on verra des poissons gluants à tête de serpent qui frétillent dans des bassines, d'énormes poissons-chats débités au hachoir, des anguilles, grenouilles et autres batraciens... Le rayon des fruits et légumes est le plus coloré, celui du tabac et des écorces le plus odorant. Pour se restaurer : des gargotes bon marché et des étals, où l'on est tout surpris de trouver de vrais pains à la française et des sandwichs.

Kaysone Phomvihane Museum *(plan d'ensemble E3,* ***95****) : rue Samsenthai. Tlj sf lun 8h30-12h, 13h-16h. Entrée : 10 000 kips.* Musée financé par le Vietnam, à la mémoire du premier président du Laos (dont le visage vous est familier puisqu'il se trouve sur tous les billets à partir de 2 000 kips). À voir la taille de la statue de style stalinien à l'entrée du musée, on mesure tout de suite le culte entretenu par le régime autour de ce personnage historique, parvenu au pouvoir en 1975. À sa mort, en 1992, un stûpa à sa mémoire fut édifié à l'entrée de chaque ville du pays.

COPE Visitor Centre *(plan d'ensemble E4, face au* ***45****) : sur Khou Vieng Rd, en face de l'hôtel* Green Park. *☎ 21-84-27. • copelaos.org • Tlj 9h-18h. Visite guidée gratuite.* Cette ONG laotienne fabrique des prothèses et offre des soins aux personnes victimes des munitions non explosées. Le centre, ouvert aux visiteurs, présente une intéressante exposition permanente : photos, sculptures, vidéos, etc. Sur place, une boutique et un café contribuent à l'autofinancement de l'organisation.

DANS LES ENVIRONS DE VIENTIANE

Mis à part pour le Buddha Park, la location de voiture avec chauffeur est le moyen le plus adapté pour explorer les environs.

Vers le sud-est

***Wat Xieng Khuan (Buddha Park** ; hors plan d'ensemble par E4) : à 24 km au sud-est de Vientiane en longeant le Mékong par la route de Thadeua. Bus n° 14 depuis la gare routière Talat Sao (voir « Quitter Vientiane »), direction Thadeua ; le bus s'arrête devant le parc. Plus rapide, mais un peu plus cher, prendre un* tuk-tuk *directement de Vientiane ou un tour organisé par une agence ou un hôtel. Tlj 9h-17h. Entrée : compter 5 000 kips avec le droit photo.* Voici le terrain de jeux original de Luang Pu, qui remit le couvert de l'autre côté de la frontière, à Nong Khai en Thaïlande après avoir quitté le Laos en 1975. Bonhomme un peu farfelu, sorte de facteur Cheval laotien et décédé en 1996, il souhaitait unifier bouddhisme et hindouisme ! Joignant l'acte à la parole, il convoqua ici les panthéons de ces deux religions pour créer plus de 200 statues, dont plusieurs dizaines sont remarquables. La naïveté et l'étrangeté de ces œuvres en béton armé datant des années 1950 ne laissent personne indifférent. En vedette, un gigantesque bouddha couché. Le wat Xieng Khuan, c'est aussi un jardin public avec une jolie vue sur le Mékong, lieu de promenade dominicale privilégié.

Vers le nord, sur la route de Vang Vieng

Lak Ha Sip Sawg Market : *à env 50 km de Vientiane, sur la route 13.* Un petit marché authentique, tenu par des Hmong poussés jusqu'ici par la guerre dans les années 1960. Très coloré avec ses fruits, légumes, vêtements, viandes et poissons séchés, il donne aussi l'occasion de casser une petite croûte dans ses popotes odorantes.

Vang Song : *à env 60 km de Vientiane, sur la route 13, prendre la bifurcation indiquée sur la droite, c'est à env 3 km. Entrée : 20 000 kips/véhicule.* Un étonnant petit groupe de bouddhas sculptés au XVIe s dans une falaise émergeant de la jungle, sur un site occupé dès l'époque môn. *Vang Song* signifie « palais des éléphants » : un cimetière d'éléphants aurait été découvert dans une grotte à proximité...

Dan Pha : *non loin de Phonhong (sur la route 13, à 70 km de Vientiane).* Site naturel très joli, constitué d'un plateau de grès rose entaillé par une petite rivière. Quelques bouddhas gravés.

QUITTER VIENTIANE

– Amoureux du Mékong, sachez qu'il n'y a plus aucun service régulier de bateau ou de cargo au départ de Vientiane, que ce soit vers le nord ou le sud. Et pas de croisières non plus.
– Une myriade d'agences et tous les hébergements ou presque disposent d'un service de réservation de transport. Pour le bus et le train, c'est assurément plus pratique que de se rendre sur place pour acheter son billet. Pour l'avion, ne pas oublier de comparer les prix avec ceux proposés directement par les compagnies. Les horaires et fréquences données ici subissent de fréquents changements. Le mieux est de s'informer sur place.

En bus

– Les agences et les hébergements proposent presque systématiquement le *pick-up* (ramassage) des voyageurs. Le rendez-vous est généralement fixé 1h avant le départ. À privilégier !
– En dehors des départs listés plus bas, d'autres formules privées existent, parfois en minivan. Pour Vang Vieng, c'est la meilleure option, on vient vous chercher à l'hôtel. Se renseigner auprès des agences.
– ***Liaisons internationales :*** voir « Arriver – Quitter » en fin de guide, pour les formalités d'entrée concernant les pays voisins.

Vientiane compte 3 gares routières.

Gare routière Talat Sao *(plan d'ensemble E3)* **:** *derrière le marché du matin.* Départ pour les villes des alentours et Vang Vieng. Également des bus internationaux pour la Thaïlande et des bus locaux desservant le pont de l'Amitié (Friendship Bridge) et alentour.
➢ ***Pour Vang Vieng*** *(160 km)* **:** 6 départs/j., 6h-14h. Env 5h-5h30 de route.
➢ ***Pour Savannakhet*** *(483 km)* **:** 3 bus/j., tôt le mat.
➢ ***Pour le pont de l'Amitié*** *(frontière thaïlandaise ; 20 km)* **:** départ du bus n° 14 ttes les 20 mn. Env 30 mn de trajet. Si votre seule ambition est de vous rendre en Thaïlande, il est plus pratique de prendre un bus direct pour Bangkok, Udon Thani ou Nong Khai.
➢ ***Pour wat Xieng Khuan*** *(Buddha Park ; 24 km)* **:** départ du bus n° 14 ttes les 15 mn. Compter 40 mn.
➢ ***Pour Nong Khai*** *(Thaïlande)* **:** 6 bus/j., 7h30-18h. Prévoir 1h de trajet.
➢ ***Pour Udon Thani*** *(Thaïlande)* **:** généralement 6 bus/j., 8h-18h. Trajet : 2-3h. D'Udon Thani, changement pour Bangkok, Chiang Mai ou Chang Rai.

Gare routière du Sud *(appelée aussi gare Dong Dok ; hors plan d'ensemble par G1)* **:** *à 9 km au nord-est du centre-ville, sur la route 13, près de l'université Dong Dok. Pour s'y rendre, bus n° 29 de la gare Talat Sao.* Départ pour les villes du Sud-Laos. Distributeur de billets sur place et petites gargotes. Ce terminal dessert les villes du sud et les frontières vers le Vietnam et le Cambodge. Compter 50 000 kips en *tuk-tuk* pour le rejoindre.
➢ ***Pour Thakhek*** *(330 km)* **:** 5 bus/j., 4h-13h env, normaux ou VIP. Compter 5-6h de route. Sachez aussi que la plupart des bus pour Savannakhet et Paksé s'arrêtent à Thakhek.
➢ ***Pour Kong Lor*** *(village et grotte ; env 350 km)* **:** 1 bus/j., le mat. Compter 7-8h de trajet.
➢ ***Pour Savannakhet*** *(483 km)* **:** 5h30-20h30 env, 10 bus/j. env, surtout le mat (jusqu'à 9h), normaux ou 3 bus VIP. Prévoir 8-11h de trajet.
➢ ***Pour Paksé*** *(736 km)* **:** 7h-16h env,

14 bus/j. normaux, et le soir en VIP avec couchettes. Compter 10-15h de route.

➢ ***4 000 îles*** *(808 km)* **:** 1 bus/j., dans la matinée. Compter 18h de route. Mieux vaut diviser le trajet en plusieurs étapes.

➢ ***Pour Veun Kham*** *(frontière du Cambodge ; 890 km)* **:** 1 bus/j., dans la matinée. Env 20h de route. Autant fractionner le trajet. *Visa on arrival* cambodgien disponible à la frontière. Voir avertissement dans « Le district de Siphandone. Arriver – Quitter », plus loin.

Gare routière du Nord *(hors plan d'ensemble par A2)* **:** *à 2 km au nord-ouest du centre-ville, sur la route T2 appelée aussi station de Luang Prabang. ☎ (030) 526-21-11.* Départs pour les villes de tout le nord du pays et la Chine.

➢ ***Pour Vang Vieng :*** env 1 départ/h.

➢ ***Pour Luang Prabang*** *(384 km)* **:** ttes les 2h, 6h30-19h30 env, à peu près 10 bus/j., express VIP ou avec couchettes et AC. 8-12h de route.

➢ ***Pour Luang Namtha*** *(676 km)* **:** 1 bus (AC) le soir. Compter 24h de trajet. Autant faire étape en route.

➢ ***Pour Oudom Xai*** *(580 km)* **:** 6h45-16h env, 4 bus/j., normaux ou VIP avec AC. Compter respectivement 12 et 15h de trajet.

➢ ***Pour Phongsaly*** *(815 km)* **:** généralement 1 bus/j. (AC) tôt le mat, vers 6h45. Env 26h de route. On conseille vraiment de fractionner le trajet.

➢ ***Pour Xieng Khuang (Phonsavan ;*** *375 km)* **:** 6h30-20h env, 6-7 bus/j., express ou VIP. Compter 10-11h de route.

➢ ***Pour Houeisai*** *(895 km)* **:** 1 bus/j. (AC), vers 17h30. Compter 24h de route. On conseille donc de faire étape...

➢ ***Pour Kunming*** *(Chine)* **:** 1 bus/j., à 14h normalement. Compter au moins 36h.

➢ ***Pour le Vietnam :*** 18h30-20h env, normalement 3 bus/j. pour ***Hanoi*** (env 24h) et ***Da Nang*** (env 24h) et 1 bus/j. pour ***Vinh*** (env 17h de trajet) et ***Hué*** (env 22h).

Pour le Vietnam : plusieurs compagnies privées proposent des bus modernes et climatisés à destination des grandes villes du Vietnam. Départs quotidiens de Vientiane (service de *pick-up* à votre hébergement). Horaires, prix des billets et infos affichés dans la plupart des agences de voyages du centre-ville et des *guesthouses.* Renseignez-vous autant que possible sur les conditions de transport, les éventuels changements de bus, etc. *Attention,* il est nécessaire d'obtenir un visa auprès d'un consulat du Vietnam avant d'y entreprendre un voyage.

En train

➢ ***Pour Bangkok :*** départ de Thanaleng (20 km de Vientiane) 1 fois/j. en fin d'ap-m jusqu'à Nong Khai (Thaïlande). Idem dans l'autre sens Vientiane-Bangkok. Durée : env 12h.

En avion

✈ ***Aéroport international Wattay*** *(hors plan d'ensemble par A2)* **:** *à env 3 km à l'ouest du centre-ville, sur la route de Luang Prabang ; dans les embouteillages, le tuk-tuk est plus habile. Infos vols : ☎ 513-250 (hotline).* Pour les liaisons et leurs fréquences, voir la rubrique « Transports » dans « Laos utile ».

– Tuyau : pour Bangkok, il peut être plus économique de rejoindre Udon Thani (en Thaïlande, à slt 50 km au sud du pont de l'Amitié) d'où 7 vols/j. (durée 1h20) rejoignent Bangkok, affrétés par *Thai Smile* et les compagnies *low-cost Nok Air* et *Air Asia.*

– Attention, certaines de ces liaisons sont très aléatoires et dépendent de l'affluence, des avions... et de plein d'autres imprévus ! Les liaisons et fréquences, ci-dessous, ne sont données qu'à titre indicatif.

Avec *Lao Airlines* : • *laoairlines.com* •

➢ ***Pour Luang Prabang :*** en moyenne 3 vols/j. Durée : 45 mn.

➢ ***Pour Xieng Khouang :*** 1 vol/j. Durée : 30 mn.

➢ ***Pour Oudom Xai :*** 1 vol/j. Durée : 50 mn.

➢ ***Pour Luang Nam Tha :*** 1 vol/j. Durée : 1h.

➢ ***Pour Paksé :*** 2-3 vols/j. Durée : 1h15.

➢ ***Pour Savannakhet :*** 1 vol/j. Durée : 1h15.

LE CENTRE

VANG VIENG

25 000 hab. IND. TÉL. : 023

• Plan *p. 287* • Les environs de Vang Vieng *p. 291*

À 160 km au nord de Vientiane sur la route de Luang Prabang, la verdoyante région de Vang Vieng est baignée par la rivière Nam Song que bordent de spectaculaires formations karstiques, truffées de grottes et flanquées de falaises abruptes faisant parfois penser aux motifs de la peinture chinoise sur soie.

IL ÉTAIT UNE FOIS VANG VIENG

Peuplé en partie de Hmong, ce cadre enchanteur, sorte de mini-« baie d'Along terrestre » ou de « Guilin » du Laos, ne pouvait qu'attirer le tourisme. Mais, en l'absence de tout contrôle, l'affaire prit au fil du temps une drôle de tournure avec l'arrivée en masse de *backpackers,* principalement branchés en mode défoulement, façon *spring break* (semaine de relâche estudiantine donnant lieu à divers excès). De multiples activités pseudo-sportives virent le jour, accompagnées de tout un cérémonial à base d'alcool et de drogue (dure aussi...) à gogo. Parallèlement, les exigences simples de cette communauté quant à l'hébergement et à la nourriture (muesli, hamburger, etc.), secondaires par rapport à la défonce, entraînèrent un nivellement de l'offre vers le bas. *Guesthouses* et restos se clonèrent à l'infini, étouffant charme et pittoresque.

VANG VIENG EST MORT, VIVE VANG VIENG

Pour de nombreux participants, le réel intérêt du *tubing* de Vang Vieng (descente de la rivière avec une chambre à air de camion) consistait à s'arrêter en route dans de petits bars, pour écluser *buckets* (petits seaux remplis de cocktails) ou *shake* à la marijuana, prendre des bains de boue et se tester sur des tyroliennes insensées, pour finir par une parade en maillot de bain dans les rues du village. Tout le monde n'eut malheureusement pas la chance d'enfiler le fameux tee-shirt « *I survived*

Vang Vieng tubing » ; il se dit que plus d'une vingtaine de touristes trouvèrent la mort (accidents, overdoses, etc.) en 2011. Sinistres vacances.
Peu avant le sommet de l'Asem en novembre 2012 (réunion Asie-Europe), le gouvernement, inquiet d'une médiatisation de ce trou noir du tourisme, décida de faire le ménage, y compris au sein des autorités du district, complices de ces dérives : fermeture d'une vingtaine d'établissements, chasse aux dealers, répression de la consommation de drogue et instauration de nouvelles réglementations. Les habitants en sont venus à déserter les bords de la rivière pour la baignade, la pêche ou la lessive au motif que « des mauvais esprits y habitent à présent, suite au décès des jeunes étrangers ». L'administration nationale du tourisme laotien a réagi en mettant sur pied un programme de sensibilisation qui recommande aux touristes « de respecter et de suivre strictement les règles, la tradition et la culture du peuple lao », tout en encourageant les populations locales à maintenir l'identité lao et son mode de vie. Vous verrez des affiches et des brochures qui vont dans ce sens en stigmatisant les comportements déplacés.
Aujourd'hui, la ville est plus calme, sans être pour autant ennuyeuse. Certes, elle garde quelques traces de son passé tapageur, mais les bars ferment à présent à minuit et le panorama en dents de scie des falaises domine toujours. Ouf !
Et il suffit de faire quelques kilomètres pour retrouver un paysage resté authentique, juste jalonné de petits villages pittoresques. Et demain ? Le bon sens et la raison continueront-ils de prévaloir ? Cela semble être le cas, et la construction d'hôtels nouveaux indique une volonté d'améliorer l'offre vers le haut. Disons que si le Vang Vieng new-look a réussi à présent à fidéliser une clientèle plus variée, plus bobo que destroy, sensible au dépaysement, portée sur les balades et les activités sportives bien organisées, son avenir devrait être assuré. En tout cas, on vous suggère, sans hésiter, d'inscrire cette étape dans votre itinéraire.

LIMA 6, SITE 27

Entre le village et la route 13, un terrain de gravier de plus de 1 500 m de long sur 200 m de large est le vestige d'une piste d'aviation secrète utilisée par la CIA durant le conflit vietnamien. Les avions et hélicos de la compagnie Air America *y débarquaient le matériel destiné à approvisionner les troupes royalistes laotiennes et les Hmong en lutte contre le Pathet Lao communiste. Tout cela dans le plus grand secret et à l'insu du Congrès de Washington pour qui il n'y avait aucun combattant US au Laos.*

Arriver – Quitter

Les horaires évoluent rapidement et les fréquences varient selon les saisons, et il n'est pas rare que ceux qui sont communiqués soient fantaisistes. Attention aux longs trajets, ils peuvent sous-entendre un changement de véhicule et peut-être de longues attentes. Autant scinder son voyage.
À Vang Vieng, plusieurs compagnies privées affrètent des véhicules, allant du van au bus VIP. Achat des billets auprès des hébergements ou des nombreuses petites agences. Ramassage des voyageurs inclus.

Gare routière nord *(hors plan par B1, **2**)* **:** *près du marché, à env 2 km.* Pour s'y rendre, en *tuk-tuk,* compter 10 000 kips/pers. Mais il existe de nombreuses formules de ramassage en ville.
Autres arrêts de bus : ***Malany Villa*** *(plan B1, **3**),* ***Thavonsouk Resort*** *(plan A2, **15**) et* ***station de bus touristique*** *(plan A2, **1**).* Les bus venant de Vientiane vous déposeront normalement à l'un de ces endroits. Pratique, le centre-ville est tout près.
➢ ***Luang Prabang*** *(185 km)* **:** de la gare routière nord, 2 bus locaux, en 6h de trajet et 1 express. Agences privées, 4 bus/j. dont 2 de nuit. Durée du trajet : 4h pour la nouvelle route.

➢ ***Vientiane*** *(160 km)* **:** de la gare routière nord, 5h30-14h env, 6 bus locaux/j., 2 minibus le mat et 3 express/j. Compter 3h30-4h selon bus.

➢ ***Phonsavan*** *(plaine des Jarres ; env 200 km)* **:** de la gare routière nord, 1 minibus local/j., à 9h normalement. Compter env 8h de voyage (arrêts fréquents).

➢ ***Thakhek* :** 1 bus/j., en début d'ap-m. Compter 8h de trajet.

➢ ***Autres destinations du Sud-Laos* :** long... autant faire étape à Vientiane.

S'orienter, se déplacer

Aucun nom de rue n'est indiqué à Vang Vieng. Coupées de petites perpendiculaires, les deux rues principales filent nord-sud, parallèlement à la Nam Song et à la nationale Vientiane-Luang Prabang, qui borde tout ce beau monde à l'est, au-delà de la longue esplanade de l'ancienne piste d'atterrissage. La bourgade n'a en soi pas de charme particulier. Un simili-« centre-ville » s'est développé dans la partie nord du quadrillage, autour de la rue est-ouest qui se termine par un coude et une descente jusqu'à la passerelle qui franchit la rivière, juste sous l'île Saysong.

La ville se parcourt facilement à pied, mais pour les excursions vers les grottes, il vaut mieux louer un vélo ou une moto.

Adresses et infos utiles

■ ***Office de tourisme*** *(plan B2)* **:** *lun-sam 8h-12h, 14h-16h.* Malgré le manque de moyens, quelques brochures et de la bonne volonté pour donner des infos utiles en anglais basique.

✉ ***Poste*** *(plan B1)* **:** *à l'intersection centrale. Lun-ven 8h-12h, 13h-16h.* Transfert d'argent par *Western Union* possible. *ATM* à proximité.

■ ***Banque pour le Commerce Extérieur Lao*** *(BCEL ; plan B1,* ***4****)* **:** *tlj 8h30-15h30.* Service de change, distributeur de billets 24h/24 et retrait possible au guichet avec une carte de paiement (sauf le week-end dans ce dernier cas).

■ ***Location de vélos, motos et tuk-tuk* :** auprès de nombreuses boutiques et hébergements. Compter 20 000-40 000 kips pour un vélo (standard ou *mountain bike*), 30 000 kips pour une petite moto (type scooter ou semi-automatique). Affréter un *tuk-tuk* pour la journée revient à 150 000 kips.

– ***Plan de la région* :** celui réalisé par ***Hobo Maps*** est quasi incontournable par sa couverture étendue, sa précision et son côté pratique. En vente un peu partout.

Où dormir ?

Si vous n'avez pas réservé à l'avance, évitez de suivre les rabatteurs qui sévissent au terminal des bus. La ville est petite, on peut trouver un hébergement à son goût sans trop marcher.

De très bon marché à bon marché (moins de 200 000 kips / 25 $)

⌂ ***Chez Mango*** *(plan A3,* ***16****)* **:** 📱 *020-544-357-47.* • *chezmango.com* • *À 400 m à peine du centre et déjà dans un autre monde ; prendre le pont payant, franchir le suivant, c'est sur la gauche par un petit chemin (panneau). Bungalows sans ou avec sdb 60 000-80 000 kips ; petit déj non compris.* Dans un jardin simple mais débordant de « zénitude », à l'ombre des papayers et des manguiers, 7 bungalows rustiques, dont 2 plus spacieux et aménagés avec sanitaires et moustiquaire. Impeccablement tenu et animé par Noé, un adorable coursier parisien qui a décidé d'abandonner son métier pour

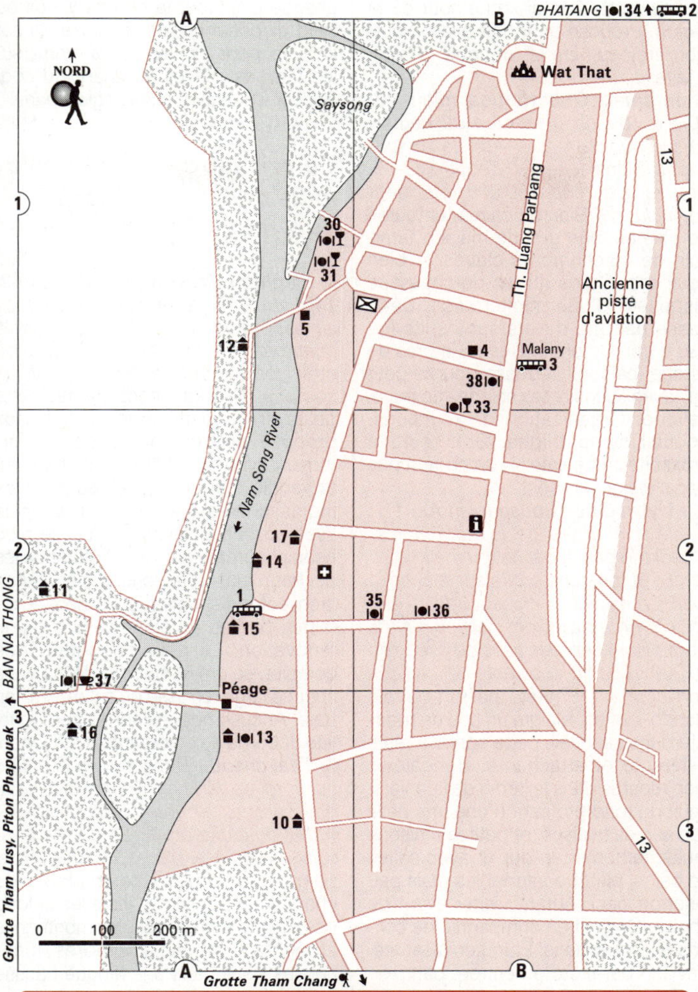

VANG VIENG

Adresses utiles

- Office de tourisme
- 1 Station de bus touristique
- 2 Gare routière nord
- 3 Malany Villa (arrêt de bus)
- 4 Banque pour le Commerce Extérieur Lao (BCEL)
- 5 Tubing Station
- 15 Thavonsouk Resort (arrêt de bus)

Où dormir ?

- 10 Jammee Guesthouse
- 11 Maylyn Guesthouse
- 12 Cliff View
- 13 Villa Nam Song
- 14 Elephant Crossing Hotel
- 15 Thavonsouk Resort
- 16 Chez Mango
- 17 Vieng Tara Villa

Où manger ? Où boire un verre ?

- 30 3 restos parmi tant d'autres...
- 31 Vamphaxay Restaurant
- 33 Rising Sun-Gary's Irish Bar
- 34 Organic Mulberry Farm Café
- 35 Pizza Luka
- 36 Café de Paris
- 37 Lotus Restaurant
- 38 Sanaxay

délivrer cette fois-ci son amour de la région. Propose un forfait avec excursion en jeep : lire la rubrique « À voir. À faire ».

Jammee Guesthouse *(plan A3, **10**) : à 10 mn de marche du centre, au sud du village au milieu de la campagne, bien fléché. 020-558-989-45. Double avec sdb 120 000 kips, petit déj inclus.* Bien au calme, entourée de rizières, une grande maison familiale de 18 chambres claires et bien équipées. Celles du rez-de-chaussée disposent d'une miniterrasse. Déco passe-partout, duvets sur les lits (un peu durs). On préfère les chambres de l'étage (balcon). Terrasse pour le petit déj, avec succulentes salades de fruits. Laverie. Organisation d'excursions. Accueil sympathique. Bon resto à proximité immédiate si l'on ne veut pas trop s'éloigner le soir.

Maylyn Guesthouse *(plan A2, **11**) : sur la rive droite de la Nam Song ; prendre le pont à péage, puis la 2e passerelle et tourner à droite sur le chemin (panneaux). 020-556-040-95. Téléphoner en arrivant pour savoir s'il y a de la place. Doubles sans ou avec sdb 60 000-100 000 kips ; petit déj basique non compris.* Géré par un couple irlando-laotien. Malgré un peu de rugosité dans l'accueil, cette adresse reste différente et attachante. Bungalows bien répartis dans le jardin de lataniers, ceux du fond profitant d'une très belle vue sur les falaises, et petites maisons multichambres (en dur et avec salles de bains, plutôt confortables mais peu insonorisées). Autant visiter avant de choisir. On y vit en compagnie de colibris et de papillons. Entretien aléatoire. Pavillon bar-resto à l'entrée, panneau d'infos et échanges de tuyaux garantis. Bien en famille.

Cliff View *(plan A1, **12**) : sur la rive droite de la Nam Song, prendre les passerelles. 020-555-577-80. • cliffviewbangalows@hotmail.com • Bungalows 2 pers 150 000-350 000 kips selon catégorie. Petit déj 50 000 kips.* Grand terrain gazonné et au calme, arpenté par les vaches, avec 14 bungalows disposés en L, tourné vers la Nam Song. De style rustique soigné, en bois verni, ils offrent espace et confort. Moustiquaire, ventilo ou clim, et eau chaude pour tout le monde. Ceux du fond disposent d'une 2de terrasse sur l'arrière, pour profiter du panorama sur les falaises. Réveil au chant du coq. Accueil inexistant, sans anglais parlé.

De prix moyens à très chic (plus de 200 000 kips / plus de 25 $)

Elephant Crossing Hotel *(plan A2, **14**) : au bord de la Nam Song, face au panorama. ☎ 51-12-32. • theelephantcrossinghotel.com • Selon type et saison, compter 50-60 $, petit déj compris.* Idéalement située, cette petite structure moderne sur 4 niveaux propose des chambres de confort moyen avec mini salle de bains, clim et ventilo, pas trop grandes pour les moins chères, sans placards, mais avec un balcon avec vue sur le plus beau panorama qui soit. Préférer celles du haut (pas d'ascenseur) et éviter, bien entendu, celles à l'arrière. Certaines parties auraient besoin d'une rénovation. Le petit déj-buffet, très complet, se prend au bord de la rivière sur une large terrasse ou à l'abri s'il fait frais. Accueil nonchalant et personnel vite débordé aux moments d'affluence.

Thavonsouk Resort *(plan A2, **15**) : au bord de la Nam Song, au niveau des barques à moteur. ☎ 51-10-96. • thavonsouk.com • Selon type et saison, compter 100-150 $, petit déj compris.* Une petite trentaine de charmants bungalows installés le long des berges avec vue sur les montagnes et également des chambres lumineuses sises dans une longue bâtisse donnant sur un jardin bien entretenu. Ensemble tout confort. Parquet en bois verni et meubles assortis dans les bungalows, les chambres étant plus standard. Belle pelouse aménagée sur la berge et bar-resto à l'entrée, nourriture convenable. Vue imprenable sur les falaises. Accueil possible en français. Souvent réservé pour les groupes.

Villa Nam Song *(plan A3, **13**) : au bord de la rivière, par le même chemin que* Thavonsouk, *côté opposé. ☎ 51-16-37. • villanamsong.com • Doubles 70-130 $ selon période et* *catégorie, petit déj compris. Formules ½ pens. Menus du jour 10-15 $.* Sur un terrain abondamment fleuri de la berge de la Nam Song, planté de bananiers et de manguiers, une quinzaine de chambres répartie dans une longue bâtisse de plain-pied, tournée vers la rivière et les falaises mais située en retrait. Confort et équipement plutôt corrects mais sans vraiment de charme. Le resto *La Vérandah* a investi un grand pavillon et une belle terrasse qui attendent les candidats à l'apéro ou à un repas, pour lequel légumes bio et herbes du jardin sont mis à contribution. Une adresse bien située (son meilleur atout) mais aux prix un peu élevés pour les prestations. Bon accueil.

Vieng Tara Villa (plan A2, **17**) **:** *face à la rivière. 020-555-181-55. • viengtara.com • Doubles 70-140 $.* Chambres sur pilotis au-dessus des rizières, avec une terrasse pour profiter de la vue évidemment superbe sur les karsts. Pour d'autres, le réveil se fait devant la rivière, celles face au jardin sont plus classiques. Quoi qu'il en soit, un cadre superbe pour un établissement de charme et de confort.

Où manger ? Où boire un verre ?

Vang Vieng souffre encore de son passé touristique *low-cost.* En attendant l'apparition d'une scène culinaire à la hauteur des paysages alentour, voici quelques bons plans, et d'autres sans aucun génie mais bien placés. Vous ne mourrez pas de faim à Vang Vieng, mais vous ne ferez pas de repas inoubliables non plus.

Plusieurs des hébergements que nous listons disposent de restaurant : voir « Où dormir ? »

De très bon marché à bon marché (moins de 100 000 kips / 12,50 $)

3 restos parmi tant d'autres... (plan A1, **30**) **:** *tt proches du carrefour qui sert de centre.* Côté rivière, en surplomb de l'île Saysong, 3 restos contigus et identiques : terrasse couverte filant jusqu'en surplomb de la rivière, équipée de 2 longues estrades face à face où l'on s'accroupit. Dommage, l'enfilade colorée des bungalows de *River View* sur l'îlot Saysong défigure la vue, potentiellement superbe. Atmosphère relax et plats simples, mangeables et pas chers. On s'y prélasse aussi en regardant les épisodes de *Friends,* une activité devenue une coutume locale indéracinable.

Lotus Restaurant (plan A2-3, **37**) **:** *après le pont qui fait suite à celui à péage, à l'angle du chemin perpendiculaire, sur la droite ; non loin de* Chez Mango *(voir « Où dormir ? »). Tlj du mat au soir.* Une simple paillote agrandie, équipée d'une poignée de tables et d'une petite terrasse. Convivialité laotienne et française garantie par le couple mixte qui gère les lieux. Madame prépare une poignée de plats authentiques peu onéreux : *lap,* soupe à la mode lao ou vietnamienne, filet de poisson aux épices, herbe et citron. Monsieur discute avec les convives et s'assure que tout fonctionne bien. Omelettes et petit déjeuner aussi.

Pizza Luka (plan B2, **35**) **:** *voisin du* Café de Paris. Tenu par un couple franco-laotien, un resto avec des tables en plein air et un vrai four à bois d'où sortent de délicieuses pizzas à pâte fine et croquante. 8 sortes, avec entre autres jambon, fromage de chèvre (en provenance de la ferme bio), saucisse, artichaut, etc. Également des lasagnes et salades. Pastis à l'apéro et bon petit vin en carafe. Ambiance conviviale et bons conseils de Jean-Loup.

Café de Paris (plan B2, **36**) **:** *dans la rue perpendiculaire derrière l'hôpital. Tlj 11h-23h30. Un peu plus cher que la moyenne.* Un vrai resto de cuisine française de qualité, orchestrée par un très gentil couple franco-laotien. Cadre plaisant. Suggestions au tableau noir : salade de chèvre chaud, bœuf bourguignon, rognons à la moutarde... sans oublier les crêpes et desserts. Quelques vins simples, disponibles en carafe ou au verre. Ambiance et bonne humeur au diapason, assurées par le jovial Richard.

Sanaxay (plan B1, **38**) **:** *dans la rue principale, à un angle.* Grande salle ouverte gérée par des Chinois qui proposent sur une carte longue comme le bras une gamme de plats inimaginable, depuis le *breakfast* à l'anglaise et les salades de fruits jusqu'aux omelettes, pâtes, hamburgers et... près de 200 plats d'inspiration asiatique pas chers du tout. Si avec ça vous ne trouvez pas un repas à votre faim... Pas génial, on est d'accord, mais tout le monde s'y retrouvera.

Vamphaxay Restaurant (plan A1, **31**) **:** *en surplomb des passerelles.* Niveau cuisine, c'est toujours un peu pareil. La vue, dégagée car juste au sud de l'île Saysong, d'où partent les tours en bateau, fait la différence.

Rising Sun-Gary's Irish Bar (plan B1-2, **33**) **:** *sur la 1re parallèle au sud de l'axe est-ouest du centre-ville. Tlj du petit déj à tard le soir.* Happy hours *18h-22h.* Que fait un Irlandais fatigué de voyager quand il arrive dans un coin qui lui plaît ? Il monte un pub, pardi ! Celui-ci, sur 2 niveaux, ne déroge pas au style « étable » de Vang Vieng. Pizzas et baguettes voisinent avec les spécialités irlandaises pour un résultat honnête : *steak'n'ale, mash and gravy, irish stew,* petit déj irlandais complet. TV branchée sur le sport, billard, fléchettes, personnel anglo-saxon chaleureux et *live music* le soir. Parmi les mousses disponibles, la Guinness syndicale, bien sûr.

Organic Mulberry Farm Café (hors plan par B1, **34**) **:** *à env 5 km au nord du centre par la nationale. Jouxte le départ du* tubing. *Petit déj complet et menu 3 plats.* Depuis qu'il y a moins de déjantés du *tubing,* on a tout loisir d'apprécier ce beau coin au bord de l'eau. Cette ferme bio est réputée pour sa production de thé à base de feuilles de mûriers à soie, et ses fromages de chèvre ! Alors, si un sandwich au fromage de biquette toasté, accompagné d'un thé ou d'un *shake* aux mûres vous fait saliver... Original et surtout délicieux. Le reste de la carte est principalement élaboré à partir de produits maison. Nombreux plats végétariens. Atmosphère à la fois chaleureuse et calme. Le patron parle le français. Possibilité également pour des volontaires du travail à la ferme d'y loger (ils paient 25 $ contre 4h de travail par jour et 3 repas). La ferme fait partie d'un projet éducatif où les jeunes suivent des cours d'informatique et d'anglais. Dès lors, toute contribution est la bienvenue.

À voir. À faire

En plus d'apprécier le panorama depuis le centre, il faut absolument investir les environs et franchir le pont sur la rivière. Dans un paysage karstique, on découvre des villages, des grottes, un lagon, une cascade et de la jungle à la verticalité tortueuse. Pour peu on pourrait se prendre pour Indiana Jones.

– Les *guesthouses* et petites agences proposent des tours guidés. C'est une option valable, voire impérative pour les activités plus ou moins sportives. Mais la balade solo est envisageable, en louant un vélo ou une petite moto. Très peu de trafic en dehors de la nationale, mais les pistes et chemins sont souvent chaotiques.

– Avant de vous lancer, munissez-vous du plan *Hobo Maps* (voir « Adresses et infos utiles »). N'oubliez pas de bonnes chaussures, on n'escalade pas les pitons en tongs.

– ***Plusieurs sites ainsi que certains ponts sont payants.*** Pour les grottes, un guide local peut être nécessaire, selon la profondeur des explorations. Garder toujours une frontale ou une lampe torche sur vous, même s'il y en a parfois à louer.

– Pendant la mousson, plusieurs grottes sont inaccessibles, les baignades impossibles et le trekking trop dangereux.

Aux alentours immédiats de Vang Vieng

Tham Chang (grotte) **:** *à 1,5 km au sud du centre. Suivre la route qui longe la rivière et prendre la piste (indiquée). 1er petit droit d'entrée à régler au Vang Vieng*

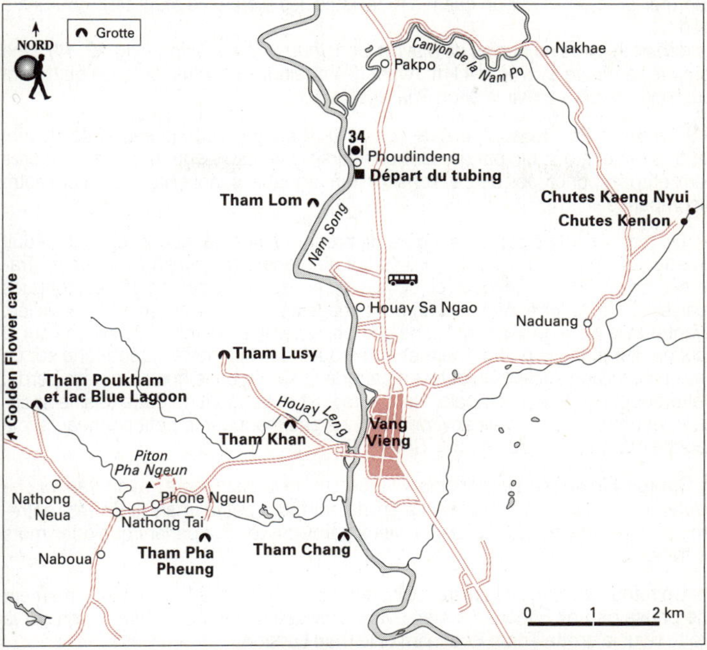

ENVIRONS DE VANG VIENG

Resort, *avt d'atteindre la grotte proprement dite, ouv 8h-11h30, 13h-16h30. Tarif : env 17 000 kips/pers, un peu plus pour les deux-roues. L'excursion est facile à pied et le lieu est très fréquenté, y aller le plus tôt possible.* 147 marches en béton mènent à la grotte, aménagée et éclairée comme une attraction foraine. Ancien refuge contre les brigands, elle n'est ni très impressionnante ni très naturelle, mais la vue sur la région est magnifique. On frappe sur une stalactite qui résonne comme un tambour. Baignade dans une source d'eau turquoise au pied de la grotte.

Tham Lusy** (grotte) **et le piton Phapouak : *traverser la Nam Song par les passerelles et suivre, derrière les bungalows de Cliff View, les panneaux (on part à droite, vers le nord) pour Tham Lusy. Entrée : 10 000 kips pour chaque site. Guide compris pour la grotte, mais pas la loc de lampe frontale à 10 000 kips de plus.* Belle forêt en cours de route jusqu'à la grotte. On rejoint ensuite Phapouak au milieu des champs. L'escalade est un peu difficile à cause des rochers très escarpés, et les échelles de fortune un peu branlantes. Du sommet, vue splendide sur Vang Vieng et sa vallée. Baignade possible dans la grotte.

À l'ouest de Vang Vieng

Filant entre rizières vert émeraude, falaises abruptes couvertes de jungle et à travers plusieurs petits villages aux maisons sur pilotis, cette excursion circulaire est devenue très populaire. À parcourir à moto ou à vélo (pour les plus sportifs ;

compter près de 1h sur un chemin rocailleux), les distances étant trop grandes à pied.
Le départ se situe au niveau de *Maylyn Guesthouse (plan Vang Vieng A2, **11**).* Une fourche se trouve à environ 4 km. Avant de l'atteindre, les plus toniques quitteront leur monture pour gravir le piton *Pha Ngeun.*

Le piton Pha Ngeun : *entrée 10 000 kips.* La grimpette (compter 45-60 mn) est très raide et pénible par grosses chaleurs ; le véritable sommet s'atteint après deux étapes, ponctuées de pavillons. Un remarquable panorama à 360° sera votre récompense.

➢ De retour sur la piste, on suggère de prendre sur la gauche (sud) ; cela réduit le risque de se planter de chemin, il suffira de prendre toujours à main droite. Traversée de plusieurs villages avec écoles, dispensaires et petits temples, longues falaises sur la gauche. Arrivée à un pont péage après le resserrement de la vallée. Avant que la piste ne s'incurve et ne grimpe, repérer le chemin qui descend sur la gauche. Il franchit la petite rivière et après quelques kilomètres, débouche sur un deuxième village encapsulé dans un panorama karstique, digne d'un pays perdu. De retour sur la piste principale, filant vers l'est et Vang Vieng cette fois, le spectacle recommence... Après environ 2 km, ne pas manquer le petit panneau sur la gauche marqué « *Golden Flower Cave* ».

Golden Flower Cave *(hors plan)* **:** *à 600 m de la piste, après avoir franchi une petite rivière, souvent asséchée.* La grotte est toute petite, mais le lieu est entretenu comme un vrai paradis, par un vieux gardien adorable parlant quelques mots de français.

➢ De retour encore sur la piste, trois renversants pitons, 2 km plus loin, méritent une pause photo ! Encore 2 km et, avant le village de Nathong, bifurcation sur la droite pour la grotte Tham Poukham et le Blue Lagoon.

Tham Poukham et le Blue Lagoon : *à 6 km du centre de Vang Vieng. Entrée : 20 000 kips. Guide 50 000 kips jusqu'à 4 pers ; loc frontale 10 000 kips. Avoir au moins de bonnes sandales, éviter les tongs.* Très fréquenté, mais le site demeure agréable et la grotte intéressante. Mini lac aux eaux turquoise et limpides, le *Blue Lagoon* attend les baigneurs, reconnaissants après la suée occasionnée par la visite de la grotte. Celle-ci s'atteint au prix d'une sacrée grimpette sur un sentier bien raide et semé de rochers assez pointus, mais assisté de cordes fixes et sans difficultés insurmontables. La première salle, à demi éclairée par la lumière naturelle, abrite un superbe bouddha couché. On peut continuer la visite vers d'autres salles, à condition d'avoir l'habitude et de disposer d'une frontale ou d'avoir loué les services d'un guide.
Plusieurs ***pavillons et petites échoppes*** pour manger ou boire un verre.

À l'est de Vang Vieng

Compter 15 km en tout. Départ bien indiqué depuis la nationale 13, légèrement au nord du centre, au niveau de la grande antenne de télécommunication (panneau). Faisable à vélo, la dénivelée n'étant pas trop méchante, très bien à moto. L'occasion de découvrir un paysage différent, toujours accidenté mais moins échevelé. En route, de petits étangs patrouillés par des canards, des champs clôturés de bambou et un village. Bifurcation indiquée pour la cascade.

Kaeng Nyui Waterfall : *cascade ouv 8h30-16h30. Accès : 10 000 kips/pers.* À l'entrée, une zone de gargotes et de petits pavillons typiques, populaire le week-end. À partir de là, compter 15 mn de montée facile sur un sentier bien aménagé pour atteindre la chute. En saison sèche, un simple filet d'eau lèche la paroi, ce qui ne gâche pas pour autant le plaisir de se trouver en pleine nature.

➢ Revenu sur la piste, continuer vers le nord. Après un petit village, veiller à prendre à gauche au lieu de continuer tout droit. Peu de temps après, on entre dans le ***beau canyon de la Nam Po,*** sûr ainsi d'avoir pris la bonne option. La piste retrouve la nationale environ 2 km au nord de l'*Organic Mulberry Farm Café* (voir « Où manger ? »).

Plus loin au nord

Phatang : *à env 17 km, sur la route de Luang Prabang.* Phatang est un village situé dans un écrin de collines calcaires superbes. L'une d'elles, isolée et ressemblant à une dent sortant du sol, donne son nom au village. En prenant un des chemins qui rentrent dans le bourg après le pont et le temple, on peut facilement faire une petite balade en solo.

Tham Xang et Tham Nam (grottes) **:** *à 14 km env, bifurcation vers l'ouest depuis la nationale, juste avt un petit temple. Entrée : 10 000 kips par grotte et 5 000 kips pour le pont. Nombre d'agences incluent cette excursion aux sorties kayak et rando (voir plus bas « Activités sportives. Combiné trekking, kayak et grottes »).* Petite, *Tham Xang* est proche de la rive droite de la Nam Song. À visiter le matin, pour profiter d'un éclairage naturel. À environ 1 km plus loin vers l'ouest, *Tham Nam* est traversée par une rivière, qui s'assèche toutefois au point culminant de la saison sèche. On s'y laisse flotter sur environ 500 m, aidé d'une chambre à air et guidé par un câble. Fun !

Activités (plus ou moins...) sportives

➢ ***Descente en bouées sur la Nam Song :*** *se rendre à la* Tubing Station *(plan Vang Vieng A1,* **5***) ou résa auprès de sa guesthouse ou des petites agences. Descente 9h-16h (dernier départ) Tarif : 55 000 kips/pers, transport compris, plus une caution de 60 000 kips pour la chambre à air. Attention : amende de 20 000 kips si vous la rendez en retard ! Loc de sacs (en principe) étanches : 10 000 kips.* Trajet motorisé jusqu'au point de départ 6 km au nord du centre, d'où l'on se laisse flotter paresseusement sur 4 km, sur la Nam Song jusqu'à Vang Vieng. Cela prend 2h en saison sèche et la moitié quand les eaux sont plus hautes. Inextricablement liée à Vang Vieng, cette activité donna lieu à des débordements annexes, parfois tragiques (voir l'intro de Vang Vieng). Aujourd'hui pratiquée de manière indolente, elle est absolument sans danger (hors gros débit de la saison des pluies en juillet-août) et assurément rafraîchissante.

➢ ***Tour en barque motorisée :*** *embarquement sur la berge, au niveau de* Thavonsouk *(voir « Où dormir ? »). Prévoir 80 000 kips pour 2 pers.* Si flotter est encore trop fatigant... Parcours de 5 km.

➢ ***Excursions en jeep :*** dans sa jolie jeep jaune, Noé (*Chez Mango,* voir la rubrique « Où dormir ? ») s'affranchit des sentiers battus et vous emmène en balade sur une journée *(9h-17h, compter env 20 $/pers),* même en basse saison. Il vous fera partager sa connaissance de la région et son amour pour son pays d'adoption.

➢ ***Combiné trekking, kayak et grottes :*** *organisé par ttes les agences et guesthouses, c'est un classique. Compter 100 000 kips/pers, guide compris.* Départ en *tuk-tuk* vers 8h30, *tubing* dans la grotte Tham Nam, petit tour à Tham Xang et descente en kayak sur environ 13 km dans un cadre somptueux. Retour vers 16h. À signaler que le kayak peut être assez périlleux pour des débutants lorsqu'en saison des pluies la rivière est gonflée et devient très rapide.

➢ ***Escalade – Adam's Climbing School :*** *020-550-108-32 ou 020-552-168-46. • stclimber@yahoo.com • ½ journée (départ à 9h ou 14h) ou 1 j. complet (9h-18h), respectivement 150 000 et 220 000 kips, tt compris et matos fourni.* Monté par des Laotiens anglophones qui se sont formés à l'étranger et ont une grosse expérience. Bon matériel, sérieux. La demi-journée est parfaite pour une initiation. De nombreuses voies allant du 5A au 6C.

PHONSAVAN ET LA PLAINE DES JARRES IND. TÉL. : 061

La province montagneuse de Xieng Khouang, très éprouvée par les bombardements américains dans les années 1960, a subi d'importantes modifications de sa population. Son ancienne capitale, Xieng Khouang, a été totalement détruite et remplacée par la ville nouvelle de Phonsavan. Peu touristique et à l'écart des circuits, elle est peuplée de minorités thaïe et hmong. On y pratique la culture du riz d'altitude sur brûlis et celle du pavot. La province est, en effet, grosse productrice d'opium.

Elle peut aussi constituer un point de passage vers le Vietnam via le poste-frontière de Nam Khan, mais si l'on vient de Luang Prabang, la route constamment sinueuse représente une étape longue et éprouvante.

À une altitude moyenne de 1 000 m, ce haut plateau garantit un climat agréable sans chaleur excessive, mais en hiver les températures nocturnes sont très fraîches ; s'équiper donc en conséquence.

UN PEU D'HISTOIRE

La province fut longtemps indépendante avant de passer sous influence vietnamienne. Au XIXe s, elle fut tour à tour le théâtre d'expéditions de bandits chinois et de raids vietnamiens. Durant la guerre au Vietnam, Xieng Khouang fut l'une des premières provinces à être libérées grâce à l'aide massive des Nord-Vietnamiens, qui considéraient la région comme stratégique. Ils y installèrent plusieurs batteries de DCA qui justifièrent aux yeux des Américains leurs bombardements intensifs. Après 1975, de nombreux Vietnamiens sont venus s'installer dans la province, et un nombre important de conseillers soviétiques y avait établi leurs quartiers. Le centre d'intérêt principal de la région est archéologique. La célèbre plaine des Jarres se trouve en effet dans cette région. Ces grosses pierres creusées, regroupées en plusieurs sites, parsèment une plaine à la végétation rase, battue par les vents. On n'en connaît pas vraiment l'origine, ce qui confère à ces sites un petit parfum de mystère.

Les ravages de la guerre

L'autre raison de s'y rendre est de constater par soi-même ce qu'une guerre peut générer comme conséquences funestes à long terme. Car on ne le rappellera jamais assez, le Laos fut le pays le plus bombardé de l'histoire par habitant. Le sol regorge encore de ces munitions – environ 270 millions – non désamorcées (UXO, *unexploded ordonance,* en anglais) qui font toujours des victimes chaque semaine parmi les agriculteurs, les ouvriers de chantier et surtout les enfants (40 %). Et l'on estime que le sol de la plaine des Jarres contient encore près de 80 millions de bombes à fragmentation, non désamorcées, et qu'il faudra 150 ans pour venir à bout du déminage...

En 2008, une conférence internationale à Dublin a convenu d'interdire les munitions à fragmentation. Jusqu'à présent 111 pays ont ratifié le traité ; les États-Unis, la Russie, la Chine et Israël ne l'ont toujours pas signé. Lire plus loin à la fin de la rubrique « Histoire », la partie consacrée aux bombes américaines.

Vous pouvez, si vous le souhaitez, apporter une contribution au programme de déminage en finançant, entre autres, l'achat de matériel, comme les détecteurs de métaux. Voir • *maginternational.org* •

PHONSAVAN

• Plan *pp. 296-297*

Ville moderne sans charme aucun, mais camp de base incontournable pour la visite des célèbres sites de la plaine des Jarres. Intéressantes balades aux alentours et nombreux villages hmong et thaï. Pour dormir, quelques adresses sur les collines dominant la ville, mais tout se concentre vers l'est sur l'artère principale, la route 7.

Arriver – Quitter

Par la route

Depuis Vang Vieng ou Luang Prabang (par Phou Khoun), la route traverse de magnifiques paysages : montagnes, villages de minorités... Attention : nombreux virages ! On peut vite avoir le tournis...

Route Phonsavan-Vientiane

Deux possibilités :

➢ reprendre le même parcours, c'est-à-dire route 7 jusqu'à Phou Khoun, puis rejoindre la route 13 jusqu'à Vientiane en passant par Vang Vieng ;

➢ si vous êtes en 4x4, il existe une route vers le sud, enfin... plutôt une ancienne route que les Français ont tracée : Phonsavan-Paksan (sur le Mékong), via Mouang Khoun et Tha Viang (voir la carte du Laos). Route fort jolie, avec rivières et cascades pour vous accompagner. Attention, c'est vraiment de la piste pour le moment, et praticable uniquement en saison sèche (4x4 obligatoire !). Très pittoresque, on traverse une forêt tropicale, beaucoup moins de virages et de montagnes. Ils sont d'ailleurs en train d'en retaper une partie, notamment avant d'arriver à Paksan (env 50 km). Une fois finie, cette route sera l'axe principal qui reliera la capitale à Phonsavan, et ça fera gagner du temps ! Route pour le moment réservée aux passionnés de piste (motards et 4x4). Pas de problèmes de sécurité, de plus en plus de touristes s'y lancent.

En bus

🚌 ***Terminal des bus :*** *à env 3 km à l'ouest du centre, sur la route 7.*

➢ ***Pour Vientiane :*** 6 bus/j. Durée : 10-12h en bus ordinaire et 8h en bus VIP (le mat).

➢ ***Pour Luang Prabang :*** 9-10h de route en bus ordinaire. En bus VIP (le mat), compter 7-8h de trajet.

➢ ***Pour Vang Vieng :*** 2 bus VIP/j., le mat. Compter 6h de route ou 8h en minibus.

➢ ***Pour Vinh (Vietnam) :*** via le poste-frontière de Nam Khan. Lire « Arriver – Quitter », en fin de guide.

En avion

✈ Avec *Lao Airlines,* l'avion reste le moyen le plus rapide pour se rendre dans la province de Xieng Khouang, mais seulement au départ de Vientiane. L'aéroport de Phonsavan (il s'agit plutôt d'un terrain d'aviation) ne dispose que d'un équipement sommaire. En conséquence, les horaires d'aller et de retour varient beaucoup en fonction des conditions météo.

➢ ***De Vientiane :*** 1 vol/j. Durée : env 30 mn.

Adresses et infos utiles

ℹ ***Xieng Kouang Provincial Tourism Department*** *(hors plan par A2) : sur la route vers la plaine des Jarres.* ☎ *31-22-17.* 📱 *020-587-46-89.*

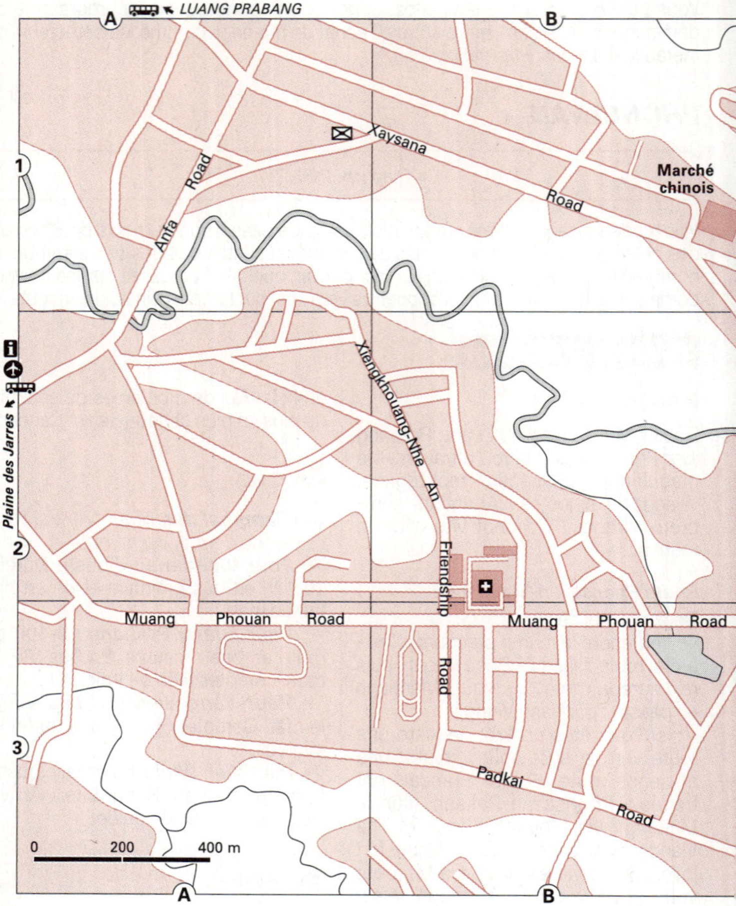

■ **Adresses utiles** i Xieng Kouang Provincial Tourism Department 3 Lao Development Bank 4 Lao Airlines **Où dormir ?** 11 Dokhoune Guesthouse et Nice Guesthouse	12 Hôtel Koukham 13 White Orchid Guesthouse 14 Auberge de la Plaine des Jarres 15 Namchai Guesthouse 16 Hôtel Phouchan

Lun-ven 8h-11h30, 13h30-16h. Assortiment de bombes (neutralisées !) dans la cour d'entrée équipée d'une piste de pétanque ! Office de tourisme provincial, avec un maigre matériel à disposition. Organise des excursions.

■ ***Soukdavan Currency Exchange***

PHONSAVAN

17 Saing Savanh	**32** Sanga
18 Vansana Plain of Jars Hotel	**33** Phonexay
	34 MAG
	35 Nisha
	40 Chittawan

Où manger ? Où boire un verre ? Où sortir ?

30 Phonekeo et Simmaly
31 Bamboozle

À voir

34 MAG Visitor Information Centre

(plan C-D2) : *rue principale, à côté du resto Simaly. ☎ 31-24-09. 8h-18h.* Change et transfert d'argent.

■ ***Lao Development Bank*** (plan C3, 3) : *Vilsay Rd, à 500 m sur la droite, dans la rue partant de la poste.*

■ ***Lao Airlines*** (plan C2-3, 4) : *Vilsay Rd, juste à côté de Lao*

Development Bank. ☎ *31-20-27 et 31-21-07 (à l'aéroport).*

■ L'**hôpital** *(plan B2)* est une coopération entre le Laos et la Mongolie. Les gens d'ici l'appellent d'ailleurs « l'hôpital mongol »... Correct pour petits bobos et petite chirurgie (plus échographie et appareil de radiologie).

■ ***Clinique-pharmacie du Dr Sivay*** *(plan C2)* **:** *en plein centre, juste en face de la poste centrale. 020-566-00-25. Ouv tte la journée. Consultation clinique : 6h-8h, 12h-14h, 17h-20h. S'il n'est pas à la clinique, en cas d'urgence, sa femme peut l'appeler à l'hôpital où il travaille également.* Le Dr Sivay a un diplôme français. Il parle le français et un peu l'anglais. C'est le meilleur ici ! Service d'échographie.

Où dormir ?

En hiver (décembre-février), les nuits peuvent être très fraîches et rares sont les hébergements qui proposent un chauffage ou une couette sur les lits. Ne pas hésiter à demander des couvertures supplémentaires et prendre donc ses précautions.

De très bon marché à bon marché (moins de 200 000 kips / 25 $)

■ ***Nice Guesthouse*** *(plan D2,* ***11****)* **:** *rue principale.* ☎ *31-24-54. 020-561-62-46. • nice_guesthouse@hotmail.com • Chambres 70 000-120 000 kips.* L'archétype du petit hôtel sympa, propre, méticuleusement tenu. Tout en longueur, une quinzaine de chambres, avec ventilo et TV, et même baignoire pour certaines, propres et un accueil affable, que demander de plus ?

■ ***Dokhoune Guesthouse*** *(plan D2,* ***11****)* **:** *rue principale.* ☎ *31-21-89. 020-563-47-92. Chambre avec sdb (eau chaude) 110 000 kips, sans petit déj.* L'un des hôtels les plus importants de la ville. Dans un bâtiment moderne en retrait de la rue, environ 60 chambres assez spacieuses, mais vieillottes et certaines fenêtres donnent sur le couloir. De l'autre côté de la rue, presque en face, une annexe de 3 étages aux chambres récentes plus confortables *(10-15 $).* Le proprio tient aussi une agence de voyages et de location de voitures.

■ |●| ***Saing Savanh*** *(plan D2,* ***17****)* **:** *tt au bout de la rue principale, au carrefour.* ☎ *21-11-31. 020-563-44-01. Double autour de 80 000 kips.* Chambres modestes à la propreté acceptable, avec ou sans salle de bains (les moins chères avec toilettes « à la chinoise »). Eau chaude. Resto à côté correct.

■ ***Hôtel Koukham*** *(plan D2,* ***12****)* **:** *rue principale.* ☎ *21-12-16. Double autour de 60 000 kips.* En dernier choix dans cette catégorie, une modeste pension à la propreté acceptable. 11 chambres très basiques, aux sol dallé et salle de bains carrelée et TV. Réception parlant un peu l'anglais.

■ ***Namchai Guesthouse*** *(plan D2,* ***15****)* **:** *Navieng Rd, un peu en retrait de la rue principale.* ☎ *31-20-95. • sson luni@gmail.com • Doubles avec ventilo ou AC 80 000-100 000 kips sans petit déj, mais thé et café à dispo.* Dans 2 bâtiments récents à étages, de grandes chambres claires, au mobilier sommaire. Anglais basique pour converser. Un bon rapport prix-qualité-situation.

■ ***White Orchid Guesthouse*** *(plan D2,* ***13****)* **:** *rue principale, à l'angle de la rue menant à l'ancien aéroport.* ☎ *31-24-03. 025-533-85-43. • kno vahang@yahoo.com • Doubles 80 000-150 000 kips selon confort, petit déj compris ; également des familiales pour 3-4 pers.* D'abord, une plaisante façade vert pâle, ensuite, un confort intérieur et un accueil conformes à la première impression. Chambres pour tous les budgets, au bon rapport qualité-prix. Patron hospitalier et parlant bien l'anglais. Transfert vers l'aéroport possible.

Chic (300 000-500 000 kips / 37-62 $)

■ |●| ***Vansana Plain of Jars Hotel*** *(plan C1,* ***18****)* **:** *dominant la ville sur une colline, l'hôtel moderne de petit* *standing de la ville.* ☎ *21-31-70 ou 73.* ● *vansanahotel-group.com* ● *Bien fléché depuis la route principale (à env 400 m). Doubles 45-55 $, petit déj compris.* Difficultés pour se faire comprendre en anglais à la réception. Côté hébergement, 2 bâtiments tout en longueur. Chambres de bon confort avec vue sur la ville depuis le balcon. Resto très moyen et service escargot. Navette à disposition. Le matin, de là-haut, émouvante découverte de la ville dans les brumes matinales.

Auberge de la Plaine des Jarres *(plan D3,* ***14****) : sur une colline au sud-est de la ville.* *020-235-333-33.* ● *plainedesjarres.com* ● *Doubles avec sdb 50-60 $.* Loin de tout. On dort dans des chalets en pierre sur pilotis avec cheminée, certains avec une vue superbe sur la campagne. Une quinzaine de chambres doubles avec salon. Si l'hébergement est encore acceptable, bien qu'assez cher, dommage que l'entretien laisse à désirer. Le patron parle le français, mais l'accueil est inégal et les prestations du resto sont franchement décevantes, malgré le cadre.

Hôtel Phouchan *(hors plan par D2,* ***16****) : dans une pinède, sur une colline à 2 km de la ville par une piste. Double 35 $, petit déj compris.* Vastes chalets en bois de style finlandais (les proprios d'origine étaient scandinaves), qui s'accordent bien avec le paysage et comprenant chacun 3 chambres confortables assez spacieuses et joliment décorées. Terrasses avec panorama. Resto. Personnel non anglophone. Même s'il est apprécié des locaux pour célébrer les mariages, le site manque manifestement d'entretien. Dommage.

Où manger ? Où boire un verre ? Où sortir ?

Attention, les adresses ferment tôt.

De très bon marché à bon marché (moins de 100 000 kips / 12,50 $)

Dans le pittoresque ***marché central*** *(plan C2)*, plusieurs gargotes permettent de se restaurer sommairement mais convenablement.

Phonekeo *(plan C-D2,* ***30****) : rue principale.* Resto sino-laotien. Grands posters et chromos aux murs, gros ventilos, longues tables où une clientèle mélangée se régale d'une copieuse cuisine traditionnelle à prix très bas. Quelques spécialités : le *lap* (abondant !), la soupe de poisson (genre *tom yam* moins épicé), le riz frit traditionnel ou de bonnes frites avec la viande de son choix.

Simmaly *(plan C-D2,* ***30****) :* tout proche, même genre, même prix que le *Phonekeo* pour des portions aussi généreuses.

Bamboozle *(plan D2,* ***31****) : rue principale.* Fréquenté pour le petit déj par les touristes et les expats. Murs de bambou, déco *funny.* Cuisine plutôt occidentale : hamburgers et pizzas, mais aussi quelques plats lao. Se transforme en bar le soir jusqu'à 23h ; bonne ambiance assurée par le patron écossais.

Nisha *(plan D2,* ***35****) : rue principale, le dernier vers l'est. Tlj 6h-22h.* Un resto au cadre plus que banal qui propose une palette complète des classiques de la cuisine indienne, dont les rituels *samossas, chicken tikka* et currys accompagnés de pain *nan* à l'ail ou au fromage et d'un onctueux lassi. Plats végétariens aussi. Service souriant.

Sanga *(plan C2,* ***32****) : rue principale.* ☎ *31-23-18.* Un des favoris des routards aussi. Prix plancher. Propre, sol dallé, nappes en tissu. Cuisine lao bien tournée. Goûter au *lap* de porc, aux *spare ribs* et nouilles sautées aux légumes, au poulet parfumé aux herbes servi généreusement. Il y a même de l'anguille grillée, plutôt rare ! Quelques tables dehors.

Phonexay *(plan D2,* ***33****) : rue principale, juste en face de la* Nice Guesthouse. ☎ *21-21-87.* Carte assez courte, assortiment moins large que le *Sanga,* mais correcte quand même. Sandwichs et *fruit shakes.* Très bon marché. Bon accueil.

MAG *(plan C-D2,* ***34****) : rue principale.* Un des QG des expats et des démineurs qui travaillent pour l'ONG d'à côté. D'ailleurs, pour vous mettre dans l'ambiance, le décor est composé de mines et de grosses bombes (désamorcées, ça va de soi). En revanche, la carte a bonne mine, bien qu'un peu chère pour le coin (mais votre contribution va à une bonne cause !). L'occasion d'y boire un verre ou de manger un peu à l'européenne. Petit déj, soupes, snacks, spaghettis bolognaise, pizza, *fish & chips,* BBQ et les classiques plats laotiens. Terrasse extérieure.

♫ ***Chittawan*** *(plan C1,* ***40****)* **:** *rue principale, un peu avt le marché chinois, du même côté. Ouv 20h-minuit.* Annexe de l'hôtel du même nom, la boîte disco la plus populaire. Bruyante à souhait.

À voir. À faire

MAG Visitor Information Centre *(plan C-D2,* ***34****)* **:** *rue principale. Lun-ven 8h-20h, w-e 16h-20h.* Salle d'expo de l'ONG britannique, active dans le déminage dans le monde entier. Elle présente à l'aide de dioramas et de panneaux explicatifs l'historique des bombardements de la région, les conséquences sur la santé et la vie quotidienne de la population, le travail des démineurs. Description détaillée de toutes les variétés d'engins mortifères. Les pièces d'artisanat que vous y achèterez serviront, modestement, au financement de cette œuvre ô combien utile. On peut prolonger la visite au café adjacent. Juste à côté, le ***UXO Survivor Information Centre*** aborde le sujet des munitions non explosées du point de vue médical et décrit les différents types de prothèses nécessaires à la survie des victimes des bombes antipersonnel. Poignant.

Le marché central *(plan C2)* **:** c'est la principale attraction de la ville. On y trouve tout ce qui se mange dans la région : écureuils, porcs-épics (plus rares quand même), coqs sauvages, œufs de fourmis en saison (pleins de protéines), viande de cerf, cochons d'Inde, etc. On peut aussi y déguster de très bons beignets et des brioches farcies à la viande, cuites à la vapeur.

Il existe aussi un ***marché couvert*** (construit par les Chinois), dans la rue principale *(plan B1),* où l'on vend les articles de bazar habituels. L'endroit rêvé pour acheter des étoffes, des bijoux traditionnels et des boîtes en argent ciselé. Une curiosité : les bijoutiers exposent souvent ostensiblement de nombreux lingots d'argent dans leurs vitrines... quasi pas protégées !

LA PLAINE DES JARRES

On se perd en conjectures sur l'origine et la fonction des jarres, ces récipients de pierre de forme cylindrique et de taille variable. On ne les a pas datées avec précision, mais on suppose que leur origine remonte au Ier s av. J.-C. (pour les plus anciennes). Toutes les hypothèses ont été émises pour expliquer leur fabrication, y compris les plus farfelues. Une légende locale prétend que les jarres auraient été non pas creusées mais moulées à partir d'un mélange de pierre écrasée, de canne à sucre et de peau de buffle ! Elles auraient ensuite été cuites dans une grotte située sur l'un des sites, dont la voûte est percée d'une sorte de cheminée. Cette version ne tient pas la route une seconde, car même l'œil le moins averti aperçoit les traces de coups de burin à l'intérieur des jarres, preuve qu'elles ont été taillées et creusées dans de grosses pierres.

Tout le mystère réside dans le fait que les jarres sont en grès, une pierre que l'on ne trouve pas à proximité des sites. On en compte plusieurs centaines. Leur poids varie de 500 kg à 6 t, ces dernières pouvant abriter 6 hommes. Nombre d'entre elles ont été pulvérisées par les bombardements américains ou pillées et emportées, les cratères voisins en attestent. Il en reste cependant suffisamment pour que le visiteur se fasse une idée.

En ce qui concerne leur fonction, l'hypothèse la plus vraisemblable est un usage funéraire. La plupart des sites où sont concentrées les jarres sont sur des buttes. Or, on sait que les hommes des civilisations mégalithiques enterraient leurs morts dans des tumulus. Par ailleurs, on sait aussi que les jarres étaient fermées à la manière de sarcophages, comme l'attestent les couvercles de pierre que l'on rencontre encore ici et là. Enfin, le fait que les jarres soient regroupées et de taille variable laisse à penser que leur disposition servait à marquer la hiérarchie sociale d'un groupe. Il ne s'agit là cependant que de pures hypothèses.

À voir

***Ban Ang** (ou « **site n° 1** ») : à Thong Hai Hin, à quelques km au sud-ouest de Phonsavan, non loin de l'aéroport. Accès possible en* tuk-tuk. *Mars-sept, tlj 8h-16h ; le reste de l'année, tlj 7h-17h. Entrée : 15 000 kips.* À la billetterie, expo photo sur les destructions des bombardements américains. C'est le site le plus vaste et le plus important, puisqu'on y dénombre 344 jarres. En haut du premier chemin accessible en voiturette électrique, ancien trou de bombe et une des plus grosses jarres du site (6 t). C'est également l'une des seules à posséder un col bien dessiné. Dans le coin, plusieurs dizaines d'autres jarres, de tailles variables. En contrebas, sous une petite colline rocheuse, on aperçoit l'entrée de la grotte. Celle-ci ressemble à un trou creusé artificiellement. Dans la voûte, trois cheminées communiquent avec le sommet de la colline. C'est là que les jarres auraient été fabriquées. En chemin, vers la colline en face, on découvre la seule jarre sculptée (la n° 217). En un style très primitif, un homme avec les bras levés. Sur sa droite, à terre, un couvercle partiellement enterré. Devant, une jarre arborant encore le sien.
– Sur place, petite cafétéria et boutique d'artisanat local.

***Nancout** (ou **Phou Sala Tau ;** « **site n° 2** ») : entrée 15 000 kips. Cafet' avec boissons pour faire provision d'eau avt d'affronter la grimpette.* Plus ramassé, situé sur deux petites collines. À gauche du chemin, la première, boisée, porte le nom de « colline des Cabanes » ou « des Tables » (parce que certaines jarres sont horizontales). Le site en compte 68 seulement. Vous noterez aussi que beaucoup de jarres semblent n'être creusées qu'aux deux tiers... Tout en haut, s'il n'y a pas de groupe, atmosphère d'intimité pour les découvrir et belle vue sur les environs. Dans l'une des jarres, un arbre a poussé, ce qui l'a fait éclater. Sur la deuxième colline, un bel ensemble de jarres et juste un petit bosquet d'arbres. Vaste panorama également. Là aussi, l'une de jarres arbore une figure d'homme.

***Siang De** (ou « **site n° 3** ») : le plus éloigné, à Ban Lat Khai, à l'ouest de Phonsavan (à 40 km env). Entrée : 10 000 kips. Petit resto à côté de la billetterie.* Petit groupe de jarres en haut d'une colline. Son intérêt réside plutôt dans son approche. On laisse le véhicule au parking et on entame une agréable petite balade de 1 km par les rizières et deux ponts de bois de niveaux différents (un pour chaque saison). C'est la région d'élevage de chevaux semi-sauvages.

***Muang Khoune** (Old Capital) : à 32 km au sud-est de Phonsavan. Visite incluse dans la plupart des circuits guidés ou trajet en minivan depuis le marché chinois.*
Intéressante pour son atmosphère un peu décadente. Au centre de cette vieille capitale, appelée autrefois Xieng Khouang, les ruines du *wat Vat Phia* du XVIe s, encore occupé par une statue du Bouddha, seul au milieu de colonnes calcinées et épargné comme par miracle par les bombes américaines.
Un peu plus loin, les ruines de la riche demeure d'un médecin français du temps du protectorat. Plus intéressant, le très ancien stûpa *That Foun (entrée : 10 000 kips)* sur la colline au-dessus de l'école. D'une hauteur de 25 m avec sa flèche penchée, il

date du XVIe s. Aujourd'hui, c'est une pathétique ruine perdue dans la nature, envahie par la végétation et qui se dégrade inéluctablement. On devine encore l'élégance de l'architecture et la finesse du décor. L'immense trou au milieu fut creusé par les fameux Pavillons noirs, en 1827. Bien sûr, ils ne possédaient pas une âme d'archéologue et recherchaient le trésor de l'empereur indien Asoka. Noter qu'à l'intérieur ils creusèrent même en hauteur. À moins de 1 km un peu plus haut, à gauche, sur la crête, un autre vestige de stûpa, le carré *That Chom Phet* datant de l'époque Cham.

LUANG PRABANG ET ALENTOUR

LUANG PRABANG

44 000 hab. IND. TÉL. : 071

- Plan d'ensemble *pp. 304-305* • Zoom (centre-ville) *pp. 306-307*
- Les environs de Luang Prabang *p. 335*

Des collines verdoyantes et des monts couverts de forêts tropicales forment le cadre naturel de cette ville, troisième du pays par sa taille mais première par sa beauté. C'est tout d'abord un site exceptionnel. Luang Prabang s'étend sur une langue de terre, tout en longueur, au confluent du fleuve Mékong et de la rivière Nam Khan, aux flots « couleur boue ». Le climat est une raison de s'y sentir bien. À environ 600 m d'altitude, en saison sèche (de novembre à mars) la chaleur est supportable, et l'air agréablement frais le soir.

Sur les plans historique et culturel, c'est la ville la plus riche du Laos. Peu de bâtiments modernes, et pas du tout en hauteur. Une ville totalement horizontale, donc, une véritable splendeur. Elle a été classée au Patrimoine mondial de l'humanité par l'Unesco, ceci expliquant cela. Ville fluviale, ville royale à taille humaine, Luang Prabang se visite facilement à pied, même si bon nombre enfourchent leur biclou pour se promener dans les proches environs.

UN PEU D'HISTOIRE

Le nom originel de Luang Prabang est *Jawa,* désignant un endroit indianisé ou entouré de jungle ou d'eau. La ville ne prit son nom définitif qu'en 1491, en

l'honneur du grand bouddha d'or fin, arrivé 2 ans auparavant. *Luang* signifie « grand » et *Prabang* (ou *Phabang*) « statue d'or sacrée ».
Elle devint capitale du royaume du Laos jusqu'en 1563, date à laquelle le roi Setthathirat décida de s'établir à Vientiane, avant de retrouver son titre après l'éclatement du pays en trois royaumes, à la fin du XVIIe s.
Longtemps suspectée de sympathie envers la royauté par le nouveau pouvoir établi en 1975, la ville, sévèrement contrôlée, ne fut approvisionnée en électricité durant la journée qu'à partir de 1990. Auparavant, les petites entreprises devaient faire tourner leurs groupes électrogènes pendant la nuit. Aujourd'hui sortie de deux décennies (1975-1995) de marasme économique, la ville ouvre à présent ses bras au tourisme, qui constitue la source majeure de ses revenus.

UNE VILLE FRAGILE À PROTÉGER

Son classement au Patrimoine mondial de l'humanité assure la protection de la ville et de son environnement naturel, ce qui inclut la vieille ville (centre historique), les berges de la Nam Khan et les collines autour du Mékong. Pas moins de quatre bailleurs de fonds (la région Centre, la Coopération française, l'Union européenne et enfin l'Unesco) soutiennent un ambitieux programme de mise en valeur. L'ensemble est géré par le ***département du Patrimoine mondial de Luang Prabang*** *(zoom F1,* ***21****)* *(● luangprabang-heritage.org ●),* dont le rôle consiste à définir les règles de préservation du site, d'initier et de coordonner les actions de sauvegarde, depuis l'aménagement des berges du Mékong et de la Nam Khan jusqu'à la remise en état des venelles transversales (y compris le système d'écoulement des eaux), en passant par la conception d'un mobilier urbain spécifique. Mais aussi la restauration ou la rénovation d'un certain nombre de bâtiments (la belle maison de bois princière du Ban Xieng Mouane, le marché, certains temples, etc.), l'éclairage nocturne des plus beaux monuments, la sensibilisation de la population à la préservation du patrimoine immobilier et écologique...
Car Luang Prabang possède aussi un ensemble de « zones humides » spécifique, de nombreuses mares en retrait des rues et des maisons, mi-naturelles mi-artificielles, essentielles pour l'équilibre écologique de la ville (lire plus loin « À voir. À faire. Ban Aphai et autour de la rue Visounnarath. Le site de l'étang de Boua Kang Bung »). Les rues sont propres. L'équilibre entre le tourisme et la vie quotidienne des Laotiens semble plutôt réussi.

Arriver – Quitter

En avion

✈ ***Aéroport*** *(hors plan d'ensemble par E4)* **:** *à 4 km du centre-ville. ● luangprabangairport.com ●* Possibilité d'obtenir le visa laotien à l'arrivée. Visa délivré pour 30 j. moyennant 30 $ pour les Français (35 $ pour les Belges, 42 $ pour les Canadiens). Prévoir une photo d'identité. Dans le hall de l'aéroport : service de ***change*** (en principe, tlj 8h30-18h ; même taux que les banques de Luang Prabang) et distributeur.
➢ ***Vientiane :*** 3-4 vols/j. avec *Lao Airlines.*
➢ ***Paksé :*** 1 vol/j. avec *Lao Airlines.*
➢ Pour les vols internationaux vers ***Bangkok, Chiang Mai, Siem Reap, Jinghong*** (Yunnan), ***Hanoi*** et ***Singapour,*** se reporter au chapitre « Arriver – Quitter » en fin de guide.

Rejoindre le centre-ville

➢ ***En minivan collectif :*** ticket à acheter dans le hall de l'aéroport, juste avt la sortie. Tarif (fixe) : 50 000 kips incluant les bagages, valable pour 3 personnes se rendant au même hôtel.
– Les *tuk-tuk* sont habilités à conduire les voyageurs de la ville à l'aéroport, mais ne peuvent pas embarquer de passagers à l'aéroport.

En bus

Il existe 2 gares routières. De nombreuses agences au centre-ville proposent

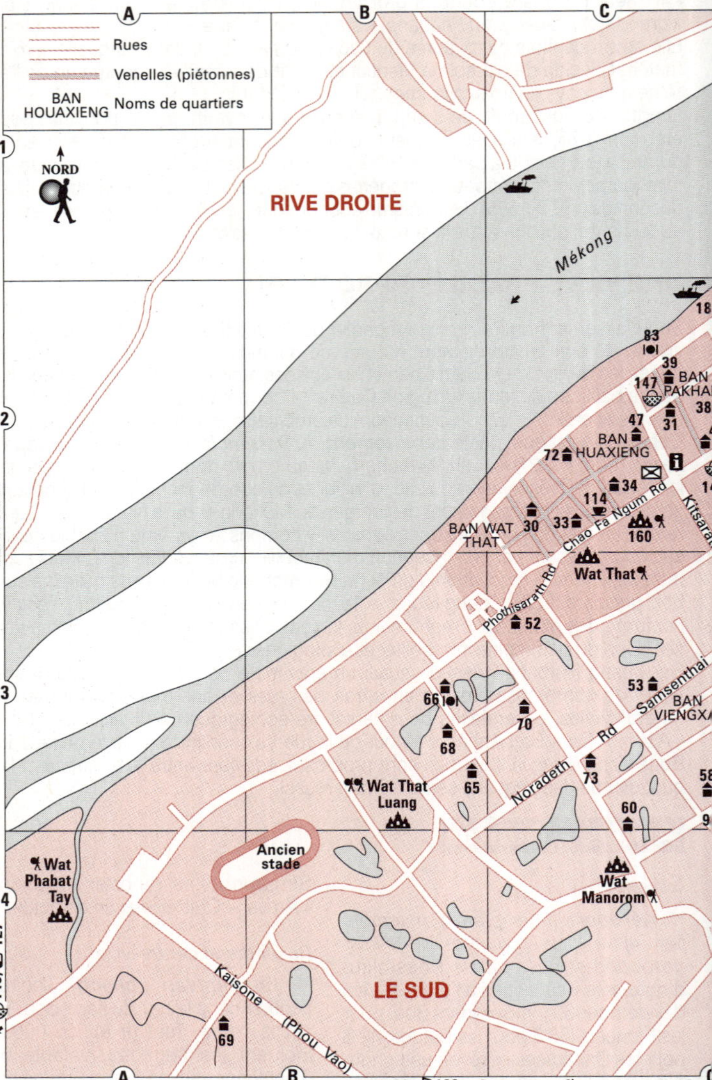

■ Adresses utiles

- Tourism Information Center et police touristique
- 1 Gare routière du Nord
- 2 Gare routière du Sud
- 3 Immigration Office
- 6 Lao Development Bank
- 7 Médecin généraliste (Dr Phayline Maniphonh)
- 8 Phakan's Clinic
- 9 Lao Airlines
- 18 Embarcadère longues distances
- 23 Dhammada Massage Oasis

Où dormir ?

- 30 Suan Keo Guesthouse, LPQ Backpackers Hostel et Viradesa Guesthouse
- 31 Le Bougainvillier
- 33 Rattana Guesthouse
- 34 Sengphet Guesthouse
- 38 Golden Lotus Guesthouse
- 39 Lao Lu Lodge
- 47 Thepavong Guesthouse
- 48 Ancient Luangprabang Hotel
- 52 Maison Souvannaphoum Hote
- 53 Spicy Laos Backpackers
- 54 Sysomphone Guesthouse
- 55 Thavisouk Guesthouse et Mano Guesthouse «La Maison du Bonheur»
- 56 Vilayvanh Guest House
- 57 Muong Lao Guesthouse
- 58 Jaliya Guesthouse

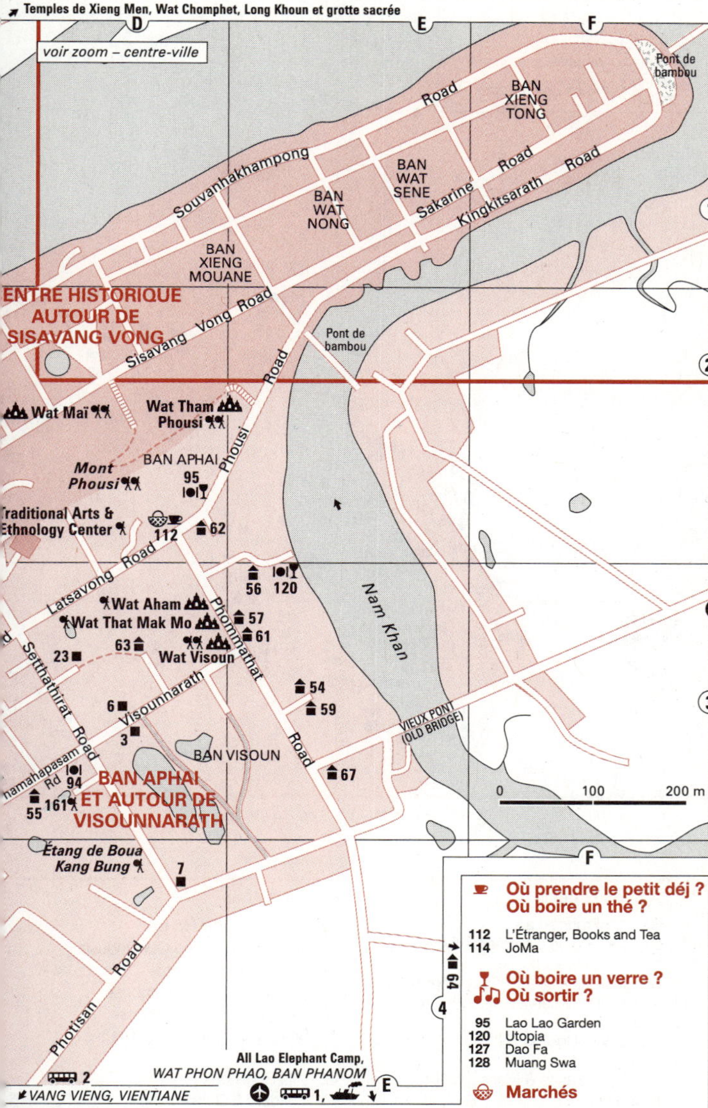

Où prendre le petit déj ? Où boire un thé ?

112 L'Étranger, Books and Tea
114 JoMa

Où boire un verre ? Où sortir ?

95 Lao Lao Garden
120 Utopia
127 Dao Fa
128 Muang Swa

Marchés

140 Marché Phosi
141 Marché nocturne artisanal
147 Marché du matin

Achats

112 Kopnoi

À voir

160 Wat Hosiang Voravihane
161 Anciennes fumeries d'opium

59 Cold River Guesthouse
60 Sabaidee Guesthouse
61 Villa Shayada Guesthouse
62 The Villa Sokxai 2
63 Villa Oasis Luang Prabang
64 Thongbay Guesthouse
65 Treasure Hotel Laos
66 Maison Dalabua
67 Villa Maydou
68 Satri House
69 The Luang Say Residence
70 Villa Maly
72 Phonemaly Guesthouse
73 Central Backpackers

Où manger ?

66 Maison Dalabua
83 Riverside Barbecue Restaurant
94 Atsalin Restaurant
95 Lao Lao Garden et The House
96 Restaurant de la Résidence Phou Vao

LUANG PRABANG – Plan d'ensemble

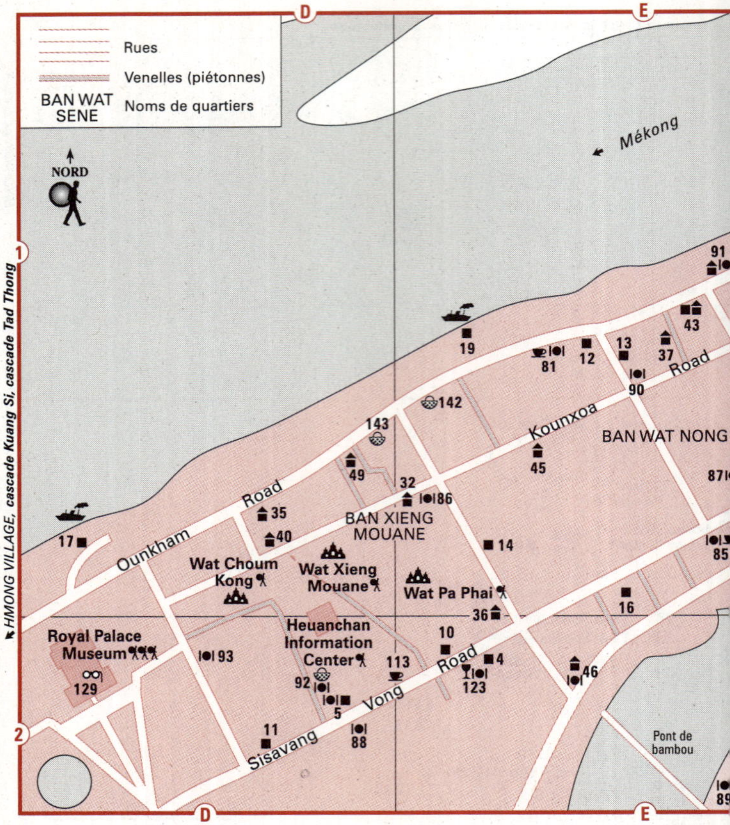

Adresses utiles

4 Banque Franco-Lao
5 Banque pour le Commerce Extérieur Lao
10 Bangkok Airways et Poppy Pharmacy
11 All Lao Travel Service et Tiger Trail
12 Exo Travel
13 Monument Books
14 Institut français
15 Peninsula Sauna & Massages
16 Luang Say
17 Embarcadère des ferries pour la rive droite du Mékong
19 Embarcadère des bateaux pour Pak Ou
20 Débarcadère des bateaux en provenance de Pak Ou
21 Département du Patrimoine mondial de Luang Prabang
43 Shompoocruise

Où dormir ?

32 Namsok Guest House
35 View Khem Khong Guesthouse
36 Heritage Guesthouse
37 Souk Lan Xang Guesthouse
40 Xieng Mouane Guesthouse
41 Sok Xai Guesthouse et The View Pavilion
42 Villa Senesouk
43 Chitdara 2 Guesthouse
45 Villa Chitdara
46 Saynamkhan Guesthouse
49 Sala Prabang
50 The Apsara
51 Les 3 Nagas
71 The Apsara Rive Droite
91 The Belle Rive Hotel

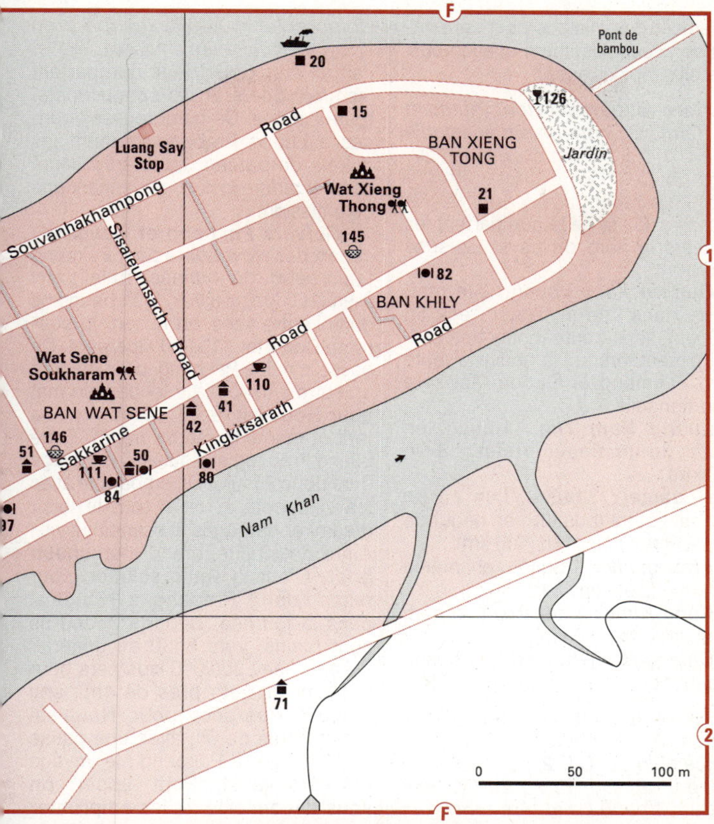

LUANG PRABANG – Zoom (Centre-ville)

Où manger ?

5 Coconut Garden
46 Couleur Café
80 Rosella Fusion et Ton Kham Wan
81 Mekong Fish
82 Café Popkane
84 Tamarind
85 Café Ban Vat Sene
86 Park Houay Mixay Restaurant
87 Un Petit Nid
88 Tangor
89 Dyen Sabai
90 L'Éléphant
91 The Belle Rive Terrace
92 Artisans Café
93 Blue Lagoon Café
97 Tamnak Lao

Où prendre le petit déjeuner ? Où boire un thé ?

81 Mekong Fish
85 Café Ban Vat Sene
110 Le Banneton
111 The Scandinavian Bakery
113 Croissant d'Or

Où boire un verre ? Où sortir ? Où voir un spectacle ?

123 Dao Fa
126 Viewpoint Café
129 Royal Ballet Theater

Achats

92 Artisans Café
142 Orange Tree
143 Photisak Rattanakone
145 Papier artisanal
146 Ock Pop Tok

également des minibus pour les principales villes (plus chers que les bus, mais plus rapides aussi).

Gare routière du Nord *(Northern Bus Terminal ; hors plan d'ensemble par E4,* ***1****)* ***:*** *à 2-3 km de Luang Prabang. ☎ 25-27-29. Compter 20 000-30 000 kips/pers entre le centre-ville et la gare.* C'est de là que partent les bus vers le nord du pays. Liaisons avec :

➢ ***Oudom Xai :*** 3 bus/j., 2 le mat, l'autre dans l'ap-m. Trajet : env 5h (200 km), sans doute moins très prochainement lorsque la nouvelle route entre Pakmong et Oudom Xai sera opérationnelle.
➢ ***Luang Nam Tha :*** 1 bus/j. en début de matinée. Trajet : 8-9h (310 km).
➢ ***Houeisai :*** 2 bus/j., l'un en fin d'ap-m, l'autre (bus VIP) en début de soirée. Trajet : env 13h (500 km).
➢ ***Phongsaly :*** 1 bus/j., en milieu d'ap-m. Trajet : env 14h.
➢ ***Nong Kiaw :*** 3 départs/j., le mat. Trajet : env 4h (150 km).
➢ ***Chiang Mai*** *(Thaïlande)* ***:*** 1 bus/j., en début de soirée. Trajet : env 16h.

Gare routière du Sud *(Banaluang Bus Station ; hors plan d'ensemble par D4,* ***2****)* ***:*** *à 2-3 km de Luang Prabang. ☎ 25-20-66. Env 20 000-30 000 kips/pers entre le centre-ville et la gare.* De là partent les bus vers le sud du pays. Liaisons avec :

➢ ***Vientiane, via Vang Vieng :*** une dizaine de départs/j., 7h-20h30, dont 5 bus VIP (couchettes pour celui de 20h30). Trajet 8-10h selon le bus (320 km). Compter plutôt 12h en minivan.
➢ ***Phonsavan :*** 1 départ/j., le mat. Trajet : env 7h (260 km).
➢ ***Hanoi*** *(Vietnam)* ***:*** 1 bus/j., en fin d'ap-m. Trajet : 24h min...
➢ ***Siem Reap*** *(Cambodge)* ***:*** 1 bus/j., en début de soirée. Trajet : pas moins de 35h.

En bateau

Embarcadère *(hors plan d'ensemble par E4)* ***:*** *Ban Don Mai, à 10 km env de Luang Prabang. Compter env 30 000 kips/pers en* tuk-tuk *pour relier embarcadère et centre-ville.* C'est de là que partent les *slow boats* et les *speed boats,* toute l'année. De nombreuses agences à Luang Prabang vendent les tickets de bateau, transfert jusqu'à l'embarcadère inclus, moyennant une commission.

➢ ***De/vers Pakbeng et Houeisai :*** départ des ***slow boats*** pour Pakbeng tlj en début de matinée. Trajet : env 8-9h (160 km ; prévoir 1-2h de moins dans l'autre sens, en raison du courant). Compter 110 000 kips/pers. On passe la nuit à Pakbeng, pour prendre un autre *slow boat* le lendemain mat pour Houeisai (env 140 km ; même tarif et même durée de trajet). Entre Luang Prabang et Houeisai, le voyage dure donc 2 jours. On embarque avec les villageois et on a tout le loisir d'admirer paysages et scènes de vie ! Autre possibilité, prendre un ***speed boat.*** C'est la seule solution pour relier Luang Prabang à Houeisai dans la journée. Départs quand ils sont pleins, vers 8h30 en général. Compter env 200 000 kips/pers pour Pakbeng (trajet : près de 4h) ; env 340 000 kips/pers pour Houeisai (trajet : près de 6h, avec une pause pour manger à Pakbeng ; le voyage est éprouvant !). Petit rappel : **on vous déconseille de les emprunter pendant la mousson ou suite à de fortes pluies** (lire la rubrique « Transports. Bateau » dans la partie « Laos utile »).
Il existe également des compagnies privées qui organisent des croisières entre Luang Prabang et Houeisai :

■ ***Shompoocruise*** *(zoom E1,* ***43****)* ***:*** *18/2, Ounkham Rd. ☎ 21-31-89. • shompoocruise.com • Tlj sf dim 8h30-17h30. Pas d'activité en juin. Compter 120 $/pers le trajet complet entre Luang Prabang et Houeisai (140 $/pers dans l'autre sens) ; 80 $/pers entre Luang Prabang et Pakbeng, même tarif entre Pakbeng et Houeisai (90 $/pers dans l'autre sens), déj et visite des grottes de Pak Ou compris. Possibilité de louer le bateau en entier.* Une agence tenue par Axel, un Franco-Laotien. Même principe que les *slow boats*, même temps de trajet avec une nuit à Pakbeng (logement non compris), mais, sur le bateau (8 à 40 personnes), le confort est meilleur. Des arrêts pour la visite de villages ethniques sont prévus. Un bon compromis, à mi-chemin entre *slow boats* et croisière de luxe.

■ ***Luang Say*** *(zoom E1,* ***16****) : résa auprès de l'agence* Asia *(en France) ou des agences de voyages. 50/4, Sakkarine Rd. ☎ 25-25-53. • mekong-cruises.com • luangsay.com • Tlj 9h-12h, 13h30-17h30. Pas d'activité en juin. Compter env 540 $/pers, tt compris (repas et logement) ; ½ tarif moins de 12 ans.* Croisières de charme de 2 jours avec 1 nuit à Pakbeng au *Luang Say Lodge.* Visite des grottes de Pak Ou inclus. Les bateaux accueillent 40 personnes maximum. Possibilité de s'arrêter à Pakbeng, mais retour par ses propres moyens.

Orientation

Compte tenu de ses dimensions réduites, on ne risque pas de se perdre à Luang Prabang. La partie historique de la ville et les principaux monuments classés se trouvent dans la presqu'île formée par le confluent de la Nam Khan et du Mékong. Cette langue de terre, dominée par le mont Phousi, est traversée sur toute sa longueur par la rue Sisavang Vong (ou rue Phothisarath), qui devient, au bout de la péninsule, la rue Sakkarine.

L'autre axe important est la rue Kitsarath Setthathirat qui part du Mékong, coupe la rue Phothisarath à hauteur de la poste et se prolonge jusqu'au quartier hmong à l'est.

Le rêve pour les trekkeurs urbains, tout est quasiment accessible !

Transports

– ***Tuk-tuk collectifs ou jumbos :*** ces véhicules à moteur ont 3 ou 4 roues, c'est variable. On les trouve un peu partout dans la rue, il suffit de les héler. On peut aussi, quand on est plusieurs, en louer un pour la journée pour réaliser les quelques excursions que l'on propose. Pour une course du nord au sud, tout dépend des talents du négociateur, mais prévoir environ 20 000 kips par personne. Attention, on vous propose souvent des prix ***par personne.*** Bien préciser que la course vaut pour le nombre total de personnes à transporter.

– ***Location de vélos :*** très bien pour découvrir la ville. Voir « Adresses utiles ». Un rappel : éviter de mettre ses affaires dans le panier, à cause des vols à l'arraché.

– ***E-Bus :*** sorte de *tuk-tuk* électrique qui sillonne la ville avec un maximum de 7 passagers à bord. Circule 7h-19h, en principe ttes les 10 mn. Prix : 3 000 kips en achetant les billets auprès des hébergements, certains restos ou boutiques (s'y procurer aussi le plan des lignes), 5 000 kips directement dans le véhicule. Il existe 3 lignes : la *verte* longe les rives du Mékong et fait le tour de la presqu'île, c'est la plus pratique ; la *jaune* descend plus au sud, jusqu'aux marchés Phosi et chinois ; la *rouge,* plus excentrée, dessert notamment les universités.

Adresses utiles

Infos touristiques et services

ℹ ***Tourism Information Centre*** *(plan d'ensemble C2) : Sisavang Vong Rd, en face de la grande poste. ☎ 21-24-87. • tourismluangprabang.org • Tlj 8h (9h le w-e)-11h30, 13h30-16h (15h30 le w-e).* Vous y trouverez un plan de la ville gratuit (bien fait), les horaires de bus et de bateaux. Accueil en anglais, mais pas vraiment utile. Dans la pièce d'à côté, la **police touristique** : ☎ *25-29-03. Mêmes horaires que le Tourism Information Centre.*

✉ **Poste** *(plan d'ensemble C2) : à l'angle de Sisavang Vong Rd et Kitsarath Setthathirat Rd. Lun-sam 8h-12h, 13h-17h ; également ouv le soir (tlj sf w-e 17h-22h), mais slt pour les envois postaux.* Service *Western Union.*

■ ***Immigration Office*** *(plan d'ensemble D3,* ***3****) : Visounnarath Rd.* ☎ *21-24-53. Juste à côté du resto Visoun. Lun-ven 8h-11h15, 13h45-16h.* Possible de faire prolonger son visa (2 $ par jour supplémentaire).

■ ***Location de vélos et de VTT :*** on en trouve un peu partout, notamment dans les boutiques des rues Sisavang Vong et Visounnarath, ainsi que dans la plupart des *guesthouses* de Ban Houaxieng et de Ban Wat That *(plan d'ensemble C2).* Bien vérifier les pneus et les freins avant d'enfourcher son destrier ! En gros, compter 20 000 kips/j. pour un vélo de ville, 40 000-60 000 kips/j. selon le modèle pour un VTT.

■ ***Location de mobylettes et motos :*** plusieurs loueurs dans la rue Sisavang Vong. Compter 120 000-360 000 kips selon le modèle (casque fourni, essence en supplément). Bien vérifier l'état des machines.

– ***Plan de la ville :*** mieux que celui donné par l'office de tourisme, celui réalisé par ***Hobo Maps*** est particulièrement complet et pratique. Il existe aussi une carte des environs. En vente en principe chez *Monument Books* (voir plus loin « Divers »).

Change

■ ***Banque Franco-Lao*** *(zoom E2,* ***4****) : Sisavang Vong Rd.* ☎ *26-01-72 ou 73. Tlj 8h30-11h30, 15h-19h.* Change (le meilleur taux de la ville), transfert d'argent et distributeur de billets.

■ ***Banque pour le Commerce Extérieur Lao*** *(zoom D2,* ***5****) : Sisavang Vong Rd.* ☎ *25-29-83. Lun-ven 8h30-15h30.* Distributeur de billets.

■ ***Lao Development Bank*** *(plan d'ensemble D3,* ***6****) : Visounnarath Rd.* ☎ *21-21-85. Lun-ven 8h-15h30.* Bureau de change indépendant sur la rue même. Accepte les cartes *Visa* et *MasterCard* (sauf le week-end), à condition de retirer au minimum 100 $. Service de *Western Union.*

■ ***Bureaux de change :*** *nombreux dans la Sisavang Vong Rd (zoom D-E2). Tlj 8h-19h env (certains fermés dim).* Les taux sont sensiblement les mêmes.

Urgences, santé

✚ ***Hôpital chinois :*** *en dehors de la ville, près de l'aéroport (hors plan d'ensemble par E4).* L'hôpital est mal équipé et manque de tout. En cas de gros problème, contacter son assurance qui prendra (ou pas) la décision d'une évacuation par avion vers Bangkok, où les hôpitaux sont de bon niveau.

Pour les cas moins graves, voici 2 médecins généralistes de l'hôpital qui consultent le soir en semaine à partir de 17h :

■ ***Dr Phayline Maniphonh*** *(plan d'ensemble D4,* ***7****) : Ban Thatbosoth, Souvannabalang Rd, quasi en face de Lao Woman's Union.* 📱 *020-557-721-44 ou 020-522-575-55.* Elle parle le français et consulte chez elle.

■ ***Phakan's Clinic*** *(hors plan d'ensemble par B4,* ***8****) : 111, Kaisone Phomvihan Rd, Ban Phonkham.* ☎ *25-47-81.* 📱 *020-555-582-80.* Généraliste chinois anglophone.

■ ***Poppy Pharmacy*** *(zoom E2,* ***10****) : 58/6 Sisavangvon Rd.* 📱 *030-996-76-36. Tlj 8h-22h.* Peut dépanner en cas de petits bobos. Avantage : on y parle l'anglais.

Compagnies aériennes, agences de voyages

■ ***Lao Airlines*** *(plan d'ensemble C3,* ***9****) : Visoun Rd.* ☎ *21-21-72. À l'aéroport :* ☎ *21-21-73. • laoairlines.com • Tlj sf dim ap-m 8h-11h30, 13h30-16h30.* Il est recommandé de reconfirmer son billet la veille du départ, ne serait-ce que pour vérifier si les horaires n'ont pas changé.

■ ***Bangkok Airways*** *(zoom E2,* ***10****) : 57/6, Sisavang Vong Rd.* ☎ *25-33-34. À l'aéroport :* ☎ *25-32-53.* • *bangkokair.com* • *Tlj 8h-17h.*

■ ***Khoaviet Travel :*** *n° 76, Unit 5, Ban Viengsay.* 📱 *020-98-000-752.* • *khoaviettravel.fr* • Bonne agence francophone (succursale d'une grosse agence vietnamienne). Prix raisonnables, bon sens du service, excursions et tours dans tout le pays, ainsi qu'au Vietnam et au Cambodge.

■ ***All Lao Travel Service*** *(zoom D2,* ***11****) : 13/7, Sisavang Vong Rd.* ☎ *25-35-22.* • *alllaoservice.com* • *Tlj 8h-21h30.* Petite agence laotienne sérieuse. Propose tous les services possibles : billets de bus express, minivan, bateau et avion pour les principales villes du Laos, mais aussi pour le Vietnam, la Thaïlande, le Cambodge et la Chine. Infos sur les excursions : randonnées (trekking), rafting sur les rivières et balades à VTT.

■ ***Phoenix Voyages :*** *Ban Songkalok.* ☎ *26-07-94.* Une des plus importantes agences d'Asie du Sud-Est, réputée pour le sérieux de ses prestations. Circuits sur mesure.

■ ***Tiger Trail*** *(zoom D2,* ***11****) : Sisavang Vong Rd.* ☎ *25-26-55.* 📱 *020-550-800-78.* • *laos-adventures.com* • *Tlj 8h-21h.* Agence spécialisée dans l'écotourisme. Surtout intéressant pour le canyoning, le rafting, etc. Quant à leurs excursions « classiques », elles restent assez touristiques.

■ ***ASEV Travel :*** *Ban Nasumpanh, 49, Rd n° 9.* ☎ *25-22-86 ou 25-41-30.* • *asev-travel.com* • *Basée aussi à Siem Reap (au Cambodge), en Birmanie et en Thaïlande.* Cette agence réceptive francophone est une des pionnières des voyages au Laos depuis 1992. Elle propose à la fois des voyages classiques, des circuits aventure et des combinés entre plusieurs pays, en solo, à 2 ou plus.

■ ***Exo Travel*** *(zoom E1,* ***12****) : Souvanhakhampong Rd.* ☎ *25-46-98.* • *exotravel.com* • *Tlj sf dim.* Une agence sérieuse organisant des séjours sur mesure, plutôt haut de gamme, axés aussi bien culture que nature. Une autre adresse à Vientiane (et partout en Asie du Sud-Est).

Divers

■ ***Monument Books*** *(zoom E1,* ***13****) : 2, Thou Gnai Thao Rd, à proximité du resto* L'Éléphant. ☎ *25-49-54. Tlj 9h-21h (19h le w-e).* Magazines et livres en français. Bonnes cartes de la ville et du pays.

■ ***Institut français*** *(zoom E1,* ***14****) : av. Lane Xang, Ban Wat Nong.* ☎ *25-39-24.* 📱 *020-555-264-74.* • *if-laos.org* • *Tlj sf dim 8h-12h, 14h-18h (17h sam).* C'est l'ancien logement de fonction du directeur de l'école primaire dans les années 1950. Pour la petite histoire, sachez que Pierre Desproges y passa une partie de son enfance (son père était le directeur de l'école). Propose des expos temporaires gratuites. Ne pas hésiter à y déposer un bon bouquin ; il s'agit de la seule petite bibliothèque francophone, et c'est donc pour les enfants et ados qui apprennent le français le seul moyen de lire dans notre langue.

■ ***Peninsula Sauna & Massages*** *(zoom F1,* ***15****) : Souvanhakhampong Rd, wat Xieng Thong.* ☎ *25-34-11.* 📱 *020-556-752-82. Tlj 9h-20h. Sauna 20 000 kips ; massages 50 000-70 000 kips.* Les masseurs qui travaillent ici ont été formés par Mme Somchit, qui mène son affaire avec efficacité. Des massages de qualité.

■ ***Dhammada Massage Oasis*** *(plan d'ensemble D3,* ***23****) : Ban Vixoun, Setthathirath Rd.* ☎ *21-26-42 et 25-29-33. Tlj 9h30-22h. Massages 50 000-290 000 kips (40 mn-2h).* Installé dans un jardin, le centre propose différents massages, tous de bon niveau : orientaux (dynamiques), à l'huile (plus doux), aux herbes ou partiels (tête, visage, pieds). Ces derniers sont effectués dans la partie ouverte de la maison : en fin de journée, attention aux moustiques.

■ ***Laveries :*** dans les *guesthouses* ou dans les ruelles descendant vers le Mékong où sont concentrées les *guesthouses* pour routards.

Où dormir ?

Dans le centre historique, autour de la rue Sisavang Vong (zoom et plan d'ensemble C-D2-3)

De très bon marché à bon marché (moins de 250 000 kips / 31 $)

Au détour des rues Ban Wat That et Ban Houaxieng, les *guesthouses* sont à touche-touche. Ne pas hésiter à négocier les prix. Elles proposent toutes ou presque un service de laverie.

Viradesa Guesthouse *(plan d'ensemble C2, **30**)* : *Ban Wat That. ☎ 25-22-32. 020-556-801-81. • laos0309012602@gmail.com • Dortoir 50 000 kips, double 160 000 kips. Pas de petit déj.* La pension est un amalgame de bâtiments imbriqués au bord d'une venelle qui descend vers le fleuve. Dortoirs de 3 et 4 lits avec salle de bains extérieure et ventilo, intéressant pour les routards fauchés. Les doubles bénéficient de la clim et d'une salle de bains privée. Ambiance auberge de jeunesse un peu rustique.

Namsok Guest House *(zoom E1, **32**)* : *Ban Xieng Mouane, Sisavangthana Rd. ☎ 25-44-26. 020-999-909-01. Doubles avec sdb et ventilo 70 000-100 000 kips selon saison. Pas de petit déj.* Dans un quartier paisible et tranquille. Une petite et sympathique structure familiale, un peu en retrait de la rue. 6 chambres pas trop grandes, mais au sol carrelé et vraiment nickel. Possibilité de clim. On s'y pose en confiance. Accueil discret.

Rattana Guesthouse *(plan d'ensemble C2, **33**)* : *3/2, Kok Sack Rd, Ban Wat That. ☎ 25-22-55. 020-567-54-58. • rattana.laopdr.com • Doubles 120 000-160 000 kips ; petit déj en plus.* 2 petits bâtiments mitoyens (l'un en bois, l'autre moderne) offrent des chambres assez petites, mais avec un balcon pour la partie moderne. Attention, d'autres, notamment dans l'ancienne bâtisse, ne possèdent pas de fenêtre et le ménage pourrait être plus zélé. Équipement correct toutefois : salle d'eau privée, ventilo ou AC et TV câblée. Réception anglophone et patronne francophone, qui vous donnera plein d'infos, si elle est là. Atmosphère familiale. Services de laverie, location de vélos et minivan (avec chauffeur).

Sengphet Guesthouse *(plan d'ensemble C2, **34**)* : *Ban Houaxieng. ☎ 25-35-34. 020-557-702-98. Doubles avec sdb privée ou commune, ventilo ou clim 100 000-160 000 kips. Pas de petit déj.* Dans une ruelle calme, une maison qui dégage une sympathique intimité. D'une grande simplicité, les chambres ne sont pas bien grandes, et certaines du rez-de-chaussée donnent sur un mur (l'étage est plus lumineux), mais la propreté est indéniable. Bons lits, bon accueil et atmosphère familiale. Petite terrasse ombragée juste devant. Location de vélos et de motos.

LPQ Backpackers Hostel *(plan d'ensemble C2, **30**)* : *25/2 Ban Wat That. 020-911-386-86. • lpqbackpackershostel@gmail.com • Dortoir 45 000 kips ; doubles avec ventilo ou clim 110 000-140 000 kips ; petit déj inclus dans ts les cas.* Un QG de routards, central et dans une rue tranquille, avec un billard en terrasse qui favorise les rencontres. Côté hébergement, le dortoir de 8 lits est un peu exigu (ventilo). L'*hostel* conviendra avant tout aux voyageurs en solo ; à 2, on trouve des adresses d'un meilleur rapport qualité-prix.

Suan Keo Guesthouse *(plan d'ensemble C2, **30**)* : *Ban Wat That. ☎ 25-47-40 ou 25-44-04. Doubles 100 000-200 000 kips. Pas de petit déj.* Une dizaine de chambres dans 2 maisons, la plupart carrelées, avec gros ventilo (ou clim) et eau chaude. Pas l'extase, mais le 1er étage, tout en bois, possède un certain charme. Mieux vaut toutefois ne pas tomber sur un voisin qui ronfle (parois minces). Ensemble propre et accueil avenant.

De bon marché à prix moyens (100 000-400 000 kips / 12,50-50 $)

View Khem Khong Guesthouse *(zoom D1,* ***35****) : 01/10, Ban Xieng Mouane, Khemkhong Rd. ☎ 21-30-32. 020-581-771-23. • ericsensaoui@msn.com • Doubles avec sdb et clim 200 000-400 000 kips ; petit déj en plus.* Face au Mékong, une maison traditionnelle constituée de petites chambres calmes et propres. Au rez-de-chaussée, comme souvent, elles sont plus sombres. L'ensemble est bien tenu par Éric, un Français. Terrasse sur la rive dominant le fleuve pour goûter aux bonnes heures du crépuscule. Fait aussi resto.

Heritage Guesthouse *(zoom E1-2,* ***36****) : 66/6, Ban Xieng Mouane. ☎ 25-25-37. • moradok2003@yahoo.com • À 20 m de la Sisavang Vong Rd, en allant vers le Mékong. Doubles sans ou avec AC 150 000-250 000 kips selon saison.* Une adresse qui présente le double avantage d'être au centre, tout en étant au calme. Dans une ancienne demeure, une quinzaine de chambres un peu petites, avec TV pour certaines et salle de bains. Les plus chères sont à l'étage. On aime bien le petit charme qui se dégage des lieux. Accueil aimable et ensemble bien tenu.

Thepavong Guesthouse *(plan d'ensemble C2,* ***47****) : Ban Houaxieng, près de Kaemkong Rd. 020-553-144-59. Doubles 90 000-150 000 kips. Pas de petit déj, mais café, thé et eau gratuits.* Non loin du *Night Market*, ce lieu paisible et verdoyant est tenu par un vénérable papi, qui parle un peu le français. Il propose des chambres de taille modeste, bien tenues, avec un balcon pour celles de l'étage. On aime le petit jardin à l'avant qui donne envie de se poser. Bon rapport qualité-prix-calme.

Souk Lan Xang Guesthouse *(zoom E1,* ***37****) : Ban Wat Nong. ☎ 26-04-77. 020-221-311-33. • souklanxang.weebly.com • Doubles env 200 000-240 000 kips.* Dissimulée au bord d'une ruelle calme et perpendiculaire au Mékong, élégante maison de famille recelant seulement 6 chambres. Parfois un peu sombres, sobrement aménagées mais propres, avec des sols carrelés au rez-de-chaussée, TV, AC et salle de bains. Les plus chères (2), à l'étage, ne sont pas dénuées de charme avec leur mur en bois (au rez-de-chaussée, elles sont plus classiques). Laverie. Possibilité de prendre le petit déj (en supplément) dans le resto mitoyen au bord du Mékong. Bon accueil.

Phonemaly Guesthouse *(plan d'ensemble C2,* ***72****) : 031/2 Ban Houaxieng. ☎ 25-35-04. 020-556-706-45. • syhannon@hotmail.com • Doubles avec sdb 120 000-150 000 kips. Pas de petit déj, mais café et bananes en libre service.* Ancienne maison tout en bois, dont le balcon couvert à l'étage dessert des chambres propres et correctement équipées, plus lumineuses que celles du rez-de-chaussée (au même prix).

Golden Lotus Guesthouse *(plan d'ensemble C2,* ***38****) : Ban Pakham. ☎ 21-30-54. • goldenlotusguesthouse.blogspot.com • Presque en face du wat Maï. Doubles env 160 000-240 000 kips selon saison. Pas de petit déj.* Dans une ruelle envahie par les étals du marché du matin, cette maison de quartier abrite une dizaine de chambres confortables. Sols carrelés, salle de bains nickel, clim et ventilateur. En revanche, pas de balcon, mais juste une table pour se poser dans le semblant de jardin. Préférer les chambres à l'étage pour ne pas être dérangé par la télé au rez-de-chaussée, au moment de la sieste par exemple...

De prix moyens à chic (250 000-600 000 kips / 31-75 $)

Lao Lu Lodge *(plan d'ensemble C2,* ***39****) : Ban Pakham. ☎ 25-56-78. • laolulodge.com • Doubles avec sdb et clim env 30-35 $, petit déj compris.* Une maison dans une ruelle sans circulation et au bord d'un jardin luxuriant. Une douzaine de chambres confortables, plutôt spacieuses, propres et soignées. On apprécie la déco à base de tissus laotiens. Quelques tables pour se poser à l'extérieur. Bon accueil. Une adresse où le souci de bien faire semble permanent. Un excellent rapport qualité-prix, juste à côté du marché du matin. Mr Bo, le propriétaire, possède aussi une agence de voyages sérieuse.

Xieng Mouane Guesthouse *(zoom D1, **40**) : 86/6, Ban Xieng Mouane. ☎ 25-21-52. • xieng mouane@yahoo.com • Doubles 25-45 $. Pas de petit déj, mais thé et café à dispo.* Dans une rue calme, face au wat Xieng Mouane. Cette vieille maison coloniale, patinée par le temps, a gardé fière allure et son cachet reste intact. Un bâtiment côté rue, un autre à l'arrière (plus récent, chambres au même prix, avec balcon) donnant sur le jardin verdoyant, plein de senteurs de jasmin. Toutes les chambres sont équipées de ventilo et d'AC, d'une salle de bains carrelée et d'une déco le plus souvent agréable. Bon accueil.

Sok Xai Guesthouse *(zoom F1, **41**) : Sakkarine Rd. ☎ 25-43-09. 020-591-222-32. • gm.sokxailpq@yahoo.com • Ne pas confondre avec* The Villa Sokxai 2. *Doubles 45-50 $ en hte saison, petit déj inclus.* Dans la rue principale, mais au calme, cette maison à l'architecture traditionnelle rénovée abrite une poignée de chambres à la déco sobre, égayée par de jolis tissus laotiens. Bon confort. Vue sur les temples pour certaines chambres ainsi que depuis le balcon commun situé à l'étage. Le petit déj se prend sur la terrasse, au bord de la rue. Accueil aimable.

Villa Senesouk *(zoom F1, **42**) : Sakkarine Rd, face au wat Sene. ☎ 21-20-74. 030-992-305-95. Doubles 35-60 $. Pas de petit déj.* Dans le quartier historique, une jolie maison ancienne, bien rénovée. Bon accueil d'une famille laotienne. Une vingtaine de chambres avec ventilo, clim, douche et w-c. Au 1er étage, elles sont plus chères et donnent sur la pagode de l'autre côté de la rue. D'autres chambres sur la cour à l'arrière, plus calmes et tout en bois. La bonne tenue de l'ensemble et la régularité d'année en année en font une bonne adresse.

Chitdara 2 Guesthouse *(zoom E1, **43**) : 18/02, Ounkham Rd. ☎ 21-28-86. • villachitdara2.com • Ne pas confondre avec la* Villa Chitdara, *située non loin de là. Doubles env 35-55 $ selon vue et saison, petit déj inclus.* Face au Mékong, une ancienne maison convertie en *guesthouse* de 7 chambres. Vue sur le fleuve pour les plus chères. Dommage toutefois qu'il n'y ait pas de véritable terrasse ni de jardin pour se poser. Le patron, laotien, vit une partie de l'année en France.

Chic (400 000-600 000 kips / 50-75 $)

Le Bougainvillier *(plan d'ensemble C2, **31**) : Ban Pakham. 020-954-912-41. • bougainvillier-lp.com • Doubles 45-60 $, petit déj inclus.* Un havre de paix au cœur de la vie laotienne, juste devant le marché du matin. Chambres accueillantes et bien équipées (AC, frigo), réparties dans 2 maisons de part et d'autre du jardin, où est servi le délicieux petit déj (hmm, le tapioca au lait de coco !). Parfait avant d'entamer la découverte de la ville. L'équipe franco-laotienne est d'ailleurs de très bon conseil sur les visites et excursions alentour (elle connaît les prestataires sérieux). On peut aussi se poser avec une B.D. ou l'un des nombreux livres sur le Laos de la belle bibliothèque, tranquillement installé sous les cocotiers, en admirant le mont Phousi. Une petite adresse comme on les aime.

Villa Chitdara *(zoom E1, **45**) : Ban Wat Nong. ☎ 25-49-49. • villachitdara.com • Ne pas confondre avec la* Chitdara 2 Guesthouse. *Doubles avec sdb, clim et ventilo 50-60 $ selon saison, petit déj inclus.* Dans sa maison en bois à la belle architecture, la sympathique propriétaire franco-laotienne accueille ses hôtes avec délicatesse et attention. Elle propose une quinzaine de chambres de bon confort (literie de qualité, balcon ou terrasse privée). À l'arrière du bâtiment, superbe jardin verdoyant et vaste pelouse bordés d'une terrasse en bois, où l'on prend le petit déj. Le quartier est plaisant, la rue calme et l'endroit a de l'allure. Prêt de vélos. Une adresse où l'on se sent bien.

Saynamkhan Guesthouse *(zoom E2,* ***46****) : Ban Wat Sene. ☎ 21-29-76. • saynamkhan-guesthouse.com • Doubles env 45-60 $ selon vue et saison, petit déj inclus.* Chambres réparties au sein de 2 maisons à proximité de la Nam Khan. Une petite vingtaine de chambres tout confort. Certaines sont parfois un peu exiguës. On a un petit faible pour les chambres aménagées dans l'ancienne demeure en bois. Elles ont toutes en commun une déco soignée mettant en valeur les tissus traditionnels laotiens. Les plus chères bénéficient d'une vue sur la rivière et d'un balcon pour en profiter.

Très chic (plus de 600 000 kips / 75 $)

The View Pavilion *(zoom F1,* ***41****) : Ban Khili, Sakkarine Rd. ☎ 25-39-18. 030-520-36-28. • theviewpavilion.com • Doubles 70-120 $, petit déj compris.* 2 élégants bâtiments, dans le plus pur style lao. Une petite dizaine de chambres spacieuses, bien calmes, en retrait de la rue, la plupart plein soleil. Petite terrasse sous véranda et large pelouse devant. Décor raffiné et coloré, avec lits sculptés, plancher en bois rouge, douche à l'italienne, baignoire design à remous *(bath tube)* dans la chambre et tout le confort rêvé. Resto.

Ancient Luangprabang Hotel *(plan d'ensemble C2,* ***48****) : rue Sisavang Vong, Ban Pakarm. ☎ 21-22-64. • ancientluangprabang.com • Résa conseillée (souvent complet). Doubles 70-90 $ selon saison.* Un hôtel moderne à l'architecture plaisante, et, surtout, une douzaine de belles chambres tout confort aux noms d'animaux, agencées dans un style néocolonial élégant et sobre tout à la fois. Plaira à ceux qui souhaitent résider directement au cœur de l'animation (le marché de nuit se déroule à ses pieds). Petite *bakery* au rez-de-chaussée.

Sala Prabang *(zoom D1,* ***49****) : 102/6, Ounkham Rd, Ban Xieng Mouane. ☎ 25-24-60 ou 25-40-87. • salalao.com • Doubles avec clim 60-90 $, petit déj inclus. Également des studios et suites 70-160 $.* Le patron est architecte d'intérieur, le résultat est plutôt réussi. Demeure du XIXe s restaurée en hôtel de charme : boiseries, beaux carrelages anciens (français !), simplicité, confort et élégance. Quelques chambres donnent sur le Mékong (avec balcon et vue superbe), les autres sur l'arrière (plus calmes). Le succès aidant, il s'est enrichi d'annexes dans d'autres maisons du quartier (une quarantaine de chambres). Attention, certaines sont vraiment petites et les prix ont singulièrement grimpé. Accueil charmant, cependant. Terrasse au bord du fleuve pour le petit déj.

The Apsara *(zoom E1,* ***50****) : rue Kingkitsarath, Ban Wat Sene. ☎ 25-46-70. • theapsara.com • Doubles 80-145 $ selon confort et saison, petit déj compris.* Un hôtel de charme en surplomb de la Nam Khan, avec vue sur les collines et qui la joue design décontracté. 2 bâtiments abritent des chambres spacieuses avec sol en bois rouge. Dans l'édifice principal, ce sont les *superior,* équipées de lits immenses tant en largeur qu'en hauteur, et surtout avec vue sur la rivière. Toutes sont décorées dans le style colonial avec quelques notes modernes (mais pas de TV). Les standard se situent dans l'édifice mitoyen. Resto au rez-de-chaussée du bâtiment principal.

Spécial folie

Les 3 Nagas *(zoom E1,* ***51****) : 97/5, rue Sakkarine, Ban Wat Nong. ☎ 25-38-88. • 3-nagas.com • Au milieu de la péninsule, très bien situé. Doubles 220-450 $ selon saison et confort ; réduc si résa sur Internet ou à l'avance.* Une belle maison coloniale rénovée avec beaucoup de raffinement et d'attention, tant pour les matériaux que pour les détails : le bois ici est roi. Tout confort évidemment (salles de bains vraiment superbes), et la plupart des chambres disposent d'un balcon privé (et/ou d'une terrasse), d'un petit salon et parfois d'un lit à baldaquin. Un autre bâtiment de l'autre côté de la rue, tout aussi ancien et tout aussi joliment restauré, abrite une partie des chambres.

■ ***Maison Souvannaphoum Hotel*** *(plan d'ensemble C3,* ***52****) : rue Phothisarath (ou Suranaphoum), dans le prolongement de la rue Sisavang Vong, au niveau de la fontaine.* ☎ *25-46-09.* ● *angsana.com* ● *Doubles 230-420 $ selon confort, petit déj inclus ; réduc si résa sur Internet ou à l'avance.* Ancienne villa princière superbement rénovée, dans un parc-jardin élégant. Le hall, la salle de resto et les chambres (avec balcon pour certaines) ont été entièrement refaits dans des tons clairs modernes, mariant design et tradition laotiens dans le mobilier et la décoration. Tout confort, évidemment, et service très professionnel, mais les salles de bains, plutôt raffinées, sont petites pour le standing. Autant le savoir, atmosphère chicos et quelque peu empesée ! Dispose également d'un spa et d'une piscine, malheureusement étroite et sans véritable espace autour. Le resto propose cependant une carte à prix beaucoup plus raisonnables.

Ban Aphai et autour de la rue Visounnarath
(plan d'ensemble C-D-E2-4)

Très bon marché (moins de 100 000 kips / 12,50 $)

■ ***Spicy Laos Backpackers*** *(plan d'ensemble C3,* ***53****) : 46, Hnuay 04, Samsenthai Rd, Ban Thong Cha Leaun.* ☎ *21-25-00.* *020-225-555-93. Compter 30 000-70 000 kips en dortoir 7-10 lits avec ou sans sdb ; AC en plus. Petit déj possible.* À deux coups de tongs de Dara Market, dans un ancien bâtiment colonial qui fut une résidence princière. Aujourd'hui, si l'hébergement n'a rien de princier (pas de chambre privée mais de simples dortoirs exigus et plutôt humides, avec salle de bains), on y trouve de l'ambiance, de quoi lier connaissance (table de ping-pong, badminton, billard), une pièce où regarder un film... Service de linge, *lockers*, TV câblée dans la salle commune, etc. Accueil détendu et ambiance communautaire, vraiment *roots*.

■ ***Central Backpackers Hostel*** *(plan d'ensemble C3,* ***73****) : Noradeth Rd.* *020-952-939-28. Dortoir 45 000 kips ; double 140 000 kips. AC, petit déj et sdb compris. (à la réception, faible).* À 10 mn à pied du centre, un *hostel* à l'hébergement plus intime que ses voisins, avec des dortoirs de 4 lits de taille correcte, des chambres privées et un bon petit déj. Cela dit, ne pas être trop exigeant côté propreté.

■ ***Sysomphone Guesthouse*** *(plan d'ensemble E3,* ***54****) : 22/4, Ban Visoun.* ☎ *25-25-43.* *020-557-746-96.* ● *sysomphone.weebly.com* ● *Prendre la rue Phommatha en s'écartant du centre et tourner à gauche juste après* Pathana Boupha Antique House *; c'est juste avt la rivière. Doubles 60 000-100 000 kips. Pas de petit déj.* Au fond d'une impasse, dans un quartier tranquille et pourtant près du centre-ville. Des chambres assez sommaires, reparties dans 2 bâtiments. Dans le premier, elles ont des parois en bois, avec sanitaires communs. Dans le second, elles sont plus récentes, un peu plus chères aussi. Attention, au rez-de-chaussée, elles peuvent sentir l'humidité. L'avantage de l'adresse, c'est le calme.

■ ***Thavisouk Guesthouse*** *(plan d'ensemble D3,* ***55****) : Pamahaphasam Rd.* ☎ *25-20-22.* *020-777-788-81. Double 60 000 kips.* Une vraie *guesthouse* où l'on entre par le salon familial. Chambres fort simples avec clim et salle de bains carrelée. Prendre une chambre située dans le bâtiment à l'arrière car la rue est bruyante dès les premières heures de la journée.

■ ***Mano Guesthouse « La Maison du Bonheur »*** *(plan d'ensemble D3,* ***55****) : Ban Viengxay.* ☎ *25-31-12. Double 60 000 kips.* Comme sa voisine, une *guesthouse* pour dépanner les budgets serrés. Les chambres sont correctement tenues (carrelage reluisant, douche et w-c), mais la rue est bruyante, du matin au soir. Là encore, opter pour une chambre donnant sur l'arrière.

Bon marché (100 000-250 000 kips / 12,50-31 $)

■ ***Vilayvanh Guest House*** *(plan d'ensemble E3,* ***56****) : Ban Aphai.*

☎ 25-27-57. 📱 020-555-476-96. • mee9999@hotmail.com • Double env 120 000 kips. Pas de petit déj. Quartier agréable et populaire de vénérables demeures en bois et coqs matinaux, mon tout noyé dans la végétation. Autre qualité, proche de l'*Utopia*, le café le plus insolite de la ville ! Maison en bois dans un jardin, offrant une dizaine de chambres propres et de confort correct. Clim, TV câblée. Seules les 2 au rez-de-chaussée sur l'arrière ne bénéficient pas d'une vue terrible.

Muong Lao Guesthouse *(plan d'ensemble E3, **57**) : Ban Aphai, Phommathat Rd. ☎ 25-27-41. 📱 020-777-733-21. En face du wat Visoun. Doubles 120 000-150 000 kips, ventilo ou clim. Pas de petit déj.* Gentille petite pension offrant des chambres d'un fort bon rapport qualité-prix, notamment la n° 9, sur l'arrière, certes pas très grande mais tout en bois, avec clim et une belle, vraie salle de bains. Certaines avec terrasse. Sachez toutefois que la rue est bruyante en journée.

Jaliya Guesthouse *(plan d'ensemble C3, **58**) : 070/2, Pamahaphasam Rd, Ban Viengxay. ☎ 25-21-54. 📱 020-775-533-11. En face de* Lao Airlines. *Double 120 000 kips. Pas de petit déj.* On prononce « Tialinia Guesthouse ». Bâtiment en béton sans charme particulier, mais intérieur propre, avec des chambres équipées de clim et ventilo ; douche (chaude) et w-c à l'intérieur. Une grande cour verdoyante (c'est là son principal atout) accueille des chambres de plain-pied et beaucoup plus calmes que celles qui donnent sur la rue (très passante en journée). L'accueil pourrait être plus chaleureux.

Cold River Guesthouse *(plan d'ensemble E3, **59**) : 01/5, Ban Meuna. ☎ 25-28-10. 📱 020-557-787-49. Prendre la rue Phommatha en s'écartant du centre et tourner à gauche juste après* Pathana Boupha Antique House *; c'est juste avt la rivière. Doubles 150 000-200 000 kips avec ventilo ou clim.* Au fond d'une impasse, à l'abri de la circulation. Toutes les chambres sont dotées d'une salle de bains. Pas bien grandes mais confortables ; literie convenable et propre. Certaines chambres bénéficient d'une belle vue sur la rivière ! On a vraiment l'impression de partager la vie de la famille qui nous héberge. Si c'est souvent complet, c'est que certaines ONG y logent leurs membres. Savoir aussi qu'il n'y a quasi pas de service : on change soi-même ses serviettes et l'on vide ses poubelles.

De bon marché à prix moyens (100 000-400 000 kips / 12,50-50 $)

Sabaidee Guesthouse *(plan d'ensemble C3-4, **60**) : 70, Thammikarat Rd. ☎ 25-31-43. 📱 020-556-721-97. • sabaidee-hotel.com • Doubles 200 000-280 000 kips selon confort, petit déj inclus.* À proximité du wat Monorom, au fond d'un beau jardin ombragé et apaisant. Suffisamment en retrait de la rue pour ne pas être importuné par la circulation. D'une blancheur immaculée, les chambres ont douche, ventilo ou AC et TV câblée (certaines avec frigo). Classiques et parfaitement tenues. Location de vélos. Accueil sympathique, parfois en français.

Villa Shayada Guesthouse *(plan d'ensemble E3, **61**) : Ban Aphai, Phommathat Rd, en face du wat Visounnarath (Visoun pour les intimes). ☎ 25-48-72. • villa-shayada-laos.com • Doubles 150 000-250 000 kips selon confort et saison. Pas de petit déj.* Une très jolie *guesthouse* en bois qui abrite une dizaine de chambres, vastes, avec mobilier et linge de maison raffinés et petites touches de soie colorée en guise de déco. Petite préférence pour les chambres à l'étage. Certaines doubles assez grandes conviendront parfaitement aux familles (ou aux amis). Clim, salle de bains (parfois baignoire), parquet dans les plus chères, et même TV câblée (avec TV5 !). Balcon privé et/ou petite terrasse. Demander une chambre à l'arrière ; sur rue, elles sont bruyantes.

The Villa Sokxai 2 *(plan d'ensemble D2, **62**) : Phousi Rd. ☎ 26-02-99. 📱 020-780-481-88. • villakuangsokxay.com • Dans une ruelle, vers la rivière. Doubles 200 000-240 000 $ selon saison. Pas de petit déj.* Élégant petit hôtel sur un étage, dans un coin animé qui compte pas mal de bars (mais à 23h30, tout le monde rentre chez soi). Une poignée de chambres d'un certain charme et très confortables : déco soignée, grand lit, AC, TV câblée, service de linge, etc. Grand balcon collectif. Location de vélos.

Chic (400 000-600 000 kips / 50-75 $)

Villa Oasis Luang Prabang *(plan d'ensemble D3,* ***63****) : Setthatirah Rd, dans une petite impasse perpendiculaire à la rue Visounnarath. 020-974-520-59 et 020-979-842-79. Double env 55 $, petit déj inclus.* En face d'un petit étang où fleurissent des lotus, une douzaine de chambres avec terrasse ou balcon privé. Les standard sont plus anciennes, mais au même prix que les plus récentes décorées de belles photos. Tout confort et calme absolu ! Enfin presque : poules à proximité. Petite terrasse au bord de l'eau pour bouquiner ou prendre un verre. Une vraie petite oasis.

Plus loin du centre, au sud et à l'est de la ville

De chic à très chic (plus de 400 000 kips / 50 $)

Thongbay Guesthouse *(hors plan d'ensemble par E4,* ***64****) : Ban Vieng May, Vat Sakem. ☎ 25-32-34. • thongbay-guesthouses.com • Transfert gratuit avec le centre plusieurs fois/j. ; sinon, on peut y aller en marchant 15 mn ou louer un vélo. Compter 45-65 $ selon vue et saison.* Une *guesthouse* tenue par un couple suisse allemand-lao, un chouia excentrée et en surplomb de la rivière. Les bungalows en bois sont bien arrangés et bien intégrés à leur environnement, la végétation abonde, et un gazon digne de celui d'un golf entoure un petit bassin poissonneux. Bref, calme et verdure, on se croirait en pleine nature et, pourtant, on est qu'à quelques coups de tongs de l'animation. Atmosphère sympathique. Resto sur place. Une de nos plus belles adresses.

Treasure Hotel Laos *(plan d'ensemble B3,* ***65****) : 51/3, That Luang Village. ☎ 26-06-61. • reservation@treasurehotellaos.com • Doubles 45-60 $ selon saison, petit déj inclus.* Le long d'une allée agréablement fleurie, une enfilade de chambres au calme, toutes identiques et un peu sombres, mais grandes, largement carrelées et confortablement meublées. Déco soignée, douche à l'italienne, lits *king size*, clim et ventilo ; demander la chambre à l'étage, immense. Dommage qu'il n'y ait pas de véritable jardin pour se poser.

Maison Dalabua *(plan d'ensemble B3,* ***66****) : Phothisarath Rd, Ban That Luang. ☎ 25-55-88. • maison-dalabua.com • Doubles 60-115 $ selon confort et saison, petit déj inclus ; bungalows 95-130 $ selon saison.* Aidée par une équipe de Français, Toune a transformé son ancienne maison de famille en un bel endroit pour passer un séjour au calme parfait. On accède aux chambres par un ponton en bois qui serpente au-dessus d'un petit étang paysager dans lequel fleurissent des lotus (*Dalabua* signifie « princesse des lotus »). Le lieu est paisible et verdoyant. Depuis le ponton, la perspective sur le mont Phousi est remarquable. De belles chambres confortables (terrasse et vue sur l'étang pour les plus chères). Également 3 bungalows en bois avec terrasse sur pilotis donnant sur un second petit étang. Très bon petit déj (confiture maison, café bio, etc.). Fait également resto (très recommandable). Piscine, spa, massages et prêt de vélos.

Villa Maydou *(plan d'ensemble E3,* ***67****) : Ban Meuna. ☎ 25-46-01 ou 02. • villamaydou.com • À deux pas du vieux pont piéton et pas loin du centre, au bout d'une allée. Doubles 55-120 $ selon standing et saison ; également des suites familiales (avec 2 chambres) ; petit déj compris. Resto sur place. Prêt de vélos.* Dans un séduisant jardin tropical, tout à côté d'un vénérable temple (gong le matin de bonne heure pour certaines chambres !), 2 grandes demeures traditionnelles classées, restaurées avec goût et offrant une quinzaine de superbes chambres tout confort. Bois précieux et mobilier de style colonial, broderies et peintures en prime. L'ensemble possède beaucoup de charme. Service alerte et anglophone – ou francophone quand c'est le patron. Un lieu empreint d'une atmosphère sereine. L'une de nos belles adresses.

The Belle Rive Hotel *(zoom E1, **91**) : 99, Ban Phon Heuang. ☎ 26-07-33. • thebellerive.com • Doubles 95-170 $ selon saison et confort, jusqu'à 220 $ pour les suites.* Situation exceptionnelle pour ces belles maisons coloniales posées au bord du Mékong. Elles abritent 13 chambres spacieuses à la déco à la fois cosy et raffinée, toutes différentes et bénéficiant de tout le confort. Toutes profitent d'une vue sur le fleuve. Grandiose ! Prêt de vélos et excursions organisées. Bon resto (voir plus loin « Où manger ? »).

Spécial folie

Satri House *(plan d'ensemble B3, **68**) : 57, rue Phothisarath, Ban That Luang. ☎ 25-34-91 ou 92. • satrihouse.com • Doubles 220-300 $ selon saison, petit déj inclus ; suites plus chères.* Un peu excentré, mais tout bonnement superbe ! Dans un jardin agréablement dense, pas moins de 7 magnifiques bâtiments coloniaux restaurés qui abritent une trentaine de chambres. L'un d'eux, construit au début du XXe s, est classé au Patrimoine mondial de l'Unesco. Ambiance bien plus maison d'hôtes de luxe et de charme qu'hôtel, avec d'agréables salons communs. Toutes les chambres sont différentes, décorées de meubles et bibelots anciens, dotées de salles de bains originales très réussies. TV sur demande. Devant la maison principale, terrasse accueillante, et chaises longues autour des 2 piscines. Également un bassin aux lotus. Superbe spa. La direction est française.

The Luang Say Residence *(plan d'ensemble A4, **69**) : 4-5, Ban Phonepheng. ☎ 26-08-91. • luangsayresidence.com • Doubles 350-630 $; réduc si résa faite sur Internet ou à l'avance.* Une vingtaine de grandes chambres avec terrasse, réparties dans 5 maisons d'inspiration coloniale. Très belle piscine entourée de teck, et parasols identiques à ceux autrefois utilisés par les explorateurs perchés sur les éléphants. Quant à la maison de maître et son porche monumental, elle abrite, outre une poignée de chambres, un élégant hall atrium circulaire, un restaurant, une bibliothèque-fumoir et une véranda. Bois exotique, lin, soie... les nobles matériaux se conjuguent pour parfaire le raffinement de l'hôtel, sur lequel plane encore l'esprit des explorateurs du XIXe s. Une bien belle escale.

Villa Maly *(plan d'ensemble C3, **70**) : Ban That Luang, Thammanikalat Rd. ☎ 25-39-03. 📱 020-553-166-30. • villa-maly.com • Légèrement à l'écart du centre-ville. Doubles 220-360 $ selon standing et saison, petit déj inclus.* Dans l'ancienne résidence réaménagée de la princesse Khampieng et du prince Khamtan, le petit-fils du roi Zakarine au XIXe s. Une trentaine de chambres au style colonial, tout confort (on a envie de se lover dans les couettes épaisses des lits à baldaquin), au milieu d'un grand jardin tropical avec la piscine centrale. Propose des croisières sur le Mékong avec déjeuner ou dîner à bord du *Nava Mekong Boat.*

The Apsara Rive Droite *(zoom F2, **71**) : Ban Phanluang. ☎ 21-30-53. • theapsara.com • Accès par le pont ou en bateau depuis l'autre hôtel* Apsara *situé sur la péninsule. Double env 200 $, petit déj compris.* Un peu excentré, certes, mais quel cadre ! Seulement 9 chambres spacieuses et archi-confortables, avec vue sur les beaux jardins ou la rivière depuis la terrasse ou le balcon. Une piscine, un resto et un bar viennent compléter le tableau.

Où manger ?

Dans le centre historique, autour de Sisavang Vong *(plan d'ensemble C2 et zoom)*

Très bon marché (moins de 50 000 kips / 6 $)

Comme partout au Laos, il est possible de se restaurer à très bon compte ***sur les étals des marchés.*** Le soir venu, entre 17h et 22h environ, en bas de la rue Kitsarath Setthathirat *(plan d'ensemble C2)*, des étals proposent des plats cuisinés à emporter. D'autres étals au début du marché de nuit, dans une ruelle longeant l'hôtel *Ancient Luangprabang (plan d'ensemble C2,* ***48****)*, aux mêmes heures. Longues tables avec toile cirée, où l'on déguste poulet ou cochon laqué dans des feuilles de bananier, poissons grillés au charbon de bois. Stands végétariens également.

Bon marché (50 000-100 000 kips / 6-12,50 $)

IoI ***Rosella Fusion*** *(zoom F1,* ***80****)* **:** *au bord de Nam Kham River. ☎ 020-772-816-68. Tlj 8h-22h.* Superbe cadre paisible, verdoyant et ombragé pour une cuisine lao de grande qualité, servie généreusement. Quelques spécialités : le *tom yum pa* au poisson (bouillon parfumé à souhait), le *moke pa* (poisson à la vapeur), et surtout le *muu pad skaii,* porc à la citronnelle, poivre et basilic aux légumes de saison. Service jeune, vraiment sympathique et un remarquable rapport qualité-prix. En prime, terrasse surplombant la rivière.

IoI ***Mekong Fish*** *(zoom E1,* ***81****)* **:** *Souvanhakhampong Rd. ☎ 25-24-46. 📱 020-551-707-09. Tlj 7h30-22h30.* Au bord du Mékong, une des plus belles terrasses ombragées. Cuisine goûteuse et bien servie : barbecue, burgers, pizzas, pâtes, sandwichs, steaks et plats laotiens, comme les algues au sésame, le poisson au lait de coco, les viandes au curry, etc. Le choix est large. Excellent service. C'est la cantine des expats le midi. Très bien aussi pour le petit déj.

IoI ***Artisans Café*** *(zoom D2,* ***92****)* **:** *Ban Choum Khong. 📱 020-555-711-25. Tlj sf dim 9h-18h.* Inséré dans un quartier paisible et très plaisant, au bord d'une ruelle ombragée et pavée, l'endroit dégage beaucoup de sérénité. Quelques tables sont posées dans un petit mais agréable jardin pour déguster des plats frais, parfois à base de légumes et herbes du potager. Le lieu accueille aussi le siège de *Puang Champa,* une association culturelle dédiée à la musique et à la danse, ainsi qu'une boutique (voir plus loin « Achats »).

IoI ***Café Popkane*** *(zoom F1,* ***82****)* **:** *Sakkarine Rd, en allant vers le bout de la péninsule. Tlj 8h-19h.* Une adresse mignonne, cachée derrière les arbres, quelques tables à l'ombre d'une terrasse aérée, des bancs et du calme. Des plats laotiens tout simples, d'autres un peu plus occidentaux genre snack, et des *milk* et *fruit shakes.*

IoI ***Riverside Barbecue Restaurant*** *(plan d'ensemble C2,* ***83****)* **:** *Pakham Rd. Tlj 17h30-21h30.* Son barbecue *(hot pot)* et son buffet à volonté remportent un franc succès, tant auprès des familles laotiennes que des touristes. Il s'agit d'une plaque chauffante sur charbon de bois pour faire frire la viande et les fruits de mer, doublée d'un bassin circulaire dans lequel cuisent les légumes. Les serveurs gèrent les braises. Ambiance populaire et pleine de vie qui favorise les échanges entre convives.

IoI ***Ton Kham Wan*** *(zoom F1,* ***80****)* **:** *sur la Nam Kham River, à côté du Rosella Fusion. 📱 020-559-703-73. Tlj 8h-22h.* Un petit resto local proposant de bons plats laos. Vin au verre, cocktails et bière. Une adresse impeccable pour les petits budgets qui veulent se restaurer en terrasse au bord de la rivière.

IoI ***Tamnak Lao*** *(zoom E1,* ***97****)* **:** *Ban Wat Sene, Sakkarine Rd. ☎ 25-25-25. Tlj 10h-22h.* Au bout de la presqu'île, dans un coin plus animé en journée que le soir, on s'installe en terrasse au bord de la rue ou au balcon pour choisir des plats typiquement laos parmi une carte longue comme le Mékong. Avantage : chaque spécialité est expliquée avec les ingrédients qui la composent... ça aide. Les assiettes arrivent ensuite, goûteuses et bien présentées. Le resto donne aussi des cours de cuisine.

Prix moyens (100 000-150 000 kips / 12,50-19 $)

Tamarind (zoom E1, **84**) **:** *le long de la rivière Nam Khan. ☎ 21-31-28. 020-777-704-84. Tlj sf dim 11h-16h, 17h30-21h. Résa fortement conseillée. Ts les ven, barbecue laotien de poissons.* La jolie salle décorée de belles photos s'ouvre sur une agréable petite terrasse en surplomb de la rue, face au fleuve. Une poignée de tables éventée par des ventilos vibrionnant. Dans l'assiette, cuisine lao par excellence. Grande spécialité : le *lao BBQ fish feast...* Ne vous privez pas d'un délicieux dessert : riz gluant à la noix de coco, au sésame et à la banane, banana split yaourt et sauce tamarin... Comme boisson, on peut opter pour un jus au tamarin, à la cannelle, au jujube... Petit coin épicerie. On peut aussi participer à un cours de cuisine dans un lieu enchanteur, à la campagne, ou se faire accompagner pour une virée sur le marché.

Café Ban Vat Sene (zoom E1, **85**) **:** *Ban Wat Sene, Sakkarine Rd. ☎ 25-24-82. Tlj 6h30-22h. Happy hours 17h-19h.* Même maison que *L'Éléphant* (voir plus loin), donc prestations et déco soignées (peintures, beaux objets, mobilier tressé), dans une vénérable maison coloniale rénovée. Carte de snacks, quiches, tartes salées et de petits plats laotiens bien tournés. Terrasse sympa. On aime aussi venir prendre son petit déj pour savourer de vrais croissants et lire *Le Monde*. Pas donné mais si bon...

Coconut Garden (zoom D2, **5**) **:** *Sisavang Vong Rd. ☎ 26-04-36.* Une escale qui fait le plein tous les jours en saison. On peut s'installer dans une cour donnant sur la rue, à l'intérieur, ou encore dans le jardin de l'autre côté. Dans l'assiette, plats lao, thaïs et européens de bonne facture et bien présentés. Bambou farci au porc et aux herbes cuit à la vapeur puis frit, mets cuits dans une feuille de bananier, viandes grillées, *phó* vietnamien... Bon choix de pâtes, quiches et pizzas. Desserts goûteux également. *Lounge* bar. Une affaire qui roule, mêmes proprios que *L'Éléphant*.

Park Houay Mixay Restaurant (zoom E1, **86**) **:** *Ban Xieng Mouane, Sothikhoummane. ☎ 21-22-60.* Un resto traditionnel dans une maison en bois et bambou ouverte sur les côtés, pas très intimiste. Quelques spécialités : le curry de poisson aux chanterelles, l'*olam* (ragoût aux légumes), la traditionnelle saucisse de porc de Luang Prabang (c'est le moment ou jamais de la goûter !), le poulet à la noix de coco et son curry rouge, et tant d'autres choses. Beaucoup de tables, occupées par pas mal de groupes.

Un Petit Nid (zoom E1, **87**) **:** *Sakkarine Rd. ☎ 26-06-86. Tlj midi et soir jusqu'à 22h30. Peut flirter avec la catégorie « Chic ».* Légèrement en contrebas, une grande et vénérable demeure de 1854. Salle ouverte, bien ventilée à la déco dépouillée. Cuisine lao typique élaborée avec sérieux : *tom yam seafood, phapet* (porc, poulet, bœuf sauce noix de coco, oignons, aubergine, maïs, citronnelle), filet de poisson vapeur au citron... Sauces maison parfumées à souhait. Également pâtes et pizzas. Belle carte des vins.

Chic (150 000-250 000 kips / 19-31 $)

Tangor (zoom D2, **88**) **:** *63, rue Sisavang Vong. ☎ 26-07-61. 020-956-072-62. Tlj 11h-23h. Dans la partie basse de la fourchette.* Cadre cosy et lumière tamisée, de beaux tableaux ornent les murs. Les citations de Baudelaire et de Hemingway sur le vin expriment la philosophie des lieux. Maître mot : le raffinement, la recherche de nouvelles saveurs et une atmosphère détendue. Dans ce resto tenu par Thibault et Marie, deux Français, on découvre une cuisine créative, élaborée à base de bons produits, joliment présentée, pour une parfaite harmonie entre les parfums, les saveurs du pays et le talent français. Carte plutôt courte, mais qui change régulièrement. Pour couronner le tout, bande-son sympa et agréable terrasse.

Dyen Sabai *(zoom E2, **89**) : de l'autre côté de la rivière Nam Khan. ☎ 41-01-85. 020-551-048-17. Tlj 8h-23h... et plus (saison humide 12h-23h).* Happy hours *12h-19h. Dans la partie basse de la fourchette.* On traverse la rivière par le frêle pont de bambou (payant jusqu'à 18h ; 5 000 kips, consommables au resto), pour se mettre au vert et au calme. À la saison des pluies, le pont n'existant plus, on traverse en barque (traversée gratuite), ou l'on fait le tour par le vieux pont. Les tables sont installées en surplomb du fleuve, sur des terrasses sur pilotis, au milieu des bambous. À la carte, une excellente cuisine asiatico-occidentale, des combinaisons de saveurs originales, de beaux légumes, un choix étendu de mets. On s'y sent vraiment bien. Petite boutique, jolis éclairages le soir et atmosphère extra. Il faut aussi souligner l'accueil adorable de Nathalie, une Québécoise tombée en amour avec le Laos. Une de nos meilleures adresses. À propos, ne pas oublier de plonger dans la « *pistoche* » de Nathalie (voir plus loin).

The Belle Rive Terrace *(zoom E1, **91**) : 99, Ban Phon Heuang. ☎ 26-07-33. Tlj midi et soir jusqu'à 22h30. Dans la partie basse de la fourchette.* Une des plus belles terrasses, au bord du Mékong. Abondamment fleurie, tables bien séparées (avec parasol). Atmosphère un peu chic. Cuisine sérieuse, avec une judicieuse utilisation des herbes (et modérée pour les piments). Carte assez courte avec quelques spécialités : le *sa pla* (poisson cuit aux herbes locales et citron vert), le *kaeng khiaw waan* (curry vert à la noix de coco, aubergine, citronnelle), *laab kai, steak lao...* Addition raisonnable.

Couleur Café *(zoom E2, **46**) : 48/5, Ban Wat Nong, au coin de Kingkitsarath, face à la rivière. ☎ 25-46-94. Tlj 7h-14h, 18h-23h.* Café-resto à la française proposant d'excellents et copieux plats européens et laotiens, ou un mélange des deux : magret de canard au miel et chutney de mangue, spécialités lao en cassolette *(oh laum),* type poulet ou bœuf aux aubergines braisées ou lait de coco... Pour les amateurs, steak-frites et salade, burgers maison. Terrasse agréable. Pas donné, mais cette cuisine franco-lao est délicieuse.

Plus chic (au-delà de 250 000 kips / 31 $)

L'Éléphant *(zoom E1, **90**) : Ban Wat Nong. ☎ 25-24-82. À env 100 m du Mékong, en face du wat Nong Sikhounmuang. Tlj 7h-22h (réserver). Compter 200 000-350 000 kips le repas.* L'adresse chic et réputée de Luang Prabang. Dans un bâtiment des années 1960, avec une agréable terrasse (surtout le soir) et une grande salle aérée. Décor sobre et élégant tout à la fois. Clientèle à dominante occidentale et pléthore de serveurs. Cuisine élaborée et fine. Carte essentiellement française, tendance méditerranéenne, avec de belles incursions asiatiques. Menu dégustation laotien extra, d'un excellent rapport qualité-prix !

Blue Lagoon Café *(zoom D2, **93**) : Ban Choum Khong ; une petite rue donnant sur le jardin du Musée national, à côté du resto* Phou Si. *☎ 25-36-98. Tlj 10h-22h. Compter autour de 250 000 kips.* Dans une maison, cachée sous les palmiers, salle de resto ouverte sur la rue, calme et aérée. Cuisine traditionnelle lao-suisse (si, si, ça existe !). Les *laab* de poulet et autres *mok* (poisson ou viande cuits dans une feuille de bananier) côtoient les saucisses viennoises, les *spätzli* (petites nouilles germano-helvètes), les *röstis* (émincés de pommes de terre grillés) et le *buffalo filet swiss style.* Et en dessert, mangue flambée, *panna cotta.* Pas donné tout de même.

Ban Aphai et autour de la rue Visounnarath (plan d'ensemble D-E2-3)

Pour info, sachez que c'est du côté du quartier de Ban Aphai que l'animation se prolonge le plus, et donc que vous pourrez dîner le plus tard (service jusqu'à environ 23h).

Très bon marché (moins de 50 000 kips / 6 $)

Atsalin Restaurant *(plan d'ensemble D3,* ***94****)* **:** *dans les 20 premiers mètres de la rue Visounnarath, sur la gauche en venant de la rivière Nam Khan, à côté des assurances AGL. ☎ 296-15-55. Tlj sf dim 12h-minuit.* Petit resto lao-chinois avec une salle à manger ouverte, très propre. Soupe aux crevettes et seiches, légumes sautés au wok, etc. pour le côté lao ; de l'autre, canards laqués. Spécialités de riz jaune au canard ou au poulet et de *kalapao* (gros beignet au porc sucré ou salé). Délicieux *fruit shakes.* À déguster sur place, en salle ou en terrasse.

De prix moyens à chic (100 000-250 000 kips / 12,50-31 $)

Lao Lao Garden *(plan d'ensemble D2,* ***95****)* **:** *Phousi Rd, Ban Aphai. 020-999-701-06. Tlj jusqu'à 23h30. Dans la partie basse de la fourchette.* Un des restos préférés des Européens pour son cadre extra plein de couleurs, ses recoins tamisés, la végétation entre les tables (presque toutes en plein air) et son superbe barbecue. Grand choix à la carte : sandwichs, grosses salades, *lao steak,* poisson-chat du Mékong, etc. Mais service très lent (mieux vaut être prévenu). Pour boire un verre, pas moins de 5 bars ; *happy hours* jusqu'à 22h. Billard. Super ambiance, musique forte, et souvent blindé (c'est d'ailleurs parfois un peu l'usine).

The House *(plan d'ensemble D2,* ***95****)* **:** *Phousi Rd, Ban Aphai. ☎ 25-50-21. Tlj jusqu'à 23h30.* Un resto lao-belge ? Ça existe ! Le proprio, originaire du plat pays, est chaleureux, et l'atmosphère du resto est à son image ; service très aimable, et feu dehors le soir au milieu des tables, au-dessus desquelles se balancent de jolies lanternes. Les amateurs de blondes et de brunes seront à la fête : *Maredsous, Chimay, Duvel...* Mais ne perdons pas de vue qu'on a affaire à un resto particulièrement éclectique : bonnes lasagnes, *stoofvlees* (carbonade de bœuf à la bière...), porc sauce moutarde de Dijon, currys lao ou saucisse de Luang Prabang et glaces maison. Et si le cœur vous en dit, vous pourrez vous lancer dans une partie de pétanque (avant les bières, c'est mieux !). Quelques tables en terrasse.

Plus loin, au sud de la ville

De prix moyens à chic (100 000-250 000 kips / 12,50-31 $)

Maison Dalabua *(plan d'ensemble B3,* ***66****)* **:** *voir « Où dormir ? » Tlj midi et soir. Dans la partie basse de la fourchette.* Une adresse un peu excentrée, qui vaut le détour, tant pour le cadre que pour la cuisine. Tables joliment dressées face à un étang scintillant de bougies la nuit. Atmosphère raffinée et intimiste qui n'a rien de guindée. On y savoure une cuisine lao goûteuse, dont d'excellents currys. Parmi les spécialités, le bambou farci au porc *(eua nor mai pork),* le *mol kai* ou le *mok paa* cuits dans une feuille de bananier tiennent régulièrement le haut de l'affiche. Accueil et service attentionnés.

Restaurant de la Résidence Phou Vao *(hors plan d'ensemble par B4,* ***96****)* **:** *au sud de la ville, au bout de la rue Kaisone (Phou Vao). ☎ 21-25-30. Résa impérative. Tlj 11h30-15h, 18h-22h.* L'une des meilleures tables de la ville. Vaut surtout en soirée, pour un tête-à-tête en amoureux ou un excellent repas entre amis. Cuisine lao-franco-méditerranéenne de haute volée, absolument délicieuse. Saveurs inédites, présentations impeccables, le chef s'amuse et aiguise les papilles de ses convives. Cadre intérieur sobre et élégant. Mais on vient surtout pour la terrasse, au bord de la piscine, illuminée de ses multiples lucioles, avec, en toile de fond surréaliste, le mont Phousi et ses temples, semblant flotter au loin. Service aux petits soins.

Où prendre le petit déjeuner ? Où boire un thé ?

Café Ban Vat Sene *(zoom E1, **85**)* **:** *Ban Wat Sene, Sakkarine Rd. ☎ 25-24-82. Tlj 6h30-22h. Voir « Où manger ? » plus haut.* Excellentes formules très complètes, à déguster en lisant quelques journaux ou en pianotant sur son portable. Croissants, muffins, délicieux pain perdu, pudding à la banane, tartelette au potiron, etc.

The Scandinavian Bakery *(zoom E1, **111**)* **:** *Sakkarine Rd. ☎ 25-22-23. Tlj 6h-22h.* Grand choix de pâtisseries et gâteaux secs. Également, burgers, pizzas, pâtes... Produits frais. Le rendez-vous des routards anglophones. Quelques tables en terrasse.

L'Étranger, Books and Tea *(plan d'ensemble D2, **112**)* **:** *Phousi Rd, Ban Aphai. Lun-sam 7h-21h, dim 10h-22h.* Une bibliothèque de prêt et librairie où l'on peut boire un verre. Au 1er étage, il y a même des fauteuils pour profiter du film du soir (projection à 19h). Bon petit déj dans un lieu agréable. L'endroit accueille aussi la boutique *Kopnoi* (voir plus loin « Achats »).

Le Banneton *(zoom F1, **110**)* **:** *03/46, Sakkarine Rd. Tlj 6h30-20h30 (18h mar).* Cadre patiné, grands volets en bois, vieilles photos. Délicieuses viennoiseries, chausson amande-chocolat, etc. Également des salades et sandwichs. Quelques tables en terrasse. Tout de même pas donné.

Croissant d'Or *(zoom D-E2, **113**)* **:** *102, Sisavang Vong Rd, face à la Banque Franco-Lao. ☎ 21-25-55. Tlj sf mar 7h-21h.* Pour déguster de bons croissants et pains au chocolat, ainsi que des gâteaux qui fondent dans la bouche.

JoMa *(plan d'ensemble C2, **114**)* **:** *Chao Fa Ngum Rd, près de la poste. Tlj 7h-21h.* Petite salle climatisée, souvent pleine, tendance branchée, éclairée de quelques tableaux modernes. Bons sandwichs, mais aussi café, cappuccino, boissons fraîches, muffins et brownies, *lemon bar,* bagels, quiches aux légumes et salades. Petite terrasse pas des plus agréable, car la rue est passante. Un peu cher.

Mekong Fish *(zoom E1, **81**)* **:** *voir « Où manger ? ».* Idéal pour prendre le petit déj, au bord du Mékong !

Où boire un verre ? Où sortir ? Où voir un spectacle ?

Bars

Utopia *(plan d'ensemble E3, **120**)* **:** *Kingkitsarath Rd, Ban Aphai. 020-238-817-71. Tlj 8h-23h30.* On pèse nos mots, voici un des bars les plus séduisants d'Asie ! Si, si... Noyé dans une orgie de plantes tropicales, avec un super *river view deck* dominant la placide Nam Khan (matelas et coussins pour descendre une vieille *Lao* dans une béatitude totale). Et pour les autres contemplatifs, sous la grande paillote, d'autres coins tout aussi relax, environnés d'une collection éclectique d'objets parfois difficilement identifiables. Peu de sièges, on est obligé de s'allonger ! Certains en profiteront pour suivre les cours de yoga. Pour les plus sportifs, sur le côté, un vrai terrain de beach-volley avec des matchs d'enfer très suivis... Et le convivial bar servant des cocktails extra dans une atmosphère tellurique. Bonne cuisine en prime : sandwichs, snacks, *steak and chips, thai green curry,* pizza au feu de bois et le célèbre *hungry cyclist burger...* Une adresse où tout le monde va, tôt ou tard.

Dao Fa *(zoom E2, **123**)* **:** *Sisavang Vong Rd. ☎ 25-26-56. Tlj sf dim 8h-23h. Happy hours 18h-20h.* Petite terrasse tranquille pour apprécier le va-et-vient de la rue, un cocktail à la main. Dans les tonalités rouges : gros piliers, lumières, atmosphère. Ambiance sympa à la tombée de la nuit. Bonne restauration aussi. Pour un dernier drink avant de rejoindre la discothèque du même nom ?

Lao Lao Garden *(plan d'ensemble D2, **95**)* **:** *voir « Où manger ? »*

Viewpoint Café *(zoom F1, **126**) : au bout de la péninsule. Tlj 7h-21h30.* Le café du *Mekong Riverview Hotel.* Ombragé par des cocotiers, une terrasse qui surplombe la confluence de la Nam Kham et du Mékong. Atmosphère paisible et belle vue. Parfait pour une pause en journée. Bien entendu, on paie le cadre... Fait aussi resto.

Discothèques

Dao Fa *(hors plan d'ensemble par A4, **127**) : à 3 km du centre-ville, sur la N13. Entre le marché chinois et la gare routière du Sud, en face du stade de foot. Les taxis connaissent le lieu. Ferme vers 0h30. Entrée gratuite.* Laotiens et « étrangers » s'y trémoussent joyeusement, toutes générations confondues. Musique thaïe, laotienne (en live) et occidentale.

Muang Swa *(hors plan d'ensemble par B4, **128**) : Phou Vao Rd. Tlj jusqu'à 23h30. Entrée gratuite.* Le dancing à la laotienne. Ambiance joviale et sympa.

Spectacles

Royal Ballet Theater *(Théâtre Phalak Phalam ; zoom D2, **129**) : dans l'ancien Palais royal. ☎ 25-37-05. • phralakphralam.com • Lun, mer, ven et sam à 18h. Entrée : 100 000-150 000 kips selon emplacement. Billets en vente au guichet d'entrée du Palais royal. Durée : 1-2h selon spectacle. Petite buvette.* Des spectacles de danses traditionnelles (cérémonie de Baci) et ethniques.

Les marchés

Marché Phosi *(hors plan d'ensemble par A4, **140**) : à 1,5 km env au sud-ouest de la ville. Y aller en tuk-tuk.* C'est le plus intéressant. Grand marché de produits frais. Derrière le bâtiment qui déborde de stands de fringues, aller découvrir les petits étals d'alimentation. On y trouve à peu près tout ce qui se mange au Laos, c'est dire... De la sauce au piment confit, des algues du Mékong à faire frire, etc.

Marché nocturne artisanal *(plan d'ensemble C2, **141**) : sur Sisavang Vong Rd, le soir, à partir de 16h30 et jusqu'à 21h30-22h.* Toute la rue est envahie de sacs, vêtements et pièces de tissu à motifs traditionnels, mais aussi d'objets et de papeterie qu'on retrouve dans tous les pays de la région. Autre précision : malgré ce que prétendent les vendeurs, on ne trouve pas de bijoux en argent pur, mais uniquement en alliage.

Marché du matin *(plan d'ensemble C2, **147**) : autour du wat Maï et dans le quartier de Ban Pakham, tlj 6h-12h.* Légumes, poissons, viande, thé, quelques sacs et vêtements. Les lève-(très) tôt ne manqueront de venir voir les commerçants installer leurs étals dès 5h30, alors qu'il fait encore nuit, pour savourer une atmosphère unique à la fois paisible et affairée, à la lueur de quelques faibles loupiotes.

Achats

Orange Tree *(zoom E1, **142**) : house n° 67, Ban Wat Nong, le long du quai du Mékong. En principe, tlj sf dim 10h-18h... quand le patron n'est pas fatigué !* Un humour qu'on retrouve dans les objets détournés à vendre dans sa jolie boutique. Bric-à-brac chic et sympa. Pas mal d'objets début XXe s, et de l'artisanat équitable.

Ock Pop Tok *(zoom E1, **146**) : Sakkarine Rd, à côté de l'hôtel* 3 Nagas. *☎ 25-32-19. • ockpoptok.com • Tlj 8h-20h.* On y trouve principalement des tissus et de la confection en soie, mais aussi en coton. Très bonne qualité. Visite de l'atelier – un peu excentré – possible ; départs gratuits de la boutique plusieurs fois par jour, de 9h à 15h. En s'organisant à l'avance, on peut aussi participer à d'intéressants ateliers (teinture naturelle, tissage au métier à tisser ou vannerie).

Phothisak Rattanakone *(zoom D1, **143**) : 4, Ban Xieng Mouane, dans la rue* *qui longe le Mékong.* ☎ *21-26-54. Tlj 8h-19h.* L'un des meilleurs bijoutiers de Luang Prabang. Son père a façonné la couronne du roi. Une visite à son atelier s'impose, ne serait-ce que pour le voir travailler. Ses prix peuvent paraître relativement élevés (et ils le sont), mais on comprend une fois qu'on l'a vu à l'œuvre.

Kopnoi *(plan d'ensemble D2,* ***112****) : Phousi Rd, Ban Aphai.* • *kopnoi.com* • *Lun-sam 7h-21h, dim 10h-22h. Même local que* l'Étranger *(voir plus haut, « Où prendre le petit déjeuner ?... »).* Contemporain et design laotiens, meubles, tissus, vêtements, objets d'art, petits cadeaux. Assez cher là aussi, mais de grande qualité. Expos temporaires à l'étage.

Papier artisanal *(zoom F1,* ***145****) :* ***SA Handicraft Shop,*** *derrière le wat Xieng Thong. Tlj jusqu'à 19h env.* Une petite échoppe qui ne paie pas de mine, où l'on trouve des petits souvenirs en papier de mûrier à rapporter : carnets, lampes, feuilles...

Artisans Café *(zoom D2,* ***92****) : Ban Choum Khong.* 📱 *020-555-711-25. Tlj sf dim 9h-18h.* La boutique se fournit auprès de 3 communautés villageoises au nord de Luang Prabang, qui confectionnent un très bel artisanat textile : quelques vêtements, mais surtout des coussins, écharpes, nappes et serviettes, à partir d'un coton de bonne qualité. Ne pas manquer d'aller jeter un œil à l'étage de la vénérable demeure en bois. Il abrite l'association culturelle ***Puang Champa*** qui s'est donné pour mission de préserver et transmettre les arts du spectacle laotiens (musique et danse). Ses membres se sont déjà produits plusieurs fois en France.

On peut aussi trouver des *piastres de commerce,* monnaie d'argent de l'Indochine française, chez les ***bijoutiers du marché central.*** Celles qui ont été frappées entre 1890 et 1910 ont un titrage en argent supérieur à celles émises dans les années 1920. Attention, cela a bien entendu suscité une petite industrie du faux (donc, ne pas les payer trop cher).

Pas mal de ***magasins d'antiquités,*** notamment dans la rue Sisavang Vong : vieux tissus, poids et balances à opium, pipes, etc. On ne saurait trop vous recommander d'être prudent, d'abord parce qu'une arnaque est toujours possible, et surtout parce que certains de ces objets sont des pièces uniques du patrimoine laotien et doivent le rester.

À voir. À faire

Dans le centre historique, autour de Sisavang Vong *(plan d'ensemble C-D2, C3 et zoom)*

L'entrée de la plupart des grands temples est fixée à 20 000 kips. D'autres, de moindre importance, sont gratuits. Se promener dans le jardin entourant le temple est généralement gratuit.

L'ascension du mont Phousi *(plan d'ensemble D2) : accès par les escaliers situés dans la Sisavang Vong Rd, face à l'ancien Palais royal, soit par la Phousi Rd, côté Nam Khan. Entrée : 20 000 kips/pers.*
Nous conseillons de commencer la visite de Luang Prabang par l'ascension du Phousi pour jouir depuis son sommet d'une belle vue sur la ville. Les temples sont malheureusement cachés par les arbres, mais on bénéficie tout de même d'un joli panorama sur le Mékong. Le meilleur moment pour y monter est la tombée de la nuit, lorsque le ciel rougeoie encore et que résonnent les cloches des monastères. Vous n'y serez, en revanche, pas tout seul.
– En arrivant côté Sisavang Vong, sur la droite se trouve le *wat Pa Houak,* temple de petite taille très ancien, dont la façade comporte de belles sculptures en bois. Il renferme d'anciens manuscrits sacrés que l'on peut demander à voir si l'on a la chance de rencontrer le gardien. L'escalier comporte 328 marches. Bon, pas trop

difficile. À mi-chemin, on peut faire halte sur une terrasse plantée d'un banian qui incarne l'arbre de l'Illumination. On en profite pour prendre ses billets.

– C'est au sommet du Phousi, au milieu d'un petit chaos de rochers, qu'est planté le *that wat Chomsi,* stûpa de 20 m de hauteur, érigé sur une pyramide à trois gradins. Construit au début du XIXe s, il a été restauré au temps du protectorat. Il est surmonté d'une fine flèche dorée que l'on aperçoit de loin. Le *that wat Chomsi* est le point de départ d'une procession aux flambeaux, qui a lieu au moment du Nouvel an laotien. Côté vue, vers l'est, tout doré sur son fond de verdure, on aperçoit le *wat Pa Phone Phao* (temple de la Méditation). Ses pentes, qui s'élèvent jusqu'à environ 80 m, étaient couvertes de sanctuaires et de temples. Aujourd'hui, il n'en reste que cinq.

En descendant par le chemin derrière le *that wat Chomsi,* sur le versant de la colline qui domine la Nam Khan, on accède au wat Tham Phousi.

***Royal Palace Museum** (l'ancien Palais royal et le musée ; zoom D2) : entrée par la Sisavang Vong Rd. Tlj 8h-11h30, 13h30-16h ; dernier billet 30 mn avt fermeture. Entrée : 30 000 kips. Photos interdites. Tenue correcte exigée, pantalon et bras couverts (sinon, on vous prête une chemise pour quelques kips). Consigne gratuite pour les sacs et appareils photo (interdits dans l'enceinte).*

– Dans l'enceinte, sur la droite, se trouve ***le temple qui abrite le bouddha d'Or*** *(GRATUIT).* Pour les Laotiens, l'ancien Palais royal est moins important que le bouddha d'Or (*Phabang* ou *Prabang*), sous la protection duquel le Laos est encore aujourd'hui très officiellement placé. La statue pèse 50 kg et mesure 83 cm de hauteur. D'après la légende, elle aurait été coulée à Ceylan au début de l'ère chrétienne et aurait été offerte à Fa Ngum, fondateur du Lane Xang, par le roi khmer Phaya Sirichantha. Selon les mauvaises langues, la statue que l'on voit au cours de la visite n'est qu'une copie ; le vrai bouddha se trouverait quelque part en lieu sûr à Vientiane. Cette version est d'autant plus crédible que le peuple a la hantise de se faire voler une nouvelle fois ce bouddha par les Thaïlandais, comme ce fut déjà le cas au XVIIIe s. La statue est entourée de tambours en bronze pour la guerre, et pour amener la pluie, ainsi que de défenses d'éléphant sculptées et de paravents brodés par la reine. Grande débauche de sculptures et ciselages dorés.

– ***À l'entrée du parc,*** sur la gauche, une statue du roi Sisavang Vong, réplique de celle qui se trouve à Vientiane, rappelle que celui qui régna au moment de l'indépendance du pays fut l'artisan de la réunification.

La visite

Le palais fut construit en 1904, sous le protectorat français.

– La ***première salle*** est celle dite ***du Protocole.*** Le trône du moine suprême est à l'avant-plan, devant celui du roi, pour rappeler que le chef religieux était le personnage le plus important du royaume. De très beaux bouddhas datant des XVIIe et XVIIIe s sont exposés dans des vitrines. Ils proviennent tous des temples et des monuments de Luang Prabang aujourd'hui détruits.

– ***Salle de réception du roi :*** à droite de l'entrée. Elle est décorée de magnifiques peintures sur toiles de style Art déco, réalisées en 1930 par Alix de Fautereau, une artiste française. Les panneaux représentent des scènes colorées de la vie villageoise laotienne aux différentes heures de la journée. La peinture la plus représentative est une scène de marché dans laquelle on reconnaît les différentes minorités à leurs habits. Les Hmong sont en noir, portant des paniers dans le dos. Les Akha sont debout à droite et les Laos sont accroupis. Deux panneaux sculptés et dorés retracent l'épopée du *Râmâyana.*

– ***Couloir des tambours de bronze :*** ils datent de 600 à 1 000 ans et étaient destinés à rassembler les soldats pour la guerre, et à amener la pluie. Plusieurs sont d'ailleurs décorés de grenouilles, qui symbolisent la mousson (vie, fertilité, prospérité). Puis ils ont fait l'objet d'échange, ou faisaient partie d'une dot. Vitrine contenant de vénérables bouddhas du XVe s.

– Derrière la salle du Protocole, la ***salle du Trône*** a été richement décorée en 1960 avec de magnifiques motifs en mosaïque de verre représentant la vie quotidienne et l'histoire du Laos. Le trône est en bois doré à la feuille. Le dernier roi, Sisavang Vathana, ne s'y serait jamais assis car il n'aurait jamais été couronné. C'est du moins ce que dit l'histoire officielle... À droite, le grand cierge pour les cérémonies de couronnement et symbolisant la longévité du règne. Juste à l'entrée de la salle sur la gauche du trône, un autre trône, plus petit, date du début du XXe s. Derrière le trône, en bas, procession religieuse (figurant la vie du Bouddha quand il n'était encore qu'un prince). Impossible de tout décrire. Apprécier le coffre-fort, près du trône. Belle collection de sabres. Vitrine centrale, ravissantes statuettes en or du XIXe s. Toutes celles des siècles précédents ont été volées par les Pavillons noirs. Bouddhas de cristal de roche des XVe et XVIe s, qu'on trouva à l'intérieur de la « Pastèque », le *that Mak Mo* (le « temple Pastèque »). Vitrine du fond, petits bouddhas en alliage or et argent. En face, bouddhas de bronze.

– ***Salle de la bibliothèque du roi :*** beaucoup de livres concernant la politique chinoise. Manuscrits sur feuille de palme. Dans le couloir qui suit, sceaux royaux (ivoire et cuivre) et vieux billets. Costume de la reine en soie et richement orné.

– ***Chambre à coucher de la reine,*** suivie de celle ***du roi.*** Noter la grande sobriété du décor. Dans celle du roi, un portrait de la dernière famille royale (en haut, le roi et la reine ; au deuxième rang, le fils décédé). Les quatre autres membres de la famille vivent en France.

– ***Salle des instruments de musique :*** plus une petite collection de masques et de vêtements de danseurs du *Râmâyana.* Coffres à manuscrits en feuilles de palme joliment décorés et travaillés.

DITES-LE AVEC DES FLEURS

Sisavang Vong n'avait rien moins que 15 femmes, qui toutes avaient leur propre demeure en ville. Il faisait appeler l'une ou l'autre au gré de son humeur. L'heureuse élue arrivait au palais avec un bouquet de fleurs de frangipanier blanches ou rouges, tenant lieu de code : fleurs rouges, elle était indisposée ; blanches, elle pouvait passer la nuit avec lui.

– Dans la ***salle de réception de la reine,*** peinture en pied du dernier roi Sisavang Vong réalisée en 1967 par une artiste russe. D'autres peintures représentent son fils et la reine Khamphouy.

– Dans la ***salle de réception du secrétaire du roi*** sont exposés les cadeaux offerts aux souverains par les chefs d'État et gouvernements étrangers. Remarquer la somptueuse argenterie birmane et cambodgienne, le magnifique nécessaire de bureau thaïlandais, un boomerang aborigène, la belle porcelaine japonaise, le sac à main en rubis pour la reine et... les pin's russes ! On peut voir également un morceau de pierre de lune offert par les Américains, à côté d'une maquette d'*Apollo 11,* exposé dans une vitrine.

En sortant dans le parc, on peut voir un spectacle assez insolite : tous les matins de mars, des jeunes gens viennent prendre des cours de danse classique. Le thème est toujours le même : le *Râmâyana* lao (variante de la version indienne), que l'on interprète au moment des fêtes. Les répétitions sont décontractées, et les apprentis danseurs doivent subir la critique de leurs camarades. Tout au fond du parc, sur la droite en se dirigeant vers le Mékong, des bâtiments renferment les cinq automobiles de l'ancien roi, dont une DS.

Wat Choum Kong *(zoom D1)* **:** remarquer les deux sculptures en granit d'inspiration chinoise, devant l'entrée. L'intérieur est décoré de fresques polychromes modernes de style naïf. Jardin avec statues du Bouddha, très apaisant.

Wat Xieng Mouane *(zoom D1)* **:** date de la fin du XIXe s. Façade avec fresques, portes et encadrements ciselés. Ce petit sanctuaire décoré de mosaïques de verre et de bouddhas d'or peints au pochoir contient de très belles statues dorées debout. Le bouddha central date de 1853. Noter ce petit bouddha de bronze, à gauche de l'autel, datant du XVIe s. Dans l'enceinte du temple, une école d'artisanat destinée aux jeunes bonzes et patronnée par l'Unesco, afin d'assurer la transmission des techniques traditionnelles de sculpture, peinture, pochoir, etc. Prière tous les jours à 17h30.

🔭 ***Heuanchan Information Centre*** *(Villa Xieng Mouane ; zoom D1-2)* **:** *lun-ven 8h-12h, 13h-16h. Entrée : 10 000 kips.* Un bel exemple de restauration d'une vaste demeure traditionnelle en bois, sur pilotis, princière de surcroît, au milieu d'un beau jardin. La structure traditionnelle, composée d'un bâtiment principal et d'un bâtiment mitoyen qui accueille la cuisine, a été conservée. À l'intérieur, expo photos, objets et plusieurs costumes traditionnels.
Près de l'édifice, petit centre d'information avec quelques panneaux explicatifs en français, et à côté, un beau temple.

🔭 ***Wat Pa Phai*** *(zoom E1)* **:** entrée noyée sous les bougainvillées. Belles fresques représentant des scènes villageoises sur la façade du sanctuaire.

🔭🔭 ***Wat Sene Soukharam*** *(zoom E1)* **:** *au bord de la Sisavang Vong Rd.* C'est le « temple des 100 000 trésors ». Construit en 1718 par le roi Kitsarath avec un toit à trois pans et 100 000 pierres du Mékong, rénové dans le style thaïlandais. Deux tigres en pierre gardent l'entrée du sanctuaire. Dans une petite chapelle sur le côté, un bouddha de 8 m, de facture moderne, dont la position des mains implore la pluie. À l'extérieur, on remarque deux belles pirogues de course, richement décorées au pochoir. On rappelle que les courses ont lieu aux mois d'août-septembre, à l'occasion de la fête *Ho Khao Padap,* sur la rivière Nam Khan ; 50 rameurs par barque !

🔭🔭 ***Wat Xieng Thong*** *(zoom F1)* **:** *presque au bout de la péninsule. Ouv 6h-18h. Entrée : 20 000 kips.*
Cet ensemble d'édifices sacrés de la « ville de l'arbre de l'Illumination » est le plus riche de Luang Prabang. Leur bon état de conservation tient au fait que depuis le XVIe s ils étaient placés sous la sauvegarde de la royauté. Le wat Xieng Thong a été construit en 1560 par le roi Setthathirat dans le but de commémorer la mémoire de Tao Chanthaphanith, un commerçant originaire de Vientiane qui, bien avant l'arrivée du roi Fa Ngum, avait été, d'après la légende, élu roi de Luang Prabang.
– Dans la partie ouest (côté Mékong) de l'enceinte se dresse la ***chapelle du bouddha couché,*** aussi appelée la « chapelle rouge ». C'est un édifice élégant, orné de mosaïques de verre d'inspiration japonaise, datant de 1957, construit à l'occasion du 2 500e anniversaire du Bouddha. Il abrite un très ancien bouddha qui fut montré à Paris lors de l'Exposition coloniale de 1931. Les petits bouddhas sont des dons des villageois. Sur les murs, pochoirs à la feuille d'or, réalisés par les élèves de l'école des beaux-arts de Luang Prabang.
– Juste à côté, l'édifice principal, la ***chapelle du bouddha sacré*** (que l'on sort chaque année pour le Nouvel An). Ce sanctuaire est caractéristique de l'architecture de Luang Prabang, avec ses pans de toits qui descendent presque jusqu'au sol. Sur la façade arrière, on peut admirer la très belle mosaïque de verre représentant l'arbre de l'Illumination (l'arbre de la *bodhi*).
À l'intérieur de la chapelle du bouddha sacré, on retrouve la même décoration, au pochoir, doré sur fond noir, que celle des piliers extérieurs. Ces fresques racontent la légende de Tao Chanthaphanith. Au plafond est suspendue une longue gouttière en bois destinée à recevoir l'eau lustrale. Elle sert à asperger le grand bouddha sorti du temple à l'occasion du Nouvel An. À l'entrée, mur latéral de droite, représentation du paradis : on danse dans la maison céleste.
– Au fond de l'enceinte de la pagode, la ***chapelle du char funéraire du roi*** Sisavang Vong présente une façade décorée de bas-reliefs en bois doré, évoquant des scènes du *Râmâyana* lao. Construite en 1960, juste après la mort du souverain (en 1959), elle abrite un étrange char, haut d'une dizaine de mètres, monté sur des pneus (pour rouler) et sculpté de têtes de dragons. Ce char contient l'urne funéraire du roi la plus importante (sans ses cendres, déposées au That Luang). À l'arrière, une série de bouddhas de toutes tailles, assis, couchés ou debout, en bois pour la plupart, ainsi que des stèles votives ornées de petits bouddhas.

À l'extérieur du *wat,* près de la porte voûtée, subsistent deux gros poteaux en bois. Ce sont les piliers auxquels on attachait les éléphants. Les moines leur adressaient un sermon particulier avant qu'on ne les fasse défiler lors du Nouvel An.
En empruntant la sortie ouest du *wat,* ne pas manquer d'acheter quelques délicieuses tuiles de manioc à la noix de coco et au sésame *(kao kiap)* qu'on voit souvent sécher au soleil devant les maisons.

Wat Maï *(plan d'ensemble D2)* **:** au bord de Sisavang Vong Rd. Entrée : 10 000 kips. Construit entre la fin du XVIIIe et le début du XIXe s, ce très beau temple, également appelé *Banpakham,* était celui du patriarche suprême, que le nouveau régime appelle désormais le « président des moines » (l'ancien est mort après la révolution de 1975, à Bangkok). C'est là que le bouddha d'Or est exposé à la vénération des foules à l'occasion du Nouvel An. Le sanctuaire, rénové en 1970, est coiffé d'une toiture à cinq pans surmontée de trois parasols. Leur nombre augmente en fonction de l'importance sociale des donateurs. L'entrée est précédée d'un portique à colonnades, et le plafond est orné de motifs dorés sur fond rouge tandis que ceux des piliers sont dorés sur fond noir. En façade, des bas-reliefs en ciment doré représentent des scènes de la vie rurale et de la vie quotidienne des Laotiens. On y voit les principaux animaux du pays : cerf, tigre, rhinocéros, éléphant.
À l'arrière du temple, sous un abri, on remarque une immense pirogue. Elle mesure 25 m de longueur et peut accueillir 50 rameurs. Ne pas rater la fête des Pirogues : au moment de la pleine lune d'août-septembre, 17 d'entre elles (représentant chacune un temple) participent à une superbe course sur la Nam Khan.

Wat Hosiang Voravihane *(plan d'ensemble C2,* ***160****)* **:** Chao Fa Ngum Rd. C'est un temple imposant, richement décoré, datant du début du XXe s. On y accède par des escaliers aux rampes moulées en forme de nagas. Sur la façade, des dessins naïfs évoquent la vie du Bouddha et les horreurs de la vie.

Wat That *(plan d'ensemble C2-3)* **:** derrière le wat Hosiang Voravihane. Il a été reconstruit au début du XXe s sur l'emplacement d'un ancien sanctuaire du XVIe s. Beaux bas-reliefs en bois sculpté en façade.

Tak Bat *(l'aumône des moines)* **:** dans la rue Sisavang Vong, au lever du soleil. L'aumône des moines, pratiquée depuis la nuit des temps, est aujourd'hui essentiellement tournée vers les bouddhistes étrangers (surtout thaïs et coréens). Ce qui n'empêche pas les visiteurs de tous horizons de s'y associer. Quant aux appareils photo qui crépitent, c'est un autre rituel auquel les moines ont dû s'adapter, parfois malgré des abus. Mais pour ne pas gêner la progression et la spiritualité du mouvement, il convient de garder une certaine distance en signe de respect (se mettre sur le trottoir d'en face, par exemple) ou participer en s'agenouillant auprès des autres donateurs en ayant prévu un bol de riz (et une cuillère) ou d'autres victuailles à acheter de préférence au marché du matin ou dans les échoppes alentours. Certains Laotiens perpétuent le rituel, en toute discrétion, dans les ruelles adjacentes. Sortir un appareil serait ici, en revanche, très mal venu. Autant se faire discret.

POURQUOI LES MOINES PORTENT-ILS UNE ROBE ORANGE SAFRAN ?

Selon les règles du « Vinaya » (le code monastique), la robe doit être teinte à l'aide d'une matière la moins onéreuse possible et facilement trouvable par un moine itinérant sans ressources. À l'époque du Bouddha, la teinte safran (ou d'autres tons proches de terre) était la plus facile à se procurer.

Ban Aphai et autour de la rue Visounnarath *(plan d'ensemble D-E2, D3-4)*

Wat Tham Phousi *(plan d'ensemble D-E2)* **:** *Phousi Rd, Ban Aphai.* Sorte de grotte qui abrite un bouddha en méditation. Les jeunes bonzes insisteront sûrement pour vous montrer cinq rochers, qui représentent la main du Bouddha, et, plus loin, un bloc de pierre informe qui serait son pied. De là, un petit chemin en direction du nord mène au *wat Pakhé,* temple du XVIIIe s. Noter la porte dorée à gauche, où l'on voit, sculptés, deux personnages européens, des Hollandais, premiers visiteurs de Luang Prabang. À l'intérieur, fresques bien abîmées qui racontent la vie de l'époque. Devant, un vieux *wat* ruiné du XVIe s.

Wat Visoun *(plan d'ensemble D3)* **:** *Visiounnarath Rd. Tlj 8h-18h. Entrée : 20 000 kips, valable pour le That Mak Mo et le wat Aham.* C'est le plus ancien temple de Luang Prabang. Il abritait le *Prabang* avant l'arrivée des Pavillons noirs. Son origine remonte au XVIe s, mais il a été presque entièrement reconstruit en 1898. Il ne ressemble à aucun autre temple, avec ses fenêtres à balustres en bois inspirées du Vat Phou, temple khmer situé dans le sud du pays. L'intérieur contient un grand nombre de statues, dont une du Bouddha en méditation, ainsi que des stèles anciennes.

– **That Mak Mo** *(plan d'ensemble D3)* **:** *dans la même enceinte que le wat Visoun.* Stûpa de pierre édifié sur l'ordre de l'épouse du roi Visounnarath, en forme de pastèque (mais non, pas la femme du roi, le temple !). C'est là qu'on trouva les bouddhas de cristal de roche qu'on peut voir au Palais royal. Il n'est malheureusement ni restauré ni entretenu.

– **Wat Aham** *(plan d'ensemble D3)* **:** *Phommathat Rd.* Séparé du *wat Visoun* par un beau portique sur lequel veillent deux héros du *Râmâyana.*

Traditional Arts & Ethnology Centre *(***TAEC** *; plan d'ensemble D2)* **:** *Ban Khamyong. ☎ 25-33-64. • taeclaos.org • Tlj sf lun 9h-18h. Entrée : 25 000 kips. Petit fascicule de visite en français.* Un petit musée privé très bien fait, consacré aux minorités du Nord-Laos : Akha, Hmong, Tai dam, Khamu (ethnie majoritaire à Luang Prabang)... On y découvre l'origine de chacun de ces peuples, leur habitat et leurs modes de subsistance d'hier et d'aujourd'hui. Vêtements, objets, photos, textes, vidéos... Notamment les coiffes particulièrement élaborées des Akha et les jupes plissées des Hmong. Intéressante section sur le mariage. Régulièrement, une expo temporaire. Également un peu d'artisanat. Et pour conclure, on peut se poser au *Patio Café,* pour un bon déjeuner ou un jus frais et un dessert.

Le site de l'étang de Boua Kang Bung *(« le lotus au milieu de l'étang » ; plan d'ensemble D3-4)* **:** les zones humides de Luang Prabang sont un réseau de mares, naturelles ou creusées par la population, utilisées comme jardins en y élevant des poissons et en y faisant pousser des végétaux. Alimentées grâce à une connexion à l'ensemble du bassin versant, elles engendrent une « coulée verte » au cœur d'un secteur relativement peu connu de la ville. Importantes à plusieurs titres (rôle d'épuration, rétention en cas d'inondation, intérêt paysager, faunistique et floristique mais aussi économique), il est essentiel de les préserver et de les mettre en valeur.

Les anciennes fumeries d'opium *(plan d'ensemble D3)* **:** *non loin de l'étang de Boua Kang Bung. Après le carrefour des rues Setthathirat et Visounnarath, en allant vers le sud, tourner à droite dans la 1re ruelle ; au bout, prendre le sentier sur la gauche.* On a l'impression de sortir de la ville. D'ailleurs, rapidement on débouche sur un étang recouvert de fleurs de lotus, surmonté de baraques en bois qui ne sont autres que d'anciennes fumeries d'opium. On peut y accéder, mais attention au pont de bois très délabré. Elles sont restées en activité jusqu'au milieu des années 1980, date à laquelle le gouvernement, sous la pression de la communauté internationale et avec le soutien de l'ONU, lance un programme d'éradication de la culture du pavot. Si le Laos demeure le troisième producteur mondial d'opium, loin derrière l'Afghanistan et la Birmanie, c'est le *yaba,* une méthamphétamine, qui aujourd'hui fait le plus de ravages, et ce, partout en Asie.

QUAND LA FRANCE ENFUMAIT SES COLONIES

À l'instar de la Grande-Bretagne, le gouvernement français se lance dans le lucratif commerce de l'opium dès la fin du XIXe s en Indochine. La production à grande échelle se révélant un échec, les colons misent sur le contrôle et la fiscalisation de la consommation locale. Si, officiellement, il s'agit de réduire, voire d'éliminer la drogue sur le territoire, en réalité, les objectifs sont moins avouables : obtenir le monopole de l'approvisionnement des fumeries pour augmenter ses recettes fiscales. Et tous les moyens sont bons pour élargir la clientèle, quitte à offrir l'opium couplé à de l'alcool pour créer une dépendance dévastatrice. Si bien que dans les années 1920, la très officielle Régie de l'opium représente près de la moitié du budget du gouvernement général !

Au sud du centre historique

★ ***Wat Manorom*** *(plan d'ensemble C4)* **:** le sanctuaire contient la plus imposante statue du Bouddha en bronze du Laos. Elle date du XIVe s et atteint, paraît-il, les 3 t. Mais il est probable que personne ne l'ait jamais pesée.

★★ ***Wat That Luang*** *(plan d'ensemble B3)* **:** *non loin du stade. Entrée payante.* C'est le grand reliquaire de Luang Prabang, datant du début du XXe s, où reposent les cendres de Sisavang Vong et de sa famille.

★ ***Wat Phabat Tay*** *(pagode vietnamienne ; plan d'ensemble A4)* **:** *entrée payante.* La pagode, moderne, de style vietnamien, n'a pas grand intérêt. En revanche, on jouit d'un splendide panorama (surtout au coucher du soleil) des escaliers taillés dans la falaise qui domine le Mékong.

★ ***La Pistoche*** *(hors plan d'ensemble par B4)* **:** *Ban Phong Pheng.* ☎ *26-09-43.* 📱 *020-596-612-04. Y aller en* tuk-tuk*. Tlj 10h-20h.* Happy hours *sur les cocktails 12h-19h. Entrée : 30 000 kips ; un dépôt de 50 000 kips donne droit à un crédit sur les consommations.* La seule piscine publique, dans un environnement sympa, gérée par l'équipe du *Dyen Sabai* (voir « Où manger ? »). Deux grands bassins, solarium, hamacs, chaises longues au cœur de la végétation... Bar convivial et bon resto. Excellents cocktails. Terrain de pétanque, projection de films... Une majorité de touristes et d'expats, bonnes occasions de rencontres. Le seul endroit à Luang Prabang où l'on peut s'exposer en bikini.

De l'autre côté de la Nam Khan

➢ ***Balade*** **:** une balade en boucle, sympa à faire le matin ou en fin de journée. Attention, les ponts de bambou disparaissent à la saison des pluies. Compter environ 2-3h. Mode d'emploi : traverser le pont de bambou *(zoom E2)* qui enjambe la rivière (payant : 5 000 kips l'aller-retour ; ticket valable pour le retour par le même pont, sinon celui situé au bout de la péninsule – *zoom F1* – coûte 7 000 kips). Suivre la route bitumée à gauche, juste au-dessus du resto *Dyen Sabai (zoom E2,* ***89****).*

On traverse alors un paisible village, sans longer la rivière. Un peu plus loin, on parvient à la confluence de la Nam Khan et du Mékong. De là, poursuivre le chemin sur la droite pour rejoindre ***Ban Xangkhong*** *(hors plan d'ensemble par F1),* situé à 800 m environ. Un village tout en longueur, une véritable pépinière de tissage de soie et fabrication de papier traditionnel. On voit les artisans travailler sur leurs métiers à tisser. On peut acheter leur production, moins chère que dans le centre de Luang Prabang. Le long de la balade, quelques jolis temples et maisons traditionnelles. Pour revenir à Luang Prabang, retourner sur ses pas et emprunter le deuxième pont de bambou (payant) situé au bout de la péninsule. Bien entendu, la balade peut se faire dans l'autre sens.

DANS LES ENVIRONS DE LUANG PRABANG

Excursions

Il vous suffira bien souvent de traîner près du Mékong, à hauteur de la rue Kitsarath Setthathirat *(plan d'ensemble C2),* ou encore de vous rendre au terminus des pick-up jouxtant le marché nocturne artisanal *(plan d'ensemble C2,* ***141****)* pour vous voir proposer un guide et un moyen de transport pour les différents sites.
Un bateau se négocie autour de 700 000 kips, une camionnette à environ 500 000 kips pour une journée. Si vous êtes seul, passer par une agence se révélera plus économique. Enfin, si vous n'avez qu'une journée pour visiter les environs, privilégiez Pak Ou et les chutes de Kouang Si.

En bateau

La rive droite du Mékong

➢ ***Pour s'y rendre :*** la solution la plus économique consiste à prendre le ***ferry*** *(zoom D1,* ***17****).* Embarquement devant l'ancien Palais royal. Il arrive non loin des temples de Xieng Men *(hors plan d'ensemble par C1).* Compter 5 000 kips par personne. Sinon, s'adresser à l'un des nombreux propriétaires de barques, au même endroit. On les trouve aussi, 200 m plus bas, près de l'***embarcadère longues distances*** *(plan d'ensemble C2,* ***18****)* ou au départ des bateaux pour Pak Ou *(zoom E1,* ***19****).* Il suffit de demander aux bateliers de faire la traversée. Là encore, prévoir environ 5 000 kips. Plus cher, bien sûr, pour se rendre directement au village de potiers, par exemple. On trouve sans problème des bateaux pour le retour.
➢ ***Itinéraires :*** soit prendre le ferry (moins cher) et marcher du débarcadère à Ban Chan (30 mn), puis effectuer le trajet en sens inverse de Ban Chan à Xieng Men et poursuivre vers le nord jusqu'aux wat Chomphet, wat Long Khoun et la grotte sacrée de Sakarindh. Soit prendre un bateau privé de Luang Prabang directement au village de Ban Chan et continuer à pied vers le nord (temples de Xieng Men, wat Chomphet, etc.). Retour possible sur Luang Prabang depuis l'embarcadère situé devant le temple de Long Khoun. On peut bien sûr réaliser l'itinéraire dans l'autre sens.

Ban Chan *(village de potiers)* **:** *une fois au débarcadère, traverser le village, puis prendre une piste sur la gauche. C'est fléché. Prévoir 30 mn de marche (à moins de louer un vélo) pour 2,5 km le long du fleuve vers le sud ou 10-15 mn en bateau privé depuis Luang Prabang. Droit d'entrée slt pour ceux qui arrivent directement en bateau : 10 000 kips, payables à la cabane d'admission. En venant à pied des temples de Xieng Men, on parvient au village par l'arrière et dans ce cas, on ne paie pas.* Quelque 70 familles y vivent uniquement du travail de la terre glaise. On y fabrique des jarres en colombins, plats, pots de fleurs, urnes funéraires, façonnées sur des tours manuels. Elles sont ensuite séchées au soleil et cuites dans de grands fours à bois. Depuis peu, certains se sont reconvertis dans la fabrication de tuiles plates qui servent à la rénovation des temples de Luang Prabang. Ce sont des femmes qui effectuent ce travail sous une grande hutte. Les tuiles sont moulées dans un cadre en bois, puis séchées et cuites.

Ban Xieng Men : *prendre à droite depuis le débarcadère. Droit d'entrée : 10 000 kips.* Ce beau petit village abrite un monastère, ainsi qu'un temple du XVIe s restauré. Une route en bon état mène au wat Chomphet.

Wat Chomphet : *à env 10 mn à pied de Xieng Men, au sommet de la colline Phouphet. Pour y accéder, une belle grimpette de 2 escaliers comprenant plus de 200 marches. Droit d'entrée : 10 000 kips.* Datant de 1888, c'est un mélange d'art chinois et thaï. Le temple a servi d'observatoire militaire pendant de nombreuses années. Et pour cause, l'emplacement est stratégique : belle vue sur Luang Prabang et le Mékong.

Wat Long Khoun : *à 10 mn à pied du wat Chomphet (20 mn du débarcadère). Entrée : 10 000 kips.*
C'est le plus intéressant de tous. Le chemin, rénové grâce à l'Unesco, traverse un village traditionnel et longe plusieurs temples classiques. Environnement paisible à souhait, peu de touristes. Arrivé au bout, on découvre ce petit ensemble monastique et le temple, ne présentant pas cependant une architecture exceptionnelle, à part le pignon ouvragé. Ce sont les fresques à l'intérieur qui sont le vrai but de la balade. Joli portail d'entrée entouré de deux soldats chinois symbolisant les célèbres Pavillons noirs (des pirates qui ravagèrent la région).
Passé le portail, on découvre à gauche les fresques les mieux conservées. De fait, l'ensemble se révèle assez dégradé, mais, de-ci de-là, on découvre des vestiges de belle facture. Le grand panneau de gauche évoque un épisode important de la vie du Bouddha. Après avoir idéalisé les choses à l'intérieur de son palais, le Bouddha découvre la vraie vie dehors.
Dans la « B.D. » du haut, on distingue un char, des chevaux et le prince qui semble exécuter une sorte d'élégant ballet. A-t-il été attaqué, l'empêche-t-on de sortir ? Diverses interprétations sont possibles. En tout cas, noter la beauté incandescente des femmes dans les scènes inférieures, notamment les musiciennes à gauche. Elles dorment, dénudées, exhibant leurs charmes opulents (métaphore de la « vie irréelle »). Tout n'est que finesse dans les traits et les couleurs. On passerait des heures à détailler toutes ces scènes délicates. À gauche des musiciennes, une ravissante représentation d'éléphants et de tigres s'abreuvant dans les cascades. Plus à gauche, une autre fresque, hélas assez dégradée, montre une scène dynamique de bataille, des gens essayant de sortir des flots d'un torrent, des éléphants de remonter le courant... D'autres scènes à découvrir, le plus souvent à deviner. L'ensemble mériterait vraiment d'être restauré !
Un petit sentier permet de rejoindre ensuite la grotte située 50 m plus bas.

Wat Tham *(la grotte sacrée de Sakarindh)* **:** *souvent fermée, demander les clés au temple de Long Khoun, situé env 50 m au-dessus. Des enfants proposent d'éclairer le lieu, moyennant un petit pourboire.* C'est dans cette grotte que le roi Sakarindh est resté à méditer durant 3 jours avant son couronnement, au XIXe s. Il s'agit d'une profonde grotte dont les escaliers qui s'enfoncent semblent ne jamais finir. Ses recoins cachent de multiples bouddhas au regard éternel et bienveillant. En contrebas, une excavation contient des statues en bois datant du XVIe s. Une source d'eau sacrée servant à asperger les statues au moment du Nouvel an se trouve à l'intérieur de la grotte.

➢ Embarcadère au pied de ces deux sites pour retourner à Luang Prabang. Le bateau dépose ses passagers devant un pont de bambou (car pas assez de fond pour continuer), qui permet ensuite de rejoindre la péninsule de Luang Prabang. Droit de passage sur le pont : 5 000 kips.

Excursion en amont du Mékong, vers les grottes de Pak Ou

La balade en bateau permet d'observer la vie au bord du fleuve. Lorsqu'il est à son plus bas niveau, on aperçoit notamment des pêcheurs et des orpailleurs (lire également plus bas).

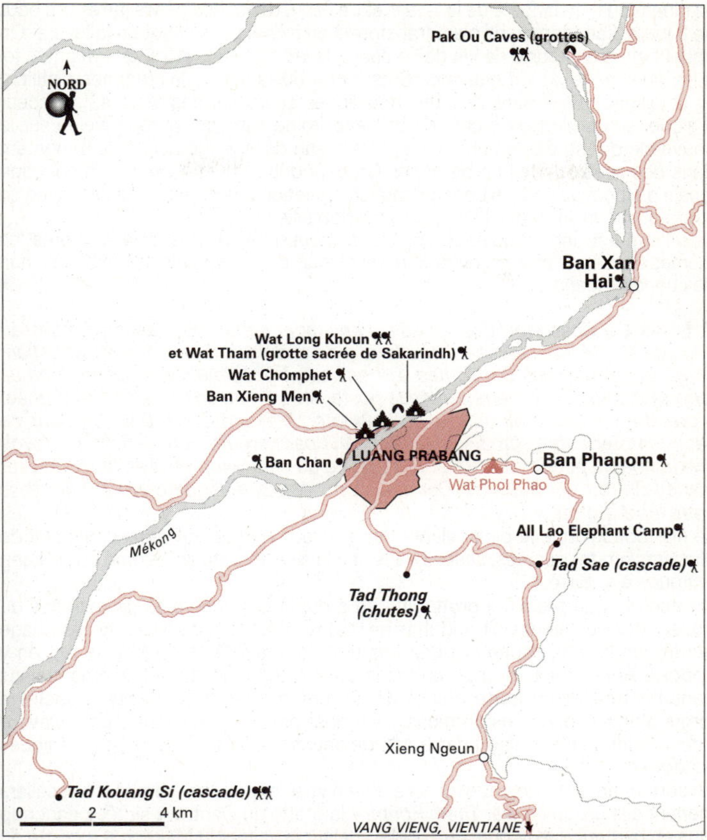

LES ENVIRONS DE LUANG PRABANG

➢ ***Pour s'y rendre :*** un bateau part le matin de l'*embarcadère pour Pak Ou (zoom E1, **19**)* à Luang Prabang. En principe, il s'arrête en chemin à Ban Xan Hai. Compter autour de 80 000 kips par personne avec un minimum de 5 personnes ou louer un bateau à la demi-journée à ce même embarcadère. Essayer de se grouper. Dans ce cas, compter 400 000 kips pour le bateau. Se renseigner aussi sur les tarifs pratiqués auprès d'autres touristes. Compter environ 3-4h pour faire l'aller-retour et visiter tranquillement.
Ceux qui voudront visiter d'autres sites dans l'après-midi (voir plus loin « Excursion en aval du Mékong ») loueront le bateau pour quelques heures de rab' et quelques kips de plus.

Ban Xan Hai : *village quasi à mi-chemin entre Luang Prabang et Pak Ou. Les bateaux s'y arrêtent en allant à Pak Ou. On y accède par des escaliers rudimentaires taillés dans la falaise.*
Très touristique. Les femmes qui distillent l'alcool de riz s'activent en contrebas du village, au-dessus du fleuve. L'alcool de riz ou *lao-lao whisky* (50°) est la boisson alcoolisée la plus populaire du Laos. On le prépare en faisant fermenter du

riz gluant cuit, mélangé à de la levure et de l'eau, dans de grosses jarres. Au bout de 8 jours, l'amidon du riz s'est transformé en alcool sous l'effet de la levure. On obtient alors une sorte de vin de riz sucré, le *lao rice wine* (15°), qui, dégusté tel quel, ressemble au vin nouveau. C'est cette boisson que les femmes distillent en la faisant bouillir dans des fûts métalliques posés sur des braises. La vapeur d'alcool se condense au contact de l'eau froide sans cesse renouvelée sur le couvercle du fût. Des enfants vont puiser l'eau dans le Mékong et la remontent dans des seaux portés en balancier. On peut déguster et acheter la production locale d'alcool de riz, très bon marché (présentation amusante et insolite, avec un scorpion ou un serpent à l'intérieur de la bouteille).
Le village est une longue rue bordée de boutiques proposant à peu près les mêmes choses. D'ailleurs, on retrouve la plupart des exposants au marché de nuit de Luang Prabang.

Pak Ou Caves (grottes) : *à 35 km en amont de Luang Prabang. Le bateau accoste au pied des escaliers en pierre qui conduisent à la grotte du wat Tham Ting, la « grotte des Stalactites ». Il est aussi possible de venir en minibus (départ du parking au carrefour de la poste, 8h-14h) ou en camionnette bâchée, à prendre n'importe où en ville ou le long du Mékong (zoom D1,* ***17****). Dans ce cas, compter autour de 250 000 kips l'A/R par la route pour 1-5 pers. Prévoir une lampe de poche, surtout pour la grotte du centre (on peut en louer une sur place). Entrée : 20 000 kips. Des abris pour le pique-nique ont été aménagés entre les 2 grottes.*
Le site bouddhique le plus célèbre des environs de Luang Prabang. Il s'agit de plusieurs grottes sacrées, situées dans une falaise abrupte en aplomb du Mékong et trouée à sa base.
On accède à la première grotte (il y en a deux) par une volée de marches où trônent des centaines de bouddhas de toutes tailles. C'est un lieu de pèlerinage qui fut longtemps habité par des ermites. Lors des fêtes du Nouvel An, on y apporte des statues, d'où le nombre impressionnant de statuettes amoncelées dans l'entrée de la grotte. Sur la droite, une formation rocheuse rappelle la forme d'un éléphant. En contrebas, il est possible de se faire dire la bonne aventure. Il suffit de tirer au sort des bouts de papier couverts de formules magiques en laotien.
En sortant de la grotte, redescendre d'un niveau et prendre à droite les escaliers menant à la *grotte du wat Tham Poum,* « la grotte du Centre », située beaucoup plus en hauteur que la première. Belle vue sur la vallée du Mékong. La grotte du wat Tham Poum fut découverte par Francis Garnier. Elle est plus profonde que la précédente : elle s'enfonce sur 54 m. À l'entrée, un bouddha à gros ventre. La légende raconte que ce bouddha était un très bel homme courtisé par toutes les femmes, ce qui le troublait pour méditer. Il pria longuement les dieux afin de devenir moins séduisant. Ses vœux furent exaucés, les dieux lui donnèrent ce gros ventre. En pénétrant à l'intérieur, on note sur la droite une frise de bouddhas à la feuille d'or. À gauche, vestiges d'un petit aqueduc en bois sculpté qui amenait l'eau pour laver les bouddhas. Aux deux bouts, un cygne et un dragon. Dans les anfractuosités, des milliers de bouddhas (plus de 6 000) de toutes tailles. Sur la droite, un corps de lion sculpté dans la pierre, qui semble garder le sanctuaire.
|●| Quelques restos sur pilotis se sont installés en face de la grotte de Pak Ou. Pour un repas avec vue sur un paysage d'une douce sérénité.

➢ En repartant sur Luang Prabang, on peut faire un crochet en bateau par la ***rivière Nam Ou*** qui se jette dans le Mékong à la hauteur de Pak Ou. Le détour vaut la peine pour le splendide paysage offert par les spectaculaires falaises de calcaire qui surplombent la rivière.
À Luang Prabang, le débarquement s'effectue, en principe, plus en amont *(zoom F1,* ***20****).*

Excursion en aval du Mékong

En louant une barque pour quelques heures au même endroit que pour Pak Ou, il est possible de faire une très belle balade en aval du Mékong et de visiter plusieurs sites vierges de toute présence touristique de masse.

Les pêcheurs et orpailleuses du Mékong : en continuant la descente du fleuve, on aperçoit des pêcheurs. Certains utilisent de petits filets qu'ils étendent en s'enfonçant dans l'eau jusqu'à la poitrine. D'autres pêchent à l'épervier. Les prises sont assez maigres en période de basses eaux. Elles sont conservées dans des petites nasses en osier tressées par les pêcheurs, sur les berges du fleuve. Un peu plus loin, sur la rive gauche, on rencontre des orpailleuses, essentiellement en avril, mai et juin, avant les hautes eaux. Image hautement emblématique du Mékong.

CHERCHEUSES D'OR

Les femmes qui habitent le long du Mékong creusent la terre du rivage, puis la lavent pour en extraire une fine poussière noire où scintillent quelques paillettes d'or. Cette poussière est ensuite mise au contact du mercure, qui dissout l'or. Puis le mercure est chauffé. En s'évaporant, il libère l'or, qui sera vendu aux bijoutiers de la ville.

Balade en *tuk-tuk* ou à mob

Le plus simple est d'affréter une camionnette bâchée ou un minibus de neuf places pour la journée. Une solution qui permet de visiter l'ensemble des sites. Prévoir environ 500 000 kips. Les sites sont ouverts de 8h à 17h30.

À l'est

Ban Phanom : *à 3 km à l'est de Luang Prabang, au bord de la Nam Khan. On peut s'y rendre en* tuk-tuk, *à vélo ou en bus depuis le marché Phosi (hors plan d'ensemble par A4,* ***140****), le mat, car l'ap-m les artisans partent s'installer au marché de nuit à Luang Prabang.*
Ce village thaï lu, réputé pour la qualité de ses tisserands, est assez touristique. Sous la halle du marché, la qualité des tissages est à regarder de près, et ce que l'on présente comme de la soie est en fait souvent un mélange contenant plus de 80 % de coton. Ne pas manquer à l'entrée, le tableau « bande dessinée » qui illustre les bonnes règles du savoir-vivre au Laos. En face, une boutique d'articles en argent. Dans les maisons autour, les femmes travaillent sur leur métier à tisser. Monter au *wat Phan Phao Santi Cheidy (tlj 8h-10h, 13h30-16h30),* au-dessus du village, ne serait-ce que pour la vue sur Luang Prabang (le sanctuaire n'est pas exceptionnel). De là, on découvre la ville enfouie sous une forêt de palmiers luxuriants que l'on ne soupçonne pas lorsque l'on est en bas.

All Lao Elephant Camp : *2 km après Ban Xieng Lom, une petite route bien signalée, partant de la route principale, mène à ce paradis réservé aux éléphants.* *• elephantvillage-laos.com • Entrée : 10 $. Compter env 30 $ pour 1h de balade.*
Un complexe touristique dédié aux pachydermes : participation aux soins, bain, balade pouvant mener jusqu'à Tad Sae. Également un spectacle. Le camp abrite aussi un hôtel très confortable avec piscine *(☎ 25-35-22 ; 030-514-05-25).* Du camp, on peut rejoindre Tad Sae (voir ci-après).

Au sud

Tad Sae (cascade) **:** *une petite route relie* All Lao Elephant Camp *(voir ci-dessus) à la cascade. Sinon, depuis Luang Prabang, suivre la route 13 en direction du sud sur env 15 km. C'est près du village de Ban Mout. Pour y aller de Luang Prabang :*

mobylette ou bicyclette pour les plus courageux, puis 5 mn de bateau (10 000 kips) au départ du parking de Ban Aen. Entrée : 15 000 kips. Cette série de rapides n'a rien de spectaculaire, mais l'endroit est assez agréable. Plusieurs activités sur place : navigation en pirogue à moteur, balade à dos d'éléphant jusqu'à leur camp (1h) et même survol des chutes en tyrolienne *(zip lines)*.
– Deux restaurants, un bar, et même un spa avec massages.

Tad Thong *(chutes)* **:** *à 5,8 km de Luang Prabang. À 3 km de la ville, après la pagode vietnamienne de Phabat Tay, bifurquer à droite et continuer sur encore 3 km. Droit d'entrée : 20 000 kips.* Peu fréquenté en raison du prix. Reste que ces chutes sont plutôt agréables. On peut s'y baigner lorsque l'eau est assez haute, boire un verre dans des cabanons sur pilotis disposés autour du lac, faire de belles balades par des sentiers qui mènent aux chutes 1 et 2 ou jusqu'au village khmu de *Mouay Thong*. Une escapade sans prétention mais sympa.
|●| Resto sur place, qui donne sur la première chute.

Tad Kouang Si *(cascade)* **:** *à env 30 km de la ville, vers le sud-ouest. Au départ de Luang Prabang, on peut s'y rendre en louant un vélomoteur, un tuk-tuk ou un minibus à la ½ journée ou même une pirogue à moteur. La route traverse des villages hmong, des rizières et des forêts. Compter 1h pour s'y rendre. Entrée : 20 000 kips. Attention, sol très glissant, prévoir de bonnes chaussures. Les amateurs de quiétude arriveront avt 10h.*
Endroit très agréable, bien que très touristique. Depuis le parking, prendre le sentier aménagé sur la droite qui mène, de piscine naturelle en piscine naturelle, au pied des chutes. Là, w-c et aire de pique-nique où les groupes organisent leur repas. Les plus courageux traverseront la rivière pour continuer à grimper sur la droite des chutes, au travers de la forêt et de ses chants d'oiseaux. On peut même apercevoir des ours dès l'entrée... en liberté (visiteurs derrière le grillage !). Le site est aussi un centre de protection de ces animaux (déjeuner des fauves à 11h, à ne pas rater). À voir également, la ferme aux papillons.
Baignade autorisée tout en haut ou tout en bas, dans les piscines naturelles (cabines pour se changer). À la dernière chute, le restaurant *Le Bel Air* offre une belle vue. Sinon, à l'entrée, après le parking, nombreux restos populaires.
– On peut aussi jeter un œil au village juste avant l'arrivée au parking : maisons sur pilotis, moulin à eau et encore des piscines naturelles ! Et on peut même y loger :

|●| *Vanvisa Guesthouse – At the Falls Lodge* : *à* ***Ban Thapene*** *; prendre à gauche à la sortie du parking de Khouang Si, c'est à 5 mn à pied. ☎ 21-29-25. 020-554-081-33. ● vanvisaguesthouse.com ● Compter 20-60 $/pers selon confort. Plus cher en hte saison. Repas sur demande.* Plongée dans la verdure, au pied d'une petite chute d'eau, cette pension familiale possède 6 chambres doubles, dont 3 confortables avec salle d'eau et 3 autres de style plus traditionnel en bois, avec sanitaires communs. Cuisine laotienne. Repos assuré.

LE NORD-OUEST

● Carte *pp. 340-341*

PAKBENG

IND. TÉL. : 081

• Plan *p. 343*

À une grosse journée de bateau de Luang Prabang (soit environ 150 km au nord-ouest), le voyage jusqu'à ce village a quelque chose d'une aventure. Le Mékong se montre tour à tour étroit, puissant, désert, cisaillé de paravents de rocs noirs, de feuilletage de schistes et de récifs en socs de charrue. Pakbeng, une halte obligatoire pour les voyageurs qui relient Luang Prabang à Houeisai en *slow boat.* Les bateaux arrivent en fin d'après-midi et repartent le lendemain en début de matinée. La plupart des touristes suivent le mouvement. Du coup, en journée, cette bourgade hmong accrochée à flanc de montagne prend des airs de village tranquille qui vaque paisiblement à ses occupations.
Pakbeng ne possède qu'une rue principale le long de laquelle se répartissent les habitations et les commerces. La plupart des maisons construites avec du bois et du bambou, souvent sur pilotis, sont concurrencées par le béton. En fin d'après-midi, dans la lumière rasante, en surplomb, intéressante vision sur l'activité du petit port et le cours sinueux du Mékong.

Arriver – Quitter

En bateau

Embarcadère *(plan A2)* ***:*** *au bout de la rue principale.*
➢ ***Pour Houeisai et Luang Prabang :*** départ des *slow boats* tlj, le mat. Trajet : env 8-9h pour Houeisai, env 7-8h pour Luang Prabang. Compter autour de 110 000 kips/pers pour les 2 destinations. En hte saison, il est préférable d'arriver bien avt pour réserver sa place (loin du moteur). Également des *speed boats,* mais départ quand ils sont pleins. En général, il y a plus de chances d'en attraper un vers 13h, lorsque les *speed boats* de Luang Prabang arrivent. Il y a souvent des passagers qui descendent à Pakbeng et d'autres qui poursuivent jusqu'à Houeisai (ou inversement). Compter env 200 000 kips/pers. Sinon, il est possible d'en louer un (compter près de 125 $). Trajet : env 3h pour Houeisai et Luang Prabang.

En bus

Gare routière *(hors plan par B1)* ***:*** *à 3 km env de l'embarcadère.*
➢ ***Oudom Xai :*** 2 bus/j., le mat. Trajet : près de 3h30 (140 km). Route bitumée.

Adresses et infos utiles

Tourist Office *(plan A2)* ***:*** *à 50 m de l'embarcadère. 020-228-524-80 ou 020-982-422-71. Horaires variables.* Infos sur la région, horaires des bateaux.
Poste *(plan B1)* ***:*** *au bord de la route*

principale, à 1 km env de l'embarcadère, en direction de la gare routière.

■ **Agricultural Promotion Bank** (plan B1, **1**) **:** *le long de la route principale, à 1 km env de l'embarcadère. Lun-ven 9h-15h30.* Change dollars et bahts, mais pas les euros. Service *Western Union*. Il existe 2 ***distributeurs*** dans la rue principale *(plan B1,* ***2****)*, mais mieux vaut venir avec suffisamment de liquidités.

■ ***Les Médecins de Chinguetti – Pakbeng*** (plan A2, **3**) **:** *à 400 m env de l'embarcadère, par le chemin de gauche (juste avt le* Pakbeng Lodge*). • medecinsdechinguettipakbeng.com • En principe, tlj.* Un dispensaire tenu par une ONG de médecins français, généralistes, dentistes et autres spécialistes, qui viennent à Pakbeng effectuer plusieurs missions dans l'année. Les Laotiens arrivent de loin

LE NORD DU LAOS

pour s'y faire soigner gratuitement. Les médecins se rendent aussi dans des villages qui longent le Mékong et dans ceux des montagnes environnantes. Ils peuvent aussi assurer des consultations pour les étrangers de passage.

– ***Marché*** *(plan A-B1)* **:** *en léger retrait de la rue principale. Tlj.*

Où dormir ?

Hôtels et *guesthouses* se repartissent le long des deux rues qui partent (l'une à droite, l'autre à gauche) de l'embarcadère. Ils sont proches et facilement accessibles. En haute saison, il y a parfois du monde sur les bateaux et les établissements sont vite pleins. Il est donc prudent de réserver. En tout cas, dès votre arrivée, ne pas traîner pour chercher une chambre. Certains ont parfois dû trouver refuge auprès d'un temple.

De très bon marché à bon marché (moins de 200 000 kips / 25 $)

Monsavanth Guesthouse *(plan A2,* ***11****) : rue principale, à 150 m env de l'embarcadère. ☎ 21-26-19. 020-577-19-35. Bon marché.* 7 chambres d'une rigoureuse simplicité mais vraiment nickel ; murs blanc immaculé, salle de bains carrelée. Pour le petit déj (en supplément), rendez-vous à la *Monsavanth Bakery,* juste en face. L'adresse la plus chère de la catégorie, mais pour le prix, c'est une excellente affaire ! Seul hic : l'endroit est vite plein.

Meksavanh *(plan A2,* ***12****) : rue principale, à 200 m env de l'embarcadère. 020-557-823-90. Bon marché.* Au rez-de-chaussée, les chambres offrent un confort simple mais suffisant (salle de bains privée avec eau chaude). Pour quelques kips de plus, les chambres à l'étage, réparties le long d'une jolie coursive en bois, permettent de profiter de la vue sur le Mékong. Fait aussi resto. Un rapport qualité-prix honnête.

Vatsana Guesthouse *(plan A1,* ***13****) : rue principale, à 200 m env de l'embarcadère. ☎ 21-23-02. 020-556-836-16.* Sympathique *guesthouse* d'une douzaine de chambres. Dans la maison familiale en bois, les propriétaires disposent d'une poignée de chambres sommaires, assez sombres et équipées d'un lit et d'un simple ventilo (2 salles de bains communes pour 7 chambres). Ce sont aussi les moins chères. Ceux qui veulent plus de confort opteront pour une chambre dans le bâtiment moderne, juste à côté. Fait resto.

Donevilasak Guesthouse *(plan A1,* ***14****) : rue principale, à 250 m env de l'embarcadère ; l'une des dernières* guesthouses, *sur le côté gauche. ☎ 21-23-15. Pas de petit déj.* Cette *guesthouse* a le gros avantage de proposer des chambres à différents budgets dans 3 bâtiments. Les routards désargentés choisiront celles en bois de la maison familiale, avec ventilo, moustiquaire et salle de bains collective. Les autres préféreront les chambres situées dans les bâtiments modernes pour bénéficier de plus de confort et d'intimité (salle de bains privée, ventilo ou clim).

Guesthouse Bounmy *(plan A2,* ***10****) : en venant de l'embarcadère, prendre la route sur la gauche, c'est à 150 m env. ☎ 21-22-49. 020-557-805-42.* Pension familiale, dont la terrasse du restaurant domine le Mékong. L'emplacement est le point fort de l'endroit ! Pour le reste, les chambres simples mais avec salle de bains sont réparties dans 3 bâtiments. Dans l'ancienne structure, les chambres ont des cloisons en bois, une moustiquaire (trop petite) et un ventilo. Certaines, au 1er étage, donnent sur le Mékong. Dans le bâtiment récent, à l'arrière, elles sont moins sommaires, mais sans clim. Vérifier la propreté des draps. Une adresse où l'on croise des routards du monde entier, qui ont soit le sommeil lourd, soit investi le *Happy Bar* juste à côté, du même proprio (assez animé).

Syvongsak Guesthouse *(plan A2,* ***15****) : à 150 m env de l'embarcadère (chemin de gauche). ☎ 21-23-00. 020-576-23-39. Bon marché.* Établissement récent, aux chambres sans charme, mais nickel et avec salle de bains. En revanche, pas de vue sur le fleuve, ni de balcon, ni d'endroit pour se poser ailleurs que dans la chambre. Ce n'est pas notre *guesthouse* préférée, mais elle peut dépanner.

Poy Latha Guesthouse *(plan A2,* ***16****) : à 100 m env de l'embarcadère (chemin de gauche). 020-566-427-57. Très bon marché.* Petite structure familiale aux abords un peu brouillons. Mais ce sont les chambres parmi les moins chères de Pakbeng ! Salle de bains commune pour celles en bois au 1er étage. Salle de bains privée au rez-de-chaussée. Pas de clim. Terrasse avec vue sur le Mékong, ce qui n'est pas négligeable tout de même.

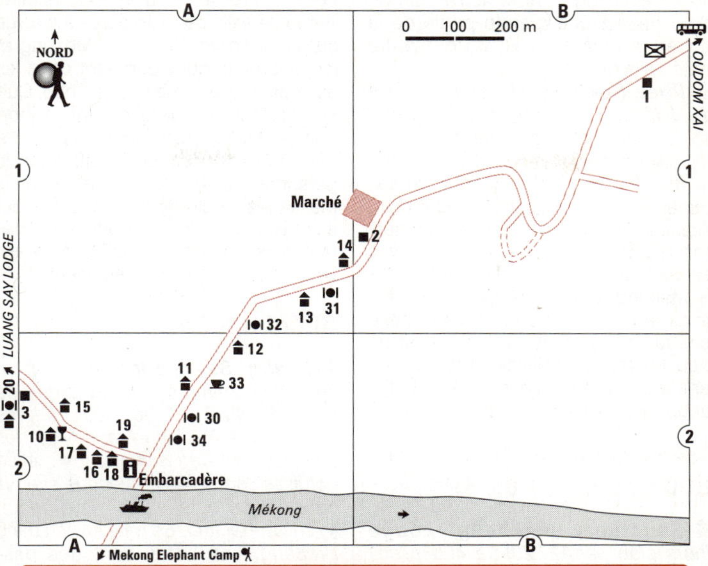

PAKBENG

Adresses utiles

- Tourist Office
- 1 Agricultural Promotion Bank
- 2 Distributeurs
- 3 Les Médecins de Chinguetti – Pakbeng (dispensaire)

Où dormir ?

- 10 Guesthouse Bounmy
- 11 Monsavanth Guesthouse
- 12 Meksavanh
- 13 Vatsana Guesthouse
- 14 Donevilasak Guesthouse
- 15 Syvongsak Guesthouse
- 16 Poy Latha Guesthouse
- 17 Santisouk
- 18 Mekong Riverside Lodge
- 19 Phet Sok Xay Hotel
- 20 Sanctuary Pakbeng Lodge

Où manger ? Où prendre le petit déjeuner ? Où boire un verre ?

- 10 Happy Bar
- 20 Restaurant du Pakbeng Lodge
- 30 Sabaïdee
- 31 Restaurant Dockhoune
- 32 Ounhouan
- 33 Monsavanth Bakery
- 34 Hassan Restaurant

De prix moyens à chic (200 000-500 000 kips / 25-62 $)

Santisouk *(plan A2,* ***17****) : à 100 m env de l'embarcadère (chemin de gauche). 020-557-817-97. Prix moyens.* Un bâtiment en dur, aux chambres carrelées, dotées de salle de bains, très propres (mais pas de clim). On a apprécié la literie, la vue sur le Mékong depuis la terrasse du resto (et même depuis certaines chambres). Un bon compromis entre emplacement, vue, confort et prix.

Mekong Riverside Lodge *(plan A2,* ***18****) : à 80 m env de l'embarcadère, en suivant le chemin de gauche. ☎ 21-40-10. 020-551-710-68. Prix « chic » ; petite réduc en basse saison.* Un ensemble charmant de 5 bungalows aux murs tressés en bambou, face au Mékong. Les chambres les plus chères sont spacieuses et disposent d'une vraie terrasse privée, sans oublier la vue d'anthologie sur le fleuve. Là, on peut passer une grande partie de la soirée, à rêvasser... Resto de l'autre côté de la rue.

Phet Sok Xay Hotel *(plan A2, **19**)* **:** *à 80 m env de l'embarcadère, par le chemin de gauche.* ☎ *21-22-99.* • *phetsokxaihotel.com* • *Prix « chic ».* Impossible à rater vu ses dimensions inhabituelles pour le coin. Architecture moderne, assez bétonnée, mais l'endroit n'est pas déplaisant avec sa vaste terrasse qui offre une vue sur le Mékong. Chambres de bon confort (malgré l'éclairage aux néons et l'eau chaude capricieuse...). Mais c'est un peu l'usine (l'établissement compte une quarantaine de chambres). Du coup, l'accueil s'en ressent parfois.

Très chic (plus de 500 000 kips / 62 $)

Sanctuary Pakbeng Lodge *(hors plan par A2, **20**)* **:** *à 400 m env de l'embarcadère, par le chemin de gauche.* ☎ *21-23-04.* • *sanctuaryhotelsandresorts.com* • *Doubles 110-200 $ en ½ pens selon standing et saison. Voir aussi leurs promos sur leur site.* Grand et bel hôtel, au calme parfait, en surplomb du Mékong. Chambres élégantes et confortables aménagées avec le plus grand soin. Toutes disposent d'un balcon ou d'une terrasse pour admirer le fleuve qu'on ne se lasse pas de contempler, surtout au coucher du soleil, un verre à la main. On se sent alors vraiment privilégié. Les *superior,* plus spacieuses et situées dans un bâtiment au sommet d'une colline, offrent une plus grande intimité. Agréable salle de resto aérée avec vue sur le jardin verdoyant, le Mékong et les éléphants qui s'ébrouent dans les eaux du fleuve le matin vers 7h30. Cuisine goûteuse d'un excellent rapport qualité-prix (certains légumes proviennent du jardin du *lodge,* cultivé par le personnel qui les revend à la cuisine !). Massages, boulodrome et accès direct aux rives du Mékong. Proposent différentes excursions. Accueil en français. Une adresse dont on se souvient.

Spécial folie

Luang Say Lodge *(hors plan par A2)* **:** *à 20 mn à pied du centre de Pakbeng.* ☎ *21-22-96. Résas auprès de l'agence Asia (en France) ou des agences de voyages.* • *asia.fr* • *mekongcruises.com* • *Nuitée vendue avec la croisière en bateau ; voir la rubrique « Arriver – Quitter. En bateau » à Luang Prabang.* Les hôtes sont des passagers qui font la croisière de 2 jours et 1 nuit sur le Mékong. Sur la rive gauche du fleuve, accrochés sur une rive verdoyante, les bungalows sont des pavillons de bois construits dans des matériaux locaux (bois et bambou), arrangés avec soin et équipés d'un confort 4 étoiles (grand lit avec moustiquaire, AC). Salle d'eau avec douche et w-c (eau chaude) dans chaque chambre, ou commune à 2 chambres pour certains pavillons. Le dîner, sous forme de buffet, se prend dans une grande salle à manger. Très bel endroit dans une nature sauvage. On se croirait « au milieu de nulle part ».

Où manger ? Où prendre le petit déjeuner ? Où boire un verre ?

Bon marché (moins de 100 000 kips / 12,50 $)

Sabaïdee *(plan A2, **30**)* **:** *un des premiers à droite en remontant la rue principale. Dans la partie basse de la fourchette.* Tenu par un jeune couple sympa. Elle en cuisine, lui au service et faisant de réels efforts pour parler le français. Comme, en outre, sa cuisine est plutôt bonne, nous aurions tendance à vous recommander chaleureusement cette petite adresse. Goûteuse soupe au potiron *(pumpkin)* et plats classiques servis généreusement. Salle avec vue sur le Mékong.

Restaurant Dockhoune *(plan A1, **31**)* **:** *rue principale, à 200 m env de l'embarcadère. Tlj jusqu'à 22h env. Dans la partie basse de la fourchette.* Petit resto sympathique au cadre soigné. Carte affichée à l'extérieur. Cuisine classique et correcte. Une poignée de tables en terrasse, au bord de la rue.

Ounhouan *(plan A1, **32**)* **:** *rue principale, à 200 m env de l'embarcadère.* Un resto au cadre un peu plus sophistiqué que les autres (nombreuses lanternes en papier multicolore accrochées au plafond). Bonne cuisine et grand choix de plats traditionnels.

Hassan Restaurant *(plan A2, **34**)* **:** *dans la rue principale, non loin de l'embarcadère.* Hassan, le patron souriant et serviable, propose une délicieuse cuisine indienne sur des tables bien mises (nappes et serviettes en tissu). Histoire de changer un peu de régime.

Monsavanth Bakery *(plan A2, **33**)* **:** *rue principale, à 150 m env de l'embarcadère. Tlj 6h-22h30.* Muffins, bagels, croissants aux pommes et au chocolat, etc. Parfait pour le petit déj, la vue sur la vallée en prime.

Happy Bar *(plan A2, **10**)* **:** *en montant vers la* Bounmy Guesthouse, *prendre, juste avt d'arriver à la* guesthouse, *un chemin qui descend sur la gauche. Tlj jusque tard.* Un des rares endroits où écouter de la musique sur Pakbeng. On y écoute Bob Marley ou sa propre programmation en branchant son smartphone, un verre de *mojito* ou de *beer lao* à la main. Ambiance routarde.

Prix moyens (100 000-150 000 kips / 12,50-19 $)

Restaurant du Pakbeng Lodge *(hors plan par A2, **20**)* **:** *voir « Où dormir ? », plus haut. Résa préférable (surtout en basse saison). Pas de carte ; menu fixe env 15 $.* Même si vous n'y logez pas, n'hésitez pas à y dîner. Cuisine goûteuse et cadre particulièrement intime.

À faire

Mekong Elephant Camp *(hors plan par A2)* **:** *rens et résa auprès du* Sanctuary Pakbeng Lodge *(plan A2, **20**) ; voir « Où dormir ? », plus haut.* 020-555-702-28. • *sanctuaryhotelsandresorts.com* • *Départ depuis le* Sanctuary Pakbeng Lodge *(transport en bateau inclus).* Elephant bath and ride *18 $ (45 mn env). Propose aussi différents packages incluant une balade de 2h à dos d'éléphant et repas au* Sanctuary Pakbeng Lodge, *40-60 $/pers. Possibilité de package sur mesure.* L'établissement est géré par des Français, qui valorisent un tourisme responsable. On y trouve des éléphants dans la forêt, de l'autre côté du Mékong. On peut assister au bain des pachydermes et/ou partir en balade, confortablement installé sur leur dos, en traversant des paysages magnifiques.

Pour les crapahuteurs avertis, le camp propose un trek accompagné d'une demi-journée avec les éléphants (compter 55 $ par personne, pique-nique et boissons inclus). Bien entendu, être bien chaussé (le terrain est abrupt et glissant). Départ le matin, pour 3h30 d'ascension à travers une forêt primaire (on avance à l'aide de machettes !). Pique-nique au sommet de la montagne (400 m d'altitude) avec la vallée du Mékong en toile de fond. La rando se finit en baignade collective dans les eaux du fleuve, en compagnie des éléphants !

HOUEISAI (PROVINCE DE BOKÉO)

IND. TÉL. : 053

• Plan *p. 347*

Une journée de *slow boat* sur le Mékong, depuis Pakbeng, mène à cette ville frontière, étendue sur la rive, entre fleuve et forêt, dans une région appelée le Triangle d'Or. Y transitent les marchandises de Chine, qui rejoignent la

Thaïlande. Fin 2013, un pont reliant le Laos et la Thaïlande a été inauguré. Nul doute que ces facilités de passage feront rapidement augmenter le trafic dans les années à venir. Beaucoup de voyageurs y font une halte obligatoire avant de rejoindre la Thaïlande, ou d'embarquer pour une croisière sur le Mékong jusqu'à Luang Prabang.

Arriver – Quitter

En bateau

Possibilité d'acheter les billets dans les agences du centre-ville, moyennant une petite commission. Ce n'est pas nécessaire pour les *slow boats.* En revanche, ce peut être intéressant pour les *speed boats* car les agences peuvent ainsi regrouper les demandes.

***Embarcadère des slow boats** (plan A1, **1**) **:** à 1 km env au nord de Houeisai. Le* slow boat ticket office *se trouve à 50 m au-dessus de l'embarcadère. Vente des tickets tlj 8h-16h. Compter env 15 000 kips/pers en* tuk-tuk *pour rejoindre le centre-ville.*

➢ ***Pakbeng et Luang Prabang :*** départ des *slow boats,* tlj en fin de matinée. Trajet : env 6h pour Pakbeng, plus 7h pour Luang Prabang. Compter 110 000 kips/pers jusqu'à Pakbeng (le double pour Luang Prabang). Nuit obligatoire à Pakbeng et départ le lendemain mat pour Luang Prabang (se reporter à la rubrique « Arriver – Quitter. En bateau » à Pakbeng). Les *slow boats* en provenance de Pakbeng arrivent en fin d'ap-m.

***Embarcadère des speed boats** (hors plan par A2, **2**) **:** à 2,5 km env au sud de Houeisai. Compter env 15 000-20 000 kips/pers en* tuk-tuk *pour rejoindre le centre-ville.*

➢ ***Pakbeng et Luang Prabang :*** départs quand ils sont pleins (vers 9h du mat, en principe, c'est jouable). Compter respectivement 200 000 et 350 000 kips/pers. Trajet : env 3h pour Houeisai, 6h30 pour Luang Prabang.

En bus

***Gare routière Keo Champa** (hors plan par A2, **3**) **:** à 3 km env au sud de Houeisai. Ts les départs se font avt 16h. Compter 15 000-20 000 kips/pers pour rejoindre le centre-ville.*

➢ ***Luang Nam Tha :*** 2 bus/j., le mat. Trajet : 3h30-4h (200 km).

➢ ***Oudom Xai :*** 1 bus/j., le mat. Trajet : env 7h (330 km).

➢ ***Luang Prabang :*** 1 bus/j., en milieu d'ap-m. Trajet : env 13h (500 km).

***Gare routière Aloun** (hors plan par A2, **4**) **:** à 4 km env au sud de Houeisai (gare des longues distances). Compter 20 000 kips/pers pour rejoindre le centre-ville.*

➢ ***Luang Nam Tha :*** 1 bus/j., en milieu d'ap-m (bus VIP). Trajet : 3h30 (200 km).

➢ ***Oudom Xai et Luang Prabang :*** 1 bus VIP/j., en début de soirée. Trajet : env 12h (500 km) pour Luang Prabang ; env 6h (330 km) pour Oudom Xai.

➢ ***Vientiane :*** 1 bus VIP/j., le mat. Trajet : près de 19-20h (900 km).

➢ Pour les trajets vers ***Hanoi*** et ***Diên Biên Phu*** (Vietnam), mais aussi à destination de ***Chiang Rai*** (Thaïlande), se reporter à la rubrique « Arriver – Quitter » en fin de guide.

De/vers la Thaïlande

Depuis décembre 2013, les touristes étrangers doivent passer par le nouveau pont situé à 8 km au sud de Houeisai (seuls les locaux peuvent emprunter le petit embarcadère au centre-ville pour rejoindre Chiang Khong, en Thaïlande). Ouv 6h-22h, mais ferme parfois plus tôt que prévu (mieux vaut se présenter avt 21h pour ne pas se faire avoir).

➢ Depuis Houeisai, se rendre au poste-frontière en *tuk-tuk* (compter env 20 000-25 000 kips/pers). Après avoir passé la douane, il faut grimper dans un bus (env 6 000 kips/pers ou 25 Bts) pour traverser le pont et rejoindre la douane thaïlandaise. Des minivans pour ***Chiang Rai*** et ***Chiang Mai*** attendent après la douane (pour plus de détails sur ces 2 destinations

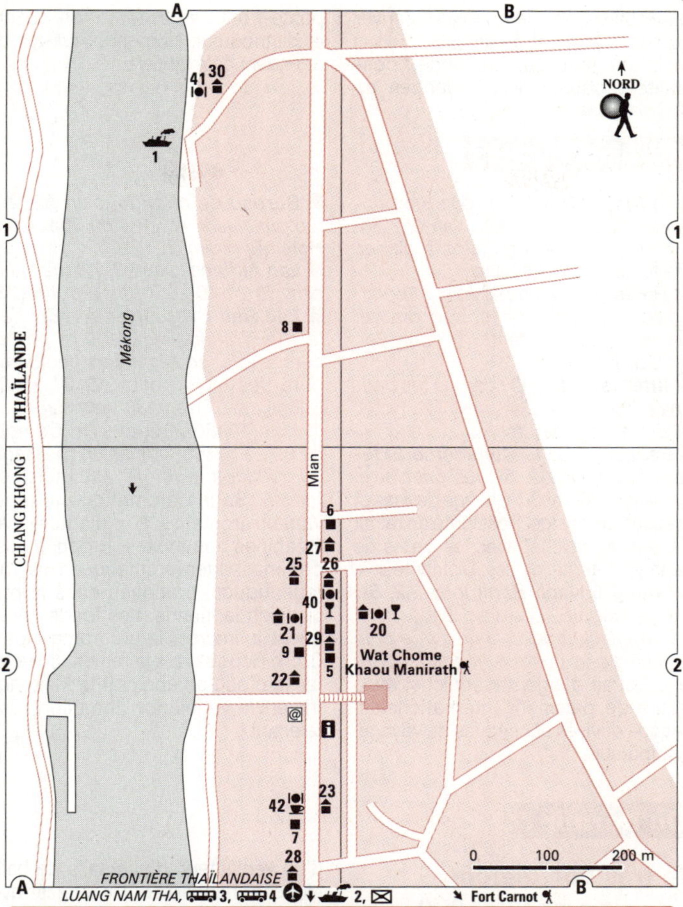

HOUEISAI

Adresses utiles

- Tourist Office
- 1 Embarcadère des *slow boats*
- 2 Embarcadère des *speed boats*
- 3 Gare routière Keo Champa
- 4 Gare routière Aloun
- 5 Banque pour le Commerce Extérieur Lao
- 6 Phong Savanh Bank
- 7 Lao Airlines
- 8 Lao Red Cross
- 9 The Gibbon Experience (bureau)
- 29 Bureau de change

Où dormir ?

- 20 Daauw Home Restaurant & Homestay
- 21 Riverview Guesthouse
- 22 Guesthouse BAP
- 23 Friendship Guesthouse
- 25 Sabaydee Guesthouse
- 26 Oudomphone Guesthouse 2
- 27 Thanormsab Guesthouse
- 28 Kaupjai Guesthouse
- 29 Thaveesinh Hotel
- 30 Houayxai Riverside Phonevichith Guesthouse

Où manger ? Où prendre le petit déjeuner ?

- 20 Daauw Home Restaurant & Homestay
- 21 Riverview – Mueang Nuea
- 40 Bar How ?
- 41 Restaurant Latsouly
- 42 Dream Bakery

Où boire un verre ?

- 20 Daauw Home Restaurant & Homestay
- 40 Bar How ?

thaïlandaises, lire le chapitre « Arriver – Quitter » en fin de guide).

➢ En venant de Thaïlande, possibilité d'obtenir le visa laotien au poste-frontière. Bureaux de change et distributeur. Nombreux *tuk-tuk* qui attendent côté laotien.

Adresses utiles

Tourist Office (plan A2) : *rue principale. ☎ 21-11-62. Lun-ven 8h-12h, 13h30-16h.* Quelques infos à glaner. Pas toujours très efficace.

Poste (hors plan par A2) : *rue principale, à 300 m env au sud du wat Chome Khaou Manirath. Lun-ven 8h-12h, 13h-16h.*

@ **Internet** (plan A2) : *dans la rue principale, au rdc du* Gateway Villa Hotel. Quelques ordinateurs.

■ **Banque pour le Commerce Extérieur Lao** (plan A2, **5**) : *rue principale. Lun-ven 8h30-15h30.* Change devises et chèques de voyage. Possibilité de retrait d'argent au guichet avec les cartes de paiement internationales. Distributeur.

■ **Phong Savanh Bank** (plan A2, **6**) : *rue principale. Lun-ven 8h30-16h ; le w-e, guichet de change sur le côté gauche de la banque (mêmes horaires).* Retrait d'argent au guichet avec cartes de paiement internationales. Change devises et chèques de voyage. Distributeur.

■ **Bureau de change** (plan A2, **29**) : *rue principale, au pied du* Thaveesinh Hotel. *Tlj sf dim 8h-16h30.*

■ **Lao Airlines** (plan A2, **7**) : *rue principale. ☎ 21-10-26. Tlj 8h-12h, 13h-17h.*

■ **Lao Red Cross** (plan A1, **8**) : *dans la rue principale, à 400 m env du centre-ville, en allant vers l'embarcadère des* slow boats. *☎ 21-19-35. Sauna : tlj 16h-20h30 ; massages : tlj 13h30 (10h30 le w-e)-21h. Compter 50 000-110 000 kips selon massage ; 10 000 kips pour le sauna (tt est fourni).* Sauna aromatique (bain de vapeur aromatisé aux plantes) avec 2 cabines non mixtes. Propose aussi des massages aromatiques ou thérapeutiques, pratiqués dans la pure tradition laotienne. Les fonds contribuent à financer le programme de la Croix-Rouge dans la région. Jolie terrasse d'où l'on aperçoit le Mékong à travers la végétation (thé offert). Très relaxant !

Où dormir ?

De très bon marché à bon marché (80 000-200 000 kips / 10-25 $)

Daauw Home Restaurant & Homestay (plan B2, **20**) : *dans une ruelle parallèle à la rue principale. 030-904-12-96. • projectkajsiablaos.org • Depuis la rue principale, monter les escaliers qui grimpent au wat Chome Khaou Manirath, puis 1re ruelle à gauche, c'est un peu plus loin.* Sur un versant boisé, cette fondation qui vient en aide aux femmes hmong (se reporter à la rubrique « À voir. À faire ») propose aux gens de passages 3 bungalows en bois (il n'est pas nécessaire d'être bénévole pour loger ici). Ils sont dotés d'une moustiquaire, d'un ventilateur, d'une salle de bains (douche chaude) et d'une terrasse avec hamac. On a l'impression de loger dans une cabane dans les arbres. Possibilité également de louer une tente (parfait pour les tout petits budgets). Fait resto.

Riverview Guesthouse (plan A2, **21**) : *rue principale. 020-546-745-88. La guesthouse du resto* Riverview – Mueang Nuea *(accès depuis le resto par un couloir peu engageant).* Une vingtaine de chambres plutôt spacieuses dans un bâtiment tout en longueur et dissimulé derrière le restaurant. Le Mékong n'est pas loin, le calme est au rendez-vous (pas de bruit de circulation). Terrasse donnant sur le fleuve, mais malheureusement négligée. Les chambres, toutes avec salles de bains, sont convenables même si les finitions laissent à désirer. Vue sur le Mékong pour les plus chères. Éviter celles du rez-de-chaussée qui sentent l'humidité.

Guesthouse BAP (plan A2, **22**) : *rue principale. ☎ 21-10-83.* Une *guesthouse* tenue par Mme Chan Pheng, une mamie de caractère, qui parle le français. Ici, on ne demande pas à voir les chambres avant de les prendre. C'est comme ça ! Si on n'est pas prévenu, ça peut surprendre. Mais il faut généralement peu de temps pour que la mine quelque peu fermée du premier contact laisse place à un généreux sourire. Les chambres sont correctement équipées de ventilo et d'une salle de bains privée (douche et w-c). Plancher ou sol carrelé. Préférer celles donnant sur l'arrière, plus calmes. Fait aussi resto.

Friendship Guesthouse (plan A2, **23**) : *rue principale. ☎ 21-12-19. 020-564-554-41. Très bon marché.* Ce n'est pas notre établissement préféré (pas de charme particulier), mais il a l'avantage de proposer des chambres à différents budgets, correctes, carrelées, avec salle de bains (eau chaude) et ventilo. Au 2e étage, elles sont plus lumineuses. Éviter celles qui donnent sur la rue, très passante. Sur le toit, terrasse panoramique avec vue sur la ville et le Mékong. Pourrait mieux faire en matière d'accueil...

Bon marché (80 000-200 000 kips / 10-25 $)

Sabaydee Guesthouse (plan A2, **25**) : *rue principale. 020-569-294-58. Dans la partie basse de la fourchette.* Propreté parfaite et bon confort : literie de qualité, douche et w-c (sol carrelé et eau chaude) dans la chambre (généralement spacieuse), ventilo ou clim. Pour le même prix, essayer d'avoir une chambre qui donne à l'arrière sur le Mékong. Terrasse au dernier étage pour se poser. Notre meilleur rapport qualité-prix.

Oudomphone Guesthouse 2 (plan A2, **26**) : *rue principale. ☎ 21-13-08. 020-556-831-54. Dans la partie basse de la fourchette.* Pension classique, fonctionnelle, offrant des chambres correctes, assez spacieuses, avec sol et salle de bains carrelés, ventilo, clim... La plupart se trouvent dans l'ancien bâtiment à l'arrière, du coup, elles sont protégées de la circulation. Dans l'aile récente, au bord de la rue, elles sont plus confortables, mais aussi plus chères.

Thanormsab Guesthouse (plan A2, **27**) : *dans la rue principale. ☎ 21-10-95. 020-557-844-69. Pas de petit déj.* Maison séparée de la route par une cour bétonnée. Les chambres, équipées de ventilo ou d'AC, de salle de bains carrelée et eau chaude, sont propres et nettes. Bonne surprise, celles situées à l'arrière de la maison donnent sur une pelouse et des arbres.

Kaupjai Guesthouse (plan A2, **28**) : *rue principale. 020-556-831-64. Pas de petit déj.* Une *guesthouse* relativement récente au confort très honorable. Une quinzaine de chambres carrelées, propres et spacieuses, dotées d'une salle de bains et d'une TV. Clim pour les plus chères. Au dernier étage, terrasse pour admirer le Mékong et le coucher du soleil.

Thaveesinh Hotel (plan A2, **29**) : *rue principale. ☎ 21-15-02. 020-568-33-33. • thaveesinh.info@gmail.com •* Petit immeuble central de style néothaïlandais, avec des balcons donnant sur la rue. 3 catégories de chambres correspondant à des budgets différents. Confort standard : AC ou simple ventilateur avec douche et w-c, TV et frigo pour certaines. Comme souvent dans ce type d'établissement situé en bord de rue principale, mieux vaut prendre une chambre donnant sur l'arrière, même si elle est plus sombre. Sur le toit, terrasse qui offre une vue sur le Mékong. Une adresse classique et bien tenue.

Prix moyens (200 000-300 000 kips / 25-37 $)

Houayxai Riverside Phonevichith Guesthouse (plan A1, **30**) : *à 1 km env au nord du centre-ville, près de l'embarcadère des slow boats. ☎ 21-17-65. 020-554-837-29.*

• *houayxairiverside.com* • Emplacement privilégié pour cette *guesthouse* à l'écart du centre-ville et au bord de Mékong. Au petit déj, depuis la terrasse, on ne se lasse pas de contempler les bateaux qui voguent sur l'eau. L'endroit est calme. Côté chambres, c'est tout bon. Elles sont parfaitement tenues, vraiment propres, confortables, et les murs orange donnent la pêche. Accueil familial. Fait aussi resto.

Où manger ? Où prendre le petit déjeuner ?

Il n'y a pas à proprement parler de marché, puisque tous les produits viennent de Thaïlande. Mais plusieurs marchands ambulants proposent des plats simples le long de la grande rue en fin d'après-midi.

Bon marché (50 000-100 000 kips / 6-12,50 $)

Bar How ? *(plan A2, **40**) : rue principale. Tlj jusqu'à 23h.* Un p'tit resto au cadre soigné, à l'accueil aimable et apprécié des voyageurs. On peut se poser en salle ou en terrasse au bord de la rue. La carte propose une bonne cuisine lao. Les amateurs de cocktails repéreront l'adresse pour l'apéro. Les shooters de *lao whisky* (fait maison !), arrangés au kiwi, à la pomme, à la menthe, au gingembre, etc. (une quinzaine de parfums différents) méritent d'être honorés. Pas mal non plus pour prendre le petit déj.

Riverview – Mueang Nuea *(plan A2, **21**) : rue principale. Tlj jusqu'à 23h.* Un petit resto familial et un lieu populaire auprès des routards qui se posent volontiers en terrasse au bord de la rue. Bon choix à la carte : *khoua sin kai* (poulet aux légumes), *khao phat ta-leh* (riz frit aux fruits de mer), *tom yam, ghong phet paa* (soupe de poisson au curry et lait de coco). Également de bonnes pizzas.

Daauw Home Restaurant & Homestay *(plan B2, **20**) : voir « Où dormir ? ». Tlj midi et soir.* Agréable terrasse en bois accrochée sur le versant boisé qui domine une partie de la ville. L'endroit est sympa pour admirer le coucher du soleil. On peut prendre un verre, dîner avec les membres de la fondation ou les bénévoles (dans ce cas, menu végétarien obligatoire), s'installer sur sa propre table, ou encore s'asseoir sur des coussins autour du foyer ouvert qui réchauffe lorsqu'il fait frais. On y mange principalement du poisson qu'ils élèvent eux-mêmes, quelques grillades (poulet) et des plats végétariens. Plats à la carte ou menus pour 2 personnes (l'idée étant de favoriser l'échange et le partage autour de la nourriture). Atmosphère détendue et conviviale. Chacun est le bienvenu, et prend le temps de faire connaissance avec les autres hôtes. Parfait en famille avec de jeunes enfants.

Restaurant Latsouly *(plan A1, **41**) : à deux pas de l'embarcadère des slow boats. Plutôt un resto pour le midi car ferme parfois tôt le soir, s'il n'y a pas de clients.* Resto servant de bonnes soupes locales et des plats laotiens à prix doux. Vue sur les bateaux et le fleuve.

Dream Bakery *(plan A2, **42**) : rue principale. Tlj sf dim 7h-20h (19h sam).* Cafés, thés, jus de fruits frais et nombreuses pâtisseries pour le petit déj. Également des sandwichs en journée. Au 1er étage, terrasse tranquille qui offre une vue sur le Mékong.

Où boire un verre ?

Deux adresses à signaler : le **Bar How ?** *(plan A2, **40**)*, pour ses cocktails et ses whiskies arrangés, et le **Daauw Home Restaurant & Homestay** *(plan B2, **20**)*, pour prendre le temps de discuter avec les membres de la fondation. Voir « Où manger ? Où prendre le petit déjeuner ? »

À voir. À faire

Wat Chome Khaou Manirath *(plan B2)* **:** *au sommet de la colline.* On y accède par un impressionnant escalier naga d'une centaine de mètres de longueur. Le temple, prospère, est habité par de nombreux novices. La vue de là-haut englobe le Mékong et la rive thaïlandaise. Très belle vue au coucher du soleil.

Fort Carnot *(hors plan par B2)* **:** *à 1 km env du centre-ville (fléché). Compter 20 mn à pied. GRATUIT.* Ancien fort construit par les Français et qui domine la ville. Balade agréable qui permet de bénéficier d'une belle vue sur le Mékong.

– ***Project Kajsiab Laos :*** *basé au* Daauw Home Restaurant & Homestay *(plan B2,* ***20****) ; voir « Où dormir ? ». • projectkajsiablaos.org •* Il s'agit d'une association qui vient en aide aux femmes issues des minorités ethniques, notamment hmong. Elle appuie différents projets et formations (cours de cuisine, tissage, broderie, savonnerie, extraction d'huile de coco, boulangerie, etc.). Certaines femmes sont hébergées sur place et leurs réalisations sont vendues au restaurant. La fondation mène également des actions en matière de santé (construction de sanitaires, eau potable, etc.) et d'éducation (construction d'écoles). Elle développe un programme de volontariat ouvert à tous (une participation financière de 90 000 kips par jour est demandée ; repas et boisson compris, mais logement sur place ou en ville en supplément). L'occasion de se rendre utile et d'approcher des réalités locales sous un angle différent.

DANS LES ENVIRONS DE HOUEISAI

– ***The Gibbon Experience :*** *bureau en centre-ville (plan A2,* ***9****), dans la rue principale. 030-574-58-66. • gibbonexperience.org • Tlj 8h-19h. Pas d'activité de mi-août à mi-sept. Compter 135-250 €/pers selon programme, tt compris (transport, activités, repas et hébergement). Attention, il est nécessaire d'être en bonne condition physique.* C'est le rêve un peu fou de Jean-François Reumaux, un Français qui a monté un projet très original pour contribuer à la préservation de la forêt de Bokéo. Cette démarche, soutenue par les autorités laotiennes, a abouti, en 2008, à la création du Nam Kan National Park. Une partie des bénéfices permet aujourd'hui de financer le fonctionnement du parc, de mener différentes actions de protection des milieux naturels et de soutien auprès des villageois.

The Gibbon Expérience propose de vivre 2 ou 3 jours dans la forêt tropicale. Plusieurs parcours ont été aménagés dans un petit secteur du parc national. On alterne balade à pied en compagnie d'un guide (mais tous ne se valent pas), et voltige d'arbre en arbre arrimé à des tyroliennes (près de 20 km de câble ont été tirés). La nuit se passe dans des *tree houses* de 2 à 10 personnes, perchées à 40 m du sol, au niveau de la canopée ! Côté confort : c'est un lit, une moustiquaire et une douche froide. Certaines cabanes sont au cœur des arbres, d'autres possèdent une vue plus panoramique. Une expérience qui n'est tout de même pas donnée. Avec un peu de chance, vous entendrez les fameux gibbons le matin, avant le lever du soleil.

LUANG NAM THA

IND. TÉL. : 086

• Plan *p. 353*

À une soixantaine de kilomètres au sud de la frontière chinoise (Yunnan) et à 120 km au nord-ouest d'Oudom Xai, Luang Nam Tha, capitale de la province

du même nom, est une ville posée dans une plaine d'altitude où, en saison sèche, le climat est plus tempéré que tropical. En saison humide, la chaleur peut être très lourde.
Luang Nam Tha se compose en fait de deux agglomérations séparées de 6 km. Celle du Sud s'est développée autour de l'aéroport. Celle du Nord, beaucoup plus importante et vivante, abrite le marché ainsi que les hôtels et restos. C'est celle-ci que nous décrivons, une grosse bourgade carrefour qui n'a rien de très ancien, où se mélangent routards, habitants des villages ethniques et commerçants chinois. Luang Nam Tha est un bon camp de base pour organiser un trek dans la réserve naturelle de la Nam Tha et découvrir les villages ethniques de la région. D'ailleurs, plusieurs agences sont spécialisées dans l'écotourisme.

Arriver – Quitter

En bus

Gare routière longues distances *(hors plan par A2,* ***1****)* ***:*** *à 8 km env au sud du centre-ville. Compter env 15 000-20 000 kips/pers en* tuk-tuk *pour rejoindre le centre.* Liaisons avec :

➢ ***Houeisai :*** 2 bus/j., le mat. Trajet : env 3h30-4h (200 km). La route est bonne.

➢ ***Oudom Xai :*** 3 bus/j. (2 le mat, le 3e en début d'ap-m). Trajet : env 3h (120 km). La route est plutôt bonne.

➢ ***Luang Prabang :*** 1 bus/j., le mat. Trajet : env 8-9h (310 km). Route entre Oudom Xai et Luang Prabang en travaux, du coup, le temps de trajet devrait diminuer.

➢ ***Vientiane :*** 2 bus le mat (bus express), un 3e (VIP) en milieu d'ap-m. Trajet env 18h (700 km).

➢ ***Diên Biên Phu*** *(Vietnam)* ***:*** 1 bus/j., tôt le mat. Trajet : env 10h.

➢ ***Muengla*** *(Chine)* ***:*** 1 bus/j., le mat. Trajet : env 4h (115 km).

Gare routière petites distances *(plan B2,* ***2****)* ***:*** *à la sortie de la ville.* Liaisons avec :

➢ ***Muang Sing :*** 6 minibus/j., 8h-15h30. Trajet : 2h env. Route bitumée avec pas mal de nids-de-poule.

➢ ***Boten :*** à la frontière chinoise, 50 km au nord-est. 6 minibus/j., 8h-15h30. Trajet : 1h30-2h.

En bateau

Embarcadère *(Boat Station Namtha River)* ***:*** *à 6 km au sud du centre-ville, juste à côté du* Boat Landing Guesthouse & Restaurant *(hors plan par A2,* ***19****).*

➢ ***Houeisai :*** juin-sept, des pirogues à moteur pour 6 pers descendent la rivière Nam Tha jusqu'à son embouchure sur le Mékong, au village de *Pak Tha,* avt de remonter jusqu'à Houeisai. En principe, le reste de l'année, il n'y a pas assez d'eau sur la Nam Tha (se renseigner sur place). Un voyage de 2 j. et 1 nuit (on passe la nuit dans un village). Compter 240 $ le bateau (prix à répartir entre les différents passagers). On vous signale cette possibilité, mais sachez que la navigation n'est pas sans risque à la saison des pluies (lire la rubrique « Transports. Bateau » dans « Laos utile »).

En avion

✈ ***Aéroport*** *(hors plan par A2)* ***:*** *à 5 km env au sud de la ville. Entre l'aéroport et le centre-ville, compter 15 000-20 000 kips/pers en* tuk-tuk.

➢ ***Vientiane :*** 1 vol/j., l'ap-m, avec *Lao Airlines.*

Adresses utiles

ℹ ***Tourist Office*** *(plan B1-2)* ***:*** *☎ 21-30-21. • luangnamtha-tourism-laos.org • Lun-ven 8h-11h30, 13h30-16h ; w-e 8h30-11h, 16h-17h.* Belle maison en bois, de style traditionnel. Panneaux d'affichage sur les randos (trekking) dans les villages ethniques, plan de la ville et des environs. Dans le

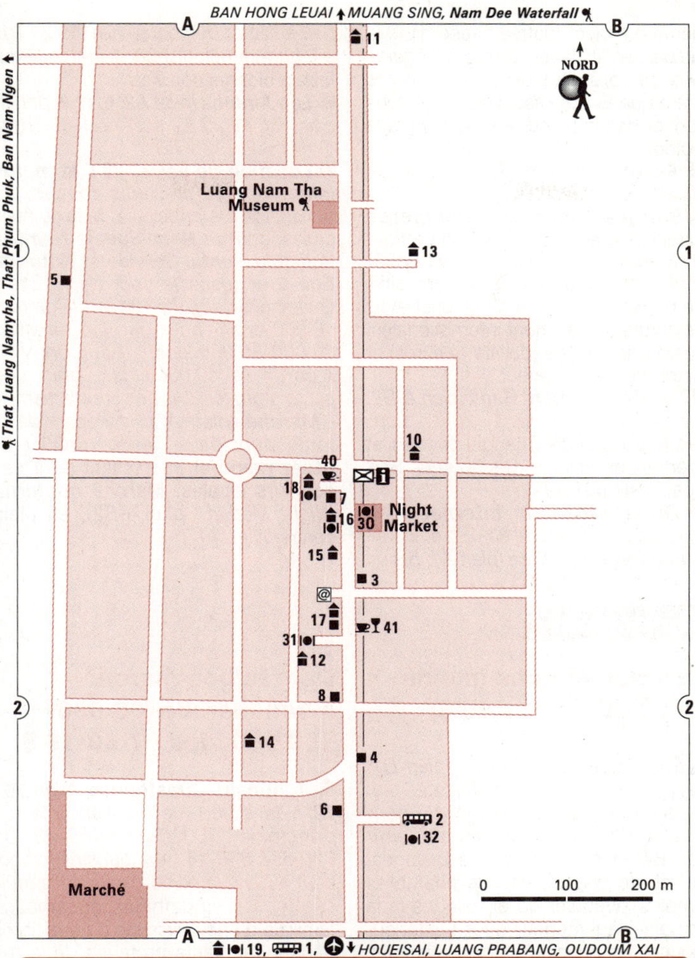

LUANG NAM THA

Adresses utiles

- Tourist Office
- @ Green Mountain Internet
- 1 Gare routière longues distances
- 2 Gare routière petites distances
- 3 Banque pour le Commerce Extérieur Lao
- 4 Lao Development Bank
- 5 Immigration Office
- 6 Lao Airlines
- 7 Location de vélos, VTT et motos
- 8 Green Discovery
- 17 Namtha Riverside Experience

Où dormir ?

- 10 Soulivong Guesthouse
- 11 Singsavangh Guesthouse
- 12 Adounsiri Guesthouse
- 13 Oudomsinh Hotel
- 14 Tavyxai
- 15 Khamking Guesthouse
- 16 Manychan Guesthouse
- 17 Thoulasith Guesthouse
- 18 Zuela Guesthouse
- 19 The Boat Landing Guesthouse & Restaurant

Où manger ?

- 16 Manychan Guesthouse
- 18 Zuela Restaurant
- 19 The Boat Landing Guesthouse & Restaurant
- 30 Restos du marché nocturne
- 31 Minority Restaurant
- 32 Two Sisters Restaurant

Où prendre le petit déjeuner ? Où boire un verre ?

- 40 Manikong Bakery Cafe
- 41 Forest Retreat Laos

même bâtiment (entrée située dans la rue perpendiculaire), *Nam Ha Ecoguide Service* (branche de l'office moins chère que *Green Discovery*) peut vous donner des infos sur les treks dans la région.

✉ **Poste** *(plan A-B1-2)* **:** *dans la rue principale. Lun-ven 9h-17h.*

■ ***Banque pour le Commerce Extérieur Lao*** *(plan A-B2,* ***3****)* **:** *à côté du marché nocturne. Lun-ven 8h30-15h30 (15h pour le change).* Possibilité de retrait d'argent au guichet avec les cartes de paiement internationales. Bureau de change (dollars et euros) et distributeur à l'extérieur.

■ ***Lao Development Bank*** *(plan A-B2,* ***4****)* **:** *rue principale. ☎ 31-20-73. Lun-ven 8h30-15h30.* Change devises et chèques de voyage. Distributeur. Service *Western Union.*

@ ***Green Mountain Internet*** *(plan A2)* **:** *rue principale. Tlj 8h-19h env.*

■ ***Immigration Office*** *(plan A1,* ***5****)* **:** *un peu à l'écart du centre-ville. ☎ 21-21-04. Lun-ven 8h-11h30, 13h-16h.* Pour faire prolonger son visa.

■ ***Lao Airlines*** *(plan A2,* ***6****)* **:** *rue principale. ☎ 21-20-72 ou 21-21-86. Tlj sf dim 8h-12h, 13h-17h.*

■ **Location de vélos, VTT et motos** *(plan A2,* ***7****)* **:** *plusieurs loueurs au bord de la rue principale, face au marché nocturne.* ***Phet Savay, Namtha Vehicule Rental Service*** *et* ***Naturlife Eco-tour*** *(dans la cour de la* Zuela Guesthouse*). Tlj 7h-19h env. Compter 10 000 kips/j. pour un vélo de ville ; 20 000-30 000 kips/j. pour un VTT. À partir de 40 000 kips/j. pour une petite moto (essence en supplément).*

– ***Marché*** *(plan A2)* **:** *à l'écart de la route principale. Tlj 8h-16h30 env.* Assez grand et intéressant pour ses couleurs locales. ***Marché nocturne*** *(Night Market ; plan A-B2),* en plein centre-ville *(tlj 17h-21h30 env).*

Où dormir ?

Très bon marché (moins de 80 000 kips / 10 $)

■ ***Soulivong Guesthouse*** *(plan B1,* ***10****)* **:** *à 50 m de l'office de tourisme, dans une rue parallèle à la rue principale. ☎ 31-22-53. Pas de petit déj.* Bâtiment en béton de 2 étages, qui abrite une dizaine de chambres simples, avec ventilo et toilettes (à la chinoise) à l'intérieur ou à l'extérieur (douche, en principe avec eau chaude). Rien d'extraordinaire, mais l'endroit est calme et l'entretien correct.

■ ***Singsavangh Guesthouse*** *(plan A-B1,* ***11****)* **:** *rue principale, presque à la sortie de la ville, sur la droite. ☎ 21-11-41. Pas de petit déj.* L'adresse est un peu excentrée, mais c'est la moins chère de la ville. Le confort est spartiate. Sanitaires communs (douche parfois chaude et toilettes à la chinoise), mais elle est tenue de façon convenable. Et puis on est vraiment chez l'habitant (on entre par le salon). Petites terrasses en bois en bord de route pour se poser et s'isoler un peu.

De très bon marché à bon marché (60 000-150 000 kips / 7,50-19 $)

■ ***Adounsiri Guesthouse*** *(plan A2,* ***12****)* **:** *dans une rue parallèle à la rue principale. 📱 020-554-455-32 ou 020-588-545-44. • adounsiri@yahoo.com • Dans la partie basse de la fourchette.* Wi-fi. Sympathique *guesthouse* familiale d'une quinzaine de chambres dans 2 bâtiments protégés de la rue par une haie végétale. Avec la cour et les tables pour se poser, l'endroit est avenant. Chambres vraiment bien tenues avec salle de bains. En revanche, pas de clim, juste un ventilateur. On salue les petits efforts en matière de déco. Accueil aimable. À ce prix-là, c'est une vraie bonne affaire.

■ ***Oudomsinh Hotel*** *(plan B1,* ***13****)* **:** *au fond d'une impasse, à 100 m env de la rue principale. ☎ 31-20-77. Pas de petit déj.* Genre motel autour d'une grande cour ombragée qui propose 2 types de chambres. Des bungalows tout en bois, avec un p'tit charme, douche et toilettes à la chinoise.

Terrasse intime donnant sur la mare aux canards et la verdure en contrebas. Il y a aussi les chambres dans un bâtiment en dur, tout en longueur, plus modernes et plus confortables. Une adresse en retrait de l'animation de la ville et au calme.

Tavyxai (plan A2, **14**) : *dans une rue parallèle à la rue principale. 030-511-02-92 ou 020-555-630-24. Pas de petit déj.* Grosse villa cossue avec façade à colonnes qui en jette un peu. Chambres assez spacieuses et confortables : salle de bains carrelée, eau chaude, clim, ventilo, TV câblée... Petite terrasse au 1er étage pour prendre l'air. Un rapport qualité-prix honnête.

Khamking Guesthouse (plan A2, **15**) : *rue principale, en face du marché nocturne. ☎ 31-22-38. Pas de petit déj.* Bâtiment sans charme, offrant une quinzaine de chambres avec salle de bains carrelée, ventilo, AC, etc. Comme souvent, les chambres à l'étage sont plus lumineuses. Située en plein centre, l'adresse n'est pas toujours très calme.

Manychan Guesthouse (plan A2, **16**) : *rue principale, en face du marché nocturne. ☎ 31-22-09. 020-557-862-40. Prix annoncés un peu surévalués (ne pas hésiter à négocier).* Petite pension sans prétention qui propose des chambres simples, avec ventilateur ou clim. Salles de bains privées. Bien vérifier les fenêtres, certaines ferment mal. Accueil routinier. Resto proposant une bonne cuisine (voir « Où manger ? »).

Bon marché (80 000-200 000 kips / 10-25 $)

Thoulasith Guesthouse (plan A2, **17**) : *accès par une ruelle discrète qui part de la rue principale. ☎ 21-21-66. 020-775-856-78. • thoulasith-guesthouse.com • Pas de petit déj.* Cette *guesthouse* qui se dissimule en retrait de la rue principale est une vraie bonne surprise. Posé au bord d'un jardin verdoyant et calme, le bâtiment relativement récent compte une quinzaine de chambres nickel. Certaines salles de bains sont même vraiment mignonnes. Le souci de l'entretien et de la propreté est manifeste. Terrasse pour se prélasser. L'accueil est aimable, les prix s'avèrent très raisonnables. Un endroit où l'on se pose avec plaisir.

Zuela Guesthouse (plan A1-2, **18**) : *au fond de l'impasse qui part juste en face du marché nocturne. 020-558-866-94.* Un joli bâtiment entièrement construit en briques vernies. L'endroit est surprenant et même charmant. Comme l'édifice est en retrait de la route, pas de nuisance liée à la circulation (c'est appréciable !). Les chambres, décorées de tissus traditionnels, tiennent toutes leurs promesses. Salle de bains privée avec eau chaude, ventilo ou clim, *lockers.* Celles à l'étage sont plus lumineuses. Dispose d'un resto dans la même cour (pratique pour prendre le petit déj). Location de vélos. Un excellent rapport qualité-prix.

Où manger ?

De très bon marché à bon marché (moins de 100 000 kips / 12,50 $)

Restos du marché nocturne (plan A-B2, **30**) : *rue principale. Tlj jusqu'à 21h30 env. Très bon marché.* Idéal pour se sustenter de *noodle soups,* brochettes, bols de riz, assis sur un banc. Ambiance populaire, pleine de vie.

Minority Restaurant (plan A2, **31**) : *au fond d'une impasse qui part de la rue principale (repérer l'enseigne). Tlj jusqu'à 22h30 env. Bon marché.* Un resto où l'on mange sur une terrasse en bois, aérée et tranquille (pas le moindre bruit de circulation). Le soir, l'éclairage tamisé crée une atmosphère intime. Le choix est consistant, et les jeunes femmes qui s'activent derrière les fourneaux préparent une cuisine goûteuse.

Two Sisters Restaurant (Tow Siaters Restaurantd ; plan B2, **32**) : *à la gare routière petites distances ; au fond de la cour, sur la droite du bâtiment où l'on achète les billets de bus. Tlj jusqu'à 23h env. Bon marché.* Un resto tout en bois qu'on aime bien. Certes, on est juste à côté de la gare routière, mais il y a peu de bus, et on ne mange pas le nez dans les hydrocarbures. La terrasse avec ses bouquets de verdure est même plaisante. Cuisine laotienne de bon aloi, appréciée des locaux. Le *buffalo steak* est savoureux. Une adresse bienvenue pour prendre un peu de large par rapport au centre-ville.

Zuela Restaurant (plan A1-2, **18**) : *le resto de la Zuela Guesthouse (voir « Où dormir ? »). Tlj jusqu'à 22h30. Bon marché.* Cuisine lao et internationale correcte, mais sans surprise (soupe, pizzas, burgers, steak, etc.). On vient avant tout pour le cadre paisible.

Manychan Guesthouse (plan A2, **16**) : *voir « Où dormir ? ». Le plus cher de la catégorie.* Dans cette salle un peu sombre qui s'ouvre sur la rue principale, on sert une cuisine laotienne classique qui fait généralement l'unanimité. En revanche, mieux vaut ne pas être pressé.

Où dormir ? Où manger dans les environs ?

The Boat Landing Guesthouse & Restaurant (hors plan par A2, **19**) : *Ban Kone ; à 6 km au sud de la ville et à 1 km de l'aéroport. ☎ 31-23-98. • theboatlanding.com • Doubles env 45-55 $ selon saison, petit déj compris.* Une dizaine de bungalows traditionnels en bois et rotin, avec terrasse, face à la rivière Nam Tha. Confortables, beaucoup de charme (tout comme l'environnement, d'ailleurs). Jolis couvre-lits en coton tissé. Des panneaux solaires assurent des douches chaudes. C'est aussi l'occasion de déguster une cuisine laotienne raffinée dans une belle salle ouverte sur la rivière. Location de vélos. Une belle adresse, à l'écart de tout.

Où prendre le petit déjeuner ? Où boire un verre ?

Manikong Bakery Cafe (plan A1-2, **40**) : *rue principale, en face de la poste. Tlj 6h30-23h.* Très bien pour prendre le petit déj (croissants, muffins, toasts et confiture, etc.). Propose également des sandwichs et pizzas en journée.

Forest Retreat Laos (plan A-B2, **41**) : *rue principale. 020-556-800-31. Tlj jusqu'à 23h.* Un genre de case en bambou qui allume ses loupiotes colorées le soir. Terrasse protégée de la rue par un mur de plantes vertes. Y passer plutôt pour prendre le petit déj ou un verre. Le choix en matière de boissons est assez large (cocktails alcoolisés à base de jus de fruits). Également de bonnes pizzas cuites dans un four à bois. Sympa, mais prix un peu musclés tout de même.

À voir. À faire à Luang Nam Tha et dans les environs

Luang Nam Tha Museum (plan A1) : *rue principale. Lun-ven 8h-11h, 13h30-16h. Entrée : 10 000 kips.* Petit musée un peu fourre-tout : poteries, bouddhas en bronze, objets de la vie quotidienne, instruments de musique, costumes traditionnels, anciens billets de l'Indochine française qui ont circulé jusqu'en 1977-1978, etc.

Au nord de Luang Nam Tha (hors plan par A1)

Nam Dee Waterfall (chutes de Nam Dee) : *à 9 km env de Luang Nam Tha. On peut y aller en tuk-tuk (près de 100 000 kips l'A/R avec attente du chauffeur), mais le mieux est de louer un VTT. Prendre la direction de Muang Sing ; à la sortie de la ville, au rond-point, bifurquer à droite (passer sur le pont), puis prendre la route* *env 1 km plus loin sur la gauche (ensuite, c'est tt droit). Les chutes sont juste à la sortie du village de Lao Houei, 200 m après le guichet d'entrée. Si vous êtes perdu (on ne sait jamais...), demandez : «* Nam dtok tat you sai ? *» («* Où sont les chutes ? *»). Droit d'entrée symbolique (y compris pour le vélo !).* Les chutes n'ont rien d'extraordinaire, mais c'est l'occasion d'une agréable balade. Le village de Lao Houei est peuplé par des Lanten, qui utilisent encore les caractères chinois dans l'écriture.

Ban Hong Leuai : *à 4-5 km env de Luang Nam Tha, sur la route de Muang Sing. Y aller à VTT (avt ou après la visite des chutes). En* tuk-tuk, *compter env 120 000 kips l'A/R.* Village de l'ethnie des Lanten dont l'activité est dominée par le tissage et la teinture.

À l'ouest et au sud-ouest de Luang Nam Tha (hors plan par A1)

Voici un circuit en boucle de 15 à 20 km qui nécessite une bonne demi-journée. Négocier un *tuk-tuk* ou louer un VTT. Sachez que peu de villageois parlent l'anglais. Un guide peut s'avérer donc utile (à vous de voir). Si vous partez seul, impossible de vous perdre, mais vous devrez demander votre chemin.
La balade commence par ***That Luang Namyha*** *(hors plan par A1),* à 1,5 km environ du centre-ville. Il s'agit d'une pagode perchée au sommet d'une colline. Intéressant pour le point de vue sur la ville et les environs. En poursuivant 4 km vers le sud, on arrive à ***That Phum Phuk,*** un stûpa accessible par un escalier de 175 marches *(entrée : 5 000 kips).* Il a été construit pour remplacer l'ancien stûpa édifié au XVIIe s et détruit par les bombardements américains (il reste d'ailleurs quelques vestiges). Un lieu ombragé, empreint de sérénité.
Continuer la piste sur 1 km, pour arriver à ***Ban Nam Ngen,*** un village de tisserands. Toutes les familles, ou presque, ont un métier à tisser. On peut les observer à l'ouvrage. D'autres distillent le *lao-lao,* l'alcool national à base de riz. À 1,5 km de là, petit arrêt à ***Ban Phieng Ngam,*** où les villageois ont ouvert un magasin dans lequel sont exposés (et vendus) foulards, écharpes, couvertures, etc. confectionnés dans les villages du coin. De là, encore quelques coups de pédales (sur 2 km) pour rejoindre la route goudronnée principale, à 6 km au sud de Luang Nam Tha.
Pour faire le circuit dans l'autre sens : prendre la route de Luang Prabang puis, à 6 km, bifurquer à droite (suivre le panneau « Ban Phieng Ngam – Tai Deang Textile Handicraft Village »).

Excursions dans la réserve naturelle de la Nam Tha : *compter env 30-35 $/pers pour un trek d'une journée, sur la base de 4 pers (40-45 $/pers sur la base de 2 pers) ; env 65 $/pers pour un trek de 2 j. sur la base de 4 pers (env 75 $/pers sur la base de 2 pers).* Plusieurs agences proposent des excursions dans la réserve naturelle de la Nam Tha, toute l'année. Elles durent généralement de 1 à 3 jours et combinent, selon vos souhaits, trek (marche de 4 à 6h par jour), balade à bord de pirogue à moteur, virée à VTT, en raft ou en kayak, et découverte de villages ethniques. La nuit se passe dans une hutte villageoise ou sous une tente. On part en petit groupe (maxi huit personnes), en compagnie de guides (un guide pour quatre personnes). Les tarifs incluent le transport, les repas, l'eau (bien se faire préciser le nombre de bouteilles d'eau prévues), le logement (sac de couchage généralement fourni) et les guides. Prévoir un sac à viande, de bonnes chaussures, un répulsif contre les moustiques et des vêtements chauds (le contraste des températures entre le jour et la nuit est souvent saisissant de novembre à février). Ne pas hésiter à contacter plusieurs agences et à comparer les présentations : elles ont toutes des circuits différents. Voici deux agences sérieuses :

■ ***Green Discovery*** *(plan A2,* ***8****)* ***:*** *rue principale.* ☎ *21-14-84.* ● *greendiscoverylaos.com* ● *Tlj 8h-21h.* Une grosse agence spécialisée dans l'écotourisme. Programmes variés mais pas donnés.

■ ***Namtha Riverside Experience*** *(plan A2,* ***17****)* ***:*** *rue principale.* ☎ *21-20-47.* 📱 *020-229-903-44.* ● *namtha-river-experience-laos.com* ● Organise différents treks mais spécialisée dans le kayak.

MUANG SING

IND. TÉL. : 086

● Plan *p. 359*

À 2h de route de Luang Nam Tha, ce village s'étend dans une vaste plaine entourée de montagnes, à une dizaine de kilomètres de la frontière chinoise (fermée aux touristes). Sur le plan historique, quelques tensions avec les Anglais dans le passé, notamment lorsqu'ils s'emparèrent de Muang Sing en 1895 (alors dans une zone d'influence française). Finalement, le Mékong délimita les frontières.

Depuis quelques années, Muang Sing s'endort doucement. Le marché, autrefois le plus important pour la vente d'opium, sous le regard bienveillant de l'Administration française, reste malgré tout encore étonnant. Une bonne dizaine d'ethnies différentes (Hmong, Yao-Mien, Akha, Thaï lue...) s'y retrouvent pour s'approvisionner et tenter d'écouler leur production traditionnelle. Les touristes qui s'aventurent ici viennent avant tout pour les alentours de la ville, avec sa superbe plaine, les paysages de rizières cernés de montagnes et les villages ethniques à découvrir à vélo ou en excursion.

– ***Conseil :*** l'opium y est proposé plus ouvertement qu'ailleurs. Encore une fois, REFUSEZ ! Non seulement votre santé ne s'en remettrait pas, mais vous risqueriez d'encourir les plus graves ennuis. Les cas d'arnaques où le revendeur vous dénonce lui-même à la police ne sont pas rares. C'est même la règle !

Arriver – Quitter

– *Attention :* la frontière chinoise, située à 11 km au nord de la ville, est fermée aux touristes étrangers. Pour passer en Chine, se rendre à Boten (voir chapitre suivant).

En bus

🚌 ***Gare routière*** *(hors plan par B1)* ***:*** *à 600 m env du centre-ville. En face du marché.* Liaison avec :

➢ ***Luang Nam Tha :*** 6 minibus/j., 8h-15h30. Trajet : 2h env (60 km). Route en mauvais état. De là, bus pour les autres villes du Laos.

Adresses et info utiles

ℹ ***Office de tourisme*** *(plan A1)* ***:*** *rue principale.* ☎ *21-30-21.* ● *northlandlao.com* ● *Lun-ven 8h-17h.* On y parle l'anglais. Vente d'une carte. Organise des randonnées de 1, 2 ou 3 jours dans les villages des minorités ethniques.

✉ ***Poste*** *(plan A1)* ***:*** *rue principale. Lun-ven 8h-11h30, 13h-16h.*

■ ***Banque pour le Commerce Extérieur Lao*** *(plan A1,* ***1****)* ***:*** *rue principale. Lun-ven 8h30-15h30.* Change et distributeur.

■ ***Lao Development Bank*** *(hors plan par B1,* ***2****)* ***:*** *à 200 m env du centre, dans une rue perpendiculaire à la rue principale. Lun-ven 8h-16h.* Change et distributeur.

■ ***Location de VTT :*** *à la* ***Phou Iu 2***

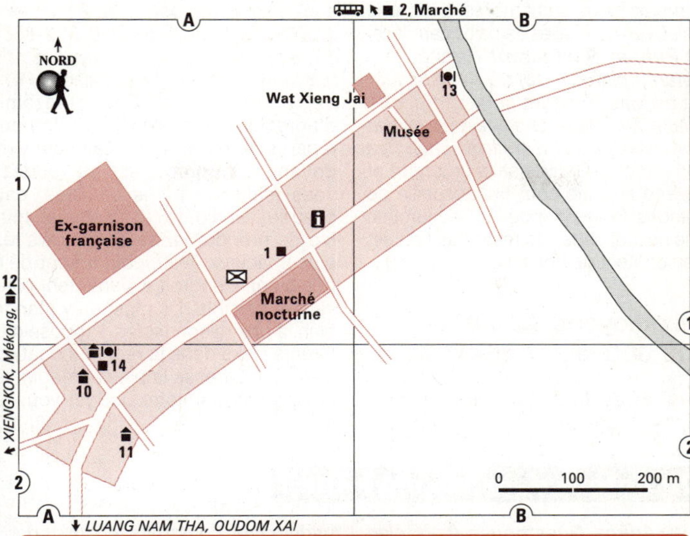

MUANG SING

■ Adresses utiles	Où dormir ? Où manger ?
Office de tourisme 1 Banque pour le Commerce Extérieur Lao 2 Lao Development Bank 14 Phou Iu 2 Guesthouse (location de VTT)	10 Sing Cha Lern Hotel 11 Cham Tim Meng 12 Singquangdao 13 Punnar Restaurant 14 Phou Iu 2 Guesthouse 15 Adima Guesthouse

Guesthouse (plan A2, **14**) ; *voir « Où dormir ? Où manger ? ». Compter env 25 000-30 000 kips/j.*
– ***Marché*** *(hors plan par B1)* **:** *à 800 m env du centre-ville. Tlj 7h-16h30.* Un marché réputé dans toute la région. Y aller tôt ; dès 10h-10h30, certains vendeurs partent déjà.

Où dormir ? Où manger ?

Très bon marché (moins de 80 000 kips / 10 $)

Sing Cha Lern Hotel *(plan A2,* ***10****)* **:** *dans une rue perpendiculaire à la rue principale. 020-288-348-84.* Hôtel sans grâce, offrant des chambres banales mais spacieuses, propres et carrelées. Atmosphère informelle.
Cham Tim Meng *(plan A2,* ***11****)* **:** *dans une ruelle perpendiculaire à la rue principale. Pas de tél. Ne pas hésiter à négocier un peu. Pas de petit déj.* Petit hôtel fonctionnel ; pas de charme particulier mais propreté correcte. Une vingtaine de chambres avec eau chaude (du moins, en principe). Au rez-de-chaussée, elles sont moins chères. Conviendra aux petits budgets pour une nuit (de toute façon, il n'y a guère le choix à Muang Sing).
Singquangdao *(hors plan par A2,* ***12****)* **:** *dans une rue perpendiculaire à la rue principale. ☎ 21-23-59. 020-200-45-65. Pas de petit déj.* Des bungalows plutôt sommaires mais au calme, avec salle de bains et terrasse privée. Pour

le même prix, 5 chambres dans une bâtisse en dur. Salles de bains carrelées.

Punnar Restaurant *(Panna Restaurant ; plan B1,* ***13****)* **:** *à deux pas du centre-ville. Prendre la rue perpendiculaire à la route principale au niveau du musée, puis 1re à droite (fléché). Très bon marché.* Grande salle proprette et ouverte sur une cour qui accueille de grandes tables nappées. Savoureuse cuisine laotienne. Un resto que l'on est bien content de trouver.

Prix moyens (200 000-300 000 kips / 25-37 $)

Phou lu 2 Guesthouse *(plan A2,* ***14****)* **:** *dans une rue perpendiculaire à la rue principale. ☎ 21-23-48. 020-556-869-09 ou 020-559-855-57. • muangsingtravel.com • Les prix fluctuent selon taille et saison. Petit déj compris.* Une quinzaine d'agréables bungalows en bambou, répartis autour d'un vaste jardin verdoyant. Le confort est au rendez-vous (salle de bains carrelée, eau chaude, ventilo, terrasse privée). Inutile de prendre leZXs bungalows les plus spacieux (les *medium* sont déjà très bien). L'endroit est vraiment plaisant et paisible. De plus, on y mange bien, à prix raisonnables. Propose différents treks dans la région. Location de VTT. L'adresse la plus agréable de Muang Sing, si votre budget vous le permet.

Où dormir dans les environs ?

Adima Guesthouse *(hors plan par B1,* ***15****)* **:** *à 9 km, en pleine campagne, vers la frontière chinoise. ☎ 21-23-72. 020-551-977-68. • adimaguesthouse.com • Dans le village d'Oudomsin, prendre la piste à droite du panneau « B. Nammy ». Double avec sdb 110 000 kips, petit déj compris.* Spacieux cottages sur pilotis de style traditionnel construits en matériaux locaux (bois et brique). Jardin soigné et vue idéale sur rizières et montagnes chinoises depuis la terrasse commune. Resto proposant un excellent choix de spécialités (les poissons proviennent des bassins). Accueil adorable. Une adresse agréable pour s'isoler et partir à la rencontre des tribus alentour.

À faire

➢ ***Randonnées (trekking) dans les villages ethniques :*** *s'adresser à l'office de tourisme (se reporter aux « Adresses et info utiles ») ou à la* Phou lu 2 Guesthouse *(plan A2,* ***14*** *; voir « Où dormir ? Où manger ? »). En moyenne, une randonnée de 2 j. et 1 nuit coûte autour de 70-75 $/pers sur la base de 2 ou 4 pers. Une randonnée de 3 j. et 2 nuits coûte env 95-100 $/pers sur la base de 2 ou 4. Le prix inclut le transport, les repas, l'eau, le (les) guide(s), la nuit avec sac de couchage fourni. Lire également le texte consacré aux « excursions dans la réserve naturelle de la Nam Tha », dans la partie « À voir. À faire à Luang Nam Tha et dans les environs ». Les mêmes conseils s'appliquent ici.* On peut choisir sa randonnée selon ses envies et la durée. Les groupes marchent environ 5-6h par jour. Les villages sont habités par des minorités (Akha, Thaï lu, Yao ou Hmong).

BOTEN

Pour les étrangers, Boten reste l'unique point de passage terrestre entre la Chine et le Laos. Nombreux Laotiens et Chinois en visite ou venus faire du business.

Un kiosque de la *Lanexang Bank* permet d'acquérir ses premiers yuans ou renminbis (monnaie chinoise), mais vous pouvez aussi vous adresser aux particuliers qui attendent après le poste-frontière chinois.

Arriver – Quitter

➢ ***Luang Nam Tha*** *(50 km)* **:** 6 minibus/j., 8h-15h30. Trajet : 1h30-2h.

➢ ***Oudom Xai*** *(100 km)* **:** 2 départs/j., le mat. Trajet : env 3h (100 km).

Premiers pas en Chine

L'ensemble des formalités frontalières entre Laos et Chine s'effectue en général très rapidement et sans problème (pas de petites commissions...).
Le passage est possible entre 8h30 et 16h30 (heure laotienne). Après avoir fait tamponner son passeport côté Laos, on prend un *tuk-tuk* pour traverser le no man's land qui sépare les deux pays (environ 1 km) avant de présenter son visa côté chinois.
– ***Attention :*** ce visa ne s'obtient pas sur place. Il faut le demander auprès des ambassades chinoises dans votre pays (avant de venir) ou au plus proche, à Vientiane, Chiang Mai ou Bangkok.

OUDOM XAI (MUANG SAI)

IND. TÉL. : 081

• Plan *p. 365*

À 120 km au sud-est de Luang Nam Tha et environ 200 km au nord de Luang Prabang, c'est un point de passage obligé pour ceux qui veulent aller plus au nord. La ville a peu de charme, mais elle est entourée de collines verdoyantes qui lui servent d'environnement agréable (c'est au moins ça !). Sous l'effet de l'expansion économique de la région depuis les années 1994-1995, la ville attire des travailleurs chinois qui construisent des routes. Cette ancienne bourgade endormie, où le plus vieux bâtiment date des années 1950, est ainsi devenue la petite « capitale » de la province la plus active du Nord. Ce que l'on appelle « l'ancienne ville » se trouve vers le mont That, entre celui-ci et la rivière. Ce n'est qu'un quartier de maisons basses.

UN PEU D'HISTOIRE

L'histoire d'Oudom Xai résume bien ce qu'a connu le nord du pays depuis 30 ans. En partie bombardée par l'aviation américaine pendant la deuxième guerre du Vietnam (entre 1963 et 1966), elle est hâtivement rebâtie en cahutes sur pilotis après la guerre. Elle végète jusqu'au début des années 1990, quand le gouvernement décide d'en faire une plaque tournante du commerce avec le Vietnam, la Chine et la Thaïlande. La province bénéficie, en effet, d'un solide réseau routier, financé en grande partie par la Chine.

Arriver – Quitter

En bus

Gare routière (plan B2) **:** *rue principale, au sud du centre-ville.* Liaisons avec :

➢ ***Luang Prabang :*** 3 départs/j., 2 le mat et 1 en milieu d'ap-m. Les bus s'arrêtent à Pakmong. Trajet : env 5h pour Luang Prabang (200 km). Travaux sur la route ; le temps de trajet devrait être amélioré.

➢ ***Nong Khiaw*** *(110 km)* **:** 1 bus/j., le mat. Trajet : env 3h30-4h (110 km).

➢ ***Muang Khoua :*** 3 départs/j., 2 le mat et 1 l'ap-m. Trajet : env 3-4h (100 km).

➢ ***Luang Nam Tha :*** 3 bus/j., 2 le mat, le 3e en milieu d'ap-m. Trajet : env 3h (120 km). La route est plutôt bonne.

➢ ***Pakbeng :*** 2 bus/j., le mat. Trajet : 3h30 env (140 km). Route bitumée mais nombreux nids-de-poule.

➢ ***Boten*** *(frontière chinoise)* **:** 2 départs/j., le mat. Trajet : env 3h (100 km).

➢ ***Phongsaly :*** 1 bus/j., en début de mat. Trajet : 7-8h (215 km).

➢ ***Vientiane :*** 4 bus/j., 1 le mat, 3 l'ap-m (dont 2 VIP). Trajet : 15-17h (650 km).

➢ ***Diên Biên Phu :*** 1 bus/j., en début de mat. Trajet : env 7h (210 km).

➢ ***Muengla*** *(Chine)* **:** 1 bus/j., en début de mat. Trajet : env 7h (160 km).

En avion

✈ ***Aéroport*** (plan B2) **:** *à 600 m env à l'ouest du centre-ville.*

➢ *Lao Airlines* assure 1 vol/j., le mat, pour ***Vientiane.***

Adresses utiles

ℹ ***Tourist Office*** *(plan A1)* **:** *en plein centre, près du pont. ☎ 21-24-83. • oudomxay.info • Lun-ven 8h30-12h30, 13h30-16h.* Pas mal de renseignements sur la région. Horaires des bus. Mais surtout intéressés pour vous vendre des excursions dans le coin.

✉ **Poste** (plan A1) **:** *au bord de la route principale. Lun-ven 8h-17h.*

@ **Centre Internet** (plan B2) **:** *rue principale. Tlj 8h-21h.*

■ **Lao Airlines** (plan B2, **1**) **:** *à 600 m env du centre-ville, juste avt l'entrée de l'aéroport, sur la gauche. ☎ 31-21-46. Horaires variables.*

■ ***Lao Development Bank*** *(plan A1,* **2***)* **:** *dans la rue principale. ☎ 31-20-59. Lun-ven 8h30-15h30.* Change les dollars et les euros, mais refuse cartes de paiement et chèques de voyage.

■ ***Banque pour le Commerce Extérieur Lao*** *(plan A2,* **3***)* **:** *rue principale, non loin du pont. ☎ 21-12-63. Lun-ven 8h30-15h30.* Change et distributeur. Possibilité également de retrait au guichet avec une carte de paiement internationale.

■ ***Indochina Bank*** *(plan B2,* **4***)* **:** *rue principale. ☎ 26-00-23. Lun-ven 8h30-15h30.* Change et distributeur.

■ ***Public Security Office – Immigration & Tourism*** *(plan A1,* **5***)* **:** *📱 030-200-60-02. Lun-ven 8h-11h30, 13h-16h.* Pour faire prolonger son visa.

– **Marché** (plan A1) **:** *à 200 m du croisement central de la ville. Tlj.* Marché aux fruits et légumes, poissons et viandes.

Où dormir ?

Très bon marché (moins de 80 000 kips / 10 $)

⌂ ***Vilavong Guesthouse*** *(plan B2,* **10***)* **:** *rue principale, au pied de l'escalier de la colline Phu That, sur le côté gauche. ☎ 21-25-03. 📱 020-553-099-92. Pas de petit déj.* Une grande demeure particulière, en léger retrait de la rue. Bel escalier de bois rouge menant à des chambres nickel. Literie fort correcte (grand lit), salle de bains carrelée, eau chaude, sol dallé, TV câblée, ventilateur... Les chambres du rez-de-chaussée sont un peu moins chères, mais elles montrent quelques traces d'humidité. Un de nos meilleurs rapports qualité-prix (l'endroit est d'ailleurs vite complet).

☗ ***Vivanh Guesthouse*** *(plan A1, **11**) : rue principale, près du pont. ☎ 21-22-19. Pas de petit déj.* 4 chambres correctes au rez-de-chaussée d'une demeure basse, sans charme particulier. Salle de bains, eau chaude, AC en option. L'endroit devient à peu près calme lorsque la circulation diminue, en soirée.

☗ ***Say Lomyen Guesthouse*** *(plan B2, **12**) : quartier Phoosai, près du rond-point. ☎ 21-13-77. Pas de petit déj.* 2 bâtiments côte à côte d'une trentaine de chambres sans prétention et quelque peu défraîchies, à l'image des moquettes des parties communes. Salles de bains carrelées, eau chaude. Intéressant pour les chambres avec ventilo (pour la clim, il y a mieux ailleurs). Accueil en v.o.

Bon marché (80 000-200 000 kips / 10-25 $)

☗ ***Oudomphet Guesthouse*** *(plan A2, **13**) : dans une rue perpendiculaire à la route principale. ☎ 31-22-36. 📱 020-556-854-55. Dans la partie basse de la fourchette. Pas de petit déj.* Une *guesthouse* bien tenue et située au bord d'une rue peu passante, ce qui est appréciable. Les chambres sont certes classiques (salle de bains avec eau chaude, ventilo ou clim) mais tout nous a paru bien propre. 2 petits balcons communs pour se poser. Un rapport qualité-prix honorable.

☗ ***Litthavixay Guesthouse*** *(plan B2, **14**) : rue principale, en face des escaliers qui mènent à la colline Phu That. ☎ 21-21-75. 📱 020-987-200-00. • litthavixay@yahoo.com • Dans la partie basse de la fourchette. Pas de petit déj. 💻 (payant).* Un hôtel qui tire bien son épingle du jeu en proposant des chambres aux meubles dépareillés, mais parfaitement tenues. On sent le souci de la propreté. Toutes les chambres disposent d'une salle de bains avec douche chaude. En revanche, certaines ont le mur de la maison mitoyenne comme seul horizon. Préférer celles situées au fond du bâtiment, un peu plus éloignées de la rue bruyante. Bon accueil.

☗ ***Xaysana Hotel*** *(plan B2, **15**) : dans une rue perpendiculaire à la rue principale. 📱 020-557-804-29. Pas de petit déj. Pas de clim.* Hôtel moderne à 100 m environ à l'écart de l'animation du cœur de la ville, donc relativement calme. Les chambres carrelées, propres, classiques et lumineuses qui s'étagent sur 3 niveaux sont appréciées des hommes d'affaires chinois. Un peu chérot tout de même (essayer de négocier).

☗ ***Oudomxay Guesthouse*** *(plan B2, **16**) : dans la rue principale, face à la gare routière. ☎ 31-22-50. 📱 020-223-745-55. La moins chère de la catégorie. Pas de petit déj. Pas de clim.* Un établissement assez récent, aux chambres correctes, dotées d'une salle de bains (eau chaude) et de ventilo. Peut dépanner en cas d'arrivée tardive.

De prix moyens à chic (au-delà de 200 000 kips / 25 $)

☗ ***Villa Keoseumsack*** *(plan B2, **10**) : rue principale, sur la gauche de l'escalier qui monte à la colline Phu That. ☎ 31-21-70. • seumsack@hotmail.com • Prix moyens.* La façade élégante en bois et l'architecture avenante témoignent d'une adresse soignée. Les chambres, dont la plupart se répartissent dans un édifice caché à l'arrière du bâtiment principal, à l'écart de la circulation, sont calmes. De jolis tissus laotiens recouvrent les couettes blanches. L'ensemble est confortable. Une petite préférence pour les chambres à l'étage, plus lumineuses. Le petit déj se prend autour de massives tables en bois, près de la réception. Une bonne adresse pour ceux qui recherchent un certain confort.

☗ ***Charming Laos Hotel*** *(plan A1, **17**) : à 100 m du croisement central* *de la ville.* ☎ *21-28-81.* • *charminglaohotel.com* • *Doubles 1 ou 2 lits 50-60 $, petit déj compris. Transfert gratuit depuis l'aéroport.* 💻 📶 L'hôtel chic et confortable d'Oudom Xai. Les chambres moquettées sont plaisantes, joliment aménagées, et répondent au standing international. On apprécie le jardin verdoyant dans lequel il est reposant de prendre l'apéro ou de dîner (belle carte des vins, mais attention, la cuisine peut être très épicée !). En revanche, mention « pourrait mieux faire » pour le petit déj.

Spécial folie

🏠 ***Muang La Resort :*** *dans le village de* ***Muang La,*** *à 30 km env de Oudom Xai, sur la route de Phongsaly.* • *muangla.com* • *Selon standing et saison, doubles 290-410 $ en ½ pens ; min 2 nuits.* 📶 Au cœur d'un petit village connu pour son bouddha sacré et vénéré, ce *resort* accueille les voyageurs fortunés, désireux de calme et de sérénité. En tout, une dizaine de superbes chambres dans des bungalows répartis au sein d'un jardin luxuriant. Bien entendu, le confort est parfait et la déco raffinée. Les meubles au design épuré et les tissus colorés ont été faits sur mesure. Pour profiter du cadre enchanteur de la vallée, une passerelle enjambant la rivière mène à un mirador ; l'endroit idéal pour laisser filer le temps... Le soir, torches et bougies rendent l'atmosphère intime. Spa à l'eau de source, massages et soins cosmétiques. Sources chaudes salées et bassins construits en hauteur pour se baigner dans les arbres à la nuit tombée, magique ! Cuisine de qualité. Et si vous voulez bouger un peu, l'établissement propose des excursions dans la région.

Où manger ? Où prendre le petit déjeuner ?

Dans la rue principale, plusieurs petits restos pour se sustenter pour trois fois rien.

Bon marché (50 000-100 000 kips / 6-12,50 $)

|●| ***Souphailins Restaurant*** *(plan A1,* ***30****) :* *quartier Noon Teeng.* ☎ *21-11-47. Non loin de la poste. Dans la partie haute de la fourchette.* Dans une impasse, cette pittoresque demeure particulière abrite un adorable petit resto. Une patronne charmante concoctant une délicieuse cuisine laotienne, chez elle, dans un cadre chaleureux. Mieux vaut avoir un peu de temps, car tout est frais et fait sur-le-champ. Petite terrasse. On vous conseille le poisson cuit dans une feuille de bananier, le *lap,* un bon gaspacho *(jam jen luam mid)* ou encore la viande grillée et séchée *(pbing siin sud nueng).* Quelques plats européens. Une adresse attachante.

|●| ***Kanya Restaurant*** *(plan A-B2,* ***31****) :* *dans une rue perpendiculaire à la rue principale (bien indiqué).* ☎ *31-20-77. Tlj jusqu'à 22h.* Posters vrais, moulures fausses, vitrine exposant une photo d'un officier laotien, des néons, des fleurs artificielles, des ventilos. Dans ce resto bien connu à Oudom Xai, on sert une grande variété de plats laotiens que l'on déguste autour de grandes tables communes. Vous partagerez peut-être le couvert avec un employé de banque, un policier en uniforme ou un routard en escale. Une valeur sûre.

☕ |●| ***Siso Bakery*** *(plan B2,* ***32****) :* *rue principale, au niveau du rond-point. Tlj 7h-19h.* Une petite cahute qui ne paie pas de mine mais qu'on aime bien pour sa simplicité chaleureuse, son côté inattendu et l'accueil. 2 ou 3 tables pour se poser, guère plus. Pas vraiment de pâtisseries, pas beaucoup de choix, mais plutôt des pains briochés pour le petit déj. Également des sandwichs en journée.

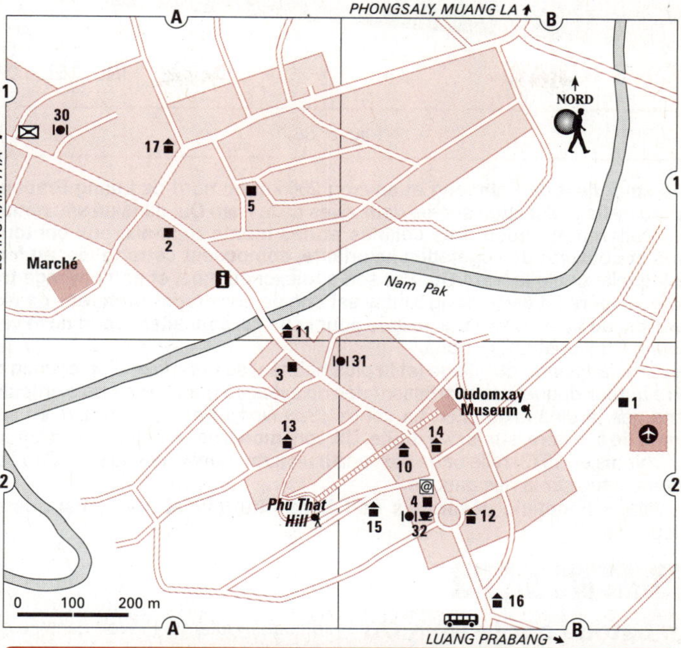

OUDOM XAI (MUANG SAI)

Adresses utiles

- Tourist Office
- @ Centre Internet
- **1** Lao Airlines
- **2** Lao Development Bank
- **3** Banque pour le Commerce Extérieur Lao
- **4** Indochina Bank
- **5** Public Security Office – Immigration & Tourism

Où dormir ?

- **10** Vilavong Guesthouse et Villa Keoseumsack
- **11** Vivanh Guesthouse
- **12** Say Lomyen Guesthouse
- **13** Oudomphet Guesthouse
- **14** Litthavixay Guesthouse
- **15** Xaysana Hotel
- **16** Oudomxay Guesthouse
- **17** Charming Laos Hotel

Où manger ? Où prendre le petit déjeuner?

- **30** Souphailins Restaurant
- **31** Kanya Restaurant
- **32** Siso Bakery

À voir

À la tombée du jour, faire un tour au sommet de la ***colline Phu That*** *(plan A2)*, véritable mamelon au milieu de la plaine. Le *that* perché tout en haut a été achevé en 1997, sur les ruines d'un ancien stûpa bombardé en 1975.

Oudomxay Museum *(plan B2)* **:** *au centre-ville. Accès par la route ou par les escaliers qui grimpent depuis la rue principale (attention : dans ce cas, l'entrée se trouve de l'autre côté du bâtiment). Lun-ven 8h-11h, 13h-16h. Entrée : 5 000 kips.* Objets et vêtements traditionnels, nombreuses photos de guerre. Un musée qui a le mérite d'exister.

NONG KHIAW

IND. TÉL. : 071

• Plan *p. 367*

À 26 km à l'est de Pakmong et environ 200 km au nord de Luang Prabang, ce gros village est situé sur les deux rives de la Nam Ou, dans un site naturel particulièrement beau. Des collines et des monts rocheux, aux contours usés et couverts de végétation luxuriante, composent cette vallée, au fond de laquelle coule la Nam Ou. Par son site exceptionnel et son paysage tropical tempéré (et vert), Nong Khiaw est une de nos étapes préférées dans le nord-est du Laos. Une halte obligée pour ceux qui souhaitent poursuivre vers Muang Ngoi et Muang Khoua.
La partie ancienne du village (et la plus habitée) se compose d'un chemin de terre autour duquel se répartissent des dizaines de maisons en bois enfouies dans des jardins luxuriants. Le centre *(Ban Nong Khiaw)* se trouve en surplomb de la rivière, sur la rive droite. Un pont moderne en béton (construit par les Chinois en 1973) relie cette partie-là à un autre quartier de la ville, *Ban Sop Houne,* situé sur la rive gauche.
Le village bénéficie désormais de l'électricité jour et nuit, ainsi que du téléphone.

Arriver – Quitter

En bateau par la Nam Ou

À défaut de routes praticables, la Nam Ou sert encore de voie de communication économique aux régions enclavées du nord-est du Laos. Des bateaux à moteur (à fond plat) assurent la liaison de Nong Khiaw avec ***Muang Ngoi*** et ***Muang Khoua.*** Un beau voyage pour des routards aventureux et pas trop attachés à leur confort !

Embarcadère *(plan A-B1)* **:** *sur la rive droite de la rivière Nam Ou, pratiquement sous le pont.*

➢ ***Pour Muang Ngoi :*** 2 départs/j., en fin de mat et début d'ap-m. Durée : 1h. Paysage superbe.

➢ ***Pour Muang Khoua :*** le bateau part avec un minimum de 10 passagers. Compter 120 000 kips/pers. Il est également possible d'affréter un bateau privé en se regroupant avec d'autres routards. Prévoir dans ce cas 185 $ (jusqu'à 15 pers). Trajet en 6h.

➢ ***Luang Prabang :*** il n'est plus possible de relier Luang Prabang à Nong Khiaw suite à la construction d'un barrage sur la Nam Ou.

Par la route

Arrêt des minibus, camionnettes et tuk-tuk *(hors plan par A2)* **:** *à 3 km du centre (y aller en tuk-tuk).*

➢ ***Pour Luang Prabang :*** 4 minibus/j., le mat. Sinon, des camions bâchés et des pick-up partent quand ils sont pleins. Durée : 3-4h. Trajet soit direct, soit avec changement à Pakmong. Se placer, de préférence, sur le côté gauche du bus, pour la vue.

➢ ***Pour Muang Ngoi :*** pick-up et camions bâchés empruntent la piste régulièrement.

Adresses utiles

Tourism Information Centre : *près de l'embarcadère (plan A1).* Malheureusement souvent fermé.

Poste *(plan A1)* **:** *proche du Sengdao Chittavong Guesthouse, juste avt le pont. Lun-ven 9h-17h.* Change les dollars.

■ ***Banque pour le Commerce Extérieur Lao*** *(plan A1,* ***1****)* **:** *sur la route qui mène à Pakmong, à 200 m du pont.*

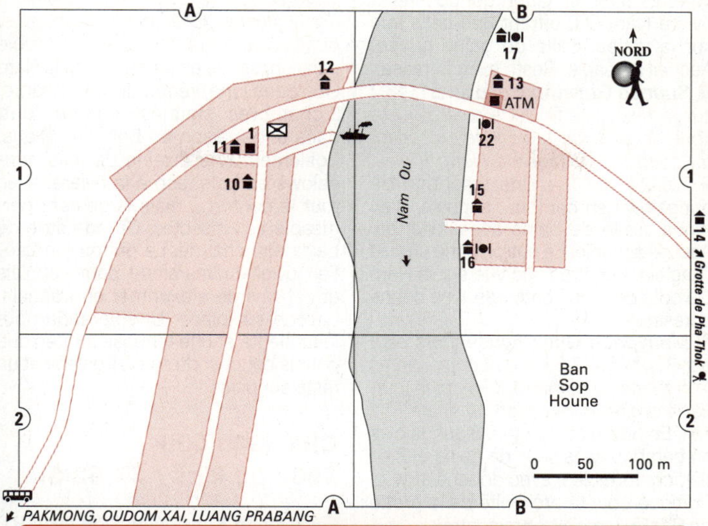

NONG KHIAW

Adresses utiles

- Embarcadère
- **1** Banque pour le Commerce Extérieur Lao

Où dormir ?

- **10** Chantavong Guesthouse
- **11** Phay Boune Guesthouse
- **12** Sengdao Chittavong Guesthouse
- **13** Sunrise Guesthouse
- **14** Manypoon Guesthouse
- **15** Bamboo Paradise Guesthouse
- **16** Sunset Guesthouse
- **17** Nong Kiau River Side

Où manger ? Où prendre un petit déjeuner ? Où boire un verre ?

- **17** Resto du Nong Kiau River Side
- **22** Phanoi Guesthouse Restaurant

Lun-sam 9h30-15h30. Change des devises sans commission (euros et dollars). Retrait avec la carte *Visa* (et le passeport) au guichet (3 % de commission). Dispose aussi d'un distributeur de billets. Un ***autre distributeur*** *(ATM)* se trouve de l'autre côté du pont *(plan B1).*

Où dormir ?

Très bon marché (moins de 80 000 kips / 10 $)

Chantavong Guesthouse *(plan A1,* ***10****)* **:** l'une des *guesthouses* les plus rudimentaires de la ville. 6 chambres tout juste acceptables. Vraiment si tout est complet ailleurs.

Phay Boune Guesthouse *(plan A1,* ***11****)* **:** *à droite de la route en entrant dans le village quand on vient d'Oudom Xai, à 200 m du pont.* 5 petits chalets sur cour, avec salle de bains carrelée, douche chaude et w-c. Pas très grands mais convenables. Pas aimable.

Sengdao Chittavong Guesthouse *(plan A1,* ***12****)* **:** *à gauche juste avt le pont en venant d'Oudom Xai.* *020-553-796-77.* Propose des bungalows corrects dans un jardin qui domine la rivière Nam Ou, offrant une belle vue sur la vallée. Salle de bains privée. Accueil agréable. Resto avec terrasse.

🏠 ***Sunrise Guesthouse*** *(plan B1,* ***13****) : sur la rive gauche de la rivière, juste après le pont sur la gauche en venant du centre du village de Nong Khiaw.* 📱 *020-247-87-99.* Une vingtaine de bungalows en bambou, simples, bien tenus. Salle de bains avec toilettes. Accueil aimable. Le patron parle un peu l'anglais. Fenêtre avec vue sur la Nam Ou pour ceux en contrebas. Une bonne adresse.

🏠 ***Manypoon Guesthouse*** *(hors plan par B1,* ***14****) : à 2,5 km du centre. Après le pont, continuer sur 1,5 km, puis tourner à droite en direction de Tham Pha Tok.* En pleine campagne, 3 bungalows en bambou sans salle de bains et 2 en dur, confortables, avec douche et w-c. Pratique pour la proximité de la grotte de Pha Tok, mais très excentré.

🏠 ***Bamboo Paradise Guesthouse*** *(plan B1,* ***15****) : sur la rive gauche de la Nam Ou.* 📱 *020-545-52-86.* Quelques bungalows en bambou donnant sur la rivière, équipés d'une salle de bains et d'un balcon avec hamac. Également 3 chambres plus confortables dans un bâtiment récent. Confort acceptable pour un prix relativement raisonnable. Accueil jeune et sympa. Possibilité de se restaurer.

De bon marché à prix moyens (80 000-300 000 kips / 10-37 $)

🏠 🍽 ***Sunset Guesthouse*** *(plan B1,* ***16****) : sur la rive gauche de la Nam Ou.* ☎ *25-39-33.* 📱 *020-557-10-33.* • *sunsetgh2@hotmail.com* • *De la route principale, prendre un chemin à droite (fléché). Chambres bon marché, bungalows à prix moyens.* Wi-fi Paisible pension, située en surplomb de la Nam Ou, dans une végétation luxuriante. 3 chambres simples comme tout, dans une maison en bois sur pilotis. Également une dizaine de jolis bungalows en bois face à la rivière, avec tout le confort... mais largement perméable aux insectes. Grande salle de bains eau chaude. Le patron, un Laotien jovial et dynamique, parle l'anglais et est ravi de s'exprimer en français. Laverie sur place. Une véranda pour le farniente et une terrasse stratégique pour le coucher du soleil. Également un resto sur place.

Chic (300 000-500 000 kips / 37-62 $)

🏠 🍽 ***Nong Kiau River Side*** *(plan B1,* ***17****) : après avoir passé le pont, c'est à gauche, juste après la Sunrise Guesthouse.* ☎ *81-00-04.* 📱 *020-224-066-77.* • *nongkiau.com* • Wi-fi Une quinzaine de vastes bungalows sur pilotis, avec vue sur la rivière, qu'on atteint par un petit chemin. Chambres hautes de plafond. Excellent confort (agréable salle de bains) et joli décor intérieur. Très grand lit et ventilo. Resto proposant une excellente cuisine (voir « Où manger ? »).

🏠 🍽 ***Mandala Ou Resort :*** *sur la rive droite, un peu après le village.* 📱 *030-537-73-32.* • *mandala-ou.com* • *En hte saison, doubles 55-65 $ selon vue.* Wi-fi 10 bungalows de style lao confortables et bien équipés (lits *king size*). Piscine avec vue sur les monts karstiques de la vallée. Prêts de vélos, sauna. Resto et bar. Bon accueil. Une belle adresse de la région.

Où manger ?

Bon marché (50 000-100 000 kips / 6-12,50 $)

🍽 ***Phanoi Guesthouse Restaurant*** *(plan B1,* ***22****) : à droite juste après le pont.* Wi-fi Agréable terrasse pour de bonnes pizzas (un peu chères cependant pour le pays !). Très belle carte de plats traditionnels. Quelques bungalows à louer en contrebas du resto (mais assez sommaires, peu d'intérêt).

🍽 ***Resto du Nong Kiau River Side*** *(plan B1,* ***17****) : à gauche après le pont* *(voir « Où dormir ? »).* ☎ *25-47-70.* 📱 *020-557-050-00.* Dans un cadre plaisant, au son des coassements des grenouilles, on goûte au *tom yam* (pas trop épicé pour une fois !), *lap,* sanglier et crevettes en saison, tous les classiques, plus des spaghettis et une bonne variété de desserts.

À voir

Tham Pha Tok *(hors plan par B1) : à 2 km du centre, sur la rive gauche de la rivière Nam Ou. Accès en tuk-tuk ou à pied en suivant la route au-delà du pont, en direction de Phonsavan. Entrée : 5 000 kips + 5 000 kips pour la loc d'une torche.* Pendant la guerre, les Laotiens se réfugiaient dans cette grande galerie pour se protéger des bombardements. Attention au petit ravin au bout de la grotte, la lampe est utile ! Les autres grottes à proximité ne sont pas accessibles.

MUANG NGOI

À 1h de piste ou de bateau en amont de Nong Khiaw, sur la rive gauche de la Nam Ou, Muang Ngoi est un curieux mélange de bout du monde et de haut lieu de villégiature routarde.

Arriver – Quitter

En bateau

Pour les départs, se rendre au bureau de la navigation, juste au-dessus de l'embarcadère. Ouv dès 8h.

➢ ***Depuis et vers Nong Khiaw :*** compter 1h de navigation en bateau local. Paysage superbe. Le retour de Muang Ngoi à Nong Khiaw s'effectue le mat.

➢ ***Pour Muang Khoua :*** départ le mat à peu près garanti tlj. 10 passagers min, en dessous, le prix augmente. Toutefois, inscrivez-vous sur la liste affichée au bureau de la navigation. Compter 5h env de beau voyage avec de nombreux rapides et arrêts au niveau des villages. Si vous avez de la chance, vous verrez un marché installé à même les rives.

Par la route

➢ Pick-up et camions bâchés réguliers rejoignent ***Nong Khiaw*** par la piste.

Infos utiles

- L'unique rue de ce petit village s'allonge parallèlement à la rivière.
- L'embarcadère se trouve à l'extrémité nord, d'où l'on escalade les berges pour rejoindre la rue qui part sur la droite.
- Possibilité de changer des dollars, mais le cours n'est pas terrible.
- Le village bénéficie désormais de l'électricité et du wifi partout.

Où dormir ?

Énormément de choix et le bonheur des petits budgets. Mais attention, la ville étant devenue très touristique, les prix peuvent encore grimper et varier selon l'affluence et les saisons.

Très bon marché (moins de 80 000 kips / 10 $)

Phetdavan Guesthouse : *au début de la rue principale. Le moins cher du village.* Quelques chambres claires avec balcon et hamac, bien tenues. Un peu plus sombres au rez-de-chaussée. Également des bungalows avec vue sur la Nam Ou (catégorie « Bon marché »). Accueil gentil. Change. Bibliothèque, échanges de livres. Resto en terrasse sur la rue.

Saylom Guesthouse : *à droite en montant le petit chemin depuis l'embarcadère. 030-224-309-31.* Bungalows avec balcon et sanitaires privés. Eau chaude fournie grâce à des panneaux solaires. Propreté globalement acceptable.

Nicksa : *sur la rue principale.* Même genre que les précédents, même prix. Bungalows avec salle de bains, balcon et hamacs. Belle vue sur le bras de la rivière et la montagne. Coin tranquille. En revanche, autour des bungalows, c'est un peu crade. Possibilité de se restaurer sur une agréable terrasse.

Bien d'autres bungalows du même type, le long de la rue principale.

Alounemai Guesthouse : *prendre la rue principale, puis petit chemin à gauche sur 200 m et une ultime passerelle. 020-233-736-21.* Au pied de la montagne, dans un bel environnement, avec un beau jardin, une longue maison en bois pour amateurs de tranquillité et de nature. Chambres assez vastes avec salle de bains (eau chaude). Un peu excentré, mais une bonne adresse pour le prix. Resto agréable.

Bon marché (80 000-200 000 kips / 10-25 $)

Ning-Ning : *à 50 m du débarcadère, à côté de la terrasse du* Lattanavongsa Guesthouse. *020-238-801-22. • ninggning_guesthouse@hotmail.com •* Sur l'arrière, des bungalows agréables et spacieux, avec salle de bains carrelée et eau chaude. Pas chers du tout, à saisir sans hésiter. Restaurant en terrasse avec vue panoramique sur le fleuve.

River Beach Guesthouse et River View Guesthouse : *020-211-487-77. • pdvbungalows@gmail.com • Résas à la Phetdavan Guesthouse (voir plus haut). Partie basse de la fourchette. Très bon petit déj (en sus).* Ces 2 *guesthouses* sont tenues par Gabriel, un sympathique Suédois marié à une Laotienne dont la famille tient le *Phetdavan Guesthouse.* 6 bungalows confortables pour chaque lieu, même prix et même confort. Bon petit déj-buffet quand il y a du monde. Bar avec belle carte de cocktails pour le *River View.* De plus, Gabriel pourra vous indiquer plein de balades à faire dans le coin.

Lattanavongsa Guesthouse : *réception immédiatement en surplomb de l'embarcadère. 030-514-07-70.* Quelques chambres bon marché, sinon une poignée de bungalows confortables et un peu plus chers (partie haute de la fourchette) dans un long bâtiment de plain-pied. Assez spacieux, avec un petit balcon faisant face à un jardin. Le resto possède une terrasse dominant le fleuve.

Lertkeo Sunset Guesthouse : *au milieu de la rue principale, sur la droite. 020-230-703-55. • toun_hunter@hotmail.com • Partie basse de la fourchette. Guesthouse* récente posée face à la montagne. 5 bungalows confortables, dotés de salle de bains, d'un balcon donnant sur un bras du fleuve avec même une petite table pour prendre ses repas. Un endroit idéal pour assister au coucher de soleil.

Où manger ? Où prendre le petit déj ?

Quasi toutes les *guesthouses* nourrissent leurs hôtes. Mais quoi de plus agréable que de trouver une belle terrasse surplombant le fleuve pour siroter un cocktail ou déguster un plat local ? Les nombreux restos dans la rue principale affichent à peu près la même carte et les mêmes prix.

Alounemai : *voir plus haut « Où dormir ? Très bon marché ».* On l'aime bien pour son cadre original et son côté intime : de petits box tranquilles où l'on se restaure assis sur des coussins.

Bee Tree : *à la fin de la rue principale. Happy hour 18h-19h.* Dans un beau jardin, un bar-restaurant au calme, proposant de bons cocktails et des plats locaux de qualité.

À voir. À faire

Excursions sur la rivière : *rens au petit bureau de la navigation. Compter env 10 $ pour une embarcation (jusqu'à 5 pers) pour 2-3h de balade.* Villages et grottes en amont ; une cascade en aval. Sur le trajet, on admire toute la vie au bord de l'eau : les hommes qui pêchent au filet ou à la ligne, les jeunes filles ramassant les algues dans de beaux paniers en osier, des buffles dont seule la tête reste émergée... Magnifique !

Balade dans la vallée : Muang Ngoi se situe au confluent de la Nam Ou et d'une petite rivière venant de l'est. C'est l'occasion d'une superbe promenade. Pour cela, prendre la piste au-delà de l'école pendant 20 mn pour arriver à une grotte qu'on peut visiter (moyennant 5 000 kips). C'est ici que se réfugiaient les habitants de la vallée pendant les bombardements américains.
Quitter la piste et prendre le sentier à travers champs qui mène à Ban Na, un intéressant village habité par des Khamu et des Lao. On y trouve un petit resto avec vue sur les rizières.
Reprendre ensuite le sentier des rizières et rejoindre les villages de Hoy Bo et Hoy Sen, plus authentiques car éloignés de la piste. Cascade sympa pour faire trempette suivant la saison et gargotes pour se rafraîchir.

LA PROVINCE DE PHONGSALY

• Carte Le nord du Laos *pp. 340-341*

Région la plus septentrionale du Laos, bordée par la Chine et le Vietnam. Son relief particulièrement tourmenté d'une part, la menace liée à la présence de tribus guerrières descendues du Yunnan d'autre part, ont longtemps contribué à son enclavement. Il a fallu attendre la fin du XIXe s et une mission conduite par l'explorateur français Auguste Pavie, alors vice-consul de Luang Prabang aux côtés du roi Ong Kham, pour que l'on puisse enfin remonter la rivière Nam Ou à hauteur de Phongsaly. Aujourd'hui encore, en dépit de son ouverture progressive vers le sud, Phongsaly reste à bien des égards plus proche de ses voisins du Nord que de Vientiane.

MUANG KHOUA

IND. TÉL. : 081

Porte d'entrée de la province au confluent de la Nam Ou et de la Nam Pak, ce petit port fluvial commande aussi le passage vers le Vietnam, en direction de Diên Biên Phu. Le bourg s'étage sur la colline qui marque le confluent. Treks sympas à faire dans les environs.

Arriver – Quitter

En bateau

Attention, se rendre à l'embarcadère dès 8h. Départs théoriquement quotidiens, mais tout dépend du nombre de passagers. Mieux vaut se renseigner la veille.

➢ ***Depuis et vers Nong Khiaw :*** 10 passagers min, sinon le prix, plus élevé, est à négocier. Compter 6h au départ de Nong Khiaw et 4h en sens inverse.

➢ ***Pour Muang Ngoi :*** bateaux le mat. Env 3h30 de navigation.

➢ ***Pour Hat Sa (Phongsaly) :*** la construction d'un barrage en amont ne permet plus de naviguer sur cette partie du fleuve. Il faut donc se rabattre sur le bus.

Par la route

Gare routière : *à 3 km du centre ; mieux vaut réserver un* tuk-tuk *pour s'y rendre (car peu nombreux).* Muang Khoua Transportation, *020-544-857-77.* Liaisons avec :

➢ ***Oudom Xai :*** 3 minibus/j., le mat et l'ap-m. Compter 3-4h (100 km). Bonne route dans sa majorité.

➢ ***Phongsaly :*** 1 bus direct ts les 2 j., le mat. Durée : env 7h. Sinon, des bus redescendent tlj sur Oudom Xai avt de remonter sur Phongsaly. Compter alors 11-12h de trajet en tout. Moins aventureux mais moins cher que le bateau.

➢ ***La frontière vietnamienne :*** 1 bus tlj en fin de mat ou minibus ts les 2 j. tôt le mat. Durée : 5h (103 km). On peut payer le visa en dollars, ce qui évite des taux de change désavantageux. Après le passage du pont, la route suit la rive gauche vers l'aval avt d'escalader les montagnes en direction de Diên Biên Phu.

Adresses utiles

Point d'infos touristiques : *face au* Sernnali Hotel. *020-985-559-92. Lun-ven 8h30-11h30, 13h30-16h30.* Quelques renseignements sur la région mais on vous dirige plutôt vers l'agence d'à côté, *Phou Lu Travel Muang Kua* qui propose des treks.

Poste : *prendre le chemin à droite après la* Keophila Guesthouse *au lieu de continuer vers le* Sernnali Hotel. *Dans une vieille villa sur la droite.*

@ ***Internet Service :*** *sous la* Chaluensouk Guesthouse. *Tlj 8h30-21h30. Compter 10 000 kips/h.*

■ ***Lao Development Bank :*** *face à la* Singsavanh Guesthouse, *au rond-point du village. Lun-ven 8h30-15h.* Change bahts, dollars et euros. ***Distributeurs*** devant la *Banque pour le Commerce Extérieur Lao,* tout à côté, et à l'*Agricultural Promotion Bank,* au bout de la rue qui monte de l'embarcadère.

■ ***Bureau des renseignements sur la navigation :*** *plutôt une cabane, ouv dès 8h jusqu'au dernier départ (env 12h).* Infos concernant les départs, arrivées et résas.

Où dormir ?

Très bon marché (moins de 80 000 kips / 10 $)

Nam Ou Guesthouse : *au bord de la rivière. 020-588-79-78.* Accessible depuis les berges par un long escalier de bois, ou à partir de la place centrale. Une petite dizaine de chambres avec ou sans salle de bains (eau chaude), ventilo et TV, à la propreté limite. Resto de qualité moyenne avec toutefois une terrasse surplombant la rivière. Ensemble un peu vétuste. Accueil correct.

Keophila Guesthouse : *en remontant depuis le port, sur la droite dans l'angle du 1er virage. 020-566-655-65.* Une adresse correcte, pour un prix très acceptable. Propre dans l'ensemble. Les chambres doubles à l'étage sont assez grandes, avec salle de bains (eau chaude), w-c à la turque pour certaines et TV. Accueil aimable.

Singsavanh Guesthouse : *encore 100 m plus loin, au-delà du marché, au niveau du rond-point central du village. 020-549-134-34.* Quelques chambres simplissimes de 2 ou 3 lits avec moustiquaire individuelle, 2 avec salle de bains. Assez propre.

Prix moyens (200 000-300 000 kips / 25-37 $)

Manchay Guesthouse : *chez M. Xiengmanh, 100 m plus haut. 020-567-521-59. Résa conseillée car souvent complet.* Chambres avec salle de bains (eau chaude), bien tenues. Accueil sympa. Une bonne adresse.

Sernnali Hotel : *en face de la Manchay Guesthouse et à côté du marché couvert. 020-995-004-66. Parking.* L'hôtel de petit standing de la région. Bâtiment moderne de 2 étages. Parquet de bois rouge dans les escaliers et dans les chambres. Une quinzaine de chambres avec grand lit ou lits jumeaux. Bon confort, mais prix élevé pour la ville. Accueil inexistant.

Où manger ? Où prendre le petit déjeuner ?

Petites gargotes devant le marché : l'offre est basique, des soupes, du poulet, parfois une bière, et voilà tout.

Sayfon Restaurant : *dans la rue menant au port, sur la gauche. Ferme assez tôt (avt 21h). Bon marché.* Agréable terrasse avec vue sur la rivière, fréquentée par des routards du monde entier. Petit déj et carte appétissante pour une cuisine laotienne classique.

Nam Ou Guesthouse : *voir « Où dormir ? »* Ce resto en terrasse est l'un des grands rendez-vous des routards qui viennent y boire un coup pour la vue sur la rivière. En revanche, les plats inscrits dans un petit carnet ne sont pas à la hauteur du lieu. Poulet et canard mariné à l'ail décevants ; mieux vaut opter pour du classico-basique, type nouilles ou riz.

Singsavanh Guesthouse : *voir « Où dormir ? »* Sous la *guesthouse* donnant sur la place principale, un petit resto simple servant, avec le sourire, quelques plats sans surprise.

À faire

➢ **Balade en solo :** *compter 4-5 km A/R.* Emprunter la passerelle métallique suspendue au-dessus de la Nam Pak ; de l'autre côté, un sentier plat et parfaitement délimité part sur la gauche. Il conduit dans une vallée calme et bucolique à travers plantations, rizières et jardins maraîchers. Une façon d'aller à la rencontre des paysans.

➢ ***Randonnées guidées :*** *l'agence* Phou Lu Travel Muang Kua *organise des marches de 2-4 j. autour de Muang Khoua avec des guides locaux parlant plus ou moins bien l'anglais.* 📱 *020-993-207-43.* • *trekphongsaly.com* • *Pas plus de 5h de marche/j., mais la dénivelée n'est pas négligeable. Prix tt compris (guide, hébergement, nourriture,* tuk-tuk *si nécessaire, etc.) : à partir de 40 $/j. par pers (4 pers min) ; négo possible si l'on est plus nombreux (jusqu'à 10 pers).* La région est riche en ethnies : Akha, Hmong, Thaï dam, Khamu, Tamoy. En général, le circuit démarre par une longue ascension vers les crêtes. Avec un peu de chance, vue superbe jusqu'au Vietnam. Après la nuit dans un village hmong, redescente vers la Nam Ou.

PHONGSALY

IND. TÉL. : 088

• Plan *p. 375*

Ancienne halte caravanière entre le Laos et la Chine, la ville fut construite sur les pentes du mont Phu Pha (1 625 m). Des années 1930 à 1950, c'était le dernier bastion de l'armée française dans le nord du pays (juste avant la frontière chinoise). Aujourd'hui, on y vient pour les nombreux treks à faire dans les environs. Marcher au cœur du paysage tourmenté et spectaculaire de la province et naviguer sur la Nam Ou justifient pleinement qu'on s'aventure dans ces confins.
La région est habitée par une ethnie d'origine tibéto-birmane majoritaire dans la région, les Phounoy, ainsi que par des immigrants chinois. On y cultive le pavot, qui demeure une source de revenus importante pour les habitants.
– *Info utile :* de novembre à mars, Phongsaly a parfois la mauvaise habitude de s'envelopper d'un cordon de brume. Avec l'altitude (1 400 m), il peut alors faire sacrément frisquet, le mercure pouvant descendre certaines nuits jusqu'à 5 °C.

Arriver – Quitter

Par la route

🚌 ***Gare routière*** *(hors plan par A2) : à 3 km du centre, sur la route d'Oudom Xai. Pour s'y rendre, des* tuk-tuk *partent tôt le mat en face de la* Nangtam Guesthouse, *sur le parking, à côté de la cabane de police. Votre hôtel peut s'occuper d'en réserver un.* Tous les départs (ou presque) de Phongsaly se font tôt le mat, en principe, 7h30-8h30. Les billets ne s'achètent que le jour même. Donc, venir tôt. Liaisons avec :
➢ ***Luang Prabang et Vientiane :*** 1 bus VIP avec couchettes part en début d'ap-m de Phongsaly. Dans ce cas, demander un *tuk-tuk* à l'office de tourisme car à cette heure-là, il n'y a aucun transport public pour se rendre à la gare routière. Prévoir 14h de route jusqu'à Luang Prabang.
➢ ***Oudom Xai :*** 1 départ/j. Compter 7-8h de trajet (215 km de route). Le bus passe par ***Boun Tai.***
➢ ***Muang Khoua :*** 1 bus ts les 2 j., le mat. Compter 7h de trajet en moyenne. Suite à la construction d'un barrage, il n'est plus possible d'effectuer ce trajet en bateau.
➢ ***Diên Biên Phu :*** compter 10-12h.

Orientation

La ville s'étire au sommet des collines dominées par le mont Phu Fa au nord. La rue principale fait de nombreux lacets en venant du sud.

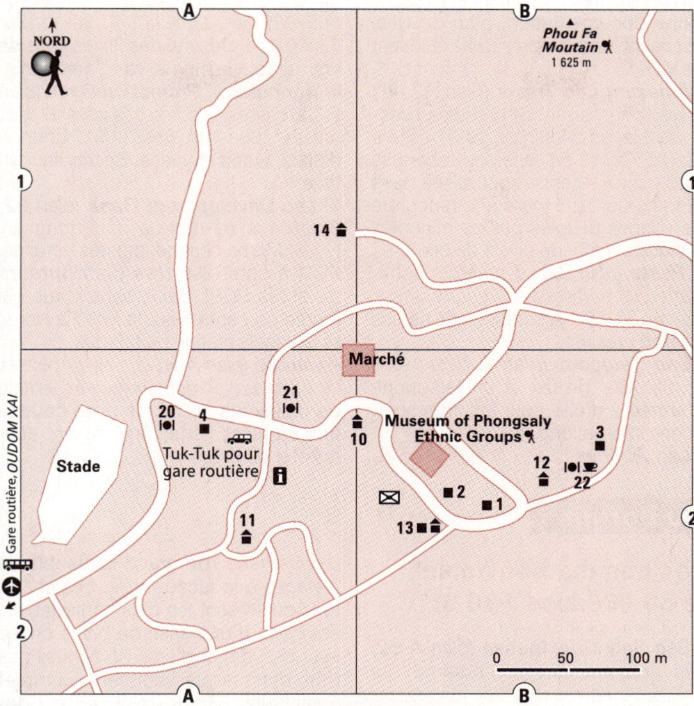

PHONGSALY

■ **Adresses utiles**

- Phongsaly Provincial Tourism Office
- **1** Lao Telecom
- **2** Agricultural Promotion Bank
- **3** Lao Development Bank
- **4** Amazing Lao Travel
- **13** Lao Airlines

Où dormir ?

- **10** Sen Saly Guesthouse
- **11** Home Savang Guesthouse (ex-Pinekham Doungnaly)
- **12** Phongsaly Hotel
- **13** Viphaphone Hotel
- **14** Phu Fa Hotel

Où manger ? Où prendre le petit déjeuner ?

- **20** Loajhean Restaurant
- **21** Laoper Restaurant
- **22** Lone Coffee Lao Shop

Le « centre-ville » se situe au niveau des hôtels *Viphaphone* et *Phongsaly*, à égale distance du marché et de la vieille ville. C'est ici que se concentrent hôtels, restos et commerces.

Adresses et info utiles

Phongsaly Provincial Tourism Office (plan A2) **:** *dans la petite rue, face à la* Nangtam Guesthouse, *qui descend derrière l'arrêt des tuk-tuk. ☎ 21-00-98. 020-284-499-39. • phonsaly.net • Tlj 8h-12h,*

13h30-17h. Très compétent et aimable. Bonne documentation, plan de ville. Proposent leurs propres treks et louent des VTT.

■ ***Amazing Lao Travel*** *(plan A2,* ***4****) : 100 m après l'arrêt des tuk-tuk en descendant la rue principale.* ☎ *21-05-94.* 📱 *020-557-743-54.* • *explorephongsalylaos.com* • Agence spécialisée dans les treks de 2 à 5 jours à la rencontre des villages peuplés par les minorités ethniques. Vente de billets de bus.

✉ ***Poste*** *(plan B2) : à côté du Viphaphone Hotel, face au Telecom Office. Lun-ven 8h-16h.* À condition de ne pas être trop pressé...

■ ***Lao Telecom*** *(plan B2,* ***1****) : lun-ven 8h-16h.* Un fax et un téléphone à l'entrée à droite pour les communications internationales.

■ ***Lao Airlines*** *: dans le bâtiment du Viphaphone Hotel (plan B2,* ***13****).* 📱 *020-555-882-58. Lun-ven 7h30-11h30, 13h30-17h.* Déserté dès 9h les jours de vol, car tout le monde va à l'aéroport.

■ ***Agricultural Promotion Bank*** *(plan B2,* ***2****) : face à la poste et à côté du petit musée. Lun-ven 8h30-16h.* Change dollars, euros et yuans. Distributeur en face.

■ ***Lao Development Bank*** *(plan B2,* ***3****) : 100 m au-dessus du Phongsaly Hotel.* Même change, mêmes horaires. *ATM* à côté. 2 **autres distributeurs** devant la *BCEL Bank,* dans la rue qui monte du centre vers le *Phu Fa Hotel,* et devant la station de *tuk-tuk.*

– ***Marché*** *(plan A-B1-2) : en surplomb, face à la station des tuk-tuk.* Ensemble de bâtiments en brique avec couverture en tuiles vertes. Intéressant pour acheter du thé.

Où dormir ?

Très bon marché (moins de 80 000 kips / 10 $)

☗ ***Sen Saly Guesthouse*** *(plan A-B2,* ***10****) : une maison vert pomme, en venant de l'arrêt des tuk-tuk, sur la droite de la rue après le virage.* Chambres à l'arrière avec salle de bains, certes basiques (w-c à la turque avec casserole et douche d'où coule un filet d'eau chaude, pas de lavabo), mais il s'agit des moins chères de la ville. Un peu vétuste. Accueil correct.

☗ ***Home Savang Guesthouse*** *(ex-Pinekham Doungnaly ; plan A2,* ***11****) : dans la petite rue qui part de l'arrêt des tuk-tuk et qui descend vers l'office de tourisme.* 📱 *020-229-999-20.* 📶 Une dizaine de chambres avec salle de bains (eau chaude). Accueil en anglais sympa.

Bon marché (80 000-200 000 kips / 10-25 $)

☗ ***Phongsaly Hotel*** *(plan B2,* ***12****) : 5 mn de montée depuis l'arrêt des tuk-tuk. En face d'une petite place, juste à l'entrée de la partie la plus ancienne de Phongsaly.* 📱 *020-555-889-88. Chambres avec ou sans sdb. Partie basse de la fourchette.* Un grand immeuble de 3 étages à la façade rose. Les chambres du 1er sont les plus confortables, équipées d'une salle de bains privée (eau chaude) et d'une TV. Accueil pas très dynamique, souvent complet néanmoins. Grand resto au rez-de-chaussée, à la cuisine inégale... quand il est ouvert !

☗ ***Viphaphone Hotel*** *(plan B2,* ***13****) : donne sur la « place centrale », en face du Phongsaly Hotel.* ☎ *21-09-99.* 📱 *020-555-566-88.* • *vpp_2000@hotmail.com* • Un bâtiment jaunâtre de 2 étages, genre caserne. Une vingtaine de chambres correctes assez grandes avec salle de bains, eau chaude. TV. Accueil sympa, parfois en anglais.

☗ ***Phu Fa Hotel*** *(plan A1,* ***14****) : au lieu-dit Ban Chom Meung, après les bâtiments administratifs de la province, sur la gauche.* 📱 *020-287-666-66.* • *phoufahotel@gmail.com* • L'établissement, à l'allure de caserne, abrita jadis un consulat chinois. Une vingtaine de chambres pouvant accueillir 2 ou 3 personnes, toutes équipées de douche (avec eau chaude) et toilettes « à l'européenne ». Chambres spacieuses, avec terrasse donnant sur le parking. Pas mal de groupes. Contact en anglais. Un peu excentré.

Où manger ? Où prendre le petit déjeuner ?

Dans cette ville, vous ne trouverez que des restaurants populaires : pas de carte, on choisit en cuisine ou dans le frigo. En voici, parmi les plus fréquentés par les locaux :

🍴 ***Loajhean Restaurant*** *(plan A2,* ***20****)* ***:*** *à 100 m en descendant après l'arrêt des tuk-tuk.* Bons haricots verts et petit poulet entier.

🍴 ***Laoper Restaurant*** *(plan A2,* ***21****)* ***:*** *dans la petite rue qui monte face à l'arrêt des tuk-tuk.* Poisson servi en entier avec une bonne sauce. Prix à la tête du client.

🍴 Sur le marché, des petits stands où l'on cuit de la viande devant vous.

🍴 ☕ ***Lone Coffee Lao Shop*** *(plan B2,* ***22****)* ***:*** *à côté du Phongsaly Hotel, à droite en montant. Ouv dès 6h pour le petit déj.* Également quelques plats, des œufs, des crêpes mais pas de pain. Patronne très sympa.

À voir. À faire

Acheter du thé *(hors plan par A2)* ***:*** *sur le marché, en face de la gare routière.* Vous trouverez un thé particulier à Phongsaly, vendu sous forme cylindrique, compressé dans une enveloppe de bambou. Au goût légèrement fumé, il révèle une infusion comme certains *tuocha* du Yunnan.

Museum of Phongsaly Ethnic Groups *(plan B2)* ***:*** *à côté de la* Agricultural Promotion Bank. *Lun-ven 8h-12h, 13h30-16h30. Entrée : 5 000 kips.* L'objectif de ce musée est de perpétuer la richesse de l'héritage culturel de la région, et de laisser une trace écrite et visuelle dans un monde où prime la tradition orale. Six sections présentent la province et ses peuples, les différentes ethnies et leurs particularités, le mode de vie, l'artisanat, les costumes et les instruments de musique, les rituels et la religion bouddhiste. L'ensemble est illustré par de nombreuses photos et cartes. Commentaires intéressants, à condition de prendre le temps de les lire.

Le mont Phou Fa *(plan B1 ; 1 625 m)* ***:*** *prendre la rue qui monte à gauche du* Phongsaly Hotel, *puis tourner à droite à l'embranchement sur la route de Hat Sa et marcher 500 m. Un chemin empierré part sur la gauche au niveau d'une source et d'un grand panneau bleu écrit en blanc en laotien. Droit d'accès : 5 000 kips.* Pas de difficulté notable, compter 30 mn de grimpette au cœur de la forêt. Une longue rampe d'escalier permet de négocier la section finale. Superbe panorama sur Phongsaly et sa vallée, si la brume ne recouvre pas tout.

➢ ***Randonnée en solo :*** de nombreux sentiers rayonnent autour de Phongsaly vers des ***villages phounoy*** à moins d'une journée de marche aller-retour. On peut reconnaître cette ethnie tibéto-birmane par l'habitude qu'ont les femmes âgées de porter des guêtres de coton pour se protéger des sangsues. Certaines de leurs maisons sont encore recouvertes d'un toit de chaume descendant très bas et couvrant les quatre côtés.

L'itinéraire le plus facile consiste à rejoindre les deux villages phounoy de ***Khounsouk Noy*** (1h15 aller simple) et ***Khounsouk Luang*** (45 mn supplémentaires à partir de Khounsouk Noy). Il suffit de prendre la route en terre qui s'engage au pied du *Phu Fa Hotel* avant de s'orienter plein nord. Le chemin, balisé de bout en bout, est accessible aux deux-roues (et même aux voitures en saison sèche). Champs de riz sur brûlis, quelques rizières en terrasses commencent à faire leur apparition en contrebas. Superbe coucher de soleil.

➢ ***Randonnée guidée de plusieurs jours :*** *l'idéal est d'être un groupe de 4 avec un guide pour négocier le meilleur rapport qualité-prix (env 30 $/j. par pers) incluant les repas, l'hébergement, 1 ou 2 massages akha, la donation aux villages traversés, le* tuk-tuk *pour rejoindre le point de départ. Le prix ne comprend pas les transports* *en bus et en bateau, ni les boissons.* La région comblera les amateurs de trekking : accidentée, peu de routes, mais beaucoup de sentiers, une couverture forestière encore importante, malgré les ravages de la déforestation et de la culture sur brûlis, nombreuses ethnies.

– *Phongsaly Provincial Tourism Office* (voir plus haut « Adresses et info utiles ») propose des excursions de 2 jours vers les villages akha loma et kmmu à partir de Nammly à 4h de bus ; de 3 jours vers les villages kmmu loma et akha erpa à partir de Muang Sampan (à 4h de bateau) par Hat Sa sur la rivière Nam Ou, plus 2h50 en bus pour rejoindre le départ du trek ou de 4 jours, à un rythme un peu plus lent.

– L'agence *Amazing Lao Travel* (voir plus haut « Adresses et info utiles ») propose des circuits d'une journée à vélomoteur et en bateau, ou sur plusieurs jours et même jusqu'à 5 jours, autour de Phongsaly et sa région. Légèrement différents de ceux de l'office de tourisme, plus centrés sur la rivière Nam Ou, mais tarifs un peu plus élevés.

BOUN TAI

Mérite une petite halte, au moins pour déjeuner, sur le trajet Oudom Xai-Phongsaly. Ancien fort français abritant les bureaux de l'administration du district. En face du fort, restes d'un four en brique et d'un puits du début du XXᵉ s. Malgré ses apparences de « village-rue », comme c'est un peu trop souvent le cas au Laos, Boun Tai pourra vous faire prendre la clé des champs. En quittant la grand-route sur la droite en venant du sud, vous serez en 2 mn au bord de la rivière Nam Lan. Et sur la gauche, toujours en venant du sud, vous pouvez faire une balade de 3h aller-retour en direction du village lao de *Ban Naway* ; vue sur rivière, collines et rizières garantie.

Arriver – Quitter

➢ ***De Phongsaly :*** 92 km de route vers le sud via le carrefour de Ban Yo. Compter 3h de trajet et 25 000 kips.

➢ ***D'Oudom Xai :*** 140 km de route. Compter 5-6h de trajet selon saison.

Où dormir ? Où manger ?

🏠 |●| ***Chi Chaw*** *(« Hôtel Chinois », traduction approximative de l'enseigne) : juste avt le pont sur la droite en venant du sud. 📱 020-980-488-86.* Énorme bâtiment tout neuf de 3 étages avec 20 chambres par niveau, tout confort. Une bonne adresse mais grosses difficultés pour se faire comprendre. Restaurant sans carte, accepter ce que l'on propose, c'est bon.

|●| ***Khem Nam Lane Restaurant :*** *à gauche après le pont, en venant d'Oudom Xai. 📱 020-557-742-26.* Resto à l'agréable terrasse. La proximité de la rivière Nam Lan assure l'approvisionnement en poisson, tout aussi délicieux en soupe que frit. Les viandes ne sont pas en reste ; ne pas manquer de goûter notamment à la viande boucanée, spécialité de la maison. Une bonne étape pour déjeuner.

LE SUD

• Carte *p. 381*

Le sud du Laos affiche un caractère marqué, tout à fait différent de celui du reste du pays. Cela ne date pas d'hier puisque cette région, très tôt placée sous la domination khmère, est considérée comme le berceau de la civilisation pré-angkorienne. En atteste le site du Vat Phou, temple situé dans la province de Champasak... Autre particularité : jusqu'en 1947, c'est une colonie française, au même titre que Vientiane, relativement développée par rapport au reste du pays. L'activité économique se concentre essentiellement dans la plaine du Mékong, alors principale voie de communication et de transport dans cette région de l'Asie.

Au cœur de la saison sèche, la chaleur peut être étouffante dans la plaine qui prend des allures de savane jaunâtre, comme à Savannakhet. Ce n'est pas le cas des karsts de Khammouane, dans les environs de Thakhek, où l'on profite de la fraîcheur en partant à l'assaut des pics calcaires ou en explorant une des nombreuses grottes alimentées par des rivières souterraines. De même, sur le plateau des Bolavens, l'altitude garantit températures douces et pluies abondantes apportant une diversité agricole qui incitèrent les colons à y introduire notamment le caféier. Cette culture, qui produit un breuvage d'excellente réputation, voisine celle du thé, des arbres fruitiers (bananiers, litchis...), des légumes et du riz, sans oublier les exploitations d'hévéas et de tecks.

4 000... Nous n'avons pas compté ces îles luxuriantes qui s'égrènent juste avant la frontière cambodgienne, là où le Mékong se divise en de multiples bras... Que les voyageurs s'installent sur Don Khong, Don Det, ou Don Khône, ils profitent tous à leur manière de la magie unique de cette région amphibie.

Comment y aller ?

La vallée du Mékong reste l'épine dorsale du Sud. Elle est traversée par la route 13, toute droite et en très bon état, qui file à partir de ***Vientiane*** vers

Thakhek, Savannakhet, Paksé, Champasak et les 4 000 îles.
On peut aussi rejoindre le Sud-Laos depuis le ***Cambodge,*** par la frontière de Trapaeng Kriel-Veun Kham (région des « 4 000 îles » ; au nord de Stung Treng), la ***Thaïlande*** (via Thakhek, Savannakhet ou Paksé) ou encore le ***Vietnam*** (par les frontières de Nam Phao, Na Phao et Dan Savan). Tous ces postes-frontière laotiens délivrent un *visa on arrival.*
Il existe aussi des liaisons aériennes internationales aux aéroports de Paksé et de Savannakhet.

THAKHEK

IND. TÉL. : 051

• Plan *p. 383* • La boucle des karsts de Khammouane *p. 387*

À 360 km au sud de Vientiane, Thakhek signifie le « quai des visiteurs ». C'est dans ce port fluvial que débarquaient autrefois les commerçants étrangers. Aujourd'hui, la ville, bien que modeste, conserve de vrais atouts : géographique d'abord, à mi-chemin entre Vientiane et Paksé, elle se situe à 12 km du pont de l'Amitié III, qui rejoint Nakhom Phanom en Thaïlande (et son aéroport relié à Bangkok). Historique, car adossé au Mékong, son centre charmant d'époque coloniale, avec sa petite place et les maisons alentour, lui confère un caractère désuet, plus animé qu'à Savannakhet. Et enfin touristique, pour la beauté de ses environs : les karsts de Khammouane offrent de fabuleux panoramas, des rivières traversent des grottes garnies de bouddhas, de la forêt dense, des villages paumés et des pics qui se hérissent jusqu'à devenir forêts. Autant de bonnes raisons d'y faire halte.

Arriver – Quitter

Gare routière principale *(plan B1) : sur la route 13, à env 3 km du centre-ville, que l'on rejoint aisément en* tuk-tuk. Les billets s'achètent le jour même (pas la veille).

➢ ***Vientiane :*** 5h30-12h, 7 bus/j., plus 1 bus VIP le mat. Compter 5-6h de route (360 km).

➢ ***Paksé :*** 10h30-23h, env ttes les heures, et 1 bus VIP plus tôt le mat. Durée : 7h (385 km).

➢ ***Savannakhet :*** 7h30-13h, minibus ttes les heures depuis la gare routière près du marché du km 2 *(plan B2).* Mini 5 pers. Ils s'arrêtent dans le centre de Savannakhet. Les bus qui partent de la gare routière principale arrivent à l'extérieur de Savannakhet (prendre ensuite un *tuk-tuk*). Durée : env 2h (120 km).

➢ ***Kong Lor :*** 1 bus le mat pour Laksao *(plan B1).* Changer à Ban Nahin (Khoun Kham) ; de là, bus ttes les heures pour Kong Lor.

➢ Pour les ***liaisons internationales,*** se reporter en fin de guide au chapitre « Arriver – Quitter ».

Se déplacer à Thakhek et dans les environs

La marche ou le vélo sont parfaits pour sillonner la ville, plate, au bord du Mékong.
Pour rayonner dans les environs, chartériser un *tuk-tuk* ou un *songthaew* est possible, mais autant se grouper pour faire baisser l'addition (négo pas évidente). Les transports réguliers ne desservent pas ou mal les petits sites ou villages,

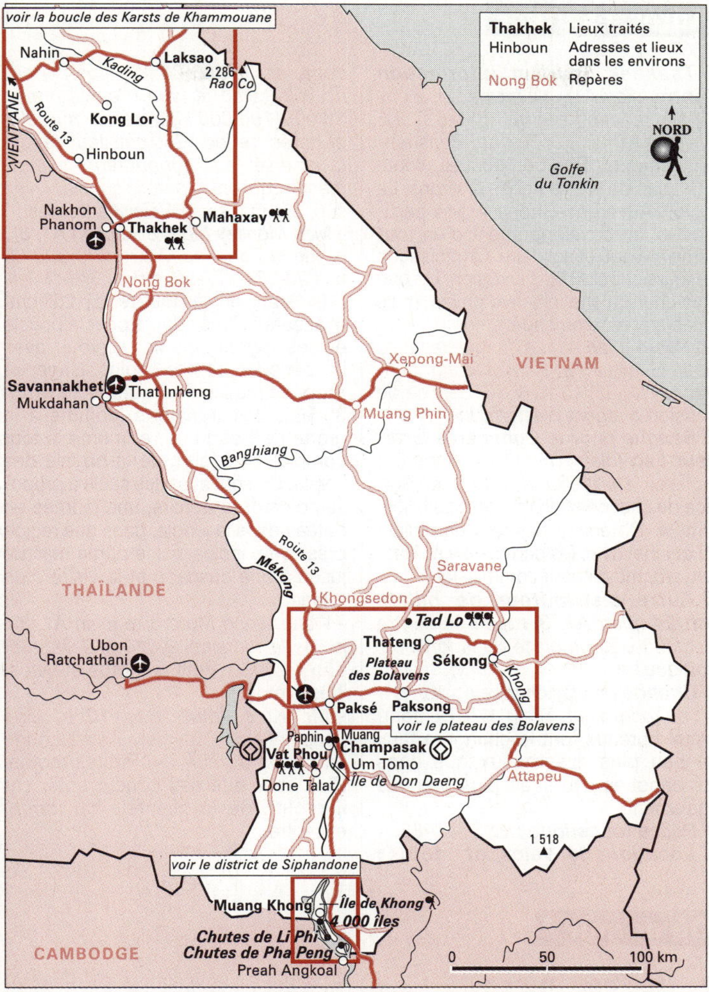

LE SUD DU LAOS

souvent éloignés des routes principales, à quelques exceptions près comme la grotte de Kong Lor (voir « Les karsts de Khammouane »). Pour un max de liberté, restent donc la moto ou le vélo, selon la distance à parcourir et l'endurance des participants. Consulter impérativement les rubriques « Vélo » et « Moto » dans « Laos utile. Transports ».

Prévoir au moins 1 nuit à Thakhek, pour jouir de la ville et faire un tour à l'entrée des karsts de Khammouane, 2 nuits si vous voulez atteindre de beaux sites, et 3 à 4 jours pour négocier la boucle complète avec 1 nuit à Thakhek au début et à la fin de l'épopée.

Adresses utiles

Thakhek Tourism Information Centre *(plan A1)* **:** *Vientiane Rd, à env 1,5 km du centre. 020-557-517-97. Tlj 7h30-11h30, 13h30-16h.* Bons renseignements. Très bon accueil. Vente d'un plan de la ville et des environs. La région Auvergne-Rhône-Alpes participe ici au développement d'un tourisme éthique et solidaire. Organisation de tours et treks dans la région. Un peu plus cher qu'une initiative privée, mais louable et recommandé.

Poste *(plan A1)* **:** *à l'angle des rues Nong Buakham et Kouvoravong. Lun-ven 8h-11h30, 13h-16h30.* Service de transfert d'argent *Western Union.*

Banque pour le Commerce Extérieur Lao *(plan A1,* **1***)* **:** *Vientiane Rd. Lun-ven 8h-11h30, 13h30-16h.* Service de change et distributeur de billets 24h/24. Obtention possible de dollars au guichet avec les cartes *Visa* et *MasterCard,* moyennant commission.

Autre distributeur de billets 24h/24 *(plan A1,* **3***)* **:** *dans le centre historique, sur la place de la fontaine.* Pratique !

Change *(money changers ; plan B1,* **2***)* **:** *au rond-point. Tlj 8h-17h.* De nombreux bureaux font le change à taux un peu plus avantageux que dans les banques. Horaires plus étendus également.

Police touristique : *☎ 21-20-83.*

Location de vélos et motos : *compter 20 000-30 000 kips/j. pour un vélo selon le type. Petites motos 50 000-100 000 kips selon modèle, et durée de loc ; 250 cm³ tout-terrain (à réserver aux conducteurs expérimentés, qui ont le permis chez eux bien sûr), 250 000 kips/j.* Voici 3 adresses :

– *Mad Monkey Motorbike (plan A1,* **3***) : pl. de la Fontaine. 020-599-399-09 ou 020-234-777-99. • dcn66@hotmail.de •* Beaux engins tout-terrain 250 cm³ et scooters. Très adapté pour la boucle et ses rayonnements, si vous avez l'expérience de ces engins. L'agence propose aussi des guides (environ 30 $/j.), des transferts (comme à la grotte de Kong Lor), et même le tour complet en 3 jours de la boucle des karsts. Ce sont aussi les seuls à proposer, d'octobre à mars, une journée en bateau dans la jungle, dans une région préservée, incluant une partie marche jusqu'à une cascade et la visite d'un village.

– *Wang Wang Motorbike (plan A1,* **3***) : pl. de la fontaine. 020-569-785-35. Tlj 7h-20h30.* Petites motos et vélos. Très sympa.

– *Mr Ku's (plan B1,* **10***) : dans l'enceinte du Thakhek Travel Lodge (voir « Où dormir ? »).* Petites motos. Plus cher que ses concurrents, car il profite de la clientèle du *lodge,* excentré.

Où dormir ?

De très bon marché à bon marché (moins de 200 000 kips / 25 $)

Thakhek Travel Lodge et Villa Thakhek *(plan B1,* **10***)* **:** *à env 3 km du Mékong et du centre historique, en retrait de la route ; entrée non loin d'un garage (panneau). ☎ 21-29-31. 020-582-153-15. • thakhektravellodge@gmail.com • Au Lodge : dortoir 50 000 kips, doubles 70 000-130 000 kips selon confort. À la* Villa *: double 140 000-180 000 kips, résa à l'avance conseillée. Petit déj non compris.* Cette auberge très populaire dispose d'hébergements pour tous les budgets, du dortoir mixte (8 lits) aux chambres climatisées avec salle de bains. Aménagement rustico-minimaliste, mélange de sections de troncs d'arbres et de béton. Brut mais original ! Assez propre et bien tenu. Visiter avant de faire son choix. La *Villa Thakhek* est, quant à elle, arrangée dans un pavillon de plain-pied, donnant sur un espace gazonné. Équipement et confort garantis (AC), déco soignée. Seul hic :

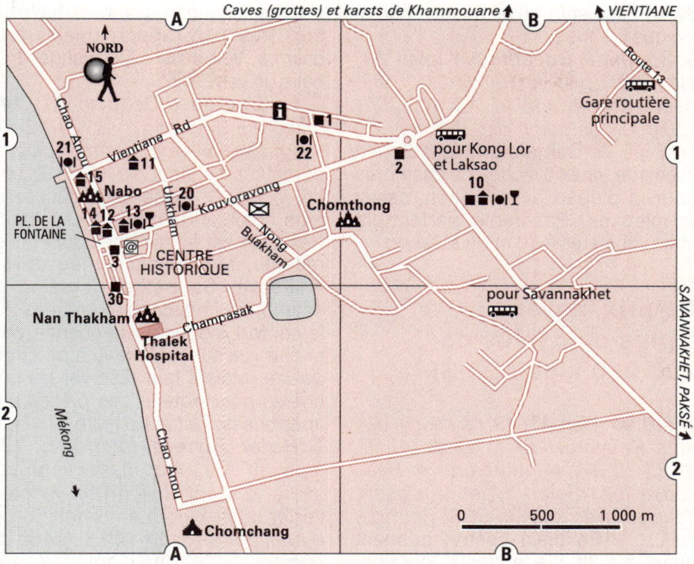

THAKHEK

Adresses utiles	
ℹ	Thakhek Tourism Information Centre
1	Banque pour le Commerce Extérieur Lao
2	Change
3	Distributeur de billets, Mad Monkey Motorbike et Wang Wang Motorbike
10	Mr Ku's (location de motos)
Où dormir ?	
10	Thakhek Travel Lodge et Villa Thakhek
11	Phonepadidh Guesthouse
12	Southida Guesthouse
13	Inthira
14	Le Bouton d'Or
15	Hotel Riviera
Où manger ? Où boire un verre ?	
10	Resto du Thakhek Travel Lodge
13	Inthira et Soukmany
20	Sop Gnao
21	Sweet Home
22	Manyly
À faire	
30	Namfon Petang

la situation excentrée, trop loin du centre historique et du Mékong pour envisager la marche. Comme les *tuk-tuk* demandent de 15 à 30 000 kips par personne selon le nombre de passagers, mieux vaut louer un vélo ou une moto. Le livre d'or contient de nombreux tuyaux concernant la boucle des karsts de Khammouane. Personnel attachant, parfois débordé en haute saison. Consigne à bagages peu chère.

Phonepadidh Guesthouse *(plan A1, **11**) : légèrement en retrait de la rue Vientiane. ☎ 020-567-261-11. • phonepadithmanyvong@gmail.com • Doubles avec sdb 120 000-200 000 kips selon confort. Petit déj en sus.* Le bâtiment le plus récent, en bord de route, propose sur 5 étages des chambres impeccables équipées d'une salle de bains moderne, avec clim et TV, même pour les standards. Éviter toutefois celles du 1er étage qui donnent sur un mur. Dans l'ancienne bâtisse, de l'autre côté de la cour, une galerie distribue des chambres moyennement entretenues et qui commencent à dater. Elles sont aussi moins chères, logique !

Southida Guesthouse (plan A1, **12**) **:** *rue Chao Anou. ☎ 21-25-68. Doubles avec sdb et AC 100 000-150 000 kips selon espace. Pas de petit déj.* Derrière une façade peu avenante, une collection de chambres pour la plupart avec balcon, assez spacieuses. Ensemble perfectible mais vous êtes à 50 m du Mékong.

De prix moyens à plus chic (plus de 200 000 kips / 25 $)

Inthira (plan A1, **13**) **:** *à l'angle des rues Kouvoravong et Chao Anou. ☎ 25-12-37. • inthira.com • Résa conseillée. Selon type et saison, doubles avec sdb 30-50 $, petit déj inclus.* En plein centre, donnant quasi sur la place de la fontaine, cette demeure coloniale arbore un style contemporain et un bon degré d'équipement. Tournées vers la rue, les *deluxe* profitent du balcon à colonnades. Les standard ont également du charme : briques apparentes, tableaux, etc. Très bon rapport qualité-prix-charme. Voir aussi « Où manger ? Où boire un verre ? ».

Le Bouton d'Or (plan A1, **14**) **:** *face au Mékong. ☎ 25-06-78. • boutondor-tk.wix.com/leboutondorthakhek • Doubles 45-70 $, petit déj inclus.* Cette belle bâtisse de type colonial qu'on croirait joliment restaurée est en fait une construction récente, idéalement située devant le fleuve. Sa petite vingtaine de chambres, impeccables, offrent tout le confort moderne, un charme cosy et une vue sur le Mékong à partir des *deluxe.* Mais il faut réserver les plus chères pour obtenir des pièces plus spacieuses. Fait aussi resto.

Hotel Riviera (plan A1, **15**) **:** *face au Mékong, dans le coude de la rue. ☎ 25-00-00. • hotelriveriathakhek.com • Selon catégorie, doubles 60-100 $, petit déj compris.* Une cinquantaine de chambres à la déco classique, de bonne taille et agréables, équipement complet (AC, minibar, coffre, bouilloire). Tous les hôtes profitent de la vue. Accueil prévenant.

Où manger ? Où boire un verre ?

Très bon marché (moins de 50 000 kips / 6 $)

Petits restos de la berge du Mékong (plan A1) **:** *de part et d'autre de la place de la fontaine.* Les uns après les autres, ils s'égrènent le long du fleuve. Dans les gargotes situées au sud de la place et destinées aux touristes, évitez les grillades. Privilégiez plutôt les petits restos au nord de la place, qui, eux, approvisionnent les locaux. On a donc plus de garanties sur la fraîcheur. À accompagner d'une *Beerlao,* parfait pour un coucher de soleil d'anthologie sur le Mékong.

Sop Gnao (plan A1, **20**) **:** *Kouvoravong Rd. Enseigne en lao, mais l'école en face est un repère. Tlj 10h-23h.* Intérieur jaune moutarde avec des photos de plats alléchants accrochées au mur : bien pratique pour faire son choix. On a aimé le *pat ka pao kaï* (poulet et riz, en principe épicé, sinon demander « bo phét » : sans piment) et le *kao pat kung* (riz parfumé et crevettes, non pimenté). On opte pour la salle climatisée ou la petite terrasse donnant sur la rue. Excellent rapport qualité-prix.

Soukmany (plan A1, **13**) **:** *Chao Anou, après Inthira, en face de la Southida Guesthouse. Tlj 10h-22h.* Ne pas se fier à cette grande salle impersonnelle, ce resto familial sert une cuisine lao-thaïe à la fois copieuse et parfumée. Petite terrasse également.

Sweet Home (plan A1, **21**) **:** *en face du Riviera Hotel.* Au-delà des classiques riz et nouilles sautés, les *dim-sum,* soupes et salades d'œufs de 100 ans trahissent une essence chinoise et thaïe. Une adresse plutôt rustique et pittoresque.

Bon marché (moins de 100 000 kips / 12,50 $)

Les restos ci-après préparent également des plats très bon marché.

Inthira (plan A1, **13**) : voir « Où dormir ? » Le design contemporain-colonial de la salle (cuisine ouverte, bar avec comptoir, arcades) et la terrasse sur rue attirent inéluctablement les voyageurs. C'est aussi la seule adresse du centre où déguster un plat occidental : pizzas, hamburgers, viandes, bonnes frites maison. On y retrouve aussi les plats asiatiques et laotiens, comme les *lap*, soupe *or lam* et *mok* (à commander à l'avance). Large choix de boissons. Personnel bien rodé.

Manyly (plan A1, **22**) : *dans une petite rue perpendiculaire à Vientiane Rd, en face de la* Banque pour le Commerce Extérieur Lao. *Tlj 17h-21h.* Si vous n'avez pas encore goûté au barbecue coréen, c'est l'occasion. Ce resto installé sous une halle aligne les grosses tables en bois autour desquelles les familles s'affairent : après avoir choisi un plateau de poisson ou de viande (ou les deux !), elles jettent les morceaux de viande sur la pierrade, les crevettes et calamars autour, dans un bouillon parfumé d'herbes et de salade. Un délice, qui plus est léger, sain et... non pimenté. Une adresse peu touristique où le personnel ne parle pas l'anglais.

Resto du Thakhek Travel Lodge (plan B1, **10**) : voir « Où dormir ? ». Pratique pour ceux qui logent sur place et pour tous les routards qui veulent échanger les derniers tuyaux sur la boucle des karsts de Khammouane, ou les dénicher dans le livre d'or. Au menu, une foule de bons petits plats asiatiques et internationaux à engloutir sur la terrasse couverte.

DD Bistro & Café (plan A1) : *pl. de la fontaine, en face de* Mad Monkey. *Tlj 7h30-21h.* Cadre moderne, bien pour boire un verre face à l'animation de la place. On peut aussi y prendre son petit déj lao et avaler quelques plats.

À voir. À faire

Voir le Mékong et mourir : non... mais ici, le fleuve est diabolique. L'orientation de la rive expose la vieille ville aux oranges surnaturels des couchers de soleil, que réverbèrent des milliards de molécules d'eau. Certaines nourrissent le fleuve depuis sa lointaine source himalayenne. On se prend à rêver.

Ceux qui abordent le Laos par cette région seront immédiatement frappés par la différence de rythme et d'environnement d'une rive à l'autre. Et pourtant, Nakhon Phanom, en face, n'est pas ce qui se fait de plus moderne et de clinquant en Thaïlande. Ce sentiment d'être entré dans une parenthèse temporelle est illustré par le vieux centre colonial de Thakhek et sa croquignolette placette. Guère profond puisqu'il dépasse à peine la rue Chao Anou, il s'étire sur environ 1 km le long du fleuve. L'essentiel des maisons est plus ou moins décati, parfois ruiné et de récentes constructions rompent l'harmonie d'ensemble. Sans rêver au remplacement de toutes les tôles rouillées par les tuiles rouges d'origine, espérons que le succès touristique de la ville incitera des entrepreneurs à soutenir la recherche du temps perdu !

– **Namfon Petang** (Boun ; plan A1-2, **30**) : *rue parallèle au Mékong, au sud de la place de la fontaine. Tlj 16h-22h. Gratuit, on paie juste pour les boissons et les plats.* Plusieurs terrains en plein air pour se mesurer aux Laotiens, très bons joueurs et sérieux adversaires, croyez-nous. On y a laissé notre tee-shirt !

DANS LES ENVIRONS DE THAKHEK

Wat Pha That Sikhottabong : *à env 5 km au sud du centre par la route 13. Festival en fév.* Érigé entre le VIe et le VIIIe s, le stûpa conserve une relique de

LE SUD DU LAOS

Bouddha. Il a été restauré au XVIe s, puis surélevé d'un bourgeon de lotus dans les années 1950. Sa réplique thaïlandaise se dresse juste en face. Le petit temple, quant à lui, abrite une statue de Bouddha surmontée d'un beau plafond rouge décoré à la feuille d'or. À côté du complexe religieux, un ensemble de maisons en bois témoignant de l'architecture régionale traditionnelle se visite, mais rien n'est aménagé, ni entretenu.

LES KARSTS DE KHAMMOUANE

Une région gâtée par la nature

Filant vers l'est depuis Thakhek, il ne faut que quelques kilomètres à la route 12 pour entrer dans les massifs karstiques de la province de Khammouane. Formant une ceinture de 270 km de long sur environ 40 km de large, coincés entre le Mékong et la cordillère annamitique, ils donnent naissance à des paysages remarquables et variés : amples panoramas dominés au loin par les moutonnements de collines et pics calcaires, vallées perdues et cols entortillés, engoncés dans des forêts de pierre, denses comme des murailles, grottes à profusion, rivières souterraines, forêts et jungles encore bien présentes malgré d'inévitables déforestations. Profitant de leur cloisonnement, les plaines restent assez vertes en saison sèche pour la culture du tabac qui succède à celle du riz.

À voir. À faire

La boucle complète, longue d'environ 400 km (avec la grotte de Kong Lor), nécessite de passer 2 nuits en route (à Thalang et Kong Lor, par exemple) si l'on circule en voiture, 3 nuits si l'on voyage à moto (prévoir un pull et/ou un coupe-vent, il peut faire froid sur les hauteurs). C'est toujours faisable plus rapidement, mais il faudra tracer et shunter des sites. Prudence toutefois, car si la route entre Thakhek et Mahaxay est plate et le trafic léger, mieux vaut rouler lentement sur les passages montagneux. Pour ceux qui auraient moins le temps, il est déjà possible de visiter des sites intéressants dans la journée. Nous avons donc scindé l'itinéraire en deux.

Les grottes et massifs karstiques entre Thakhek et Mahaxay

Par la route 12 qui file vers la frontière vietnamienne. Se grouper pour chartériser un *songthaew,* ou louer une petite moto. Partir tôt le matin et pique-niquer en route. Se munir d'une lampe frontale ou d'une bonne torche est indispensable.

Elephant's Cave (Tham Xang) : *à env 5 km du centre de Thakhek, bifurcation sur la droite (panneau) et continuer sur 1,5 km de piste rouge. Entrée : 5 000 kips.* On vient ici surtout pour l'environnement. Il faut en effet traverser un village, qui pratique la culture sur sable sur les berges de la rivière, puis emprunter le pont avant de grimper les escaliers qui mènent à une petite grotte garnie de sculptures naïves et veillée par un bouddha. Il n'en a pas toujours été ainsi. En effet, la croyance populaire en avait fait la « grotte du diable », en raison d'une forme calcaire trouvée à l'intérieur qui ressemblait à un monstre... jusqu'à ce qu'on découvre une nouvelle représentation, plus proche celle-là d'un éléphant (d'où son nom)... ouf ! Bien que modeste, elle est aujourd'hui vénérée par les villageois des alentours.

LA BOUCLE DES KARSTS DE KHAMMOUANE

Buddha's Cave (Tham Pa Fa) : *bifurcation indiquée sur la gauche de la route, à env 6 km de Thakhek, puis 8 km (9 km indiqué sur le panneau) de mauvaise piste sur les deux tiers du trajet. Parking payant pour les motos. Tlj 8h-16h30. Entrée : 5 000 kips. Photos interdites. Jupes obligatoires pour les filles (en loc sur place).* Depuis le parking, se diriger vers la falaise équipée d'une passerelle. Petite, cette grotte découverte en 2004 n'en dégage pas moins une impression à la fois sereine et sacrée. Elle fait d'ailleurs l'objet d'un pèlerinage. Par une petite ouverture, on pénètre dans une chambre où les formations calcaires forment de magnifiques drapés autour d'une collection de vénérables bouddhas en bronze. Elle est souvent occupée par des Laotiens qui viennent prier.

Paseum Cave : *au bout du parking de Buddha's Cave, emprunter le chemin le plus à gauche. Compter 10 mn de marche en tout ; à la fourche, prendre à gauche. Possible aussi à moto jusqu'au pont, puis continuer à pied.* On débouche sur un lac majestueux où ne règnent que calme et sérénité, seulement perturbé par le chant des oiseaux et les bulles des poissons. Admirez le reflet des karsts dans cette eau claire turquoise où les rochers moussus et les plantes aquatiques affleurent. Féerique ! Pour faire une balade en bateau dans la grotte juste derrière, se renseigner à l'office de tourisme de Thakhek qui organise des excursions.

Tham Xieng Liap : *à env 13 km du centre de Thakhek, bifurcation sur la droite (panneau). Guide parfois présent sur place (compter env 10 000 kips). Sinon, depuis le parking, suivre le sentier pdt env 10 mn.* La première cavité est alimentée par une rivière souterraine que l'on distingue dans la pénombre. Ressortir et traverser la rivière (à l'extérieur), on débouche sur un cours d'eau que l'on remonte jusqu'à une nouvelle grotte aux belles dimensions, qui s'ouvre sous une haute falaise spectaculaire de 300 m de haut.

Tham Pa Inn : *à env 15 km du centre de Thakhek, côté gauche, repérer une arche en brique et pierre (200 m avt Green Climbers). Prévoir une lampe.* Un chemin, puis une volée de marches envahies par les branchages mènent à cette petite grotte, tendue d'une kyrielle de fanions bouddhistes. Un escalier sur la gauche conduit à un autel garni de statues de bouddhas. De ce « balcon », belle vue sur la grotte et la rivière souterraine. Atmosphère apaisante.

Green Climbers Home : *à env 15 km du centre de Thakhek ; chemin indiqué sur la droite. 020-596-675-39 (Tanja). • greenclimbershome.com • Ouv oct-mai. Pour 2 : tente 60 000 kips (sac de couchage compris), bungalows sans ou avec sdb 130 000-180 000 kips. Dortoir 60 000 kips/pers. Plats bon marché. Résa des cours mini 1 j. avt.* Toutes ces falaises calcaires ne pouvaient qu'attirer les amateurs d'escalade. Un couple de grimpeurs allemands a monté ce centre, dans un environnement superbe. Cours, location de matériel. Débutants bienvenus. Voies équipées de 9 m à 120 m de long, allant du 3A au 8A+. Propose également 2 ensembles de bungalows plus un resto sur pilotis à 500 m l'un de l'autre. Ambiance très cool dans les grandes salles communes en bois (tables basses, coussins). Pas étonnant que les routards (principalement grimpeurs, mais tout le monde est bienvenu) s'y retrouvent.

Tham Nang Aen : *à env 20 km de Thakhek. Chemin d'accès sur la droite, clairement indiqué. Tlj 9h-17h. Entrée : 20 000 kips.* Le site est joli mais très aménagé : la grotte est traversée par un chemin bétonné et un éclairage totalement psychédélique. Balade en barque sur la rivière souterraine possible (compter 2h et 50 000 kips par personne). Restos sur place.

Mahaxay Kuo (vieux Mahaxay) **:** *23 km après la grotte de Nang Aen (soit à 43 km du centre de Thakhek), au niveau d'un embranchement après un village, bifurquer à droite, puis à gauche vers New Mahaxay. Dans le village, tourner à droite jusqu'à une jonction en « T » et là, prendre à gauche jusqu'au vieux village. Depuis la route principale, plusieurs chemins permettent d'y pénétrer.* Le village a été bâti le long de la rivière, dans un cadre enchanteur. En longeant la berge en surplomb, on croise un très beau temple coloré, un autre, plus petit, avec une statue de bouddha ombragée par un vénérable banian. Quelques pirogues sur l'eau ; il est d'ailleurs possible de rejoindre l'autre rive un peu plus loin. Environnement très paisible. En revenant sur le goudron et en poursuivant un peu plus loin, on atteint le pont qui enjambe la *Ke Bangfai*. De là, belle perspective sur les karsts.

La boucle des karsts de Khammouane, après Mahaxay et jusqu'à Vieng Kham

Le plateau de Nakai : *à 43 km au nord de Mahaxay et env 25 km avt Ban Thalang. Ça grimpe. Attention, à la fourche, prendre direction « Nam Theun Visitor Centre ».*

De Thalang à Laksao : *env 60 km, prévoir du temps.* Sur la route pour Laksao, tout d'un coup, c'est le choc : par milliers, des troncs blanchis émergent des ramifications de l'immense lac de retenue du barrage de Nam Theun II tandis qu'on navigue dans cet étrange univers (voir la rubrique « Environnement. La question des grands barrages hydroélectriques » en fin de guide). La petite ville de Laksao n'a aucun intérêt en soi, si ce n'est ses stations-service et restos.

Sabaidee Guesthouse & Restaurant : *à **Thalang,** juste avt le pont qui traverse la Nam Theun. 020-554-299-50. Doubles avec sdb 40 000-60 000 kips selon taille. Également des dortoirs. Plats 20 000-30 000 kips.* Bungalows ventilés et avec eau chaude. Toujours en train de se marrer et doté d'une pêche d'enfer, le patron laotien bossa pour EDF lors de la construction du barrage. Du coup, il se débrouille un peu en français et... prépare des croissants et pains au chocolat pour le matin ! Grand pavillon resto, bonne cuisine. Feux de camp, petites sorties et pique-nique organisés à la demande. Terrain de pétanque. Une vraie oasis.

Tha Bak Bridge : *à 38 km de Laksao.* Beaux panoramas après Laksao puis, après quelques montagnes russes supplémentaires, s'arrêter (17 km avant Ban Nahin) au pont franchissant une large rivière, où s'est fixé un petit village. Magnifique paysage, mais c'est aussi en contrebas qu'il faut regarder. Les drôles d'embarcations en métal brillant ont été confectionnées dans l'enveloppe de bombes américaines ! Rappelons que le Laos possède un triste record, celui du pays le plus bombardé de l'histoire. On pense que 2 millions de bombes à sous-munitions se sont abattues sur le pays, plus que pendant toute la Seconde Guerre mondiale ! Pour plus d'infos, lire en fin de guide, la rubrique « Histoire ».

Kong Lor's Cave and Village : *à env 45 km de Vieng Kham ; embranchement env 3 km avt Ban Nahin (appelé parfois Khoun Kham sur les cartes), au niveau d'une station-service, puis env 45 km de route campagnarde jusqu'à la grotte et son village. De Thakhek (plan B1), 1 bus le mat pour Laksao ; changer à Ban Nahin, et de là, bus ttes les heures pour Kong Lor. De Vientiane, 1 bus le mat (7-8h de route). Visite : tlj 8h-16h. Entrée du parc : 2 000 kips/pers et 10 000 kips/pers pour la grotte, plus env 100 000 kips la barque pour 3 passagers max. Compter 2h min de visite (si vous ne faites qu'une courte pause de l'autre côté). Lampes frontales et tongs prêtées.*

Cette merveille de la nature ressemble à un tunnel d'environ 30 m de large, 20 à 100 m de haut et 7,5 km de long, où coule une rivière. Elle mérite un brin d'histoire. Située dans le secteur des pistes Hô Chi Minh, Kong Lor est utilisée comme planque pendant la deuxième guerre d'Indochine (1955-1975). Des villageois s'y terrent pendant 90 jours, jusqu'à ce qu'ils surprennent un canard voguant en sens inverse, preuve qu'une sortie existe ! Du coup, elle servira à acheminer armes et munitions.

La visite se fait en barque : 45 mn de trajet aller, incluant une marche de 10 mn au milieu des stalagmites et stalactites du *Palais du Naga* puis retour à la lumière, dans le paysage féerique de la vallée opposée où se sont installées des petites échoppes. De ce côté, il est également possible d'aller visiter le village de Ban Natane, 2 km plus loin. On peut même y loger en *homestay,* mais autant prévenir de son intention à l'achat du billet. Possibilité de se baigner avant l'entrée. Dans le sens inverse, navigation d'un trait jusqu'au point de départ (en saison sèche, il faut parfois pousser la barque).

Le village et la vallée de Kong Lor, c'est aussi un petit paradis dans son genre, rejoint par une route qui sinue paisiblement à travers une vallée très photogénique. Presque verticales, les formations karstiques qui la bordent se resserrent jusqu'à la grotte.

Autant loger dans le village de Kong Lor, à deux pas du site, plutôt qu'à Ban Nahin où, si vous êtes coincé (plus de transport, la nuit qui tombe...), vous trouverez cependant plusieurs *guesthouses* et restos, et même un distributeur de billets.

Chantha House : *au village de **Kong Lor,** 1,5 km avt l'entrée de la grotte. 020-210-00-02. • chanthahouse.com • Doubles avec sdb 60 000-80 000 kips. Petit déj non compris. Plats bon marché.* Un grand chalet sur 2 niveaux. Chambres ventilées et avec eau chaude, mais pas super propres. Certaines sont assez petites et frisquettes à cause du carrelage. Vélos à louer. Bon accueil.

Kounmee Restaurant : *au village de* ***Kong Lor,*** *peu avt le péage de la grotte. Tlj 6h30-22h. Plats bon marché.* Carte au ton acidulé et à l'orthographe créative ! Riz sautés, currys, soupes, *lap,* salades, petit déj, il y a tout ce qu'il faut. Avec en plus une atmosphère familiale et villageoise garantie.

La forêt de pierre : *à env 18 km de Ban Nahin et 25 km avt Vieng Kham.* Soudain, les massifs calcaires s'effilent et se densifient jusqu'à former une véritable forêt, dans laquelle la route grimpe et se fraie un passage à grand-peine. Point de vue spectaculaire aménagé.

➢ De Vieng Kham, bifurquer à gauche sur la route 13 vers Thakhek, que l'on atteint au bout de 105 km.

SAVANNAKHET

IND. TÉL. : 041

• Plan *p. 391*

Plantée au bord du Mékong, à près de 500 km de Vientiane, Savannakhet est la capitale de la province la plus peuplée du pays.
Depuis la mise en service du pont de l'Amitié II à 6 km au nord, Savannakhet a perdu le trafic frontalier qui générait l'essentiel de son animation. Du coup, la ville tente de redynamiser son centre historique et de restaurer ses demeures à l'architecture coloniale, Art déco et moderniste. Devant les façades décrépites et les rues arpentées le soir par les chiens, on se dit qu'il reste encore fort à faire. Mais Savannakhet retiendra à coup sûr les voyageurs sensibles au charme étrange de cette ville, empreint de nostalgie.

Arriver – Quitter

En bus

Gare routière (hors plan par B1) **:** *à env 2 km du vieux centre, à l'extrémité nord de Ratsavong Seuk Rd.* ☎ *21-39-20.*

➢ ***Vientiane :*** bus ttes les 40 mn env, 6h-11h30, ainsi qu'un car-couchette le soir. Durée : 8h (483 km).

➢ ***Thakhek :*** 5 bus/j., 8h-13h. Trajet : 3h (120 km).

➢ ***Paksé :*** 5 bus/j. Durée : 5h (265 km).

➢ Pour les ***liaisons internationales***

Adresses utiles

- Savannakhet Tourism Information Centre
- 1 Banque Franco-lao
- 2 Hôpital provincial de Savannakhet
- 3 Consulat du Vietnam
- 4 Consulat de Thaïlande

Où dormir ?

- 10 Leena Guesthouse
- 11 Joli Guesthouse
- 12 Avalon Residence
- 13 Savanbanhao Hotel
- 14 Vivanouk Homestay

Où manger ? Où boire un verre ?

- 14 Vivanouk
- 20 Gargotes du marché Savanxay
- 21 Gargotes du Night Market
- 22 Lin's Café
- 23 Sa Van I Lao
- 24 Chez Boune
- 25 Souk Savanh

À voir. À faire

- 43 Forêt protégée de Dong Natad, That Inheng et Bungva Lake

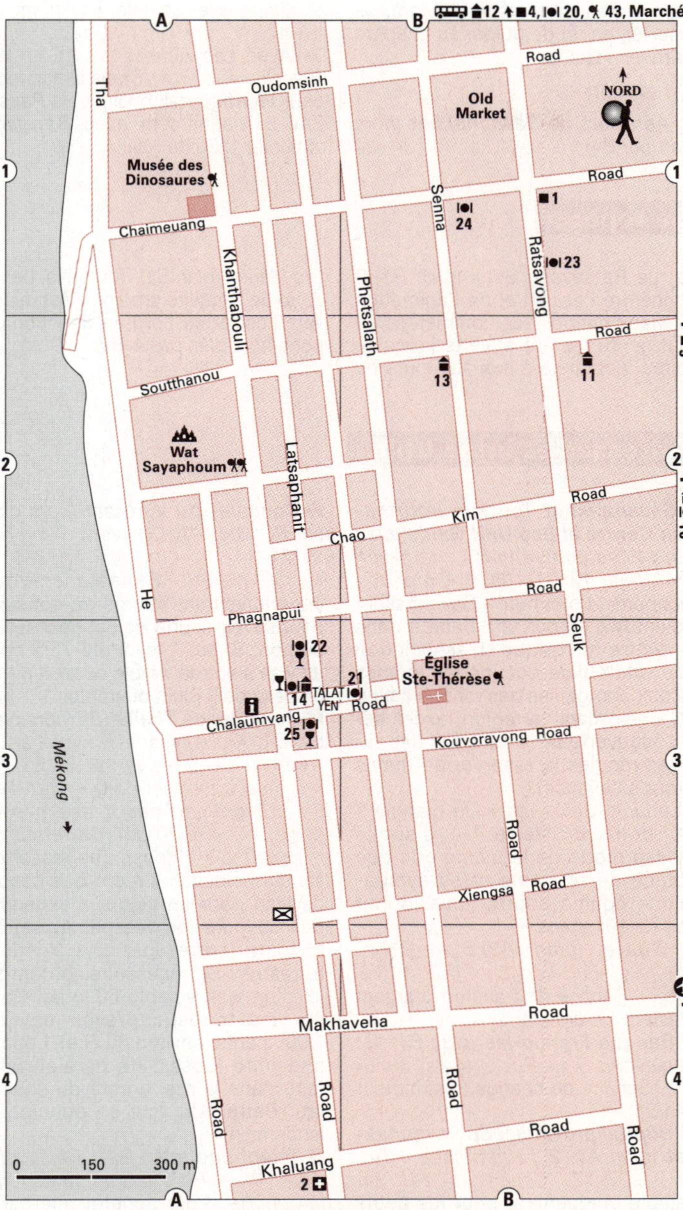

SAVANNAKHET

avec la Thaïlande et le Vietnam, se reporter, en fin de guide, au chapitre « Arriver – Quitter ».

En avion

✈ ***Aéroport de Savannakhet*** *(hors plan par B4)* **:** *à env 2 km au sud-est du centre-ville. Compter env 15 mn en tuk-tuk.*

➢ Avec *Lao Airlines (☎ 21-21-40 ; ● laoairlines.com ●),* 5 vols directs/sem pour ***Vientiane*** et 1 vol/j. vers ***Paksé.*** Env 5 liaisons/sem avec ***Bangkok*** (compter 1h30 de vol).

Se repérer

La rue Ratsavong Seuk *(plan B1-4)* concentre l'essentiel de l'animation du vieux centre. Ses commerces en tout genre restent ouverts jusqu'en soirée, notamment aux alentours du *Old Market (plan B1).* Toutefois, beaucoup de l'activité urbaine s'est diluée vers l'est et au nord en direction du pont *(hors plan par A-B1).*

Adresses et infos utiles

ℹ ***Savannakhet Tourism Information Centre*** *et* ***Eco Unit Guide*** *(plan A3)* **:** *Chalaumvang Rd. Lun-ven 8h-11h30, 13h30-16h30.* On peut y récupérer la brochure « Savannakhet Downtown » pour une balade dans le centre historique. L'association *Eco Unit Guide* occupe les mêmes locaux et organise des randos à pied ou à vélo dans la région, axées sur la découverte de la nature et des villages reculés (à réserver au moins 1 jour à l'avance).

– Le *Lin's Café* (voir « Où manger ? Où boire un verre ? ») dispose grosso modo de la même doc que l'office de tourisme et sa sympathique équipe pourra vous fournir des tuyaux utiles.

✉ ***Poste*** *(plan A3)* **:** *Khanthabouli Rd. Lun-ven 8h-11h30, 13h-16h30.* Service de transfert d'argent *Western Union.*

■ ***Banque Franco-lao*** *(plan B1,* ***1****)* **:** *Ratsavong Seuk Rd. Lun-ven 8h30-16h.* Service de change, distributeur 24h/24.

✚ ***Hôpital provincial de Savannakhet*** *(plan A4,* ***2****)* **:** *Khanthabouli Rd. ☎ 21-27-17. Urgences 24h/24.* Valable uniquement pour les petits bobos. En cas de diagnostic plus sérieux, ils organisent une évacuation vers l'hôpital international de Mukdahan, en Thaïlande.

■ ***Consulat du Vietnam*** *(hors plan par B2,* ***3****)* **:** *118, Sisavang Vong Rd. ☎ 21-24-18. Lun-ven 7h30-11h, 13h30-16h30.* Renseignez-vous impérativement auprès du consulat pour savoir si un visa est nécessaire ou non. Si oui, prévoir 45-75 $ pour un visa à entrée simple ou multiple et un délai de 3 jours ouvrables.

■ ***Consulat de Thaïlande*** *(hors plan par B1,* ***4****)* **:** *Kaysone Phomvihan, à 4 km du centre-ville. ☎ 21-23-73. ● thaisavannakhet.com ● Lun-ven 9h-11h pour le dépôt des passeports, 14h-16h30 pour le retrait (sf j. fériés thaïs et laos).* Les ressortissants occidentaux n'ont pas besoin de visa pour un séjour n'excédant pas 30 jours (arrivée par avion) ou 15 jours (entrée par une frontière terrestre). Si nécessaire, obtention ici d'un visa valable 60 jours. Pour un visa touriste, prévoir environ 1 000 bahts (environ 30 €) et 1 photo d'identité (possibilité de s'en faire faire dans la rue, à côté du consulat). Retrait du visa en principe le lendemain.

■ ***Téléphone*** *(plan B2)* **:** *Ratsavong Seuk Rd, entre Soutthanou et Phagnapui Rd.* Pour acheter une carte SIM locale, adressez-vous aux magasins rue Ratsavong Seuk, proche du vieux marché ou en face du marché Savanxay.

Où dormir ?

Bon marché (moins de 200 000 kips / 25 $)

Leena Guesthouse (hors plan par B2, **10**) : *Chao Kim Rd. ☎ 21-24-04. • leenaguesthouse.blogspot.com • Doubles avec sdb 50 000-100 000 kips selon confort ; petit déj non compris. Plats à partir de 15 000 kips.* Au calme, en retrait de la rue (panneau), les chambres sont distribuées dans 2 bâtisses colorées. Préférer les étages, plus lumineux. Le carrelage omniprésent accentue l'impression de propreté de l'ensemble. Petit resto installé dans un pavillon coquet, pour le petit déj ou des repas simples.

Joli Guesthouse (plan B2, **11**) : *Soutthanou Rd. 020-998-428-99. Double 100 000 kips, petit déj inclus.* À deux pas de l'animation de la rue commerçante, au bout d'un chemin, se dresse cette grande maison jaune très bien entretenue, aux chambres immenses pour la plupart (toutes au même prix). Carrelage partout. On profite aussi d'une large terrasse avec vue sur la ville d'un côté, la campagne de l'autre. Très bon rapport qualité-prix.

Avalon Residence (hors plan par B1, **12**) : *Sisavonvong Rd. ☎ 25-27-70. • hotel.avalonbooking.com • Non loin de la gare routière et du marché Savanxay. Doubles 150 000-250 000 kips ; petit déj en sus.* Dans le bâtiment le plus moderne, les chambres standard n'affichent pas un charme renversant, mais se révèlent spacieuses et très bien équipées, surtout compte tenu du prix. Accueil serviable et pro. Un bon plan au final, à l'emplacement pratique.

Savanbanhao Hotel (plan B2, **13**) : *Senna Rd. ☎ 21-22-02. Doubles avec sdb 70 000-100 000 kips ; petit déj non compris. (réception).* Plusieurs pavillons de 2 niveaux sont répartis sur un espace ressemblant à un parking. La collection de chambres est déclinée en 4 catégories, selon le confort et l'étage. Au 2e, elles ont droit au parquet, à un frigo et plus de clarté.

Chic (300 000-500 000 kips / 37-62 $)

Vivanouk Homestay (plan A3, **14**) : *Latsaphanit Rd. 020-916-060-30. • vivanouk.com • Dans le centre historique. Doubles sans sdb 30-50 $ selon taille.* De cet ancien entrepôt, Nicolas s'est amusé à réinventer l'aménagement intérieur. L'escalier en colimaçon distribue 3 chambres à la déco épurée aux tons blanc et bleu pâle, tommettes au sol. Notez les anciennes persiennes reconverties en tables ou sommiers. Les 2 salles de bains sont à l'extérieur ; au sens propre pour l'une d'elles, qui se retrouve en plein air, toilettes comprises ! On aime bien aussi le petit patio où l'on se pose tranquillou pour regarder les étoiles et même dormir si on le souhaite, il suffit de demander un matelas. Accueil zen.

Où manger ? Où boire un verre ?

Très bon marché (moins de 50 000 kips / 6 $)

Les gargotes du marché Savanxay (hors plan par B1, **20**) : *à l'extrémité nord de Ratsavong Seuk Rd, tt proche de la gare routière (côté ouest).* On y engloutit les traditionnelles soupes de nouilles, brochettes de viandes, riz gluant et des spécialités régionales...

Les gargotes du Night Market (plan B3, **21**) : *pl. Talat Yen. Tlj 17h-22h.* Le soir, ces petites gargotes rendent au centre historique un peu de son animation. Plats chinois, laos ou thaïs, comme ce que propose *Xokhai,* petite cantoche qui officie depuis belle lurette sur la place. Mais il y en a d'autres.

De bon marché à prix moyens (50 000-150 000 kips / 6-19 $)

Lin's Café *(plan A3,* ***22****)* **:** *Latsaphanit Rd. 020-998-816-30. Tlj sf mer 8h30-20h.* Superbes carreaux-béton d'époque coloniale au sol, expo consacrée au patrimoine menacé de la vieille ville au 1er, tout ça se combine parfaitement pour créer un lieu très plaisant. À la carte, un mélange de plats occidentaux et asiatiques, dont un choix végétarien. Les becs sucrés seront à la fête. Service adorable.

Sa Van I Lao *(plan B1,* ***23****)* **:** *Ratsavong Seuk Rd. 020-981-256-99.* Sous une terrasse ombragée, Joy, qui a vécu un temps en France, accueille plutôt... en anglais et sert une bonne cuisine lao-thaïe. Délicieux *lap* (notamment de poisson) et produits d'une belle fraîcheur en général.

Chez Boune *(plan B1,* ***24****)* **:** *Chaimeuang Rd, face au Old Market. ☎ 21-51-90. Tlj sf ven 7h-22h. Plats locaux à prix moyens, un peu plus chers pour les produits importés.* Tenu par un couple francophone, mitonnant de bons plats et aussi des salades, pâtes, crêpes et parfois de la très réputée viande de Kobe. Mais le *local steak,* raisonnablement tarifé, est déjà très bien. Carte des vins, certains servis au verre et à la carafe. Cadre boisé et soigné, salle climatisée ou petite terrasse. Très bon accueil de Nang, la proprio.

Vivanouk *(plan A3,* ***14****)* **:** *Latsaphanit Rd ; voir plus haut « Où dormir ? ». Tlj jusqu'à 22h. Menu env 100 000 kips.* Salle agréable largement ouverte sur la rue pour avaler un sandwich ou un plat simple français, revisité avec des saveurs et produits locaux. Fait aussi bar (pastis pour les nostalgiques). Juste à côté, le **Dao Savanh,** directement sur la place est un resto français à la très bonne réputation. Pas donné toutefois.

Souk Savanh *(plan A3,* ***25****)* **:** *sur la place Talat Yen. Tlj 17h-23h30.* Ce bistrot vintage tenu par des Thaïs est un des endroits les plus animés le soir. Musique forte et parfois un chanteur qui assure l'ambiance. Quelques plats thaïs et chinois également.

À voir. À faire

Le vieux quartier colonial *(plan A-B3)* **:** pour certains, le délabrement et la léthargie qui se sont abattus sur le quartier rendront la balade décevante, voire un peu déprimante. D'autres en nourriront leurs souvenirs et réflexions, en mariant la nostalgie à l'espoir, grâce à ces quelques bâtisses encore fières ou restaurées. Quoi qu'on en pense, la vieille ville reste, malgré sa taille modeste, un témoignage historique important. À commencer par la place *Talat Yen,* veillée par l'église Sainte-Thérèse, dont le dessin rectangulaire à la française continue à défier l'adversité, supportée par le nombre respectable de maisons à colonnades et compartiments chinois (commerce au rez-de-chaussée, logement au-dessus) alentour.

TU TIRES OU TU POINTES ?

Faites donc un petit pèlerinage dans le quartier colonial. Là, tendez l'oreille, à l'affût d'un claquement métallique typique... Tels d'exotiques Marseillais, des joueurs de boules laotiens en chapeau de paille ponctuent leurs commentaires d'expressions françaises du genre « C'est bon ! »

L'église Sainte-Thérèse *(plan B3)* **:** *Chalaumvang Rd.* Édifiée en 1914, cette étonnante église est surtout fréquentée par la communauté vietnamienne catholique.

Wat Sayaphoum *(plan A2)* **:** *au bord du Mékong.* C'est le plus ancien temple de la province de Savannakhet, construit en 1896, 3 ans après l'arrivée des

Français. Cette pagode est joliment décorée dans le style traditionnel laotien et abrite une intéressante fabrique de bouddhas (côté fleuve).

Le marché *(hors plan par B1) :* *à l'extrémité nord de Ratsavong Seuk Rd, juste à côté de la gare routière.* À ne pas manquer. Immenses halles très animées, qui foisonnent de victuailles et produits divers. Très intéressant.

Le musée des Dinosaures *(ministère des Sciences et de la Technologie ; écrit en français ; plan A1) :* *Khanthabouli Rd. ☎ 21-25-97. Tlj 8h-11h30, 13h30-16h. Entrée : 10 000 kips. Panneaux en français.* Ce tout petit musée expose des ossements de quatre dinosaures retrouvés dans la région, dont un impressionnant sauropode. Le musée n'a visiblement aucun moyen, mais on y est toujours accueilli à bras ouverts.

DANS LES ENVIRONS DE SAVANNAKHET

– ***Excursion combinant les trois sites plus bas :*** faisable à vélo ou à petite moto. On peut aussi chartériser un *tuk-tuk.* Prévoir 4h, éviter les heures les plus chaudes. Se munir de la brochure « *Savannakhet Outskirts* » auprès de l'office de tourisme ou du *Lin's Café.*
Prendre la route 9 en direction de Vientiane. Après environ 11 km, faire attention au panneau sur la droite qui annonce la bifurcation pour le That Inheng. Peu avant d'arriver à ce stûpa, un chemin sur la gauche (mini pancarte en laotien seulement, se repérer à la cime des arbres) s'enfonce dans la forêt de Dong Natad. Après la balade, à ajuster selon le temps disponible, revenir sur ses pas et rejoindre le stûpa. Ensuite, continuer sur la petite route qui file côté droit en regardant le stûpa. Elle rejoint le lac Bungva, s'enroule autour de ses berges avant de rencontrer des axes perpendiculaires qu'il suffit de traverser, en tirant un peu vers la gauche (sud), pour rejoindre le Mékong et la vieille ville.

La forêt protégée de Dong Natad *(hors plan par B1,* ***43****) :* ses 8 500 ha sont dominés par de majestueux diptérocarpes. La résine *nyang* est extraite de ces géants de la forêt pour confectionner des torches. Avec un peu de chance, vous verrez des autochtones escalader des arbres pour collecter du miel. La zone, quadrillée par des chemins de gravillons ou de sable, cache également un lac serein.

That Inheng *(hors plan par B1,* ***43****) :* *à env 15 km de Savannakhet. Tlj 7h30-17h30. Entrée : 5 000 kips.* Bâti au XVIe s, sa base est enrichie de bas-reliefs hindouistes de style khmer. Le stûpa est entouré de galeries remplies de centaines de bouddhas dorés. Chercher les sculptures érotiques et viser la porte d'entrée du *that,* ornée du dieu Shiva...

LES LOIS DE LA NATURE

L'estomac perturbé après avoir mangé du porc avarié, le Bouddha se serait arrêté d'urgence sur ce site qu'on dit sacré depuis 1 500 ans. Histoire de se soulager et de récupérer, il s'adossa à un arbre Hang. D'où ce stûpa, édifié en mémoire de cette auguste pause. Cette légende est prise au sérieux par les villageois du coin : encore aujourd'hui, ils n'élèvent pas de cochons !

Bungva Lake *(hors plan par B1,* ***43****) :* *à env 6 km de Savannakhet.* Plus ou moins étendu selon la saison, fréquenté par des pêcheurs à pied ou en barque, son périmètre est flanqué de nombreuses petites gargotes et restos, disposant d'annexes flottantes pour siroter une boisson locale ou manger un morceau. Typique et populaire, c'est le moment de faire une pause !

PAKSÉ

IND. TÉL. : 031

• Plan *pp. 398-399*

À 265 km de Savannakhet, au confluent du Mékong et de la rivière Xe Don, cette ville commerçante, qui s'étale sur 16 km de long, est le chef-lieu animé de la province de Champasak. Le grand fleuve, large ici de 1,5 km, délaisse son rôle frontalier pour se réfugier en terre laotienne.
Les Français fondent Paksé au début du XXe s, pour servir de centre administratif du Sud et de point de contrôle de la navigation. C'est de nos jours un pôle économique majeur et une plaque tournante des importations du pays. Elle doit ce statut à sa proximité avec la Thaïlande, d'où l'on arrive par le poste-frontière terrestre de Vang Tao, avant de franchir le Mékong par un pont construit dès 1975 par les Japonais.
Les destructions datant de la deuxième guerre d'Indochine (1955-1975) privent Paksé des charmes désuets de Thakhek ou de Savannakhet. La ville ne manque toutefois pas d'atout : elle a conservé quelques bâtiments administratifs et villas remontant à l'époque coloniale et sa situation en fait une étape stratégique pour rayonner aux alentours. Elle se trouve proche de Champasak et du Vat Phou classé au Patrimoine de l'Unesco, et aussi du plateau des Bolavens, réputé autant pour son café que pour ses chutes d'eau et ses innombrables possibilités de trek. Pas étonnant donc que Paksé soit facilement accessible grâce à un aéroport international et bénéficie d'un bon choix d'hébergements et de restos.

Arriver – Quitter

En avion

✈ ***Aéroport international de Paksé*** *(hors plan par A1)* **:** *sur la route 13 en direction de Savannakhet, à env 4 km au nord-ouest du centre-ville. Infos vols : ☎ 25-14-60.* Sur place, une antenne de la *BCEL* : service de change et obtention de kips et dollars avec les cartes *Visa* et *MasterCard*, moyennant commission. Pour rejoindre le centre, compter 50 000 kips en *tuk-tuk*.
Les destinations suivantes sont desservies par *Lao Airlines (☎ 21-22-52 ou 25-14-60).*
➢ ***Vientiane*** *(certains via Savannakhet)* **:** 2-3 vols/j. dans les 2 sens. Durée : 1h15. Un vol aussi assuré par *Thai*.
➢ ***Luang Prabang :*** 1 vol/j. dans les 2 sens. Durée : 1h50.
➢ Pour les vols vers ***Siem Reap, Bangkok*** et ***Hô Chi Minh-Ville,*** se reporter en fin de guide au chapitre « Arriver – Quitter ».

En bus

La répartition des destinations desservies par les 4 gares routières de Paksé est un peu confuse et peut changer d'année en année. Même les autochtones s'y perdent, l'office de tourisme compris ! Dans tous les cas, se renseigner avant de réserver ; les liaisons et fréquences que nous indiquons ne sont qu'indicatives.

Une solution simple et pratique :
🚌 ***Bus et minivans touristiques :*** s'adresser aux agences et hôtels ou chez le loueur de motos *Miss Noy (plan A1-2,* ***9****).* Ramassage à votre hôtel. Départ en principe à 8h. Pour ***Champasak*** (compter 1h) ou ***Siphandone/4 000 îles*** (compter 2h30 jusqu'aux quais d'embarquement).
➢ Pour le ***passage de la frontière thaïlandaise*** Vangtao-Chong Mek, à 45 km de Paksé, se reporter au chapitre « Arriver – Quitter » en fin de guide.

Station des bus VIP du centre *(plan A2,* ***3****) : rue 11. Dans le centre.* Dessert slt ***Thakhek*** et ***Vientiane.*** Pratique, confortable et rapide... mais un peu plus cher que les autres.

➢ Pour le ***Cambodge*** (Stung Treng, Kratie, Phnom Penh), se reporter au chapitre « Arriver – Quitter » en fin de guide.

Gare routière du Nord *(Lak Chet ; hors plan par A1,* ***1****) : au nord-ouest du centre-ville sur la route 13, au km 7 en direction de Savannakhet. S'y rendre en tuk-tuk.* C'est le point de départ des bus ordinaires (lents et moins chers) pour les villes situées au nord du pays. Les bus internationaux rapides s'y arrêtent en provenance de la gare du Sud.

Station Talat Lak Song *(hors plan par D2,* ***4****) : au km 2 sur la route 13, en direction du sud ; derrière le marché du soir. ☎ 21-22-28.* Pratique, car assez proche du centre-ville.

➢ ***Thakhek et Vientiane :*** 7h30-11h30 env, 4 bus VIP/j.

➢ ***Champasak, Siphandone :*** 7h-11h, env 4 *songthaew*/j.

➢ ***Vers la frontière thaïe :*** bus locaux et *songthaew,* 6h-16h. Trajet : 1h-1h30.

Gare routière du Sud *(Lak Pet ; hors plan par D2,* ***2****) : au km 8 sur la route 13, au carrefour de la route 16 en direction de l'est.* Départs pour les villes du Sud, la région des 4 000 îles et le plateau des Bolavens, en bus ou en *songthaew* (petite camionnette équipée de 2 rangées de bancs). La gare du Sud est le point de départ des bus internationaux qui font halte aussi à celle du Nord.

➢ ***Savannakhet*** (265 km) ***:*** 6h-16h env, à peu près 15 bus/j. dans les 2 sens ; 3-4h de trajet.

Les destinations suivantes en bus de nuit : ***Thakhek*** (385 km), 6h de trajet ; ***Vientiane*** (736 km), env 10-12h de trajet ; ***Vang Vieng*** (795 km), 12h30 de trajet ; ***Luang Prabang*** (980 km), 12h45 de trajet.

➢ ***District de Siphandone*** *(4 000 îles)* ***:*** pour ***Don Khong*** (130 km), compter 9-15 bus/j. dans les 2 sens. Le bus va jusqu'à Muang Khong via le pont de *Ban Hat,* à 3 km au sud de *Muang Khong* (où se trouvent les hébergements). Env 2h30 de voyage. Pour ***Don Khône*** et ***Don Det*** (135 km), généralement 6 bus/j. Env 3h de trajet. Voir dans « Le district de Siphandone » pour les bacs et pirogues.

➢ ***Ban Khiet Ngon et Ban Papho*** *(villages aux éléphants)* ***:*** env 1 *songthaew*/j., vers 12h. Env 2h30 de trajet.

➢ ***Plateau des Bolavens :*** nombreuses liaisons dans les 2 sens avec ***Paksong*** (env 1h30 de trajet), ***Thateng, Sékong*** et ***Saravane,*** jusqu'à 16h env.

Un ***« terminal » de songthaew*** borde le marché du matin *(Dao Heuang Market ; plan B3).* Ils desservent la frontière de ***Vang Tao*** jusqu'à 16h env. Dans ce cas, le poste-frontière se traverse à pied.

En bateau

Trajet ***Paksé-Champasak*** sur un petit bateau touristique surtout pendant la saison sèche (novembre-avril). Résa impérative la veille, car les départs ont lieu uniquement s'il y a assez de réservations (billet env 80 000-100 000 kips). Renseignez-vous auprès de votre hôtel ou des agences. Départ le matin de l'embarcadère voisin de la poste *(plan A3),* mais on peut venir vous prendre à l'hôtel. Trajet : 2h, un peu plus long au retour (on est à contre-courant).

Se déplacer

La marche convient au centre, et le Mékong n'est jamais qu'à 15 mn de la rue 13. Louer un vélo suffit pour élargir son rayon d'action. Réserver les petites motos à ceux qui en ont la maîtrise et aux excursions vers le plateau des Bolavens. Pour une course en *tuk-tuk* ou en *songthaew* en ville, compter 10 000-15 000 kips. Problème, il n'y en a pas partout et encore moins à partir de 18h.

À signaler que le vieux « pont

français métallique » *(plan A1)* qui permettait de franchir la rivière Xe Don a été démoli en 2015 pour faire place à un nouvel ouvrage d'art en béton.

Adresses utiles

Paksé Tourism Information Centre *(plan A2)* **:** *rue 11.* ☎ *21-20-21. Lun-ven 8h-11h30, 14h-16h30.* Pour les horaires et infos fraîches,

■ Adresses utiles

- **i** Paksé Tourism Information Centre
- **1** Gare routière du Nord
- **2** Gare routière du Sud
- **3** Station des bus VIP du centre
- **4** Station « Talat Lak Song Embarcadère
- **5** Banque pour le Commerce Extérieur Lao
- **6** Lao Development Bank
- **7** Consulat du Vietnam
- **9** Miss Noy – Internet, agence de voyages, location de vélos et motos
- **10** Avis
- **11** Monument Books
- **12** Vat Phou Cruises
- **13** Dok Champa Massage
- **26** Wat Phou Travels

Où dormir ?

- **20** Sabaidy 2 Guesthouse
- **21** Alisa Guesthouse et Lankham Hotel
- **22** Hotel Phi Dao
- **23** Nang Noi Guesthouse
- **24** Résidence Sisouk
- **25** Sala Champa Hotel
- **26** Paksé Hotel
- **27** Champasak Palace Hotel
- **28** Champasak Grand
- **29** Athena Hotel

Où manger ? Où boire un verre ?

- **24** Sinouk Coffee House
- **25** Restaurant du Sala Champa Hotel
- **26** Le Panorama et Patio de Noy (Paksé Hotel)
- **41** Xuan Mai Restaurant
- **42** Jasmin Indian Restaurant
- **43** Dokmai Lao
- **44** Daolin Restaurant
- **45** Lankham Corean BBQ
- **46** Lao Restaurant & Bar
- **47** Oay Beer Garden

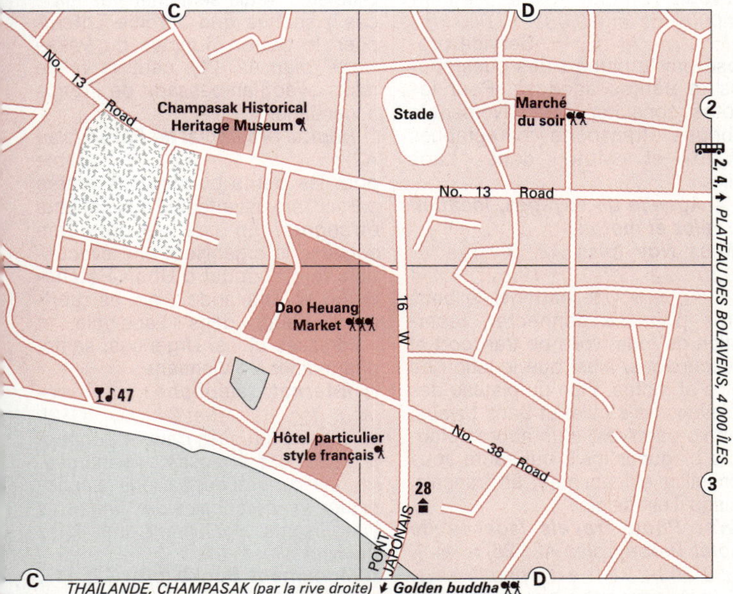

PAKSÉ

s'adresser au comptoir, les listings extérieurs sont rarement à jour. Très peu de docs, mais de grands panneaux à l'extérieur présentent les meilleures attractions et des itinéraires de découvertes et randonnées, dans la province et ses voisines, Saravan et Sékong. Quand il y a quelqu'un, bon accueil avec les moyens du bord...

■ ***Police touristique :*** *☎ 21-22-35.*

✉ **Poste** *(plan A3) : à l'angle des rues 1 et 8. Tlj 8h-12h, 13h-17h.* Service de transfert d'argent *Western Union.*

■ ***Banque pour le Commerce Extérieur Lao*** *(BCEL ; plan A2, 5) : rue 11. Lun-ven 8h30-15h30.* Change les devises, distributeurs 24h/24 et obtention au guichet de kips ou dollars avec les cartes de paiement, moyennant commission.

■ ***Lao Development Bank*** *(plan A1,* ***6****) : rue 13. Lun-ven 8h30-15h30.* Mêmes services que la *BCEL.*

■ ***Consulat du Vietnam*** *(plan B1,* ***7****) : rue 24. ☎ 21-41-40. • vietnamconsulate-pakse.org • Lun-ven 7h30-11h30, 14h-16h30.* Se renseigner impérativement auprès du consulat pour savoir si un visa est nécessaire ou non. Si oui, prévoir 45-75 $ pour un visa à entrée simple ou multiple et un délai de 3 jours ouvrables.

■ ***Location de vélos et petites motos :*** *compter respectivement 20 000 kips et 60 000-70 000 kips selon type et durée.* Service proposé par la plupart des *guesthouses* et petites agences. Pour les motos, consulter impérativement la rubrique « Transports » paragraphes « Vélo » et « Moto » dans « Laos utile ».

■ @ ***Agence de voyages, location de vélos et motos :***

– ***Miss Noy*** *(plan A2,* ***9****) : rue 13. 020-222-722-78. • noy7days@yahoo.com •* Une batterie de bons ordis pour se connecter, réservation de tous types de transport et d'excursions, ainsi que location de vélos et motos. Plan du plateau des Bolavens (très utile) et bons tuyaux, fournis par Yves, d'un abord volontiers blagueur mais qui saura vous conseiller efficacement en français, puisqu'il est belge.

– ***Wat Phou Travels*** *(agence de l'hôtel Paksé ; plan A2,* ***26****) : rue 5. 030-503-23-31. • watphoutravels.com •* Agence très sérieuse qui organise des circuits dans tout le sud du pays, peut se charger de la réservation de billets d'avion, de transferts, d'une location de voiture avec chauffeur.

■ ***Avis*** *(plan A2,* ***10****) : rue 10. ☎ 21-49-46.* Antenne locale de cette grande enseigne internationale. Sérieux garanti, accueil en principe francophone.

■ ***Vat Phou Cruises*** *(plan A2,* ***12****) : 108, rue 11. ☎ 25-14-46. Résas en France auprès de l'agence Asia : ☎ 01-44-41-50-10. • asia.fr • vatphou.com • Oct-avr, 3 départs/sem (mar, jeu, sam en principe) ; mai-sept, 2 départs/sem (mar et sam), service interrompu en juin. Selon période et nombre de participants, compter 600-740 $/pers.* Organise des croisières de 3 jours et 2 nuits à bord du *Vat Phou,* une barge en bois de 34 m de long, transformée en hôtel flottant. En tout, 12 cabines doubles confortables, avec salle de bains et clim. Itinéraire : Paksé-Champasak-Vat Phou-région des 4 000 îles, et retour à Paksé en minibus.

■ ***Coup de pouce :*** en cas de gros problème (mais seulement dans ce cas !) sachez que Jérôme Letemplier, le patron français du *Paksé Hotel (plan A2,* ***26****),* peut servir de relais avec l'ambassade de France à Vientiane...

✚ ***Hôpital provincial de Paksé*** *(plan A2) : rue 46. ☎ 21-20-18.* Valable pour les petits bobos. Une entrée particulière est affectée aux patients étrangers. En cas de problème sérieux, ils organisent une évacuation vers l'hôpital d'Ubon Ratchathani, en Thaïlande. Voir les rubriques « Santé » dans « Laos utile » et « Adresses utiles. Urgences, santé, pharmacies » à Vientiane.

@ ***Internet, téléphone :*** *au croisement des rues 13 et 24 (plan A1-2), plusieurs boutiques pour se connecter. Ouv tard et accès bon marché. Proposent aussi des liaisons téléphoniques internationales aux tarifs très intéressants. Également chez* Miss Noy *(voir plus haut).*

■ ***Monument Books*** *(plan A2,* ***11****) : en face du Champasak Plaza Hotel, côté nord. ☎ 21-42-19. Tlj 9h-20h (18h dim).* La seule librairie internationale de Paksé. Cartes postales, plans (dont celui de GT-Riders), bouquins sur le Laos (tourisme, etc.), romans et beaux livres. Petite sélection en français.

■ ***Dok Champa Massage*** *(plan A2,* ***13****) : rue 5, en face du Paksé Hotel. 020-541-887-78. Tlj 9h-22h.* Bonnes prestations à prix raisonnables, parfait pour éliminer la fatigue. Beaucoup de monde, bien choisir son créneau horaire.

Où dormir ?

De très bon marché à bon marché (moins de 200 000 kips / 25 $)

Alisa Guesthouse *(plan A2, **21**) : rue 13. ☎ 25-15-55. • alisa-guesthouse.com • Résa conseillée. Double avec sdb et AC 120 000 kips. Également des triples et quadruples. Pas de petit déj. (sf aux derniers étages).* Rien à reprocher, rapport prix-qualité-situation optimal. Literie un peu ferme. Déco standard un poil aseptisée, mais le tout impeccablement tenu pour cette catégorie. Seul reproche : anglais peu parlé, mais accueil affable. Location de motos et billets de transports.

Hotel Phi Dao *(plan A2, **22**) : 125, rue 13, dans un angle. ☎ 21-55-88. • phidaohotel@gmail.com • Selon période et type, doubles avec sdb et AC 130 000-155 000 kips. Également des familiales (4-5 pers). Petit déj non compris.* De construction récente, cet hôtel affiche sa volonté de se démarquer de ses concurrents légèrement moins chers par le soin apporté à la qualité de l'aménagement. Même si l'on regrette que les chambres se cantonnent au monochrome, la tenue, le confort et l'équipement (balcon pour certaines) sont irréprochables. Mieux vaut privilégier l'arrière pour le bruit. Le café-resto se répartit entre le vaste lobby et la terrasse, elle aussi soignée. Pas mal de plats chinois bon marché et quelques plats européens.

Sabaidy 2 Guesthouse *(plan B1, **20**) : rue 24. ☎ 21-29-92. • sabaidy2tour.com • Résa indispensable en saison. Lit en dortoir 40 000 kips, doubles sans ou avec sdb et clim 80 000-140 000 kips ; petit déj en sus.* Donnant sur la cour d'entrée où se trouve le sympathique pavillon resto-bar, la villa coloniale des années 1930 héberge le dortoir et les chambres *budget*. À notre passage, une rénovation justifiée était prévue courant 2016. On conseille les agréables chambres avec salle de bains réparties dans la bâtisse sur l'arrière de la propriété, plus récente mais d'architecture traditionnelle : parquets et cloisons en bois, balcons à partager. Panneaux d'information sur la région, tours à la journée dans les Bolovens, bien rodés et guidés. Une adresse routarde historique qui a encore bien des atouts, même si son propriétaire, le francophone M. Vong, a dû prendre du recul pour raisons de santé.

Lankham Hotel *(plan A2, **21**) : 133, rue 13. ☎ 21-33-14. Lit en dortoir de 3 pers 40 000 kips, doubles avec sdb 60 000-150 000 kips selon confort et taille ; petit déj non compris. (pas partout).* Chambres équipées de TV et frigo, parfois de clim. Certaines chambres très basiques ont fenêtre sur couloir, et celles donnant sur la rue sont bien bruyantes. À visiter, mais ne pas s'attendre à des miracles ! Ambiance plus impersonnelle que dans nos autres adresses. Service indifférent. Au resto, spécialité de *phó* (soupe vietnamienne), mais tout ferme à 17h. Succursale du resto *(Lankham Corean BBQ)* ouverte sous un grand hangar sur les berges du Mékong. Location de motos.

Nang Noi Guesthouse *(plan A-B2, **23**) : rue 5. 095-625-44. • boun thong1978@hotmail.com • Lit en dortoir de 4 pers 30 000 kips (cadenas et placards sécurisés), double avec ventilo 70 000 kips ; petit déj en plus.* Grande maison familiale dans une rue tranquille. 8 chambres simples mais propres. Accueil gentil et services de tickets de bus, laverie et échange de livres.

Sala Champa Hotel *(plan A2, **25**) : à l'angle des rues 5 et 10. ☎ 21-22-73. • salachampa.com • Selon type et confort, doubles 150 000-250 000 kips ; suite plus chère ; petit déj en plus.* Dans cette ancienne villa coloniale des années 1930, les chambres à l'étage ont un charme désuet, tandis que d'autres, avec leurs parquets, plafonds hauts, meubles d'antan et balcons, adjointes du luxe moderne, sont plus charmantes. Moins chères, plus petites et bien moins attractives (ménage inégal), celles appelées « bungalows » se situent au

LE SUD DU LAOS

rez-de-chaussée, dans un bâtiment annexe planté devant la villa. Jardin bien entretenu et fleuri. Resto à l'arrière. Accueil francophone. Anti-moustiques conseillé.

De prix moyens à chic (200 000-500 000 kips / 25-62 $)

Résidence Sisouk (plan A2, **24**) : *à l'angle des rues 9 et 6. ☎ 21-47-16. • residence-sisouk.com • Selon catégorie et période, doubles 50-100 $ en hte saison, petit déj à la française inclus.* Avec ses galeries de balcons, la coquette façade de cet immeuble au passé colonial (autrefois maison d'une famille de négociants prospères) présage de l'intérieur soigné de ce boutique-hôtel plein de personnalité. Meubles cossus, textiles laotiens, parquets vernis, photos aux murs. Équipement complet. Les chambres de catégorie supérieure gagnent en surface et profitent de balcons. Délicieux petit déj avec du bon pain, servi dans une jolie salle au dernier étage, avec vue sur la rivière Xe Don. On peut aussi y dîner : bonne cuisine franco-laotienne du marché. Personnel attentif et francophone.

Paksé Hotel (plan A2, **26**) : *rue 5. ☎ 21-21-31. • hotelpakse.com • Selon catégorie, doubles 250 000-500 000 kips en hte saison, petit déj inclus.* Grand hôtel central datant des années 1960, rénové depuis, il dispose d'une déco chaleureuse, faisant appel à des bois de qualité et au bambou pour la note locale. Desservies par un ascenseur, 63 chambres confortables et impeccables. Sans compter les suites et familiales, les 5 catégories de doubles se distinguent par leur taille et leur décoration. Dans les *eco*, les fenêtres donnent sur le patio intérieur, on préfère les standard. Au 6e, les plus chères (et plus grandes) jouissent d'une vue imprenable sur le Mékong. Petit déj varié copieux. Fait aussi resto (voir plus loin). Excellent accueil, avec le sourire et en français. Très bonne agence aussi sur place, ***Wat Phou Travels***, à lire plus haut.

Champasak Grand (plan D3, **28**) : *à l'entrée du pont japonais ☎ 25-51-11. • champasakgrand.com • Selon catégorie, doubles 55-65 $, petit déj inclus.* On ne peut louper ce grand édifice pompeux de 10 étages et plus de 200 chambres, planté sur une butte à la sortie sud de la ville. Outre les chambres au confort sans reproche, les salles de resto et de fitness, la boutique, la piscine, les jardins et le spa contribuent à en faire un point de chute incontournable pour tous les businessmen d'Asie et les groupes. Il faut reconnaître que depuis les chambres du haut la vue sur le Mékong et la ville est grandiose. Petit déj-buffet plantureux, mais majoritairement asiatique. Seul petit bémol : difficile de trouver un *tuk-tuk* le soir pour rejoindre le centre.

Très chic (plus de 500 000 kips / 62 $)

Athena Hotel (plan B1-2, **29**) : *rue 13. ☎ 21-48-88. • athena-pakse.com • Doubles 60-90 $, petit déj inclus.* 21 chambres tout confort. On recommande les moins chères, qui profitent d'une terrasse ou d'un balcon avec vue sur la piscine. Les autres, certes plus spacieuses et avec baignoire, s'ouvrent sur la rue.

Champasak Palace Hotel (plan B1, **27**) : *rue 13, près du pont russe ☎ 21-22-63 • champasakpalacehotel.com • Selon catégorie, 30 $ (si, si)-250 $ (eh oui), petit déj inclus.* Une curiosité : sur une éminence plantée de grands arbres, un bâtiment historique à l'architecture tarabiscotée, à l'origine un palais royal, construit pour le dernier souverain du Laos, qui n'a jamais pu en profiter. Il y avait pourtant mis les moyens : une centaine de colonnades, 1 900 portes et fenêtres, toutes encadrées de dorures... Les habitants l'avaient surnommé « le pavillon aux mille pièces ». C'est vrai qu'on s'y perd ! Reconverti en hôtel de 115 chambres, l'ensemble ne manque pas d'allure avec ses plafonds lambrissés, ses colonnades, son mobilier marqueté et ses carrelages. C'est dans une annexe donnant sur la rivière que l'on trouve les chambres les moins chères à la déco, bien sûr, plus passe-partout. Côté bling-bling, les chambres de luxe et les suites, aux plafonds hauts et à la déco un peu rétro, disposent d'un balcon avec vue sur la ville. Large gamme de services inhérents à cette catégorie, mais personnel loin d'être à la hauteur des prétentions. À défaut de dîner au resto souvent désert, vous pouvez aller boire un verre au bar du 6e étage à partir de 19h.

Où manger ? Où prendre le petit déj ? Où boire un verre ?

Très bon marché (moins de 50 000 kips / 6 $)

Gargotes le long du fleuve, au marché du matin *(Dao Heuang Market, plan B2),* au marché du soir (*horset,* à l'est du stade), au marché central *(Champasak Shopping Centre ; plan A2),* en plein centre-ville. On y mange soupes, brochettes, nouilles sautées, etc., pour des clopinettes.

Lankham Corean BBQ *(plan B3,* ***45****) : sur la rive du Mékong, côté ville.* Annexe du *Lankham Hotel,* une sorte de vaste hangar aux multiples tables-banquettes débordant sur le trottoir et spécialisé dans le *hot pot,* une marmite fumante dans un récipient de terre cuite posée sur la table et réchauffée sur des braises de charbon de bois. Toujours aussi savoureux avec herbes, nouilles en sachet et lamelles de viande ou de poisson qu'on jette dans l'eau frémissante. À arroser de généreuses rasades de *Beerlao,* bien sûr.

Xuan Mai Restaurant *(plan A2,* ***41****) : à l'angle des rues 5 et 10. Tlj 7h-22h30. Menus dégustation (6 plats) « vietnamien » ou « lao » 95 000-120 000 kips.* Salle et terrasse à la bonne franquette pour une cuisine simple mais excellente. Au menu, des plats chinois, thaïs, laotiens et vietnamiens, particulièrement frais et réussis : *nem nuong, bo bun,* rouleaux de printemps, miam ! Enfin, le *lap* n'est pas mal non plus... Central et bien pratique.

Jasmin Indian Restaurant *(plan A1,* ***42****) : rue 13. Tlj 7h-23h.* Carte classique du sous-continent, additionnée de quelques spécialités malaisiennes. Une véritable cantine routarde, où l'on oublie le mobilier et les nappes fleuries, les ventilos poussiéreux, pour apprécier, à leur juste valeur, les petits prix d'une cuisine tout ce qu'il y a de plus satisfaisante.

Dokmai Restaurant *(plan B2,* ***43****) : rue 24. Tlj sf mar 11h-23h.* Un bon resto italien pour varier les plaisirs après des semaines de cuisine asiatique. Petite salle précédée d'une miniterrasse. Corrado, le patron chaleureux, loquace et amateur de blues, vient volontiers faire la conversation pendant que son chef laotien mitonne de jolis petits plats qui n'ont rien à envier à ceux de la Botte. Pas cher et savoureux.

Daolin Restaurant *(plan B1-2,* ***44****) : à l'angle des rues 13 et 24. Tlj 6h30-21h.* Un des QG des routards de toutes origines qui disposent d'un large choix de plats occidentaux et asiatiques à prix démocratiques. Connu aussi pour son excellent café et ses glaces. Le petit déj est top.

Lao Restaurant & Bar *(plan B1,* ***46****) : rue 24. Tlj.* Petit resto sympa où l'on se régale de plats laos à bon prix. Essayer, par exemple, le délicieux *tom yam* servi avec un panier de riz gluant.

De bon marché à prix moyens (50 000-150 000 kips / 6-19 $)

Sinouk Coffee House *(plan A2,* ***24****) : à l'angle des rues 9 et 6. ☎ 21-25-53. Tlj 7h-21h.* Très prisé par les Occidentaux de passage, ce bistrot propose un beau choix de cafés (chaud, glacé, *espresso,* allongé...) qui viennent directement de chez le patron-producteur, dans les Bolavens. Également des jus de fruits frais, des viennoiseries et formules petit déj. Carte de sandwichs et salades. Terrasse agréable avec mobilier en rotin et salle soignée. Idéal pour goûter un moment de repos. Accueil gentil.

Le Panorama et Patio de Noy *(plan A2,* ***26****)* **:** *voir* Paksé Hotel *dans « Où dormir ? » Au* Patio, *le midi slt ; au* Panorama, *tlj 16h30-23h30 (restauration jusqu'à 22h).* Perchée sur le toit de l'hôtel, cette terrasse, aménagée de manière traditionnelle avec des pavillons à toits multiples, offre une vue imprenable sur le centre historique de Paksé, cerné par le Mékong et la rivière Xe Don. Dans l'assiette, d'excellentes spécialités asiatiques, françaises et internationales. Service attentif. On peut aussi s'y contenter d'un verre au coucher du soleil. La nuit, une petite laine n'est pas superflue, mais on peut vous fournir une couverture.

Restaurant du Sala Champa Hotel *(plan A2,* ***25****)* **:** *voir « Où dormir ? ».* Cuisine fine, servie copieusement et avec le sourire. Goûter notamment le poisson à la vapeur, un régal ! Et pour ne rien gâcher, belle collection de bières, même à la pression. Bon rapport qualité-prix.

Oay *(plan C3,* ***47****)* **:** un parmi les nombreux *beer garden* qui bordent le fleuve. Match de foot sur grands écrans et musique live... jusqu'à 23h30 en semaine et minuit le week-end.

LE SUD DU LAOS

À voir. À faire

Wat Luang *(plan A2)* **:** *au bord de la rivière Xe Don, en plein centre-ville.* Richement décoré, ce temple fut construit au tout début du XXe s et héberge une école de moinillons. Jolie vue sur la rivière, que traversent souvent des groupes de bonzes dans un formidable contraste de couleurs !

Champasak Historical Heritage Museum *(plan C2)* **:** *au km 1 de la route 13, vers le sud, avt le stade. Tlj 8h-11h30, 13h-16h. Entrée : 10 000 kips.* On y découvre des vêtements traditionnels de la région, tissages ethniques, objets rituels ou de la vie quotidienne, instruments de musique, outils (charrue, métier à tisser...), mais aussi des éléments architecturaux provenant du Vat Phou et d'Oum Mouang, ainsi que de fascinants tambours de bronze appartenant à la mystérieuse culture Dong Son. Et puis, bien sûr, le lot habituel de bombes, roquettes, pistolets mitrailleurs et autres souvenirs de guerre américains, qui nous conduisent forcément à la section consacrée à l'apologie du communisme laotien, son agriculture, son industrie, son artisanat et ses transports...

Le temple chinois : *au bord de la route 13, vers le sud, après le stade.* Sa façade polychrome possède de belles décorations (bambous, paysages...) et des bas-reliefs multicolores. À voir en passant, car l'intérieur ne se visite pas.

Le marché central *(Champasak Plaza Shopping Centre ; plan A2)* **:** *en plein centre-ville.* Ce qui fut un temps le plus grand complexe commercial du Laos a brûlé en février 2016. À l'heure où nous bouclons le guide, la rénovation ou conversion du lieu n'a pas été déterminée.

Dao Heuang Market *(marché du matin, plan C-D3)* **:** *tlj 7h-17h.* Sans doute le plus vaste et le plus authentique du Laos. Le volume des marchandises alimentaires exposées est vraiment impressionnant et on s'étonne que dès 14h la majorité des denrées ait été écoulée. En tout cas, n'oubliez pas de charger vos batteries, vous ferez le plein d'images fortes et d'odeurs de même intensité !

Le marché du soir *(Talat Lak Song ; plan D2)* **:** *au km 2 sur la route 13 en direction du sud, côté gauche quand on vient du centre, et à proximité du stade. Tlj du mat au coucher du soleil (on l'appelle quand même « marché du soir » !).* Classiques stands de fruits et légumes, d'étonnantes guirlandes de grenouilles, et puis des étals de viande particulièrement odorants, dont la visite seule vaut son pesant de tripes !

L'hôtel particulier de style Second Empire *(plan C3)* **:** *près du pont japonais.* On l'aperçoit très bien depuis l'hôtel *Champasak Grand*. Avec son allure très XIXe s, ses toitures bleues rehaussées de dorures, cette curiosité architecturale assez massive ne se visite pas mais suscite l'intérêt : il s'agit tout simplement de la réalisation d'une lubie ruineuse d'une riche planteuse de café, amoureuse de Paris.

Golden Buddha *(hors plan par D3)* **:** *sur la colline au-delà du pont japonais.* On l'aperçoit de loin, sans se rendre compte de sa taille impressionnante. Il domine le Mékong et la ville du haut de ses 25 m. Pour s'y rendre, nul besoin d'entamer l'escalade à pied, à l'arrière une route en lacet a été construite (prendre un *tuk-tuk*) pour y acheminer les pèlerins. En effet, un temple l'a rejoint ainsi qu'une armée de centaines de bouddhas dorés luisant au soleil, fruit pour chacun d'une donation de fidèles. Si vous vous sentez l'âme généreuse et espérez améliorer votre karma, il vous en coûtera 500 $ pour avoir le vôtre.

DANS LES ENVIRONS DE PAKSÉ

Ban Sapaï *(village de tisserands ; hors plan par A1)* **:** *à 17 km au nord de Paksé. Sur la route 13 qui mène à l'aéroport, à env 15 km, prendre sur la gauche au niveau d'un temple ; c'est à 3 km (panneau).* La plupart des maisons du village de la minorité Lao Loum abritent, au rez-de-chaussée, un ou plusieurs métiers à tisser le coton ou la soie. En revanche, l'achat des tissus aux coloris vifs (à meilleur prix qu'à Paksé) n'est possible que dans un seul lieu, une sorte de halle, au bord du Mékong. Cette visite peut faire l'objet d'une excursion à vélo (route totalement plate). Sur le trajet, remarquer l'étonnante succession de cimetières colorés. À gauche en venant de Paksé, cimetière pour les Laotiens (crémation essentiellement) ; à droite, cimetières catholique et vietnamien...

L'île de Don Kho : *en face de Ban Sapaï. Prévoir 40 000 kips A/R en barque, plus 20 000 kips pour la loc de vélos sur l'île.* Pour ceux qui ont un peu de temps, cette île de tisserands et de pêcheurs fut à une époque un port d'escale pour les bateaux français sur le Mékong. La tradition veut qu'elle ait été peuplée il y a 400 ans par des indigènes de la région d'Attapeu. Intéressant petit *wat* de plus de 200 ans. On peut même dormir en maison d'hôtes. Le Laos du temps jadis, comme on ne le voit plus.

CHAMPASAK

40 000 hab. IND. TÉL. : 031

À une trentaine de kilomètres au sud de Paksé, sur la rive droite du Mékong, Champasak s'étire langoureusement entre fleuve et montagnes, sur 3 km le long d'une route qui mène au fameux Vat Phou. Le village a connu son heure de gloire au début du XXᵉ s, lorsque les Français chouchoutaient la famille royale. Autour du rond-point à la fontaine qui lui sert de centre de gravité, quelques belles villas princières rougies par la poussière en témoignent encore... Aujourd'hui, en dehors de l'effervescence annuelle du festival du Vat Phou, Champasak se complaît dans une douce tranquillité. Dès lors, pourquoi ne pas poser son sac, y consacrer plus qu'une nuit et profiter de cette atmosphère paisible, en partageant les délices de la vie rurale avec le majestueux Mékong en guise d'horizon ? Autant préciser que les fêtards n'y trouveront pas leur compte.
Mais il y a encore plus calme dans le coin : l'île de Don Daeng ! En forme d'amande étirée, longue de 8 km, elle occupe un renflement du Mékong. Une

poignée de villages sur la rive ouest, pas une voiture, juste des deux-roues et des tracteurs, des immenses plages de sable, des chambres chez l'habitant ou un *resort* de luxe, avis aux amateurs...

Arriver – Quitter

En bus

➢ ***Paksé*** *(28 km)* **:** la plupart des *songthaews* empruntent la nouvelle route, impeccable, qui suit la rive droite du Mékong, puis traversent le fleuve par un pont récemment construit. Depuis Paksé, se renseigner pour connaître la gare routière la plus pratique ou emprunter un minibus touristique. Compter 30-45 mn de trajet.

En bateau

Embarcadère : *à 2 km au nord du bourg de Champasak.* Pour ces liaisons, se renseigner auprès de l'office de tourisme et des *guesthouses.* S'y prendre au moins la veille.

➢ ***Paksé :*** voir cette même rubrique sous cette ville. À Champasak, départ en principe en début d'ap-m.

➢ ***Route 13 :*** pour rejoindre cette artère de l'autre côté du fleuve, un bac traverse le Mékong entre Ban Paphin (rive droite, côté Champasak) et Ban Muang (rive gauche), 6h-18h, et coïncide avec le passage des bus en provenance de Paksé ou de Siphandone sur la route 13. Il transporte voitures, minibus et motos.

Adresses utiles

Champasak Visitor Information Centre : *dans le centre, env 50 m au nord du rond-point central (celui de la fontaine), côté fleuve. ☎ 21-20-21. Lun-ven 8h-12h, 13h30-16h ; w-e 9h-12h, 14h-16h.* Pas mal d'infos en anglais, sur les transports du coin, les balades à faire dans la région. Ils organisent aussi des treks dans des villages alentours authentiques, toujours dans le respect des populations locales et peuvent mettre en relation avec des guides du site de Vat Phou pour des visites orientées archéologie. Vente de billets de bus. Infos sur les transports : *📱 097-40-49-86.*

■ ***Lao Development Bank :*** *au niveau du rond-point, à 100 m côté campagne. Lun-ven 8h30-15h30.* Service de change et de transfert d'argent *Western Union.* Distributeur de billets (carte *Visa* seulement).

■ ***Pharmacie Kanhkam :*** *à 2 km au sud du bourg, juste avt le 1er pont, côté fleuve. ☎ 25-14-06. Tlj 6h-18h.* Stock limité et beaucoup de produits chinois. Pour les petits bobos.

■ ***Location de vélos :*** la plupart des *guesthouses* en proposent.

■ ***Champasak Spa :*** *à 800 m au nord du rond-point, côté fleuve • champasak-spa.com • 📱 020-564-997-39. Tlj 10h-12h, 13h-19h. Fermé lun en basse saison. Diverses formules allant du massage traditionnel de 1h aux forfaits de ½ journée (très prisé) voire d'une journée (avec menu végétarien). Des séjours de 2-3 j. (avec nuit dans l'hôtel de votre choix) sont également proposés. Et sur demande, initiation méditation, atelier floral, matinée silence... Résa fortement conseillée.* Centre de massage et de bien-être aménagé dans une superbe maison traditionnelle et géré par la douce Nathalie. Elle a formé des jeunes femmes lao aux différentes techniques de massage holistique et de soins du corps, pour leur permettre de travailler et de mener une vie familiale sans avoir à s'exiler à la grande ville. Le lieu est un véritable havre d'harmonie. Tous les ingrédients utilisés sont garantis naturels et locaux. On plébiscite d'autant plus que les prix sont très raisonnables pour des soins d'une grande qualité. Un espace méditation est à disposition le matin (sur résa). Par ailleurs, David, son mari, s'occupe du *club de badminton* de la ville, qui permet à tous de pratiquer ce sport. Joueurs en herbe ou confirmés, n'hésitez pas à relever le défi en vous confrontant aux champions locaux ! Nathalie et David habitent depuis de nombreuses années à Champasak et sont très impliqués dans la vie locale. Ils mènent des actions permanentes pour améliorer les conditions de vie des habitants. Leur projet actuel : la réfection de l'école primaire de Ban Phoxay. Vos dons sont les bienvenus.

■ ***Chez Maman :*** *sur la route principale, 4 rues après le rond-point en direction du Vat Phou.* *020-911-555-45. Tlj 8h (10h en basse saison)-18h en hte saison.* Ghislaine accueille les visiteurs avec générosité dans sa jolie boutique où tous les produits ont été sélectionnés avec soin pour promouvoir l'artisanat local et faire travailler autant que possible les artisans de la région. Que ce soit les tissus, les sacs ou les paniers, tous les objets sont liés à une histoire, une famille, que Ghislaine connaît. Elle-même dessine et coud des vêtements, du coup uniques ! Et comme on se sent bien, on en profite pour s'attabler au salon de thé.

Où dormir ? Où manger à Champasak et sur Don Daeng ?

Avertissement : pendant la période du festival du Vat Phou (souvent en février, voir plus loin) réserver bien à l'avance sous peine de devoir payer sa chambre 3 fois plus cher. Ou alors se rabattre sur Paksé.

De très bon marché à bon marché (moins de 250 000 kips / 31 $)

Kamphouy Guesthouse : *à 100 m au sud du rond-point, côté campagne.* *020-222-799-22. Doubles sans ou avec sdb et eau chaude 50 000-70 000 kips ; petit déj en plus.* Une quinzaine de chambres bien ventilées, certaines rénovées, réparties dans une grande villa familiale et ses 2 annexes en bambou et en dur, plantées dans le jardin. Vraiment propre et bien tenu. Literie assez dure. Loue des scooters. Petite épicerie. Une bonne adresse malgré le peu d'anglais parlé.

Anouxa Guesthouse : *à 1 km au nord du 1er rond-point, côté Mékong.* ☎ *21-32-72. Selon confort, doubles avec sdb 100 000-200 000 kips. Et des familiales. Petit déj non compris.* Dans un petit jardin bordé par le Mékong, on a le choix entre des chambres dans des bungalows en dur, climatisées, avec petite terrasse privée donnant sur le fleuve et d'autres dans 2 grandes maisons en bois avec terrasse. Literie moyenne et l'entretien laisse globalement à désirer. Accueil qui plus est inégal. En dépannage, donc. Fait aussi resto et loue des motos et des vélos.

Nakorn Cafe & Restaurant : *en face du wat Nakorn, au sud du rond-point. Tlj 7h30-21h30.* Un resto de cuisine lao, thaïe et européenne, tenu par un couple belgo-lao. On y profite autant du lever de l'astre solaire pour le petit déj que de son incontournable coucher flamboyant au dîner.

Champasak with Love : *à 800 m au nord du rond-point, côté Mékong.* *309-26-59-26.* Resto tenu par des Thaïlandais, avec une terrasse donnant sur le fleuve. Idéal pour profiter de la douce soirée bercé de musique parfois envahissante. Cuisine correcte et variée entre snacks, plats de nouilles ou de riz frits. Le poulet au curry vert est excellent. Également une poignée de chambres peu chères et bien propres (ventilo ou clim) avec salles de bains à partager (non mixtes).

Community Lodge : *sur l'île de* ***Don Daeng,*** *dans le village de Hua Don Daeng, pointe nord de l'île, là où l'on débarque.* *020-552-752-77. Compter 30 000-40 000 kips/pers, petit déj compris, et 20 000 kips pour un repas.* Chambres chez l'habitant, confort rustique avec dépaysement garanti.

Saithong Restaurant : *à 100 m au sud du rond-point. Tlj 6h30-21h. Plats env 30 000 kips.* La salle qui s'ouvre sur le Mékong accueille des visiteurs venus se régaler de poulet vapeur cuit dans une feuille de bananier, d'excellents nems et rouleaux de printemps et d'autres bons plats à glaner dans une carte appétissante. Une bonne adresse du secteur.

Chez Maman : *coordonnées plus haut dans « Adresses utiles ».* Entre deux achats, ne pas manquer de siroter un café ou un thé bio en provenance d'une petite coopérative du plateau des Bolavens, ou d'une autre région d'Asie pour élargir ses découvertes. Quelques verrines, encas salés et desserts maison sont également proposés. Accueil vraiment adorable.

Homemade (chez Bunmi) : *sur la route principale. Juste au sud de Chez Maman, un peu avt Inthira. Tlj.* Bunmi, parfaitement anglophone, propose une carte variée à prix doux. Et pour ne rien gâcher, accueil extra.

De prix moyens à plus chic (plus de 250 000 kips / 31 $)

Inthira Champasak : *à env 500 m au sud du rond-point. ☎ 51-10-11. • inthira.com • Doubles 50-80 $ selon type et saison, petit déj compris.* Une ancienne maison de marchand chinois qui propose un niveau de confort étonnant, que ce soit dans les bungalows ou les annexes, comme celle située de l'autre côté de la route (chambres *superior* et *deluxe*). Déco stylée et soignée. Salle de bains moderne avec baignoire à la balinaise dans les bungalows. Resto. Location de vélos et de motos.

La Folie Lodge : *sur l'île de* **Don Daeng.** *020-555-320-04. • lafolie-laos.com • Téléphoner pour la traversée du fleuve. Selon saison et type, compter 95-180 $, petit déj compris. Réduc de 10 % si séjour de 3 nuits.* En bordure d'une large plage longeant le Mékong, 12 bungalows de 2 chambres chacun avec terrasse donnant sur le fleuve, ses pêcheurs et les montagnes au-delà. Construction traditionnelle et luxueuse en bois verni. Literie soignée, tissages et grand ventilo au plafond. Le resto, proche de la piscine, est installé dans un majestueux pavillon. Il sert une cuisine occidentale et asiatique raffinée. Base parfaite pour explorer l'île et visiter le Vat Phou, ce *lodge*, récompensé par plusieurs prix, est éco-responsable et impliqué dans le soutien de la communauté et de l'infrastructure locales.

The River Resort : *piste en terre à gauche, 1 km au nord du bourg. 020-568-501-98. • theriverresortlaos.com • Doubles 80-160 $.* Magnifique établissement composé de maisons abritant 2 chambres (rez-de-chaussée et étage) avec vue sur le Mékong ou sur les jardins, l'étang et la rizière. Somptueux aménagements. Piscine infinie au bord du fleuve, avec terrasse en bois. Ils ont même leur propre rizière, en plus du jardin potager, pour leur grand restaurant sur le fleuve.

À voir. À faire

Les villas princières : *à 150 m au sud du rond-point, côté campagne.* Il s'agit de deux belles villas coloniales témoignant des fastes passés du roi de Champasak et de son frère. Dans l'une d'elles se trouve une stèle du Vᵉ s écrite en sanskrit, provenant du Vat Phou.

Wat Phra Ong None : *à env 4 km au sud de Champasak après le 2ᵉ pont, côté Mékong.* Interdiction de prendre des photos du bouddha couché sans autorisation, sinon le film se voile. C'est du moins ce qu'affirment les moines !

Wat That : *à env 2,5 km au sud du bourg.* Ce temple possède un curieux sanctuaire construit dans le style colonial. On peut demander à y voir des *nang sao phouk,* de très anciens manuscrits en langue pali, gravés sur des feuilles de latanier (une sorte de palmier). Ces manuscrits, nombreux dans les temples du sud du

Laos, ont été recensés à des fins de conservation. Les immenses pirogues colorées au pied de la tour du tambour sont utilisées pour des courses rituelles.

SANG POUR SANG

Le petit temple Phra Ong None abrite un bouddha couché auquel est rattachée une étrange légende. Un jour, un pêcheur sur le Mékong aiguisa son couteau sur un rocher affleurant à la surface de l'eau. Le rocher se mit à saigner. Effrayé, l'homme courut ameuter le village. On sortit alors le rocher de l'eau pour s'apercevoir qu'il s'agissait d'une statue du Bouddha, qui aussitôt se mit à parler : « Emmenez-moi au temple royal, le wat Vuang Kao. » Ce qui fut fait, et le wat Vuang Kao devint ainsi le wat Phra Ong None (le « temple du Bouddha couché »).

👥 ***Théâtre d'ombres :*** *près du rond-point à la fontaine, derrière l'office de tourisme. 📱 020-550-811-09. • ciam.laos@gmail.com • Ts les mar et ven pour le théâtre d'ombres et mer et sam à 20h30 pour le cinéma. Entrée : 50 000 kips. Durée : 1h15.* Un Français, Yves Bernard, amoureux du Laos, a monté un projet artistique original en faisant revivre les marionnettes traditionnelles qui interprètent de manière burlesque les légendes du *Râmâyana,* accompagnées de musique et de chants. Autre attraction originale : la projection sur grand écran d'un film muet culte de 1924, *Chang,* tourné au Nord-Laos durant 3 ans et restituant la vie quotidienne des populations dans l'environnement naturel souvent hostile de cette époque. L'originalité de la démarche est d'accompagner le film par les 14 musiciens du théâtre d'ombres.

DANS LES ENVIRONS DE CHAMPASAK

👥 ***L'île de Don Daeng :*** *accès en bateau depuis Ban Muang (à l'ouest de la route 13) ou Champasak (embarcadère avt le 2e pont sur la route de VatPhou). Pour les horaires de traversée, se renseigner auprès de sa guesthouse. Prévoir 50 000-70 000 kips l'embarcation.* Chemins ombragés, plage de sable et vie traditionnelle, encore plus ralentie que d'habitude attireront les aficionados du farniente. On peut très bien se baser ici pour explorer la région (voir « Où dormir ? Où manger ? »), mais les vélos à louer sont rares.

VAT PHOU

• Plan *pp. 412-413*

Classé au Patrimoine mondial de l'humanité par l'Unesco, c'est le site archéologique le plus intéressant et le plus important du Laos. Pour les amoureux des vieilles pierres, sa visite justifie à elle seule un voyage dans le sud du pays. Ceux qui ont visité les temples d'Angkor au Cambodge trouveront sûrement le site modeste, mais sa configuration de temple-montagne et son atmosphère viennent enrichir l'expérience.
Le Vat Phou, littéralement « temple de la Montagne » en lao, serait le berceau de la civilisation khmère, bien avant la fondation d'Angkor. Les premières recherches scientifiques sur le site ont été entreprises au début du XXe s par le Français Henri Parmentier, de l'École française d'Extrême-Orient. Encore aujourd'hui, des missions internationales d'études (notamment françaises),

de fouilles archéologiques et de restauration continuent de travailler en partenariat avec les autorités laotiennes dans un souci de formation et de transfert des compétences.

WAT PHOU, VAT PHOU OU VAT PHU, *WHAT IS IT* ?

La transcription en latin du célèbre site apparaît pour la première fois en 1869 sous la plume d'un explorateur français qui écrit Vat Phou. Au début du XXe s, l'orthographe évolue pour adopter jusqu'à nos jours Vat Phu, mais uniquement dans les publications francophones, la lettre « u » traduisant un « ou » long, comme dans Vat Phououou. Mais aussi bien les Anglo-Saxons que les Laotiens restent sur Vat Phou, les Thaïs, quant à eux, préférant Wat Phou quand ils écrivent en latin. Sans nier l'« exception culturelle française » ni le rôle de la France dans la protection de ce patrimoine, difficile de ne pas opter pour la version choisie par les autorités laotiennes, à savoir : Vat Phou. Isn't it ?

Un peu d'histoire

On connaît assez précisément le passé du Vat Phou, grâce aux descriptions issues d'annales chinoises « l'histoire des Souei », datant du IVe s de notre ère. À cette époque, il existe un pays dans le delta du Mékong, le royaume de Funan, qui est vassal de la Chine. À la fin du VIe s, les royaumes des pré-Khmers et des Chams qui peuplent le sud du Laos actuel s'allient et parviennent à vaincre le Funan. Ce nouvel État prend le nom de Chenla. Puis les habitants du Cambodge s'attaquent à leurs alliés chams, qui sont battus à leur tour. Dès lors, les ancêtres des Khmers font du site actuel du Vat Phou leur principal centre de culte. Pourquoi ? Parce qu'à une époque très reculée, des religieux, sans doute venus d'Inde, avaient reconnu dans les formes généreuses de la montagne verdoyante, dominant le temple de ses presque 1 500 m d'altitude, la forme phallique représentant le dieu Siva, le *lingam Parvatha* (en sanskrit), « le lingam de la Montagne », appelé aujourd'hui Phou Kao !

Toute une société s'était donc organisée autour de ce lieu sacré. On y trouvait le temple du Lingam sur l'actuel site du Vat Phou, où vivaient prêtres et brahmanes, sans oublier la ville de Sresthapura, fondée par le roi Devanika au Ve s. Cette dernière se situait à l'emplacement du village que l'on traverse après le deuxième pont sur la route menant de Champasak au Vat Phou. Sresthapura s'étendait ainsi sur 4 km, et ses vestiges, actuellement sous terre, ont fait l'objet de fouilles à l'emplacement d'anciens temples. Selon les archéologues, cette ville comptait plusieurs milliers d'habitants...

Les ruines que l'on peut voir sur le site du Vat Phou sont considérées comme angkoriennes et datent, elles, du IXe au XIIe s de notre ère. Elles sont impressionnantes.

Rappelons que le Vat Phou est aussi un site sacré pour les bouddhistes, vraisemblablement depuis le XVIe s. Mais des recherches ont prouvé que le bouddhisme cohabitait avec l'hindouisme dans la zone proche du Vat Phou dès le VIIe s.

Arriver – Quitter

➢ ***En tuk-tuk ou à vélo :*** situé à 12 km au sud de Champasak, il est facile de faire l'A/R en *tuk-tuk* (compter 20 mn). On les trouve principalement en s'adressant aux *guesthouses* et restos de Champasak. Sinon, les héler sur la route. Prévoir env 10 $ pour en chartériser un pendant une demi-journée. Si jamais un véhicule déjà chargé passe, un trajet simple devrait vous revenir à 1 $. Le plus agréable reste le vélo, même s'il n'y a guère d'ombre en chemin. Prévoir 10 000 kips/j.

À voir

Site ouv tlj 7h30-17h. Entrée : 50 000 kips + parking 5 000 kips. Transfert en voiturette électrique compris. De 17h à 18h (overtime) *: 55 000 kips.*

Le musée

Commencer par visiter le **musée** situé en face de l'entrée. Bien conçu, doté de légendes en anglais (pour les grands cartels, et même en français pour certaines pièces), il constitue une introduction recommandée à la découverte du site et de ses environs. On y verra des stèles en sanskrit, des statues de Vishnou, Garuda, Shiva en compagnie de linteaux ouvragés, de remarquables fûts de colonnettes ciselées, ainsi que des « trésors » découverts lors des fouilles. Une salle est aussi consacrée à l'aménagement historique et culturel des environs proches du site.

Le site

Le Vat Phou étant orienté sur un axe est-ouest, il est préférable de le visiter en début de matinée, quand la lumière est vraiment favorable. En pleine journée, sous un soleil de plomb, prévoir chapeau, lunettes noires, crème solaire, et même une ombrelle, comme c'est la mode ici ! Compter une demi-journée d'exploration en prenant son temps... Des voiturettes électriques vous mènent jusqu'à l'entrée de la chaussée plantée de bornes, après le grand bassin central.

– ***Les baray :*** à l'extrémité est, de chaque côté de la grande allée, ces bassins servaient aux joutes et défilés nautiques. Et puis l'eau est symbole de vie et de sacré, d'où l'importance de ces bassins dans l'organisation du temple... Aujourd'hui, les deux plus grands sont en eau toute l'année et font le bonheur des buffles.

– ***La grande chaussée :*** débute derrière les *baray* et mène aux ruines des deux principaux palais. Sur toute sa longueur, environ 200 m, elle est bordée de bornes en pierre en partie restaurées.

– ***Le palais du Nord** (appelé palais des hommes)* **:** planté sur la droite au bout de la grande allée, il s'agissait d'un lieu de culte utilisé pour certains rituels. Construit en latérite et grès, il s'orne de sculptures hindoues, qui ont largement survécu malgré la conversion du Vat Phou au bouddhisme. Ainsi, cette fausse porte ornée de bas-reliefs, où l'on voit Shiva et son énergie féminine Parvati (également nommée Uma) sur leur taureau Nandi... Le palais dispose aussi de fenêtres à balustres qui ont inspiré l'architecture laotienne.

– ***Le palais du Sud** (appelé palais des femmes)* **:** juste en face du précédent, il a aussi été édifié en grès et en latérite. Il est orné de motifs décoratifs hindous similaires. À l'ouest de ce palais, le ***pavillon de Nandi*** a été restauré. Temple dédié au fameux taureau, construit en blocs de grès, c'est un bâtiment étroit formé d'une série de quatre portiques. D'ici partait vers le sud la route d'Angkor rejoignant la célèbre cité distante de 240 km à vol d'oiseau.

– Les ***escaliers*** montant vers le sanctuaire se situent dans l'axe de l'allée centrale, après les deux palais. Ils sont bordés tout du long de très beaux frangipaniers aux fleurs odorantes. Sur la ***première terrasse,*** partiellement dallée, on admire à droite une statue qui fait toujours l'objet d'un culte assidu (nombreuses offrandes !). Selon les Laotiens, elle représenterait Phaya Kamatha, le roi et fondateur du temple. Une légende tenace veut qu'une course ait opposé les deux architectes du Vat Phou et d'un temple près de Thakhek. Celui de Thakhek termina son œuvre en premier et fit résonner le gong, dont le son, selon la légende, pétrifia Phaya Kamatha dans la position où l'on peut encore le contempler... Il existe de nombreuses variantes que les guides locaux pourront vous conter... Belle vue sur le site et la vallée depuis chaque terrasse.

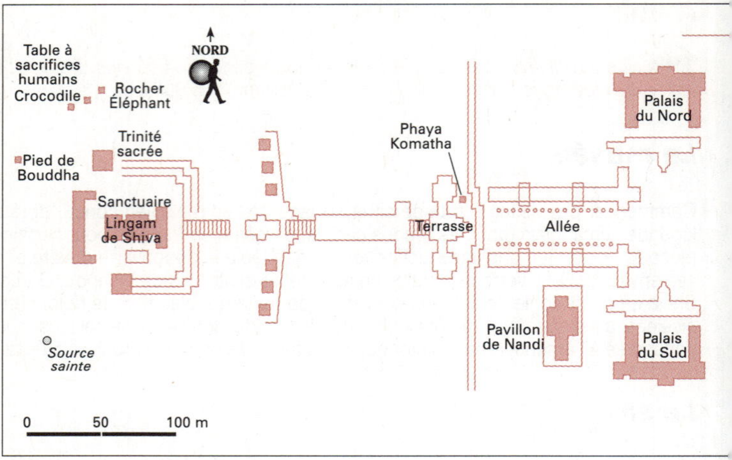

– Le ***sanctuaire,*** à l'origine brahmanique, s'élève au sommet d'une sorte de pyramide à 7 degrés de 11 marches chacun (ouf !). Il s'agit d'un petit bâtiment en forme de croix, richement orné de sculptures représentant différentes divinités du panthéon hindou. Sur le linteau de la façade de gauche, un bas-relief montre Krishna déchirant le démon-serpent Kala. Des ascètes en prière *(rsis)* sont représentés au bas de chaque pilier. Toujours à l'extérieur, de chaque côté, deux belles *devatas* (servantes des dieux) et deux *dvarapalas* (gardiens) protègent l'entrée du sanctuaire. À l'intérieur, sur le magnifique linteau de la porte centrale, Indra chevauche Airavata, l'éléphant à trois têtes...
Le saint des saints abritait autrefois un lingam arrosé en permanence par l'eau provenant de la source sacrée descendant de la montagne et acheminée jusqu'à la salle intérieure du sanctuaire par des canalisations en grès. La ***source*** se trouve derrière le bâtiment, jaillissant de la falaise, et sa canalisation a été mise au jour par des fouilles archéologiques récentes. Depuis le XIIIe-XIVe s, plusieurs statues du Bouddha sont installées dans le sanctuaire.
– Derrière le sanctuaire, côté nord, un bas-relief sculpté dans un rocher montre la ***Trinité sacrée*** *(Trimurti)* sur laquelle repose la religion hindoue : Shiva au milieu, entouré de Brahma à gauche et de Vishnou à droite.
– En continuant vers le nord, avec la montagne sur la gauche, on tombe sur un petit lieu de cérémonie moderne et un monastère. À l'arrière de celui-ci, dans une caverne rocheuse, quelques beaux bouddhas antiques... Passer alors sous le monastère et longer encore la falaise sur environ 50 m pour atteindre la ***table à sacrifices humains*** ! Sur cette pierre taillée en forme de crocodile qui rappelle celle d'un corps humain, on pratiquait, selon la légende, des sacrifices de jeunes filles vierges... À côté, une étrange sculpture représente un serpent à deux têtes sur des escaliers.
Passer ensuite devant un amoncellement de blocs brisés qui devaient composer une chambre de méditation entièrement en grès (admirer ces énormes blocs architecturaux et vous aurez une idée des prouesses techniques d'autrefois). On arrive enfin au gros ***rocher Éléphant.*** On y observe en effet, grâce aux yeux peints, un éléphant à trois têtes, taillé dans le grès...

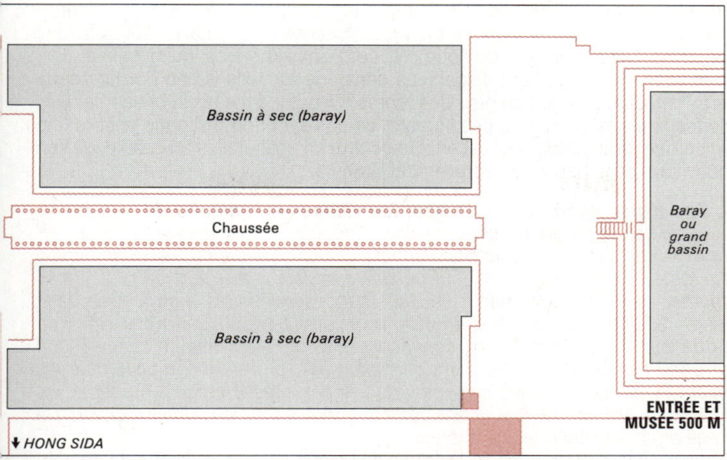

VAT PHOU

Fête

– Durant 6 jours, la grande fête bouddhique et populaire du ***Mahkhabousa*** commence 3 jours avant la 3e pleine lune du 3e mois lunaire (souvent en février). Il s'agit d'une fête-pèlerinage prenant des allures de foire commerciale, agrémentée de tournois sportifs, loteries, manèges, concerts et spectacles. L'inauguration officielle du festival est l'occasion de parades organisées par les principaux districts de la province. Au prix d'entrée du festival, il faut ajouter le péage (selon le véhicule). Le dernier jour est souvent gratuit. Les 3 derniers jours sont généralement consacrés à des représentations artistiques (musique, danse, spectacle). La quête des bonzes a lieu dans les ruines, le jour de la pleine lune, vers 7h du matin. Le même soir, des milliers de bougies sont allumées en l'honneur du *vat.*

DANS LES ENVIRONS DU VAT PHOU

Ban That : *à env 30 km au sud de Champasak. Au niveau de Done Thalat, passer le village et tourner à droite 3 km plus loin, puis faire encore 6 km sur une mauvaise piste.* Il s'agit d'un site khmer du XIIe s, de la même époque donc que son illustre voisin, construit sur la voie qui reliait jadis Angkor au Vat Phou. Il est composé de trois sanctuaires en grès en assez bon état, ainsi que d'une stèle portant des inscriptions. Voir aussi le grand *baray* (bassin) à l'est du site.

Oum Tomo : *sur la rive gauche du Mékong, face à l'extrémité sud de l'île Don Daeng. Plusieurs accès : en voiture depuis la route 13 (rive gauche), pirogue à moteur pdt les hautes eaux au départ de Ban Muang, en face de Champasak (compter 300 000 kips A/R pour 1h de trajet) ; sinon, toujours depuis la route 13, à la sortie du village de Tomo Nawk (au km 40), juste après le passage de la rivière Tomo, faire encore 4,5 km sur une route goudronnée qui traverse les rizières, puis s'arrêter à la forêt et marcher env 5 mn. De Champasak, on peut affréter un bateau à l'hôtel* Inthira. *On accoste sur la berge à Ban Tomo à la hauteur d'un pont* *de bambou, face à un temple. De là, partir sur la gauche sur 400 m ou demander à quelqu'un pour être conduit jusqu'aux ruines... Tlj 7h30-16h30. Entrée : 10 000 kips.* Datées du IXe s de notre ère, ces ruines khmères, qui devaient avoir un lien avec Vat Phou, sont dispersées dans une forêt dense en bordure de la rivière Tomo. On aperçoit au pied des arbres qui craquent sous la brise quelques chapiteaux ornés de nagas, des linteaux de porte, et l'on distingue encore une allée bordée de lingams. Seul est encore debout un petit édifice en latérite, où l'on découvre un beau bas-relief représentant Brahma...

Ban Khiet Ngon et Ban Papho, les villages aux éléphants : *sur la rive gauche du fleuve. Plusieurs accès possibles : depuis Champasak, un bac pour voitures et motos permet de relier Ban Paphin (au nord de Champasak) à Ban Muang sur la route 13 à hauteur du km 35. Poursuivre ensuite vers le sud jusqu'au km 48 et tourner vers l'est au carrefour de Ban Thang Beng. Après 6 km (entrée de la réserve : 20 000 kips), une bonne piste sur la droite rejoint Ban Khiet Ngon au bout de 2 km. Pour Ban Papho, continuer sur la route au-delà de l'intersection pour Ban Khiet Ngon pdt env 8 km, puis bifurquer sur une bonne piste pour les derniers 4 km. Bon à savoir : un sentier de 8 km relie les 2 villages. Au départ de Paksé, voir « Arriver – Quitter » dans cette ville. Autre solution : une excursion à la journée organisée par une* guesthouse.
Ces deux villages figurent parmi les rares du Laos à élever des éléphants domestiques. On est en plein cœur de la ***réserve nationale de Xe Pian,*** l'une des plus importantes d'Asie du Sud-Est. Réputée pour ses mammifères, dont le tigre et le léopard, et ses reptiles en tout genre...
Pas mal d'agences de voyages de Paksé organisent l'excursion dans les villages. Les balades à dos d'éléphant se réservent à l'office du tourisme de Ban Khiet Ngon (grande maison en bois et « parking » des éléphants à l'entrée du village, sur la gauche). On y parle un peu l'anglais.
– ***Le village de Ban Khiet Ngon :*** plusieurs *eco-trails* rayonnent autour du village. Signalisation et explications très bien faites sur la végétation locale. On peut aussi faire du canoë sur l'étang. Mais le village est surtout connu pour le ***Phou Asa,*** un plateau d'origine volcanique à l'aspect lunaire, situé à 642 m d'altitude. C'est l'un des sites les plus curieux du Laos. Depuis le village, on l'atteint à dos d'éléphant (environ 200 000 kips et 1h30 de balade) ou à moto. Prendre la piste à droite à l'entrée du village (panneau). Le nom Phou Asa est dû à des nationalistes lao qui combattirent les Siamois au XIXe s. Ce vaste site archéologique est délimité par un enclos de 180 m sur 50 m fait de murs et de colonnes de 2 m en ardoises empilées sans mortier. Au fond, un temple en ruine et une tour. Vue époustouflante sur toute la région.
Au centre du village, ***petit centre d'information*** dépendant de la municipalité *(tlj 7h-16h).* Panneaux explicatifs sur les activités et le mode de vie local. Réservations de guides. Propose aussi des hébergements chez l'habitant *(community lodge)* pour environ 40 000 kips la nuit.

Où dormir ?

Toui Phoupaseuth Restaurant & Trekking : *à l'entrée du village, sur la droite. 020-969-997-93 ou 030-991-81-55. • toui_ps@hotmail.com • Double env 100 000 kips.* Une petite structure toute simple avec des petits bungalows sur pilotis (ventilo, eau chaude), tenue par un jeune couple plein d'enthousiasme. Lui, parle l'anglais, et sa femme est aux fourneaux pour préparer le petit déj et les spaghettis, omelettes ou poisson grillé.

Kingfisher Eco-Lodge : *à env 700 m du village, en bordure d'un marais. 020-557-263-15. • kingfisherecolodge.com • Fermé mai-juin. Résa indispensable en saison. En hte saison, doubles « éco » 250 000 kips et bungalows «confort » 750 000 kips,* *avec petit déj.* 📶 *(au resto).* Un magnifique *lodge* très confortable, voire chic pour les maisonnettes en matériaux traditionnels réparties autour d'une mare où viennent s'abreuver les buffles et se baigner les éléphants. Restaurant et réception dans un bâtiment à étage. On y sert des plats lao et italiens. Les 6 bungalows individuels sur pilotis disposent d'une grande baie vitrée en façade pour profiter du spectacle depuis le lit et d'une véranda avec hamacs pour se prélasser. Les 4 *eco-rooms* (elles vont par paires) ne sont pas en reste et bénéficient également d'une petite terrasse. L'eau est chauffée par panneaux solaires. Laverie et VTT à dispo.

LE PLATEAU DES BOLAVENS

• Carte *pp. 416-417*

Le plateau des Bolavens, qui a une lointaine origine volcanique, est peuplé d'environ 120 000 habitants. C'est l'une des principales régions agricoles du Laos. Elle est recouverte de rizières, de plantations d'hévéas et de thé, de teck, bananiers, litchis, et de cultures maraîchères, qui façonnent les paysages et le rendent si attachant. Mais le territoire a acquis une renommée internationale grâce à son café, que les connaisseurs considèrent comme l'un des meilleurs du monde. À voir aussi, des chutes d'eau spectaculaires, qui font partie des sites les plus visités.
Ce secteur a été très éprouvé par la guerre du Vietnam et ses nombreux bombardements américains sur la piste Hô Chi Minh, qui le parcourait du nord au sud... Des communautés ethniques, telles que les Katu, Alak, Tahoy et Ngaï s'y sont installées, fuyant la guerre, et vivent toujours selon leurs coutumes ancestrales. On peut leur rendre visite à condition de respecter leur mode de vie. Des éco-tours sont organisés par les agences de Paksé qui fournissent un guide local.
Comme c'est un plateau d'altitude luxuriant, humide et frais (en moyenne, 10° de moins qu'à Paksé), il faut savoir que les températures nocturnes peuvent descendre très bas en hiver. S'équiper donc en conséquence pour passer la nuit dans les hébergements non chauffés.

– Depuis Paksé, on accède facilement au plateau des Bolavens par la route. Voir « Arriver – Quitter » à Paksé.

Organiser son tour du plateau

Une région pour amoureux de sites grandeur de nature et de petits villages. On y consacre entre 2 et 4 jours, à organiser seul, avec l'aide de son hébergement ou des agences de voyages de Paksé.

– ***La petite boucle des Bolavens :*** *prévoir 2-3 j. pour parcourir env 170 km au départ de Paksé.* Passant par Paksong, Thateng et Tad Lo, elle couvre les principaux points d'intérêt du plateau. La route est goudronnée tout du long.

– ***La grande boucle :*** *compter 4 j. pour 320 km.* 150 km de plus que la boucle précédente, entre Paksong et Thateng, via Sékong. Le parcours est aujourd'hui entièrement asphalté. Mais certains villages et sites comme Tad Tayicsua se rejoignent encore par la piste. Au menu : un supplément de panoramas, villages ethniques, jungle et cascades... Pour plus de détails, voir plus bas « En route pour la grande boucle depuis Paksong ».

– ***Quel transport ?*** Il n'existe pas de transport public entre Paksong et

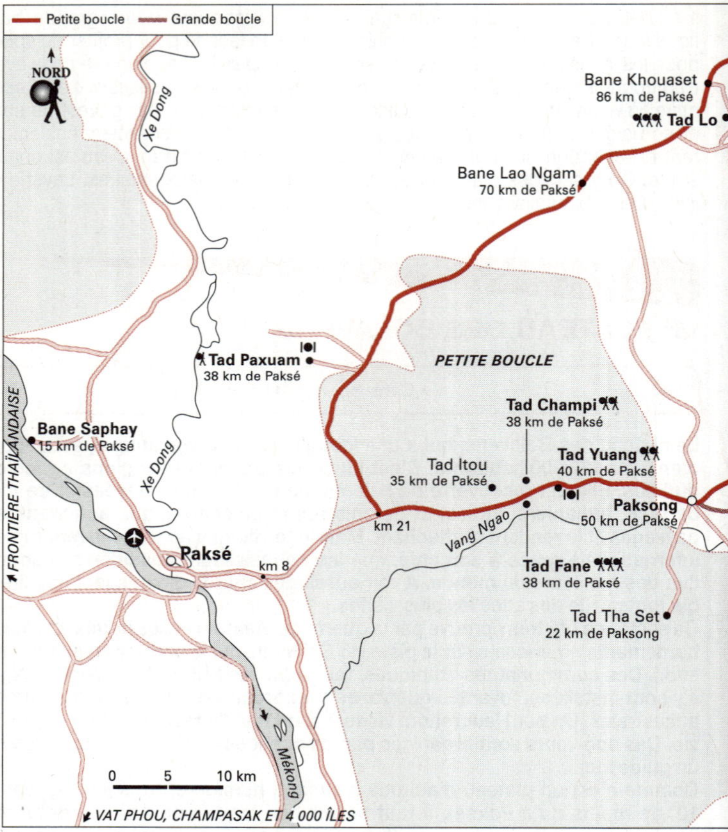

l'intersection de Ban Beng Phu Kham (se renseigner, cela peut évoluer). En dehors de cette portion et... moyennant un peu (voire beaucoup) de patience, il est possible de réaliser ces boucles en panachant les transports publics et les chartérisations de *tuk-tuk* et autres véhicules. Toutefois, l'idéal consiste, si l'on s'en sent capable, à louer une petite moto (100-125 cm³, semi ou complètement automatique), voire un VTT (mais attention aux rampes menant au plateau). À Paksé, s'adresser à *Miss Noy* (service francophone de qualité ; coordonnées dans les « Adresses utiles » de Paksé), *Nang Noi Guesthouse* (voir plus haut « Où dormir ? » à Paksé) ou d'autres loueurs établis sur la rue principale. Toujours bien lire le contrat et vérifier l'état de la machine.

TAD FANE ET ENVIRONS

Au km 21 en venant de Paksé, la route bifurque soit au nord vers Tad Lo et Thateng, soit à l'est vers Paksong. C'est dans cette seconde direction que nous partons.

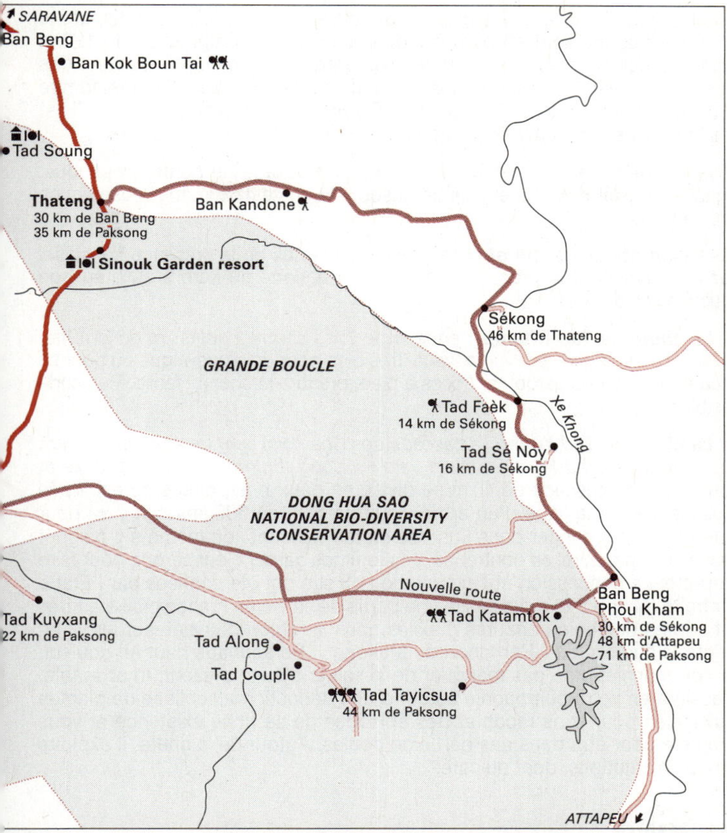

PLATEAU DES BOLAVENS

Où dormir ? Où manger ?

Tad Fane Resort : *sur la route 23, au km 38. 020-555-314-00. Selon vue et taille, doubles avec sdb 40-55 $, petit déj compris. Plats 20 000-35 000 kips.* Dans ce petit coin de nature perdu dans la forêt tropicale, bercé par le bruit des chutes d'eau, on trouve de charmantes maisonnettes en bois sur pilotis abritant une quinzaine de chambres en éventail, assez rudimentaires mais nickel. Chacune dispose d'une petite terrasse pour goûter à la quiétude de l'environnement, les yeux dans le vert. Les grands bungalows (3-4 personnes) ont vue sur les chutes. Literie avec duvet. Bonne cuisine au resto mais service lent.

Petit resto derrière le marché de café : repas simples et peu chers.

À voir. À faire

Les chutes de Tad Fane : *entrée 5 000 kips (avec parking moto).* Deux chutes jumelles spectaculaires, considérées comme les plus hautes du Laos bien que celle de Katamtok (« grande boucle », voir plus loin) leur dispute le titre. Elles dégringolent en parallèle dans une gorge vertigineuse de 120 m de profondeur, au cœur de la jungle luxuriante de Dong Hua Sao, l'une des réserves naturelles les plus riches en biodiversité du pays... On les admire depuis des plateformes situées dans le *Tad Fane Resort* (voir plus haut). Il est possible de s'en rapprocher en marchant 30 mn (guide très conseillé).

Les randonnées : *avec* Tad Fane Resort. Passage de ponts suspendus, baignade en aval des chutes, sentier jusqu'à la chute Tad Yuang, observation d'animaux, etc.

Les plantations de thé et café : créées au temps de la présence française. Pour découvrir tout le processus de transformation : de l'arbre au breuvage dégusté en fin de visite...

La chute de Tad Champi : *en face de Tad Fane. À 2 petits km de la route. Entrée : 500 000 kips + parking payant.* Très bien pour un pique-nique ou pour se restaurer à l'une des gargotes. Accès à pied, prendre le chemin facile. Baignade possible.

La chute de Tad Yuang *(la cascade des Chamois)* **:** *par un embranchement situé 2 km après Tad Fane en allant vers Paksong. Entrée : 5 000 kips.* Jolie et populaire, cette cascade de 40 m se divise en deux bras, descente escarpée en passant sous la liane d'un arbre vieux de plus de 600 ans. On y va pour pique-niquer ou manger dans l'un des restos typiques, ou même s'y baigner dans le bassin naturel en contrebas. Les femmes gardent leur sarong pour faire trempette. La concession et l'exploitation du site ont été confiées par l'État à un retraité (M. Inpong) qui a passé une partie de sa vie en France où il était très actif auprès des communautés d'exilés dans la région de Châteauroux. Il en a hérité le surnom de « Berrichon du Mékong ». Personnage haut en couleur, très communicatif, ne pas manquer de le saluer s'il est présent. Intarissable, il s'assiéra en votre compagnie autour d'une décoction alcoolisée de plantes médicinales pour vous raconter des épisodes de sa riche existence et vous entraînera peut-être dans une partie de boules. Autour de la chute, il exploite 20 ha de plantations, dont du café.

PAKSONG

À env 50 km de Paksé. Rayée de la carte par les bombardements américains, Paksong dut être entièrement reconstruite. C'est aujourd'hui un carrefour important pour les bus et *songthaew* qui desservent la région. La ville constitue aussi le point de jonction entre la petite et grande boucle. Mais pour continuer par la grande boucle, il n'y a pas de bus pour rejoindre Ban Beng Phou Kham et il est difficile de trouver une location de deux-roues. Mieux vaut avoir prévu son transport avant le départ. Son marché, avec des gargotes pour casser la croûte, est très animé. À la sortie de Paksong, en direction de Thateng, remarquer les stûpas de deux révolutionnaires : le laotien à gauche et le vietnamien à droite.

Où dormir ?

Savanna Guesthouse : *au nord-est du marché.* *020-592-824-68. Doubles 80 000-100 000 kips selon confort ; petit déj en plus.* En bordure d'un bras de rivière, 2 bâtiments de brique à la petite vingtaine de chambres propres, mais sans apprêt particulier, avec douche chaude et TV. Les plus calmes se trouvent à l'arrière (karaoké en face).

À voir. À faire

En route pour la grande boucle à partir de Paksong : elle se déploie d'abord sur 70 km vers l'est jusqu'à l'intersection de Ban Beng Phu Kham. Depuis ce village, remontée vers le nord par la bonne route 11 venant d'Attopeu en direction de Sékong (30 km), puis cap vers l'ouest et Thateng (environ 50 km supplémentaire) où elle retrouve la petite boucle.

DE PAKSONG À BAN BENG PHOU KHAM

Environ 30 km après Paksong, près du village de Nong Oy, repérer sur la droite le panneau « Tad Tayicsua », qui pointe vers l'ancienne piste de terre, plus ou moins parallèle au sud de la nouvelle route.

Tad Tayicsua est le nom générique d'une série de cascades magnifiques, et un des plus beaux sites du plateau, même si des travaux d'aménagement risquent de le défigurer.

10 km au-delà du point où la piste retrouve la route principale, soit à environ 50 km de Paksong, ***Tad Katamtok*** partage avec Tad Fane le record de hauteur du pays. Pour trouver cette cascade, scruter le panneau situé sur le côté sud de la route, au niveau d'un grand arbre.

DE BAN BENG PHOU KHAM À THATENG

20 km après la cascade de Katamok, on trouve Ban Beng Phu Kham, d'où l'on bifurque vers le nord par la route 11 en direction de Sékong. À environ 15 km, une piste sur la droite mène à la cascade de ***Tad Faek,*** modeste mais très populaire auprès des autochtones. Baignade, pique-nique (petits restos), sono... Animation garantie !
Encore 20 km plus loin, ***Sékong,*** capitale de la province éponyme, n'a rien d'excitant mais compte quelques hôtels et *guesthouses.* Il reste alors 45 km jusqu'à Thateng. De nombreux villages ponctuent la route, dont Ban Kandone.

Ban Kandone : *à 29 km au nord de Sékong et 17 km avt Thateng, un panneau indique la bifurcation côté nord de la route. Il reste 3 km de piste.* Beau et grand village peuplé par l'ethnie katu. Il est organisé autour de sa Maison des esprits, qui bénéficie d'un programme d'aide de la communauté internationale. À visiter avec humilité, comme d'hab'. Petite contribution parfois demandée.

THATENG

À 35 km au nord-est de Paksong, en suivant la route principale. Croisement routier entre Salavan (ou Saravane), Paksong, Paksé et Sekong. Peu d'intérêt en soi mais proche d'un village ethnique intéressant.

Où dormir ? Où manger dans les environs ?

Sinouk Garden : *au km 32 après Paksong et à 6 km de Thateng. 020-997-742-80. • sinoukcoffeeresort.com • Double 60 $, suite 90 $, petit déj compris. Au resto (ouv aux non-résidents), plats 20 000-40 000 kips.* Au milieu d'une vaste plantation de café, un hébergement digne d'un manoir enchanteur. Le logement se fait dans les chalets aux balcons de bois qui ont été autrefois la résidence familiale des planteurs. Comme la famille était grande, on est accueilli dans une petite vingtaine de chambres à la déco digne d'un magazine. Meubles de bois précieux, textiles fins, accessoires déclinés dans les coloris des murs. Un plaisir pour les yeux, qui seront aussi ravis par le décor des frondaisons et des parterres de fleurs traversés par une rivière ponctuée de roches volcaniques. Un vrai paysage d'aquarelle. Visite de la plantation possible pour apprendre tous les secrets de la culture du café. Bonne cuisine servie avec attention et café, bien sûr, pour clore le tout. Un vrai coup de cœur aux prix raisonnables pour la qualité.

À voir dans les environs de Thateng

Ban Kok Boun Tai : *à env 15 km au nord de Thateng, sur la route 23 qui mène à Salavan.* Étalé de part et d'autre de la route, ce village est habité par des Protomalais animistes de l'ethnie Katu. Ils ne s'habillent plus en costume traditionnel mais ont conservé leur principale coutume qui consiste à confectionner leurs cercueils de leur vivant, traditionnellement stockés sous les greniers à riz... Dans le village, les enfants sont souvent nus et se promènent parmi les poules et les cochons. Certains habitants fument encore le tabac dans des pipes à eau en bambou. Attention aux comportements qui risqueraient de déranger : manque de discrétion, photos sans autorisation et tenue un peu trop déshabillée.

TAD LO

Située en bordure du plateau des Bolavens, à 85 km de Paksé, Tad Lo est réputée pour ses trois belles chutes d'eau. Mais débit parfois famélique, eau boueuse... les cascades souffrent du barrage de la Xe Xet, situé à quelques kilomètres en amont (au sud). Néanmoins, l'ambiance villageoise est dépaysante, le choix de petits restos et pensions, la possibilité de baignade et de balades pittoresques (notamment à dos d'éléphant) en font une des étapes les plus agréables des Bolavens.

Adresse et infos utiles

■ **Info Centre :** *dans le centre du village principal.* • *salavantourism.org* • *Lun-ven 8h-16h30.* Dans sa grande cabane de bois, tapissée de panneaux et cartes, M. Kouka, jeune homme dynamique, a développé un tourisme responsable dans sa région. Il prodigue d'excellents conseils et infos sur les transports et l'hébergement et organise des tours guidés pour entrer en contact avec les populations des minorités ethniques. Attention, les prix ont pas mal augmenté ces derniers temps. 2 formules intéressantes au départ de Tad Lo : un trekking de 4h *(160 000 kips)* qui démarre à 8h et permet de visiter 4 villages et de voir 3 chutes, et un autre d'une journée *(8h-16h ; 250 000 kips)* avec 5 villages et 3 chutes, déjeuner compris (mais pas terrible, mieux vaut se mettre d'accord avant, quitte à prévoir son propre pique-nique). Ceux qui sont intéressés par cette thématique peuvent aussi participer à une découverte de la piste Hô Chi Min.

Où dormir ? Où manger ?

Palamei Guesthouse : *au carrefour des 2 rues principales.* *030-962-01-92.* • *palamei-tadlo.webs.com* • *Doubles 40 000-80 000 kips ; petit déj en sus. Repas 35 000 kips.* Une adresse familiale où on se sent tout de suite comme chez soi. 7 chambres et bungalows en paille tressée, spacieux et propres, avec douches (certaines à partager), en dépit d'un jardin un peu négligé. Le plus : les petites terrasses qui donnent directement sur les champs et les rizières. Et chaque soir, vers 18h, le dîner est préparé et partagé en famille autour d'une grande table. Poissons, herbes, riz, soupe, dessert, un régal pour les yeux et les papilles. Possibilité de découvrir les environs en compagnie de Po, le chaleureux patron. Anglais parlé.

Tim's Guest House & Restaurant : *avt le pont sur la droite. 034-21-18-85. 7 doubles en paille tressée avec ventilo, sdb à partager, env 40 000-60 000 kips ; petit déj en sus.* Tenu par un couple laotien parlant le français et l'anglais. Plein de tuyaux sur la région. Ambiance conviviale et bon resto ouvert jusqu'à 22h.

Mama Pap's Restaurant : *dans la rue principale. Chambre d'hôtes env 25 000 kips.* Madame est la plus ancienne et la plus joyeuse des restauratrices de Tad Lo. Son slogan : « *Big food for small kips* » ! Elle est invariablement débordée dès qu'il y a de l'affluence. Cuisine sans finesse mais *banana pancakes* et sandwichs géants. Prix très bas. Fait également *homestay* basique et lave le linge.

Tad Lo Lodge : *en bordure de la forêt et de la principale cascade. ☎ 034-21-18-89. • souriyavincent@yahoo.com • Doubles 50 000-160 000 kips, bon petit déj compris.* De part et d'autre de la rivière, ces charmantes cabanes en bois et en dur abritent des chambres toutes avec salle de bains, ventilo, moustiquaire et petite terrasse sur la rivière. Fait aussi resto dans une grande paillote au cadre chic surplombant la rivière. Service de transfert depuis Paksé sur demande. Organisation de balades à dos d'éléphant, qui prennent leur bain à 16h30. Véritable cachet, mais, hélas, le personnel à l'accueil est particulièrement nonchalant et peu motivé.

À voir. À faire

Les trois chutes : *depuis le village principal, un sentier, accessible à moto, relie les trois cascades par la rive gauche.* La section entre le bas de Tad Soung et son sommet est très raide, le reste est facile, tout comme plusieurs autres itinéraires. En saison des pluies, les sentiers peuvent être impraticables : éviter les fortes déclivités. Attention : suite à la construction du barrage en amont, méfiez-vous des éventuels lâchers d'eau, potentiellement dangereux.
La belle **Tad Hang** jouxte le village. **Tad Lo,** plus modeste se trouve 1 km en amont. À 8 km, toujours en amont, **Tad Soung** (accès payant) est la plus impressionnante (environ 80 m de haut). En faisant bien attention de ne pas s'approcher du vide, on peut s'y baigner dans un bassin de la partie supérieure (accessible par la route qui grimpe depuis l'ouest du village).

Promenade à dos d'éléphant : *organisé par* Tad Lo Lodge *ou* Tim's Guest House. *Compter 200 000 kips pour 2 pour env 1h30.* Balade dans les environs immédiats de Tad Lo. Très apprécié.

TAD PHAXUAM

À env 45 km de Tad Lo et 38 km de Paksé. Entrée : 5 000 kips. À visiter de préférence hors w-e pour éviter les cars en provenance de Thaïlande. Au cœur d'une nature luxuriante, un complexe touristique, aménagé par un Thaïlandais, en bordure de belles chutes d'eau avec un joli petit pont de lianes à traverser pour la photo. Ensuite, le côté carte postale prend une tournure discutable : un village regroupe les habitations typiques de sept ethnies différentes. Si l'architecture présente un intérêt indéniable, les habitants qui y posent en costume pour la photo laissent une petite impression de « disneyisation ». Comme ils peuvent y vendre (cher) leur artisanat, on nous affirme qu'ils sont très heureux de se trouver là ! Petit musée au centre du « village » avec œuvres d'un peintre local, objets oratoires, vannerie et bois sculpté. On peut aussi profiter de la splendide nature pour parcourir la forêt des alentours. Restaurant très animé sous une grande paillote, du côté du pont de lianes. Cuisine asiatique de bonne qualité.

LE DISTRICT DE SIPHANDONE

• Carte *p. 423*

Dans l'extrême sud du Laos, le Mékong semble renâcler à l'idée d'affronter les rapides et chutes d'eau spectaculaires qui marquent la frontière cambodgienne. Puis, son fil se dénoue subitement en de multiples brins et s'entortille autour d'une myriade d'îles luxuriantes. Cet archipel fluvial donne son nom au district : Siphandone signifie « les 4 000 îles » en lao.
La région fut un cauchemar, ou plutôt la fin d'un rêve, pour les Français, qui rêvaient de faire du Mékong l'artère commerciale de leurs terres indochinoises. Les îles de Khône et de Det portent encore les marques d'un véritable coup de poker, une ligne de chemin de fer destinée à bluffer les chutes du Mékong.
Ce monde étonnant et submersible au gré des saisons est également célèbre pour sa poignée de dauphins d'eau douce dits de l'Irrawaddy, une espèce en voie de disparition, aujourd'hui protégée. Tout comme dans la région de Kratie au Cambodge, on pourra, avec un peu de chance, les observer en pirogue.
De nos jours, les 4 000 îles attirent pas mal de monde, dont beaucoup d'adeptes du farniente contemplatif. Mais pas seulement, puisque chutes, vestiges historiques et activités plus ou moins sportives y sont faciles à organiser.
Avant de vous laisser happer par ces rivages si particuliers, un avertissement s'impose ! Il faut choisir son île... Don Khong, c'est la grande paisible aux centres d'intérêts toutefois limités, Don Det, plus dense en terme d'hébergement et plus jeune, et Don Khône, reliée à la précédente par le pont de l'ancien chemin de fer, est la plus proche des sites à voir.
– ***Avertissement :*** des vols à l'intérieur des chambres nous ont été signalés dans certains bungalows premiers prix, pas vraiment sécurisés. Autant garder votre argent et vos papiers sur vous, et si un cadenas ferme la porte, l'échanger contre le vôtre, si vous en avez un... Pas de parano non plus !

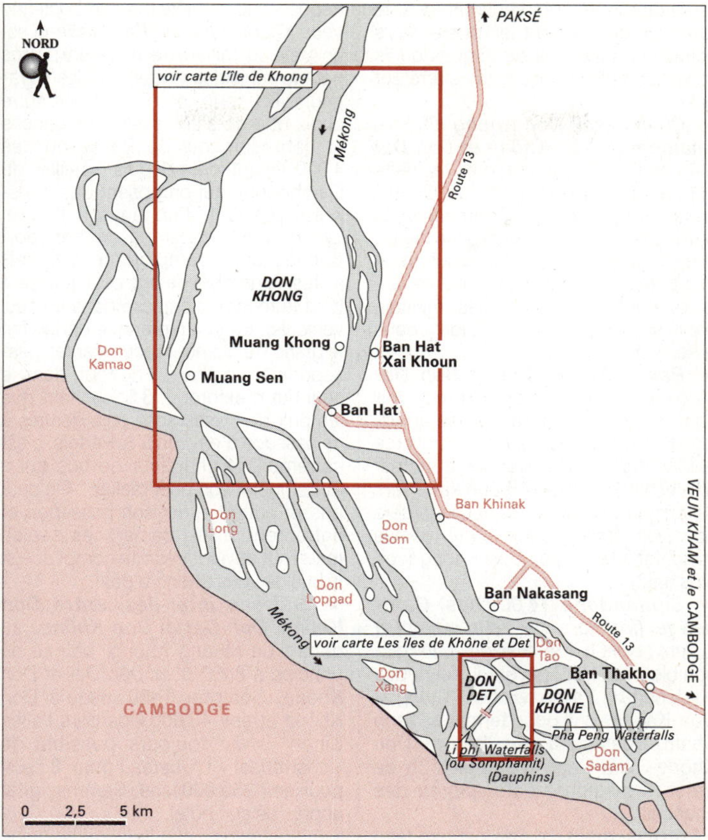

LE DISTRICT DE SIPHANDONE

Arriver – Quitter (pour toutes les 4 000 îles)

– Il n'existe plus de service public de bateau entre Siphandone et Champasak-Paksé. Toutefois, il peut arriver qu'un bateau soit affrété par une agence privée. Se renseigner à Paksé et à Siphandone.

– Attention, phonétiquement Don Khong et Don Khône sont très proches, et il arrive que des routards se retrouvent sur l'autre île sur une simple erreur de prononciation. Voilà pourquoi de nombreux chauffeurs de bus utilisent l'appellation **Muang Khong (du nom de la ville principale) pour désigner Don Khong** et éviter de la confondre avec Don Khône.

En bus public, touristique ou *songthaew*

Rappelons que les hôtels et agences de voyages de Paksé organisent 1 liaison/j. en minibus climatisé. Confortable et pas plus cher.

➢ ***Paksé-Don Khong*** *(130 km)* **:** pour la partie route, voir cette rubrique à Paksé. Pour le retour, s'adresser à son hébergement, c'est le plus simple, ou rejoindre les intersections avec la route 13, où circulent les bus et taxis collectifs, mais plus de risques qu'ils soient complets et qu'ils ne s'arrêtent pas.

➢ ***Champasak-Don Khong*** *(95 km),* ***Champasak-Don Khône et Don Det*** *(105 km)* **:** trajet à réserver la veille auprès des *guesthouses* de Champasak ou des îles. De Champasak, le bateau rejoint Ban Muang sur l'autre rive du Mékong, d'où l'on récupère le bus parti plus tôt de Paksé qui assure le trajet jusqu'aux 4 000 îles (minivan prévu si le bus est complet). Idem dans le sens inverse.

➢ ***Paksé-Don Khône et Don Det*** *(140 km)* **:** pour la partie route, voir cette rubrique à Paksé. Arrivée au village de *Ban Nakasang,* où l'on traverse le Mékong sur des pirogues à moteur (7h-17h) ; compter 15 000 kips/pers l'aller pour Don Det et 20 000 kips/pers pour Don Khône. Pour le retour, mêmes conditions que pour Don Khong (voir plus haut).

➢ ***Siphandone (4 000 îles)-Cambodge*** *(frontière de Veun Kham, à 30 km)* **:** ouv 6h-18h. *Visa on arrival* disponible pour les 2 pays. Plusieurs bus au départ de Paksé, via Don Khong et Don Khône, ont pour terminus Veun Kham. Également des liaisons Don Khône-Siem Reap (compter 12h de trajet ; renseignements auprès des agences).

– **Avertissement :** si l'on peut se faire déposer à la frontière lao-cambogienne *Veun Kham/Trapaeng Kriel,* celle-ci est un peu au milieu de nulle part. Très peu de véhicules y attendent les voyageurs. Du coup, on n'a guère d'autre choix que de s'adresser aux agences et hébergements de Paksé ou des 4 000 îles (et idem depuis les villes du Cambodge), qui proposent des transports passant d'un pays à l'autre. Les horaires et temps de transport donnés sont complètement fantaisistes, le nombre de bus est insuffisant (tout le monde s'entasse dans un seul véhicule). Enfin, un préposé badgé fait le grand tralala pour récupérer les passeports et se charger de tout, dans le seul but d'extorquer 3 $, sachant que les prix des visas sont déjà gonflés à ce passage d'environ 5 $. Parfois, c'est carrément le chauffeur de bus qui a mis au point son petit racket... On peut passer outre (garder son passeport et entreprendre les démarches seuls), mais tout devient très vite compliqué et le bus ne vous attendra pas...

➢ ***Liaisons inter-îles, entre Don Khong, Don Det et Don Khône*** **:** au départ de Muang Khong, bateau en principe à 8h30 pour Don Det et Don Khône. Compter 1h30 jusqu'à Don Khône et env 40 000 kips/pers l'aller. Sinon, il est toujours possible de « chartériser » un bateau (max 8 pers) pour env 250 000 kips. Se renseigner auprès de son hôtel.

L'ÎLE DE KHONG (DON KHONG et MUANG KHONG)

IND. TÉL. : 031

• Carte *p. 425*

Avec ses 16 km de long et 8 km de large, voici la plus grande île du Mékong sur son cours laotien, et aussi la plus au nord de cette magnifique région des « 4 000 îles ». L'île est désormais reliée à la route 13 par un pont. À la retraite depuis 2006, l'ancien président du pays est né ici et porte d'ailleurs le nom de la région... Moins paradisiaque que ses jumelles, Don Det et Don Khône, Don Khong est aussi plus calme. Ses petits villages se relient à vélo (mais peu d'ombre), un bon moyen de partir à la rencontre d'une population locale plus accueillante, peut-être parce qu'elle ne dépend pas exclusivement du tourisme.

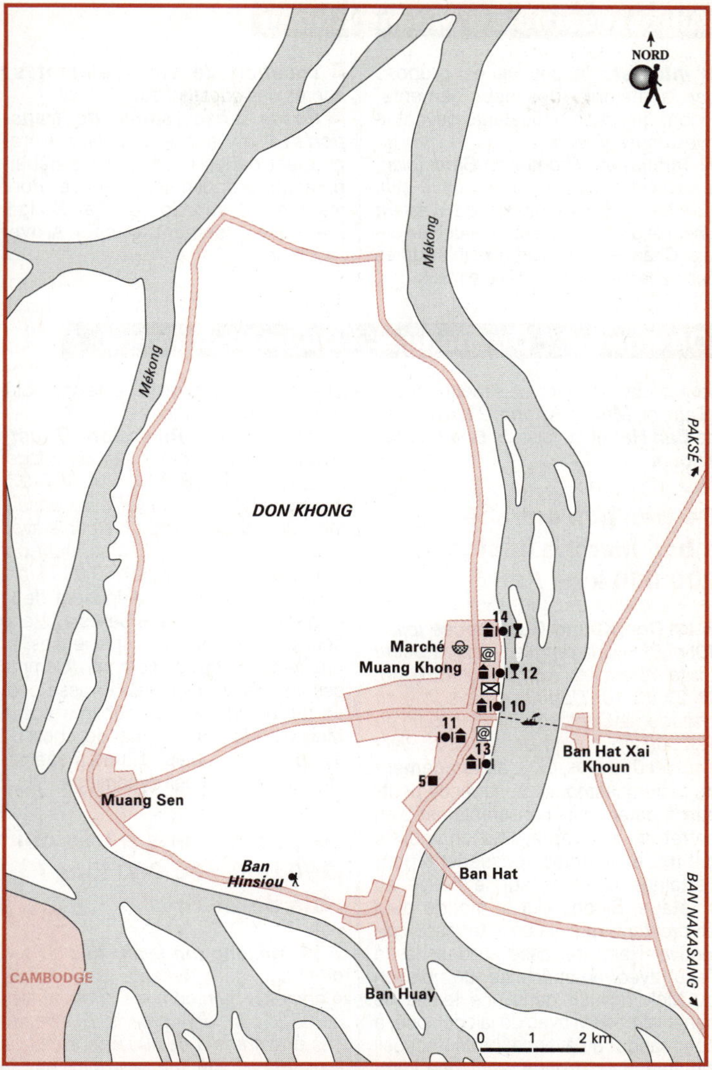

L'ÎLE DE KHONG

Adresses utiles

@ Internet
5 Agricultural Promotion Bank

Où dormir ? Où manger ? Où boire un verre ?

10 Don Khong Guesthouse
11 V. Mala
12 Pon's Riverside Guesthouse
13 Mékong Inn
14 Pon's Arena

Adresses utiles à Muang Khong

@ ***Internet :*** l'accès wifi est proposé par la majorité des hébergements. Sinon, quelques ordinateurs devant la *guesthouse V. Mala*.

■ ***Agricultural Promotion Bank*** *(plan,* ***5****) : au sud du village. Lun-ven 8h30-12h, 13h-15h30.* Service de change, *Western Union* et distributeur automatique de billets. Change également possible auprès des hébergements, vérifier les taux.

■ ***Location de vélos et motos :*** auprès des *guesthouses*.

■ ***Résas d'excursions, de transports :*** il n'y a pas d'agence à proprement parler, mais tous les hébergements proposent ce service. Pour les bus à destination du Cambodge, lire l'avertissement dans « Arriver – Quitter ».

Où dormir ? Où manger ? Où boire un verre ?

Toutes nos adresses se situent dans le village de ***Muang Khong,*** 2 km au nord de ***Ban Hat*** et en face de ***Ban Hat Xai Khoun.***

De très bon marché à bon marché (moins de 200 000 kips / 25 $)

🏠 🍴 ***Don Khong Guesthouse*** *(plan,* ***10****) : la 1re de la rangée, là où la petite route rejoint la berge du Mékong. ☎ 21-40-10. Double avec sdb (eau chaude, AC et ventilo) autour de 120 000 kips ; petit déj en plus. Plats env 50 000 kips.* L'aménagement de cette *guesthouse* commence peut-être à dater, mais l'ensemble est bien entretenu et propre. Les chambres, petites et simples, possèdent pour certaines une vue sur le fleuve au 1er étage. Sinon, tout le monde peut en profiter depuis la belle terrasse collective. Resto-terrasse au-dessus de l'eau, avec, en spécialité, un poisson du Mékong cuit dans une feuille de bananier et servi avec du lait de coco, à commander à l'avance, hmm ! Accueil aimable ; la patronne, ancienne institutrice, parle le français.

🏠 🍴 ***V. Mala*** *(plan,* ***11****) : sur la route principale. 📱 020-975-457-87. Double avec sdb commune 50 000 kips ; petit déj en plus.* La maison traditionnelle en bois sur pilotis est précédée d'un beau jardinet fleuri, aussi bien entretenu que les chambres. Celles-ci sont simples mais impeccables, équipées d'une moustiquaire aux fenêtres et autour des lits. Fait aussi resto (salle agréable) et loue vélos et motos.

🏠 🍴 🍷 ***Pon's Riverside Guesthouse*** *(plan,* ***12****) : au cœur du village. ☎ 21-40-37. 📱 020-554-067-98. • ponarenahotel.com • Résa conseillée, car souvent complet. Double avec sdb autour de 100 000 kips, petit déj compris. Plats 15 000-60 000 kips.* Toutes les chambres disposent de la clim et de l'eau chaude. Celles à l'étage sont plus agréables et spacieuses, et profitent d'un balcon commun. Comme ses voisins, le resto-bar-terrasse peut se targuer d'une vue sublime sur le Mékong. *Mok* sur commande, choix de viandes honorables et toutes spécialités locales. Accueil dynamique.

De prix moyens à très chic (200 000-680 000 kips / plus de 25 $)

🏠 🍴 ***Mékong Inn*** *(plan,* ***13****) : au sud du village, côté Mékong. ☎ 21-36-68. • gomekonginn.com • Double autour de 35 $, petit déj compris. Également des chambres à 60 000 kips (petit déj en plus).* On est accueilli par le patron francophone, toujours prêt à distribuer ses bons conseils. Sur les 3 bâtisses qui encadrent la piscine, 2 font face au Mékong avec quelques chambres qui ont vue sur le fleuve (au même prix que les autres, autant en profiter). Toutes ont la clim et l'eau chaude, hormis quelques-unes à l'arrière pour les petits budgets. Tenue impeccable. Fait aussi resto.

Pon's Arena *(plan, 14)* : *notre adresse la plus au nord du village. ☎ 51-50-18. • ponarenahotel.com • Selon vue, doubles 50-80 $, petit déj compris.* Il s'agit d'un hôtel moderne, d'un très bon niveau de confort, conçu en 2 parties, côté rue et côté Mékong. Les chambres *Mekong View,* les plus chères, font face à la piscine, qui visuellement se prolonge par le fleuve. Une réussite esthétique. Les *Mountain View* (avec une faible différence de prix) donnent vers l'intérieur de l'île, ce sont évidemment les premiers prix, mais elles bénéficient également d'un panorama si on les choisit à l'étage. Balcon et équipement complet pour toutes les options. Espace resto soigné en terrasse sur le Mékong et accueil très aimable.

À voir. À faire

Wat Xieng Vang (ou **Wat Jom Thong**) : *au nord du village de Muang Khong, au bout de la piste qui longe le Mékong.* Construit sur un plan cruciforme et largement influencé par le style colonial, ce temple est unique en son genre. Il profite aussi de son emplacement planté d'arbres, au bord du fleuve. Il a été en partie restauré grâce à l'argent d'une fondation américaine.

Wat Phouang Keo : *sur la place centrale de Muang Khong.* Impossible de manquer son bouddha gigantesque qui veille à l'extérieur avec sa tête couronnée d'un naga à sept têtes. Sur le mur d'enceinte, comme partout ailleurs, remarquer la liste des familles donatrices. Ici, les sommes se chiffrent en dollars... À l'intérieur, un stûpa émouvant, un peu particulier car consacré à un Français, Claude Vincent, initiateur du tourisme au Laos.

Le marché : petit marché local qui vaut la visite, surtout tôt le matin. Au beau milieu d'une myriade de couleurs et d'odeurs, on découvre de beaux fruits et légumes, des poissons de taille « mékonguesque », du sucre de palme, et des pharmacies où acheter des médicaments à l'unité.

Le sucre de palme – Ban Hinsiou : rencontré partout au Cambodge, le palmier à sucre est également présent à Don Khong, surtout dans ce village de l'extrémité sud de l'île. La fabrication du sucre a lieu de novembre à mai. De longues tiges de bambou fixées au tronc permettent d'accéder au sommet des palmiers. Les fruits sont décrochés, puis pressés. Le jus ainsi obtenu est chauffé pendant 3h, jusqu'à l'obtention d'une pâte épaisse, versée dans de petits moules ronds en feuille de palmier. Après refroidissement, on obtient des pavés d'environ 6 cm de diamètre et pesant 200 g. Vendus sur les marchés de la région, ils représentent pour Don Khong une source non négligeable de revenus...

Excursion en bateau vers Don Det et Don Khône : *départ tlj vers 8h30, env 60 000 kips/pers A/R ou 250 000 kips l'aller pour le bateau (jusqu'à 8 pers), plutôt 300 000 kips dans l'autre sens. Pour tt rens, s'adresser à sa guesthouse.* 1h30 de descente du fleuve jusqu'à Don Khône. La visite de la chute de Li Phi est à payer en sus (voir plus bas). Retour vers Don Khong aux alentours de 14h30 pour 2h30 de navigation, contre-courant oblige. Indispensable !

Balade à vélo : certainement le meilleur moyen pour découvrir l'île. Il est judicieux d'éviter les grandes chaleurs et de pédaler autant que possible à la fraîche, avant 8h ou après 16h, car il n'y a pas d'ombre. La balade la plus simple consiste à faire le tour de la partie sud de l'île. Compter alors 1h30 sans les arrêts. Prendre la route partant de la place du village de Muang Khong, vers l'ouest, pour traverser l'île dans un paysage de rizières, sur 8 km de terrain plat. La partie la plus intéressante du trajet se trouve le long de la rive ouest de l'île. Autre option, partir vers le nord depuis Muang Khong. Cet itinéraire plus long que la boucle sud, entre fleuve et rizières au vert tendre, permet de découvrir les habitations simples d'autochtones, toujours souriants et contents de saluer un étranger...

Fête

Suang Heua : une spectaculaire course de bateaux qui a lieu début décembre, dans la semaine qui suit la fête nationale. Plusieurs jours avant la manifestation, les habitants de la région affluent dans une ambiance fébrile de kermesse et envahissent la place centrale de Muang Khong, au beau milieu d'un petit parc d'attractions avec manèges et grande roue... Sur l'eau, ce ne sont que pirogues décorées et équipages synchronisés. Les terrasses des restos au nord du village demeurent les meilleurs endroits pour assister aux courses. Ambiance moins coincée que sur la Tamise, on vous l'assure !

L'ÎLE DE KHÔNE (DON KHÔNE) ET L'ÎLE DE DET (DON DET)

IND. TÉL. : 030

• Carte *p. 431*

Longtemps, les visiteurs passaient ici des jours indolents, entrecoupés de quelques balades, l'âme apaisée par la combinaison de l'élément liquide et de la luxuriance. On se passa le mot et Don Det attira un petit tsunami de routards, trop contents de l'aubaine. La petite île se couvrit d'une file quasi ininterrompue de *guesthouses* et de bars, déclinés sur le même modèle : le style Vang Vieng d'autrefois, en moins tapageur. Mais ce mode d'éclate grégaire n'aura duré qu'un temps, d'abord suite à la réaction des autorités laotiennes, soucieuses d'éviter les dérives, et peut-être aussi par lassitude des participants. Aujourd'hui, à chaque île ses avantages : Don Det garde une ambiance plus jeune et plus vivante le soir, ainsi que des hébergements un peu moins chers que sa voisine. Don Khône concentre moins d'adresses et recense les principaux centres d'intérêt de la région.

LA VOIE DU RAIL

Au temps du protectorat français, étendre le commerce avec les pays voisins supposait de maîtriser la navigation sur le Mékong. Toutefois, les chutes, écueils et autres rapides constituaient autant d'obstacles infranchissables proches de la frontière cambodgienne. Pour les contourner, une ligne de chemin de fer de 14 km de long fut donc construite en 1893, d'abord à travers l'île de Don Khône, puis à partir de 1910 à travers celle de Don Det. Les deux îles furent reliées par un pont, qui existe toujours, tout comme les quais qui servaient à haler les bateaux. Un pari fou, une réalisation titanesque qui fut exploitée jusqu'à ce que la route 13 finisse par supplanter le chemin de fer en 1937.

Adresses et infos utiles

■ ***Change :*** distributeur automatique et service de change à Ban Nakasang (sur la terre ferme). Sur les îles, s'adresser aux petites agences et *guesthouses.* Le taux n'est pas forcément mauvais (vérifier et comparer). Garder plutôt cette option en dépannage.

■ ***Location de vélos et de motos :*** la plupart des *guesthouses* et petites agences en proposent.

Compter 10 000 kips/j. pour un vélo et 50 000 kips pour une moto 100 cc. Pas évident toutefois de circuler à vélo : les pistes sont très caillouteuses et certaines portions sableuses. Et pour couronner le tout, gare aux crevaisons sur les pierres pointues !

Où dormir à Don Khône ?

Hébergements et restos se concentrent entre le pont et la pointe nord de l'île, face à Don Det. C'est bien sûr plus calme aux extrémités. Le reste de l'île est uniquement occupé par les habitants.

De très bon marché à bon marché (moins de 200 000 kips / 25 $)

Somphamit Guesthouse *(plan,* ***10****) : côté Mékong. 020-552-624-91. Doubles avec sdb, ventilo ou AC 60 000-150 000 kips.* Dans un agréable jardinet ombragé et bordé par le fleuve, une poignée de chambres dans des maisonnettes en bois et bambou, spartiates et moyennement entretenues, mais avec moustiquaire et jolie terrasse individuelle sur le Mékong tendue d'un hamac. D'autres chambres sans vue.

Mr Boune Phan *(plan,* ***10****) : après Somphamit en venant du pont. Doubles avec sdb env 40 000-50 000 kips selon vue.* Chambres riquiqui et totalement basiques, ventilées et face au Mékong, où l'on ne s'attardent pas trop pour profiter au max de la terrasse collective au dessus du fleuve. Parmi les chambres avec vue les moins chères de Don Khône. D'autres bungalows, plus grands, carrelés (encore moins chers) donnent sur le jardin.

Pan's Guesthouse *(plan,* ***11****) : 020-236-551-51. Doubles avec sdb 150 000-200 000 kips ; petit déj en sus.* Rangée de bungalows donnant sur le jardin ou le Mékong. Clim et eau chaude pour les plus chers. Hamacs en terrasse. Pas mal et assez agréable. Resto. Plus loin, des annexes en bambou ont été repeintes en bleu pétant. Elles ont moins de charme mais profite d'une vue face au fleuve tout aussi fantastique (même prix). Bon accueil de M. Pan !

Pakha Guesthouse *(plan,* ***12****) : 020-558-475-22. Doubles avec sdb 80 000-120 000 kips ; petit déj en sus. Également des familiales.* Installée des 2 côtés du chemin. Sur la berge, les chambres les moins chères, rudimentaires et ventilées, sont installées côte à côte dans une bâtisse au-dessus du fleuve, avec terrasse commune. Attention, cloisons extra-fines. Côté terre, on trouve le resto sous paillote et d'autres bungalows, pour certains climatisés. Bonne cuisine. Tenu par une famille très gentille, la patronne se débrouille en français.

De chic à plus chic (plus de 320 000 kips / 40 $)

Auberge Sala Done Khône *(plan,* ***13****) : ☎ 26-09-29. • salalaoboutique.com • Selon saison et type, doubles avec sdb 55-70 $, petit déj compris. Résa slt sur Internet. Promos régulières.* Au cœur d'un joli jardin planté de palmiers, bougainvillées, hibiscus, etc., une superbe maison coloniale, l'ancien siège des Messageries maritimes, abrite des chambres de charme avec beaux meubles en bois exotique, carrelage à motifs rétro et balcon. Un cachet fou ! D'autres chambres plus petites, moins chères mais de même confort, sont installées dans une grande maison laotienne en bois sur pilotis, avec terrasse privée sur le jardin. Et ce n'est pas fini... Surprise avec ces maisons flottantes en bambou, équipées de panneaux solaires sur les toits et dotées de belles chambres ventilées dont les mignonnettes terrasses sont au fil de l'eau. L'ensemble de l'auberge est très bien tenu. Resto (voir « Où manger ? Où boire un verre à Don Khône ? »).

Où manger ? Où boire un verre à Don Khône ?

Sengaloun Restaurant (plan, **20**) : *au sud du pont, côté fleuve.* Une agréable terrasse couverte en bambou, surplombant le Mékong, avec vue imprenable sur le pont de l'ancien chemin de fer français. Côté fourneaux, plats classiques et *hot pot*. Idéal aussi au petit déj ou pour boire un verre au soleil couchant ; et là, un cocktail *lao-lao* viendra parachever la magie du fleuve mythique... 2 autres adresses plus au nord ; même carte, mais moins bien situés.

Fleur du Mékong (plan, **21**) : *au sud du pont, après Sengaloun, côté opposé du chemin. 020-965-442-93. Plats 15 000-40 000 kips.* Le patron est un guide francophone, peu avare de bons tuyaux s'il est dans le coin. La patronne a fait du curry de canard (ou de poulet) aux patates douces et épices sa spécialité. Ça change. Salle au rez-de-chaussée avec petite terrasse ou grande pièce ouverte au-dessus.

Resto de l'Auberge Sala Done Khône (plan, **13**) : *voir « Où dormir à Don Khône ? »* À l'image de l'auberge, le resto-terrasse est décoré avec beaucoup de goût et perché en surplomb du Mékong... romantique à souhait. Choix restreint, mais cuisine laotienne fine et de qualité.

Où dormir à Don Det ?

La rive est de l'île s'est habillée d'une succession quasi ininterrompue de *guesthouses* et restos. L'extrémité nord (là où l'on débarque) est particulièrement congestionnée et la rive ouest commence, elle aussi à se densifier.

Très bon marché (moins de 100 000 kips / 12,50 $)

Sunset View (plan, **30**) : *à l'extrémité nord de l'île. 020-978-829-78. Double avec sdb (eau chaude) env 80 000 kips ; petit déj en plus.* Une poignée de chambres simples, certes, mais avec un ventilo et surtout un balcon privé et une vue imprenable sur le fleuve et le coucher de soleil. Possibilité de se baigner devant la *guesthouse,* et même de faire du *tubing.* Le proprio organise aussi des petites excursions pour admirer le soleil couchant.

Mr Vai (plan, **31**) : *020-554-999-69. Doubles avec sdb 50 000-80 000 kips.* Dans un coin tranquille de Don Det, le jardin bien entretenu entoure des bungalows tout simples avec moustiquaires. Petit déj possible chez Mrs Sai, juste à côté.

Mr Boun Hom Bungalows (plan, **32**) : *020-225-218-20. Doubles sans ou avec sdb env 40 000-80 000 kips ; petit déj en plus.* Quelques maisonnettes spartiates en bois ou en bambou, équipées de moustiquaire, terrasse privée sur le Mékong, et d'une salle d'eau pour les plus chères (douche au-dessus des toilettes). Pour dormir l'oreille bercée par le clapotis langoureux du fleuve... Propreté acceptable vu le prix. Joli resto-terrasse sur le fleuve.

Mr Phao Riverview Guesthouse (plan, **33**) : *au bord du Mékong. 030-499-27-11. Doubles sans ou avec sdb 30 000-60 000 kips.* Dans un espace jardiné, plusieurs bungalows sommaires en bois avec moustiquaire et petite terrasse ombragée pour buller, les yeux perdus dans les myriades d'îles flottantes. Sanitaires communs à peu près corrects, ou privés. Pour les repas, resto-terrasse sur le fleuve. Accueil chaleureux et familial. Mr Phao organise aussi des excursions, notamment aux chutes de Phapeng (voir plus loin).

Prix moyens (250 000-400 000 kips / 31-50 $)

Baba Guesthouse (plan, **34**) : *020-988-939-43. • dondet.net • Double avec sdb, AC et ventilo env 300 000 kips ; petit déj en plus, devant le Mékong.* Basile, un Français artiste-peintre, a conçu avec Phouvanh, sa femme lao, une belle adresse, face à

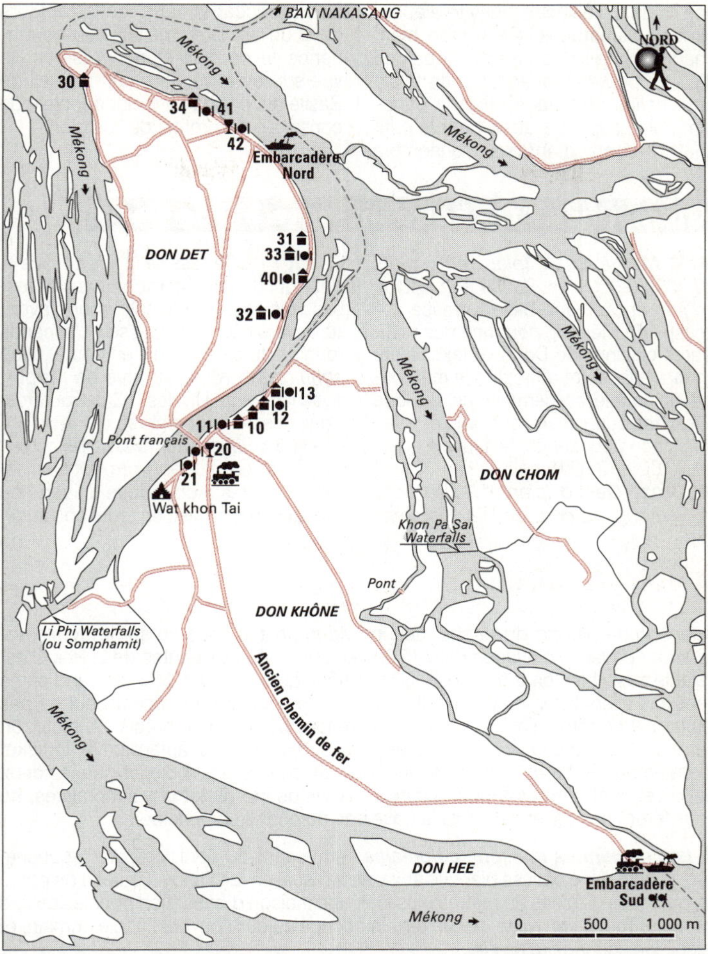

LES ÎLES DE DON KHÔNE ET DE DON DET

Où dormir à Don Khône ?

- **10** Somphamit Guesthouse et Mr Boune Phan
- **11** Pan's Guesthouse
- **12** Pakha Guesthouse
- **13** Auberge Sala Done Khône

Où manger ? Où boire un verre à Don Khône ?

- **13** Resto de l'Auberge Sala Done Khône
- **20** Sengaloun Restaurant
- **21** Fleur du Mékong

Où dormir à Don Det ?

- **30** Sunset View
- **31** Mr Vai
- **32** Mr Boun Hom Bungalows
- **33** Mr Phao Riverview Guesthouse
- **34** Baba Guesthouse

Où manger ? Où boire un verre à Don Det ?

- **40** Mama Luah
- **41** Crazy Gecko
- **42** Smiling Lao

une île d'où s'élance un *rain tree* absolument majestueux. Ca tombe bien, chaque chambre possède un balcon d'où on peut l'admirer. On a un faible pour celles de l'étage, pour le panorama bien sûr, mais aussi pour le petit charme supplémentaire. L'ensemble est impeccablement tenu, toujours dans un souci d'améliorer en permanence le confort et de préserver la vue sur le fleuve. Très bon accueil de Basile qui pourra vous donner plein de conseils pour profiter de la région.

Où manger ? Où boire un verre à Don Det ?

Mama Luah *(plan, **40**)* **:** *plats 20 000-30 000 kips. Fermé en principe en juin et oct.* Une belle terrasse au-dessus du Mékong pour une des meilleures cuisines de Don Det (excellents *spring rolls,* entre autres). À la manœuvre, un couple lao-germanique, qui loue aussi des bungalows tout simples avec un balcon pour zieuter le fleuve *(compter 60 000-80 000 kips).*

Crazy Gecko *(plan, **41**)* **:** *au bord du Mékong, au nord de l'île. Plats env 25 000 kips.* Terrasse à la fois cossue et cosy qui dénote par rapport aux adresses voisines. On s'y cale pour s'aventurer vers des plats suisses-allemands (origine du patron, on s'en doute), type *schnitzel* et *rösti,* ou plus en rapport avec la région. Un des QG de routards. Loue aussi des chambres.

Smiling Lao *(plan, **42**)* **:** *près du Crazy Gecko, au nord-est de l'île.* Ambiance rasta pour boire un verre ou manger un morceau en toute coolitude.

À voir. À faire

Attention, la plupart du temps, des individus postés sous ou sur le pont français font payer « en avance » les 35 000 kips d'accès aux chutes de Li Phi. C'est valable aussi bien quand on loge à Don Khône qu'à Don Det. Même quand on ne veut pas aller visiter les chutes, il faut parfois négocier un moment pour ne pas les acquitter. Dites alors que vous vous rendez à un endroit précis, un resto, un autre site... Pour ceux qui visitent les chutes, dans ce cas, autant payer le ticket d'entrée au pont (pas d'arnaque une fois aux chutes, il semblerait que les deux appartiennent au même propriétaire). Les vendeurs, plutôt physionomistes, ne vous feront pas payer deux fois la traversée du pont... en principe.

***Les anciennes maisons coloniales* :** en venant du pont, prendre à gauche, vers le nord. Une bâtisse blanche aux volets bleus, en fait l'ancien bureau de poste et, quelques dizaines de mètres plus loin, une maison d'habitation pour les colons français. Tout ça en ruine, sur un terrain occupé aujourd'hui par l'école primaire et le collège secondaire de l'île.

– Pour rejoindre les quatre sites suivants, prendre à droite (vers le sud) en venant du pont.

Le chemin de fer *(Railway ; quai sud)* **:** *à Don Khône, à 6 km env du pont.* Construite à la fin du XIXe siècle pour contourner une zone où le Mékong n'est pas navigable, cette petite ligne mesurait 14 km et reliait Don Khône à Don Det par le superbe pont de 150 m de long pour 3 m de large. Il tient toujours bon et fait le bonheur des voyageurs, qui affluent au coucher du soleil... magique ! Il faut imaginer les conditions de travail à l'époque, particulièrement rudes compte tenu de l'environnement, du climat insalubre, de la météo et de l'équipement basique. Les 500 travailleurs locaux réquisitionnés pour la construction sont peu qualifiés, mal nourris et mal soignés ; beaucoup tombent malades ou meurent sur le chantier. Il faudra 5 mois de travaux pour réussir le premier transbordement. Le train comptait 12 wagons. Passagers et marchandises débarquaient au sud de l'île pour rembarquer au nord, et vice versa. Les embarcadères en béton sont toujours là : au village de Ban Hang Khône pour celui du sud et sur la côte est de Don Det pour celui du nord. On peut voir deux locomotives rouillées, découvertes dans la jungle en 1989 par Jean-Michel Strobino, un Français passionné par l'histoire du Laos : l'une dans le prolongement sud du pont et l'autre au village de Ban Hang Khône. De grands panneaux en anglais et de très intéressantes photos d'époque expliquent l'histoire du chemin de fer, abandonné après la construction de la route 13 longeant les 4 000 îles. Les rails ont été récupérés et la voie de chemin de fer est devenue une excellente piste. Lire aussi plus haut l'encadré « la voie du rail » consacré à cette histoire.

*** ***Li Phi** (ou **Somphamit**) **Waterfalls et la plage de Don Khône :*** *à la pointe sud-ouest de Don Khône, à env 1,5 km du pont. Ferme à 17h30. Entrée : 35 000 kips.* *Li Phi* signifie en lao quelque chose comme « le gouffre aux mauvais esprits ». Les Laos pensent que les chutes captent les *phi* (mauvais esprits), si bien qu'ils ne se baignent jamais à cet endroit. Les chutes ne sont pas très hautes, mais le cadre est sauvagement beau, peut-être même plus que celui des chutes de Phapeng... Au-delà des chutes, un chemin mène à une plage, où certains se trempent, mais attention à ne pas vous écarter de la berge en raison du courant. Bref, ne pas rejoindre le petit village en maillot de bain. Question de respect pour les coutumes locales.
Un grand resto sur place, avec une terrasse et des tables sous des paillotes en chaume de riz, histoire de ne pas mourir de soif et de faim après la petite marche, et même un billard.

** ***Khon Pa Sai Waterfalls :*** *prendre à gauche à la sortie du pont et aller jusqu'à l'extrémité nord de l'île (village de Ban Khon Nua), en admirant au passage les îles et les buffles qui viennent parfois se rafraîchir dans le fleuve en fin de journée. Continuer vers le sud jusqu'à un grand panneau jaune « Khon Pai Sa Waterfalls » indiquant un chemin à gauche. On arrive devant un petit pont suspendu (au passage, bon resto avec terrasse en surplomb). Traverser le pont et suivre le chemin.* On débouche sur un site spectaculaire de chutes et rapides. Au milieu, on découvre des structures uniques, de gigantesques nasses à poissons en bois et bambou de plus de 10 m de longueur. En période de hautes eaux, ces nasses peuvent attraper chacune jusqu'à 500 kg de poissons !

** ***Les dauphins d'eau douce :*** *à partir de Don Khône. Il est possible de les observer en pirogue au départ de 2 sites. Le 1er se trouve à* ***Ban Hang Khône,*** *là où se situe l'ancien embarcadère sud du train (voir plus haut). D'ici, le panorama est magnifique sur le Mékong et la frontière cambodgienne. C'est aussi de là qu'on a le plus de chance d'apercevoir les mammifères. Le 2nd se situe à* ***Hat Sai Kong*** *(Tha Sanam, mot à mot « port fait de sable » ; à env 3 km du pont) ; navigation plus longue et très belle. Compter 1h15 de sortie en pirogue (25 mn de trajet dans chaque sens et 30 mn d'observation). Prix de Ban Hat Khône : 70 000-120 000 kips, pour 4 ou 5 pers max. Noter qu'on peut coupler la sortie avec la visite des chutes de Phapeng. De Hat Sai Kong : env 90 000 kips (3 pers/bateau).*
– Nous conseillons de faire l'excursion avant 9h ou après 16h. Les dauphins se montrent peu aux heures chaudes.
On les appelle dauphins d'Irrawaddy, car on les trouve également dans ce grand fleuve birman. Sur les quelques dizaines de spécimens qui restent en Asie, on en compte six dans cette partie du Mékong. Avec un peu (beaucoup) de chance, vous pourrez vous émerveiller de leur discrète apparition, car la plupart du temps on aperçoit juste leurs ailerons et museau au moment où ils respirent. Votre visite et ce qu'elle rapporte à la population locale demeurent le meilleur moyen de préserver cette espèce. Ce n'est pas que les dauphins soient exterminés volontairement. Au contraire, ils sont considérés comme des animaux sacrés. Mais les mailles des filets des pêcheurs laotiens et les explosifs des braconniers cambodgiens leur ont, par le passé, fait beaucoup de mal. En saison sèche, les sympathiques mammifères marins préfèrent souvent les eaux cambodgiennes, juste en face. Même si

vous ne les apercevez pas, la balade au fil de l'eau, entre les rochers, le long de collines recouvertes d'arbres élancés, mérite le détour.

Sorties en kayak et visites combinées : *résa auprès de ttes les guesthouses et agences. Compter env 160 000-200 000 kips/pers pour la journée ; départ à 8h env, retour vers 17h. Difficulté : 1 à 2 selon le niveau du Mékong.* Elles sont organisées aussi bien au départ de Don Khône que de Don Det et incluent un rapide apprentissage du kayak, un guide, le déjeuner, les visites des chutes de Li Phi et de Phapeng (ou de Khon Pa Sai), et l'observation des dauphins. Faisable par toute personne en bonne santé, cette formule, bien organisée, remporte un succès mérité. En saison des pluies, le courant peut être fort et la sortie s'avérer bien plus sportive. Renseignez-vous avant.

Sunset cruises : *départ à 16h, pour 2h de navigation en pirogue. Tarif : 150 000 kips/pirogue, 4 pers max.* Pour profiter de l'embrasement des heures dorées. Amis de la poésie, bonsoir.

DANS LES ENVIRONS DE DON DET ET DON KHÔNE

Phapeng Waterfalls : *à proximité de la route 13, à 10 km au sud de Ban Nakasang. Pour s'y rendre, prendre un moto-taxi au départ de Ban Nakasang, en principe le mat avt 9h30 (A/R avec attente comprise). Ou s'adresser à la guesthouse de Mr Phao (☎ 030-499-27-11 ; lire plus haut « Où dormir à Don Det ? ») qui organise cette balade en pirogue depuis Don Det, le plus souvent l'ap-m. Compter 70 000-80 000 kips/pers pour 2 à 8 pers. Tlj 6h-17h (overtime jusqu'à 18h en payant un supplément). Entrée : 55 000 kips.* Voici donc le fameux « Niagara du Mékong », entendez les plus grandes chutes d'Asie du Sud-Est (15 m de haut et... 1 km de large). Avec leur bruit d'enfer, elles sont vraiment spectaculaires, et l'on jouit d'un beau panorama en montant jusqu'au kiosque qui les surplombe. En descendant au pied des chutes, l'atmosphère est encore plus impressionnante avec la vapeur d'eau en suspension dans l'air...

LAOS UTILE

ABC du Laos

- ***Superficie :*** 236 800 km².
- ***Population :*** 7 millions d'hab.
- ***Religion officielle :*** bouddhisme (67 %).
- ***Régime politique :*** république à parti unique d'idéologie marxiste depuis 1975.
- ***Capitale :*** Vientiane.
- ***Chef de l'État :*** Bounnhang Vorachit (depuis 2016).
- ***Chef du gouvernement :*** Thongloun Sisoulith (depuis 2016).
- ***Langues :*** lao (langue officielle), dialectes thaïs (hmong, môn-khmer et sino-tibétain), français et anglais.
- ***Monnaie :*** kip.
- ***Indice de développement humain :*** 141ᵉ rang (0,575).

AVANT LE DÉPART

Infos diplomatiques

Avoir un passeport européen, ça peut être utile !

L'Union européenne a organisé une assistance consulaire mutuelle pour les ressortissants de l'UE en cas de problème en voyage.
Leur assistance est bien entendu limitée aux situations d'urgence : décès, accidents ayant entraîné des blessures ou des lésions, maladie grave, rapatriement pour raison médicale, arrestation ou détention. En cas de ***perte ou de vol de votre passeport,*** ils pourront également vous procurer un ***document provisoire*** de voyage.

Ariane, le fil à suivre

Ariane est un service gratuit mis à disposition par le Centre de crise du ministère des Affaires étrangères et européennes. Il permet aux voyageurs français qui le souhaitent de s'enregistrer à l'occasion de leurs séjours à l'étranger. Les informations déposées sur Ariane sont utilisées en cas de crise, par exemple pour contacter des voyageurs dans l'hypothèse où des opérations de secours sont organisées, ou encore pour joindre rapidement les familles ou les proches en France si une situation le nécessite. Être inscrit sur Ariane, c'est voyager l'esprit tranquille. Pour en savoir plus : • *pastel.diplomatie.gouv.fr/fildariane* •

Assurances voyage

Lire la rubrique homonyme dans le chapitre « Cambodge utile ».

ARGENT, BANQUES, CHANGE

Monnaie et change

– L'***unité monétaire*** du Laos est le ***kip.*** Il existe des coupures de 500, 1 000, 2 000, 5 000, 10 000, 20 000, 50 000 kips et 100 000 kips.

En 2016, 1 $ équivaut à environ 8 000 kips ; et pour 1 €, on obtient environ 8 500 kips.
– Les ***euros*** se convertissent facilement en kips dans la plupart des banques de Vientiane (meilleur taux), Luang Prabang et des autres grandes villes du pays. Attention, ce ne sera pas forcément le cas dans les coins reculés où il vaut mieux, de plus, posséder des billets en bon état et imprimés avant 1990 (même en bon état, bien le préciser auprès de la banque où est effectué le change) ! Enfin, il n'existe aucune limitation quant à l'entrée ou à la sortie de devises. Attention, il est quasi impossible de changer ses kips restants à l'extérieur du pays ou, quand ça arrive, le taux est très désavantageux.
– ***Horaires :*** les banques sont généralement ouvertes du lundi au vendredi de 8h30 à 15h30. À Vientiane et à Luang Prabang, des bureaux de change sont également ouverts le week-end et à des horaires étendus.

Cartes de paiement

Avertissement

Si vous comptez effectuer des retraits d'argent aux distributeurs, il est **très vivement conseillé** d'avertir votre banque avant votre départ (pays visité et dates). En effet, **votre carte peut être bloquée dès le premier retrait** pour suspicion de fraude. C'est de plus en plus fréquent. Bonjour les tracasseries administratives pour faire rentrer les choses dans l'ordre, et on se retrouve vite dans l'embarras !

– ***Distributeurs automatiques :*** on trouve facilement (même dans les petites villes et sites fréquentés par des touristes) des distributeurs de billets fonctionnant avec les principales cartes bancaires internationales. ***Tuyau :*** nombre des distributeurs automatiques ne délivrent que 1 million de kips (environ 105 €) maximum (mais jusqu'à dix fois par jour !), ce qui multiplie l'incidence des frais fixes prélevés à chaque opération par votre banque, mais aussi par l'établissement local (environ 20 000 kips). Le réseau *ANZV* (à Vientiane) et la *Banque Franco-Lao* permettent de retirer jusqu'à 2 millions de kips (environ 210 $) jusqu'à quatre fois sur la journée.

Petite mesure de précaution : si vous retirez de l'argent dans un distributeur, utilisez de préférence les distributeurs attenants à une agence bancaire. En cas de pépin avec votre carte (carte avalée, erreurs de code secret...), vous aurez un interlocuteur dans l'agence, pendant les heures ouvrables du moins.

– ***Règlement par carte de paiement :*** les cartes sont généralement acceptées dans les grands hôtels, certaines boutiques cossues et dans quelques restaurants chic de Vientiane et de Luang Prabang. Il est également possible de retirer des kips, dollars ou bahts avec une carte *Visa* ou *MasterCard* au guichet de nombreuses banques, moyennant une commission de 3 à 5 %.

Pensez à téléphoner à votre banque pour relever le plafond de retrait aux distributeurs et pour les paiements par carte, quitte à le faire rebaisser à votre retour.
Avant de partir, notez donc bien le numéro d'opposition propre à votre banque (il figure souvent au dos des tickets de retrait, sur votre contrat ou à côté des distributeurs de billets), ainsi que le numéro à 16 chiffres de votre carte. Bien entendu, conservez ces informations en lieu sûr et séparément de votre carte.
Par ailleurs, l'assistance médicale se limite aux 90 premiers jours du voyage et l'assistance véhicule aux cartes haut de gamme (renseignez-vous auprès de votre

banque). N'oubliez pas aussi de VÉRIFIER LA DATE D'EXPIRATION DE VOTRE CARTE DE PAIEMENT avant votre départ !
En cas de perte, de vol, ou de fraude, quelle que soit la carte que vous possédez, chaque banque gère elle-même le processus d'opposition et le numéro de téléphone correspondant.

– ***Carte Visa :*** *n° d'urgence (Europ Assistance) : ☎ (00-33) 1-41-85-85-85 (24h/24). • visa.fr •*
– ***Carte MasterCard :*** *n° d'urgence : ☎ (00-33) 1-45-16-65-65. • mastercard france.com •*
– ***Carte American Express :*** *téléphoner en cas de pépin au ☎ (00-33) 1-47-77-72-00. • americanexpress.com •*

Transfert d'argent

En cas de besoin urgent d'argent liquide (perte ou vol de billets, chèques de voyage, carte de paiement), vous pouvez être dépanné en quelques minutes grâce au système ***Western Union Money Transfer.*** Pour cela, demandez à quelqu'un de vous déposer de l'argent en euros dans l'un des bureaux *Western Union* ; liste sur • *westernunion.fr* • L'argent vous est transféré en moins d'un quart d'heure. La commission, assez élevée, est payée par l'expéditeur. Possibilité d'effectuer un transfert en ligne 24h/24 par carte de paiement (Visa ou MasterCard émise en France).
Au Laos, se présenter à une agence *Western Union* avec une pièce d'identité.

ACHATS

On ne peut pas dire que l'on découvre au Laos un artisanat très diversifié.
– Le ***tissage*** en est l'élément le plus répandu et le plus typique. Chaque région a son propre style de soieries ou de cotonnades. Il existe aussi des patchworks et des broderies. La soie laotienne est chère mais de très bonne qualité. Lorsqu'elle est bon marché, c'est qu'elle n'est pas pure (20 % de soie, 70 % de coton).
– On peut aussi trouver de beaux ***objets sculptés*** en bois ou en corne, plus rarement en pierre. Mais ces objets, bouddhas, animaux, sont plutôt chers, voire très chers.
– Le Laos possède une tradition d'***orfèvrerie*** très riche. On y travaille de beaux bijoux en argent et parfois en or. La dinanderie d'argent est de très bonne qualité et les prix sont abordables. On trouve en particulier de belles boîtes en argent décorées de motifs traditionnels (éléphants, tigres, thèmes religieux). Nous déconseillons d'acheter les bijoux ornés de pierres précieuses ou semi-précieuses.
– Le ***café*** et le ***thé*** des Bolavens. On en trouve à Vientiane mais, si vous en avez la possibilité, achetez-en dans leur région de production, à Paksé ou Paksong.
– Enfin, on peut acquérir à coût raisonnable de très beaux exemplaires de ***vannerie*** paysanne.

Magasins

Les principaux lieux d'approvisionnement sont les marchés, véritables bazars où l'on trouve absolument tout. Il n'y a de commerces spécialisés (magasins de souvenirs, vêtements, papeteries, antiquités, photos) que dans les villes.
À Vientiane, des centres commerciaux ont ouvert leurs portes, financés par des businessmen étrangers. On peut s'y procurer à peu près de tout.
– ***Horaires :*** la plupart des magasins sont ouverts sans interruption de 8h à 17h. Certains ferment un peu plus tard et sont ouverts le dimanche.

Marchandage

Le marchandage est la règle, le prix fixe l'exception, y compris dans les boutiques. Inutile d'insister si vous sentez que le prix plancher est atteint. Question de savoir-vivre... De même, vous perdrez la face et vous passerez pour un gougnafier si vous marchandez pour 500 kips. Ne jamais oublier qu'en Asie il vaut toujours mieux paraître prospère que radin, et que, en règle générale, il vaut mieux faire envie que pitié !

BUDGET

Le Laos demeure très abordable pour un porte-monnaie occidental même si, devant l'afflux de visiteurs, certains hôteliers et restaurateurs ont considérablement augmenté leurs prix, sans que le service se soit amélioré pour autant. À Vientiane et Luang Prabang, les tarifs sont majorés. Au moment du Nouvel an local, les prix augmentent encore. Bien négocier !

Hébergement

Nos prix correspondent à une chambre double pendant la haute saison (de novembre à mai). Le reste de l'année, des rabais sont généralement consentis. Le petit déjeuner n'est quasi jamais inclus dans le prix de la chambre pour les établissements des catégories « Très bon marché » et « Bon marché ».

Pour les villes les plus importantes du pays (Vientiane et Luang Prabang) :

- ***Très bon marché :*** moins de 100 000 kips (12,50 $; env 12 €).
- ***Bon marché :*** de 100 000 à 250 000 kips (12,50-31 $; env 12-30 €).
- ***Prix moyens :*** de 250 000 à 400 000 kips (31-50 $; env 30-47 €).
- ***Chic :*** de 400 000 à 600 000 kips (50-75 $; env 47-70 €).
- ***Très chic :*** plus de 600 000 kips (plus de 75 $; 70 €).

Pour le reste du pays :

- ***Très bon marché :*** moins de 80 000 kips (10 $; env 9,50 €).
- ***Bon marché :*** de 80 000 à 200 000 kips (10-25 $; env 9,50-23 €).
- ***Prix moyens :*** de 200 000 à 300 000 kips (25-37 $; env 23-35 €).
- ***Chic :*** de 300 000 à 500 000 kips (37-62 $; env 35-60 €).
- ***Très chic :*** plus de 500 000 kips (plus de 62 $; 60 €).

Nourriture

Nos prix correspondent à un repas, sans la boisson.
- ***Très bon marché :*** moins de 50 000 kips (env 6 $ ou 6 €).
- ***Bon marché :*** de 50 000 à 100 000 kips (env 6-12,50 $; 6-12 €).
- ***Prix moyens :*** de 100 000 à 150 000 kips (12,50-19 $; 12-18 €).
- ***Chic :*** de 150 000 à 250 000 kips (19-31 $; 18-30 €).
- ***Plus chic :*** plus de 250 000 kips (plus de 31 $; 30 €).

Transports

- Une course en taxi collectif ou en *tuk-tuk* (prononcer « touk-touk ») coûte environ 10 000 à 30 000 kips par passager, selon la distance à parcourir, bien sûr. La nuit, c'est plus cher.
- Concernant les tarifs des bus, se reporter à la rubrique « Transports. Bus et taxis collectifs », plus loin.

Pourboires

Dans les restaurants, il n'y a rien d'obligatoire, mais vous pouvez laisser un petit billet, si vous êtes satisfait du service. Lorsque vous visitez une pagode, ayez toujours un peu de monnaie pour faire une petite donation, à glisser dans les boîtes prévues à cet effet. Idem au moment de remercier votre guide. Dans les villages, de petits gestes accomplis à bon escient facilitent le contact et la prise de photo. On pense aux stylos, carnets, aux cigarettes entre fumeurs, etc. Disposer de ces munitions amicales aide aussi à ne pas donner d'argent aux enfants, qui en sollicitent parfois dans les sites touristiques.

CLIMAT

– La ***meilleure période*** pour se rendre au Laos s'étend ***de novembre à mars.*** On est alors en saison sèche et les températures ne sont pas trop élevées pour une hygrométrie raisonnable. Mais à cette époque, la température varie beaucoup en fonction de l'altitude. Le contraste entre les températures diurnes et nocturnes est important. En montagne ou sur les hauts plateaux, les nuits sont très fraîches et comme les chambres ne sont pas chauffées, il vaut mieux prévoir de quoi bien se couvrir. Ensuite, lorsqu'il commence déjà à faire très chaud à Vientiane, la température demeure plus clémente à Luang Prabang, du fait de l'altitude...

– ***D'avril à octobre :*** le Laos est soumis au régime des moussons. Il pleut alors beaucoup dans le Sud de mai à octobre, un peu moins dans le Nord. Les mois les plus chauds sont avril et mai. À Vientiane et à Luang Prabang, on trouve désormais la climatisation un peu partout, y compris dans les établissements bon marché. De plus, durant ces mois de canicule, les brûlis voilent l'horizon et font pleuvoir des cendres de végétation sur des villes comme Luang Prabang... À partir de fin mars, lorsque tombent les premières pluies, la chaleur s'installe entre 30 et 35 °C, avec un pic en mai. En juillet, août et septembre, c'est-à-dire pendant la mousson, le voyage reste possible. À Vientiane, si la chaleur peut être gênante, la pluie ne tombe qu'en soirée : ce qui vous laisse toute latitude pour profiter des journées. En revanche, les averses sont plus fréquentes à Luang Prabang.

Vêtements conseillés

Durant la saison sèche, nul besoin d'emporter une garde-robe importante. On se contentera de vêtements d'été aisément lavables : on se salit plus à cause de la poussière sur les pistes. Les jambes nues sont plus vulnérables aux moustiques, à la poussière et aux herbes piquantes, et, en plus, elles ne sont pas forcément bien vues (le Laos est un pays pudique). Quant aux sites permettant la baignade, tels Vang Vieng ou les 4 000 îles, réserver le maillot de bain au milieu aquatique (le bikini pour les filles n'est pas recommandé). La vision de routard(e)s en tenue de bain au milieu des villages est attristante...
– Un ***chapeau*** et des ***lunettes de soleil*** sont indispensables, de même que des chaussures montantes en toile. Les nu-pieds et autres tongs sont ***déconseillés*** en promenade dans la nature (gare aux sangsues !) ; en revanche, ils sont bien pratiques en milieu « semi-urbain ».
– Un ***solide imperméable*** est requis durant la saison des pluies et un imperméable léger pendant les premières ondées de mars-avril.
– Un ***vêtement chaud*** (un bon pull) est utile dans les régions de montagne entre octobre et mars (la nuit, les températures peuvent descendre en dessous de 10 °C).

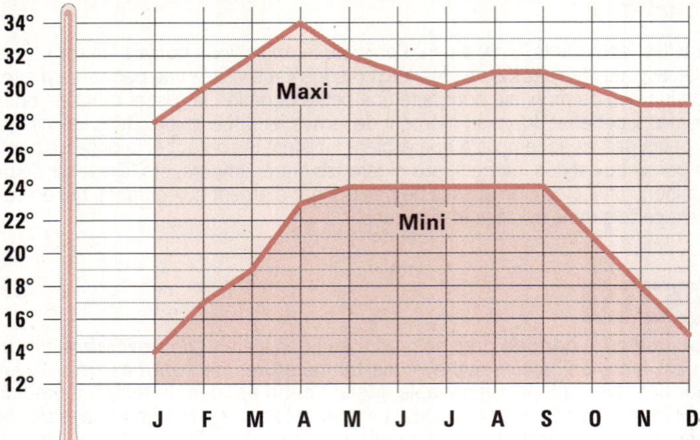

LAOS (Vientiane) :
Moyenne des températures atmosphériques

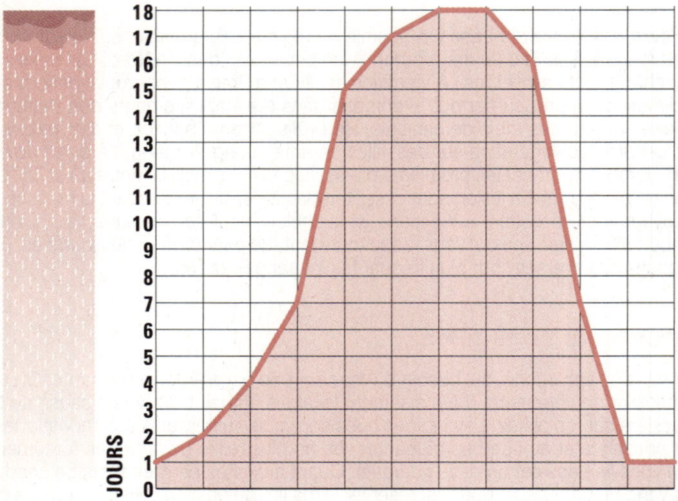

LAOS (Vientiane) :
Nombre de jours de pluie

DANGERS ET ENQUIQUINEMENTS

Voici la liste des pépins qui ne vous arriveront jamais une fois que vous aurez lu ces lignes ! Dans l'ensemble, le Laos est un pays sans problèmes. Avant le départ,

on conseille quand même de se renseigner auprès de l'ambassade de France à Vientiane : • *ambafrance-laos.org* • ou sur • *diplomatie.gouv.fr* •
Les précautions habituelles en voyage sont donc à prendre ici comme ailleurs : fermez votre chambre d'hôtel avant de sortir, ne laissez pas traîner vos affaires, évitez de laisser dépasser votre portefeuille, etc. Les Laotiens sont en général discrets, et on est peu importuné ou sollicité pour quelque raison que ce soit.

« Couvre-feu »

Officiellement, ce sont des mesures pour lutter contre l'alcoolisme des jeunes, qui risquent leur vie à moto en sortant des bars, dans la capitale et à Luang Prabang. Pas très efficace, puisque, du coup, les Laotiens commencent à boire à 17h au lieu de 19h... Officieusement... plusieurs interprétations un peu nébuleuses, à priori politiques... Résultat, les bars et restos ferment leurs portes vers 23h-23h30, tandis que les boîtes ont la permission de minuit ! Quelques d'établissements de la capitale poussent jusque vers 1h, voire plus. Autant vous dire que les nuits sont calmes, du moins extérieurement. Car cela n'empêche pas l'alcool de riz de couler à flots à l'abri des maisons !

Routes

Assez bien entretenues sur les grands axes, le long du Mékong notamment, elles sont particulièrement défoncées ailleurs, et souvent réduites à l'état de pistes quand elles s'enfoncent dans la campagne ou dans la forêt. En saison des pluies, c'est la grande aventure.
Les vrais problèmes tiennent à la quasi-absence d'infrastructures médico-hospitalières hors de Vientiane, et donc aux éventuels accidents de la route (voir plus loin la rubrique « Santé »). Il faut être honnête : s'il vous arrive un accident grave nécessitant une urgence, en dehors de Vientiane, il ne vous reste plus qu'à vous en remettre à la Providence... C'est là qu'une souscription à une indispensable assurance voyage révèle alors toute son utilité. La plupart du temps une évacuation vers un hôpital thaïlandais sera organisée.

Tuk-tuk

Vous trouverez parfois des chauffeurs de *tuk-tuk* malintentionnés. Ils essaieront de vous conduire dans les adresses où ils touchent une commission ou tenteront d'imposer un tarif exorbitant. Soyez ferme !

Vol à l'arraché

À Vientiane et à Luang Prabang, si vous louez un vélo, ne mettez pas vos affaires dans le panier devant le guidon. Quelques vols à l'arraché sont à déplorer, il vaut mieux mettre votre sac en bandoulière.

Baignade

La baignade dans le Mékong est à déconseiller, même si l'on est bon nageur. Le lit du fleuve est en effet imprévisible. Cela dit, la baignade est possible sur quelques plages des 4 000 îles au sud du pays, à condition d'y aller prudemment. De même dans la rivière Nam Khan, à Luang Prabang : lorsque l'eau n'est pas très haute, on peut s'aventurer par exemple dans les zones où les gamins ont l'habitude de s'amuser. On s'abstiendra totalement de se baigner dans des eaux stagnantes ou des rivières avec peu de débit, en raison du risque de bilharziose.

Drogue

Attitude de base : S'ABSTENIR D'Y TOUCHER.

Le Laos est le 3e producteur d'opium du monde. Dans le nord du pays, la culture du pavot constitue une importante source de revenus pour les paysans. Et malgré plusieurs programmes d'éradication, rien n'a beaucoup modifié les données du problème. Il faudrait pour cela trouver des cultures de substitution, mais ni le riz ni le chou ne peuvent procurer aux agriculteurs des revenus comparables. D'autant que l'usage de l'opium n'est ni franchement interdit ni vraiment toléré. Comme dans tous les pays d'Asie du Sud-Est, l'héroïne est présente mais le yaba (méthamphétamine) est aujourd'hui la drogue la plus consommée. Très abordable, elle n'en est pas moins redoutable, extrêmement addictive et à l'origine de graves problèmes de santé et de société. Circulent aussi des produits de mauvaise qualité, ou coupés avec des substances toxiques, qui ont entraîné la mort par empoisonnement d'un certain nombre de jeunes voyageurs. Le chanvre indien (marijuana ou ganja) est très répandu. Il se trouve discrètement sur tous les marchés, car utilisé en cuisine, dans certaines soupes de poulet notamment.
En cas de souci avec la police, c'est minimum 500 $ en cash mais cela peut prendre une tournure bien plus grave puisque ***la loi punit sévèrement la consommation et surtout la détention de stupéfiants, quels qu'ils soient, allant jusqu'à la peine de mort, en théorie.*** Vous êtes prévenu, ne jouez pas avec le feu ! D'autre part, rappelons que tout transport de drogue vers la Thaïlande et autres pays de la région est à proscrire...

HÉBERGEMENT

Dans toutes les villes touristiques, on trouve une large gamme d'hébergements, de la simple *guesthouse* familiale à l'hôtel 3-4 étoiles en passant par les établissements de charme et même des maisons d'hôtes, notamment en montagne. On peut s'y loger correctement à des prix très abordables. La législation lao qualifie de *guesthouse* les structures de moins de 15 chambres, et d'hôtel les autres, quel que soit le niveau de confort ou le prix. Vous pourrez donc vous retrouver dans des *guesthouses* de luxe et de charme, ou dans des hôtels très simples. La plupart des logements, y compris dans la catégorie « Très bon marché », disposent de chambres avec ventilo et salles de bains privées. L'eau chaude est quasi systématique. Pour bénéficier de la clim, il faudra débourser un peu plus. Dans les catégories inférieures, le petit déjeuner est rarement servi, il faut le prendre dehors. Quelques hôtels possèdent une piscine, parfois même accessible aux non-résidents, moyennant un droit d'entrée.

LANGUES

Lao

La langue officielle du pays est le lao, qui fait partie de la famille des langues thaïes parlées dans le Sud-Est asiatique par près de 100 millions de locuteurs. En fait, le lao diffère très peu de la langue parlée en Thaïlande et particulièrement du dialecte du sud-est de ce pays (région de l'Isan). Les deux peuples se comprennent sans problème. Même l'alphabet utilisé aujourd'hui est très proche du thaï (pour le rendre plus accessible aux minorités ethniques), plus phonétique et plus simple à épeler mais comporte cependant moins de consonnes.
S'il n'est pas trop difficile d'acquérir des notions de ***lao parlé,*** suffisantes pour se débrouiller dans le contexte d'un voyage, le maîtriser est une autre histoire. En effet, c'est une langue tonale et la plus grosse difficulté consiste à différencier les six tons, dont trois sont couramment utilisés. Ainsi le mot *nam* veut dire « eau », mais aussi « rivière », « lait » et « sein » selon le ton employé. Autre problème compliquant la maîtrise : la transcription des mots est celle mise au point par les Français, et que nous utilisons la plupart du temps. Elle est souvent approximative

(comme celle de « Vieng Chan » en Vientiane), et fluctuante au gré des documents et de leur origine.
Le ***lao écrit*** trouve son origine dans le lao tham, utilisé exclusivement dans les temples, où l'histoire du pays est consignée sur des poussiéreux manuscrits ancestraux. Les passionnés pourront rendre visite à la bibliothèque nationale de Vientiane, qui s'évertue à les sauver.

Français

Jusqu'à la révolution de 1975, l'administration était bilingue, une partie de l'enseignement se faisait en français, langue qui était pratiquée par les élites et l'aristocratie. Le français reste parlé sommairement par ceux qui ont fait leurs études avant 1975. Depuis, le statut du français est intermédiaire : manquant de profs et de crédits, son enseignement est facultatif et en régression par rapport à l'anglais qui le supplante aujourd'hui, surtout chez les jeunes. On continue d'utiliser le français dans certains textes officiels, mais, depuis 1997, le recours se fait de plus en plus à l'anglais.

Vocabulaire de base

– On vous recommande ***Le lao de poche*** (Assimil, 2011). Assez ardu quand même ! La pratique sur place est impérative !
– À Vientiane, on peut se procurer un petit lexique de base (en anglais) qui propose d'apprendre le lao en 16 leçons. Il existe aussi un petit guide pratique appelé ***Let's Speak Lao.***
Par convention, pour la liste qui suit : *h* se prononce h aspiré ; *ph,* p + h aspiré ; *e,* comme dans « leur » ; *o,* comme dans « corps » ; *ou,* comme dans « fou » ; *on,* comme dans « bonne » ; *aï,* comme dans « Hawaï » ; *oï,* comme dans « monoï » ! Et puis ne vous étonnez pas si les Laotiens rient quand vous essayez de parler leur langue : les différents accents changent complètement le sens de la phrase... qui peut devenir alors particulièrement grivois ou complètement absurde !

Formules de politesse

Bonjour	*Sabaï dii*
Comment allez-vous ?	*Sabaï dii bo ?*
Ça va bien	*Sabaï dii*
Et vous ?	*Lè tchao dè ?*
Merci	*Khop tchaï*
Merci beaucoup	*Khop tchaï laï laï*
S'il vous plaît	*Kalounaa*
À bientôt	*Pop kan maï*
Au revoir (celui qui part)	*Paï kone deu, la kone*
Bonne chance	*Sok dii*
Bonne nuit	*None lap fan dii*
Pardon	*Kho thot*

Expressions courantes

Oui	*Tchao, daï* (politesse appuyée) ou *euh* (informel)
Non	*Bo*
Ok	*Toklong*
Avez-vous, y a-t-il ?	*Mi... bo ?*
Je n'en ai pas, il n'y a pas	*Bo... mi*
J'en ai, il y en a	*Mi*
Ça ne fait rien, ce n'est pas grave	*Bo pen niang*
Je ne comprends pas	*Khoï bo khao tchaï*

Parlez lentement, svp	*Wao saa saa dè*
Répétez, svp	*Wao keun*
Qu'est-ce que c'est ?	*An ni men niang ?*
Hôtel	*Hong hem*
D'où venez-vous ?	*Tiao ma té saï ?*
Je viens de France	*Khoï ma tè pathet falang* (ou *flangcès*)
Je suis français	*Khoï penn khon falang* (ou *flang*)
Je m'appelle...	*Khoï suu...*
Combien coûte ceci ?	*An ni laka tao daï ?* (variante : « Combien ça coûte ? » – *paï gneum ?*)
Cher	*Phêng*
Trop cher	*Peng phôt*
Bon marché	*Bo peng, tuk*

Télécommunications

Téléphone	*Tholassap*
Télécopie	*Fèk*
Numéro de téléphone	*Beu tholassap*
Je voudrais parler avec...	*Khoï yak lome kap...*

Sur la route

Je veux aller...	*Diak...*
Où se trouve... ?	*You saï... ?*
... la gare de bus	*... satannii lot mé*
Je voudrais acheter un billet	*Khoï yak su pi*
À quelle heure part le bus ?	*Lot mé tcha ok vila tchak mong ?*
Est-ce loin ?	*Kaï bo ?*
Avion	*Gnyone*
Bateau	*Heua*
Rivière	*Mè nam*
Île	*Done*
Autobus	*Lot mé*
Voiture	*Lot keng*
Taxi	*Lot Taxi*
Vélo	*Lot thiip*
Tournez à gauche	*Liao saï*
Tournez à droite	*Liao khoua*
Tout droit	*Paï su*
Stop !	*Djut !*
Demi-tour	*Hio kap*
Nord	*Thit neua*
Sud	*Thit taï*
Est	*Thit tavén ok*
Ouest	*Thit tavén tok*
Ici	*You nii*
Là-bas	*You phoune*
Route	*Thanone*
Pont	*Khoua*
Forêt	*Pa maï*
Montagne	*Phou* (ou encore *doï*)
Lac	*Ang nam*
Marché	*Talat*
Temple	*Wat*
Village (ou quartier)	*Ban*

Stûpa	*That*
Rivière	*Nam*
Grotte	*Tam*
Chutes d'eau	*Tad*

Administrations

Bureau	*Hongkane*
Poste	*Païssani*
Banque	*Thanakane*
Police	*Tamlouat*
Ambassade	*Satane thout*

À l'hôtel

Hôtel	*Hong hèm*
Avez-vous une chambre ?	*Mi hong none bo ?*
Une chambre pour une personne	*Hong none diao khon nung*
Une chambre pour deux personnes	*Hong none khu song khone*
Combien ça coûte ?	*Laka tao daï ?*
Pouvez-vous baisser le prix ?	*Lout laka daï bo ?*
Je voudrais voir une chambre	*Khoï kho beung hong daï bo*
Avez-vous une autre chambre ?	*Mi hong ik bo ?*
Je resterai une seule nuit	*Khoï phak nung khun*
Je resterai deux nuits	*Khoï phak song khun*
Salle de bains	*Hong nam*
Eau chaude	*Nam hone*
Y a-t-il une moustiquaire ?	*Mi moung bo ?*
Air conditionné	*Air yen*
Ventilateur	*Phat lom*
Savon	*Sabou*

Au restaurant

Restaurant	*Han-ah-hane*
Manger	*Kine khao*
Je veux manger	*Khoï yak kine khao*
Soupe de nouilles blanches	*Feu*
Riz	*Khao*
Riz gluant	*Khao niao*
Riz blanc	*Khao tchao*
Riz sauté	*Khao phat*
Viande	*Sine*
Porc	*Sine mou*
Bœuf	*Sine ngoua*
Buffle	*Sine khouaï*
Poulet	*Sine kai*
Canard	*Siie pét*
Œuf	*Khaï*
Poisson	*Pa*
Légume	*Phak*
Sel	*Keua*
Poivre	*Mak pit taï* (ou *mak pit khaï*)
Piment	*Mak phèt*
Sans piment (important !)	*Bo phèt*
Pain	*Khao tchi*
Fruit	*Mak maï*

Gâteau	*Khanom*
Je voudrais boire	*Khoï yak kine nam* (ou *khoï yak dum*)
Eau courante	*Nam tamada*
Eau à boire	*Nam dum*
Eau minérale	*Nam bolisout*
Glaçons	*Nam kone*
Sans glace	*Bo saï nam kone*
Bière	*Bia lao*
Thé	*Nam sa*
Café noir	*Kafé dam*
Café au lait	*Kafé nom*
Avec du sucre	*Saï nam tane*
Je n'ai plus faim	*Im lèo*
Bon	*Dii*
Délicieux	*Sèp laaï*
Mauvais, pas bon	*Bo dii* (ou *bo sep*)
L'addition	*Chèk bin*
Où sont les toilettes ?	*Hong nam you saï ?*

Urgences

Pouvez-vous m'aider ?	*Souaï khoï daï bo ?*
Je suis perdu	*Khoï long thang*
Je ne me sens pas bien	*Khoï bo sabai*
Je suis malade	*Khoï pèn khaï*
J'ai mal à cet endroit	*Khoï penn tchèp you nii*
Police	*Tamlouat*
Ambulance	*Lot hong mo*
Hôpital	*Hong mo*
Médecin	*Than mo*
Moustique	*Moung*
Sangsue	*Tak*
Froid	*Yen*
Chaud	*Hone*

Nombres

Zéro	*Soun*	Neuf	*Kao*
Un	*Nung*	Dix	*Sip*
Deux	*Song*	Vingt	*Sao*
Trois	*Sam*	Trente	*Sam sip*
Quatre	*Sii*	Quarante	*Sii sip*
Cinq	*Haa*	Cent	*Loï*
Six	*Hok*	Mille	*Phane*
Sept	*Tiét*	Cent mille	*Séne*
Huit	*Pèt*	Million	*lane*

Après chaque décimale, on recommence à compter. Sauf pour 11, 21, 31, etc., où l'on utilise *ét* au lieu de *nung*. Exemples :

Onze	*Sip ét*
Douze	*Sip song*
Vingt et un	*Sao ét*
Etc.	

Au marché, on sous-entend souvent *loï* (la centaine) ; exemple : *sip song pan ha kips* = 12 500 kips (*loï* est omis après *ha*). Aussi, ne pas confondre *sip ha pan* = 15 000 et *sip pan ha* = 10 500.

LIVRES DE ROUTE

- ***Le Laos,*** d'Isabelle Massieu (Magellan et Cie, coll. « Heureux qui comme », n° 36, 2008). Isabelle Massieu (1844-1932) a été la première Européenne à venir seule en Indochine. Après avoir vadrouillé au Liban, à Ceylan et en Inde, elle installe son salon où passent des voyageurs au Laos.
- ***L'Exploration du Mékong,*** de Jean-Pierre Gomane (L'Harmattan, 2000). Le livre raconte en détail, les péripéties rocambolesques de la première grande exploration du Mékong jamais conduite par des Européens sur le dernier « monstre sacré » d'Asie : la mission Doudart de Lagrée-Francis Garnier (1866-1868). À lire juste après ***Le Mékong,*** de Louis de Carné (Magellan et Cie, coll. « Heureux qui comme », 2008). Louis de Carné (1844-1871) était le seul civil de l'expédition. Il y raconte sa version non officielle dans la jungle, marquée par les pluies torrentielles. Il mourra à 27 ans de fièvre.
- ***Au royaume du million d'éléphants. Exploration du Laos et du Tonkin, 1887-1895,*** d'Auguste Pavie (L'Harmattan, coll. « Mémoires asiatiques », 2000). Il fut nommé vice-consul de France à Luang Prabang en 1887. Par son seul charisme, ce promoteur ardent et pacifique de la France en Indochine parvint à pacifier les Pavillons noirs et à évincer les Siamois, en plaçant le Laos sous protectorat français (1893). Récit résumé de son journal de marche, direct et concret, avec des détails sur le pays et les rivières qu'il emprunta de nombreuses fois, à défaut de routes.
- ***La Nuit indochinoise,*** de Jean Hougron (Robert Laffont, coll. « Bouquins », 2004, 2 vol.). En 1947, jeune professeur lassé par la routine, Jean Hougron largue les amarres pour un voyage indochinois de cinq années. Tour à tour chauffeur de camion, ramasseur de benjoin, vendeur de bière ou employé au consulat des États-Unis, il arpente la région, apprend plusieurs langues, observant et prenant tout en note. Au final, une grande fresque romanesque décrivant avec passion l'âme et la vie indochinoises.
- ***Voyages dans les royaumes de Siam, Cambodge et Laos,*** d'Henri Mouhot (Arléa 2010). À 32 ans, entre 1858 et 1861, avec l'appui de la Société royale de géographie de Londres, Henri Mouhot s'embarque pour ces contrées méconnues. Il effectue trois expéditions au Siam (la Thaïlande aujourd'hui) et en Indochine, où il découvre par hasard les ruines d'Angkor. Il meurt de fièvre tropicale en 1861, près de Luang Prabang. Son journal de route, sauvé et publié en livre en 1868 par Hachette, fut à l'origine de bien des rêves et vocations.

Romans, fictions

- ***Le Déjeuner du coroner,*** de Colin Cotterill (Albin Michel, 2006) et, du même auteur, ***La Dent du Bouddha*** (Le Livre de Poche, 2009). Sur fond d'arrivée au pouvoir des Rouges, un papi coroner plein d'humour mène l'enquête pour résoudre l'énigme de mystérieux assassinats...
- ***Kham la Laotienne,*** de Louis-Charles Royer (Kailash, 1997). Publié en 1935, ce roman colonial et policier se passe dans le Laos des années 1930. Un vrai banquier, faux chasseur d'éléphants, un jeune ingénieur des mines et une belle Laotienne (Kham) voyagent ensemble de Marseille à Luang Prabang. Au Laos, ils sont emportés par leurs ambitions, tourmentés par leurs désirs et ravagés par leur âpreté au gain.
- ***Sao Tiampa, épouse laotienne,*** de Gaston Strarbach et Antonin Baudenne (Kailash, 2000). Publié en 1912, il met en scène le jeune délégué Vébaud, séduit par Sao Tiampa, une mystérieuse Laotienne, dont il fera son épouse. Mais malgré les charmes des tropiques et l'exotisme de la culture lao, il s'en ira, amer et incompris, de cette Asie dont il rêvait déjà enfant.

PHOTOS, VIDÉO

Prendre des photos ou filmer ne pose aucun problème particulier au Laos. De manière générale, les Laotiens sont plutôt flattés qu'on leur tire le portrait, surtout les enfants. Par simple courtoisie, leur demander toujours la permission avant de déclencher. Certaines ethnies refusent d'être photographiées, question de croyances ; alors, ne pas insister ! Sur certains sites, prendre des photos peut être interdit, ou soumis à un droit payant, voire à une permission, comme dans les temples. Éviter de photographier les installations militaires et gouvernementales.

POSTE

La poste laotienne fonctionne bien dans les villes. Les panneaux sont généralement traduits en français, langue officielle de la poste. En revanche, le service est aléatoire, voire inexistant dans les campagnes... Compter 3 semaines pour que votre carte postale arrive à bon port.
– ***Horaires :*** du lundi au vendredi de 8h à 12h et de 13h à 17h.

SANTÉ

La situation sanitaire du Laos reste très précaire. Les hôpitaux du pays manquent encore clairement de moyens. Mieux vaut ne pas tomber malade ni avoir un accident, même si certains progrès ont été réalisés. Matériels et médicaments sont souvent bas de gamme, voire douteux (contrefaçons fréquentes). Un point positif néanmoins : la plupart des médecins parlent le français et ont été très correctement formés par les profs de la faculté de médecine de Lyon, qui a envoyé longtemps des enseignants pour assurer les cours. Sur le plan des médicaments également, la présence française et l'amitié franco-laotienne ont permis à des laboratoires d'ouvrir une filiale à Vientiane qui produit de bons médicaments. Pour éviter des problèmes qui peuvent prendre un tour extrêmement désagréable, il convient d'observer les règles suivantes.

Vaccinations

Se reporter à la rubrique « Santé » de « Cambodge utile ».

Conseils généraux

– Prendre obligatoirement une ***assurance voyage*** (voir « Assurances voyage » dans « Cambodge utile ») qui couvre les frais d'hospitalisation, de rapatriement, etc. Dans ce sens, sachez que *Routard Assurance* a des accords avec *International SOS,* le seul organisme d'assistance réellement implanté au Laos, et qui organise si nécessaire des évacuations sanitaires aériennes vers Bangkok (Thaïlande) ou Singapour. Quand on sait la précarité des hôpitaux du pays, et le coût de 1h de vol, cette assurance est vraiment indispensable...
– Ne pas partir au Laos si l'on n'est pas ***en bonne santé.*** En cas de nécessité, même pour un problème bénin, on réalisera vite que l'on est bien seul, d'autant plus si on se trouve dans la campagne.
– ***Trousse à pharmacie de base :*** elle doit comporter des pansements, du désinfectant cutané (alcool à 70°, *Hexomédine, Bétadine*), du paracétamol, un anti-nauséeux *(Primpéran),* de quoi traiter une turista simple avec un antibiotique, type azithromycine *(Zithromax®),* allié à un ralentisseur du transit intestinal, tel que l'acécadotril *(Tiorfan®),* plus éventuellement, un antibiotique à large spectre, à n'utiliser qu'après avis autorisé.

– ***Hygiène générale et alimentaire :*** toutes les précautions universelles sont à appliquer à la lettre au Laos. Attention à la cuisine traditionnelle, délicieuse mais très pimentée (« *Bo phèt* » est l'expression à utiliser pour demander un plat non épicé). Veiller à bien se laver les mains, sources d'infections intestinales (prévoir, par exemple, des lotions hydroalcooliques, bien pratiques, à acheter avant le départ), surveiller les éraflures et autres, éviter de trop marcher pieds nus. Les eaux minérales locales en bouteille doivent être ouvertes devant vous.

■ Les produits et matériels utiles aux voyageurs, assez difficiles à trouver dans le commerce, peuvent être achetés par correspondance sur le site ● *astrium.com* ● Infos complètes toutes destinations, boutique web, paiement sécurisé, expéditions *Colissimo Expert* ou *Chronopost.* ☎ *01-45-86-41-91 (lun-ven 14h-19h).*

– ***Dernier conseil :*** même si vous pensez que vous avez un problème urgent, ne vous agitez pas et ne montrez pas que vous êtes énervé ou pressé. En effet, les Laotiens sont d'un naturel très calme, et toute conduite survoltée aurait plutôt tendance à les paralyser complètement.

Risques et précautions

Mêmes risques au Laos qu'au Cambodge en ce qui concerne la ***dengue, les problèmes intestinaux liés à l'alimentation*** et mêmes recommandations au sujet des ***piqûres et morsures d'animaux,*** du ***soleil*** et de la ***baignade.*** Se reporter donc à la rubrique « Santé » dans « Cambodge utile ».
Sachez qu'une fièvre en milieu tropical se soigne en priorité avec des comprimés de paracétamol, sauf bien sûr s'il s'agit d'un paludisme.
– Le ***paludisme*** laotien est l'un des plus coriaces du monde, principalement dans le nord-ouest du pays. Pour certaines zones du Laos, seuls le *Doxypalu* ou la *Malarone* sont efficaces en prévention. Consultez votre médecin avant le départ. Les précautions maximales sont de rigueur. Dès le coucher du soleil, porter des vêtements recouvrant le maximum de surface corporelle ; sur les parties restant découvertes, utiliser abondamment des répulsifs antimoustiques efficaces à base de DEET 50 %. Il est conseillé de renouveler fréquemment l'application. Les moustiquaires imprégnées constituent la meilleure protection, avec l'imprégnation des vêtements (faire tremper vos vêtements avant le départ ; efficace plusieurs semaines).
– ***L'eau :*** ne jamais consommer d'eau non bouillie, sauf s'il s'agit d'eau minérale en bouteille décapsulée devant vous. Attention aux glaçons en dehors des hôtels et restos des villes de Vientiane et Luang Prabang. Les glaçons industriels (sans danger) ont un trou cylindrique au milieu ; souvent on vous en proposera pour rafraîchir votre verre de bière mais parfois ils sont facturés !
Dans les zones touristiques, on trouve partout de l'eau minérale, du thé, de la bière, du soda. En revanche, pour les séjours prolongés ou ruraux, il est recommandé de purifier l'eau grâce à un procédé individuel et économique : *lifestraw.* Il s'agit d'une sorte de paille qui filtre bactéries, virus et parasites (à hauteur de 99,99 % : du jamais vu) avec une capacité de 1 000 l, soit la consommation d'une personne sur une année.
– ***En cas d'urgence de santé :*** voir plus loin la rubrique « Urgences ».

SITES INTERNET

Infos pratiques

● ***routard.com*** ● Rejoignez la plus grande communauté francophone de voyageurs ! Échangez avec les routarnautes : forums, photos, avis d'hôtels. Retrouvez aussi toutes les informations actualisées pour choisir et préparer vos voyages :

plus de 200 fiches pays, une centaine de dossiers pratiques et un magazine en ligne pour découvrir tous les secrets de votre destination. Enfin, comparez les offres pour organiser et réserver votre voyage au meilleur prix. Routard.com, le voyage à portée de clics !
• ***ambafrance-laos.org*** • Le site officiel de l'ambassade de France. Très bien renseigné et mis à jour régulièrement. L'actualité culturelle et politique, mais aussi les infos pratiques pour passer la frontière ou encore se faire soigner.

Nature et culture

• ***visit-aos.com*** • Histoire, folklore, restos, *guesthouses.* Des infos complètes et utiles à glaner.
• ***hmongnet.org*** • Site en anglais sur une des ethnies du nord du Laos : les Hmong. Pour découvrir leur histoire, leur culture et leurs droits.
• ***infolaos.free.fr*** • Infos générales sur le pays et une section consacrée aux ethnies minoritaires illustrée de photos.
• ***ecotourismlaos.com*** • Émanant des autorités touristiques laotiennes, ce site bourré d'infos et de contacts permet de se faire une bonne idée des randonnées et des sites à découvrir avec des guides, au cœur de la nature sauvage du pays.

TÉLÉCOMMUNICATIONS

Téléphone fixe

Chaque province possède un indicatif à 3 chiffres (nous l'indiquons dans le guide pour chacune des villes).
– ***Laos → Laos :*** indicatif de la province (à composer seulement si vous êtes dans une autre province) + numéro du correspondant (6 chiffres).
– ***France → Laos :*** 00 + 856 + indicatif de la province (à 2 chiffres, sans le « 0 ») + numéro du correspondant (6 chiffres).
– ***Laos → France :*** 00 + 33 + numéro du correspondant à 9 chiffres (sans le « 0 » initial).
– Avec le développement des portables, il est devenu très difficile de trouver une boutique pour téléphoner. Pas de cabines téléphoniques non plus. Si vous avez besoin de passer un coup de fil local et que vous n'avez pas de téléphone, n'hésitez pas à demander à un Laotien de le faire pour vous, moyennant un petit billet.
– Les hôtels font payer très cher les communications internationales, rendez-vous dans les *bureaux de poste* et autres *Telecom Offices,* où les appels sont meilleur marché.
– Certaines adresses, reliées à des réseaux particuliers, utilisent un indicatif spécifique que nous précisons dans le texte lorsque c'est le cas.
– ***Renseignements téléphoniques au Laos :*** composer le ☎ 178 ou le ☎ 179.

Téléphone portable

Le réseau (norme 3G) couvre toutes les villes du pays et touche l'essentiel des campagnes.
– ***Laos → Laos :*** 020 (ou 030) + numéro à 8 chiffres.
– ***France → Laos :*** 00 + 856 + 20 (ou 30) + numéro à 8 chiffres.
– ***À savoir :*** pour être sûr que votre appareil est compatible avec votre destination, renseignez-vous auprès de votre opérateur.
– ***Activer l'option « international » :*** pour les abonnés récents, elle est en général activée par défaut. En revanche, si vous avez souscrit à un contrat depuis plus de 3 ans, pensez à contacter votre opérateur pour souscrire à l'option (gratuite). Attention toutefois à le faire au moins 48h avant le départ.

– ***Le « roaming » :*** c'est un système d'accords internationaux entre opérateurs. Concrètement, cela signifie que lorsque vous arrivez dans un pays, au bout de quelques minutes, le nouveau réseau s'affiche automatiquement sur l'écran de votre téléphone. Vous recevez rapidement un SMS de votre opérateur qui vous indique les différents tarifs.
– ***Tarifs :*** ils sont propres à chaque opérateur et varient en fonction des pays (le globe est découpé en plusieurs zones tarifaires). **N'oubliez pas qu'à l'international, vous êtes facturé aussi bien pour les appels sortants que les appels entrants** (ces derniers étant bien moins chers évidemment).
– ***Internet mobile :*** utiliser le wifi à l'étranger et non les réseaux 3G ou 4G au risque de faire exploser les compteurs, avec, au retour de voyage, des factures de plusieurs centaines d'euros ! Le plus sage consiste à ***désactiver la connexion*** « données à l'étranger » (dans « Réseau cellulaire »). Penser aussi à ***supprimer la mise à jour automatique de votre messagerie*** qui consomme elle aussi des octets sans vous avertir (option « Push mail »). Opter pour le mode manuel. Cependant, la majorité des fournisseurs de téléphonie mobile offrent aujourd'hui des ***journées incluses dans le forfait,*** avec appels téléphoniques, SMS, voire MMS et connexion internet en 3G limitée. Les destinations incluses dans votre forfait évoluant sans cesse, ne manquez pas de consulter votre fournisseur.

Bons plans pour utiliser son téléphone à l'étranger

– ***Acheter une carte SIM/puce sur place :*** si vous êtes possesseur d'un portable débloqué (ou désimlocké pour les geeks), nous vous conseillons fortement d'acheter une carte SIM locale (réseaux *ETL, Unitel, Tigo, Lao Telecom, Beeline* ou *M Phone*). Nombreuses boutiques spécialisées à Vientiane et à Luang Prabang. Après avoir vérifié que la carte SIM fonctionne bien dans votre téléphone, il faut vous enregistrer avant de pouvoir vous servir du numéro et, si l'on veut un package Internet 3G, procéder à quelques manipulations que le vendeur n'aura aucun mal à réaliser. Vous disposerez alors d'un numéro de téléphone local avec un petit crédit de communication. Prix : à partir de 25 000 kips. Avantages : tarif très bas pour les appels locaux et internationaux (demander quels sont les numéros spéciaux à faire pour réduire encore la note) et réception gratuite des communications. Les cartes de recharge de crédit (5 000 à 100 000 kips) s'achètent dans n'importe quelle petite épicerie, même au fin fond des campagnes. Pratique.
– ***Se connecter sur les réseaux wifi*** est le meilleur moyen d'avoir accès au Web gratuitement ou à moindre coût. De plus en plus d'hôtels, restos et bars disposent d'un réseau, la plupart du temps gratuit.
– Une fois connecté au wifi, à vous les joies de la ***téléphonie par Internet*** ! Le logiciel ***Skype,*** le plus répandu, vous permet d'appeler (et de voir) vos correspondants gratuitement s'ils sont eux aussi connectés, ou à coût très réduit si vous voulez les joindre sur leur téléphone. ***Viber*** et ***Whatsapp*** permettent d'appeler et d'envoyer SMS, photos et vidéos, sans frais. Il suffit de télécharger – gratuitement – ces applis sur son smartphone.

Urgence : en cas de perte ou de vol de votre téléphone portable

Suspendre aussitôt sa ligne permet d'éviter de douloureuses surprises au retour du voyage ! Voici les numéros des quatre opérateurs français, accessibles depuis la France et l'étranger :

– ***SFR :*** *depuis la France,* ☎ *1023 ; depuis l'étranger,* 📱 *+ 33-6-1000-1023.*
– ***Bouygues Télécom :*** *depuis la France, comme depuis l'étranger,* ☎ *+ 33-800-29-1000 (service et appel gratuits).*
– ***Orange :*** *depuis la France, et depuis l'étranger,* 📱 *+ 33-6-07-62-64-64.*
– ***Free :*** *depuis la France,* ☎ *3244 ; depuis l'étranger,* ☎ *+ 33-1-78-56-95-60.*

Vous pouvez aussi demander la suspension de votre ligne depuis le site internet de votre opérateur.

Avant de partir, notez (ailleurs que dans votre portable !) votre numéro IMEI utile pour bloquer à distance l'accès à votre téléphone. Pour avoir ce numéro, tapez *#06# sur votre clavier puis reportez-vous au site • *mobilevole-mobilebloque.fr* •

Internet

Dans les villes et sites touristiques, l'accès via wifi gratuit est très fréquent dans les hôtels et les *guesthouses.* Nombre de bars proposent le même service. Des postes sont éventuellement à disposition dans les hébergements, parfois payants. Les netcafés sont encore assez nombreux. Mais... suprême liberté et maxi-couverture seront assurées en utilisant la norme 3G des puces locales, depuis son smartphone, sa tablette si elle le permet ou son ordi (alors dûment équipé d'une clé USB modem 3G, non simlockée). Exemple de coûts : 5 000 kips par jour pour 50 Mb par jour ; 40 000 kips par mois pour 500 Mo par mois, etc. Pour l'installation du package, voir « Bons plans pour utiliser son téléphone à l'étranger » plus haut.

TRANSPORTS

Au Laos, les distances se calculent plus en heures de route qu'en kilomètres, compte tenu de l'état du réseau routier.
Si vous voyagez en bus, comptez en moyenne 8 à 10h selon le bus, pour parcourir Vientiane-Luang Prabang, par exemple, soit 400 km, alors qu'en avion la durée de vol entre Vientiane et les autres capitales provinciales ne dépasse pas 1h30. Le choix de l'avion s'imposera donc pour ceux qui sont pressés et qui en ont les moyens.

La route

L'état des routes

Les grands axes routiers du pays, comme la route 13, dite « route des Français » (traverse le Laos du nord au sud et relie ainsi la Chine au Cambodge) ou les principaux axes transversaux joignant la Thaïlande au Vietnam, sont goudronnés et de bonne qualité. Pour autant, la plupart des 15 000 km du réseau demeurent des pistes en terre ou de gravillons, plus ou moins praticables en saison des pluies (boue, ornières profondes) et selon les travaux de réparation effectués. Les voyages en bus et taxis collectifs sont donc souvent longs et harassants... Ils sont déconseillés sur les itinéraires difficiles pendant la mousson à cause des risques d'accident. Dans le nord du pays, les routes bitumées ne couvrent qu'environ 10 % du réseau routier.

Cartes routières

Il est préférable de se procurer une carte routière avant de partir, car le choix sur place est plutôt limité. Dans certaines librairies et supérettes de Vientiane et de Luang Prabang, on peut néanmoins acheter une carte du pays vraiment pratique, réalisée par les *Golden Triangle Riders (• GT-Rider.com •),* et incorporant des plans des principales villes.

Bus et taxis collectifs

Très économique, le ***bus*** est le moyen de transport le plus utilisé par les habitants et les routards. Mais compte tenu de l'état des routes, des nombreux arrêts et imprévus, ils ont souvent du retard. Prévoir large.
Souvent, les gares routières sont excentrées, reliées au centre-ville par des *tuk-tuk.* Les bus sont souvent bondés et leur confort est variable. Il y a trois types de bus : les bus locaux *(regular bus),* les express et les VIP. Pour les grands trajets, les

Distances en km	PAKSÉ	THAKHEK	VANVIENG	LUANG NAMTHA	HOUEISAI	LUANG PRABANG	VIENTIANE
VIENTIANE	670	340	160	651	811	342	
LUANG PRABANG	980	650	185	310	480		342
HOUEISAI	1500	1165	670	167		480	811
LUANG NAM THA	1330	1000	500		167	310	651
VAN VIENG	800	470		500	670	185	160
THAKHEK	340		470	1000	1165	650	340
PAKSÉ		340	800	1330	1500	980	670

VIP, plus chers, sont aussi plus confortables et les sièges sont numérotés. Certains sont équipés de couchettes.
Les bagages sont placés sur le toit. Par temps de pluie, il peut être utile de protéger les sacs.
Pour sillonner les campagnes reculées, il faut en général utiliser des camionnettes bâchées ou des triporteurs faisant office de ***taxis collectifs.*** Ce sont de vrais tape-culs régulièrement bourrés jusqu'au toit de passagers et de marchandises ! Si les bus partent, en théorie, à heure fixe, les taxis collectifs ne démarrent en principe que quand ils sont pleins, à l'intérieur de tranches horaires fixes de service (souvent le matin entre 7h30 et 10h30).
Les billets des bus locaux s'achètent généralement le jour du départ aux guichets des gares routières ou, à défaut, directement auprès des chauffeurs. En revanche, ceux des bus express et VIP s'achètent à l'avance. Certaines *guesthouses* et agences de voyages les vendent, moyennant une petite commission. Le transfert jusqu'à la gare routière est alors généralement inclus, ce qui est bien pratique lorsque celle-ci est éloignée du centre-ville. Les billets des camionnettes-taxis collectifs, eux, se prennent le plus souvent auprès des chauffeurs...
– ***Conseil :*** arriver à la gare routière un peu avant l'heure de départ. Il n'est pas rare qu'un bus parte en retard... ou en avance !

Voiture

Au Laos, les locations de voitures se font essentiellement avec chauffeur : toutes les agences de voyages en proposent pour un prix acceptable (surcoût modique par rapport à une location simple). La formule est intéressante si l'on est au moins trois. La gamme des véhicules va du 4x4 climatisé au minibus. La formule est conseillée pour des raisons évidentes d'orientation, de maîtrise de la langue, de pratique de la circulation locale (ainsi, les feux rouges ne sont pas toujours respectés) et de problèmes d'assurance (quoiqu'il arrive, votre responsabilité ne sera pas engagée)...
Toutefois, les chauffeurs individuels et expérimentés peuvent tenter l'aventure : la signalisation s'est améliorée, le GPS fonctionne à peu près et le trafic est rarement encombré, cela permet d'envisager éventuellement l'aventure. Pour éviter tout litige, un constat de l'état de la voiture est requis avant de prendre la route. Penser, avant le départ, à prendre des photos des dégâts apparents sur la carrosserie.

Samlo, tuk-tuk, jumbo et bus urbains

Les *tuk-tuk,* tricycles motorisés, similaires à ceux qu'on trouve en Thaïlande et au Cambodge, ou leur version side-car (appelée alors *samlo*), peuvent transporter de deux à quatre passagers selon les modèles. Son grand frère, le *jumbo* (*tuk-tuk* collectif), peut accueillir jusqu'à 12 passagers et se trouve dans toutes les villes. Négocier très ferme, car, à la vue des touristes, les chauffeurs n'hésitent pas à quintupler leurs tarifs ! Un conseil : éviter les *tuk-tuk* stationnés face aux grands hôtels, aux restos chic ou aux supérettes occidentales. Leur cible toute désignée étant le touriste fraîchement débarqué de l'aéroport, à qui ils feront payer jusqu'à 10 fois le prix normal. Une course en centre-ville de 5 mn se monnaie à partir de 10 000-15 000 kips pour le *tuk-tuk* complet. Si vous embarquez sur un *jumbo* collectif, comptez 5 000 kips par personne. Sachez aussi qu'après 21h-22h, les chauffeurs ont l'habitude de majorer leurs tarifs de 50 % environ... Enfin, peu de chauffeurs comprennent l'anglais ou le français, il est donc assez utile d'avoir le nom de la destination écrite en lao ; et quand bien même la plupart d'entre eux ne savent pas forcément lire, ils se repèrent surtout aux quartiers, aux temples, aux marchés, aux hôtels et *guesthouses,* à certains carrefours également, etc.

Moto

Pour louer une moto au Laos, ***on conseille d'être expérimenté ; les accidents sont fréquents sur des routes pas toujours en bon état.*** Ils représentent l'une des premières causes de mortalité des touristes dans le pays, avec la précarité des structures médicales. Toutefois, force est de constater que ce mode de locomotion est populaire auprès des routards, notamment sur certaines jolies boucles du sud du pays (région de Thakhek, plateau des Bolavens). Alors voici quelques conseils.

– Le Laos n'est pas un pays pour apprendre à rouler à moto, surtout sur une petite machine à vitesse ou un engin enduro de plus grosse cylindrée alors qu'on n'a pas le permis chez soi...

– On le sait, c'est tentant, de rouler en tongs et la tête nue sous ces latitudes. Niet ! Pantalon, tee-shirt manches longues (déjà pour les coups de soleil), chaussures fermées, casque (d'ailleurs obligatoire, amende prévue) sont hautement conseillés.

– Bien vérifier l'état du deux-roues, ses freins et les phares. À ce sujet, ***la conduite de nuit est à proscrire absolument,*** d'autant plus en rase campagne. C'est extrêmement dangereux : nids-de-poule ou plutôt d'éléphant, passages sans bitume, chiens et bétail en tout genre. Prévoyez large si votre étape est longue ; crevaison, petites pannes peuvent toujours arriver. Si vous êtes surpris par la nuit au milieu de nulle part, réduisez la vitesse au maximum et n'hésitez pas à vous arrêter dans une *guesthouse* même rudimentaire. Mieux vaut passer une nuit inconfortable qu'une nuit à l'hôpital.

– La plupart du temps, les loueurs ne proposent pas d'***assurance.*** Privilégier ceux qui en ont. Mais même si elle existe, il ne s'agit que d'une formule au tiers et à minima, avec les conséquences financières que cela peut entraîner en cas d'accident (frais de santé, de réparation de la moto, etc.). En cas de défaut d'assurance, le conducteur doit payer la réparation des dommages causés aux tiers et au véhicule en cas d'accident. La police peut placer le conducteur en détention et confisquer son passeport jusqu'à ce qu'un règlement financier intervienne. Savoir aussi que les assurances de voyage ne fonctionnent généralement pas quand on loue un véhicule. Ennuyeux... Vérifier attentivement votre police d'assurance.

Devant la recrudescence des vols de motos louées, il est recommandé :

– d'utiliser un antivol personnel (cadenas, chaîne) ;

– de vérifier les termes du contrat de location et de ne pas laisser son passeport en dépôt auprès du loueur, l'ambassade ne pouvant délivrer un laissez-passer pour un retour en France qu'en cas de vol ou de perte déclarés du passeport auprès de la police ;

– de privilégier la caution par carte de paiement avec couverture par une assurance internationale ;

– de préférer, en cas de différend avec le loueur, un compromis aussi satisfaisant que possible, négocié avec calme et courtoisie, afin d'éviter que l'affaire soit portée devant la police.

Un ***grand tour à moto*** ne doit jamais être envisagé seul. L'idéal est de joindre un tour organisé (voir sous « Vientiane »). C'est de cher à très cher mais vous profiterez de la logistique, de la connaissance du terrain et d'un service d'assistance.

Avion

L'avion est le moyen de transport le plus pratique et le plus rapide pour se déplacer à l'intérieur du Laos. Au départ de Vientiane, la compagnie *Lao Airlines* (● *laoairlines.com* ●) assure des vols quotidiens pour Luang Prabang, Paksé, Xieng Khouang, Oudom Xai, Luang Nam Tha et Savannakhet. Également des vols au départ de Luang Prabang pour Paksé. Les avions sont souvent retardés quand la météo est mauvaise, surtout en saison des pluies. De même, les vols sur les petites lignes (Oudom Xai, et Luang Nam Tha) peuvent être annulés si l'avion n'est pas suffisamment rempli. On vous conseille donc de prévoir large dans votre itinéraire, surtout si vous devez prendre ensuite un vol international.

Sachez, en tout cas, que les standards de sécurité de *Lao Airlines* ont considérablement progressé depuis la fin des années 2000. Affrétant plusieurs Airbus A 320

et ATR 72 et, certes, quelques avions chinois moins réputés sur certaines liaisons, elle ne figure pas sur la liste noire des compagnies aériennes, début 2016...
Seules les villes de Vientiane, Luang Prabang, Paksé et Savannakhet possèdent des aéroports internationaux.

Bateau

Fleuve de légendes, le Mékong serpente entre des rives montagneuses et rocheuses dans le nord du pays, couvertes de forêts tropicales humides dans le Sud. Ici et là, noyés dans la végétation luxuriante des berges, quelques discrets villages vivent encore relativement loin du monde moderne... Naviguer sur le Mékong et ses affluents garantit de belles croisières au fil de l'eau. Leur charme tient aussi au fait que les locaux les utilisent comme voies de transport, semant dans leur sillage des tranches de vie bien authentiques. Mais le niveau du Mékong et de ses affluents est de plus en plus bas, ce qui limite certaines navigations à la saison des pluies et aux mois qui suivent, la route tend alors à supplanter le fleuve.

Les secteurs navigables du Mékong

Théoriquement, on peut naviguer toute l'année entre Luang Prabang et Houeisai, en passant par Pakbeng. Il est aussi possible de naviguer entre Paksé et Champasak, jusqu'à l'île de Don Khong, et même Don Khône et Don Det plus au sud, si le niveau d'eau le permet.

La navigation sur la rivière Nam Ou

La rivière Nam Ou, un affluent du Mékong, est navigable surtout entre Nong Khiaw-Muang Ngoi et Muang Khoua. Captivant ! La partie Luang Prabang-Nong Khiaw ainsi que la partie Muang Khoua-Phongsaly sont moins utilisées, car des barrages coupent désormais la navigation. Il faut donc les contourner avec un *tuk-tuk,* puis changer de bateau. C'est faisable mais plus cher et plus long. Voilà pourquoi la voie terrestre est de plus en plus privilégiée.
Dommage, car les balades sont exceptionnelles. Moins large que le Mékong, la Nam Ou s'écoule dans une vallée resserrée, bordée de falaises rocheuses érodées. Les monts embrumés, souvent des massifs de karsts (pains de sucre) aux formes grignotées et creusées par le temps, composent un vrai paysage d'estampe chinoise.

Les différents types de bateaux

Selon votre temps et votre budget, il existe plusieurs types de bateaux pour voyager sur le Mékong et ses affluents.
– ***Les petits bateaux privés :*** ces *bateaux-taxis* organisent des promenades sur le fleuve à l'heure, à la demi-journée ou à la journée, rarement plus.
– ***Les slow boats*** *(bateaux lents)* **:** c'est « l'autobus fluvial laotien ». Il s'agit d'un bateau régulier à moteur, sorte de péniche d'une vingtaine de mètres de long, à faible tirant d'eau. Ils peuvent embarquer une centaine de personnes. Les Laotiens l'utilisent car il est économique et permet d'embarquer les marchandises. Les passagers sont assis sous une toiture à claire-voie. Enfin, si la vitesse est lente, on a bien le temps d'apprécier les superbes paysages. Emporter des victuailles et de l'eau minérale, car il n'y a pas de ravitaillement à bord.
– ***Les speed boats :*** ce sont des bateaux rapides de 6-8 personnes, genre hors-bord, qui permettent de relier Luang Prabang à Houeisai via Pakbeng, à mi-chemin. Ils fendent la surface de l'eau à 50 km/h, sont bruyants, inconfortables (prévoir un coussin pour protéger le dos et un coupe-vent !) et manquent singulièrement de poésie. En principe, on voyage casqué, ce qui donne des allures d'équipage de bobsleigh. Les *speed boats* séduiront les pressés ou les amateurs de sensations fortes. Mais 6h30 sur de tels engins, c'est long. **On vous déconseille franchement de les emprunter pendant la mousson ou suite à de fortes**

pluies. Le Mékong (ou ses affluents) charrie des obstacles dangereux, comme des troncs d'arbres. Ces engins sont propulsés par une bouteille de gaz à l'arrière du bateau. Le moindre choc violent peut être fatal. Il y a déjà eu des accidents.
– ***Les bateaux de croisière Wat Phou et Luang Say :*** une formule coûteuse et luxueuse. Il s'agit de longs bateaux en bois à faible tirant d'eau, équipés pour de petits groupes. Des croisières de 3 jours et 2 nuits ont lieu dans le sud du Laos à bord du *Wat Phou* *(• vatphou.com •)*. Itinéraire : Paksé-Champassak-Vat Phou-région des 4 000 îles, et retour à Paksé en minibus. Également des croisières de 2 jours dans le nord du pays, à bord du *Luang Say* *(• mekong-cruises.com •)* entre Luang Prabang et Houeisai, avec nuit à Pakbeng, dans un hôtel-*lodge* de luxe.
– ***Les bateaux de croisière Shompoocruise :*** là encore, il s'agit de longs bateaux en bois qui relient Luang Prabang à Houeisai en 2 jours et 1 nuit, mais prestations moins luxueuses et moins onéreuses que celles de *Wat Phou* et *Luang Say.* Se reporter à la rubrique « Arriver – Quitter. En bateau » à Luang Prabang.

Train

Le Laos possède un réseau ferré plutôt modeste : 3,5 km s'étirant entre le pont de l'Amitié et la station de Thanaleng, située à 17 km de Vientiane. De cette gare, vous pouvez rejoindre Vientiane par bus, *tuk-tuk* ou taxi. Cependant, la majorité des voyageurs du rail en provenance de la Thaïlande (Bangkok, Ayutthaya...) continue de descendre à la gare frontalière de Nong Khai.
Il est prévu quatre lignes ferroviaires dans les prochaines années. Elles connecteront le Laos à ses pays voisins : entre Vientiane et Kunming (en Chine) avec continuité vers Nong Khai (en Thaïlande), la Malaisie et Singapour ; entre Vientiane et la province de Quang Binh (au Vietnam) via Thakhek ; entre les provinces de Savannakhet et de Quang Tri (Vietnam) ; et enfin entre Thakhek et Vangtao (Thaïlande) via la province de Savannakhet et Champasak.

URGENCES

Quelques numéros pour le cas où !

■ ***Police :*** *☎ 191.*
■ ***Pompiers :*** *☎ 190.*
Le problème de ces deux numéros, c'est qu'il n'y a pas toujours quelqu'un au bout du fil...

■ ***Ambassade de France à Vientiane :*** *☎ (21) 26-74-00 et permanence 24h/24 (pour les urgences slt) : 📱 020-555-147-51. • ambafrance-laos.org •*

LAOS : HOMMES, CULTURE, ENVIRONNEMENT

BOISSONS

– Avant toute chose, ne jamais consommer d'***eau*** du robinet non bouillie. En dehors des endroits à fréquentation touristique, attention aussi aux glaçons. On reconnaît les glaçons « industriels » à leur forme cubique et au trou cylindrique au milieu. Privilégier l'eau minérale capsulée, que l'on achète dans tous les commerces et épiceries de rue.
– ***Les jus de fruits :*** nombreux, frais et savoureux. Ananas, mangue, banane, orange et citron sont les plus courants. Sauf indication contraire de votre part, ils sont souvent servis sucrés au sucre de palme.
– ***Le thé :*** on en trouve toujours, mais un verre d'eau (purifiée, bien sûr) le remplace désormais comme accompagnement du repas, si vous n'avez rien commandé d'autre.
– Le ***café,*** dont les plantations ont été introduites par les Français sur le plateau des Bolavens, est très bon, quoique plus torréfié (léger goût de brûlé) qu'en Europe. En général, il est servi avec du lait concentré sucré. Pour un café noir, il faudra préciser à la commande « *kafé dam* ». Il se sert également froid, avec des glaçons.
– La ***bière*** est une boisson très répandue au Laos. Brassée près de Vientiane, la *Beerlao,* est la plus connue. Honorable, l'originale titre à 5°, une chose à savoir sous peine de matins difficiles. Très abordable pour une grande bouteille de 66 cl dans les gargotes et restos, elle est généralement servie suffisamment fraîche pour éviter de la noyer dans les glaçons (facturés à la moitié du prix de la bouteille). Elle est également vendue en petites bouteilles et canettes de 30 cl, ou, plus rarement, à la pression (pas toujours top).
– Le ***lao-lao,*** alcool national du Laos, est distillé à base de riz et titre de 40 à 50°. Il se consomme dans toutes les gargotes et son prix est dérisoire. Attention quand même, il a la réputation de rendre un peu fou et certainement saoul s'il est bu à l'excès ! Dans les endroits fréquentés par les touristes, le *lao-lao cocktail,* préparé en ajoutant du miel, du jus de citron et des glaçons, fait un peu office de ti-punch local.

CUISINE

La nourriture laotienne est proche de la cuisine thaïlandaise mais se caractérise par l'utilisation plus abondante de piments et d'herbes aromatiques (au moins 120) appartenant à la pharmacopée traditionnelle. Le riz gluant cuit à la vapeur est la base de l'alimentation. Les soupes parfumées sont aussi très populaires. Potentiellement variée, la cuisine 100 % laotienne se réduit souvent à un nombre restreint de spécialités, même si les recettes similaires à celles de la cousine thaïe floutent un peu le jugement. Il existe quand même des établissements et gargotes dérogeant à ce principe, parfois à la campagne et centrés sur des mets et ingrédients particuliers. Les chanceux seront invités par une famille laotienne, où la cuisine est souvent déclinée avec caractère.
Il suffit de se rendre sur un marché pour entrevoir l'infinie variété de l'alimentation. Côté fruits et légumes, on trouve en abondance salades, choux, navets, tomates, navets sucrés, ananas, noix de coco, papayes, plusieurs variétés de bananes

(banane plantain, banane à pépin, etc.), fleurs de bananiers, haricots de soja, pommes de terre, taros, durians, etc.

Les repas

Les Laotiens prennent leurs repas assez tôt : on déjeune de 11h30 à 13h et on dîne dès 17h-17h30. Dans les restos traditionnels, vous aurez du mal à vous faire servir après 21h. Dans les villes et sites touristiques, comme à Vientiane, Luang Prabang ou Paksé les horaires sont plus souples et adaptés.
Le matin, les Laotiens prennent un vrai repas composé de soupe (le *phó*) à base de blé ou de riz : le *mi* (jaune), le *phó* (blanc) ou le *khao pirksen* (blanc et épais), si ce n'est carrément du riz gluant avec quelques morceaux de viande séchée. On trouve aussi le *khao tchi paté,* un sandwich de pâté vietnamien assorti de quelques rondelles de concombre et de persil. Sinon, vous pouvez essayer la baguette de pain, héritage français très populaire dans les villes, arrosée de lait concentré sucré, à accompagner d'un café ou d'un thé à la manière laotienne. On trouve enfin de succulents croissants à Vientiane et à Luang Prabang.

Spécialités

– Le ***khao niao,*** ou *riz gluant,* cuit à la vapeur et servi dans des petits paniers en paille de riz ou bambou tressé, est la forme la plus courante du riz. Il se malaxe dans la main en boulettes que l'on trempe dans les plats comme on sauce avec le pain. Ce riz se consomme également sucré, comme friandise. Il est alors servi dans des segments de bambou.
– Le ***laap*** est une salade traditionnelle laotienne composée de viande ou de poisson haché, assaisonnée au citron vert et au piment et servie avec une quantité variable de légumes et de salade verte, et accompagné de riz gluant. C'est LE repas laotien emblématique. Simple, toujours bon et même parfois excellent.
– Le ***tam mak houng,*** ou *salade de papaye verte,* est une institution culinaire laotienne. C'est l'équivalent du *somtam* thaïlandais. Les papayes vertes sont pilées avec de l'ail, du citron et du piment. Estomacs sensibles, s'abstenir, à moins de le commander sans piments *(bo phèt).* Même les estomacs en béton auront intérêt à ne pas dépasser les deux piments *(song mak phèt).*
– Le ***mok*** est tout d'abord un mode de cuisson à la vapeur dans une feuille de bananier, d'une préparation plus ou moins émincée, voire de la consistance d'un pâté. C'est un cousin germain de l'emblématique ***amok*** cambodgien ou du ***hok mok*** thaïlandais. Les *mok* de poisson au lait de coco sont particulièrement délicieux. On trouve aussi des *mok* à la viande, et des *mok* d'œufs de fourmis (vous avez bien lu !), en saison.
– Les ***saucisses de porc*** sucrées à la chinoise sont servies grillées ou frites. Les saucisses de viande de buffle mélangée à du riz méritent également d'être goûtées.
– L'***or lam*** est l'une des spécialités de Luang Prabang. Il s'agit d'une soupe à base d'aubergines miniatures, de champignons gluants et de poule sauvage, parfumée à l'aneth et à l'écorce de *sakham,* au goût anisé.
– Les ***som mou*** sont des morceaux de viande de porc cru, marinés dans du vinaigre et du piment à l'intérieur de feuilles de bananier. C'est délicieux et sans risque. Le ***som pa*** est la même recette avec du poisson.
– Le ***khao poun*** est un plat populaire composé de nouilles de riz, qui peuvent être servies en soupe, accompagnées d'un bouillon de lait de coco épicé, de germes de soja et de feuilles de menthe. On le trouve également comme accompagnement avec le ***tam som*** (salade vinaigrée) ou dans les plats vietnamiens.
– Le ***ping kai*** est un poulet grillé, à manger par exemple, avec le *khao lam,* riz gluant cuit à l'étouffée dans l'écorce de bambou. Ou même en boulettes accompagnées de sésame et de fruits frais, en dessert.

– Également la ***viande de buffle séchée au soleil*** puis grillée : c'est assez fort, et il vaut mieux avoir de bonnes dents.
– Le ***phó*** (prononcer « feu »), d'origine vietnamienne, est l'un des plats les plus populaires du Laos : soupe de nouilles et de viande en lamelles ou en boulettes (souvent les deux), accompagnée de petits piments, de menthe, de germes de soja, de coriandre et de basilic, que chacun accommode à sa guise.
– Sur chaque table de resto, à la disposition du client, un assortiment de piment en poudre, de sauce de soja, de vinaigre et de sucre, de même que l'indispensable ***nam pa,*** une sauce de poisson fermenté que les Vietnamiens appellent *nuoc-mam.* Préparé avec les mêmes ingrédients, le ***pa dek*** se présente sous forme de pâte, mais il est préférable de s'en méfier dans les campagnes, pour raisons d'hygiène.
– Le ***tom yam*** est une soupe d'origine thaïlandaise composée de viande ou de poisson, agrémenté de feuilles de citronnelle, lait de coco, coriandre... Le mélange est en général assez relevé. Elle est traditionnellement cuisinée – et parfois directement servie – dans un réchaud circulaire alimenté par du charbon de bois.
– Si les produits de la mer sont absents pour d'évidentes raisons géographiques, le Mékong regorge en revanche de toutes sortes de ***poissons*** : poisson-chat – jusqu'à 350 kg pour certains et pouvant vivre 50 ans –, poisson à tête de serpent, raie d'eau douce, anguille, carpe et bien d'autres espèces à l'allure étrange. On trouve aussi dans le Mékong des coquillages (genre praires ou gros bigorneaux) et des crevettes d'eau douce.

Bizarreries

Les amateurs d'expériences gastronomiques seront comblés par les cigales et les sauterelles frites. C'est assez fin et ça a un goût de foin. Les brochettes de larves aussi.
Le ***porc-épic en ragoût*** a une chair tendre sans goût de gibier prononcé. Le ***buffle*** ressemble beaucoup au bœuf, en un peu plus fort et un peu plus coriace. On peut aussi goûter à la ***peau de buffle séchée*** et frite ou aux ***algues frites du Mékong,*** que l'on sert surtout à Luang Prabang. Abstenez-vous du pangolin, un petit mammifère à écailles insectivore, c'est une espèce en voie de disparition. Signalons enfin que les Laotiens mangent aussi rats, chiens, chauves-souris et insectes variés. Bon appétit !

Les en-cas sucrés

Il existe une ribambelle de douceurs à déguster, souvent en dehors des repas. On les trouve sur les marchés ou à même la rue, auprès des marchands ambulants.
– Le ***khao tom,*** c'est du riz gluant avec de la banane ou de la patate douce, le tout cuit dans des feuilles de bambou, soit à la vapeur, soit grillé.
– Le ***nam van,*** littéralement « eau sucrée », est un mélange de fruits noyés dans du lait de coco sucré, que l'on déguste comme dessert. Il existe de nombreuses variantes avec des haricots rouges, des patates douces, du maïs, des gelées d'herbe, des billes de tapioca, du manioc, etc.
– Le ***roti*** est une crêpe d'origine indienne aux œufs ou fourrée à la banane, arrosée de lait concentré sucré. On la trouve seulement le soir dans les rues de Vientiane et de Luang Prabang.
– Les ***tuiles au lait de coco*** sont délicieuses. On les achète fraîchement préparées dans les étals de rue, à Luang Prabang en particulier.

CURIEUX, NON ?

– Pendant la mousson, on goûte aux œufs de fourmis, crus ou cuits. Attention, c'est un peu acide, car ils contiennent de l'acide formique, celui qui vous brûle en cas de morsure d'une fourmi rouge. Hormis cette particularité, ce n'est pas mauvais.

– Le *lao kap ké* est un alcool de riz dans le lequel macère un gecko, sorte de petit lézard.

– Les plus aventuriers goûteront au fameux durian, un fruit qui ressemble à une pomme de pin géante, dont les senteurs oscillent entre le camembert sur le retour et la crème de purin. Il faut alors faire preuve d'une profonde zénitude devant cette chair blanche pestilentielle, dont les arômes se révèlent au final plus subtils que son odeur.

– Héritage français oblige, la baguette et les croissants chauds exhalent, quant à eux, leur bonne odeur du matin dans les boulangeries des grandes villes...

– Autre pratique laissée par les Français : la pétanque. On trouve des boulodromes partout, jusque dans les villages les plus paumés. L'occasion de se mesurer aux Laotiens, souvent excellents joueurs.

– Le Laos compte 2000 licenciés de rugby, la moitié sont des femmes. Mais ce sont les hommes qui se préparent pour la coupe du monde au Japon en 2019.

– Le pays compte pas moins de 68 groupes ethniques différents.

– Le lao s'apparente à la langue parlée en Thaïlande, et plus particulièrement au dialecte du sud-est de ce pays. Les habitants se comprennent sans problème.

– Selon la croyance animiste, les *lokapâlas* sont les génies protecteurs des villages et provinces. Ils apparaissent généralement la nuit, parfois sous la forme d'un animal. Fuir devant eux porte malheur ; il faut au contraire faire preuve de courage en avançant et en les regardant droit dans les yeux, puis revenir en leur tournant le dos pour leur exprimer son mépris.

DROITS DE L'HOMME

Plus le Laos s'ouvre économiquement, plus il semble se fermer politiquement. Cet autoritarisme bénéficie souvent aux grandes compagnies qui investissent dans le pays. Ainsi, une concession pour le grand barrage hydroélectrique de Don Sahong, sur le Mékong – un temps retardée en raison des protestations des pays voisins – a-t-elle été accordée à une entreprise chinoise en 2015. Un chantier titanesque qui devrait aboutir à l'expropriation et menacer l'équilibre alimentaire de centaines de milliers de personnes qui vivent de ces eaux. D'autant plus inquiétant qu'il fait partie d'un vaste plan de 12 barrages devant être construits sur le Mékong. D'autres grands chantiers (infrastructures ferroviaires, projets immobiliers) modifient les paysages du Laos, provoquant là encore à chaque fois des expropriations forcées, même si le gouvernement assure que des relogements exemplaires sont prévus. La FIDH conteste ce point et dénonce l'attribution de ces baux fonciers à long terme et la « confiscation massive des terres ». Les entreprises de déforestation, souvent liées au pouvoir en place, menacent en outre gravement les zones d'habitat des populations autochtones.

Les rares qui osent s'opposer à ces projets industriels sont poursuivis et harcelés. Un défenseur de l'environnement, qui avait publié sur les réseaux sociaux un document confidentiel montrant un contrat de cession de terre, a été arrêté et détenu pendant 2 mois, au nom d'une nouvelle loi sur l'organisation de l'information sur Internet. Une autre personne qui avait publié des photos montrant une tentative de racket par un policier a subi la même mésaventure au nom de la même législation. Cette loi s'applique à tous : pour avoir critiqué le gouvernement sur Facebook, un citoyen polonais d'origine laotienne a été condamné à 4 ans et demi de prison.

Un nouveau décret devant restreindre encore plus le fonctionnement des associations devait être entériné courant 2016. Il préconise aux ONG d'agir « en accord

avec la politique du Parti au pouvoir, du plan de développement socio-économique du gouvernement, des lois et de règlements de l'État ».
Sur le plan politique, rien ne bouge ou presque. Le système est toujours soigneusement cloisonné, ne laissant que peu de place à l'opposition. Les minorités ethniques (Hmong, Mien, Kamu, Oïe...) demeurent discriminées, en dépit d'une rhétorique rassurante du gouvernement. Les atteintes aux libertés religieuses dont elles font l'objet sont toujours d'actualité, et la situation des Hmong, historiquement persécutés (considérés comme profrançais, puis proaméricains pendant les guerres d'Indochine et du Vietnam), est préoccupante.
Pour plus d'informations, contacter :

- ***Fédération internationale des Droits de l'homme :*** *17, passage de la Main-d'Or, 75011 Paris. ☎ 01-43-55-25-18. • fidh.org • Ⓜ Ledru-Rollin.*
- ***Amnesty International :*** *76, bd de la Villette, 75940 Paris Cedex 19. ☎ 01-53-38-65-65. • amnesty.fr • Ⓜ Belleville ou Colonel-Fabien.*

N'oublions pas qu'en France aussi les organisations de défense des Droits de l'homme continuent de se battre contre les discriminations et le racisme, et en faveur de l'intégration des plus démunis.

ÉCONOMIE

Le Laos est l'un des pays les plus pauvres de la planète. Concrètement, près du quart de la population vit sous le seuil de pauvreté national. Ces dernières années, même si l'économie demeure tributaire de l'aide internationale, le taux de croissance s'est nettement amélioré, gravitant autour de 7,5 %, avec un taux d'inflation établi à 1,3 % en 2015. Le pays a pour objectif de sortir de la liste des pays les moins avancés d'ici à 2020, grâce à une croissance économique forte et régulière, reposant essentiellement sur l'exportation de ses ressources naturelles (hydroélectricité et mines) vers les pays voisins. Peu peuplé et enclavé, le pays a pour ambition de devenir également un carrefour routier et ferroviaire entre la Chine et l'Asie du Sud-Est. Cette belle croissance ne doit cependant pas occulter les importants efforts indispensables pour diversifier sa base productive, limiter sa vulnérabilité aux chocs extérieurs et assurer une meilleure redistribution de ses ressources vers l'éducation, la santé et la modernisation de la gouvernance.

Entre communisme et libéralisme

L'économie du Laos se caractérise par d'énormes disparités entre les régions. L'essentiel de l'activité économique se situe à proximité des zones frontalières, se nourrissant des échanges avec les voisins, Chine, Vietnam et Thaïlande, d'où sont importés la plupart des produits finis et nombre de produits frais. Même si les exportations ont progressé, la balance commerciale demeure en déficit. Le Laos importe en effet deux fois plus qu'il n'exporte.
Jusqu'à la révolution de 1975, c'était un pays aux structures féodales. Les terres les plus riches se concentraient entre les mains de quelques familles, et malgré l'aide étrangère, notamment américaine, assurant la pérennité du régime, le niveau de vie était extrêmement bas. L'arrivée au pouvoir du Pathet Lao en 1975 n'a malheureusement pas changé grand-chose à la donne. L'expropriation des terres, la socialisation de l'économie et la collectivisation des méthodes de travail ont, au contraire, aggravé la situation économique. Dès 1979, le régime a décidé d'assouplir les règles économiques, en arrêtant la collectivisation des campagnes. Et à partir de 1986, l'entreprise privée et le commerce ne subissaient pratiquement plus de restrictions. Le régime a même encouragé les anciens « capitalistes » à revenir aux affaires, tout en baissant les droits de douane et en faisant les yeux doux aux investissements étrangers.

Le Laos est aujourd'hui l'un des pays d'Asie avec la réglementation la plus libérale pour l'entrée et la sortie des capitaux. La France arrive en quatrième position des investisseurs étrangers, en tête des Occidentaux... Ce revirement complet a été renforcé par l'adhésion du Laos à l'ASEAN (Association des nations du Sud-Est asiatique) en 1997. En 2010, la Bourse de Vientiane a été créée. Une révolution pour un pays à l'économie planifiée ! Puis, en 2013, le pays a adhéré à l'OMC (Organisation mondiale du commerce). Cela lui permet à terme d'être moins sous la coupe de ses trois puissants voisins (Vietnam, Chine et Thaïlande), une situation non sans risque pour l'indépendance du pays.
La poursuite des réformes, accélérée par l'entrée dans l'OMC et son cortège de conditions, reste nécessaire pour permettre au pays de s'installer durablement au sein des pays émergents et de quitter la zone de PMA (Pays les moins avancés). Si la présence d'un parti unique d'inspiration communiste (PPRL) assure la stabilité politique du pays, des problèmes de gouvernance subsistent : en 2013, l'Assemblée nationale a ainsi révélé des niveaux élevés de corruption et d'évasion fiscale au sein des organismes étatiques. Il y a donc encore du plain sur la planche...

Agriculture

Avec l'exploitation des forêts et la pêche, le secteur agricole génère environ 23 % du PIB du pays, en occupant 73 % de la population active. Si l'agriculture est encore dominée par une activité de subsistance traditionnelle, sans engrais ni technologies, elle n'occupe que 8 % des terres cultivables (qui représentent seulement 10 % de la surface du pays en raison du relief tourmenté). Le riz pousse, à lui seul, sur 70 % des terres cultivées, et les plaines centrales du pays (régions de Vientiane, Savannakhet et Champasak), irriguées par les eaux du Mékong, produisent la moitié de la récolte nationale. Riz humide en plaine, riz sec en montagne. Le riz est semé au printemps, repiqué en été et récolté à l'automne. C'est donc en été, durant la saison des pluies, que les rizières sont les plus verdoyantes. Les paysans laotiens cultivent également maïs, fruits et légumes, manioc, arachides, canne à sucre, sésame, etc.
L'exploitation des forêts – tant convoitées par la Thaïlande, la Malaisie et la Chine – représente une importante source de revenus pour le pays. Dans les régions du Sud et du Nord-Est, cette activité prend des allures de catastrophe écologique car rien ne semble être mis en œuvre pour renouveler la forêt. Si celle-ci occupait 70 % du Laos en 1940, ce chiffre est aujourd'hui tombé autour des 50 % ! Et au rythme où sont exportées les essences précieuses comme le teck ou le palissandre (bois de rose), il y a danger...

Tourisme

Figurant parmi les secteurs les plus dynamiques, le tourisme (6 % du PIB en 2013) affiche chaque année des hausses de fréquentation. Le pays est passé de 200 000 touristes en 2000 à un peu plus de 3,7 millions en 2013. Les visiteurs viennent essentiellement des pays limitrophes, mais leurs courts séjours engendrent peu de recettes. Les Chinois sont les plus nombreux, mais les Coréens et les Taiwanais les talonnent désormais. Les touristes occidentaux ne représentent encore que 20 % des entrants au Laos. À la différence de son grand voisin thaïlandais, la promotion d'une image de marque, basée sur un tourisme communautaire durable devrait permettre, à long terme, d'attirer un plus grand nombre de voyageurs internationaux. À condition toutefois que le gouvernement s'engage pleinement en ce sens et résiste aux tentations d'un tourisme consumériste à l'image des projets pharaoniques initiés par les Chinois, notamment à Vientiane. Pionnière dans le tourisme « vert », la municipalité de Luang Prabang a lancé l'utilisation de véhicules électriques pour promouvoir le transport écologique. Ce tourisme, respectueux de la nature et des identités locales, bénéficie d'une image très positive et correspond à une demande sur le marché occidental.

Outre un riche patrimoine historique déjà largement reconnu à travers le monde (Luang Prabang et le Vat Phou sont déjà inscrits au Patrimoine mondial de l'Unesco), un dossier pour l'inscription du site de la plaine des Jarres est en cours d'instruction. Mais le meilleur atout du Laos tient très certainement à ses richesses naturelles et à sa biodiversité, encore assez peu explorées. Des régions remarquables, comme celles des « 4 000 îles » (Siphandone), des karsts de Thakhek ou du plateau des Bolavens, attirent les amateurs de dépaysement.

Ressources minières et hydroélectricité

Le secteur industriel génère près de 35 % du PIB laotien.
Très riche, le sous-sol du Laos n'a jamais vraiment été exploité par le passé. Pourtant, d'importants gisements de cuivre, zinc, plomb, charbon, or, etc. Depuis les années 2000, les investissements étrangers affluent, et l'exploitation du sous-sol connaît une forte croissance. Aujourd'hui, l'industrie minière est devenue l'un des piliers de l'économie. Les Chinois ne s'y sont pas trompés, ils ont proposé aux Laotiens de financer une grande partie de la ligne de chemin de fer, sur 400 km à travers le pays et ses montagnes pour relier le Yunnan à Vientiane, à condition de disposer de la libre exploitation des sols et sous-sols de part et d'autre du tracé de la voie. Après avoir hésité, le gouvernement laotien a sagement refusé l'offre à ces conditions.
Mais le fer de lance de l'économie du pays, c'est ***l'énergie hydroélectrique*** ! Dans ce véritable château d'eau régional qu'est le Laos, on compte aujourd'hui une quinzaine de barrages en activité. D'autres sont en construction (voir plus loin la rubrique « Environnement », mais aussi « Droits de l'homme » plus haut). Les trois quarts de l'électricité produite sont exportés vers la Thaïlande, qui apporte d'ailleurs son soutien financier aux projets, tout comme d'autres pays de l'ASEAN. Les exportations vers la Chine et le Vietnam ont débuté en 2013. À l'horizon 2020, près de 90 % des foyers laotiens devraient être alimentés en électricité. L'ambition des autorités est claire : développer l'hydroélectricité en tant que source d'énergie principale, propre et renouvelable, tout en s'imposant comme un centre de production régional.
Enfin, ***l'industrie textile*** demeure un secteur important de l'économie. L'activité génère de nombreux emplois et près de 25 % des exportations du pays.

Aide internationale

Très importante – près de 4,5 % du PIB –, l'aide internationale finance principalement les programmes de réduction de la pauvreté et de développement des infrastructures. Le Japon, la Suède et la France figurent parmi les principaux créanciers... Certaines agences spécialisées de l'ONU comme le PNUD (Programme des Nations unies pour le développement) ont contribué aussi au développement du pays. Des ONG sont en place, une centaine au total, dont *Médecins sans frontières, Action contre la faim* et *Handicap International* pour les plus connues, ou encore le *Comité de coopération avec le Laos,* plus spécifique... Beaucoup viennent en aide aux populations victimes de déplacements forcés à l'occasion des grands chantiers.

ENVIRONNEMENT

Végétation

Même si la déforestation s'intensifie, près de la moitié du pays demeure encore recouverte de forêt tropicale. En plus de la forêt évoquée plus haut, on trouve aussi des bananiers, des kapokiers, des bambous géants et de nombreux résineux, comme le benjoin et le pin. Les plus belles forêts se situent dans le Sud, où l'exploitation du bois destiné à l'exportation ou à servir de matériau de construction est la plus intense. Autre menace pour la forêt : la culture sur brûlis pratiquée par certaines ethnies. Elle consiste à cultiver le riz de montagne ou certaines

essences fruitières sur des surfaces nettoyées de leur végétation par le feu. Cela dit, avant de reprocher cette pratique aux minorités, il faudrait leur proposer une alternative pour survivre ; on est encore loin du compte, mais les dégâts provoqués restent anecdotiques par rapport à ceux occasionnés par les énormes concessions destinées à l'exploitation forestière ou aux plantations.
Les orchidées poussent dans les régions tempérées par l'altitude. Il existe aussi toutes sortes d'arbres fruitiers. Manguiers, papayers, jacquiers, cocotiers, palmiers à huile, arbres à durian se trouvent surtout dans la moitié sud du pays. Il y a encore des caféiers et des théiers en abondance dans la région du plateau des Bolavens, et des pêchers aux alentours de la plaine des Jarres.

Faune

Compte tenu de la faible densité de sa population et de son réseau de communication sommaire, le Laos est sans doute le pays d'Asie qui possède encore la faune la plus abondante et la plus variée. Les espèces les plus spectaculaires sont l'éléphant sauvage (en voie de disparition), le dauphin d'eau douce (ou dauphin d'Irrawady), le léopard, le gibbon et enfin l'ours noir. Le rhinocéros d'Asie et le tigre auraient pratiquement disparu. En revanche, on peut toujours rencontrer l'ours des cocotiers (ou à bouche lippue) et quelques centaines de tigres indochinois.
On croise encore plusieurs espèces de singes (macaques), des pangolins, des sangliers, de nombreuses espèces d'écureuils ou de civettes et des cervidés. Les variétés d'insectes et de papillons sont innombrables, et les cigales animent le décor sonore de la forêt. Les serpents sont nombreux dans tout le pays, en particulier les cobras et la vipère de Russell.

La question des grands barrages hydroélectriques

La Thaïlande, le Laos, le Cambodge et le Vietnam ont signé un accord qui stipule que chacun de ces pays doit consulter ses voisins pour tout projet de barrage sur le Mékong ou sur l'un de ses affluents. Mais cette procédure n'est que consultative et ne peut empêcher la réalisation du projet si le pays y tient.
Au Laos, l'industrie hydroélectrique est en plein essor, et les autorités ne lésinent pas sur les moyens. Prochainement, le pays devrait compter une trentaine de barrages, ce qui ne va pas sans poser de sérieux problèmes en matière d'environnement.
Mis en service en 2010, le barrage hydroélectrique de Nam Theun II, le plus grand d'Asie du Sud-Est à ce jour, a été et reste controversé : on a créé une retenue permettant de produire 1 000 mégawatts, c'est-à-dire autant qu'un réacteur nucléaire. Construit sur un affluent du Mékong, au centre du Laos, ce réservoir a entraîné la destruction de nombreux villages. Le barrage étant financé par la Banque mondiale, l'impact écologique et humain du projet a cependant été étudié et continue d'être surveillé. En 2013 ont débuté les travaux de construction du puissant barrage de Xayabouri. Il devrait générer près de 1 300 mégawatts à l'horizon 2018-2019. Ce sera le premier barrage sur le cours inférieur du Mékong. Là encore, le projet a soulevé de nombreuses critiques de la part du Vietnam et du Cambodge, certaines études pointant des risques majeurs sur les zones de pêche, la sédimentation du fleuve, les zones humides et agricoles. En revanche, il a été appuyé par la Thaïlande à qui sera vendu l'essentiel de l'électricité produite... Le grand barrage hydroélectrique de Don Sahong, sur le Mékong, fortement contesté par les associations environnementales et les riverains, va finalement être construit par une entreprise chinoise. C'est tout l'écosystème de cette partie du Mékong, la présence des dauphins d'eau douce et le mode de vie des habitants qui sont menacés. Douze barrages pourraient être aménagés sur le Mékong.
Dans cette frénésie et cette course aux grands barrages, le Laos n'est pas le seul. La Thaïlande et le Cambodge ont également leurs projets avec des conséquences sur le cours du Mékong. Déjà, l'impact des ouvrages construits en amont, en Chine, se fait

sentir sur le débit du fleuve, surtout à la fin de la saison sèche. Il est fort probable que les pays en aval (Cambodge, Vietnam) seront affectés à l'avenir par des problèmes de sédimentation et de baisse du niveau de l'eau, mettant en péril les zones de pêche. C'est tout un pan de l'alimentation et l'économie de ces pays qui pourraient en pâtir.

FÊTES ET JOURS FÉRIÉS

En lao, « fête » se dit *boun,* et s'il y a un mot qu'il faut connaître, c'est bien celui-là. Toutes les occasions sont bonnes pour « faire le *boun* » : départ ou retour d'un parent, mariage, funérailles, achat d'un téléviseur, etc., et, bien sûr, fêtes religieuses. Le *boun* se confond souvent avec la cérémonie de *soukhouan,* d'origine animiste, qui se célèbre pour souhaiter la bienvenue à un hôte.
Chaque Laotien possède, dans les 32 parties de son corps, une âme qui a la fâcheuse tendance à vouloir se promener dans la nature, au risque de se faire avaler par un esprit. Outre ce besoin d'indépendance, les moindres chocs ou événements peuvent provoquer leur fuite. Ce qui peut devenir désastreux si la personne veut réaliser quelque chose, comme partir en voyage, se marier, acheter une voiture... ou remercier les génies pour une naissance. Il convient alors de procéder à une cérémonie de rappel des âmes, le *soukhouan.* Les participants s'assoient autour d'un plateau chargé de friandises, le *phakhouan,* et un *mophone,* un ancien bonze, qui allume des bougies, fait une prière au Bouddha et s'adresse aux divinités de l'année pour les inviter à présider la cérémonie et à se nourrir de friandises. Quand il pense que les âmes sont retournées dans le corps, celles-ci sont alors symboliquement attachées avec un fil de coton aux poignets, fil qui devra y rester au moins 3 jours. À ce geste symbolique s'associent tous les participants, qui se touchent le coude pour former une chaîne de solidarité.
Preuve qu'il est un élément clé de la culture locale, le *soukhouan* s'est adapté. On fait un *soukhouan* pour l'ouverture d'une boutique, pour le lancement d'un hôtel... tout en invitant les bonzes. Ce sont les fameux *baçi,* dont vous entendrez parler partout !
Les fêtes religieuses bouddhiques sont les plus importantes. Elles ponctuent l'année, qui commence à la mi-avril. Celle-ci est régie selon le calendrier solaire, mais les mois sont lunaires. De plus, le calendrier bouddhique commence 638 ans avant l'ère chrétienne.

Avril

– La plus importante est la fête du ***Nouvel an bouddhique*** : le *Pii mai* ou *Pimai.* Basée sur le calendrier solaire, sa date est fixe. Bien qu'il n'y ait officiellement que 3 jours chômés successifs (le dernier jour de l'année qui s'achève, le premier de l'année à venir et un jour entre les deux), la fête dure près d'une semaine, du 13 au 18 avril. Toutes les activités du pays sont alors concentrées autour des pagodes. On revêt la tenue traditionnelle et on ripaille autour des temples. Les statues du Bouddha sont sorties et aspergées de l'eau lustrale consacrée. Ce ne sont pas les seules... puisque toute la population s'arrose copieusement, de manière quand même moins systématique et chaotique que lors des Songkran urbains de Thaïlande (même période).

Mai

– ***Le 1er mai :*** tradition socialiste oblige, le 1er mai est officiellement férié et chômé. Mais sa célébration ne donne lieu qu'à quelques manifestations protocolaires dans la capitale.
– ***Visakha Bouça*** et ***Boun Bangfay*** (fête des Fusées) se célèbrent à la pleine lune de mai. Elles coïncident, bien qu'étant d'essence très différente. La première est une fête bouddhique qui commémore à la fois la mort et la naissance du Bouddha. La seconde est une fête païenne qui célèbre la fécondité et le culte du phallus. C'est une sorte de carnaval débridé qui donne lieu à toutes sortes d'excès (grande

consommation de *lao-lao*). Chaque village met un point d'honneur à construire la plus grande fusée en bambou chargée de poudre noire, selon un procédé connu des seuls bonzes !

Juillet

– ***Khao Phansa :*** fête strictement religieuse. Elle marque le début de la traditionnelle retraite des moines au monastère pendant les 3 mois de pluie. C'est aussi le moment que choisissent les familles pour raser le crâne des jeunes garçons qui vont entrer au monastère pour 3 jours, 3 mois, 3 ans ou toute leur vie.

Août-septembre

– ***Ho Khao Padap Din :*** tôt le matin, la fête des Morts a lieu à la première nouvelle lune d'août ou de septembre. Il y a plus de crémations que d'habitude et les moines reçoivent des dons pour le salut de l'âme des trépassés. Le même jour, course de pirogues sur la Nam Khane à Luang Prabang.

Octobre-novembre

– Deux fêtes qui coïncident dans le calendrier lunaire. Elles ont lieu à la dernière pleine lune d'octobre ou à la première de novembre. ***Boun Ok Phansa*** marque la fin de la retraite de 3 mois des moines, et ***Boun Xouang Heua,*** dite aussi *Loy Krathong,* est la fête des Eaux, qui donne lieu à de spectaculaires courses de pirogues sur le Mékong. On lance aussi de petits radeaux illuminés faits de bambou sur les rivières, en guise d'offrandes pour remercier nagas et génies tutélaires, afin accorder santé et prospérité dans l'année à venir.
– La ***fête du That Luang*** a lieu au wat That Luang de Vientiane, durant la pleine lune de novembre. Des moines venus de tout le pays se rassemblent dans les galeries autour du stûpa et reçoivent les offrandes des fidèles sous forme de guirlandes de fleurs. Depuis quelque temps, cette fête prend un tour de plus en plus profane. À l'extérieur du temple se tiennent toutes sortes d'attractions qui n'ont rien de religieux. La fête débute par une retraite aux flambeaux jusqu'au wat Simuang.

Décembre-janvier

– 2 décembre : ***fête nationale*** laotienne qui commémore la révolution de 1975 et donne lieu à plusieurs cérémonies protocolaires.
– ***Boun Pha Vet :*** à cheval entre décembre et janvier. Lors de la pleine lune, on commémore l'une des incarnations du Bouddha en ordonnant des moines. C'est l'occasion de nombreuses réceptions en famille et dans les monastères.
– Le ***Nouvel an hmong*** a lieu dans les villages hmong à la nouvelle lune de décembre ou de janvier (le 12e mois lao). C'est une fête joyeuse, au cours de laquelle les habitants sortent leurs costumes de fête et (parfois) fument de l'opium. Les jeunes des deux sexes se placent en ligne face à face et se lancent et relancent inlassablement une balle de caoutchouc ou de tennis.

Février

– ***Makha Bouça :*** durant 1 ou 2 jours, on commémore la prédication du Bouddha établissant les règles de la vie monastique. Importantes célébrations à Champasak et à Thakhek. Cette fête religieuse donne lieu à des retraites aux flambeaux.
– ***Le Têt vietnamien et le Nouvel an chinois :*** célébrés fin janvier ou début février, dans les villes principales : feux d'artifice et explosions de pétards. La plupart des commerces chinois ou vietnamiens ferment à cette occasion, ce qui permet de prendre la mesure de l'importance économique de ces deux communautés.

– ***Le festival de l'Éléphant,*** dans le district de Xayaboury : pendant 3 jours, processions, numéros d'adresse, bains, concours de dessins... L'occasion de sensibiliser le plus grand nombre à la sauvegarde de l'espèce.

GÉOGRAPHIE

D'une superficie de 236 800 km², environ celle de la Grande-Bretagne, le pays s'étend du nord au sud sur près de 1 500 km. Bordé au nord-est par la ***cordillère Annamitique*** (point culminant, le Phou Bia entre Xieng Khouang et Vientiane, à 2 850 m d'altitude) et à l'ouest par le Mékong, le Laos a des frontières avec la Chine, le Myanmar (ex-Birmanie), la Thaïlande, le Cambodge et le Vietnam. Près de 80 % de sa superficie sont répartis entre plateaux et montagnes. La principale caractéristique du Laos est de ne pas posséder d'accès à la mer.

UN PEU LOUCHE !

Alors que ce pays ne dispose d'aucun accès à la mer, le Laos fit en 2007 une demande d'adhésion à la commission internationale de la pêche à la baleine... On soupçonna (à juste titre) le Japon d'avoir soudoyé grassement le gouvernement laotien pour profiter d'une voix amie lors des délibérations de cette commission.

Le ***Mékong*** arrose le pays sur 1 800 km. Il est théoriquement navigable toute l'année mais, de plus en plus, le niveau des eaux devient trop bas à la fin de la saison sèche. Notamment dans le Nord, quand les barrages chinois, en amont, restent fermés. Dans le Sud, il n'est plus que rarement utilisé depuis l'amélioration du réseau routier. Le même sort l'attend probablement dans le Nord, au fur et à mesure que s'ouvrent de nouvelles routes. La presque totalité des terres cultivables se situe aux abords du fleuve, où se concentre plus de la moitié de la population. Le centre du pays est occupé par des plateaux calcaires ou gréseux. Au sud, le ***plateau des Bolavens*** compose une région fertile et tempérée, propice aux cultures d'altitude, comme le café. À l'extrême sud du pays, à la frontière du Cambodge, le Mékong se divise en une multitude de bras qui enserrent plusieurs centaines d'îles. La plus grande est l'île de Khong, dans la province de Champasak. Des rapides et chutes d'eau interdisent la navigation entre les deux pays, au grand dam des explorateurs français du XIXe s (voir plus loin, « Histoire. Protection de la France »)...

HISTOIRE

Durant les premiers siècles de notre ère, le sud du Laos constitue le pays d'origine des Khmers et développe une civilisation avancée, comme en témoignent les ruines du Vat Phou.

Au IXe s, le Laos est peuplé par des migrations successives de Thaïs, venus du sud de la Chine. Ils s'établissent dans les plaines et le long de la vallée du Mékong, et s'organisent en communautés autonomes appelées *muang.* Voilà pourquoi, la composante ethnique dominant le pays, les ***Lao Loum,*** appartient au groupe thaï, présent dans toute l'Asie du Sud-Est : Thaïlande bien sûr mais aussi Birmanie, Vietnam et Yunnan (sud-ouest de la Chine).

Le royaume du Million d'éléphants

Au cours de son histoire, le Laos fut souvent tributaire des relations tumultueuses entre Thaïs et Khmers. Au XIVe s, c'est Fa Ngum, un prince qui avait vécu à la cour d'Angkor et épousé une princesse khmère, qui reprend Viangchan (Vientiane) et fonde en 1353 le royaume de Lane Xang, le royaume du « Million d'éléphants ».

Plaçant son royaume sous l'influence politique des Khmers, Fa Ngum impose le bouddhisme theravada comme religion officielle. Toutefois, en 1373, Fa Ngum est déposé par ses ministres pour excès de pouvoir et remplacé par son fils Samsenthai. Le royaume bascule alors sous l'influence du voisin siamois, dont le style architectural inspire de nombreux temples. Le pays connaît une période de prospérité avant de sombrer dans les guerres de succession et le chaos.

De 1480 à 1520, entre les rois Suvannabalang et Phothisarat, le pays est calme. Ce dernier fait de Vientiane la capitale du pays et annexe le royaume de Chiang Mai, dans le nord de la Thaïlande. Son fils, Sai Setthathirat, fait fortifier Vientiane. Il ordonne la construction du wat That Luang pour héberger un cheveu du Bouddha, ainsi que celle du wat Phra Keo pour accueillir le fameux bouddha d'Émeraude, réplique du bouddha d'Or de Luang Prabang. Après la mort du fils, disparu au cours d'une expédition contre les tribus des hauts plateaux, le royaume passe sous l'influence birmane, et sombre à nouveau dans une période troublée jusqu'en 1654 et la venue sur le trône du roi Souligna Vongsa, qui règne durant 57 ans. Cette période d'expansion territoriale et de prospérité est considérée comme l'âge d'or du Laos indépendant, avant que le pays ne se désagrège et ne passe sous l'influence étrangère pour près de trois siècles.

Grandeur et décadence

Le dernier roi étant sans héritier, diverses factions partagent le royaume en trois : celui de Luang Prabang au nord, de Vientiane au centre et de Champasak au sud. Chacun des royaumes est divisé en de multiples chefferies et inféodé aux royaumes étrangers : Chinois et Siamois dans le Nord, Vietnamiens dans le Centre, Siamois et Cambodgiens dans le Sud. En 1778, les Siamois se livrent à un premier sac de Vientiane et emportent les deux bouddhas sacrés du pays. Seul le bouddha d'Or de Luang Prabang sera restitué ultérieurement... En 1827, le prince Anou de Vientiane essaie de secouer le joug siamois. Mal lui en prend. Non seulement il est battu, mais les Siamois brûlent Vientiane et déportent sa population en Thaïlande. Tous les temples de Vientiane sont détruits, à l'exception du wat Sisaket.

Protection de la France

Dans la seconde moitié du XIXe s, la France, déjà présente au Tonkin, profite de l'envoi de missions d'exploration pour étendre son influence. Le géographe et aventurier ***Henri Mouhot*** est le premier à dresser un état du Laos. Suivent ensuite les missions de ***Doudard de Lagrée*** et ***Francis Garnier,*** puis d'***Auguste Pavie.***

En 1893, le roi de Luang Prabang demande la protection de la France, pensant que celle-ci vaut mieux que la suzeraineté siamoise. Entre 1893 et 1904, le Siam accepte donc de céder à la France, au terme de plusieurs traités, la totalité des territoires qui forment le Laos moderne, à l'exception de la région de Champasak.

Le bilan du protectorat français est fortement contrasté. Si les Français ont à leur actif la reconstruction de Vientiane, le tracé de deux ou trois routes nationales et l'aménagement de la navigation sur le Mékong, on ne peut pas dire qu'ils se soient véritablement intéressés au pays. À l'inverse de l'Annam et du Tonkin, le Laos ne présente pas un grand attrait économique pour les autorités coloniales. Ses richesses naturelles sont difficilement exportables. À vrai dire, la présence française est en partie motivée par la volonté de stopper les prétentions territoriales du rival anglais et... d'organiser un trafic d'opium, cultivé sur place et au Yunnan, afin de contrer celui issu des pavots de l'Inde, contrôlé par la perfide Albion.

Le côté négatif de la présence française au Laos réside surtout dans l'absence de compréhension de l'identité laotienne : le découpage administratif opéré par les fonctionnaires français ne correspond à rien et fait fi des différences culturelles entre les ethnies. Enfin, le plus gros tort de la France est l'absence de formation d'élite locale, en recrutant un corps de fonctionnaires presque exclusivement

annamites et en aidant à se maintenir en place, même après l'indépendance, une aristocratie féodale corrompue.
Durant la Seconde Guerre mondiale, le Laos est administré par le régime de Vichy en collaboration avec les Japonais qui occupent l'Indochine après 1941. Ceux-ci vont clairement se poser en champions de la décolonisation, par intérêt tactique sans doute. De leur côté, les nationalistes thaïlandais, très antifrançais, soutiennent les revendications indépendantistes en nourrissant le secret espoir d'une « grande Thaïlande » incluant le Laos.

Marche vers l'indépendance

Fort de l'appui des Japonais et des Thaïlandais, ***le prince Petsarath, leader nationaliste*** et chef du mouvement Lao Issara (« les Laotiens libres »), ***déclare unilatéralement l'indépendance en octobre 1945.*** Ne sachant sur quel pied danser, le roi de Luang Prabang, ***Si Savang Vong,*** passe alternativement du refus de l'indépendance au soutien au nouveau gouvernement, avant que ***les Français*** ne ***reprennent les choses en main.*** Petsarath, son frère Souvanna Phouma et son demi-frère Souphanouvong s'exilent en Thaïlande en 1946, après un bref combat contre les troupes françaises à Thakhek, le seul affrontement armé entre Français et Laotiens de toute l'histoire du pays.
Alors que ***Souphanouvong,*** partisan de l'indépendance totale et d'une alliance avec le Viet-minh, prend le maquis, ***Souvanna Phouma*** rentre en 1949 pour prendre les rênes du Laos, jouissant alors d'une large autonomie après avoir parachevé sa réunification. ***L'indépendance est déclarée en 1953.***

Période troublée

Le bras armé du parti communiste, le ***Pathet Lao,*** rebaptisé plus tard « Armée populaire de libération du peuple lao », réussit à contrôler plusieurs provinces du nord du pays, faiblement peuplées. Après une éphémère tentative de gouvernement d'union nationale en 1957, la droite reprend le pouvoir et fait arrêter le prince ***Souphanouvong.*** Ce dernier s'évade en 1960 et reprend la lutte clandestine, alors que le gouvernement de Vientiane bénéficie du soutien croissant des Américains. ***En 1960,*** l'officier Kong Le déclenche un ***coup d'État*** visant à imposer un régime neutraliste. C'est vouloir la quadrature du cercle. Débarqué par les proaméricains moins d'un an plus tard, Kong Le rejoint le Pathet Lao avant de s'en démarquer. En juin 1962, une nouvelle tentative de gouvernement d'union nationale, formé par les communistes, les neutralistes et la droite, est aussi infructueuse que la précédente. À partir de 1964, les communistes, qui contrôlent la quasi-totalité du nord et de l'est du pays, agissent seuls, avec le soutien vietnamien. Pour lutter contre la guérilla et perturber la piste Hô Chi Minh qui passe par l'est du pays, ***les Américains bombardent le nord et l'est du Laos.***

Révolution

Finalement, ***en 1973, un accord de cessez-le-feu*** intervient dans le cadre global des négociations américano-vietnamiennes de Paris. ***Les communistes contrôlent alors 11 des 13 provinces*** du pays et peuvent se permettre d'accepter, pour la forme, leur participation à un nouveau gouvernement d'unité nationale. Celui-ci dure jusqu'à la démission forcée de tous les ministres non communistes, en 1975. Les mois suivants voient ***l'exode massif des opposants politiques,*** de l'ancienne aristocratie et des forces vives économiques du pays. 300 000 Laotiens émigrent vers la Thaïlande, la France, le Canada et les États-Unis.
En décembre 1975, le ***Parti révolutionnaire du peuple lao*** (PRPL) ***règne sans partage sur le Laos,*** avec à sa tête Kaysone Phomvihane, un vétéran de la guérilla provietnamienne. Les premières années du nouveau régime sont marquées par une collectivisation intensive des campagnes, un appauvrissement général

de la population et une dépendance quasi totale vis-à-vis du bloc communiste et des Vietnamiens. Si la répression est mesurée à l'égard de la religion, elle est beaucoup plus féroce envers les opposants, qu'ils soient de droite, neutralistes, ou même communistes dissidents. Bien que le régime ne se soit jamais clairement prononcé à ce sujet, on sait que le roi Si Savang Vong et sa famille, arrêtés en 1977, sont morts des suites de mauvais traitements dans les années 1980, après avoir été déportés dans le nord du pays.

Nouvelle voie

Dès le début des années 1980, des signes d'assouplissement se font sentir, sur le plan économique et religieux notamment. Pragmatique, la direction du parti comprend que l'on ne peut pas plaquer un modèle étranger sur un pays contre ses propres traditions. Et surtout qu'il est difficile de répartir équitablement les richesses d'un pays qui n'en produit pas.

– ***Sur le plan politique,*** la situation reste quasi inchangée. Le Laos demeure un pays au régime de parti unique, où l'opposition n'est pas tolérée. Même si des non-communistes participent au gouvernement, ils doivent entériner les décisions du parti.

– ***Sur les plans social et sanitaire,*** en dépit d'une bonne volonté affichée, le pouvoir éprouve de grosses difficultés à tirer parti des richesses produites par le secteur privé pour en faire bénéficier le plus grand nombre. Peut-on concilier prospérité économique et absence de démocratie politique ? Le niveau sanitaire du pays reste très bas.

– ***Sur le plan diplomatique,*** le Laos a normalisé ses relations avec tous ses voisins, y compris la Thaïlande, l'ancien ennemi. Quatre ponts de l'Amitié jetés sur le Mékong scellent aujourd'hui la bonne entente entre les deux pays.

– La ***crainte principale du Laos*** est de se faire culturellement envahir par la Chine, le Vietnam et la Thaïlande. Les vidéos, chaînes de télévision et la musique thaïe sont omniprésentes dans le pays, pour des raisons évidentes de communauté de langue. La Chine et le Vietnam affichent une très grosse présence économique mais aussi humaine. Selon certains chiffres, ces deux communautés compteraient pour presque 50 % de la population réelle du pays.

– ***Sur le plan économique,*** le Laos est entré en 1997 au sein de l'Association des nations du Sud-Est asiatique (ASEAN). Et c'est à Vientiane, en 2000 et 2012, que s'est réunie l'ASEM, la réunion entre l'Union européenne et l'ASEAN, une occasion pour le Laos (et son parti dominant) de devenir un acteur diplomatique majeur du Sud-Est asiatique. Le pays a d'ailleurs assuré la présidence de l'ASEAN en 2016. Malgré cela, l'économie est freinée par la corruption dans l'administration, sans oublier les déficits du commerce extérieur et du budget national. L'aide internationale représente une grande partie des recettes de l'État, une preuve évidente de la dépendance du Laos vis-à-vis de l'extérieur.

Les bombes américaines : enfin du nouveau ?

Le Laos est le pays le plus bombardé de l'histoire, un « dommage collatéral » de la guerre du Vietnam. En effet, à la fois pour couper la piste Hô Chi Minh qui ravitaillait les Nord-Vietnamiens et pour ne par revenir à leur base chargés d'explosifs qu'ils ne parvenaient pas toujours à lâcher, les États-Unis ont largué sur le Laos des bombes à sous-munitions pendant 9 ans (1964-1973). Une partie des 200 sous-munitions contenues dans chaque engin n'explose pas

TRISTE RECORD

On évalue à 2 millions le nombre de bombes lâchées par les Américains sur le pays entre 1964 et 1973. Plus que pendant toute la Seconde Guerre mondiale ! 3 millions de tonnes, c'est plus de 500 kg par habitant, un record mondial, alors que le Laos n'était même pas en guerre contre les États-Unis.

en touchant le sol, mais, une fois enterrée, se transforme en mines antipersonnel. Les projectiles (de la taille de boules de pétanque) sont ensuite ramassés par les gamins qui jouent avec, au risque de les faire exploser. Selon l'ONG *Handicap International,* plus de 50 500 personnes sont décédées depuis 1964. « 80 millions d'engins non explosés, principalement des sous-munitions, contaminent 15 des 17 provinces du Laos ».

Le déminage, long et coûteux est encore loin d'être terminé et les dégâts, encore de nos jours, sont considérables : victimes d'explosion, champs pollués et non cultivés. Les paysans ont peur : en pratiquant la culture sur brûlis, courante dans la région, les bombes chauffent et explosent. De plus, le maniement des engins pour recycler le métal occasionne aussi des accidents graves : avec les bombes, les Laotiens construisent des maisons sur pilotis, des pirogues, des lampes, confectionnent des outils, des ustensiles de cuisine, ou les revendent pour trois fois rien...

Les enfants représentent les premières victimes. Une tragédie d'autant plus révoltante que dans les zones rurales, l'accès aux soins est difficile, faute de structures et de formation de personnel de santé.

Le Congrès américain a commencé à débloquer bien tardivement quelques millions de dollars pour déminer le pays (5 millions en 2010 ; près de 20 millions en 2016). Cette contribution a permis de faire baisser significativement le nombre de décès par an. Début 2016, la visite de John Kerry, vétéran de la guerre du Vietnam, augurait d'une volonté de poursuivre ces efforts, en attendant que les États-Unis signent un jour la convention de 2008 interdisant la production et l'usage des bombes à sous-munitions comme celles retrouvées au Laos.

De son côté, le gouvernement laotien a lancé en 1996 un programme de nettoyage et de sensibilisation, surtout auprès des enfants, soutenu par plusieurs ONG, telle que *Handicap International.*

Attention, il est important de ne pas sortir des sentiers balisés, notamment dans le nord et l'est du pays (plaine des Jarres), régions les plus touchées pendant la guerre.

MÉDIAS

Les médias nationaux ont encore beaucoup de retard sur ceux de la région, leur contenu étant étroitement contrôlé et les journalistes se bornant à recopier religieusement les dépêches de l'agence gouvernementale *Khaosan Pathet Lao (KPL)...*

Votre TV en français : TV5MONDE, la première chaîne culturelle francophone mondiale

Avec ses 11 chaînes et ses 14 langues de sous-titrage, TV5MONDE est distribuée dans plus de 190 pays du monde par câble, satellite et sur IPTV. Vous y retrouverez de l'information, du cinéma, du divertissement, du sport, du documentaire…

Grâce aux services pratiques de son site voyage • *voyage.tv5monde.com* •, vous pouvez préparer votre séjour, et une fois sur place, rester connecté avec les applications et le site • *tv5monde.com* • Demandez à votre hôtel le canal de diffusion de TV5MONDE et contacter • *tv5monde.com/contact* • pour toutes remarques.

Euronews

Chaîne d'information la plus regardée en Europe, Euronews traite l'actualité mondiale en continu. Grâce à ses 400 journalistes de plus de 30 nationalités, la chaîne est accessible 24h/24 en 13 langues.

Véritable hub média multiculturel indépendant, Euronews porte un regard unique sur les événements et en propose une analyse factuelle. Créée en 1993, à Lyon, la chaîne s'adresse à 400 millions de foyers dans 155 pays et est disponible partout à travers le globe via ses déclinaisons digitales (Internet, applications mobiles, TV connectée, web radio...).

Presse

Le pays compte environ 25 journaux, tous sous contrôle de l'État.
Dans les kiosques des grandes villes, vous trouverez l'hebdomadaire francophone *Le Rénovateur.* Rédigé par une équipe franco-laotienne, son contenu diffère peu de celui du quotidien anglophone, *Vientiane Times.* Dans ces deux publications, on peut donc lire des articles culturels, historiques, économiques et touristiques. L'actualité locale comme les nouvelles internationales y sont traitées autant que possible, mais le ton est vieillot et les sujets sont passés à la moulinette de la censure.
Les trois quotidiens du parti – *Paxaxon, Pathet Lao* et *Vientiane May* – pratiquent en lao la politique de la langue de bois. Leurs éditions économiques ne sont pas meilleures, et le journal du Parti, *Paxaxon* (Peuple), continue à se présenter comme une « publication révolutionnaire élaborée par le peuple et pour le peuple, et qui rend service à l'action politique de la Révolution »... Parallèlement, on trouve – essentiellement à Vientiane et à Luang Prabang – une foule de journaux et magazines étrangers en anglais et en français... Et pour se tenir au courant de l'actualité internationale, on peut aussi ouvrir *The Nation* et le *Bangkok Post,* des quotidiens thaïlandais en anglais, très lus au Laos.

Radio

Pour avoir les infos du continent, *Lao National Radio* (FM 103.7 à Vientiane), ancien vecteur de la propagande communiste du genre « la voix de son maître », diffuse chaque jour sur à peu près 75 % du pays un journal en français d'assez bonne qualité, avec des infos internationales fournies, au détriment des nouvelles locales... Quel décalage avec ces radios thaïlandaises, écoutées massivement par les Lao, diffusant un flot ininterrompu de musiques occidentales et pop thaïes, entrecoupées d'émissions légères ! Également quelques radios internationales émettant en langue lao, notamment *Radio Free Asia* et *RFI* (100.5 FM à Vientiane et ailleurs en ondes courtes). Si la proximité linguistique explique la popularité des médias thaïlandais, *Radio Free Asia, Voice Of America* et *SBS Lao* (webradio australienne) demeurent les seuls diffuseurs « occidentaux » fournissant du contenu en lao.

Télévision

Le réseau satellite thaïlandais *UBC* arrose copieusement le pays de ses 40 chaînes régionales et internationales. Les Laotiens en sont de grands fans, et l'on voit fleurir partout des antennes satellite, même jusque dans certains villages reculés disposant tout juste de l'électricité ! Depuis l'instauration de la loi sur les médias en 2011, le gouvernement accorde un nombre croissant de licences au secteur privé. Une trentaine de chaînes sont désormais accessibles et diffusent des programmes à l'échelon local, provincial ou national.
La *Télévision Nationale Lao* compte deux chaînes nationales assez poussiéreuses : *TNL1* (généraliste, actualités, journal en français tous les jours à 19h30 et 23h) et *TNL3* (principalement des séries et films thaïlandais). Si leur présentation peut rebuter le téléspectateur occidental, elles demeurent le meilleur moyen d'avoir des infos en images sur le Laos.
Depuis quelques années cependant, *Lao Digital TV* diffuse une trentaine de chaînes, essentiellement issues des trois grands voisins mais incluant également des diffuseurs internationaux *(CNN, BBC, TV5...).* Notons encore les ambitions du groupe privé *Lao Star Channel*.

Médias en ligne

Selon des estimations récentes, seuls 9 % de la population utilisent Internet. L'accès en ligne à la presse et aux sites d'informations, locaux ou internationaux, est limité mais toujours croissant, en particulier chez les jeunes issus de l'élite politique et économique du pays. Les réseaux sociaux (notamment Facebook et Yahoo360) constituent de plus en plus une source d'informations pour cette frange de la population. Par ailleurs, le nombre d'utilisateurs de téléphones portables est en augmentation ; presque toute la population urbaine dispose d'un abonnement. Fournisseurs d'accès à Internet et propriétaires de cybercafés doivent soumettre des rapports trimestriels aux autorités détaillant le nombre d'utilisateurs d'Internet, leur nom, leur profession et les sites web qu'ils visitent. Dans la pratique, ces rapports ne sont pas systématiquement remis. D'ailleurs, la censure du Web est quasi inexistante. Certains experts estiment que les autorités ne disposent pas des outils ni des ressources suffisantes pour bloquer l'accès aux sites qu'elles jugeraient politiquement ou culturellement « sensibles ».

Liberté de la presse

Le pays figure au 171e rang sur 180 pays au classement mondial de la liberté de la presse publié en 2015 par *Reporters sans frontières*. Les médias laotiens sont étroitement surveillés par le Parti révolutionnaire populaire lao (PPRL), au pouvoir. Critiquer le gouvernement est un crime. Le Parti unique fait une grande place au népotisme, et nombreux sont les « cronies » au pouvoir descendant de l'ancienne aristocratie. Malgré des progrès réalisés dans les infrastructures des télécommunications et un meilleur accès à Internet dans le pays, la liberté de l'information demeure très limitée. Le contrôle du gouvernement de toute la presse écrite et audiovisuelle rend impossible la création de médias indépendants. La politique liberticide du parti au pouvoir va de pair avec son refus de transparence démocratique, et la répression de toutes formes d'expression collective libre, qu'elles soient politiques, religieuses ou culturelles.

Mais la censure et l'autocensure s'opèrent directement dans les rédactions. Aucun cas de poursuite en justice n'a été observé au cours des dernières années. En effet, le Code pénal du Laos permet l'emprisonnement de journalistes pour la publication de documents qui « affaibliraient l'État » et pour l'importation de médias « contraires à la culture nationale ». Le silence et le manque d'informations concernant le pays en général et certains sujets sensibles (sur les Hmong, par exemple) continuent malheureusement d'être les principaux indicateurs du manque de liberté de la presse. Les chiffres concernant la distribution de la presse écrite demeurent très bas. La presse étrangère entre au compte-gouttes et est régulièrement surveillée une fois à l'intérieur du pays.

PATRIMOINE CULTUREL

Temples bouddhiques

Les temples, appelés *wat*, tiennent une place importante dans la société laotienne. Autrefois, ils servaient d'auberge où le voyageur pouvait se reposer. Aujourd'hui, c'est aussi bien un lieu de culte qu'un lieu de rencontre. Chaque village possède son temple, construit avec les dons des fidèles. Le *wat* est un ensemble architectural complexe centré sur le *vihan* ou *sim* qui signifie « sanctuaire » : c'est l'édifice principal. Celui-ci est entouré par des *thats*, c'est-à-dire des stûpas à caractère votif ou funéraire. Des autels à offrandes *(hos)*, des chapelles *(chedis)*, des bibliothèques *(ho tays)*, des puits et les logements des moines *(koutis)* font partie de cet ensemble. De nombreuses cérémonies s'y déroulent toute l'année : le Nouvel An, les commémorations de la naissance et de la mort du Bouddha ainsi que celle de son illumination, etc.

VIENTIANE

XIENG KHOUANG

LUANG PRABANG

Contrairement aux temples thaïlandais, très décorés, les temples laotiens ont des lignes simples et légères, tout en étant raffinés et élégants.
Au Laos, on compte trois principaux styles d'après la forme générale du bâtiment et de la toiture :
– ***Le style de Vientiane :*** de forme compacte, l'édifice est élancé et la toiture se compose de plusieurs décrochements successifs. La plupart des sanctuaires sont rectangulaires, et certains, comme le wat Phra Kéo de Vientiane, sont entourés d'un portique à colonnes sur les quatre côtés. Les escaliers qui mènent à la porte d'entrée sont gardés par des nagas, serpents des eaux et des airs censés protéger la ville.
– ***Le style de Luang Prabang :*** semblable au style de Vientiane, mais les décrochements sont étroitement imbriqués les uns dans les autres et l'ensemble tombe jusqu'à quelques mètres du sol. Cette caractéristique leur procure une élégance indéniable. Le wat Xieng Thong à Luang Prabang en est l'exemple typique. Les *wat* de Luang Prabang sont aussi admirés pour leurs bas-reliefs des portes et des murs, dorés sur fond noir, ainsi que pour leurs frontons de bois sculpté.
– ***Le style de Xieng Khouang :*** à cause des pluies et des bombardements américains, il a totalement disparu de la province de Xieng Khouang. Mais on le trouve encore à Luang Prabang (wat Khili). Le sanctuaire repose sur une plateforme à plusieurs niveaux, mais le toit d'une seule volée est plus large et descend plus bas. Vu de devant, le *wat* a la forme d'un pentagone.

Musées et centres culturels

L'entrée des musées et sites archéologiques est payante, mais les Laotiens paient moins cher que les touristes.
Notons que récemment une véritable politique culturelle semble se mettre en œuvre. À Vientiane, le premier Centre culturel national a vu le jour avec l'aide de la province chinoise du Yunnan. Il accueille toutes sortes de manifestations culturelles : concerts, spectacles de danse, théâtre...

Musique, chant et danse

Malgré l'arrivée en masse de la techno et des karaokés pop thaïs dans les villes, les musiques et danses ancestrales n'ont pas disparu. Elles se modernisent évidemment, tout en restant fidèles à leurs traditions...
La musique populaire laotienne est restée vivante et riche, notamment dans les campagnes. Le chant reflète les traditions et l'âme des différentes ethnies. Les morceaux commencent par une longue incantation qu'on croirait sortie des steppes d'Asie centrale (la terre d'origine des ethnies thaïes) avant qu'un rythme un peu bossa ne démarre, autour duquel se tissent des ritournelles entêtantes. C'est carrément prenant, même quand les instruments synthétiques ont largement remplacé les traditionnels.
L'instrument lao emblématique est le *khêne,* une sorte d'orgue à bouche en roseaux et à double anche. Le son produit, fascinant, ressemble un peu à celui d'un harmonica ou d'un orgue aigrelet. Les autres instruments traditionnels sont le *khong wong,* une sorte de batterie de gongs, le tambour ou *khong seng,* le *so,* sorte de violon à cordes verticales, et le xylophone ou *rang nat.*
Il existe aussi une forme de musique académique, accompagnée de danses, d'inspiration religieuse, qui a pour thème récurrent le *Râmâyana* lao, une des variantes. C'était un spectacle de cour. Aujourd'hui, il ne se donne plus qu'à l'occasion des fêtes et... dans certains hôtels à touristes.
Presque exsangue il y a encore peu, la danse semble renaître. À Luang Prabang, lors des fêtes du Nouvel An, le ballet du *Râmâyana* a été ressuscité, et à Vientiane des spectacles ont régulièrement lieu.

Théâtre

La tradition du théâtre populaire, ou *mo lam,* a longtemps été l'exutoire des populations, qui exprimaient ainsi leurs sentiments profonds. Il existe quatre types de *mo lam* selon le nombre de participants. Le texte, à thème, est souvent plein d'humour et de jeux de mots grivois, voire franchement paillards. Malheureusement, dans ce domaine aussi, la télévision fait des ravages et le *mo lam* traditionnel est en voie de « folklorisation ».

POPULATION

Le Laos est le pays le moins peuplé d'Asie, avec 7 millions d'habitants, une croissance démographique tournant autour de 1,8 % et une densité d'un peu moins de 30 hab./km². Alors que l'espérance de vie moyenne est de 66 ans, le Laos se caractérise par une population jeune, constituée à 40 % environ de moins de 15 ans. La taille moyenne d'une famille est de six personnes. Plus de 65 % des Laotiens vivent à la campagne, essentiellement dans les plaines baignées par le Mékong. Un quart habite dans les zones montagneuses. Les provinces les plus peuplées sont, dans l'ordre : Savannakhet, Vientiane, Champasak et Luang Prabang. Les villes de Vientiane, Luang Prabang et Savannakhet, principales plateformes économiques du pays, assistent actuellement à un gonflement sensible de leur population...

Multitude de groupes ethniques

Le Laos compte 68 groupes ethniques différents. C'est la province de Luang Namtha, dans le Nord-Laos, qui en compte le plus avec 39 ethnies distinctes, contre 7 dans le district de Vientiane. Le découpage ethnique du Laos est reconnu par le pouvoir, qui divise le pays en trois groupes.

– Les ***Lao Loum*** représentent 70 % de la population du pays et vivent dans les plaines du Sud ou sur les bords du Mékong. Ils constituent le groupe dominant culturellement et économiquement. Essentiellement producteurs de riz, ils parlent le lao, une langue du groupe thaï et sont majoritairement bouddhistes. Étroitement liés à la famille des *Lao Loum* mais avec une plus grande indépendance face à la culture laotienne, les *Lao Taï* ont gardé leurs croyances animistes et leurs coutumes. Les plus résilients sont les *Taï dam* (Thaïs noirs) qui vivent sur les plateaux du nord et de l'est du Laos.

– Les ***Lao Sung,*** peuples montagnards animistes de souche tibéto-birmane, représentent 10 % de la population. Ils vivent surtout dans les montagnes du Nord-Laos et se répartissent en deux groupes distincts : les *Hmong* et les *Mieng* correspondant aux peuples Miao et Yao de Chine. Les premiers sont les plus nombreux et se subdivisent en plusieurs groupes tribaux en fonction de leurs costumes : Hmong « rayés », Hmong « blancs »... Ce sont des nomades, aujourd'hui largement sédentarisés mais qui continuent à pratiquer la culture du riz de montagne sur brûlis et la culture du pavot. Récemment, on a assisté à un retour, encore timide, de l'émigration hmong, notamment des États-Unis. Ils reviennent au pays en touristes et n'ont pas de mal à se faire passer pour de richissimes « tontons d'Amérique » !

– Les ***Lao Theung*** constituent 20 % de la population et demeurent incontestablement le groupe ethnique le plus défavorisé du pays. D'origine protomalaise ou môn-khmère, ces peuples animistes se subdivisent en une multitude de tribus *(Katu, Katang, Khamu...).* Surtout présents dans le centre et le sud du pays, ce sont les plus anciens habitants du Laos. Ils ont été repoussés vers les zones les moins fertiles et la forêt par les « envahisseurs » d'origine thaïe.

RELIGIONS ET CROYANCES

Bouddhisme

La religion majoritaire et presque officielle du Laos est le bouddhisme theravada, appelé aussi « Petit Véhicule » ou hinayana, qui rassemble près de 67 % de la population du pays. Il est du même type que celui rencontré dans les autres pays du Sud-Est asiatique, à l'exception du Vietnam. Le bouddhisme theravada s'est propagé au Laos entre les XIVe et XVIIe s. Il s'est progressivement imposé sur l'animisme et le brahmanisme auxquels les populations du Sud avaient été converties dès le début de notre ère. Il se base sur les quatre vérités premières enseignées en Inde par Siddharta Gautama au VIe s av. J.-C. Le bouddhiste laotien croit à la réincarnation. L'idéal étant d'atteindre directement le nirvana (ou *nibbana*) sans passer par la réincarnation. Dans la pratique, beaucoup de Laotiens pensent que faire le bien et non le mal suffit à assurer son salut. Faire le bien permet d'acquérir les mérites ou *boun*. Comme ce mot signifie aussi « fête », certains Laotiens pensent qu'il suffit de faire la fête pour acquérir des mérites...

L'essentiel de la vie religieuse se déroule autour du monastère. Les moines jouissent d'un grand prestige et sont très respectés.

En théorie, ils ne peuvent posséder que huit objets : les trois robes jaune safran, le rasoir, le bol, la tasse, le bâton et le filtre à eau, pour ne pas avaler des insectes par mégarde. Mais dans la pratique, lors des cérémonies de *soukhouani*, les bonzes reçoivent toutes sortes de cadeaux de la part de la famille invitante, en signe de remerciement. Tout Laotien doit endosser l'habit de moine une fois dans sa vie, à condition de n'avoir ni tué ni volé et d'être exempt de maladie de peau. L'ordination commence avant l'âge de 8 ans et se poursuit vers l'âge de 20 ans. Avant, c'était la seule opportunité pour un garçon d'avoir une éducation et d'apprendre à lire et à écrire.

MISOGYNES, LES BOUDDHISTES ?

Pour « avancer » dans l'échelle des réincarnations, une femme devra d'abord se réincarner en... homme ! Elles ne sont pas autorisées à toucher les bouddhas sacrés, notamment pour aller coller les petits carrés d'or. Elles ne peuvent pas non plus toucher les moines, et leurs oboles doivent être enveloppées d'un papier ou d'un tissu. En général, les espaces interdits aux femmes sont indiqués par des rangées de pots de fleurs. Mesdames, si vous transgressez un espace réservé, on vous le fera vite comprendre d'un regard réprobateur !

La plupart des garçons ont la tête rasée et sont ordonnés au moins une fois pour quelques semaines. Beaucoup d'hommes reprennent la robe pour des périodes limitées afin d'acquérir des mérites. Les femmes, elles, peuvent également vivre une existence monastique, elles ont alors la tête rasée et portent une robe blanche...

Contrairement à ce qui a pu être prétendu, le bouddhisme n'a pas souvent fait l'objet de persécutions au Laos après la révolution de 1975, même si à un moment le pouvoir tenta de limiter à deux ou trois le nombre de moines par pagode. Sur le plan de la religion, le pouvoir a toujours affirmé que le bouddhisme faisait partie intégrante de l'identité laotienne. S'il est exact que dans les années qui suivirent la révolution des moines furent contraints de travailler la terre, ce qui leur est interdit par la religion, c'est que certains politiques pensaient que les religieux devaient donner l'exemple du travail. De plus, certains courants religieux bouddhiques étaient trop ouvertement sous l'influence thaïlandaise, aux yeux du pouvoir. Enfin, il existait un autre contentieux entre le pouvoir et la religion : beaucoup de jeunes gens se faisaient moines pour échapper au service militaire. Aucun témoignage, cependant, ne permet d'affirmer qu'il y eut des profanations de temples ou des arrestations de moines ès qualités.

Mudras : gestes et attitudes du Bouddha

Chaque image du Bouddha est représentée dans une attitude particulière ou ***mudra.*** Le Bouddha peut être représenté assis, couché (position du paranirvâna) ou debout et plus rarement en position de marche. Les *mudras* sont au nombre de 40. Il existe deux types de *mudras* debout typiquement laotiens : le premier, unique dans tout le Sud-Est asiatique, s'appelle la posture de « l'appel de la pluie ». Le Bouddha est debout avec ses deux bras tendus sur chaque côté, les doigts pointant vers le sol. On le rencontre dans plusieurs temples de Vientiane et à Luang Prabang. Le second type correspond à l'image du Bouddha qui « contemple l'arbre de la *bodhi* » ; il est debout les mains croisées au niveau de la poitrine.

Animisme, culte des ancêtres et autres croyances

LE NEUF FAIT CHIC

Comme dans toute l'Asie, la numérologie tient une place importante. Au Laos, le chiffre 9 est assimilé à la réussite et à la prospérité. Aussi les plaques minéralogiques contenant plusieurs 9 se vendent à prix d'or. Si vous apercevez une voiture au quadruple 9, il y a beaucoup de chance que ce soit un gros 4x4 voyant et flambant... neuf.

Si 30 % de la population y adhèrent pleinement, la grande particularité du Laos est de faire cohabiter le bouddhisme avec des pratiques animistes omniprésentes. Tous les Laotiens croient aux ***phis*** (prononcer « pi »). Un mot qui signifie à la fois « esprit », « âme », « fantôme » et « revenant ». En théorie, cette croyance est mal vue par le régime. Mais comment interdire un ensemble de pratiques partagées par tout le monde ? À l'instar des *nats* birmans, les *phis* sont partout. Génies bienfaisants, malfaisants ou facétieux, ils peuvent se nicher dans un arbre, un animal, une maison, ou prendre possession d'une personne. En principe, il suffit de construire une sorte de petit autel où l'on apporte de la nourriture pour que les *phis* se tiennent tranquilles. C'est en quelque sorte leur « maison », que l'on place en général dans le jardin.

Chaque village, mais aussi chaque province, le pays lui-même, possède ses génies protecteurs, les *lokapâlas,* tellement enracinés qu'ils sont même reconnus et célébrés par le bouddhisme. Généralement nocturnes, leurs apparitions peuvent prendre une forme animale : tigre, éléphant, cheval, chien ou chat. Malheur à celui qui voudrait fuir, il serait sûr de mourir ! La tactique, amis routards, est tout autre ; il faut montrer son courage, mais pas de n'importe quelle façon : il faut avancer doucement vers l'animal, s'arrêter juste en face de lui, le fixer droit dans les yeux, puis se retourner pour revenir sur ses pas, lentement, tout en lui présentant ses fesses, montrant par là même à quel point on le méprise.

Tous les Laotiens, même ceux qui ont fait des études en Occident, croient plus ou moins aux *phis.* N'essayez pas de vous en moquer. Vous choqueriez vos amis laotiens, et on ne sait pas ce qui pourrait arriver...

Christianisme

Il existe une petite communauté catholique représentant 1,5 % de la population. Elle se compose de Laotiens et de Vietnamiens. Ils ont leurs églises à Vientiane et à Savannakhet...

- ***Bhumi-Sparsa ou « Geste de la prise de la terre à témoin »***

Position assise du lotus, la main droite touche le sol, tandis que la gauche repose sur les jambes, paume tournée vers le ciel. Ce geste représente
l'Éveil de Bouddha.
Appelé aussi maraisijaya-mudra (victoire sur Mara).

- ***Dhyana ou « Attitude de méditation »***

Les deux mains reposent l'une sur l'autre, paumes vers le ciel, la main droite sur la main gauche. Les jambes sont pliées en tailleur, dans la position du lotus.

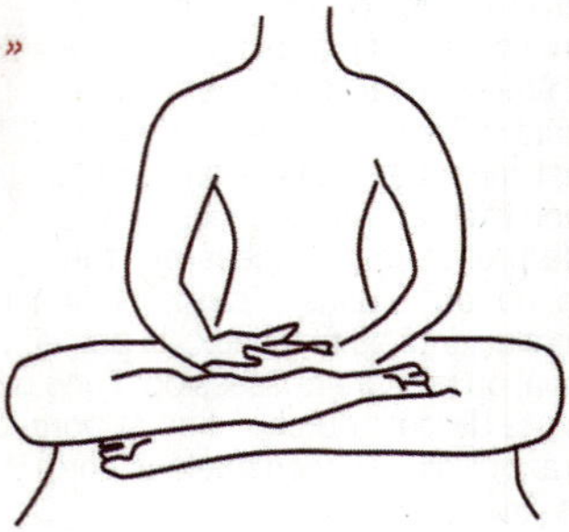

- ***Vitarka et Dharma-tchakra ou « Geste de tourner la roue »***

Position debout ou assise, le bras droit est levé, main à demi ouverte pour que le pouce et l'index se joignent et forment un cercle (la roue, symbole de l'enseignement).
Fait avec une seule main, ce geste s'appelle Vitarka ; fait des deux mains, il se nomme Dharma-tchakra.
Ce geste rappelle le premier sermon de l'enseignement du Bouddha.

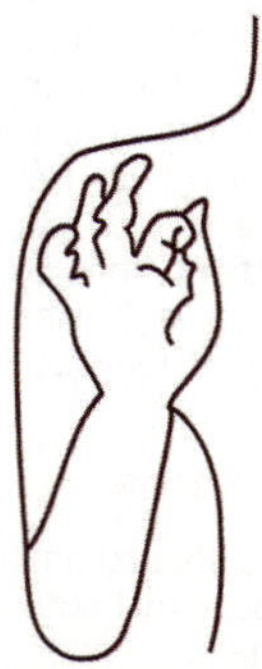

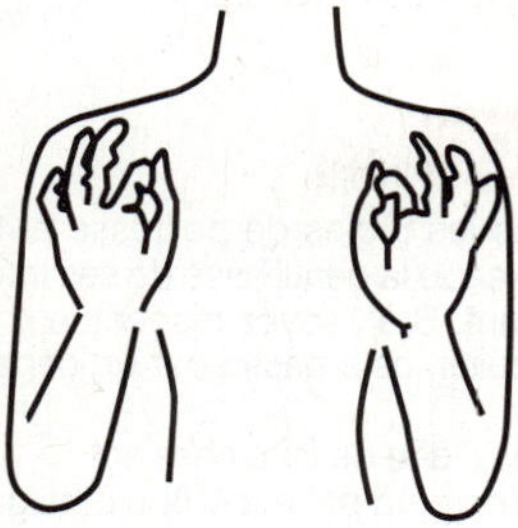

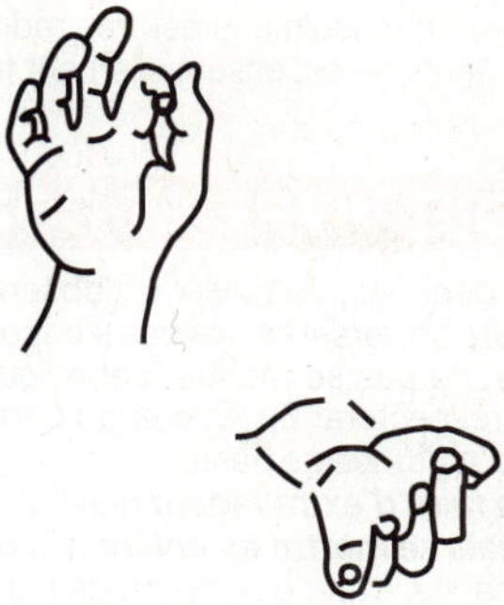

Varada ou « Geste du don »

ssis ou debout, main droite ouverte t offerte, bras allongés, ce geste st celui du don, de la charité, es faveurs répandues.

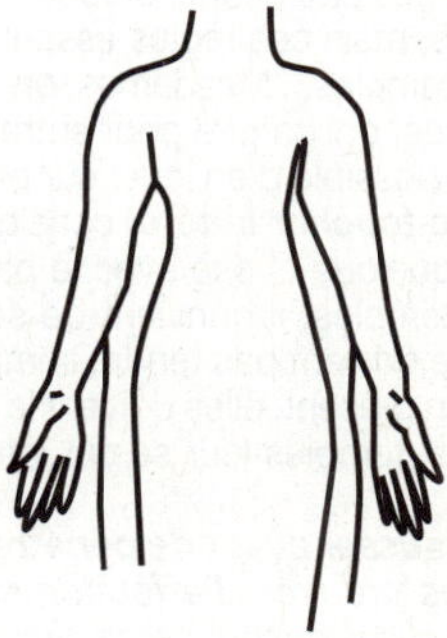

Abhaya ou « Apaisant les querelles »

osition debout ou en marche, une ou eux mains levées, paume en avant. est le geste de l'absence de crainte et l'apaisement.

Islam

Le nombre de musulmans est très réduit, à peine 1 % de la population. La mosquée de Vientiane est essentiellement fréquentée par des Pakistanais.

SAVOIR-VIVRE ET COUTUMES

En règle générale, il convient d'observer au Laos les règles de politesse et de savoir-vivre universelles. Ne pas s'imposer ni abuser de la gentillesse de ses interlocuteurs, ne pas se montrer capricieux et exigeant. Bref, soyez respectueux et on vous respectera. En Asie et au Laos en particulier, cela passe par un certain nombre d'attitudes de base.
– ***Ne rien faire d'extravagant*** que l'on n'aurait pas l'idée de faire chez soi.
– ***Ne jamais se mettre en colère*** ni montrer que l'on perd patience. Toujours garder son calme, éviter de crier ou de parler trop fort.
– ***Se vêtir correctement.*** Pour les hommes, pas de torse nu. Bermuda longueur genoux possible, mais il vaut mieux être en pantalon. Pour les femmes, ni short ni minijupe ; jupe longue de préférence ou pantalon. Éviter d'avoir les épaules nues, des décolletés plongeants et toute tenue provocante. On ne voudrait pas jouer les culs-bénits, mais ces règles essentielles sont encore souvent oubliées lors de la visite des temples... Mesdames, on vous le rappellera vite, puisque souvent le port de la jupe est obligatoire pour entrer dans une enceinte religieuse. Si c'est le cas, il est alors possible d'en louer sur place.
– ***Éviter de toucher la tête,*** considérée comme sacrée. Éviter de désigner quelqu'un ou quelque chose avec le pied et de monter sur les statues du Bouddha. Dans les temples, il convient de se déchausser et de se découvrir la tête. Les femmes ne doivent pas tendre la main aux moines, ni les toucher. Si elles veulent leur faire un présent, elles doivent le déposer sur un support comme une table. Les entrées aux temples leur seront interdites si elles portent jupe courte et épaules nues.
– ***Se déchausser avant de pénétrer dans une maison.***
– ***Éviter les preuves d'affection en public,*** du style embrassade goulue sur la bouche et câlins en tout genre ; vous choqueriez !

Conseils de savoir-vivre auprès des villageois des minorités ethniques

– ***Si vous vous rendez dans un village,*** l'usage veut que vous vous présentiez au chef pour lui demander formellement la permission de visiter les lieux et lui expliquer l'objet de votre visite. Il s'agit moins de demander une autorisation que de reconnaître l'importance de l'autorité locale.
– ***Si vous ne faites que passer*** dans un village ethnique, marquez-y par courtoisie un arrêt de quelques minutes, sinon les villageois vous prendront pour de « mauvais esprits ».
– ***Avant d'entrer dans une maison*** villageoise, demandez toujours la permission aux habitants, et présentez-vous.
– ***Ne touchez pas de la main et ne photographiez pas*** les symboles des esprits villageois et la porte des Esprits (à l'entrée des villages) : les villageois pensent que vous blessez ou volez leurs esprits.
– ***N'achetez pas d'objets anciens*** appartenant aux familles depuis des générations, car c'est leur patrimoine. Essayer d'encourager l'économie villageoise en achetant leurs fabrications artisanales destinées à la vente. C'est une source légale de revenus pour eux.
– ***Porter autant que possible des vêtements propres*** et qui, en tout cas, couvrent bien le corps.

– ***Dans les villages akha,*** il est interdit de casser ou d'arracher les branches des arbres.
– ***Si du whisky laotien*** vous est offert, ne vous enivrez pas et évitez toute agressivité.
– ***N'encouragez pas la mendicité*** des enfants en leur donnant de l'argent. Préférer les petits cadeaux : petits jouets, stylos, etc.
– ***Si vous logez dans une famille,*** proposez-lui de payer votre logement et votre nourriture, c'est la moindre des politesses.
– ***Ne faites pas de propagande*** religieuse ou politique aux villageois : vous auriez des ennuis avec la police, et les habitants n'en ont pas besoin.
– ***Éviter de parler trop fort*** dans les villages : c'est une pratique impolie.
– ***Ne marchez pas seul hors du village,*** si vous voyez que cela gêne vos hôtes, parce qu'ils se sentent responsables de votre sécurité.

SEXE

Le Laos n'a rien à voir avec la Thaïlande du point de vue du débridement sexuel. Soucieux de respectabilité, le nouveau régime n'a pas été tendre avec les prostituées. Celles qui ne sont pas parties travailler dans les bordels thaïlandais ont été envoyées dans des camps de rééducation pour une période plus ou moins longue. Cependant, depuis les années 1990, avec l'ouverture du pays au tourisme, les choses évoluent... La prostitution est en plein développement, sans que cela atteigne les ravages de la Thaïlande. Dans la plupart des boîtes laotiennes et dans certains bars, les belles de nuit sont bel et bien présentes. Les prostituées sont généralement de jeunes femmes issues de milieux défavorisés, orphelines, mères célibataires ou sans famille proche, déjà en marge de la société traditionnelle.
Que faire si l'on est abordé ? À vous de voir. Mais à notre avis, il vaut mieux s'abstenir. Il serait désolant qu'en raison du comportement de quelques-uns le gouvernement remette en cause l'ouverture touristique. De même, sans faire de cours de morale, avec la propagation du sida, il est bien évident qu'il faut absolument sortir couvert. Le sida touche surtout le nord du Laos, où la maladie est véhiculée par les héroïnomanes et les ouvriers travaillant sur le chantier de la nouvelle route vers la Chine, qui fréquentent des prostituées. Également de nombreux cas à la frontière avec la Thaïlande, liés eux aussi à la prostitution... Heureusement, le préservatif est entré progressivement dans les mœurs, au moins dans les villes.
Cela dit, les Laotiens ne sont pas bégueules. Les rencontres sont toujours possibles. Et rien n'interdit de vivre une belle histoire d'amour ; mais attention, on vous demandera peut-être de célébrer très vite le mariage... d'autant plus que, du point de vue légal, les relations hors mariage avec un(e) Laotien(ne) ne sont pas admises. En cas d'infraction, il est prévu la confiscation du passeport, une amende (minimum 1 000 $) ainsi qu'une peine de prison.

SITES INSCRITS AU PATRIMOINE MONDIAL DE L'UNESCO

UNESCO
Organisation des Nations Unies pour l'éducation, la science et la culture

PATRIMONIO MUNDIAL • WORLD HERITAGE • PATRIMOINE MONDIAL
En coopération avec le centre du patrimoine mondial de l'UNESCO

Pour figurer sur la liste du Patrimoine mondial, les sites doivent avoir une valeur universelle exceptionnelle et satisfaire à au moins un des 10 critères de sélection. La protection, la gestion, l'authenticité et l'intégrité des biens sont également des considérations importantes.
Le patrimoine est l'héritage du passé dont nous profitons aujourd'hui et que nous transmettons aux générations à venir. Nos patrimoines culturel et naturel sont deux

sources irremplaçables de vie et d'inspiration. Ces sites appartiennent à tous les peuples du monde, sans tenir compte du territoire sur lequel ils sont situés. Pour plus d'informations : • *whc.unesco.org* •

– La ville de ***Luang Prabang*** (1995).

– Le ***Vat Phou*** et les anciens établissements associés du paysage culturel de ***Champasak*** (2001).

SPORTS ET LOISIRS

Volley-ball et *katow*

Le volley-ball est le sport le plus populaire au Laos. On trouve des terrains de volley jusque dans les villages les plus reculés de la brousse, et même dans les monastères. Le *katow* se joue avec un ballon ou une balle en rotin ou en bambou, que l'on peut toucher avec les pieds ou toutes les parties du corps sauf les mains et les bras.

Pétanque

Cet héritage de la présence française perdure avec une popularité étonnante. On trouve des boulodromes jusque dans les villages paumés. Les Laotiens s'y retrouvent en fin d'après-midi et se prennent pour Marius, ponctuant leurs commentaires d'expressions françaises du genre « c'est bon ! ». Ils sont aussi ravis de partager des parties avec les touristes français. Au besoin, on peut acheter des boules sur les marchés...

ESSAI TRANSFORMÉ ?

En 2019, la coupe du monde de rugby aura lieu pour la première fois sur le continent asiatique, au Japon. Un événement que le Laos ne veut pas manquer. Malgré ses 2 000 licenciés – dont la moitié sont des femmes –, la fédération espère attirer l'attention des instances internationales et obtenir les moyens de promouvoir ce sport comme outil d'émancipation des jeunes et d'aménager des terrains, car pour l'instant, les entraînements se déroulent sur des terrains de foot.

Football

La jeunesse laotienne en est folle ! Les maillots à l'effigie de joueurs japonais ou coréens sont légion, et les terrains vagues, les cours de récré ou les bancs de sable du Mékong se transforment le soir en terrains improvisés. Souvent, les matchs ont lieu le samedi à 15h pendant la saison sèche.

Combats de coqs

Très populaires, surtout dans la région de Luang Prabang. Ils sont officiellement interdits depuis 1993, mais l'application de cette loi est toute symbolique. Ils ont lieu en général le week-end ou à l'occasion de certaines fêtes religieuses. Des paris sont organisés, même si officiellement, là encore, les jeux d'argent sont interdits au Laos.

ARRIVER – QUITTER

EN PROVENANCE D'EUROPE

▲ **AIR FRANCE**
Rens et résas au ☎ 36-54 (0,34 €/mn ; tlj 6h30-22h), sur • airfrance.fr •, dans les agences Air France et dans ttes les agences de voyages (fermées dim).
➢ Phnom Penh est desservi jusqu'à 1 vol/j. en partage de code avec Bangkok Airways, en continuation des vols Air France Paris-Bangkok.
Air France propose des tarifs attractifs toute l'année. Pour consulter les meilleurs tarifs du moment, allez directement sur la page « Nos meilleures offres » sur *• airfrance.fr • Flying Blue,* le programme de fidélisation gratuit d'Air France-KLM, permet de cumuler des *miles* et de profiter d'un large choix de primes. Cette carte de fidélité est valable sur l'ensemble des compagnies membres de *Skyteam.*

▲ **CATHAY PACIFIC**
☎ 0811-70-60-50 (prix d'un appel local). • cathaypacific.com/fr •
➢ Cathay Pacific assure 10 vols directs/sem Paris-Hong Kong, et sa filiale Dragonair propose 12 vols/sem vers Phnom Penh et 1 vol/j. vers Siem Reap (enregistrement de bout en bout). Cathay Pacific permet de programmer son voyage dans la région en arrivant par le Cambodge et en repartant du Vietnam (Hanoi, Da Nang ou Hô Chi Minh-Ville) ou vice versa. À noter aussi, selon le billet, possibilité de visiter sans frais Hong Kong lors du transit aller ou retour (« *stopover* gratuit »).

▲ **QATAR AIRWAYS**
– Paris : 19, rue de Ponthieu, 75008. ☎ 01-43-12-84-40. • qatarairways.fr • Ⓜ Franklin-D.-Roosevelt. Lun-ven 9h-17h.
➢ Qatar Airways propose 7 vols/sem de Roissy-CDG, terminal 1, à destination de Phnom Penh (avec changement d'appareil à Doha et un stop à Hô Chi Minh-Ville). Ces vols sont également disponibles de 19 villes en France, grâce à l'accord TGV Air.

▲ **THAI**
– Paris : Tour Opus 12, 77, esplanade du Général-de-Gaulle, 92914 La Défense Cedex. ☎ 01-55-68-80-70. • thaiairways.fr • Ⓜ La Défense (Grande-Arche). Lun-ven 9h-12h30, 13h30-17h30 (17h ven).
➢ THAI propose 1 vol/j. sans escale de Paris vers Bangkok en A 380, puis relie le Laos avec 2 vols/j. vers Vientiane et 4 vols/sem vers Luang Prabang, et le Cambodge avec 2 vols/j. vers Phnom Penh.

▲ **VIETNAM AIRLINES**
– Paris : 51-53, av. des Champs-Élysées, 75008. ☎ 01-44-55-39-90. • vietnamairlines.com • Ⓜ Franklin-D.-Roosevelt. Lun-ven 9h30-13h, 14h-17h30.
➢ Vietnam Airlines propose au départ de Roissy-CDG et sans escale, jusqu'à 14 vols/sem à destination de Hanoi et Hô Chi Minh-Ville, à bord de l'A 350. Correspondances quasi immédiates et quotidiennes pour Phnom Penh, Siem Reap, Vientiane et Luang Prabang. Grâce à l'accord TGV Air, départs possibles depuis 19 villes de France.

LES ORGANISMES DE VOYAGES

EN FRANCE

▲ **ASIA**
– Paris : 1, rue Dante, 75005. ☎ 01-44-41-50-10. • asia.fr • Ⓜ Maubert-Mutualité. Lun-ven 9h-18h30 ; sam 10h-13h, 14h-17h.
– Lyon : 46, rue du Président-Herriot (entrée 10, rue Saint-Nizier), 69002. ☎ 04-78-38-30-40.

Lun-ven 9h30-12h30, 13h30-18h30 ; sam 10h-13h, 14h-17h.
– Marseille : 424, rue Paradis, 13008. ☎ *04-91-16-72-32. Lun-ven 9h30-12h30, 14h-18h30 ; sam 9h30-12h30.*
– Nice : 23, rue de la Buffa, 06000. ☎ *04-93-82-41-41. Lun-ven 9h-12h30, 14h-18h30 ; sam 9h30-12h30.*
– Toulouse : 5, rue Croix-Baragnon, 31000. ☎ *05-61-14-51-50. Lun-ven 9h30-18h15 ; sam 10h30-13h, 14h-17h.*
Asia est leader des voyages sur l'Asie et propose des voyages personnalisés en individuel ou en petits groupes sur l'ensemble de la zone Asie-Pacifique, au Cambodge et au Laos naturellement. Dans chaque pays, Asia met son expertise au service de ses clients pour réaliser le voyage de ses envies. Connaissance du terrain et du patrimoine culturel, respect de l'environnement et authenticité, c'est au plus près des populations et toujours dans l'esprit des lieux qu'Asia fait partager ses créations « maison » : au Laos, le *Luangsay Lodge,* écolodge sur pilotis sur les rives du Mékong où l'on accède par bateau, et le *Vat Phou,* bateau-hôtel de charme pour caboter sur le Mékong, et encore, au cœur de Luang Prabang, la *Luang Say Residence,* une adresse luxueuse de style colonial. Mais aussi le plus vaste choix de vols de l'Asie Mineure au Pacifique aux meilleures conditions.

▲ ASIE INFINY
– Paris : 5 bis, rue de l'Asile-Popincourt, 75011. ☎ *01-53-70-23-45. • asieinfiny.com •*
Créée en 2015, Asie Infiny promet une « Asie pour chacun », déclinant ses formules à l'infini pour combler toutes les envies des voyageurs. En circuits individuels ou accompagnés, découvrez les merveilles de l'Inde, du Sri Lanka et des Maldives, en passant par Bali la belle indonésienne et l'Asie du Sud-Est (Thaïlande, Birmanie, Laos, Cambodge et Vietnam). De nouvelles formules vous proposent de faire escale quelques jours dans les métropoles vivantes et dynamiques de Singapour, Hong Kong, Dubaï, ou Abu Dhabi. Créez votre voyage avec Asie Infiny !

▲ CERCLE DES VACANCES / ASIE
– Paris : 4, rue Gomboust (angle 31, av. de l'Opéra), 75001. ☎ *01-40-15-15-18. • cercledesvacances.com •* Ⓜ *Pyramides ou Opéra. Lun-ven 9h-20h, sam 10h-18h30.*
Votre agence pour un vrai voyage sur-mesure, à destination de l'Asie : Birmanie, Cambodge, Chine, Indonésie, Japon, Laos, Thaïlande, Vietnam, Inde et Sri Lanka.
Leurs experts partageront avec vous leurs conseils et leurs petits secrets pour faire de votre voyage une expérience inoubliable. Chaque voyage est unique et chaque voyageur a des attentes spécifiques, c'est pourquoi ils proposent différents types de voyages et un large choix d'hôtels (du ryokan à la guesthouse de charme, en passant par l'hôtel de luxe) : circuits avec guide et chauffeurs, voyages en groupe, croisière, combinés de plusieurs pays, voyages de noces... Ils proposent également un service liste de mariage gratuit. Leurs équipes sauront vous proposer les petits plus qui font la différence : cours de cuisine, rencontre avec les éléphants, balade en train local, tour en pirogue...

▲ COMPTOIR DES VOYAGES
• comptoir.fr •
– Paris : 2-18, rue Saint-Victor, 75005. ☎ *01-53-10-30-15.* Ⓜ *Maubert-Mutualité. Lun-ven 9h30-18h30, sam 10h-18h30.*
– Lyon : 10, quai Tilsitt, 69002. ☎ *04-72-44-13-40.* Ⓜ *Bellecour. Lun-sam 9h30-18h30.*
– Marseille : 12, rue Breteuil, 13001. ☎ *04-84-25-21-80.* Ⓜ *Estrangin. Lun-sam 9h30-18h30.*
– Toulouse : 43, rue Peyrolières, 31000. ☎ *05-62-30-15-00.* Ⓜ *Esquirol. Lun-sam 9h30-18h30.*
– Bordeaux : 26, cours du Chapeau-Rouge, 33800. Ouverture prévue à l'automne 2016.
– Lille : 76, rue Nationale, 59160. Ouverture prévue à l'automne 2016.
Comptoir des Voyages s'impose comme une référence incontournable dans le voyage sur mesure, avec 80 destinations couvrant les cinq continents. Ses voyages s'adressent à tous ceux qui souhaitent vivre un pays de

façon simple en s'y sentant accueilli. Les conseillers privilégient des hébergements typiques, des moyens de transport locaux et des expériences authentiques pour favoriser l'immersion dans la vie locale. Comptoir vous offre aussi la possibilité de rencontrer des francophones habitant dans le monde entier, des greeters, qui vous donneront, le temps d'un café, les clés de leur ville ou de leur pays. Comptoir des Voyages propose aussi une large gamme de services : échanges par visioconférence, devis web et carnet de voyage personnalisés, assistance téléphonique 24h/24 et 7 j./7 pendant votre voyage...

▲ LES COMPTOIRS DU MONDE

☎ 09-80-08-02-00. • comptoirsdu monde.fr • Lun-ven 9h-18h.
– Paris : 19, av. d'Italie, 75013.
– Lyon : Parc Technoland, 3, allée du Lazio, 69800 Saint-Priest.

Que vous souhaitiez voyager seul, en couple, en famille ou entre amis, les Comptoirs du monde sont à votre écoute pour vous offrir des voyages personnalisés de qualité et vous proposer des prestations qui répondent véritablement à vos attentes. Globe-trotters, passionnés d'histoire, amoureux de la nature, ayant une connaissance approfondie des pays, leur équipe de spécialistes peut satisfaire vos demandes les plus diverses tout en respectant votre budget.

▲ HUWANS-CLUB AVENTURE

☎ 04-96-15-10-20. • huwans-cluba venture.fr •
– Paris : 18, rue Séguier, 75006. ☎ 01-44-32-09-30. Ⓜ Saint-Michel ou Odéon. Lun-sam 9h-19h.
– Lyon : 38, quai Arloing, 69009. ☎ 04-96-15-10-52. Ⓜ Bellecour ou Ampère. Lun et sam 10h-13h, 14h-18h ; mar-ven 9h-19h.
– Marseille : 4, rue Henri-et-Antoine-Maurras, 13016. Sur rdv uniquement.

Spécialiste du voyage d'aventure, ce tour-opérateur privilégie la randonnée en petits groupes, en famille ou entre amis pour parcourir le monde hors des sentiers battus. Leur site propose près de 1 000 voyages dans 90 pays différents, à pied, en pirogue ou à dos de chameau. Ces voyages sont encadrés par des guides locaux et professionnels.

▲ JAÏPUR VOYAGE

– Annecy-le-Vieux : 18, rue du Pré-d'Avril, 74940. ☎ 04-57-09-80-03. • cambodge@jaipur-voyage.com • Lun-ven 9h-13h, 14h-19h.

Partez à la découverte du Cambodge et du Laos grâce à Hélène, la spécialiste de ces deux pays chez Jaïpur Voyage. L'ancien royaume khmer égrène ses temples imposants autour de Siem Reap, mais réserve nombre d'autres surprises : rizières, montagnes, jungles et éléphants, dauphins, moines bouddhistes, et surtout sa population chaleureuse ! Jaïpur propose une vraie personnalisation avec des départs aux dates et selon l'itinéraire de votre choix. Au Laos, un pays authentique encore peu fréquenté, Hélène vous aide à concocter un voyage personnalisé : voiture privée avec chauffeur, globe-trotter en bus, hébergements en hôtel ou chez l'habitant, croisière sur le Mékong, visites, guide francophone... Elle vous propose des randonnées dans les montagnes au cœur des ethnies minoritaires, des croisières sur les fleuves pour une découverte au fil de l'eau et d'autres découvertes hors des sentiers battus au pays du million d'éléphants. Possibilité de combiner avec le Cambodge, la Thaïlande ou le Vietnam.
Devis sur mesure gratuit.

▲ MONDE AUTHENTIQUE

– Paris : 5, rue Thorel, 75002. ☎ 01-53-34-92-71. • monde-authentique.com • Ⓜ Bonne Nouvelle. Lun-ven 9h30-19h, sam sur rdv ou à domicile sur Paris et la région parisienne (moyennant participation).

Envie de sortir des sentiers battus, de découvrir ce qu'un pays peut offrir de meilleur ? Depuis 2003, Monde Authentique propose des itinéraires individuels à l'écart des sentiers battus sur des destinations originales. En parfaits artisans et connaisseurs du monde, les 14 créateurs de voyages maîtrisent à la perfection les destinations sur lesquelles ils travaillent.
Monde Authentique s'adresse à des clients exigeants, désireux de faire de beaux voyages.

7 CONSEILS POUR VOYAGER CHILDSAFE

7 Façons d'aider les enfants pendant votre Voyage

1 Les enfants ne sont pas des attractions touristiques ; réfléchissez avant de visiter une école ou un orphelinat.

2 Être volontaire auprès d'enfants part d'un bon sentiment mais peut leur nuire ; impliquez-vous différemment.

3 Les enfants paient le prix de votre générosité ; ne donnez pas aux enfants qui mendient.

4 Les professionnels sont les mieux à même d'aider un enfant ; appelez-les si un enfant a besoin d'aide.

5 Avoir des rapports sexuels avec des enfants est un crime ; signalez le tourisme sexuel impliquant des enfants.

6 Les enfants ne devraient pas travailler au lieu d'aller à l'école ; signalez le travail des enfants.

7 Protégez les enfants ; soyez un Voyageur ChildSafe.

MOUVEMENT ChildSafe

Découvrez plus d'informations sur ChildSafe et les actions que vous pouvez réaliser sur
www.thinkchildsafe.org

REJOIGNEZ LE MOUVEMENT !

▲ NOMADE AVENTURE

☎ 0825-701-702 (service 0,15 €/mn + prix appel). • nomade-aventure.com •
– Paris : 40, rue de la Montagne-Sainte-Geneviève, 75005. ☎ 01-46-33-71-71. Ⓜ Maubert-Mutualité. Lun-sam 9h30-18h30.
– Lyon : 10, quai Tilsitt, 69002. Lun-sam 9h30-18h30.
– Marseille : 12, rue Breteuil, 13001. Lun-sam 9h30-18h30.
– Toulouse : 43, rue Peyrolières, 31000. Lun-sam 9h30-18h30.

Nomade Aventure propose des circuits inédits partout dans le monde à réaliser en famille, entre amis, avec ou sans guide. Également hors de groupes constitués, ils organisent des séjours libres en toute autonomie et sur mesure. Spécialiste de l'aventure avec plus de 600 itinéraires (de niveau tranquille, dynamique, sportif ou sportif +) faits d'échanges et de rencontres avec les habitants, Nomade Aventure donne la priorité aux expériences authentiques à pied, à VTT, à cheval, à dos de chameau, en bateau...

▲ NOSTALASIE

– Paris : 19, rue Damesme, 75013. ☎ 01-43-13-29-29. • ann.fr • Ⓜ Tolbiac. Lun-sam 10h-13h, 15h-18h.

Parce qu'il n'est pas toujours aisé de partir seul, NostalAsie, un tour-opérateur indépendant, propose de véritables voyages sur mesure en Asie, notamment au Cambodge et au Laos, des lieux les plus connus jusqu'aux contrées les plus reculées, en individuel ou en groupe déjà constitué. Deux formules au choix : *Estampes* avec billets d'avion, logements, transferts entre les étapes, ou *Aquarelles* avec en plus un guide et une voiture privée à chaque étape.

Vous trouverez sur le site internet des idées d'itinéraires que vous pourrez ensuite personnaliser et adapter selon vos envies avec Ylinh, la chaleureuse directrice grande connaisseuse de l'Asie, et son équipe de jeunes passionnés qui vous donneront des conseils avisés pour réussir votre voyage.

▲ NOUVELLES FRONTIÈRES

Rens et résas dans tte la France au ☎ 0825-000-747 (service 0,15 €/mn + prix appel), sur • nouvelles-frontieres.fr • et en agence de voyages Nouvelles Frontières et Marmara présentes dans plus de 180 villes en France.

Depuis plus de 45 ans, Nouvelles Frontières fait découvrir le monde au plus grand nombre, à la découverte de nouveaux paysages et de rencontres riches en émotions. Selon votre budget ou vos désirs, plus de 100 destinations sont proposées sous forme de circuits, de séjours ou de voyages à la carte à personnaliser selon vos envies. Rendez-vous sur le Web ou bien en agence où les conseillers Nouvelles Frontières seront à votre écoute pour composer votre voyage selon vos souhaits.

▲ LA ROUTE DES INDES ET DE L'ASIE

– Paris : 7, rue d'Argenteuil, 75001. ☎ 01-42-60-60-90. • laroutedesindes.com • Ⓜ Palais-Royal ou Pyramides. Lun-jeu 10h-19h, ven 10h-18h, sam sur rdv.

La Route des Indes et de l'Asie s'adresse aux voyageurs indépendants et proposent des voyages individuels organisés, sur mesure, à travers l'Asie du Sud-Est et l'Extrême-Orient, adaptés au goût et au budget de chaque voyageur. Les itinéraires sont construits par des spécialistes après un entretien approfondi. La librairie offre un large choix de guides, de cartes et de littérature consacrée à l'Asie du Sud-Est et à l'Extrême-Orient. Des expositions sont régulièrement organisées dans la galerie photo et des écrivains sont invités à venir signer leurs ouvrages.

▲ ROUTES DU CAMBODGE

• routes-du-cambodge.com •

Les conseillers locaux de cette agence locale de confiance, fins connaisseurs du terrain et de la réalité du pays, vous accompagnent dans la préparation de votre voyage sur mesure, en couple, en famille ou en groupe d'amis. Vous avez ainsi accès à un service personnalisé en bénéficiant d'un prix accessible. Routes du Cambodge vous propose un maximum de garanties et de services : règlement de votre voyage en ligne et ce de façon sécurisée, possibilité de

souscrire à une assurance voyage et de bénéficier de garanties solides en cas d'imprévu. De quoi voyager de façon authentique et en toute tranquillité !

▲ ROUTES DU LAOS

• routes-du-laos.com •

Routes du Laos est une agence locale de confiance, dont les conseillers locaux, fins connaisseurs du terrain et de la réalité du pays, vous accompagnent dans la préparation de votre voyage sur mesure, en couple, en famille ou en groupe d'amis. Vous avez ainsi accès à un service personnalisé en bénéficiant d'un prix accessible. Routes du Laos vous propose un maximum de garanties et de services : règlement de votre voyage en ligne et ce de façon sécurisée, possibilité de souscrire à une assurance voyage et de bénéficier de garanties solides en cas d'imprévu. De quoi voyager de façon authentique et en toute tranquillité !

▲ TERRE INDOCHINE

– Paris : 28, bd de la Bastille, 75012. ☎ 01-44-32-12-82. • terre-indochine.com • Ⓜ Bastille. Lun-ven 9h-18h30, sam 10h-18h.

Combinant le Laos, le Cambodge et le Vietnam, l'équipe de Terre Indochine a la passion du voyage innovant. Ce spécialiste de la destination assure sa logistique avec des partenaires, experts et amis, réunis par les mêmes expériences et dans le respect des traditions locales et du tourisme responsable. Avec souplesse, précision et diversité, ses séjours et circuits, à la carte ou organisés pour les groupes et les individuels, alternent les modes de transport (4x4, à pied, à vélo, à moto, en bateau) et multiplient les rencontres émouvantes jusque dans les terres les plus reculées de l'Indochine.

▲ TERRES D'AVENTURE

☎ 0825-700-825 (service 0,15 €/mn + prix appel). • terdav.com •

– Paris : 30, rue Saint-Augustin, 75002. ☎ 01-70-82-90-00. Ⓜ Opéra ou Quatre-Septembre. Lun-sam 9h30-19h.

– Agences également à Bordeaux, Grenoble, Lille, Lyon, Marseille, Nantes, Rennes, Rouen, Strasbourg et Toulouse.

Depuis 1976, Terres d'Aventure, spécialiste du voyage à pied, propose aux voyageurs passionnés de marche et de rencontres des randonnées hors des sentiers battus à la découverte des grands espaces de notre planète. Voyages à pied, à cheval, en bateau, à raquettes... Sur tous les continents, des aventures en petits groupes ou en individuel encadrés par des professionnels expérimentés sont proposées. Les hébergements dépendent des sites explorés : camps d'altitude, bivouac, refuge ou petits hôtels. Les voyages sont conçus par niveaux de difficulté : de la simple balade en plaine à l'expédition sportive en passant par la course en haute montagne.

En province, certaines de leurs agences sont de véritables *Cités des Voyageurs* dédiées au voyage. Consulter le programme des manifestations sur leur site internet.

▲ TERRES LOINTAINES

– Issy-les-Moulineaux : 2, rue Maurice-Hartmann, 92130. ☎ 01-84-19-44-45. • terres-lointaines.com • Sur rdv slt ou par tél (lun-ven 8h30-19h30, sam 9h-18h).

Terres Lointaines est le dernier-né des acteurs du Net qui compte dans le monde du tourisme, avec pour conviction : « Un voyage réussi est un voyage qui dépasse les attentes du client. » Son ambition est clairement affichée : démocratiser le voyage sur mesure au prix le plus juste. En individuel ou en petit groupe, entre raffinement et excellence, Terres Lointaines met le monde à votre portée. Europe, Amériques, Afrique, Asie, Océanie, la palette de destinations programmées est vaste, toutes proposées par des conseillers-spécialistes à l'écoute des envies du client. Grâce à une sélection rigoureuse de prestataires locaux, Terres Lointaines créé des voyages de qualité, qui laissent de merveilleux souvenirs.

▲ VOYAGEURS DU MONDE / VOYAGEURS EN ASIE DU SUD-EST

• voyageursdumonde.fr •

Un don, un sourire
Pour faire vos dons :
Association «Les Médecins de Chinguetti Pakbeng» au Laos
9 avenue Charles Binder
95290 L'Isle Adam
www. medecinsdechinguettipakbeng.com
Les Médecins de
CHINGUETTI PAKBENG
Paradis oublié. Daniel Gilbert
Espace offert par le Guide du Routard
Conception / Rédaction : Amélie BARBOSA et Roland INAN

– Paris : La Cité des Voyageurs, 55, rue Sainte-Anne, 75002. ☎ 01-42-86-16-88. Ⓜ Opéra ou Pyramides. Lun-sam 9h30-19h. Librairie spécialisée sur les voyages.
– Également des agences à Bordeaux, Grenoble, Lille, Lyon, Marseille, Montpellier, Nantes, Nice, Rennes, Rouen, Strasbourg et Toulouse. Ainsi qu'à Bruxelles et à Genève.
Parce que chaque voyageur est différent, que chacun a ses rêves et ses idées pour les réaliser, Voyageurs du Monde conçoit, depuis plus de 30 ans, des projets sur mesure. Les séjours proposés sur 120 destinations sont élaborés par leurs 180 conseillers voyageurs. Spécialistes par pays et même par région, ils vous aideront à personnaliser les voyages présentés à travers une trentaine de brochures d'un nouveau type et sur le site internet où vous pourrez également découvrir les hébergements exclusifs et consulter votre espace personnalisé. Au cours de votre séjour, vous bénéficiez des services personnalisés Voyageurs du Monde, dont la possibilité de modifier à tout moment votre voyage, l'assistance d'un concierge local, la mise en place de rencontres et de visites privées et l'accès à votre carnet de voyage via une application iPhone et Androïd.
Voyageurs du Monde est membre de l'association ATR (Agir pour un tourisme responsable) et a obtenu sa certification Tourisme responsable AFAQ AFNOR.

Comment aller à Roissy et à Orly ?

Toutes les infos sur le site *● routard.com ●*, à l'adresse suivante : *● bit.ly/aeroports-routard ●*

> Conservez dans votre bagage cabine vos médicaments, vos divers chargeurs et appareils ainsi que vos objets de valeur (clés et bijoux). Et on ne sait jamais, ajoutez-y de quoi vous changer si vos bagages n'arrivaient pas à bon port avec vous.

EN BELGIQUE

▲ CONTINENTS INSOLITES

– Bruxelles : 44A, rue César-Franck, 1050. ☎ 02-218-24-84. ● continents-insolites.com ● Lun-ven 10h-18h, sam sur rdv 10h-16h30.
Continents Insolites, organisateur de voyages lointains sans intermédiaire, propose une gamme étendue de formules de voyages détaillées dans leur guide annuel gratuit sur demande.
– *Voyages découverte sur mesure :* à partir de 2 personnes. Un grand choix d'hébergements soigneusement sélectionnés : du petit hôtel simple à l'établissement luxueux et de charme.
– *Circuits découverte en mini-groupes :* de la grande expédition au circuit accessible à tous. Des circuits à dates fixes dans plus de 60 pays en petits groupes francophones de 7 à 12 personnes. Avant chaque départ, une réunion est organisée. Voyages encadrés par des guides francophones, spécialistes des régions visitées.

▲ NOUVELLES FRONTIÈRES

● nouvelles-frontieres.be ●
– Nombreuses agences dans le pays dont Bruxelles, Charleroi, Liège, Mons, Namur, Waterloo, Wavre et au Luxembourg.
Voir texte dans la partie « En France ».

▲ TERRES D'AVENTURE

– Bruxelles : 23, chaussée de Charleroi, 1060. ☎ 02-543-95-60. ● terdav.com ● Lun-sam 10h-19h.
Voir texte dans la partie « En France ».

▲ VOYAGEURS DU MONDE

– Bruxelles : 23, chaussée de Charleroi, 1060. ☎ 02-543-95-50. ● voyageursdumonde.com ●
Le spécialiste du voyage en individuel sur mesure. Voir texte dans la partie « En France ».

EN SUISSE

▲ ASIA

– Genève : c/o Fert et cie Voyages : rue Barton, 7, CP 2364, 1211 Genève 2. ☎ 022-839-43-39.
Voir texte dans la partie « En France ».

▲ ÈRE DU VOYAGE (L')

– Nyon : 21, Grand-Rue, 1260.

☎ 022-365-15-65. • ereduvoyage.ch • Mar-ven 8h30-12h30, 13h30-18h ; sur rdv en dehors de ces heures.
Agence fondée par quatre professionnelles qui ont la passion du voyage. Elles pourront vous conseiller et vous faire part de leur expérience en Asie, Afrique australe et au Moyen-Orient. Des itinéraires originaux, testés par l'équipe de l'agence : voyages sur mesure pour découvrir un pays en toute liberté en voiture privée avec ou sans chauffeur, guide local et logements de charme, petites escapades pour un week-end prolongé et voyages en famille.

▲ HORIZONS NOUVEAUX
– Verbier : 6, rue de Medran, CP 196, 1936. ☎ 027-761-71-71. • horizons nouveaux.com • Lun-ven 9h-12h, 14h-18h ; sam sur rdv.
Horizons Nouveaux est le tour-opérateur suisse spécialisé dans les régions qui vont de l'Asie centrale à l'Asie du Sud en passant par le Cambodge et le Laos. Nicolas Jaques et Paul Kennes, qui voyagent dans ces régions depuis plus de 20 ans, organisent principalement des voyages à la carte, des voyages culturels à thème, des trekkings souvent inédits et des expéditions.

▲ HUWANS-CLUB AVENTURE
– Genève : 51, rue Prévost-Martin, 1205. • huwans-clubaventure.fr •
Voir texte dans la partie « En France ».

▲ JERRYCAN
– Genève : 11, rue Sautter, 1205. ☎ 022-346-92-82. • jerrycan-travel.ch • Lun-ven 9h-12h30, 13h30-18h.
Tour-opérateur de la Suisse francophone spécialisé sur l'Afrique, l'Asie et l'Amérique latine. Trois belles brochures proposent des circuits individuels et sur mesure. L'équipe connaît bien son sujet et peut construire un voyage à la carte.

▲ TERRES D'AVENTURE
– Genève : 19, rue de la Rôtisserie, 1204. ☎ 022-518-05-13. • geneve@terdav.com • Lun-ven 10h-19h, sam 9h30-18h30.
Voir texte dans la partie « En France ».

▲ TUI – NOUVELLES FRONTIÈRES
– Genève : 25, rue Chantepoulet, 1201. ☎ 022-716-15-70.
– Lausanne : 19, bd de Grancy, 1006. ☎ 021-616-88-91.
Voir texte dans la partie « En France ».

AU QUÉBEC

▲ EXOTIK TOURS
Rens sur • exotiktours.com • ou auprès de votre agence de voyages.
Exotik Tours offre en hiver des séjours en Asie (combiné Vietnam-Cambodge). Durant cette saison, on peut également opter pour des combinés plage + circuit.

▲ EXPÉDITIONS MONDE
– Ottawa : 47, William St, ON, K1N 6Z9. ☎ 1-800-567-2216. • expeditions monde.com •
Expéditions Monde est à l'avant-garde du voyage d'aventure, de découverte, de trekking, de vélo et d'alpinisme sur tous les continents. Les voyages en petits groupes facilitent les déplacements dans les régions les plus reculées et favorisent l'interaction avec les peuples locaux pour vivre une expérience authentique.

▲ TOURS CHANTECLERC
• tourschanteclerc.com •
Tours Chanteclerc est un tour-opérateur qui publie différentes brochures de voyages, dont une sur l'Asie en circuits ou en séjours. Il s'adresse aux voyageurs indépendants qui réservent un billet d'avion, des excursions ou une location de voiture.

Voir aussi au sein de chaque ville les agences locales que nous avons sélectionnées.

UNITAID

UNITAID a été créé pour lutter contre le VIH/sida, le paludisme et la tuberculose, les trois principales maladies meurtrières dans les pays en développement. UNITAID intervient dans 94 pays en facilitant l'accès aux médicaments et aux diagnostics, et en baissant les prix, dans les pays en

développement. Le financement d'UNITAID provient principalement d'une contribution de solidarité sur les billets d'avion, mise en place par six pays membres, dont la France. Les financements d'UNITAID ont permis à près de 1 million de personnes atteintes du VIH/sida de bénéficier d'un traitement et de délivrer plus de 19 millions de traitements contre le paludisme. Moins de 5 % des fonds servent au fonctionnement du programme, 95 % sont utilisés directement pour les médicaments et les tests. Pour en savoir plus : ● *unitaid.eu* ●

EN PROVENANCE DE THAÏLANDE

Nous donnons ici **quelques conseils spécifiques** liés à la particularité de certains passages effectués depuis la Thaïlande. Notez que passer par la Thaïlande avant de rejoindre le Cambodge ou le Laos quand on vient d'Europe ou d'un autre pays asiatique peut être bien plus économique, notamment par voie aérienne, grâce aux compagnies locales low-cost.

Vers le Cambodge

Bangkok est la porte d'entrée la plus utilisée pour le Cambodge. On y trouve d'ailleurs des vols secs et des circuits sur le Cambodge nettement moins chers qu'en Europe.
Il existe six points de passage entre les deux pays. Les plus utilisés sont Aranyapratet/Poipet et Hat Lek/Koh Kong. Pour les autres points de passage, transport parfois galère, se renseigner : à l'est, Ban Pakard/Pailin (relativement fréquenté) et Ban Laem/Duan Laem ; au nord, Chong Jom/O'Smach (région de Surin) – un poste-frontière « aventure » à slt 150 km d'Angkor – et Chong Sa Ngam/Anlong Veng.
Le *visa on arrival* peut être obtenu à toutes les frontières terrestres (30 $ en principe, mais il peut être majoré ; à négocier).
– ***Attention aux arnaques au point de passage Aranyapratet-Poipet*** (ouv 7h-20h). Les formules de bus Bangkok-Siem Reap, achetées notamment dans les petites agences de Khao San Road, affichent un prix intéressant, mais le bus traîne énormément ou emprunte la frontière Ban Pakard/Pailin pour débarquer dans la nuit à Siem Reap, dans une *guesthouse* « amie ». Jusqu'à 8h de retard sur un trajet normal ! ***Il est donc conseillé de se débrouiller seul.*** De Bangkok, prendre un bus avt 9h (c'est mieux) à la station de Mo Chit (env 5h de route) ou un train depuis la gare de Hualamphong (2 départs/j. en principe, 6h de voyage) jusqu'à Aranyapratet. Puis *tuk-tuk* ou un peu de marche jusqu'à la frontière (les bus locaux s'arrêtent à 1 km) et passage de celle-ci à pied. Rejoindre ensuite la gare routière à 2 km (à pied, en moto ou *tuk-tuk*). Attention aux rabatteurs qui essaieront de vous diriger vers un autre bus.
– Que ce soit au poste-frontière de ***Aranyapratet/Poipet*** ou à celui de ***Hat Lek/Koh Kong,*** les préposés « affectent de ne pouvoir accepter » (sauf longs palabres) que des bahts (env 1 200 Bts, soit 24 € environ !), plus cher que le prix officiel du visa. En l'absence de devises thaïes, on vous refoule en Thaïlande, le temps de retirer la somme au distributeur.
Sachez aussi que la « visite médicale » n'est absolument pas obligatoire.
Pas mal de rabatteurs également, assez pénibles. Refuser poliment mais fermement leur aide. Même attitude à adopter vis-à-vis des bus qui assurent le passage des frontières et qui vous proposeront sans doute leur « aide » pour faire tamponner votre visa, moyennant un supplément de 1 à... 15 $!
– De l'autre côté, ne pas suivre un rabatteur, mais prendre la navette gratuite jusqu'à la gare routière ou marcher jusqu'au sens giratoire pour trouver bus ou taxis collectifs rejoignant Siem Reap.

Vers le Laos

On peut acheter un *visa on arrival* (validité 30 j.) aux postes-frontière laotiens

avec la Thaïlande (ainsi qu'avec le Vietnam, le Cambodge et la Chine). Se renseigner quand même avant le départ, les choses peuvent évoluer. Pour plus d'infos, se reporter au chapitre « Les questions qu'on se pose avant le départ »

Conseil pour les petits budgets : rejoindre Nong Khai depuis Bangkok via Udon Thani (dans le nord de la Thaïlande). Nong Khai se situe au bord du Mékong, à la frontière avec le Laos. Après le passage du pont de l'Amitié, Vientiane n'est plus qu'à une vingtaine de kilomètres au nord-ouest (facilement accessible en *tuk-tuk* ou taxi).

D'Udon Thani et Nong Khai à la station Talat Sao de Vientiane, le plus pratique et économique consiste à emprunter le Thai-Lao International Bus.

En train

➢ ***Ligne Bangkok-Nong Khai :*** c'est sans doute le moyen le plus confortable, mais les trains sont souvent complets. Plusieurs trains/j. au départ des gares de Hualamphong ou Don Muang (Bangkok), pour env 11h de voyage. Infos horaires et confort sur • *thairailways.com* •

En bus

➢ La plupart des agences de voyages de Bangkok vendent des billets de bus pour la ville de ***Nong Khai.*** Mais il est préférable d'aller acheter son billet directement à la gare routière du Nord (près de Chatuchak Market), car les agences vous vendent le billet plusieurs heures à l'avance et vous font poireauter jusqu'au départ. Le voyage se fait en général en bus de nuit, avec sièges inclinables, clim et w-c. Compter 11h de voyage.

➢ ***Chiang Khong-Houeisai*** *(au nord-ouest du Laos)* **:** de Chiang Khong, *tuk-tuk* (prohibitif) jusqu'à la frontière. Désormais, les touristes étrangers doivent passer par un nouveau pont qui débouche à 8 km au sud de Houeisai. Le poste-frontière est en principe ouv tlj 8h-16h, mais se renseigner, car il ferme parfois plus tard. Possibilité d'obtenir le visa laotien sur place. Bureaux de change et distributeur. Nombreux *tuk-tuk* qui attendent côté laotien.

En avion

➢ ***Bangkok-Udon Thani :*** 3 vols/j. avec *Thai Smile.* Durée : 1h05. À l'aéroport d'Udon Thani, départs de bus synchronisés avec les vols en direction du pont de l'Amitié.

QUITTER LE CAMBODGE

En dehors de la sortie du territoire par avion, mieux vaut se renseigner sur les pratiques frontalières, d'autant plus si l'on envisage un passage peu fréquenté. On tombe parfois sur des petites (ou grosses !) arnaques liées au tarif des visas ou au déroulement du voyage.

– ***Taxes de sortie :*** pas de taxe de sortie par voie terrestre, maritime ou aérienne.

Vers le Laos

En avion

➢ Au départ de Phnom Penh :

■ ***Vietnam Airlines :*** *41, rue 214 (Samdech Pan), à Phnom Penh.* ☎ *023-990-840.* • *vietnamairlines.com* • *Lun-ven 8h-12h, 13h30-16h30 ; sam 8h-12h.* 1 vol/j. pour ***Vientiane.***

■ ***Lao Airlines :*** *111, bd Sihanouk, à Phnom Penh.* ☎ *023-222-956.* • *laoairlines.com* • 1-2 liaisons/j. pour ***Vientiane.***

■ ***Cambodia Angkor Air :*** *206A, bd Preah Norodom, à Phnom Penh.* ☎ *023-666-67-86.* • *cambodiaangkorair.com* • Liaisons tlj pour ***Vientiane.***

➢ Au départ de Siem Reap :

■ ***Vietnam Airlines :*** *A37-39, route 6, Angkor Shopping Centre, à Siem Reap.* ☎ *063-964-488.* • *vietnamairlines.com* • *Lun-ven 7h30h-12h, 13h-16h30.* 1 vol/j. pour ***Luang Prabang.***

■ ***Lao Airlines :*** ☎ *063-963-169.* • *laoairlines.com* • Env 2 vols/j. pour ***Luang Prabang*** ; 1-2 vols/j. pour ***Vientiane*** (2h30 de vol) ; 2 vols/j. pour ***Paksé.***

■ ***Cambodia Angkor Air :*** *17D, Omkhun Rd. ☎ 063-969-268. • cambodiaangkorair.com* • 4-5 liaisons/sem pour ***Luang Prabang.***

Par la route

Un seul passage tout près du Mékong : Dong Kralor (Cambodge)/Veun Kham (Laos). Dong Kralor est situé à 70 km au nord de Stung Streng.

➢ ***Phnom Penh-Paksé :*** avec la compagnie *Sorya,* 1 bus/j. tôt le mat. Compter 10h de route (481 km).

➢ ***Siem Reap-4 000 îles :*** départ le mat en minibus. Compter 12h de route.

Vers la Thaïlande

Pour la Thaïlande, visa à l'aéroport (valable 30 j.) ou aux frontières terrestres (15 j.).

En avion

➢ Au départ de Phnom Penh :

■ ***Bangkok Airways*** *(plan couleur A2-3)* ***:*** *61A, rue 214, à Phnom Penh. ☎ 722-545 ou 426-624. 📱 966-556-8. • bangkokair.com • Lun-sam 8h-17h30.* Pour ***Bangkok,*** 4 liaisons/j. Durée : 1h.

■ ***THAI :*** *298, bd Mao-Tsé-Toung ; quasi à l'angle de la rue 217 (bd Monireth), à Phnom Penh. ☎ 214-359. • thaiairways.com • Lun-ven 8h-12h, 14h-16h ; sam 8h-12h.* Avec ***Bangkok,*** 2 vols/j.

■ ***Air Asia :*** *à l'aéroport de Phnom Penh. ☎ 666-65-55. • airasia.com •* 1 liaison/j. avec ***Bangkok.***

➢ Au départ de Siem Reap :

■ ***Bangkok Airways :*** *28-29, Sivatha St. ☎ 965-423. • bangkokair.com • Tlj 8h-20h.* Pour ***Bangkok,*** 5 liaisons/j. (1h de vol).

■ Également 1 liaison/j. vers ***Bangkok*** avec ***Cambodia Bangkok Air.***

Par la route

➢ ***Poipet-Aranyapratet :*** ouv en principe 7h-20h. Pour aller à Poipet, voir « Arriver – Quitter » à Siem Reap et à Battambang. Depuis ces villes, les compagnies vendent des billets combinés jusqu'à Bangkok. Un correspondant attend à la frontière (changement de bus). Économie (1-2 $), mais du temps perdu (env 2h). Pour attraper le dernier train Aranyapratet-Bangkok, partir le plus tôt possible. Formalités sans problème (30 mn-2h selon le monde), pas de harcèlement, en principe, dans ce sens. Côté thaï, prendre un *tuk-tuk* (80 Bts) ou marcher un peu jusqu'à la station de bus d'Aranyapratet (à env 1 km).

➢ ***Koh Kong-Had Lek :*** ouv en principe 7h-20h. Rejoindre Koh Kong par la route ou par bateau. De là, *moto-dop* ou *tuk-tuk* sur 10 km jusqu'à Had Lek. Pont à péage après Koh Kong.

Liaisons en bus

Pour les coordonnées des compagnies, se reporter à la rubrique « Arriver – Quitter » à Phnom Penh. Pour les liaisons entre Poipet et Battambang, Siem Reap et Sihanoukville, se reporter aux villes concernées.

➢ ***Phnom Penh-Bangkok :*** au départ de Phnom Penh, 1 bus/j. avec la compagnie *Sorya.* Prévoir un trajet de 16h avec les formalités frontalières.

➢ ***Phnom Penh-Poipet*** *(frontière)* ***:*** de Phnom Penh, plusieurs bus/j. Trajet : env 6h30.

➢ ***Phnom Penh-Koh Kong*** *(frontière)* ***:*** 4 bus le mat avec les compagnies *Sorya* et *Virak Buntham.* Trajet : 5h.

➢ ***Sihanouville-Trat, Koh Chang, Koh Samet, Pataya et Bangkok :*** 1-2 bus/j., mat ou soir, avec *Virak Buntham.*

➢ ***Sihanouville-Poipet*** *(frontière)* ***:*** 1 bus le soir avec *Virak Buntham.* Trajet : 12h.

➢ ***Siem Reap-Poipet*** *(frontière)* ***:*** 1 bus/j. avec *Capitol Tour.* Durée : 3h.

➢ ***Battambang-Poipet*** *(frontière)* ***:*** 2-4 bus/j. avec *Capitol Tour* et *Rith Mony.*

Vers le Vietnam

Pour un séjour au Vietnam n'excédant pas 15 jours, un visa n'est actuellement pas nécessaire pour les ressortissants français et suisses (il l'est pour les Belges). Mais les formalités pouvant évoluer, mieux vaut se renseigner préalablement auprès d'un consulat de ce pays.

En avion

➢ Au départ de Phnom Penh :

■ **Vietnam Airlines :** *41, rue 214 (Samdech Pan), à Phnom Penh.* ☎ *990-840.* • *vietnamairlines.com* • *Lun-ven 8h-12h, 13h30-16h30 ; sam 8h-12h.* Jusqu'à 2 vols/j. pour **Hanoi** et 5 vols/j. pour **Hô Chi Minh-Ville.**

➢ Au départ de Siem Reap :

■ **Cambodia Angkor Air :** *à l'aéroport.* ☎ *6901-539.* • *cambodiaangkorair.com* • *Lun-ven 8h-12h, 13h30-17h ; sam 9h-12h.* 4 vols directs/j. pour **Hô Chi Minh-Ville.**

■ **Vietnam Airlines :** jusqu'à 6 liaisons/j. avec **Hô Chi Minh-Ville** (1h15 de vol) et **Hanoi** (1h30 de vol) ; 1 vol/j. avec **Da Nang** (1h50 de vol).

■ **Silk Air :** *à l'aéroport.* ☎ *964-993.* • *silkair.com* • *Lun-ven 8h-17h, sam 8h-12h.* 1 liaison/j. avec **Da Nang.**

Par la route

Compter 150 km de Phnom Penh à la frontière, puis 75 km jusqu'à Hô Chi Minh-Ville.

Les ***2 postes-frontière principaux*** sont :

➢ ***Ba Vet/Moc Bai :*** point de passage utilisé par les bus (dont des directs jusqu'à Hô Chi Minh-Ville).

➢ ***Kaam Samnor/Ving Xuong :*** utilisé par les circuits-croisières. Faisable seul, en prenant un ferry côté cambodgien de Neak Loeung à la frontière.

Il existe 6 autres postes-frontière :

➢ ***Prek Chak/Ha Tien-Xa Xia :*** idéal si vous êtes à Kep car ça permet de suivre la côte pour rejoindre le delta du Mékong. Poste-frontière ouv, en principe, tlj 7h-18h (mais se renseigner sur place).

➢ ***Phnom Den /Tinh Bien :*** pour ceux qui sont à Takeo.

➢ ***O'Yadav /Le Tanh :*** relie le Ratanakiri à la province de Gia Lai (capitale Pleiku, au sud de Da Nang). Service de minivan le mat au marché de Banlung (résa auprès des hôtels). Prévoir 2h de trajet jusqu'au poste-frontière. Puis taxi collectif pour se rendre au Tanh (Vietnam), et enfin bus jusqu'à Pleiku.

➢ ***Trapeang Plong/Xa Mat, Banteay Chakrey*** *(province de Prey Veng)****/Ving Xuong*** et, peu fréquenté, ***Trapeang Sre*** *(province de Kratie)****/Hoa Lu.***

Liaisons en bus

Très nombreux départs quotidiens.

➢ ***Phnom Penh-Hô Chi Minh-Ville :*** plusieurs bus/j. avec les compagnies *Sorya* (6 bus/j., 6h45-14h30), *Giant Ibis* (1 bus/j., le mat), *Mekong Express* (4 bus/j., 6h30-14h) et *Capitol Tours* (4 bus/j., 6h30-13h30). Voir la rubrique « Arriver – Quitter » à Phnom Penh pour les coordonnées des compagnies.

➢ ***Phnom Penh-Ha Tien :*** 1 bus/j. avec *Virak Buntham Express Travel.* Trajet : 8h.

➢ ***Sihanoukville-Hô Chi Minh-Ville*** *(Vietnam)* **:** 3 bus/j., le mat, avec *Rith Mony,* 1 bus vers 20h avec *Virak Buntham.* Trajet : 13h.

En bateau

➢ ***Phnom Penh-Chau Doc :*** bateaux rapides tlj qui partent vers 12h de Phnom Penh. Trajet : 5h. Les billets s'achètent directement au port. Prix : env 25 $. **Rappel : être déjà muni d'un visa vietnamien.** Une option qui permet de visiter cette intéressante ville cham avant de poursuivre le voyage dans le delta du Mékong. Rens et résas auprès de la compagnie vietnamienne *Hang Chau Tourist* : *bureau au port de Phnom Penh, Tran Hung Dao St.* ☎ *998-935 ; et à Chau Doc,* ☎ *(00-84-76) 356-27-71.* • *hangchautourist.vn* •

➢ ***Phnom Penh/Hô Chi Minh-Ville :*** trajet en 2 j. + 1 nuit ou 3 j. + 2 nuits (à Chau Doc et Can Tho), petit déj inclus. Compter 3h de navigation jusqu'à la frontière. Toutes les agences de voyages le proposent (voir « Adresses et infos utiles. Agences de voyages » à Phnom Penh).

Autres destinations

En avion

■ **Air France-KLM :** *G3, Hong Kong Centre, 108, bd Sothearos, à Phnom Penh.* ☎ *219-220 ou 965-500. Lun-ven 8h-17h30.* Vers **Paris et Amsterdam via Bangkok.**

■ **Malaysia Airlines :** *172-174, bd Monivong (hôtel Diamond), à Phnom Penh.* ☎ *426-688.* 📱 *012-868-747. À l'aéroport de Siem Reap :* ☎ *964-135.* • *malaysiaairlines.com* • *Lun-ven 8h-17h.* 2 liaisons/j. **Phnom Penh-Kuala Lumpur.** Également 1 vol/j. **Siem Reap-Kuala Lumpur.**

■ **Air Asia :** *bureau à l'aéroport (room T6) de Siem Reap.* ☎ *023-890-035.* • *airasia.com* • 1 vol/j. **Siem Reap-Kuala Lumpur.**

■ **Dragon Air :** *168, bd Monireth, à Phnom Penh.* ☎ *424-300.* • *dragonair.com* • *Lun-ven 8h-12h, 13h-17h.* 1 liaison/j. **Phnom Penh-Hong Kong.**

■ **Silk Air :** *219B, Himawari, à Phnom Penh.* ☎ *426-808. Bureau à l'aéroport de Siem Reap :* ☎ *964-993.* • *silkair.com* • *Lun-ven 8h-12h, 13h15-17h ; sam 8h-12h.* 2 liaisons/j. vers **Singapour** au départ de **Phnom Penh** et de **Siem Reap.**

■ **China Airlines :** *32, bd Norodom, à Phnom Penh.* ☎ *222-056 ou 223-525.* • *china-airlines.com* • 3 liaisons/sem **Phnom Penh-Pékin** et **Taipei.**

■ **Jet Star Asia :** *333, bd Monivong, à Phnom Penh.* ☎ *220-909.* • *jetstar.com* • *Lun-sam 8h-18h.* 5 liaisons/sem **Phnom Penh-Singapour.**

QUITTER LE LAOS

Lire, plus haut, les formalités de sortie et avertissement propres à chaque pays mentionnées dans « Quitter le Cambodge ».

– Au Laos, seules les villes de *Vientiane, Luang Prabang, Paksé* et *Savannakhet* possèdent des ***aéroports internationaux,*** avec des vols réguliers pour les principales villes ou capitales du Sud-Est asiatique. La taxe de départ de 10 $ est prévue à l'embarquement, mais la plupart du temps elle est incluse dans le prix du billet.

– ***Par la route :*** avant de se rendre dans un pays limitrophe, mieux vaut connaître les horaires d'ouverture de la frontière et les conditions de transport. Dans le cas des frontières peu fréquentées, il est souvent préférable d'acheter un billet de pays à pays, incluant le passage de la frontière. Sinon, on risque de se retrouver planté ou entouré de chauffeurs profitant de la situation pour imposer des tarifs hors de prix. Ne pas hésiter à se renseigner auprès des autres routards que l'on croisera, les choses peuvent toujours changer !

Vers le Cambodge

Un *visa on arrival* valable 30 j. est délivré aux différents postes-frontière terrestres ou aéroportuaires. Lire également les formalités d'entrée dans « Les questions qu'on se pose avant le départ », en début de guide.

En avion

■ **Lao Airlines** *(zoom Vientiane, D3,* **8***) :* *2, rue Pang Kham, à Vientiane.* ☎ *(021) 21-20-50.* • *laoairlines.com* • *Lun-ven 8h-12h, 13h-16h ; sam 8h-12h. CB acceptées. À l'aéroport,* ☎ *(021) 51-20-28 ; 51-31-46 (terminal international) et 51-30-32 (terminal domestique).*

■ **Vietnam Airlines** *(zoom Vientiane, D3,* **5***) :* *63, Samsenthai Rd, au 2e étage de la galerie commerciale du Lao Plaza Hotel, à Vientiane.* ☎ *21-75-62 ou 25-26-18.* • *vietnamairlines.com* • *Lun-ven 8h-12h, 13h30-16h30. À l'aéroport de Luang Prabang :* ☎ *21-30-48. Tlj 8h-17h.*

➢ ***Vientiane-Phnom Penh :*** 1 vol/j. avec *Vietnam Airlines.*

➢ ***Vientiane-Siem Reap :*** 3 vols/sem, via Paksé, avec *Lao Airlines.* Durée : 3h.

➢ ***Luang Prabang-Siem Reap :*** 1 vol/j. avec *Vietnam Airlines.*

➢ ***Paksé-Siem Reap :*** 2 vols/j. avec *Lao Airlines.* Durée 1h.

En bus

➢ ***Luang Prabang-Siem Reap :*** 1 bus/j. en début de soirée. Trajet : pas moins de 35h.

➢ ***Région des 4 000 îles-Siem Reap :*** 1 minibus le mat. Durée : env 12h (nombreux arrêts et véhicule chargé à bloc). Pas mal de rackets au niveau du passage de la frontière, aussi bien côté Laos que côté Cambodge.

➢ ***Paksé-Stung Treng, Kratie et Phnom Penh :*** depuis Paksé (gare du Sud), départs le mat (7h-11h env) avec arrêts aux points d'accès pour les 4 000 îles. Compter respectivement 7h, 10h et 15h pour Stung Treng, Kratie et Phnom Penh, formalités comprises.

Vers la Thaïlande

En avion

■ **Lao Airlines** *(zoom Vientiane, D3,* ***8****)* **:** *pour les coordonnées à Vientiane, voir plus haut « Vers le Cambodge ». À Luang Prabang (plan d'ensemble Luang Prabang, C3,* ***9****) : Visoun Rd. ☎ 21-21-72 ou 21-21-73 (à l'aéroport). • laoairlines.com • Tlj sf dim ap-m 8h-11h30, 13h30-16h30.* Il est recommandé de reconfirmer son billet la veille du départ, ne serait-ce que pour vérifier si les horaires n'ont pas changé.

■ **THAI** *(plan d'ensemble Vientiane, A2,* ***7****)* **:** *route de Luang Prabang, M&N Building, face au wat Khunta, à Vientiane. ☎ 22-25-27. • thaiairways.com • Lun-ven 8h-17h.*

■ **Bangkok Airways** *(zoom Luang Prabang, E2,* ***10****)* **:** *57/6, Sisavang Vong Rd, à Luang Prabang. ☎ 25-33-34. À l'aéroport : ☎ 25-32-53. • bangkokair.com • Tlj 8h-17h.*

➢ ***Vientiane-Bangkok :*** 3-5 vols/j. avec *Lao Airlines, THAI* et *Bangkok Airways.* Durée : 1h20.

➢ ***Luang Prabang-Bangkok :*** 1 vol/j. avec *Lao Airlines,* 2 vols/j. avec *Bangkok Airways* et 4 vols/sem avec *THAI.*

➢ ***Vientiane-Chiang Mai :*** 6 vols/sem avec *Lao Airlines,* via Luang Prabang.

➢ ***Paksé-Bangkok :*** env 5 liaisons/sem avec *Lao Airlines.* Durée : 2h40.

➢ ***Savannkhet-Bangkok :*** 3 vols/sem. Durée : 1h30.

En bus

➢ ***Luang Prabang-Chiang Mai :*** 1 bus/j., en début de soirée. Trajet : env 16h.

➢ ***Houeisai-Chiang Khong-Chiang Rai :*** 4 bus/j. depuis la gare routière Aloun *(hors plan de Houeisai par A2,* ***4****).* Trajet : env 2h30-3h. Ces bus s'arrêtent à la gare routière de Chiang Khong, en Thaïlande, puis continuent jusqu'à Chiang Rai.

Les touristes étrangers doivent passer par le nouveau pont situé à 8 km au sud de Houeisai. Le poste-frontière est, en principe, ouv tlj 6h-22h, mais il ferme parfois plus tôt que prévu (mieux vaut se présenter avt 21h pour ne pas se faire avoir).

➢ ***Houeisai-Chiang Rai et Chiang Mai*** *(en minivan)* **:** plusieurs agences situées dans la rue principale de Houeisai proposent 2 minivans/j., pour ces 2 destinations (un le mat, un autre l'ap-m). Trajet : respectivement 2h30 et 4h30. En principe, le prix du billet inclut le *tuk-tuk* pour rejoindre le poste-frontière et la navette pour traverser le pont.

➢ ***Savannakhet-Nakhon Phanom ou Ubon Ratchathani et Bangkok :*** via le pont de l'Amitié II. Bus pour la frontière de ***Mukdahan*** env ttes les heures, 8h15-19h. Durée : 1h.

➢ ***Paksé-Ubon Ratchathani et Bangkok via le poste-frontière Vangtao-Chong Mek*** *(à 45 km de Paksé)* **:** 2 liaisons/j. avec le Thai-Lao International Bus. Sinon, une myriade de *songthaew* et taxis collectifs assurent la liaison avec la frontière thaïlandaise (ouv tlj 6h-18h). De Ubon Ratchathani, Bangkok est accessible (du moins cher au plus cher) en bus de nuit, train-couchettes ou vol direct.

➢ ***Thakhek-Nakhom Phanom :*** par le pont de l'Amitié III, situé à 12 km au nord du centre (ouv 8h-18h). 1 liaison/h Thakhek-Nakhon Phanom, 7h30-16h30 env, avec le Thai-Lao International Bus. Prix modique. De Nakhom Phanom possibilité de rejoindre Bangkok en bus ou en avion.

➢ ***Vientiane (Thanaleng)-Nong Khai :*** par le fameux et premier pont dit de l'Amitié. Premier pont construit entre les deux pays, il enjambe le Mékong à une vingtaine de kilomètres au sud-est de Vientiane. Le poste-frontière de Thanaleng est le plus utilisé par les routards, car c'est le plus proche de la capitale, et, de plus, les liaisons entre Bangkok, Udon Thani (en avion avec *Nok Air*) et Nong Khai sont commodes et fréquentes, en bus, mais aussi en train (se renseigner auprès des agences de Vientiane). Lire aussi plus haut « En provenance de Thaïlande ».

– Deux autres points de passage antre le Laos et la Thaïlande sont autorisés aux étrangers mais rarement utilisés : ***Paksan/Bueng Kan*** (en bateau-navette) et ***Kaenthao-Nakaxeng,*** entre les provinces de Loei et de Sayabouri. Attention, pas de *visa on arrival* à priori (peut évoluer, se renseigner).

Vers le Vietnam

Lire l'avertissement au sujet du visa, cité plus haut dans « Quitter le Cambodge ».

En avion

➢ ***Paksé-Hô Chi Minh-Ville :*** env 3 liaisons/sem avec *Lao Airlines.* Durée : 1h30.
➢ ***Vientiane-Hanoi :*** 3-4 vols/j. avec *Lao Airlines* et *Vietnam Airlines.* Durée : 1h.
➢ ***Vientiane-Hô Chi Minh-Ville :*** jusqu'à 2 vols/j. avec *Vietnam Airlines,* via **Phnom Penh.** Durée : 3h. Et 3 vols/sem avec *Lao Airlines* via ***Paksé.***
➢ ***Luang Prabang-Hanoi :*** jusqu'à 3 vols/j. avec *Vietnam Airlines.* Durée : 1h.

En bus

➢ ***Luang Prabang-Hanoi :*** 1 bus/j., en fin d'ap-m. Trajet : 24h min.
➢ ***Houeisai-Hanoi :*** 2 bus/sem. Départ en milieu d'ap-m. Trajet : près de 24h (1 100 km).
➢ ***Houeisai-Diên Biên Phu :*** 2 bus VIP/sem par le poste-frontière de Tây Trang. Départ en début de soirée. Trajet : env 14h (510 km).
➢ ***Muang Khoua-Diên Biên Phu :*** 1 bus tlj en fin de mat, ou minibus ts les 2 j. tôt le mat, via Tây Trang.
➢ ***Vientiane-Hanoi :*** départs tlj. Trajet : 24h.
➢ ***Phonsavan-Vinh :*** départ de Phonsavan tôt le mat, tlj sf sam. Poste-frontière à Nam Khan. Compter env 8h de route jusqu'à Vinh.
➢ Au départ de ***Thakhek, Dong Hoi*** (compter env 12h de route), ***Hué, Vinh*** et ***Hanoi*** sont desservis.
➢ ***Savannakhet-Hué :*** au moins 1 bus/j. Durée : 9h. Bonne route, pas de galère au passage de la frontière Lao Bao-Dan Savan.
➢ ***Savannakhet-Danang :*** 1 bus le soir 5 fois/sem, et 1 bus le mat 2 fois/sem. Durée : 14h.
➢ ***Savannakhet-Hanoï :*** 3 fois/sem. Durée : 24h.
➢ ***Savannakhet-Lao Bao*** *(frontière)* **:** 3 fois/j., 7h-12h. Durée : 5h.
– ***Poste-frontière de Bo Y :*** le seul passage du Sud-Laos au Vietnam. La route n° 16 Paksé-Attapeu continue jusqu'au poste-frontière de Bo Y (compter 4-5h de trajet). Côté vietnamien, la route débouche sur la piste Hô Chi Minh, à 20 km de la frontière, d'où l'on peut monter vers le nord sur Da Nang (100 km) ou descendre par les hauts plateaux sur Kontum (60 km), Pleiku, Buon Ma Thuot et Dalat.

Vers les autres destinations

En avion

■ ***China Eastern Airlines*** *(plan d'ensemble Vientiane, A2,* ***7****)* **:** *route de Luang Prabang, au 1er étage du bâtiment de THAI, à Vientiane. ☎ 21-23-00. • flychinaeastern.com •*
■ ***THAI*** *(plan d'ensemble Vientiane, A2,* ***7****)* **:** *route de Luang Prabang, M&N Building, face au wat Khunta, à Vientiane. ☎ 22-25-27. • thaiairways.com • Lun-ven 8h-17h.*
➢ ***Vientiane-Kunming*** *(Yunnan/Chine)* **:** généralement 4 vols/sem avec *China Eastern Airlines* et 3 vols/sem avec *Lao Airlines* (voir coordonnées plus haut « Vers la Thaïlande »). Durée : 3h10.
➢ ***Luang Prabang-Jinghong*** *(Yunnan/Chine)* **:** 2 vols/sem avec *Lao Airlines.*
➢ ***Vientiane-Yangon et Mandalay*** *(Birmanie)* **:** 2 vols/j. pour Yangon et 4 vols/sem pour Mandalay, via Bangkok, avec *THAI.*
➢ ***Vientiane-Kuala Lumpur*** *(Malaisie)* **:** 1 vol/j. avec *Air Asia (• airasia.com •).*
➢ ***Luang Prabang-Singapour :*** 3 vols/sem avec *Lao Airlines.*
➢ ***Vientiane-Singapour :*** 4 vols/sem avec *Lao Airlines.*
➢ ***Vientiane-Séoul*** *(Corée)* **:** 1 vol/j. avec *Lao Airlines.*

En bus

➢ ***Luang Nam Tha-Muengla*** *(Chine)* **:** 1 bus/j., le mat. Trajet : env 4h (115 km).
➢ ***Luang Nam Tha-Diên Biên Phu*** *(Vietnam)* **:** 1 bus/j., tôt le mat. Trajet : env 10h.
➢ ***Muang Sing-Diên Biên Phu :***

1 bus/j., en début de mat. Trajet : env 7h (210 km).
➢ ***Muang Sing-Muengla*** *(Chine)* **:** 1 bus/j., en début de mat. Trajet : env 7h (160 km).

– Il existe un poste-frontière avec la *Birmanie,* à Ban Meuang Nom, mais il n'est pas ouvert aux touristes étrangers.

les ROUTARDS sur la FRANCE 2017-2018

(dates de parution sur • *routard.com* •)

Découpage de la FRANCE par le ROUTARD

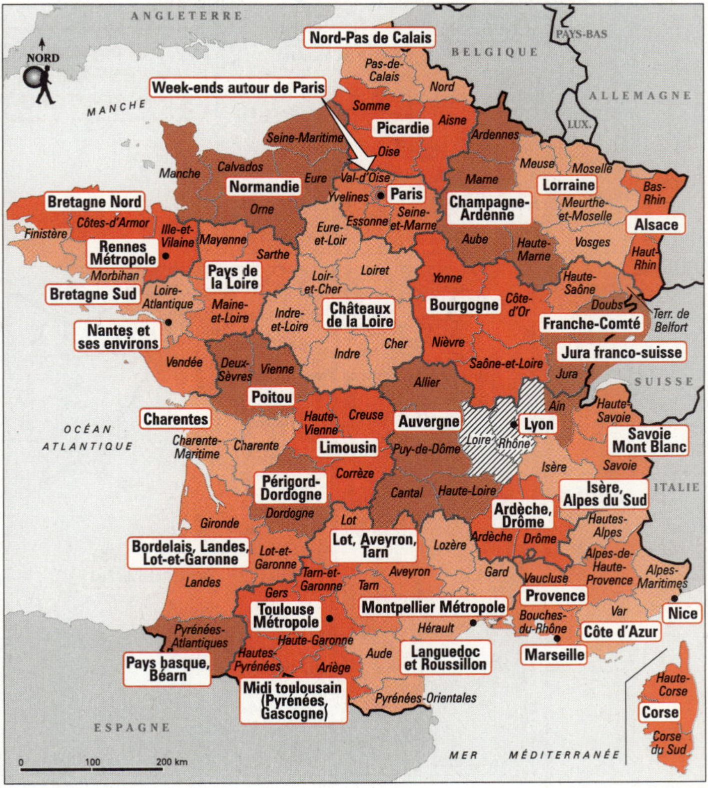

Autres guides nationaux

- Hébergements insolites en France (mars 2017)
- La Loire à Vélo
- La Vélodyssée (Roscoff-Hendaye)
- Nos meilleurs campings en France
- Nos meilleures chambres d'hôtes en France
- Nos meilleurs restos en France
- Les visites d'entreprises

Autres guides sur Paris

- Paris
- Paris balades
- Restos et bistrots de Paris
- Le Routard des amoureux à Paris
- Week-ends autour de Paris

les ROUTARDS sur l'ÉTRANGER 2017-2018

(dates de parution sur • **routard.com** •)

Découpage de l'ESPAGNE par le ROUTARD

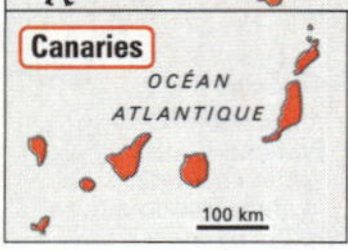

Découpage de l'ITALIE par le ROUTARD

Autres pays européens

- Allemagne
- Angleterre, Pays de Galles
- Autriche
- Belgique
- Budapest, Hongrie
- Capitales baltes (avril 2017)
- Crète
- Croatie
- Danemark, Suède
- Écosse
- Finlande
- Grèce continentale
- Îles grecques et Athènes
- Irlande
- Islande
- Madère
- Malte
- Norvège
- Pologne
- Portugal
- République tchèque, Slovaquie
- Roumanie, Bulgarie
- Suisse

Villes européennes

- Amsterdam et ses environs
- Berlin
- Bruxelles
- Copenhague
- Dublin
- Lisbonne
- Londres
- Moscou
- Prague
- Saint-Pétersbourg
- Stockholm
- Vienne

les ROUTARDS sur l'ÉTRANGER 2017-2018

(dates de parution sur • *routard.com* •)

Découpage des ÉTATS-UNIS par le ROUTARD

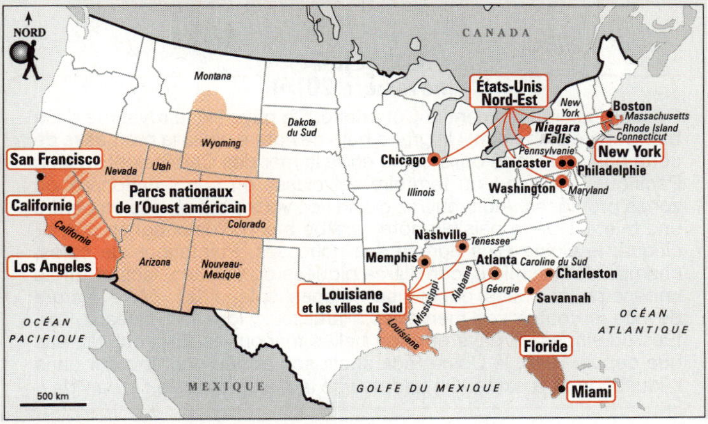

Autres pays d'Amérique

- Argentine
- Brésil
- Canada Ouest
- Chili et île de Pâques
- Costa Rica (novembre 2016)
- Équateur et les îles Galápagos
- Guatemala, Yucatán et Chiapas
- Mexique
- Montréal
- Pérou, Bolivie
- Québec, Ontario et Provinces maritimes

Asie et Océanie

- Australie côte est + Red Centre
- Bali, Lombok
- Bangkok
- Birmanie (Myanmar)
- Cambodge, Laos
- Chine
- Hong-Kong, Macao, Canton
- Inde du Nord
- Inde du Sud
- Israël et Palestine
- Istanbul
- Jordanie
- Malaisie, Singapour
- Népal
- Shanghai
- Sri Lanka (Ceylan)
- Thaïlande
- Tokyo, Kyoto et environs
- Turquie
- Vietnam

Afrique

- Afrique du Sud
- Égypte
- Kenya, Tanzanie et Zanzibar
- Maroc
- Marrakech
- Sénégal
- Tunisie

Îles Caraïbes et océan Indien

- Cuba
- Guadeloupe, Saint-Martin, Saint-Barth
- Île Maurice, Rodrigues
- Madagascar
- Martinique
- République dominicaine (Saint-Domingue)
- Réunion

Guides de conversation

- Allemand
- Anglais
- Arabe du Maghreb
- Arabe du Proche-Orient
- Chinois
- Croate
- Espagnol
- Grec
- Italien
- Japonais
- Portugais
- Russe
- G'palémo (conversation par l'image)

Les Routards Express

Amsterdam, Barcelone, Berlin, Bruxelles, Budapest, Dublin, Florence, Istanbul, Lisbonne, Londres, Madrid, Marrakech, New York, Prague, Rome, Venise.

Nos coups de cœur

- Les 50 voyages à faire dans sa vie (octobre 2016)
- Nos 52 week-ends dans les plus belles villes d'Europe
- France
- Monde

NOS NOUVEAUTÉS

COSTA RICA
(novembre 2016)

Costa Rica, littéralement la Côte riche. Ce pays est le royaume de la biodiversité planétaire. Un grand bain de nature, voilà la promesse de cette bande de terre qui s'étend entre la mer des Caraïbes et l'océan Pacifique. Un quart du territoire est classé en parcs nationaux ou zones protégées. Alors ouvrez grand vos yeux pour ne pas en perdre une miette ! De la paisible côte caraïbe aux rouleaux agités du Pacifique, le Costa Rica égrène ses richesses. Plantations de cafés, champs de bananiers, cordillères piquées de volcans, lacs et forêts impénétrables, sans oublier ses plages splendides, Mère Nature dévoile ici toutes ses merveilles. Paresseux, iguanes, oiseaux, tortues ou singes, le pays offre de belles rencontres. Et n'oubliez pas que depuis 1948, le Costa Rica abolit son armée pour investir dans l'éducation et la santé. On adopte vite la maxime locale : *pura vida !*

MADRID
(janvier 2017)

Madrid me mata ! Toujours tuante, Madrid, comme le proclamait l'époque Movida ? Oui, de plaisir, et plus que jamais. Madrid se joue des extrêmes. La capitale de l'Espagne aligne des musées stupéfiants et propose aussi des ambiances de village dans chaque quartier, aux identités bien marquées. On plonge dans l'univers de Picasso au Museo Reina Sofia *(Guernica !)* ou une journée d'éblouissement au Prado (Goya, Velázquez, et l'incroyable Jérôme Bosch) ou au Museo Thyssen-Bornemysza, les bars à tapas, traditionnels ou osés. Et la nuit se prolonge souvent : entre deux placettes autour de la plaza Mayor, au long du barrio de Las Letras, en dévalant La Latina et les ruelles cosmopolites de Lavapiés, de Malasaña la rebelle ou du gay-friendly Chueca… Autant de mondes à savourer ! Plus que jamais capitale et dynamique, la ville prend le tournant durable en développant un vaste réseau de pistes cyclables et en aménageant ses rives de bouffées d'espaces verts. À découvrir entre potes, en famille ou en couple, définitivement.

NOS NOUVEAUTÉS

NOS MEILLEURS HÉBERGEMENTS INSOLITES EN FRANCE (mars 2017)

Rien de tel pour retrouver son âme d'enfant que de dormir dans un arbre, ou au milieu d'un lac dans une cabane flottante, ou à six pieds sous terre dans une chambre troglodytique. Il y en a pour tous les goûts avec plus de 200 adresses dénichées en France, les « + » et les « - », mais aussi les activités incontournables à faire en famille ou entre amis à proximité de chaque adresse. Sans oublier la photo de chaque établissement. Le plus dur sera de choisir, entre l'île déserte, la réserve animalière, le phare, la roulotte, le combi VW, la bulle transparente au milieu de la forêt ou le vieux camping-car américain en alu, à deux pas de l'Arc de Triomphe !

CAPITALES BALTES (avril 2017)

Tallinn, Riga, Vilnius, trois capitales si proches et pourtant si surprenantes. Elles mêlent leurs racines entre des mondes disparates : scandinave, slave et germanique. Estonie, Lettonie, Lituanie, on les mélange souvent, mais très vite, on distingue leurs particularismes. Tallinn, secrète et magique, a gardé le charme d'une cité médiévale. La vieille ville, et son lacis de rues dominées par ses clochers, est classée au Patrimoine mondial de l'Unesco. Même reconnaissance pour le centre historique de Riga, où se mêlent un superbe noyau médiéval à un centre-ville Art nouveau. Après les musées, savourez sa vie nocturne, la plus folle des trois pays. À Vilnius, la baroque au coeur de collines boisées, découvrez le labyrinthe de ruelles étroites et la végétation lui donnant des airs de village. Malgré les 50 ans de présence soviétique, vous serez surpris par la modernité et le dynamisme qui anime leurs habitants.

Faites-vous comprendre partout dans le monde !

(sans connaître la langue)

5,00 €

Plus de 200 illustrations, de type BD, pour communiquer quelle que soit votre destination. Utilisable même par les enfants.

Retrouvez aussi nos guides de conversation

12 langues déjà disponibles !
6,95 €

Le Routard

Espace offert par l'annonceur – Avec le soutien de l'agence EURO RSCG C&O
RÉPARER LES VIES
HANDICAP INTERNATIONAL

ASSOCIATION CONTRE LA PROSTITUTION DES ENFANTS
Abusez d'un enfant au soleil et vous passerez 10 ans à l'ombre
La Loi d'extraterritorialité votée en 1994, révisée en 1998, permet de juger un résident et/ou un ressortissant français ayant commis des abus sexuels en France ou à l'étranger. Les peines pour un abus commis sur un enfant sont sévères : jusqu'à 10 ans d'emprisonnement et 150 000 € d'amende.
www.acpe-asso.org
A C P E - 14, rue Mondétour - 75001 Paris
Tél. : 01 40 26 91 51 - acpe@acpe-asso.org
a c p e
ASSOCIATION CONTRE LA PROSTITUTION DES ENFANTS
okó - Espace offert par le Guide du Routard

INDEX GÉNÉRAL

A

B

C

D-E-F

G-H-I

J-K

L-M

N-O

P

Q-R-S

INDEX GÉNÉRAL

T-U

V

W-X

LISTE DES CARTES ET PLANS

INDEX GÉNÉRAL

Nous tenons à remercier tout particulièrement Loup-Maëlle Besançon, Thierry Bessou, Gérard Bouchu, François Chauvin, Grégory Dalex, Fabrice Doumergue, Cédric Fischer, Carole Fouque, Michelle Georget, David Giason, Claude Hervé-Bazin, Emmanuel Juste, Dimitri Lefèvre, Fabrice de Lestang, Romain Meynier, Éric Milet, Pierre Mitrano, Jean-Sébastien Petitdemange et Thomas Rivallain pour leur collaboration régulière.

Emmanuelle Bauquis
Jean-Jacques Bordier-Chêne
Michèle Boucher
Sophie Cachard
Lucie Colombo
Agnès Debiage
Émilie Debur
Jérôme Denoix
Flora Descamps
Louise Desmoulins
Tovi et Ahmet Diler
Clélie Dudon
Sophie Duval
Alain Fisch
Roman Fossurier
Bérénice Glanger
Adrien et Clément Gloaguen
Marie Gustot
Bernard Hilaire
Sébastien Jauffret
Jacques Lemoine
Amélie Mikaelian
Caroline Ollion
Martine Partrat
Odile Paugam et Didier Jehanno
Émilie Pujol
Prakit Saiporn
Jean-Luc et Antigone Schilling
Caroline Vallano

Direction : Nathalie Bloch-Pujo
Contrôle de gestion : Jérôme Boulingre et Adeline Cazabat Barrere
Secrétariat : Catherine Maîtrepierre
Direction éditoriale : Catherine Julhe
Édition : Matthieu Devaux, Géraldine Péron, Olga Krokhina, Gia-Quy Tran, Julie Dupré, Emmanuelle Michon, Sarah Favaron, Flora Sallot, Elvire Tandjaoui, Quentin Tenneson, Clémence Toublanc et Sandra Vavdin
Préparation-lecture : Catherine Hidé
Cartographie : Frédéric Clémençon et Aurélie Huot
Fabrication : Nathalie Lautout et Audrey Detournay
Relations presse France : COM'PROD, Fred Papet. ☎ 01-70-69-04-69. • *info@comprod.fr* •
Direction marketing : Adrien de Bizemont, Clémence de Boisfleury et Charlotte Brou
Contacts partenariats : André Magniez (EMD). • *andremagniez@gmail.com* •
Édition des partenariats : Élise Ernest
Informatique éditoriale : Lionel Barth
Couverture : Clément Gloaguen et Seenk
Maquette intérieure : le-bureau-des-affaires-graphiques.com, Thibault Reumaux et npeg.fr
Relations presse : Martine Levens (Belgique) et Maureen Browne (Suisse)
Régie publicitaire : Florence Brunel-Jars

Remarque importante aux hôteliers et restaurateurs

Les enquêteurs du *Routard* travaillent dans le plus strict anonymat. Aucune réduction, aucun avantage quelconque, aucune rétribution n'est jamais demandé en contrepartie. Face aux aigrefins, la loi autorise les hôteliers et restaurateurs à porter plainte.

Avis aux lecteurs

Le Routard, ce n'est pas comme le bon vin, il vieillit mal. On ne veut pas pousser à la consommation, mais évitez de partir avec une édition ancienne. Les modifications sont souvent importantes.
Les réductions accordées à nos lecteurs ne sont jamais demandées par nos rédacteurs afin de préserver leur indépendance. Les hôteliers et restaurateurs sont sollicités par une société de mailing, totalement indépendante de la rédaction, qui reste donc libre de ses choix. De même pour les autocollants et plaques émaillées.

Avec routard.com, choisissez, organisez, réservez et partagez vos voyages !

✓ Rejoignez la plus grande communauté francophone de voyageurs : plus de **2 millions** de visiteurs !

✓ Échangez avec les routarnautes : forums, photos, avis d'hôtels.

✓ Retrouvez aussi toutes les informations actualisées pour choisir et préparer vos voyages : plus de 200 fiches pays, une centaine de dossiers pratiques et un magazine en ligne pour découvrir tous les secrets de votre destination.

✓ Enfin, comparez les offres pour organiser et réserver votre voyage au meilleur prix.

Les Routards *parlent aux* Routards

Faites-nous part de vos expériences, de vos découvertes, de vos tuyaux. Indiquez-nous les renseignements périmés. Aidez-nous à remettre l'ouvrage à jour. Faites profiter les autres de vos adresses nouvelles, combines géniales... On adresse un exemplaire gratuit de la prochaine édition à ceux qui nous envoient les lettres les meilleures, pour la qualité et la pertinence des informations. Quelques conseils cependant :
– Envoyez-nous votre courrier le plus tôt possible afin que l'on puisse insérer vos tuyaux sur la prochaine édition.
– N'oubliez pas de préciser l'ouvrage que vous désirez recevoir, ainsi que votre adresse postale.
– Vérifiez que vos remarques concernent l'édition en cours et notez les pages du guide concernées par vos observations.
– Quand vous indiquez des hôtels ou des restaurants, pensez à signaler leur adresse précise et, pour les grandes villes, les moyens de transport pour y aller. Si vous le pouvez, joignez la carte de visite de l'hôtel ou du resto décrit.
– N'écrivez si possible que d'un côté de la lettre (et non recto verso).
– Bien sûr, on s'arrache moins les yeux sur les lettres dactylographiées ou correctement écrites !
En tout état de cause, merci pour vos nombreuses lettres.

122, rue du Moulin-des-Prés, 75013 Paris

• *guide@routard.com* • *routard.com* •

Édité par Hachette Livre (58, rue Jean-Bleuzen, CS 70007, 92178 Vanves Cedex, France)
Photocomposé par Jouve (45770 Saran, France)
Imprimé par Lego SPA Plant Lavis (via Galileo Galilei, 11, 38015 Lavis, Italie)
Achevé d'imprimer le 4 août 2016
Collection n° 13 - Édition n° 01
75/2547/3
I.S.B.N. 978-2-01-323684-3
Dépôt légal : août 2016

PAPIER À BASE DE FIBRES CERTIFIÉES